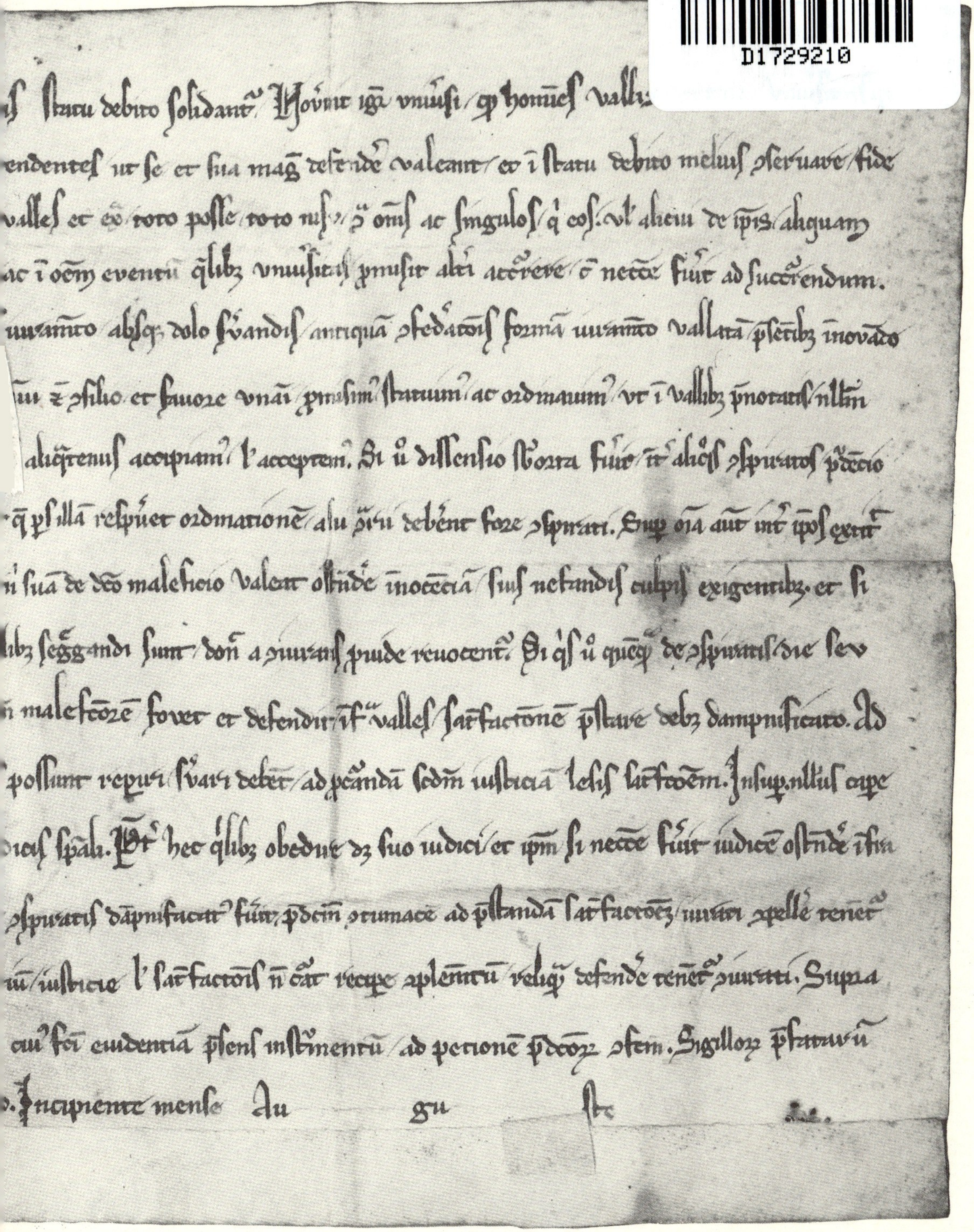

Schweizer Bundesbrief von 1291 in Originalgröße, Vorderseite

Die Eidgenossen und ihre Nachbarn

Die Eidgenossen und ihre Nachbarn im Deutschen Reich des Mittelalters

Herausgegeben von Peter Rück
unter Mitwirkung von Heinrich Koller

Marburg an der Lahn
1991

CIP-Titelaufnahme der Deutschen Bibliothek
Die **Eidgenossen und ihre Nachbarn im Deutschen Reich des Mittelalters** /
hrsg. von Peter Rück. – Marburg an der Lahn: Basilisken-Presse, 1991
ISBN 3-925347-15-1
NE: Rück, Peter [Hrsg.]

Postfach 1503, D-3550 Marburg/Lahn

Typographie und Satz: Sibylle Spiegel, Wiesbaden
Druck: Julius Schröder GmbH, Kirchhain
Bindearbeiten: Ludwig Fleischmann GmbH, Fulda
Printed in Germany

ISBN 3-925347-15-1

Inhalt

Vorwort des Herausgebers
9

Guy P. Marchal (Luzern)
Die schweizerische Geschichtsforschung
und die österreichische Herrschaft:
Ergebnisse und Fragen
15

Heinrich Koller (Salzburg)
Die politische Grundhaltung der Habsburger
und der Südwesten des Reichs
37

Franz Quarthal (Stuttgart)
Residenz, Verwaltung und Territorialbildung
in den westlichen Herrschaftsgebieten der Habsburger
während des Spätmittelalters
61

Wilhelm Baum (Klagenfurt)
Friedrich IV. von Österreich
und die Schweizer Eidgenossen
87

Alois Niederstätter (Bregenz)
Die ersten Regierungsjahre Kaiser Friedrichs III.
und der Südwesten des Reiches
111

Alfred A. Strnad (Innsbruck)
und Katherine Walsh (Salzburg)
Basel als Katalysator
Persönliche und geistige Kontakte
der habsburgischen Erbländer im Umfeld des Konzils
131

Helmut Maurer (Konstanz)
Formen der Auseinandersetzung
zwischen Eidgenossen und Schwaben:
Der »Plappartkrieg« von 1458
193

Horst Carl (Tübingen)
Eidgenossen und Schwäbischer Bund – feindliche Nachbarn?
215

Paul-Joachim Heinig (Mainz)
Friedrich III., Maximilian I. und die Eidgenossen
267

Peter F. Kramml (Salzburg)
Die Reichsstadt Konstanz, der Bund der Bodenseestädte
und die Eidgenossen
295

Karl Heinz Burmeister (Bregenz)
Feldkirch im Spannungsfeld des Gegensatzes
zwischen der Eidgenossenschaft und Österreich
und die Auswirkungen auf den in Zürich hinterlegten
Freiheitsbrief von 1376
329

Karsten Uhde (Bochum)
Die Beschreibung der Ostschweiz
durch den Geographen Ladislaus Sunthaym
und ihre Rezeption durch Sebastian Münster
345

Donatoren
370

Vorwort des Herausgebers

Mit Berufung auf den ältesten erhaltenen Bundesbrief, in dem die Talgemeinden von Uri, Schwyz und Unterwalden vierzehn Tage nach dem Tod König Rudolfs von Habsburg aus Furcht vor drohender Rechtsverwilderung zu Anfang des Monats August 1291 eine schon früher geschlossene Konföderation zur Sicherung des inneren Friedens erneuert und ergänzt haben, begeht die Schweiz des Jahres 1991 die 700-Jahrfeiern jener Eidgenossenschaft.

Der vorliegende Band ist die eine von zwei Festgaben von draußen, die jedoch nicht den Faden einer »Schweiz im Spiegel der ausländischen Presse« fortspinnen, sondern das Schweizer Selbstverständnis von nach Deutschland und Österreich verlagerten Standpunkten aus reflektieren sollen. Während im Parallelband »Grenzerfahrungen« aktuelle Blicke auf die Schweiz aus der Perspektive von Schweizer Wissenschaftlern, Journalisten und Künstlern in Deutschland gesammelt sind, bringt der vorliegende Band die Lösung der Schweiz vom deutschen Reichsverband des Spätmittelalters aus der Optik nicht schweizerischer, sondern österreichischer und deutscher Historiker zur Sprache.

Das geplante europäische Schaltjahr 1992 hat mittlerweile nicht nur für die Jubilare von 1991 viel von seiner bedrohlichen Dringlichkeit verloren, doch steht die Reintegration der Schweiz in neue übernationale Verbände am Horizont jeder Reflexion über Identität und Autonomie. Dabei wird das Verhältnis zu Deutschland immer ein entscheidender Faktor bleiben. Der Wille zur Selbstbehauptung hatte während des Zweiten Weltkrieges die Vorstellung von einer gradlinig angestrebten und erreichten Unabhängigkeit der alten Eidgenossenschaft gestützt. Seither ist ein differenzierteres Bild von deren Beziehungen zum Reich, zu Österreich und seinen Vorlanden und zu den Kräften des Bodenseeraums und Schwabens entwickelt und der Vorgang der Scheidung als langwieriger und nicht eindeutiger Prozeß der Staatsbildung erkannt worden. Die 700-Jahrfeiern erschienen als geeigneter Anlaß, den Dialog mit Historikern aus Ländern, die vor einem halben Jahrtausend zum Ausland geworden waren, zu suchen und den aktuellen Stand ihrer Ansicht der Dinge kennenzulernen.

Eingeladen, zur Klärung des Schweizer Geschichtsbildes beizutragen, verabredeten sich deshalb auf Initiative von Heinrich Koller (Salzburg) österreichische und deutsche Mediävisten mit wenigen Schweizern zu einem Symposion, das dank finanzieller Unterstützung durch das Land Vorarlberg und das Österreichische Bundesministerium für Wissenschaft und Forschung am 15. - 16. Juni 1990 im Vorarlbergischen Landesbildungszentrum Schloß Hofen bei Bregenz durchgeführt werden konnte. Vermehrt um einige schriftlich eingereichte Beiträge sind die inzwischen überarbeiteten Bregenzer Vorträge im vorliegenden Band gesammelt. Mancher Aspekt – etwa die wirtschaftlichen und religiösen Verflechtungen – hätte ein eigenes Kapitel verdient; die Breite des Erörterten war begrenzt durch die Forschungsbereiche derer, die zur Mitwirkung bereit waren.

Warum nur Historiker aus Deutschland und Österreich, warum nicht auch aus Frankreich und Italien? Zu allererst: Weil sich nur deutsche und österreichische Historiker interessiert zeigten. Dafür gibt es auch sachliche Gründe. Denn im übergreifenden Verband des römisch-deutschen Reiches, dem auch – man vergißt es zu oft – die romanischen Gebiete der heutigen Schweiz angehörten, standen sich nicht moderne Nationalstaaten, sondern überwiegend deutsche Territorialmächte gegenüber. Der Ablösungsvorgang des Spätmittelalters betraf in erster Linie die alemannische Schweiz und ihre deutschen Nachbarn im Reichsverband, nicht aber Deutschland, Österreich, Italien oder Frankreich.

Mehr als das verständliche Desinteresse der romanischen Nachbarn verwunderte den Auslandschweizer in Deutschland jedoch die sehr gedämpfte Bereitschaft zum Dialog in der Schweiz selbst. Hier schienen sich Vergangenheitsdiagnosen und Zukunftsprognosen gegenseitig matt zu setzen; im Unterschied zu der Stimmung, in der vor zwei Jahren die Franzosen den 200. Jahrestag ihrer großen Revolution und die Deutschen den Fall der Berliner Mauer als Ende und Anfang begrüßt hatten, scheinen manche Schweizer dem Rückblick auf die Anfänge und dem Ausblick in die Zukunft mit Verdrossenheit zu begegnen.

Es ist hier nicht der Ort, die Gründe dafür zu werten. Aber die Initiative für die Abschaffung der Armee und die Proklamation einer nur auf dem Weg der Selbstauflösung zu erfüllenden Utopie durch einen Schweizer Historiker erlauben keinen Zweifel daran, daß zu ihnen auch eine fundamentale Verunsicherung gegenüber dem Entwurf der eigenen Geschichte gehört. Sie äußert sich u.a. im Streit um die historische Gültigkeit eines Bezugsjahres wie 1291. Zur Anbindung von Jahrhundertfeiern ist der Bundesbrief von 1291 inhaltlich weder besser noch schlechter geeignet als andere wichtige Verfassungsdokumente. Sollte er aber gerade dem Umstand seine Abwertung verdanken, daß er seit seiner Entdeckung einen emotionalen Bonus genießt, weil er sich leichter als andere mit den »belles histoires de la Suisse« verbinden ließ, in denen die heranwachsende Eidgenossenschaft des Spätmittelalters ein Bild von sich entworfen hat, wird man nach den jüngsten osteuropäischen und deutschen Erfahrungen mit der Kraft historischer Bilder fragen dürfen, warum sie gerade in der Schweiz keine Leitbilder mehr sind.

Wäre die Resignation vielleicht auch darin begründet, daß anders als in Prag, Budapest, Wien und Berlin gerade hier keine zeitgemäßen Neuinszenierungen entworfen wurden? Ein eigentümlich schiefes historisches Lagebewußtsein kennzeichnet in der Tat die Schweiz als ganze wie einen vierbeinigen Tisch, der auf einem einzigen Bein zum Stehen gebracht werden soll. Trotz mancher Ausgleichsversuche ist nicht zu übersehen, daß das schweizerische Geschichtsbewußtsein hartnäckig alemannisch fixiert bleibt. Das burgundische Herz der Schweiz, das fernab von Rütli und Gotthard um die Hauptstadt Helvetiens schlägt, ist im Schweizer Bewußtsein ebensowenig vernehmbar wie ein lombardisches. Das aktuelle Bild des Landes erklärt sich nicht aus seinem traditionellen Geschichtsbild, das historische Bewußtsein der romanischen Landesteile bleibt regionalistisch ausgeklammert und ist nicht eingeflossen in eine unumgängliche Neuinterpretation. Mit anderen Worten: Die solidarische Öffnung, die das europäische Haus von der Schweiz erwartet, hat sie im eigenen Haus nicht vollbracht.

Glaubwürdig ist ein Geschichtsbild aber nur, wenn seine Träger sich in ihrer jeweiligen Gegenwart daran orientieren und vor den Blicken von draußen bestehen können. Wenn die hier vorgelegten Außenansichten dazu beitragen, die Stimme und den Anteil der Anderen am Werden der Schweiz deutlicher zu artikulieren, ist vielleicht auch für den inneren Dialog und Ausgleich etwas gewonnen. Wie sehr die Anderen nicht nur kontrastierend, sondern gestaltend am Selbstverständnis der Eidgenossenschaft mitgewirkt haben, war mir bei der Beschäftigung mit den Schweizer Nationalhelden Wilhelm Tell und Bruder Klaus, den Eckpfeilern der schweizerischen Ideologie von der bewaffneten Neutralität, einsichtig geworden, denn beide verdanken ihre hervorragende Stellung und untrennbare Verbindung ebenso dem politischen Willen Maximilians I. wie der politischen Einbildungskraft der »Alten Eidgenossen«[1].

[1] Mein Bregenzer Vortrag zum Thema »Maximilian I. und die Schweizer Nationalhelden« wird hier nicht abgedruckt, da seine Ergebnisse im wesentlichen schon publiziert sind. Vgl. dazu

Diese Erfahrung gab den unmittelbaren Anstoß zum Plan des vorliegenden Buches. Es verdankt seine Entstehung jedoch einer grenzüberschreitenden Konföderation von gutwilligen Menschen, insbesondere den Kollegen aus Österreich und Deutschland und allen voran Heinrich Koller, der kenntnisreich und mit großem Geschick darum bemüht war, verstreute Interessen so zu koordinieren, daß aus dem bunten Strauß ein geordnetes Gebinde werden konnte. Dem stets offenen Sinn von Guy P. Marchal ist es zu danken, wenn der Band mit einer Skizze zum Forschungsstand und zu ungelösten Fragen aus Schweizer Sicht eröffnet werden kann, Fragen, die teilweise schon auf den folgenden Seiten beantwortet sind.

Die Herausgabe stand unter erheblichem Termindruck. Dem Marburger Kollegen und Verleger Armin Geus, der sich selbstlos für die Realisierung des Bandes eingesetzt hat, bin ich deshalb zu großem Dank verpflichtet. Innerhalb eines Vierteljahres ein Buch dieser Art zu produzieren und seine Finanzierung zu sichern, ist nur möglich, wenn außer den direkt Beteiligten auch Außenstehende ihre Unterstützung gewähren. Dies ist in dankenswerter Weise über Abnahmegarantien und Finanzzuschüße von Seiten all derer geschehen, die in der Liste der Donatoren genannt sind. Sie zeugt von einer Solidarität, die selbst im Rahmen der 700-Jahrfeiern der Eidgenossenschaft nicht alltäglich sein dürfte.

Marburg, im Frühjahr 1991 P. R.

meine Beiträge: Guillaume Tell face à Nicolas de Flüe aux XVe et XVIe siècles. In: Histoire et belles histoires de la Suisse. Basel 1989 (Itinera 9), S. 25-51; und: Wilhelm Tell und Bruder Klaus. Zur Konfrontation des Freiheitshelden mit dem Friedensstifter im 16. Jahrhundert, in: Neue Zürcher Zeitung v. 29. 7. 1989, Beilage »Literatur und Kunst« (Fernausgabe Nr. 172 vom 28. 7. 1989, S. 29).

Guy P. Marchal

Die schweizerische Geschichtsforschung und die österreichische Herrschaft: Ergebnisse und Fragen

Im Rahmen der vom Bregenzer Kolloquium verfolgten Thematik konnte es nicht darum gehen, einen Forschungsbericht über die jüngere schweizerische Mediävistik vorzulegen. Ich habe mich allein auf die schweizergeschichtliche Fragestellung beschränkt, also auf die verschiedenen neueren Ansätze in der schweizerischen Mediävistik, welche der Frage nach dem wie und wann der Herausbildung der Eidgenossenschaft als eigene politische Potenz im südwestdeutschen Umfeld gelten. Das Verhältnis zur habsburgisch-österreichischen Herrschaft stellt dabei ohne Zweifel ein zentrales Thema dar. Der historischen Entwicklung entsprechend bald mehr bald weniger damit verbunden ist auch die Frage nach der Stellung der Eidgenossenschaft zum Reich verschiedentlich aufgegriffen worden[1]. Wichtig für die Erhellung und Würdigung der rechtlichen und herrschaftlichen Strukturen wäre auch der Vergleich mit den westschweizerischen Verhältnissen, wofür sich erst in jüngster Zeit Möglichkeiten zu eröffnen scheinen[2].

[1] Karl Mommsen: Eidgenossen, Kaiser und Reich. Studien zur Stellung der Eidgenossenschaft innerhalb des heiligen Römischen Reiches. Basler Beiträge zur Geschichtswissenschaft 72. 1958. – Peter Moraw: Reich, König und die Eidgenossen im späten Mittelalter. In: Jahrbuch der Historischen Gesellschaft Luzern 4 (1986), S. 15-33.

[2] Maurice de Tribolet: Traités d'alliance et avouerie: Quelques aspects inédits des relations entre villes et seigneurs dans la région jurassienne au 13e siècle. In: Helmuth Maurer (Hrsg.): Kommunale Bündnisse Oberitaliens und Oberdeutschlands im Vergleich. Vorträge und Forschungen 33 (1987), S. 153-166. – Agostino Paravicini Bagliani/Jean-François Poudret: La maison de Savoie et le pays de Vaud. Bibliothèque Historique Vaudoise 97. 1989. – Ernst Tremp: Feudale Gebärden im Spätmittelalter. Eine Urkundenfälschung aus dem Cluniazenserpriorat Rüeggisberg im Umfeld des Sempacherkrieges. In: Fälschungen im Mittelalter 3. MGH Schriften 33, III (1988), S. 675-710.

An dieser Stelle möchte ich mich bloß auf das Verhältnis zur Herrschaft Österreich beschränken, die ja im deutschen Südwesten des Spätmittelalters eindeutig die beherrschende Macht darstellte. Dabei greife ich einige Aspekte heraus, deren Wertung seit dem Erscheinen des grundlegenden Handbuchs der Schweizer Geschichte, 1972, wieder in Bewegung geraten ist. Es sind dies: 1. Die klassische Frage, seit wann sich die Eidgenossenschaft im Raum zwischen Alpen und Rhein gegenüber der habsburgischen Macht durchgesetzt habe. 2. Die eher strukturell orientierte Frage nach der Realisierung von Herrschaft, d.h. nach der machtmäßigen und administrativen Durchdringung des offenen Landes. 3. Die eher mentalitätsgeschichtlich orientierte Frage nach der bewußtseinsmäßigen Scheidung zwischen Österreich und der Schweiz. Aufgrund dieses Forschungsberichtes sollen dann in einem zweiten Teil Anfragen und wünschbare Forschungsziele formuliert werden.

1. Die alte und populäre Ansicht, daß mit den ersten Bünden von 1291 und 1315 und mit dem Sieg von Morgarten, Ereignissen, die man meist irgendwie mit der Befreiungstradition verbunden sah, die Eidgenossenschaft sich gegen Habsburg durchgesetzt habe, ist mit modern-wissenschaftlichem Anspruch vor allem von Karl Meyer als eigentliche »Lehre« vertreten worden. Meyer hat schon in der von ihm auf 1273 angesetzten Antiqua Confoederatio einen »hochpolitischen« staatsgründenden Akt »gegen äußere Feinde« erkennen wollen[3], eine Ansicht, die von einigen seiner Schüler noch bis in die jüngste Zeit aufrecht erhalten wurde[4]. Diese Sicht ist immer umstritten gewesen[5] und im »Handbuch« abgelöst worden durch eine Vorstellung, die schon von den großen liberal geprägten Gesamtdarstellungen des 19. Jahrhunderts, allerdings in den Denkmustern ihrer Zeit, vorweggenommen war[6]; jene von einer allmählichen Herausbildung des eidgenössischen Bundesgeflechts, das mit der Angliederung von Luzern, Zug

[3] Karl Meyer: Der Ursprung der Eidgenossenschaft. In: Zeitschrift für schweizerische Geschichte 21 (1941), S. 285-652. – Zu Karl Meyer vgl.: Richard Feller/Edgar Bonjour: Geschichtsschreibung der Schweiz. Vom Spätmittelalter zur Neuzeit 2 (^{2}1979), S. 767-769.

[4] Fritz Wernli: Die Entstehung der schweizerischen Eidgenossenschaft. Verfassungsgeschichte und politische Geschichte in Wechselwirkung. 1972. – Adolf Gasser: Der älteste Dreiländerbund von 1273. In: Ders., Ausgewählte historische Schriften 1933-1983. Basler Beiträge zur Geschichtswissenschaft 148 (1983), S. 238-255 (verfaßt 1983).

[5] Vgl. Handbuch der Schweizer Geschichte 1 (1972), S. 180 (Anm. 59-62). – Ebenso die Thesenpapiere für eine Aussprache über den Bund von 1291 in: ZSG 9 (1929), 335ff., 340ff.; ferner der Literaturbericht und die Sachanmerkungen in QW 1/1, Nr. 1681.

[6] Karl Dändliker: Geschichte der Schweiz mit besonderer Rücksicht auf die Entwicklung des Verfassungs- und Kulturlebens von den ältesten Zeiten bis zur Gegenwart 1-3. 1883-1888. –

und Glarus auf österreichischen Besitz übergegriffen habe, worin sich ein aggressives Element anmelde[7]. Die »Machtlage zwischen feudalen und kommunalen Herrschaften« hätte sich dann im Sempacher Krieg »mit bleibender Wirkung« zu Gunsten der letzteren verändert[8]. Ging man hier gleichsam von den eidgenössischen Orten als feststehenden politischen Einheiten aus, so hat insbesondere Bernhard Stettler gezeigt, daß in personaler wie auch rechtlicher Beziehung in den 60er Jahren des 14. Jahrhunderts selbst innerhalb der eidgenössischen Orte eine Scheidung zwischen österreichischer und eidgenössischer Einflußsphäre noch nicht vollzogen war[9]. Ich selber habe feststellen können, daß noch nach der Schlacht bei Sempach zahlreiche rechtliche und ökonomische Strukturen der österreichischen Herrschaft im eidgenössischen Einflußbereich weiterbestanden und noch über Jahrzehnte erhalten geblieben sind[10]. Auch lehensrechtliche Beziehungen zu Bürgern und Landleuten eidgenössischer Orte bestanden bis ins 15. Jahrhundert hinein weiter, waren also die personellen Beziehungen nicht territorial entflochten. Entsprechend hat Bernhard Stettler einen eigentlichen zürcherischen Sonderweg im Verhältnis zu Österreich selbst unmittelbar nach der Schlacht bei Sempach herausarbeiten können und die Bedeutung des Sempacher Briefs weniger in der Kriegsordnung, sondern in der politischen Regelung mit Zürich, das mit der Verpflichtung auf die eidgenössische Interpretation des Sempacher Kriegs als zu Recht gegen Österreich geführter Krieg eindeutig ins eidgenössische Lager eingebunden wurde[11]. Ferner hat er zeigen können, wie noch 1405 Österreich bei Verhandlungen mit den Städten Zürich, Bern, Luzern und Solothurn im Bestreben um eine Landfriedensregelung eine vollständige Revision des 20jährigen Friedens zu seinen Gunsten angestrebt hat, ein Plan, der allerdings so wenig in Effekt getreten ist, wie der

Johannes Dierauer: Geschichte der schweizerischen Eidgenossenschaft 1-5 (1887-1917). – Carl Hilty: Vorlesungen über die Politik der Eidgenossenschaft. 1875 (bes. aussagekräftig).

[7] Zu dieser Wertung vor allem des Luzerner Bundes s. u.a. schon Rudolf Luginbühl (Hrsg.): Heinrich Brennwald Schweizer Chronik (QSG NF Abt.I/1) (1908), S. 342. – Carl Hilty: op.cit., S. 49.

[8] Handbuch 1. S. 232f. (Peyer), S. 241 (Schaufelberger), allerdings ohne die liberale Freiheitsideologie und Fortschrittsgläubigkeit zu übernehmen.

[9] Bernhard Stettler: Habsburg und die Eidgenossenschaft um die Mitte des 14. Jahrhunderts. In: SZG 23 (1973), S. 750-764.

[10] Guy P. Marchal: Sempach 1386. Von den Anfängen des Territorialstaates Luzern. Beiträge zur Frühgeschichte des Kantons Luzern. Mit einer Studie von Waltraud Hörsch: Adel im Bannkreis Österreichs. 1986, S. 57f., S. 231-256 et passim.

[11] Bernhard Stettler: Der Sempacher Brief von 1393 – ein verkanntes Dokument aus der älteren Schweizer Geschichte. In: SZG 35 (1985), S. 1-20.

Landfriedensentwurf von 1406 zwischen Österreich und den eidgenössischen Orten ohne Bern, Schwyz und Solothurn, in dem Herzog Friedrich auf die verlorenen Gebiete verzichtete. Aber das Intermezzo zeigt nicht nur, wie Zürich kontinuierlich enge Beziehungen zur österreichischen Herrschaft unterhielt und seinen eigenen Weg ging, sondern auch, daß die Eidgenossen nach wie vor mit der österreichischen Macht zu rechnen hatten. Die mit viel Aufwand ausgehandelten Friedensschlüsse von 1394 und 1412, die übrigens Österreich punktuell noch verschiedene weitgehende Rechte zugestanden, galten – worauf man wieder vermehrt aufmerksam wird – nur auf Zeit[12].

Ist schon in der Variation der Vertragskontrahenten auf eidgenössischer Seite deutlich geworden, daß die im Sempacher Brief mühsam bewerkstelligte Einheit der Eidgenossen nicht beibehalten wurde, so zeigt denn auch die sogenannte Eroberung des Aargaus – wie Jean-Jacques Siegrist darlegte – das Bild eines uneinheitlichen, ja sich gegenseitig konkurrenzierenden Vorgehens, wobei vor allem Bern zum Nachteil seiner Bundespartner die militärische Initiative ergriff[13] und Zürich bei der Pfandnahme der Eroberungen von Reiches wegen vorprellte. 1418 war die neue Rechtslage durch Ausnahmebestimmungen bezüglich solcher Reichspfänder gesichert worden. In den Zwanziger- und Dreissigerjahren setzte dann aber eine konkrete österreichische Rekuperationspolitik ein[14]. Mit diesen Untersuchungen ist die Lücke zur Arbeit von Hans Berger[15] einigermaßen geschlossen und die Resultate fügen sich in das Bild, das er 1978 vorgelegt hatte, ein. Berger hatte kategorisch abgelehnt, daß der sogenannte alte Zürichkrieg als ein »Bürgerkrieg« innerhalb eines festgefügten Staatswesens zu betrachten sei. Noch seien die verschiedenen eidgenössischen Orte mehr durch ihre eigene Interessenspolitik bestimmt gewesen als durch eine bündische Solidarität. Zürich habe als eigenständige Reichsstadt eine Mittelstellung zwischen Österreich und der Eidgenossenschaft wahrgenommen: So habe es seine

[12] Bernhard Stettler: Landfriedenswahrung in schwieriger Zeit – Zürichs äußere Politik zu Beginn des 15. Jahrhunderts. In: SZG 38 (1988), S. 45-61. – Marchal: Sempach, S. 187-201.

[13] Jean Jacques Siegrist: Die Entstehung der gemeineidgenössischen Vogtei Freie Aemter. Neue Aspekte der Schweizer Geschichte des 15. Jahrhunderts. In: Unsere Heimat. Jahresschrift der Historischen Gesellschaft Freiamt 51 (1979), S. 5-56.

[14] Heidi Schuler-Alder: Reichsprivilegien und Reichsdienste der eidgenössischen Orte unter König Siegmund, 1410-1437. 1985. – Marchal: Sempach, S. 10, S. 317 Anm. 18, S. 19. TLA Fridericiana 34/1, 40/24, Sigmundiana IVb/55,1. – Vgl. Otto Stolz (Hrsg.): in: ZGOR, NF 55 (1942), S. 46-50 (1434).

[15] Hans Berger: Der alte Zürichkrieg im Rahmen der europäischen Politik. Ein Beitrag zur »Außenpolitik« Zürichs in der ersten Hälfte des 15. Jahrhunderts. 1978.

Expansionspolitik nach 1415 als einziger eidgenössischer Ort gegen Österreich fortgesetzt und dann – seit dem neuerlichen Bund mit Österreich von 1442 – gegen die anderen eidgenössischen Orte verfolgt. Erst der Ausgang des Krieges habe die zürcherische Alternative, Österreich oder Eidgenossenschaft, endgültig entschieden. Dabei sei die Eidgenossenschaft, die sich im Krieg auch ohne Zürich als reale Macht durchsetzte, »die nicht mehr auf die gleiche Stufe wie die Reichsstädte zu stellen war«, zu einer relativen Verselbständigung innerhalb des Reiches gelangt. Alois Niederstätter hat zuletzt anhand der geheimen Version des Friedensvertrages vom 17. Juni 1442 nachweisen können, daß die Verbindung Zürichs mit Österreich noch viel weiter ging, daß Zürich hinter dem Rücken der andern Orte Abmachungen traf, die von Österreich nur durch einen kriegerischen Umsturz des bestehenden eidgenössischen Systems hätten erfüllt werden können, was heißt, daß Zürich damals der österreichischen Herrschaft noch eine Macht zumaß, die entscheidend in diesen Raum hätte eingreifen können[16]. Die Kontinuität der zürcherischen Haltung gegenüber Österreich fand auch darin ihren Ausdruck, daß der Bund vom 17. Juni 1442 wörtlich jenen von 1393 wieder aufnahm[17]. Wenn Niederstätter darauf insistiert, daß es Österreich nur um die Rekuperation der 1415 verlorenen Gebiete gegangen sei, so zeigt sich zumindest auf informeller Ebene und wie noch aus dem Codex Wernheri von 1487 zu ersehen ist, daß bis Ende des 15. Jahrhunderts noch alle von Österreich je verlorenen Gebiete im Hinblick auf eine Rekuperation im Auge behalten worden sind[18]. Wenn von schweizerischer Perspektive aus in der sog. »Ewigen Richtung« von 1474 die Entscheidung für eine von Österreich als eigenständige politische Kraft anerkannte Eidgenossenschaft gesehen wird, so hat neuerdings Hans-Georg Hofacker nachweisen können, das dieser Friede für die österreichische Herrschaft offensichtlich bloß eine Zwischenlösung in einer langfristig gedachten Rekuperationspolitik darstellte[19]. Insgesamt hat also die Anschauung von einer frühen politischen Entscheidung in einem Machtspiel zwischen öster-

[16] Alois Niederstätter: Die Urkunden und Briefe aus den Archiven des Kantons Zürich (vornehmlich aus dem Staatsarchiv Zürich). In: Heinrich Koller (Hrsg.): Regesten Kaiser Friedrichs des III. (1440 -1493) nach Archiven und Bibliotheken geordnet. Heft 6 (1989), bes. S. 13-15.

[17] Ebd., S. 22f.

[18] Marchal: Sempach, S. 10 und S. 317, Anm. 18f., S. 338, Anm. 200. – Heinrich Koller: Die Schlacht bei Sempach im Bewußtsein Österreichs. In: Jahrbuch der Historischen Gesellschaft Luzern 4 (1986), S. 48-60.

[19] Hans-Georg Hofacker: Die schwäbische Herzogswürde. Untersuchungen zur landesfürstlichen und kaiserlichen Politik im deutschen Südwesten im Spätmittelalter und in der frühen Neuzeit. In: Zs. f. Württembergische LG 47 (1988), S. 71-148, bes. S. 82.

reichischer Herrschaft und Eidgenossenschaft sich aufgelöst zu Gunsten einer Auffassung, welche die Entwicklungsmöglichkeiten noch lange offen läßt, wobei vorläufig die Endphase im 15. Jahrhundert unter dieser neuen Sichtweise noch zu wenig erforscht ist. Die neueste von nationalhistoriographischen Vorgefaßtheiten erfrischend unabhängige Untersuchung zur eidgenössischen Frühgeschichte von Peter Blickle[20] geht so weit, diese ganze Sicht von einem säkularen österreichisch-eidgenössischen Konflikt als eine nationale Tradition hinzustellen, welche die Wirklichkeit kaum korrekt erfassen könne. Die Rolle Habsburgs als »Erklärung für die Entstehung der Eidgenossenschaft« wird weitgehend minimalisiert und durch allgemeine die Entwicklung bestimmende Zeittendenzen ersetzt wie die komplementären »Entfeudalisierungs«- und »Kommunalisierungsbewegungen« sowie die »bäuerliche Freiheitsbewegung«. Da Blickle aber auf eine Analyse der habsburgischen Herrschaft wegen der vermeintlichen Quellenarmut verzichtet und seine Darstellung auftragsgemäß um 1400 abbrechen läßt, damit die Rekuperationspolitik nicht mehr in den Blick bekommt, erscheint diese jüngste Stellungnahme, so anregend sie ist, in dieser Beziehung kaum als konkludent.

2. Die bisherigen Erörterungen haben gezeigt, wie die Bewertung des Verhältnisses zu Österreich und damit verbunden auch die Anschauung über die Eidgenossenschaft selbst in Bewegung geraten ist: In dem Maße, wie die Vorstellung einer klaren Entscheidung in der politischen Auseinandersetzung mit Österreich sich verflüchtigte, hat sich auch die Annahme einer frühen staatlichen Verfestigung der Eidgenossenschaft aufgelöst. Wenn die Vorstellung, daß sich hier zwei Staaten bekämpft hätten, aufgegeben werden mußte, so stellt sich für die Frühzeit, insbesondere das 14. Jahrhundert, besonders dringlich die Frage, wie sich dann Herrschaft im Raum artikuliert habe. Unter diese Thematik lassen sich erstens Forschungen über die Landfriedenspolitik, zweitens über die Verwaltungsorganisation, drittens über das Lehenswesen, viertens über das Pfandschaftswesen und schließlich solche über die Rolle des Adels einreihen.

Erstens: ein aus der Tradition der schweizerischen Verfassungsgeschichte heraus bereits gut erforschtes Mittel der Machtprojektion ist das des Landfriedens. Hier ist die noch bei Karl Meyer zentrale Vorstellung, daß schon die ersten Bünde und a fortiori die spätern staatsbildende Akte dargestellt hätten,

[20] PETER BLICKLE: Friede und Verfassung. Voraussetzungen und Folgen der Eidgenossenschaft von 1291. In: Innerschweiz und frühe Eidgenossenschaft 1 (1990) (ich danke Herrn Peter Blickle für die Zurverfügungstellung der Druckfahnen).

längst aufgegeben worden. Die Bünde werden im Zusammenhang mit der allgemeinen Landfriedenspolitik gesehen, wie sie nun in der Gesamtevidenz, die wir Konrad Ruser verdanken, in ihrem vollen Umfang überschaut werden kann[21]. Auch die Betonung der Besonderheit des ersten Bundes, die Karl Meyer aus italienischen Einflüssen herleitete, wird heute nicht mehr aufrecht erhalten[22]. Hingegen haben die in dieser Beziehung grundlegenden Forschungen von Bruno Meyer die Herausbildung des eidgenössischen Bundesgeflechts in den Zusammenhang von verschiedenen ineinandergreifenden und sich überlagernden Landfriedenssystemen gestellt, wobei es im nachmals schweizerischen Raum zu einem langwierigen Ringen um die Durchsetzung zwischen dem österreichischen und dem eidgenössischen Landfrieden gekommen ist[23]. Dabei arbeitete er unter anderem die Rolle der Vorbehaltsklauseln zu Gunsten der einen oder andern Herrschaft heraus und zeigte, wie diese Bestimmungen die eigentümliche Zusammensetzung der Bündnispartner bestimmten und wie mittels Beibriefen diese einschränkenden Vorbehalte umgangen worden sind. Hier hat sich insofern eine wichtige Relativierung ergeben, als der Beibrief Luzerns zum Glarner Bund nicht in die Zeit jenes Bundesschlusses, 1352, zu datieren ist, sondern erst viel später im Zusammenhang mit der Krise des Sempacher Krieges entstanden ist[24]. Die Forschungen von Bernhard Stettler schließlich haben dieses Ringen um die Landfriedenswahrung bis ins beginnende 15. Jahrhundert hinein verfolgen können[25]. Wie erwähnt, betrachtet neuerdings Peter Blickle die eidgenössischen Bünde bis in die Mitte des 14. Jahrhunderts unter dem Zei-

[21] Konrad Ruser: Die Urkunden und Akten der oberdeutschen Städtebünde vom 13. Jahrhundert bis 1549. 1: bis 1347; 2: bis 1380. 1979/1988. – Die Landfriedensthese ist übrigens schon im 18. Jahrhundert erstmals formuliert worden von Salomon Hirzel: Das eidgenössische Recht. In: Verhandlungen der Helvetischen Gesellschaft 1770, S. 23-50.

[22] Zuletzt Konrad Ruser: Die Talgemeinden des Valcamonica, des Frignano, der Leventina und des Blenio und die Entstehung der schweizerischen Eidgenossenschaft. In: Helmut Maurer (Hrsg.): Kommunale Bündnisse Oberitaliens und Oberdeutschlands im Vergleich (Vorträge und Forschungen 33). 1987, S. 117-152.

[23] Johann Füchtner: Die Bündnisse der Bodenseestädte bis zum Jahre 1390. Ein Beitrag zur Geschichte des Einungswesens, der Landfriedenswahrung und der Rechtsstellung der Reichsstädte (VMPIG 8). 1970. – Bruno Meyer: Zürcherbund und Bernerbund. In: SZG 22 (1972), S. 1-35. – Ders.: Die Bildung der Eidgenossenschaft im 14. Jahrhundert (Beihefte der Schweizerischen Zeitschrift für Geschichte 15). 1972.

[24] Fritz Stucki (Bearb.), Sammlung Schweizerischer Rechtsquellen, Der Kanton Glarus 1, S. 89f. Nr. 46.

[25] Stettler: Sempacher Brief (wie Anm. 11). – Ders.: Untersuchungen zur Entstehung des Sempacher Briefs. In: Aegidius Tschudi, Chronicon Helveticum (QSG NF Abt. 1, Chroniken VII/6). 1986, S. 14*-83*. – Ders.: Landfriedenswahrung (wie Anm. 12). – Ders.: Landfriedenswahrung

chen der Friedenswahrung und der komplementären Regelung der Rechtswege und der Gerichtsbarkeit: »Die ›Friedensbewegung‹ verdient in der Schweiz Vorrang vor der ›Freiheitsbewegung‹«[26]. Hier gelangt er zu einer überzeugenden Interpretation der ersten Bundesbriefe von 1291 und 1315 sowie zu einem diskussionsbedürftigen Interpretationsangebot für die nachfolgenden Bünde. Auf den Aspekt der »Machtprojektion«, der sich aus der Überlagerung der verschiedenen Landfriedenssysteme als Interpretation anbietet, geht er nicht ein, da er nur die eidgenössischen Bünde bearbeitet.

Was, zweitens, die Verwaltungsstruktur der österreichischen Herrschaft anbetrifft, ist die frühere statische Auffassungsweise, welche die Verhältnisse gleichsam wie einen modernen Verwaltungsapparat beschrieb[27], abgelöst worden durch eine historische, welche auch die Eigendynamik in den unteren Verwaltungsebenen, die sich auch gegenüber der Herrschaft entwickelte, und die spezifischen Amtsfunktionen, die sich von den gegebenen Umständen her ergaben, herausgearbeitet hat. So hat Fritz Glauser den Luzerner Bund von 1332 einer grundlegenden Neuinterpretation unterzogen, indem er überzeugend nachweisen konnte, daß dieser Bund aus einem Kampf der österreichischen Landstadt nicht nur für ihre eigenen Rechte, sondern auch für jene ihrer Herrschaft gegen den seine Kompetenzen überschreitenden Rothenburger Vogt hervorgegangen ist[28]. Ich selber habe am Beispiel derselben Vogtei einsichtig machen können, daß sich die Funktion und Amtsauffassung entsprechend der rechtlichen Stellung eines Vogtes – Beamter oder Pfandherr – ändern konnte[29].

Was, drittens, das Lehenswesen anbetrifft, so habe ich eine differenzierende Neubewertung vorgeschlagen. Aufgrund der spezifischen in den Lehensbriefen des 14. Jahrhunderts, insbesondere jenen Herzog Rudolfs IV. vorkommenden Rechtsformen, wie Rückkaufklausel oder Einbindung ausgegebener Lehen in den österreichischen Lehenskreis, ferner aufgrund der großen Registrierung

in schwieriger Zeit – Zürichs äußere Politik zu Beginn des 15. Jahrhunderts. In: Aegidius Tschudi: Chronicon Helveticum (QSG NF Abt. 1, Chroniken VII/7). 1988, S. 11*-119*.

26 Wie Anm. 20.

27 Werner Meyer: Die Verwaltungsorganisation des Reiches und des Hauses Habsburg-Österreich im Gebiet der Ostschweiz 1264-1460. 1933.

28 Fritz Glauser: Luzern und die Herrschaft Österreich 1326-1336. Ein Beitrag zur Entstehung des Luzerner Bundes von 1332. In: Luzern und die Eidgenossenschaft. 1982, S. 9-135. – Auf diesen Neuansatz geht Blickle (wie Anm. 20) nicht ein, sondern komponiert Glausers Darstellung zusammen mit jener von Karl Meyer: Geschichte des Kantons Luzern 1. 1932.

29 Marchal: Sempach, S. 23-28, S. 92-98.

in den 70er Jahren des 14. Jahrhunderts und des bislang noch weitgehend unbekannten Lehenstags Friedrichs III. von 1412 in Baden konnte zumindest im Ansatz ein Bestreben der österreichischen Herrschaft erkannt werden, das Lehenswesen in den Aufbau der Landesherrschaft einzubeziehen. Anderseits aber ist anhand des ständisch sehr heterogenen Lehenshofes von 1361, der nur rund ein Viertel adeliger Vasallen auswies, und der dort feststellbaren Atomisierung des Lehensbesitzes nicht zu übersehen, daß das Lehenswesen für die Landesherrschaft bis 1361 faktisch irrelevant geworden war[30]. Insgesamt scheint eine herzogliche Lehenspolitik im südwestdeutschen Raum ansatzweise bestanden, aber der Kontinuität und Konsequenz ermangelt zu haben.

Viertens: Als eine bislang im hier zur Frage stehenden Zusammenhang weitgehend verkannte Möglichkeit der Herrschaftsausübung habe ich hingegen im Gefolge der neueren Forschungen zum Territorialstaat des 14. Jahrhunderts die herzogliche Pfandschaftspolitik zur Diskussion gestellt. Es erwies sich, daß die österreichische Herrschaft diese im Vergleich zu andern Territorialherren äußerst kontrolliert betrieb durch eine in ihrer Form – soweit ich sehe – einzigartige Registrierungstätigkeit. Die Pfandschaften wurden beinahe ausschließlich an eine ständisch homogene, dem Herzog verpflichtete Führungsschicht ausgegeben. Zudem hielt die Herrschaft durch verschiedene Rechtsklauseln sowie regionale Verträge die Pfandschaften institutionell in die bestehende Verwaltungsorganisation einbeschlossen. Die Verpfändung von Herrschaftsrechten bedeutete strukturell also nicht eine Auflösung der Herrschaft, sondern lediglich deren Mediatisierung auf Zeit. Hier, in der zeitlichen Beschränkung und der durch die Kommerzialisierung von Herrschaftsrechten erreichten Mobilität lag für die Herrschaft der große Unterschied zum erblich gewordenen Lehensrecht. Es ist gerade der kommerzielle Charakter der Pfandschaftspolitik, der dazu führte, daß die Pfandherren ihre Rechte möglichst intensiv wahrnahmen, was sich lokal durchaus, wenn auch in mediatisierter Form, als Herrschaftsnähe und Herrschaftsverdichtung auswirkte. Durch die inhaltliche Analyse der Pfandbriefe und die quantitative Auswertung aller Pfandgeschäfte ließ sich die Funktion und Bedeutung dieser Rechtsform für die Landesherrschaft wie für die Pfandnehmer auf eine – zumindest für die

[30] Marchal: Sempach, S. 29-59. – Auf die Notwendigkeit der Diskussion dieses neuen Ansatzes weist Blickle (wie Anm. 20) zumindest anmerkungsweise hin. Vgl. vorläufig die Besprechungen von Hans C. Peyer in: SZG 39 (1989), S. 194; Robert Folz in: Revue Historique 570 (1988), S. 546f.; Michael Borgolte in: HZ 246 (1986), S. 678f.; Albrecht Classen in: MIÖG 97 (1989), S. 484-486.

schweizerische Historiographie – neue Weise beleuchten: Während die Landesherrschaft – wie es bereits genügend bekannt ist – zur Verfolgung ihrer territorialen Ziele an einer Mobilität der Herrschaftsrechte interessiert war, strebten die Pfandnehmer durch gewisse pfandrechtliche Maßnahmen systematisch auf deren Immobilisierung hin. Je nach Machtverhältnissen, je nach der Beharrlichkeit und Konsequenz, mit der die gegenläufigen Interessen verfochten wurden, kam es schließlich zur Fixierung der Lage im einen oder andern Sinn. In der Eidgenossenschaft blieben die Pfänder in der Hand der einzelnen Orte. Neben der Landfriedenspolitik, in der es zur Herausbildung des Bundesgeflechtes gekommen ist, neben dem hier nicht weiter erörterten kriegerischen Durchsetzungsvermögen der Eidgenossen, scheint genau hier in der Pfandschaftspolitik der »nervus rerum« zu liegen, der die Territorialisierung der eidgenössischen Orte rechtlich ermöglichte und vorantrieb[31].

Was schließlich die Situation des Adels im eidgenössisch-österreichischen Kontext anbetrifft, so haben vor allem die jüngeren Untersuchungen von August Bickel, Roger Sablonier und Waltraud Hörsch zur präziseren Feststellung gewisser struktureller Wandlungen geführt[32]. Es erwies sich dabei, daß die österreichische Herrschaft als dominierende Macht wesentlich zu einer Ausdifferenzierung innerhalb des Adels geführt hat. Schon um 1300 scheint es für den prestigemäßigen Aufstieg keine Option außerhalb des habsburgisch-österreichischen Dienstes gegeben zu haben. Die alten Hochfreien und Grafengeschlechter werden weitgehend abgelöst durch einen Ministerialenadel unterschiedlicher Provenienz, der von der Herrschaftsnähe zu Habsburg-Österreich profitiert. Neben dem habsburgischen Kreis läßt sich an eigenständigen adligen Organisationsformen wenig finden. Noch gegen Ende des 14. Jahrhunderts scheint Herrschafts- und Herzogsnähe weitgehend das adlige Prestige bestimmt zu haben: ein herrschaftsnaher Kreis von ca. 20% des Adels ragt besitzstand-

[31] Marchal: Sempach, S. 59-98, S. 231-256 et passim. – Heidi Schuler-Alder: Reichsprivilegien und Reichsdienste der eidgenössischen Orte unter König Siegmund, 1410-1437. 1985.

[32] August Bickel: Die Herren von Hallwil im Mittelalter. Beitrag zur schwäbisch-schweizerischen Adelsgeschichte. 1978. – Roger Sablonier: Adel im Wandel. Eine Untersuchung zur sozialen Situation des ostschweizerischen Adels um 1300. (VMPIG 66). 1979. – Waltraud Hörsch: Adel im Bannkreis Österreichs: Strukturen der Herrschaftsnähe im Raum Aarau-Luzern. In: Marchal: Sempach, S. 353-402 . – Zur älteren Forschung vgl. Bickle: op.cit., S. 15-29. – Sablonier: op.cit., S. 9-21. – Zu erwähnen sind – im Ansatz eher traditionell – noch folgende größere Arbeiten: Kurt Burkhardt: Stadt und Adel in Frauenfeld 1250-1400. (Geist und Werk der Zeiten 54). 1977. – Jürg Schneider: Die Grafen von Homberg. Genealogische, gütergeschichtliche und politische Aspekte einer süddeutschen Dynastie (11. bis 14. Jahrhundert). In: Argovia 89 (1977), S. 5-310. – Jean-Jacques Siegrist: Die Herren von Lieli. In: Heimatkunde aus dem Seetal 46 (1973), S. 44-64.

mäßig weit über die übrigen Geschlechter hinaus, die mit recht bescheidenen Verhältnissen auskommen müssen, wenn sie sich nicht schon gar in der Grauzone des »Verbauerns« befinden. Diese markante Polarisierung kann aber nicht allein auf das Verhältnis zur Herrschaft zurückgeführt werden, sondern erfordert eine differenzierte Abklärung der wirtschaftlichen, sozialen und politischen Hintergründe, wie sie Roger Sablonier vorgelegt hat[33]. Neben den allgemeinen Fragen um das adelige Verhalten, um Anpassungs- und Resistenzstrategien[34] scheinen sich auch typisch schweizerische Problemkreise zu ergeben, stand hier doch der Adel bei stets zurückweichender habsburgischer Macht unter einem spezifischen Assimilationsdruck, der nicht nur mit dem Modell der »Entfeudalisierung« erfaßt werden kann, sondern von Sablonier und seiner Schule auch durch eine differenzierte Untersuchung der Führungsschichten innerhalb der eidgenössischen Länder- und Städteorte angegangen wird[35]. In diesem Zusammenhang ist nicht zu übersehen, daß noch im 15./16. Jahrhundert adelige Wertvorstellungen im Selbstverständnis der Eidgenossen eine nicht geringe Rolle gespielt haben. Damit darf ich überleiten zum dritten Hauptpunkt meines Forschungsberichts:

3. Die Frage nach der bewußtseinsmäßigen Ausscheidung zwischen Österreich und der Eidgenossenschaft – oder anders gesagt: zwischen der Eidgenossenschaft und ihrem Umfeld – ist nach älteren, methodisch unzulänglichen Versuchen, die Entstehung eines eidgenössischen »Nationalbewußtseins« zu erforschen[36], wieder mehr ins Blickfeld gerückt. Zunächst sind von historisch-volkskundlicher Seite vor allem die Eigenart des eidgenössischen Kriegswesens, des-

[33] Roger Sablonier: Zur wirtschaftlichen Situation des Adels im Spätmittelalter. In: Adelige Sachkultur des Spätmittelalters. 1982, S. 9-34. – Ders.: Rittertum, Adel und Kriegswesen im Spätmittelalter. In: Josef Fleckenstein (Hrsg.): Das ritterliche Turnier im Mittelalter. 1985, S. 532-567. – Ders.: Adel im Wandel.

[34] Vgl. die Fallstudie von Piroschka R. Mathé: Österreich contra Sulz 1412. Verwaltung und Politik im Aargau unter Landvogt Graf Hermann von Sulz und der Streit um das Laufenburger Erbe. In: Argovia 99 (1987), S. 5-39.

[35] Roger Sablonier: Wirtschafts- und Sozialstrukturen der Innerschweiz im 13./14. Jahrhundert. In: Innerschweiz und frühe Eidgenossenschaft 2. 1990, sowie die einschlägigen Liz.arbeiten und Dissertationen (Bulletin AGGS 37, S. 45ff.).

[36] Hans Georg Fernis: Die politische Volksdichtung der deutschen Schweiz als Quelle für ihr völkisches und staatliches Bewußtsein. In: Archiv für Landes- und Volkskunde 2 (1938), S. 600-638. – Leo Weisz: Die Alten Eidgenossen. Geist und Tat der Innerschweizer in Zeugnissen aus dem 14. und 15. Jahrhundert. 1940. – Albert Hauser: Das eidgenössische Nationalbewußtsein, sein Werden und Wandel. 1941.

sen Kern die Wehrfähigkeit der eidgenössischen Bauern gewesen sei, und in Verbindung mit einer historiographisch-geistesgeschichtlichen Annäherung ein spezifisch eidgenössisches Staatsbewußtsein herausgearbeitet worden[37]. Der erste Aspekt ist neuerdings von Peter Blickle unter Beizug eines erdrückenden gesamteuropäischen Vergleichsmaterials als eidgenössische Besonderheit vehement in Frage gestellt worden[38]. Der Aspekt des für das Selbstverständnis wichtigen Geschichtsbewußtseins, in dessen Zentrum die Befreiungstradition steht, wurde in den sechziger und siebziger Jahren einer radikalen »Entmythologisierung« unterzogen[39], während die volkskundlichen Erklärungsversuche auf methodisch zweifelhafter Grundlage aufbauten und heute zumindest von historischer Seite nicht mehr aufrecht erhalten werden[40]. Neuerdings ist die ganze Problematik unter dem Gesichtspunkt der bewußtseinsmäßigen Ausscheidung zwischen der Eidgenossenschaft und ihrem Umfeld neu angegangen worden. Dabei wurden entsprechend der neueren, im weiteren Bereich der Mentalitätengeschichte siedelnden Ansätze der Imagologie[41] oder der Ideologie im Sinne Althussers[42], die Projektionen und Vorstellungen, die sowohl in der Außensicht wie im Selbstverständnis zum Ausdruck kamen, in ihrer eigenen Materialität wahrgenommen und untersucht. Hilfreich erwies sich der interdisziplinäre Aus-

[37] Das ist der Stand im Handbuch der Schweizer Geschichte 1. S. 359-367. Es handelt sich vor allem um die Forschungen von Hans Georg Wackernagel, Walter Schaufelberger und Hans von Greyerz.

[38] Blickle (wie Anm. 20).

[39] Vor allem Marcel Beck und seine Schule. – Zuletzt: Marcel Beck: Zur Problematik der eidgenössischen Befreiungskriege. In: Variorum munera florum. FS für Hans F. Haefele. 1985, S. 243-252. – Popularisiert wurden die Resultate dieser Schule durch das immer wieder neu aufgelegte, frisch geschriebene Buch von Otto Marchi: Schweizergeschichte für Ketzer oder die wundersame Entstehung der Eidgenossenschaft. 1971. 1990. – Die dichteste Arbeit aus dieser Schule ist Beat Suter: Arnold Winkelried. Der Heros von Sempach. Die Ruhmesgeschichte eines Nationalhelden. Beiheft 17 zum Geschichtsfreund. 1977.

[40] Vgl. Die Chronik im Weißen Buch von Sarnen, 6. c. In: Die deutsche Literatur des Mittelalters. Verfasserlexikon 1. 1978, Sp. 1266. – Blickle (wie Anm. 20).

[41] Vgl. für den hier zur Diskussion stehenden Zusammenhang jetzt etwa: D.-H. Pageaux: Image/Imaginaire. In: Europa und das nationale Selbstverständnis. Imagologische Probleme in Literatur, Kunst und Kultur des 19. und 20. Jahrhunderts. Aachener Beiträge zur Komparatistik 8. 1988, S. 367-379. – Allgemein: Evelyne Patlagan: L'histoire de l'imaginaire. In: Jacques Le Goff (Hrsg.): La Nouvelle histoire. 1978, S. 249-269.

[42] Ideologie = imaginäres Verhältnis der Individuen zu ihren realen Existenzbedingungen. – Vgl. zu diesem Ideologie-Konzept jetzt: Peter Schöttler: Mentalitäten, Ideologie, Diskurse, zur sozialgeschichtlichen Thematisierung der »dritten Ebene«. In: Alf Lüdtke (Hrsg.): Alltagsgeschichte. Zur Rekonstruktion historischer Erfahrungen und Lebensweisen. 1989, bes. S. 95-102.

tausch in Verbindung mit der historischen Volkskunde und der Literaturgeschichte[43]. Es ließ sich ein kohärentes Vorstellungssystem herausarbeiten, das vor allem auf der mittelalterlichen Ständeordnung und der Vorstellung von der Schlacht als Gottesurteil aufbaute. Erstmals greifbar werden einzelne Elemente dieses Systems im Kontext der Schlacht bei Sempach[44]. In der zweiten Hälfte des 15. Jahrhunderts ist es bereits voll ausgebildet: Es sind die Vorstellungen von der gottgewollten Umkehrung der christlichen Ständeordnung in der Eidgenossenschaft und von den im Gottesurteil der Schlacht immer sieghaften eidgenössischen Bauern als auserwähltem Volk Gottes[45]. Die Befreiungstradition erscheint in dieser Imagologie als ein zentraler Bestandteil[46]. Als ein noch ungelöstes Problem stellt sich die Frage, wie landläufig diese Vorstellungen gewesen seien, und damit verbunden die Frage, wie Öffentlichkeit in der mittelalterlichen Eidgenossenschaft definiert werden könne[47]. So wichtig gerade angesichts der geringen Verfestigung der eidgenössischen Verhältnisse, wie sie im ersten

[43] Leo Zehnder: Volkskundliches in der älteren schweizerischen Chronistik. Schriften der schweizerischen Gesellschaft für Volkskunde 60. 1976. – Wichtig sind vor allem die Ergebnisse der vergleichenden Sagen- und Erzählforschung: Leander Petzoldt (Hrsg.): Vergleichende Sagenforschung. Wege der Forschung 152. 1969. – Rudolf Schenda/Hans ten Dornkaat (Hrsg.): Sagenerzähler und Sagensammler der Schweiz. Studien zur Produktion volkstümlicher Geschichte und Geschichten vom 16. bis zum frühen 20. Jahrhundert. 1988. Ein bereits unverzichtbares Hilfsmittel für den Historiker ist die Enzyklopädie des Märchens. Handwörterbuch zur historischen und vergleichenden Erzählforschung. 1977ff. – Hinzuweisen ist auf die verschiedenen Beiträge von Peter Ochsenbein aus dem Bereich der religiösen Volkskunde und Literaturgeschichte, zuletzt: Peter Ochsenbein: Das große Gebet der Eidgenossen. Überlieferung – Text – Form und Gehalt. Bibliotheca Germanica 29. 1989.

[44] Bernhard Stettler: Bemerkungen zur Ausbildung der Befreiungstradition. In: Bernhard Stettler (Hrsg.): Aegidius Tschudi Chronicon Helveticum (QSG NF, Abt. 1., Chroniken VII/3). 1980, S. 14*-82*. – Guy P. Marchal: Leopold und Winkelried – Die Helden von Sempach oder: wie ein Geschichtsbild entsteht. In: Arnold von Winkelried. Mythos und Wirklichkeit. 1986, S. 71-112. – Heinrich Koller: Die Schlacht bei Sempach im Bewußtsein Österreichs. In: Jahrbuch der Historischen Gesellschaft Luzern 4 (1986), S. 48-60.

[45] Guy P. Marchal: Die Antwort der Bauern. Elemente und Schichtungen des eidgenössischen Geschichtsbewußtseins am Ausgang des Mittelalters. In: Hans Patze (Hrsg.): Geschichtsschreibung und Geschichtsbewußtsein im späten Mittelalter. Vorträge und Forschungen 31. 1987, S. 757-790. – Ders.: De la »Passion du Christ« à la »Croix Suisse«: quelques réflexions sur une enseigne suisse. In: Marc Comina (Hrsg.): Histoire et belles histoires de la Suisse. Guillaume Tell, Nicolas de Flüe et les autres, des chroniques au cinéma. Itinera 9. 1989, S. 107-131.

[46] Guy P. Marchal: Nouvelles approches des mythes fondateurs suisses: l'imaginaire historique des confédérés à la fin du 15e siecle. In: op.cit., S. 1-24.

[47] Matthias Weisshaupt: Bauer und Bauernstaat in der nationalen Geschichtsschreibung der Schweiz. 1991.

Teil aufgezeigt worden ist, eine genauere Erfassung von Öffentlichkeit erscheint, so zeigen doch die vielfältigen Spiegelungen der vorhandenen Vorstellungen in verschiedensten mehr oder weniger auf ein breiteres Publikum intendierten Quellen deutlich an, daß es sich um ein verbreitetes Vorstellungssystem handelt, um etwas, »das in der Luft lag«. Hier können regionale Untersuchungen besonders aus Konfrontationsgebieten weiterführen, wie es Helmut Maurer für Konstanz und den Bodenseeraum demonstriert hat, indem er die Auseinandersetzung um die Bauernfigur auf den verschiedensten Öffentlichkeitsebenen verfolgte[48].

Wenn ich nun – damit komme ich zum zweiten Teil – ausgehend von den vorgestellten Resultaten die Fragen zu Händen der Kollegen aus den Nachbarländern zu formulieren versuche, so muß ein Hauptanliegen darin bestehen, Vergleichbarkeit der Erkenntnisse anzustreben. Dabei geht es nun nicht mehr um den synchronen Vergleich gewisser in der Eidgenossenschaft festgestellter Phänomene mit ähnlich gelagerten Fällen und Erscheinungen in andern Gebieten des Reiches. Das läßt sich bekanntlich dem Zufall der Forschungslage entsprechend punktuell immer machen, etwa wenn man den Lehenshof Rudolfs IV. von Zofingen mit jenem des Bischofs von Osnabrück, des Pfalzgrafen bei Rhein und des Markgrafen von Baden vergleicht, um etwa seine ständische Zusammensetzung zu würdigen, oder wenn man die Rolle der Pfandschaft im eidgenössischen Bereich zusammen mit den von Gerd Landwehr herausgearbeiteten Reichspfandschaften und den Ergebnissen der Reichenauer Tagung über den deutschen Territorialstaat im 14. Jahrhundert betrachtet[49]. Auf fruchtbare Weise hat Peter Blickle neuerdings verschiedene Aspekte der frühen Schweizergeschichte in einen gesamteuropäischen Vergleich gestellt und dadurch gewisse traditionelle Vorstellungen stark relativieren, anderseits schweizerische Besonderheiten klarer konturieren können, als es bisher der Fall war[50]. So sehr solche allgemeine Vergleiche für das Verständnis gewisser Erscheinungen erhellend sind, sie wirken leicht beliebig, sobald es darum geht, Rückschlüsse auf die konkrete Politik der österreichischen Herzöge und auf den Stellenwert der Eidgenossenschaft im österreichischen Herrschaftsverband zu ziehen. Die Ver-

[48] Helmut Maurer: Schweizer und Schwaben. Ihre Begegnung und ihr Auseinanderleben am Bodensee im Spätmittelalter. Konstanzer Universitätsreden 136. 1983. – Für den westlichen Bereich inskünftig: Claudius Sieber: »Teutsche Nation« und Eidgenossenschaft. Der Zusammenhang zwischen Türken- und Burgunderkriegen. In: HZ (Druck in Vorbereitung).

[49] Marchal: Sempach, S. 40, S. 59ff.

[50] Blickle (wie Anm. 20).

gleichbarkeit muß also innerhalb des damaligen österreichischen Einfluß- und Herrschaftsbereiches hergestellt werden, also zunächst in Bezug auf die Vorderen Lande oder »Vorderösterreich«, dann aber auch in Bezug auf alle Länder der österreichischen Herzöge.

Angesichts des Forschungsstandes in der Schweiz, der die Beziehung zu Österreich im 15. Jahrhundert verstärkt ins Blickfeld rückt, liegt es zunächst nahe, die österreichische Rekuperationspolitik gegenüber der Eidgenossenschaft während des ganzen 15. Jahrhunderts aufzuarbeiten, die weit bedeutender gewesen zu sein scheint, als schweizerischerseits im allgemeinen angenommen wird. Heinrich Koller hat in dieser Beziehung 1986 eine erste Sondierung vorgelegt, die zeigt, daß Rekuperationsabsichten bis Ende des 15. Jahrhunderts – also auch nach der »Ewigen Richtung« von 1474 – zu belegen sind, daß das Ziel dieser Rekuperationspolitik offenbar Gegenstand von Diskussionen war und bald die Eidgenossenschaft, die als ehemaliges Untertanengebiet angesprochen wurde, insgesamt, bald die 1386/1415 verlorenen Gebiete betraf. Neuerdings hat Hans-Georg Hofacker[51] auf eindrückliche Weise die kontinuierlichen habsburgischen Bemühungen um die Errichtung eines schwäbischen Herzogtums bis in die frühe Neuzeit dargestellt und deutlich machen können, daß Habsburg im süddeutschen Raum durchaus eine Vormachtstellung eingenommen hat. Die Rekuperationspolitik gegenüber den Eidgenossen ist dabei offensichtlich nie aufgegeben worden. Gerade die sog. »Ewige Richtung« von 1474 sollte, wie Hofacker aktenkundig machen konnte (ohne aber die Thematik weiter zu verfolgen), längerfristig die Wiedererwerbung der verlorenen Gebiete vorbereiten helfen. Insgesamt aber können hier Kollers Hinweise auf Forschungslücken und seine Feststellung, daß sich hier vom Standort der Quellen her die österreichische Geschichtsforschung vermehrt engagieren sollte, nur wiederholt werden[52]. Einerseits im Zusammenhang mit der Bearbeitung dieser Rekuperationspolitik, anderseits als Ergänzung zu der in der Schweiz laufenden Diskussion um das eidgenössische Selbstverständnis und dessen Öffentlichkeitsgrad, wäre eine Untersuchung über die Außensicht, wie sie in der österreichischen antieidgenössischen Polemik und Argumentation greifbar sein dürfte, sehr hilfreich, wobei

[51] Hofacker (wie Anm.19).

[52] Heinrich Koller: Die Schlacht bei Sempach im Bewußtsein Österreichs. In: Jahrbuch d. Hist. Ges. Luzern 4 (1986), S. 48-60. – Ders.: Neuere Forschungen zur Epoche Kaiser Friedrichs III. Veröffentlichungen des Verbandes Österreichischer Geschichtsvereine 23. 1984, S. 52-57. – Die nicht-schweizerische Forschung zu dieser Frage scheint vor den Eidgenossen schneller zu kapitulieren als selbst die österreichischen Herzöge. Mit der ersten kriegerischen Auseinandersetzung 1315 oder 1386 wird die Schweiz aus dem Blickfeld entlassen. Zuletzt etwa: Hans Maier/Volker Press (Hrsg.): Vorderösterreich in der frühen Neuzeit. 1988, bes. Beiträge von Press und Bischoff.

methodisch die schon erwähnte Studie von Helmut Maurer die Richtung weisen könnte. Für die Frühzeit bis Ende des 14. Jahrhunderts hat bereits Anton Scharer, notgedrungenermaßen vor allem auf historiographischen Zeugnissen aufbauend, eine Bestandsaufnahme der österreichischen Sicht vorgenommen[53]. Für das 15. Jahrhundert finden sich Ansätze in dieser Richtung in der schon erwähnten Arbeit von Heinrich Koller, doch ist vorerst noch wenig klar, wie weit und in welchen Kreisen und Schichten Vorstellungen von den Eidgenossen lebendig gewesen sind. Die Ausprägung dieser Vorstellungen, die Topik, die hier aufscheint, könnte gerade deshalb, weil es sich um eine Außensicht handelt, Hinweise auf den Öffentlichkeitsgrad gewisser Motive im eidgenössischen Selbstverständnis aufzeigen, wie es bereits anhand von Wimpfelings »Soliloquium« vorgeführt worden ist[54].

Für eine Wertung der Verhältnisse in der Eidgenossenschaft im Verhältnis zum Umland ertragreicher als diese letztlich einer ereignisgeschichtlichen Betrachtungsweise entfließenden Anregungen dürfte allerdings der Vergleich struktureller Aspekte der Herrschaft sein. Chronologisch steht hier das so schwer zu verstehende schweizerische 14. Jahrhundert im Vordergrund. Thematisch geht es im Rahmen der schweizergeschichtlichen Fragestellung vor allem um die verschiedenen institutionellen Mittel zur Projektion von Herrschaft in den Raum, die einer gewissen strukturellen Gesetzmäßigkeit zu unterstehen scheinen. D.h. auch, daß unsere Aufmerksamkeit weniger den sich aus gezielten Entscheidungen oder durch den Lauf der Dinge ergebenden Einzelereignissen, wie jene der vordergründigen politischen oder dynastischen Geschichte, gelten sollte, als vielmehr der untergründigen Textur von Herrschaft. Hier bieten sich quellenmäßig und faktisch vor allem die Verwaltungsorganisation, das Lehenswesen und das Pfandwesen als vergleichbare Untersuchungsgegenstände an. Trotz verschiedener Einzelbeobachtungen, wie sie etwa bezüglich der Archivierung des Verwaltungsschriftgutes[55], der Rechnungsablegung[56] oder des Instanzenweges[57] gemacht wurden, kennen wir die frühe österreichische Verwaltung in ihrer Gesamtheit nach wie vor kaum. Hier könnte eine vergleichende

[53] Anton Scharer: Die werdende Schweiz aus österreichischer Sicht bis zum ausgehenden 14. Jahrhundert. Eine Bestandsaufnahme. In: MIÖG 95 (1987), S. 235-270.

[54] Guy P. Marchal: Bellum justum contra judicium belli. Zur Interpretation von Jakob Wimpfelings antieidgenössischer Streitschrift »Soliloquium pro pace christianorum et pro Helvetiis ut resipiscant ...« (1505), in: Bernard Nicolai / Gwer Reichen (Hrsg.): Gesellschaft und Gesellschaften, FS für Ulrich Im Hof. 1982, S. 138-184. – Eine reiche, noch nicht bearbeitete Quelle stellt die Flugschrift von Haintz von Bechwinden von 1501 dar, hrsg. von Theodor Lorentzen: Zwei Flugschriften aus der Zeit Maximilians I. In: Neues Heidelberger Jahrbuch 17 (1913), S. 167-209.

Untersuchung der Urbare einen Ansatzpunkt bieten. Die Feststellungen, die ich beim herzoglichen Lehenswesen zur Diskussion gestellt habe – ich erinnere an die besonderen Lehensformen, etwa das rückkaufbare Lehen, an die Erwähnung des österreichischen Lehnrechtskreises, an die ständische Zusammensetzung des Lehenshofs von 1361 – rufen geradezu nach einer vergleichenden Untersuchung der gesamten österreichischen Lehenspraxis. Wie konsequent wird sie von den jeweiligen Herzögen betrieben? Gibt es regionale Differenzierungen oder anderseits Versuche, ein Recht gesamthaft durchzusetzen, wie es andeutungsweise für Rudolf IV. erkennbar geworden ist[59]? Lassen sich aus den besonderen Rechtsformen Rückschlüsse auf den Stellenwert bestimmter Lehen für die Herzöge ziehen? Hier ist als vordringliches Desiderat vor allem die Edition des Lehensbuches von Herzog Albrecht III. (1380-94) zu nennen, das im selben Zusammenhang entstanden ist wie die Registrierung des Lehenshofs von 1361[60]. Eine weitere Vergleichsbasis ergäbe sich auch durch die Rekonstruktion des Lehenstages Friedrichs III. von Baden 1412[61], durch das Lehensbuch der Katharina von Burgund von 1423[62], den Innsbrucker Codex feudorum von 1425-35[63] und das Lehensbuch des Ladislaus Postumus von 1455[64]. Mit diesen Evi-

[55] Bruno Meyer: Das Habsburgische Archiv in Baden. In: Zeitschrift für Schweizerische Geschichte 23 (1943), S. 169-200. – Hans C. Peyer: Das Archiv der Feste Baden, Dorsualregesten und Archivordnung im Mittelalter. In: Festgabe für Hans von Greyerz. 1967, S. 685-698.

[56] Franz Quarthal: Die Verwaltung der Grafschaft Hohenberg beim Übergang an Österreich. In: Speculum Sueviae, FS für Hans Martin Decker-Hauff 2. 1982, S. 541-564, bes. S. 554f.

[57] Marchal: Sempach, S. 24f. – Werner Meyer: Die Verwaltungsorganisation des Reiches und des Hauses Habsburg-Österreich im Gebiete der Ostschweiz 1264-1460. 1933, bes. S. 249.

[58] Rudolf Maag/Paul Schweizer (Hrsg.): Das habsburgische Urbar. QSG 14, 15 1/2. 1894-1904. – Urbar von 1394 betreffend das Elsaß (AD Haut-Rhin C 47/3), »Approximative« Edition: Paul Stintzi: Die Habsburgischen Güter im Elsaß. In: Fritz Metz (Hrsg.): Vorderösterreich. 1969, S. 476-536. – Alphons Dopsch (Hrsg.): Österreichische Urbare I. Abt.: Die landesfürstlichen Urbare 1: Die Urbare Nieder- und Oberösterreichs aus dem 13. und 14. Jahrhundert. 1904.

[59] Marchal: Sempach, S. 46-49. – Vgl. auch den Hinweis bei Heinrich Koller: Kaiser Siegmunds Kampf gegen Herzog Friedrich IV. von Österreich. In: Studia Luxemburgensia (FS für Heinz Stoob). 1989, S. 315.

[60] Christoph Tepperberg: Das Lehensbuch Herzog Albrechts III. von 1380-1394. In: Unsere Heimat. Zeitschrift des Vereines für Landeskunde von Niederösterreich und Wien 48 (1977), S. 221-233. – Marchal: Sempach, S. 49-59 (Das habsburgische Lehensregister, 1373/1379).

[61] Marchal: Sempach, S. 58.

[62] Louis Stouff: Le livre des fiefs mouvants de l'Autriche sous Catherine de Bourgogne (vers 1423). Paris 1910.

[63] TLA cod. 19, enthält Tiroler und vorderösterreichische Lehen.

[64] Vgl. Tepperberg: S. 222, unediert.

denzen, verbunden mit den zahlreichen noch erhaltenen Lehensbriefen, ließe sich die Lehenspolitik der Herzöge von einer sicheren Basis aus würdigen, Gesamttendenzen und regionale Differenzierungen herausarbeiten und der für einzelne Regionen – wie etwa für die Landvogtei Aargau – gewonnene Befund einordnen[65].

Die Pfandschaftspolitik ist unter der neuen Sichtweise – soweit ich sehe – noch kaum bearbeitet, so daß ein Vergleich mit den schweizerischen[66] Verhältnissen noch nicht möglich ist. Am deutlichsten ist die Bedeutung der Pfandschaft schon früh im elsässischen Schrifttum festgestellt worden, wo neuerdings Georges Bischoff die herausragende Stellung der »seigneurs engagistes« – der Pfandherren – als »*die* große Eigentümlichkeit (la grande originalité) des vorländischen Adels« bezeichnet und sich für die Beschreibung dieser Erscheinung auf die 1901 erschienene Untersuchung von Louis Stouff abstützt[67]. Obwohl hier die Pfandschaft funktional lediglich unter dem Aspekt der Hypothekisierung gesehen wird, werden verschiedene in unsrem Zusammenhang wichtige Beobachtungen gemacht, etwa daß die Herrschaft sich ein Zutrittsrecht zur verpfändeten Burg oder Stadt und weitere Zugriffsmöglichkeiten offen hält, daß die Überbewertung durch Aufpfänder vom politischen Nutzen des Pfandobjektes abhängig ist und daß der Pfandherr seine Rechte möglichst intensiv wahrnimmt. Indessen wird die Funktion der Pfandschaftspolitik für die Herrschaft bloß andeutungsweise als Frage aufgeworfen[68]. Die Feststellung von der Origi-

[65] Vgl. jetzt schon Georges Bischoff: Gouvernés et gouvernants en Haut Alsace à l'époque autrichienne. Strasbourg 1982, S. 238: »à côté d'ensembles cohérents ... on discerne une poussière de petits fiefs«. – Dagegen scheint Tepperberg von einer homogenen ritterständischen Lehensmannschaft und von entsprechenden Lehen auszugehen, l.c., S. 229f.

[66] Aargau: Marchal: Sempach.– Glarus: Guy P. Marchal: Die Bedeutung von Sempach und Näfels für die österreichische Herrschaft (Vortragsreferat). In: Jahrbuch des Historischen Vereins des Kantons Glarus 72 (1988), S. 186f.

[67] Louis Stouff: Les origines de l'annexion de la Haute Alsace à la Bourgogne 1469. Etude sur les terres engagées par l'Autriche en Alsace depuis le 14e siècle, spécialement la seigneurie de Florimont. Paris 1901, bes. S. 68-75, (die Wirkung für die Herrschaft wird nur negativ gesehen unter dem Aspekt der Verschuldung, wobei die herrschaftsbezogenen Klauseln als unwichtige Formalien betrachtet werden, die ohnehin nicht eingehalten worden seien; gleichzeitig wird das Lehenswesen überschätzt). – M. Drouot: Les seigneurs engagistes de Thann notamment les Fuggers. In: Annuaire de la Societe d'Histoire des Regions de Thann-Guebwiller 1975-76, S. 100-108.

[68] Bischoff (wie Anm. 65), S. 240. Die Tatsache, daß der Herzog Herrschaften zur »Landschaft« zählt »malgré les engagements« (S. 252), daß Pfandherren im Rat sitzen (S. 340) ist nicht so verwunderlich, wie es Bischoff erscheint, sie entspricht eben der Funktion der Pfandschaft. – Die Vereinbarung von 1367 zu Thann (Marchal: Sempach, S. 83f.; Thommen: Urkk. I, Nr. 746) ist der elsässischen Forschung offenbar entgangen.

nalität der vorländischen Pfandherren, wie die neueren Erkenntnisse über die Bedeutung der Pfandschaften für den Bildungsprozeß des Territorialstaates, legen eine vergleichende Erforschung dieser Rechtsform im gesamten österreichischen Bereich dringend nahe. Neuerdings hat auch Volker Press betont, daß es der habsburgischen Territorialpolitik nicht widerspreche, »daß Wiederverkäufe und Verpfändungen eine beträchtliche Fluktuation hervorriefen: vielfach kamen die Begünstigungen Kräften zugute, die geeignet waren, die österreichische Position zu stützen«[69]. Und Hans-Georg Hofacker erwähnt wiederholt, wie im Hinblick auf ein territoriales Herzogtum Schwaben mit Pfandschaften operiert wurde[70].

Schließlich wären auch regionale strukturelle Untersuchungen des Verhältnisses des Adels zur österreichischen Herrschaft im Vergleich zu den in der Schweiz gewonnen Ergebnissen von großem Erkenntniswert.

Erst auf eine solche komparatistische Weise ließe sich die Situation der eidgenössischen Orte im herrschaftlichen Umfeld zeitgerecht erfassen und nicht in Kategorien von Staatlichkeit, die erst nachträglich denkbar geworden sind. Ganz abgesehen von diesem schweizergeschichtlichen Interesse möchte ich auf folgende, an und für sich bekannte Tatsachen hinweisen. Schon die verhältnismäßig dichte landesherrschaftliche Registrierungstätigkeit, die uns seit dem 13. Jahrhundert in Urbaren, Pfandregistern und Lehensbüchern sowohl in den Vorlanden wie in den österreichischen Ländern entgegentritt, zeigt, daß es sich hier um die ausgesprochen aktive, in der Tendenz modern anmutende Verwaltungstätigkeit eines zur Territorialisierung strebenden Herrschaftsgebildes handelt. Dieses unter verschiedensten Aspekten zu erfassen, und zwar in seiner Gesamtheit wie in den regionalen Differenzierungen, würde wesentliche Aufschlüsse über die strukturellen Bedingtheiten des habsburgisch-österreichischen Territorialstaates, die hinter den vordergründig greifbaren Handlungen und Entwicklungen liegen, vermitteln. Von dessen Bedeutung her ergäbe sich damit auch ein vertiefter Einblick in den spätmittelalterlichen Territorialisierungsprozeß selbst.

Die Schwierigkeit für eine solche komparatistische Untersuchung der habsburgischen Herrschaftsverhältnisse diesseits und jenseits des Arlbergs besteht nun bekanntlich darin, daß dieser im 14. Jahrhundert in voller Entwicklung stehende Territorialstaat nicht mehr besteht. Der nachmals schweizerische Bereich

[69] Volker Press: Vorderösterreich in der habsburgischen Reichspolitik des späten Mittelalters und der frühen Neuzeit. In: Maier/Press: Vorderösterreich, S. 1-41, bes. 4.

[70] Hofacker (wie Anm. 19).

– die Heimat der Habsburger – ist noch während des Mittelalters ausgeschieden. Heute befindet sich der damalige habsburgisch-österreichische Herrschaftskomplex im Hoheitsgebiet von nicht weniger als sechs Staaten, und so sitzen wir heute hier auf Schloß Hofen zusammen, als Angehörige verschiedener Staaten. Diese Formulierung deutet die zwei Probleme an, mit der sich eine Forschung im hier postulierten Sinn konfrontiert sieht: Das eine betrifft die Quellen, das andere die Situation der modernen Historiographie.

Bekanntlich gibt es keine kontinuierliche vorderösterreichische Archivüberlieferung. Insbesondere die uns hier vornehmlich interessierenden mittelalterlichen Bestände haben sich vielfach völlig unkontrolliert in alle Winde zerstreut[71]. Hier über das Gedruckte hinaus eine Evidenz der noch vorhandenen Quellen zu schaffen, ist außerordentlich arbeitsaufwendig. Es ist arbeitsökonomisch wenig sinnvoll, solche Recherchen bloß jeweils im Zusammenhang mit einer gezielten Fragestellung vorzunehmen. Was hier not täte, wäre eine breitangelegte systematische Aufnahme aller auf die österreichische Herrschafts- und Verwaltungstätigkeit zurückgehenden Quellen in den österreichischen, deutschen, französischen und schweizerischen Archiven, eine Quellenaufnahme nach dem Provenienzprinzip also. Die von der Schweiz ausgehenden Bemühungen in dieser Richtung sind alle in Ansätzen stecken geblieben[72] oder in ihrer Zielsetzung beschränkt. Für diese Grundlagenarbeit ist eine konzertierte Aktion bei allen in Frage kommenden Archiven der einzige gangbare Weg. Hier liegen neuerdings bereits summarische Orientierungen unter diesem Gesichtspunkt

[71] Vgl. Marchal: Sempach, S. 8-14. – Von einer Überführung des »alten Archivs der Grafen von Habsburg, dann Herzöge von Österreich, von Schloß Baden im Aargau nach Innsbruck nach 1420«, die Dörres anzunehmen scheint (Maier/Press: Vorderösterreich, S. 375), kann keine Rede sein.

[72] Quellenaufnahmen erfolgten unter der Federführung des eidgenössischen Departementes für Auswärtiges in zahlreichen Archiven mit Schwerpunkt auf der Neuzeit, sowie in einzelnen Fällen auch für das Mittelalter. Die Resultate (Regesten, Fotokopien, Transkriptionen) liegen im Bundesarchiv Bern und sind durch eigene Repertorien erschlossen. In neuerer Zeit hat die Rechtsquellenkommission in Innsbruck recherchiert (ohne abgeschlossenes Resultat), vor allem aber in Karlsruhe: Repertorium schweizergeschichtlicher Quellen im GLA Karlsruhe. Abt. 1: Konstanz-Reichenau, 1: Franziska Geiges-Heindl/Karl Mommsen/Martin Salzmann: Urkunden mit Selektenbeständen, 1982; 2: Martin Salzmann: Bücher, 1981; 3: Josef Brülisauer/Franziska Geiges-Heindl/Peter Hoppe/Martin Salzmann: Akten und Nachträge; Abt.II: Säckingen, 4 Teile in einem Band: 1. Urkunden, 2. Bücher, 3. Akten, 4. Register, 1986. Auch von einzelnen Kantonsarchiven (StAAargau, StAChur, StALuzern) sind Recherchen unternommen worden. Alle diese Anstrengungen sind weder koordiniert, noch unter einem einheitlichen Gesichtspunkt erfolgt, noch durch eine das bisher Geleistete zusammenfassende Gesamtevidenz erschlossen.

vor[73]. Wärmstens zu begrüßen ist die von Walter Jaroschka in die Wege geleitete Registrierung des vorderösterreichischen Verwaltungsschriftgutes, die ihren Niederschlag in einem gedruckten Inventar finden soll[74]. Es bleibt nur zu wünschen, daß die Frühzeit bis zur Auflösung des vorländischen Archivs in Baden, 1415, die uns besonders interessiert, auch erfaßt werde und daß das Resultat bald vorgelegt werden könne.

Diese Forderung hat auch von der Situation der modernen Historiographie her ihren tieferen Sinn. Die kritische Geschichtswissenschaft ist – wie wir alle wissen – in einem modernen Umfeld entstanden, das insbesondere ihre Fragestellungen und ihre wissenschaftsgeschichtliche Tradition unterschiedlich geprägt hat[75]. Ein wesentlicher und klar zu Tage tretender Faktor dieser Ausdifferenzierung besteht im Umstand, daß die Geschichtswissenschaft sich im Kontext moderner Nationalstaaten entfaltet hat. Dieser Umstand hat zu unterschiedlichen historiographischen Traditionen geführt, die den Werdegang ihres Staates reflektieren. Von diesen Traditionen sind wir Historiker, ob wir es wollen oder nicht, geprägt, und wir sind uns dessen seit einiger Zeit immer bewußter geworden. Jede dieser Traditionen hat aus der Geschichte eine je spezifische Teleologie herausinterpretiert[76]. Allen ist gemeinsam, daß sie jenen das Wort sprechen, denen – wie es jüngst wieder geschrieben wurde – »die Geschichte schließlich recht gegeben hat«, was immer das heißen mag, und daß sie jene unterschlagen, denen die Geschichte offenbar nicht recht gegeben hat. Zu Letzteren gehört der noch im 14. Jahrhundert in verheißungsvoller Entwicklung zum Territorialstaat stehende und dann als Torso Jahrhunderte überdauernde habsburgisch-österreichische Herrschaftskomplex diesseits des Arls. Seine Geschichte ist schon mehrfach skizziert, aber kaum über Ansätze hinaus weitergehend diskutiert worden, wie es in den nationalen Geschichtstraditionen überall der

73 Maier/Press: Vorderösterreich, die Beiträge von Elisabeth Springer (Österreichisches Staatsarchiv, S. 339-366), Fridolin Dörres (Tiroler Landesarchiv, S. 367-394), Walter Jaroschka (Bayerisches Hauptstaatsarchiv München, Hauptstaatsarchiv Stuttgart, Generallandesarchiv Karlsruhe, Staatsarchiv Neuburg, S. 395-420), Gerhard Kaller (GLA Karlsruhe, S. 421-430).

74 Op.cit., S. 419.

75 Vgl. etwa für Frankreich und Deutschland: Christian Simon: Staat und Geschichtswissenschaft in Deutschland und Frankreich 1871-1914. Situation und Werk von Geschichtsprofessoren an den Universitäten Berlin, München, Paris. 1988 (hier auch die ältere Lit.).

76 Vgl. künftig die Beiträge zu National Traditions in the Historiography of the State. In: The Origins of the modern state in Europe 13th - 18th century). Mélanges de l'Ecole française de Rome et d'Athènes (In Vorbereitung).

Fall ist[77]. Die Geschichte Vorderösterreichs als solche gemeinsam – nur so ist es realisierbar – zu untersuchen und neu zu schreiben, als hätte ihm die Geschichte Recht gegeben: Hier läge die Möglichkeit, an einem neuralgischen Punkt europäischer Geschichte modellhaft die nationalhistoriographischen Traditionsmuster zu durchbrechen hin zu einer postnationalen Historiographie. Das könnte im Hinblick auf die gegenwärtigen Entwicklungen in Europa d i e Herausforderung sein.

Abkürzungen

AGGS	=	Allgemeine Geschichtsforschende Gesellschaft der Schweiz
HZ	=	Historische Zeitschrift
MGH	=	Monumenta Germaniae Historica
MIÖG	=	Mitteilungen des Instituts für österreichische Geschichtsforschung
QSG	=	Quellen zur Schweizer Geschichte
QW	=	Quellenwerk zur Entstehung der schweizerischen Eidgenossenschaft
THOMMEN	=	RUDOLF THOMMEN: Urkunden zur Schweizer Geschichte aus österreichischen Archiven. 1-3. 1899-1928.
VMPIG	=	Veröffentlichungen des Max-Planck-Instituts für Geschichte
ZGOR	=	Zeitschrift für die Geschichte des Oberrheins

Siglen für Archive

GLA	=	Generallandesarchiv
STA	=	Staatsarchiv
TLA	=	Tiroler Landesarchiv

[77] Zuletzt: MAIER / PRESS: Vorderösterreich. PANKRAZ FRIED / WOLF-DIETER SICK: Die historische Landschaft zwischen Lech und Vogesen. Veröffentlichungen des alemannischen Instituts Freiburg i. Br. 59 = Schwäbische Forschungsgemeinschaft R. 1. 17. Augsburg 1988.

Heinrich Koller

Die politische Grundhaltung der Habsburger und der Südwesten des Reichs

Politische Grundsätze und Leitmotive werden in allen Gesellschaften nur zum Teil nach eigenen Erfahrungen und Vorstellungen geformt, die innerhalb der Gemeinschaft entstehen, sie werden auch in Auseinandersetzungen geprägt, sie werden präzisiert von dem Abwehrwillen einer Gruppe gegenüber fremden Verbänden und deren Denkmodellen, die folglich beim Rückblick auf die eigene Vergangenheit nicht übersehen werden sollen. Daher ist es notwendig, wenn das Werden der Eidgenossen in Erinnerung gerufen wird, deren bedeutendste Gegenspieler, die Habsburger – oder besser gesagt – die Österreicher mit deren politischen Vorstellungen vorzustellen, zumal diese Ansichten vertraten, die jenen der Bewohner der Urkantone fremd und oft sogar gegensätzlich waren. Die eidgenössische Eigenständigkeit, die wir heute mit Recht besonders schätzen, entwickelte sich nicht zuletzt wegen dieser Auseinandersetzungen. Doch ist das kein Grund, die Kontrahenten der Schweizer zu übergehen, auch wenn die Anschauungen von deren ehemaligen Feinden heute überholt sind.

Das Zögern bei der Bezeichnung der mächtigsten Gegner der Eidgenossen weist uns bereits die erste Spur, läßt erkennen, daß wir uns weniger mit den Grafen von Habsburg, sondern eher mit den Herzögen von Österreich befassen müssen, obwohl eine Feindschaft des Fürstentums an der Donau zu den Urkantonen nie bestand und auch nicht möglich war, da zwischen den beiden Regionen kaum Kontakte, weder im positiven noch im negativen Sinne unterhalten wurden. Damit ist angedeutet, daß erst nach einem relativ komplizierten historischen Prozeß Kriege zwischen diesen beiden Mächten möglich waren, nach einem Prozeß, der in der Literatur kaum erfaßt ist, zumal unsere Disziplin zu Vereinfachungen neigt und wichtige Erkenntnisse der schwer überschaubaren Spezialarbeiten nicht rezipiert, aber auch wegen der Schwierigkeit des Geschehens oft gar nicht rezipieren kann.

Die Unzulänglichkeit der Forschungen wird sofort deutlich, wenn wir uns dem ersten für unser Thema wichtigen Dokument zuwenden, dem Privilegium minus vom Jahre 1156, das grundlegend wurde für die Geschichte Österreichs und der Macht seiner Fürsten[1]. Obwohl es dazu eine Fülle von kaum mehr überschaubaren Spezialarbeiten gibt, ist bis jetzt eine zufriedenstellende und allgemein anerkannte Interpretation dieses Schriftstückes nicht geglückt; somit ist umstritten, welche Rechte der Herzog damals erhielt und in der Folge wahrnehmen konnte[2]. Es sind aber nicht nur die politischen Denkmodelle der österreichischen Landesfürsten mit ihren Grundlagen und ihrer Entwicklung unklar, es ist auch bis jetzt kaum gefragt worden, wann und in welcher Form diese Programme in Landschaften außerhalb des alten Herzogtums eingesetzt wurden[3]. Es wird zwar in diesem Zusammenhang mit Recht immer wieder auf die Bedeutung des falschen Privilegium maius verwiesen, das 1359/60 geschaffen worden war, doch gehen die Meinungen darüber gleichfalls weit auseinander[4]: Lhotsky etwa glaubt, daß dieses Dokument eine geringe Wirkung hatte[5]. Demgegenüber konnte Neumann Belege bringen, die einen relativ späten und bemerkenswerten Einsatz dieses Schriftstückes beweisen[6]. Es bleibt uns, wie vorausgeschickt werden darf, nicht Zeit und Raum, dieses zuletzt angeschnittene Problem nur einigermaßen zufriedenstellend zu verfolgen, es wird nur knapp zu berücksichtigen sein, wenn wir die schon angedeutete Übertragung der Rechte des österreichischen Landesfürsten in andere Landschaften verfolgen werden. Damit ist die Aufgliederung unseres Themas in zwei Kapitel gegeben, in einen Abschnitt, der das Werden landesfürstlicher Rechte in Österreich behandelt, und in ein weiteres Kapitel, das die Übertragung dieser Rechte in andere Landschaften verfolgt und erklärt, weshalb es dann überhaupt möglich geworden war, daß sich die Eidgenossen mit »Österreich« auseinandersetzen mußten.

[1] MG D F I 151.

[2] Grundlegend: Heinrich Appelt: Privilegium minus, Das staufische Kaisertum und die Babenberger in Österreich. 1973.

[3] Vgl. dazu Heinrich Koller: Zentralismus und Föderalismus in Österreichs Geschichte. In: Föderalismus in Österreich. Hrsg. von Ernst C. Hellbling/Theo Mayer-Maly/René Marcic. 2. 1970. S. 1ff.

[4] MG D F I 1040.

[5] Alphons Lhotsky: Privilegium maius. Die Geschichte einer Urkunde. 1957. – Ders.: Österreichische Historiographie. 1962. S. 43, 104.

[6] Wilhelm Neumann: Wirklichkeit und Idee des »windischen« Erzherzogtums Kärnten. In: Südostdeutsches Archiv 3 (1961), S. 141ff.

Die Rechte und Macht des Herzogs von Österreich

Die fundamentalen Bestimmungen des Privilegs von 1156 sind für den flüchtigen Beobachter klar: Eine bereits bestehende Markgrafschaft wird – offensichtlich ohne Gebietserweiterung – zum Herzogtum erhoben, dessen Oberhäupter mit besonderen dynastischen Rechten ausgestattet werden, vor allem mit dem Privileg der uneingeschränkten Erbfolge, und diese Satzungen sind es auch, die von der Forschung herausgestrichen werden, zumal in späteren Jahrhunderten dank dieser Vorrechte den latenten Bestrebungen des Adels und der Stände, ihr Oberhaupt bestimmen oder sogar frei wählen zu dürfen, Einhalt geboten werden konnte[7]. Da sich jedoch diese Auseinandersetzungen erst in Jahrhunderten verschärften, die außerhalb unserer Beobachtungszeit liegen, kann dieses Problem auf sich beruhen[8].

Mehr sollte auffallen, daß im Vergleich zu den relativ ausführlichen Bestimmungen zum Erbrecht des österreichischen Landesfürsten die Sätze, die für die Machtausübung des Herzogs selbst wichtig wurden, denkbar knapp sind. Überdies bedeuten einige dieser Rechte, wie die Beschränkung der Hoffahrtspflicht auf Bayern und der Heerfolge auf den Donauraum, auf die besonders Heilig verwies[9], keine schwerwiegende Auszeichnung, sofern wir nicht von der Voraussetzung ausgehen, daß der Kaiser eine einseitige Italienpolitik programmierte und dafür von allen Unterstützung erwartete. Doch auch unter diesen Bedingungen wäre es 1156 ratsam gewesen, wegen der labilen Lage in Ungarn und wegen der unklaren Vorgänge in Mähren und der Slowakei – die Forschung gibt sich über die verworrenen Zustände in diesen Jahren in diesem Raum viel zu wenig Rechenschaft – den Herzog von Österreich aus den Zwistigkeiten in anderen Regionen herauszuhalten[10]. Zwar wurde zuletzt die Be-

[7] Erich Zöllner: Geschichte Österreichs. [6]1979. S. 187ff. – Dazu: Österreichs Sozialstrukturen in historischer Sicht. Hrsg. von Erich Zöllner. 1980. – Franz Quarthal: Landstände und landständisches Steuerwesen in Schwäbisch-Österreich. 1980. – Günther R. Burkert: Landesfürst und Stände. 1987.

[8] Erich Zöllner: Geschichte Österreichs, S. 145ff.

[9] Konrad Josef Heilig: Ostrom und das Deutsche Reich um die Mitte des 12. Jahrhunderts. Die Erhebung Österreichs zum Herzogtum 1156 und das Bündnis zwischen Byzanz und dem Westreich. In: Theodor Mayer / Konrad Heilig / Carl Erdmann: Kaisertum und Herzogsgewalt im Zeitalter Friedrichs I. Schriften des Reichsinstituts für ältere deutsche Geschichtskunde 9. 1944, S. 196ff. – Vgl. dazu auch Appelt, Privilegium minus, S. 62ff., 76ff., der auch als erster das Problem des Gerichtsparagraphen mit seiner grundlegenden Bedeutung besonders herausstrich – a.a.O. S. 62 – und auf dessen Relation zum gesamten Text der Urkunde verwies.

[10] Heinrich Koller: Das »Königreich« Österreich. 1972, S. 11ff.

deutung dieser Vorrechte, der Beschränkung der Hoffahrtpflicht und der Heerfolge, wieder gewürdigt, doch gibt es dennoch kaum einen Zweifel, daß diese Privilegien für die Machtbefugnisse des Landesfürsten letzten Endes nicht allzu viel Gewicht hatten.

Daher sind wir genötigt, für unser Thema einen einzigen und kurzen Satz in den Mittelpunkt zu rücken, den sogenannten Gerichtsparagraphen – »ut nulla magna vel parva persona in eiusdem ducatus regimine sine ducis consensu vel permissione aliquam iusticiam presumat exercere.« Es ist begreiflich, daß diese wenigen Worte eine lebhafte Diskussion auslösten und gefragt wurde, wie denn diese Formel übersetzt und interpretiert werden müsse. Appelt konnte den Streit zu einem ersten Abschluß bringen und beweisen, daß der Babenberger alle Gerichtsbarkeit und die volle Gewalt, Gerechtigkeit walten zu lassen, bekommen habe[11]. Doch ungeachtet der Tatsache, daß auch der deutsche Wortlaut vieles offen läßt, ist es notwendig, auch die schon von Hirsch und anderen, zuletzt aber auch von Appelt herausgestrichene Erkenntnis in den Vordergrund zu rücken, daß in der Mitte des 12. Jahrhunderts die territoriale Gerichtsbarkeit noch im Werden war und daß deren Entwicklung, ungeachtet kaiserlicher Verfügungen[12], in den einzelnen Landschaften des Reichs unterschiedlich verlief. Wir müssen uns folglich weniger mit dem Privilegium minus selbst befassen, als vielmehr die Rechte verfolgen, die österreichische Landesfürsten, wohl nicht zuletzt dank der Hilfe der Satzungen dieser Urkunde, für sich beanspruchen und dann auch wahrnehmen konnten. Wir müssen, knapp gesagt, die Entwicklung vom Privilegium minus zum Privilegium maius verfolgen.

Die Schwierigkeit, das Privilegium minus zu verstehen, wird auch deutlich, wenn wir uns ins Bewußtsein rufen, daß der von der Urkunde hervorgerufene Eindruck, die Markgrafschaft sei ohne Gebietsveränderung in ein Herzogtum umgewandelt worden, nicht ohne Widerspruch hingenommen werden kann. Allein schon die damals rasch voranschreitende innere Kolonisation, die Erschließung von Gegenden, die bis dahin kaum genutzt waren, mußte Grenzprobleme zur Folge haben, denen der Kaiser 1156 offenbar auswich. Es sollen hier nicht jene Berichte aufgegriffen und behandelt werden, die eine Vergrößerung

[11] Appelt, Privilegium minus, S. 69ff., wo aus dem Text der Bestätigung der herzoglichen Rechte des Bischofs von Würzburg durch Barbarossa im Jahre 1168 auch der Sinn des Gerichtsbarkeitspassus des Privilegium minus klar herausgearbeitet werden kann.

[12] Appelt, Privilegium minus, S. 75ff.

des Fürstentums vermuten lassen könnten[13]. Es sei lediglich festgehalten, daß 1156 der Landesausbau nördlich der Donau in vollem Gange war und der Kaiser erst 1179 die Grenze gegen Böhmen festlegen konnte[14]. Um diese Zeit kann frühestens auch die Ausdehnung Österreichs gegen Mähren genauer bestimmt worden sein. Unsicher war wegen der verworrenen Verhältnisse in Ungarn auch die Ostgrenze. Es ist ferner bezeichnend, daß der Kaiser auch die Ausdehnung des Herzogtums nach dem Westen nicht klärte, sondern allenfalls behutsam andeutete. Nachdem 1186 den Babenbergern die Erwerbung des Herzogtums Steyr durch einen Vertrag zugesichert worden war[15], stellte etwa Kaiser Friedrich I. 1187 fest, daß die Abtei Seitenstetten, in der Nähe der Stadt Steyr, dem Zentrum der Otakare gelegen, zu Österreich gehöre[16], und wenig später stützte der Staufer die Ansprüche des österreichischen Herzogs auf Vogteirechte der Zisterze Wilhering bei Linz[17]. Diesen Fakten kann zwar entgegengehalten werden, daß

[13] Die wichtigsten Quellen sind zusammengestellt im Urkundenbuch zur Geschichte der Babenberger in Österreich 4. Band, Erster Halbband, unter Mitwirkung v. Heide Dienst, bearb. v. Heinrich Fichtenau. 1968. S. 137ff., n. 787. – Dazu Appelt, Privilegium minus, S. 44ff. – Aus der jüngeren Literatur ist hervorzuheben: Max Weltin: Die »tres comitatus« Ottos von Freising und die Grafschaften der Mark Österreich. In: MIÖG 84 (1976), S. 31ff.

[14] MG D F I 782. Dazu zuletzt: Siedlungsnamen und Siedlungsformen als Quellen zur Besiedlungsgeschichte Niederösterreichs. Hrsg. von Helmuth Feigl. Studien und Forschungen aus dem Niederösterreichischen Institut für Landeskunde 8. 1984.

[15] Karl Spreitzhofer: Georgenberger Handfeste. 1986. Mit Faksimile der Urkunde (als Beilage) und der jüngsten Textedition S. 12ff.

[16] MG D F I 956.

[17] Urkundenbuch zur Geschichte der Babenberger in Österreich. Bearb. Heinrich Fichtenau / Erich Zöllner. 1. 1. 1950, S. 91ff., n. 67. – Zur Thematik zuletzt: Folker Reichert: Landesherrschaft, Adel und Vogtei, Zur Vorgeschichte des spätmittelalterlichen Ständestaates im Herzogtum Österreich. 1985, S. 260ff. Reichert versucht allerdings allzu viele der bisher geäußerten Ansichten zu berücksichtigen und flüchtet sich wegen der vielen Widersprüche in undeutliche Formulierungen. Er spricht von »engen Kontakten der österreichischen Herzöge zu den Schaunbergern und Griesbachern« ... und von einem »landesherrlichen Anspruch«. Der Rechtsstandpunkt des Jahres 1187 ist jedoch absolut klar und bedarf nicht der theoretisierenden Hypothesen des 19. Jahrhunderts. Kaiser Friedrich fühlt sich einfach berechtigt, über die Vogtei in Wilhering zu verfügen – vgl. dazu unten Anm. 25 –, und überläßt daher die Vogtei und die damit verbundenen Rechte dem österreichischen Herzog, der, wie es zu dieser Zeit einem Landesfürsten zusteht, mittels eines Schutzprivilegs für die Zisterze wie ein Landesherr auftritt und damit seine herzoglichen Ansprüche im Linzer Raum demonstriert. Die Vorgänge von 1237 und den folgenden Jahren, als die Situation völlig verändert war, dürfen mit den Zuständen von 1187 nicht in Zusammenhang gebracht werden. Barbarossa hat 1187 die Expansion des Babenbergers gefördert, Kaiser Friedrich II. hat sich dagegen 1237 bemüht, das einheitliche österreichische Herzogtum wieder zu zerschlagen. Demonstrativ hat er als Kaiser wieder für österreichische Konvente geurkundet.

1176 Herzog Heinrich der Löwe von Bayern und Herzog Heinrich Jasomirgott von Österreich in Enns zusammentrafen und folglich der Fluß Enns die Grenze zwischen Bayern und Österreich gebildet haben könnte, doch möchte ich daraus nicht den Schluß ziehen, daß die im Gerichtsparagraphen des Privilegium minus dem Landesfürsten zugestandene Macht nur bis in die Gegend von Seitenstetten reichen sollte[18].

Wegen dieser Gegebenheiten war es 1156 wohl kaum möglich, die dem Herzog zugestandenen Rechte genauer zu umschreiben und räumlich deren Geltungsbereich klar anzugeben. Fichtenau hat daher mit guten Gründen auf die finanzielle Bedeutung dieser Bestimmungen und der sich daraus ergebenden Undeutlichkeit verwiesen[19]. Man wird diesen Gedanken aufgreifen dürfen und zum Schluß kommen müssen, daß der Kaiser 1156 mit unklaren Worten nur den Herzog ermächtigte, sein Gebiet zu vergrößern und seine Machtstellung auszubauen, wie es die jeweilige Lage und die eigenen Kräfte zuließen. Dem entspricht nicht nur die allgemeine Klosterpolitik des Kaisers, der die österreichischen Konvente nach 1156 nicht mehr begünstigte[20], sondern auch dessen bereits angedeutete Vorgangsweise für Seitenstetten und Wilhering, als offensichtlich die Bestrebungen der Babenberger, Vögte dieser Abteien zu werden, deutlich unterstützt wurden.

Welche Rechte – und es war nicht nur, wie Fichtenau und Appelt nachwiesen, die Gerichtsbarkeit selbst – konnte nun der österreichische Landesfürst nach 1156 wahrnehmen? Auch darüber gibt es keine einheitliche Meinung. An erster Stelle würde ich aber doch darauf verweisen, daß der Babenberger für seinen Bereich Privilegien ausstellen konnte, wie sie bis dahin vom Kaiser erteilt worden waren. Diese wichtige Basis fürstlicher Macht wird für das 12. Jahrhundert wenig beachtet. Erschwert werden allerdings die Forschungen durch zahlreiche Fälschungen, deren Kritik nicht immer gelingt. Dank der Arbeiten Fichtenaus sind wir aber für Österreich besser informiert[21]. Es ist bekannt, daß mit 1156 dem Herzog von Österreich eine Urkundenform zugestanden wurde, der sich bis dahin nur der Kaiser bedient hatte. Im Südosten des Reichs gab es zwar spätestens seit dem frühen 12. Jahrhundert Dokumente, die Machthaber aus-

[18] UB Babenberger 4. S. 180, n. 846.

[19] Heinrich Fichtenau: Von der Mark zum Herzogtum. Grundlagen und Sinn des »Privilegium minus« für Österreich. ^{2}1965, S. 44ff.

[20] Heinrich Koller: Die königliche Klosterpolitik im Südosten des Reiches. Ein Beitrag zum Niedergang der Reichsgewalt. In: Archiv für Diplomatik 20 (1974), S. 1ff.

[21] Heinrich Fichtenau: Das Urkundenwesen in Österreich vom 8. bis zum frühen 13. Jahrhundert. In: MIÖG Ergbd. 23 (1971), S. 194ff.

stellten und mit bedeutenderen Inhalten versahen – schon damals wurden schlichte Schenkungen, Traditionen, häufiger mit Bestimmungen verbunden, die ein gesteigertes Macht- und Selbstbewußtsein des Ausstellers verrieten, und die geistlichen Fürsten nahmen wenig später für sich allgemein das Recht in Anspruch, in attraktiven Dokumenten gravierende Verfügungen zu erlassen –, die Babenberger haben aber erst nach 1156 dieses kaiserliche Vorrecht in vollem Umfang wahrgenommen.

Diese Privilegien, sofern sie allgemein anerkannt wurden – und das war in Österreich nach 1156 der Fall – ermöglichten dem Fürsten an Institutionen oder Personen Sonderrechte zu verleihen, die eine Bindung der Untertanen an den Privilegienaussteller und Machthaber erheblich festigten. Die auf diese Weise Privilegierten waren zwar wegen der Begleitumstände automatisch genötigt, die Herrschaft ihres Gönners – in welcher Form auch immer – zu akzeptieren und ihre Abhängigkeit von diesem anzuerkennen, tauschten dafür aber Vorteile ein, die allerdings nur selten besser zu fassen sind. Aus diesem Grunde wird diese Privilegienpolitik[22], obwohl sie zu einem ausschlaggebenden Element für den Ausbau der Landeshoheit wurde, von der Forschung wenig beachtet, zumal dieses Instrumentarium der Herrschaft auch nur selten vom Rechtsanspruch des Machthabers, sondern eher von dessen gutem Einvernehmen zu den Begünstigten abhing. Im Mittelalter war es im allgemeinen üblich, die Initiative den Untertanen zu überlassen. In den meisten Fällen erfolgte nämlich die Ausstellung einer Urkunde dieser Art auf Wunsch der Privilegierten, war von deren »Bitte« um die Anfertigung des Dokuments abhängig, wofür dann später auch noch erhebliche Taxen eingefordert wurden, die nach Ansicht der Zeit aber nur die Herstellungskosten abdecken sollten. Wegen dieser Bedingungen war es Personen und Institutionen möglich, sich in begrenztem Bereich ihren »Herren« sogar auszusuchen.

Ungeachtet dieser Gegebenheiten, für die das Jahr 1156 in Österreich eine deutliche Zäsur bildeten, wofür nicht zuletzt wohl das Privilegium minus Grundlage war, wurden jedoch die sich daraus für den Herzog ergebenden Möglichkeiten vorerst kaum ausgeschöpft. Der Wert dieses Rechtes wurde erst später erkannt, nicht zuletzt im Rahmen der Stadtpolitik, die uns noch beschäftigen wird. Das mangelnde Verständnis für diese Möglichkeiten ist aber auch zu begreifen, wenn wir uns erinnern, daß im 12. Jahrhundert der Kampf um die

[22] Aus der reichen Literatur seien als Beispiele zitiert: Paul-Joachim Heinig: Reichsstädte, Freie Städte und Königtum. 1983, S. 267ff. – Eberhard Isenmann: Die deutsche Stadt im Spätmittelalter. 1988, S. 78ff.

Vogteien dominierte, deren Bedeutung von der Forschung gebührend gewürdigt wird, wie etwa das Beispiel Tirol schlagend beweist[23]. So umfangreich und erschöpfend die Literatur zu diesem Thema auch ist, so muß doch angemerkt werden, daß die Mehrzahl der für Österreich vorliegenden Studien einer weitgespannten, aber dennoch einseitig orientierten Rechtsgeschichte verpflichtet ist, die das System der Erbvogtei herausstreicht und sich oft mehr auf genealogische Hypothesen stützt, als den Realitäten gerecht zu werden[24]. Nun kann nicht geleugnet werden, daß die Kanonisten und die Vertreter der Kirchenrechte dem Klostergründer und seiner Familie größtes Vertrauen entgegenbrachten und deren Interessen in erster Linie berücksichtigten, doch hat die Kurie vielen Konventen auch gegensätzliche Rechte zugestanden, wie die Absetzbarkeit des Vogtes und die uneingeschränkte freie Vogtwahl. Wegen dieser Bedingungen fällt es schwer, die Vorgänge mit einem bestimmten Rechtssystem in Einklang zu bringen und die Rechtslage als entscheidende Voraussetzung des Geschehens zu akzeptierten. Zu wenig wird ferner berücksichtigt, daß auch die Reichsoberhäupter nie völlig darauf verzichteten, in die Zustände eingreifen zu dürfen, wenn sie auch weitaus weniger als die Kurie im monastischen Bereich aktiv wurden. Ganz auszuschalten waren sie nie[25].

Mehr wäre noch zu beachten, daß auch die Vermögensverhältnisse oft wesentlich waren. Neben Klöstern, die einem extremen Armutsideal folgten, so daß sich eine Vogtei erübrigte oder wenigstens uninteressant war[26], gab es reiche Konvente, die wegen ihres Besitzes umworben wurden, aber auch wegen der Ausdehnung ihrer Güter oft von einem einzigen Vogt kaum betreut werden konnten. Schwer zu fassen, aber dennoch mehr zu bedenken, ist letztlich noch die Tatsache, daß auch die Ansprüche der Vögte sich im Laufe der Zeit änderten, vor allem aber im 12. und 13. Jahrhundert offensichtlich erweitert wurden[27].

[23] JOSEF FONTANE/W. PETER HAIDER/WALTER LEITNER/GEORG MÜHLBERGER/RUDOLF PALME/OTHMAR PANTHELE/JOSEF RIEDMANN: Geschichte des Landes Tirol 1. 1985, S. 399ff.

[24] So etwa REICHERT. – Vgl. dazu auch oben in Anm. 17 vorgetragenen Einwand.

[25] Vgl. dazu WOLFGANG HÖLSCHER: Kirchenschutz als Herrschaftsinstrument. Personelle und funktionale Aspekte der Bistumspolitik Karls IV. 1985.

[26] HEINRICH KOLLER: Die Entvogtung bei den Zisterziensern. In: Archiv für Diplomatik 23 (1977), S. 209ff.

[27] Vgl. dazu APPELT, Privilegium minus, S. 72ff. Kennzeichnend sind die oftmals veränderten, die Vogtei betreffenden Satzungen für das Kloster Seitenstetten, das zunächst die freie Vogtwahl aus dem Bereiche der Gründersippe zugestanden bekam, dann sogar von der Kurie das Recht der Absetzbarkeit des Vogtes erlangte, in einer im ausgehenden 12. Jahrhundert hergestellten Fälschung aber nicht nur alle diese Rechte beanspruchte, sondern sich auch noch ausdrücklich dagegen verwahrte, daß der Vogt die Bauern des Klosters zu Abgaben zwinge. Aus diesem Text, der in Seiten-

Die Vorgänge sind somit meistens komplizierter als selbst ausführliche Untersuchungen darlegen können. So war es auch fast selbstverständlich, daß wegen dieses Vogteirechts viele Zwistigkeiten entstanden, die sich im Zentrum des allgemeinen Interesses befanden und für das 12. und 13. Jahrhundert charakteristisch wurden.

Wegen dieser Vorfälle war es verständlich, daß die Forschung den Gerichtsparagraphen im Privilegium minus schon früh mit den Ansprüchen der Babenberger auf Vogteien in Zusammenhang brachte und sogar vermutet wurde, dieser wichtige Satz der vieldiskutierten Kaiserurkunde beziehe sich in erster Linie auf die Institution der Vogtei[28]. Inzwischen wurde nachgewiesen, daß auch diese Vereinfachung unhaltbar ist[29]. Um diese neuesten Ergebnisse besser zu erläutern, empfiehlt es sich nun, das Geschick der Klöster in Österreich und deren Vermögen kurz zu streifen.

Innerhalb des babenbergischen Machtbereiches gab es nur drei Klöster, deren Vogtei wegen des Reichtums in der Mitte des 12. Jahrhunderts erstrebenswert war: Melk, Göttweig und Klosterneuburg. Die Konvente an der Traisen dürften damals in Schwierigkeiten und bedeutungslos gewesen sein[30], die Masse der später für Österreich charakteristischen Stifte und Klöster befand sich noch im Gründungsstadium, sie wurden erst gegen Ende des 12. Jahrhunderts interessant, wir dürfen sie übergehen. Doch fällt auf, daß alle drei bedeutsamen Konvente die Babenberger als Vögte schon vor 1156 akzeptiert hatten[31]. Wie viel der Rechtsanspruch der Gründerfamilie wirklich wert war, zeigt die Tatsache, daß die Kurie in ihren Privilegien für Melk und Klosterneuburg ausdrücklich auf das Recht der Stiftersippe hinwies – die Babenberger wurden, zu Recht oder zu Unrecht, das sei dahingestellt, in diesen Konventen als Gründer verehrt –, daß dagegen für Göttweig diese Klausel weggelassen wurde[32]. Dieses Stift hatte Bischof Altmann von Passau errichtet, der mit der Markgrafenfamilie nicht verwandt gewesen war. Lechner glaubte zwar, verwandtschaftliche Bezie-

stetten entstand, könnte abgeleitet werden, daß der Vogt um 1200 sogar den Zehent forderte. – Vgl. dazu auch unten Anm. 34.

[28] Heinrich Brunner: Das gerichtliche Exemtionsrecht der Babenberger. In: Heinrich Brunner: Abhandlungen zur Rechtsgeschichte. Hrsg. von Karl Rauch. 1931, S. 3ff.

[29] Appelt, Privilegium minus, S. 65ff.

[30] Eine gute Übersicht bietet Reichert, Landesherrschaft, S. 189ff.

[31] Reichert, Landesherrschaft, S. 153ff., S. 162ff., 170ff.

[32] Die entsprechenden Papsturkunden sind zusammengestellt in: Regesta pontificum Romanorum, cong. Paulus Fridolinus Kehr: Germania pontificia 1, cong. Albertus Brackmann 1911, S. 227ff.

hungen gefunden zu haben, und meinte, die Babenberger hätten doch dank eines Erbrechtes die Vogtei der Abtei in ihre Hand gebracht[33], doch obwohl diese These fast regelmäßig akzeptiert wird, vermag sie nicht zu überzeugen[34]. Es ist weitaus wahrscheinlicher, daß Markgraf Leopold III. dank seiner guten Kontakte zu Kirche und Klerus sich in Göttweig durchsetzen konnte. Leopold hat sich ganz allgemein bemüht, Einfluß in anderen mächtigen Klöstern im Osten Bayerns zu gewinnen, und konnte in diesen Fällen auch kein Erbrecht geltend machen[35]. Letzten Endes waren demnach bei den meist recht verworrenen Rechtsverhältnissen Energie und Tatkraft eines Fürsten wichtiger als Erbansprüche.

Diese Kirchen- und Klosterpolitik wurde auch von den Söhnen des Markgrafen weitergeführt. So kümmerte sich etwa Herzog Heinrich II. kaum um die kleinen, gerade im Aufstieg befindlichen Konvente in seinem Land, doch erwarb er Rechte in Admont, einer Abtei, die weder eine Babenbergerstiftung war noch in Österreich lag[36]. Treibendes Motiv für dieses Vorgehen war neben anderen Vorzügen der Reichtum des Konvents. Erfolgreicher als die Babenberger waren mit ihrer Klosterpolitik allerdings die Otakare, die den Herzögen von Österreich im Jahre 1186 nicht weniger als fünfzehn Vogteien vermachen konnten[37]. Diese können auch nur zum Teil auf dem Erbwege in die Hand der Herzöge von Steyr gekommen sein. Wenig später wird dann aber bereits der Grundsatz in Österreich verfochten, daß die Vogtei einem Landesfürsten zustehen solle[38], somit eine Ansicht vertreten, die, wenn man will, sogar bis in die Zeit vor dem Privilegium minus zurückverfolgt werden kann und die wohl auch

[33] Karl Lechner. Die Babenberger. 1976. Neudruck 1985, S. 118.

[34] Reichert, Landesherrschaft, S. 154. – Floridus Röhrig: Leopold III., der Heilige, Markgraf von Österreich. 1985, S. 53. – Meine Bedenken richten sich unter anderem gegen die Ansicht, die Formbacher hätten Seitenstetten gegründet. Vgl. dazu Lechner, Babenberger, S. 124. Lechner stützt seine These mit der Tatsache, daß die Zeugenreihe im Stiftbrief für Seitenstetten mit einem Formbacher beginnt. Es ist wohl richtig, daß im allgemeinen meistens die Anverwandten als Zeugen fungieren, doch in diesem Falle hat Bischof Ulrich von Passau, der alles organisierte, seine Gefolgsleute aus der Umgebung seines Bischofssitzes zur Zeugenschaft herangezogen, dagegen fehlen die Verwandten des Klostergründers Udalschalk, die in der näheren Umgebung von Seitenstetten vermutet werden können. So Heinrich Koller: Die Gründungsurkunden für Seitenstetten. In: Archiv für Diplomatik 16 (1970), S. 84ff. Vgl. dazu auch unten Anm. 41.

[35] Dazu Heinrich Koller: Der Babenberger Markgraf Leopold III. und Baiern. In: FS für Peter Acht, München, Historische Studien, Abt. Geschichte. Hilfswissenschaften 15. 1976, S. 86ff. Ergänzend Röhrig, Leopold III., S. 54ff.

[36] Friedrich Hausmann: Die Vogtei des Klosters Admont und die Babenberger. In: Babenberger-Forschungen = Jahrbuch für Landeskunde von Niederösterreich NF 42 (1976), S. 95ff.

[37] Spreitzhofer: Georgenberger Handfeste, S. 16, 67ff.

schon von den Otakaren vertreten worden war. Die These, daß dem Herzog von Österreich die Verfügungsgewalt über Kirchen und Klöster seines Bereiches zustehen sollte, wie auch aus dem Privilegium minus bei entsprechender Interpretation herausgelesen werden konnte, schien jedenfalls schon im frühen 13. Jahrhundert allgemein anerkannt gewesen zu sein.

Als aber der österreichische Herzog Friedrich II. 1235/36 in Schwierigkeiten geriet, wurde sein Anspruch auf die Kirchen in seinem Land sofort wieder angefochten, und nach dem Tode des Herzogs 1246 wurden von den Großen des Landes, die sich auf das Erbrecht der Stifterfamilien beriefen, mitunter sogar Vogteirechte erfolgreich behauptet[39]. Der Streit wurde zu einem Abschluß gebracht, als König Rudolf 1279 entschied, daß eine Vogtei, wenn es keine Erben des Gründers mehr gäbe, an den Landesfürsten fallen solle[40]. Anlaß für diesen Entscheid gaben Zwistigkeiten zu Seitenstetten, einer Abtei, die von einem Udalschalk gegründet worden war, dann aber von Bischof Udalrich von Passau und endlich noch von Erzbischof Wichmann von Magdeburg reich ausgestattet worden war, so daß man hier mit guten Gründen mehrere Stifter feiern konnte. Damals war ferner, wie auch heute, unklar, mit wem Udalschalk verwandt war[41]. So war das Vorgehen des Königs begreiflich und seine Entscheidung zog einen Schlußstrich, leitet aber auch eine neue Phase landesfürstlicher Klosterpolitik ein. Nunmehr können sich herzogliche Rechte gegenüber älteren Grundsätzen erfolgreich durchsetzen. Auf dem Umwege über die Vogtei werden alle Konvente dem Landesfürsten untertan.

So wichtig die Klöster im späten 12. Jahrhundert in Österreich auch waren, so büßten sie doch bald diesen ihren Vorrang ein und traten hinter die Städte zurück, die bereits in der ausgehenden Stauferzeit dominieren konnten. Damals war Wien schon tonangebend. Die Frühgeschichte dieser Stadt liegt allerdings

[38] UB Babenberger 1, S. 220, n. 166. Die Bestimmung gilt zunächst nur für die Zisterzienser, deren Vogteien gesondert beachtet werden sollten, da sich der Orden bemühte, in erster Linie die Gräber der Landesfürsten zu hüten.

[39] Reichert, Landesherrschaft, S. 217ff.

[40] Urkunden zur Verfassungs-Geschichte der deutsch-österreichischen Erblande im Mittelalter. Hrsg. von Ernst Freih. v. Schwind / Alphons Dopsch. 1895, S. 122, n. 59. – Friedrich Böhmer: Regesta Imperii VI: Die Regesten des Kaiserreiches unter Rudolf, Adolf, Albrecht, Heinrich VII. 1273-1313. 1. Abt. Hrsg. von Oswald Redlich. 1898, n. 1101.

[41] Die Diskussion ist kaum mehr zu begreifen. Vgl. die Beiträge von Franz Überlacker, Benedikt Wagner, Franz Steinkellner, in: Österreichs Wiege – Der Amstettner Raum. Hrsg. von Franz Überlacker. 1976. – Eine Klärung sucht neuerdings Heinrich Koller: Bischof Ulrich von Passau und das Stift Seitenstetten. In: Geschichte und ihre Quellen. FS für Friedrich Hausmann. Hrsg. von Reinhard Härtel. 1987, S. 417ff.

im Dunkeln. Sie nahm ihren entscheidenden Aufschwung, als Herzog Heinrich II. Jasomirgott hier 1156 seine Residenz einrichtete[42]. Zunächst genügte die Präsenz des Landesfürsten, um dem Ort Ansehen zu verschaffen, das er hauptsächlich durch die Gründung des Schottenklosters und die Förderung von Kirchenbauten erhöhte. Erst mit Beginn des 13. Jahrhunderts wurde durch Privilegien, die hauptsächlich den Handel stützten, die herzogliche Macht stärker eingesetzt[43], ohne daß klar wird, ob bei dieser Gelegenheit der Gerichtsparagraph des Privilegium minus zur Anwendung gekommen war oder nicht.

Vor dem Aufstieg Wiens war Krems das wichtigste wirtschaftliche Zentrum des Raumes gewesen, doch ist das Geschick auch dieser Stadt ungewiß[44]. Sie hatte wohl früher dem Kaiser unterstanden, muß aber bald dem Bereich der Babenberger eingegliedert worden sein. Aufschlußreich für die Zustände ist erst eine Urkunde von 1200, als der Herzog von Österreich den Bürgern von Zwettl das gleiche Recht erteilte, das bis dahin für die Kremser gegolten hatte[45]. Da Zwettl aber eher von den Kuenringern ausgebaut worden war und diese auch später Herren dieser Stadt waren[46], muß offen bleiben, ob der Babenberger die Stadtgemeinde selbst privilegierte oder ob er nur die Rechte, die den Kremsern in Österreich zugestanden worden waren, auch den Zwettlern für das Gebiet des Herzogtums Österreich verlieh.

Meines Erachtens sollten wir aber dieses Schriftstück nicht so scharf interpretieren. Ungeachtet der Ansprüche, die gewiß die Kuenringer erheben konnten, wird in diesem Stück deutlich, daß der Herzog von Österreich mit Hilfe von Privilegien über Bürgerschaften verfügte, auf diese Einfluß nahm und nicht nur eine neue Form der Stadtpolitik einleitete, sondern sich auch berechtigt fühlte, die Rechtsstellung der Städte und deren Handel in seinem Lande entscheidend zu bestimmen. Voll ausgebildet ist dieser Machtanspruch einige Jahre später, als 1212 Enns sein vielbeachtetes Stadtrecht erhielt, ein ausführliches Dokument, das die Ennser bevorzugte. Damals war zu erwarten, daß die Städte Österreichs durchweg in die Untertänigkeit des Herzogs geraten würden[47].

[42] Aus der überreichen Literatur sei verwiesen auf Peter Csendes: Geschichte Wiens. 1981, S. 22ff.

[43] UB Babenberger 1, S. 116ff., 209ff., n. 86, 161.

[44] Österreichisches Städtebuch. Hrsg. von Alfred Hoffmann. 4. Band, 2. Teil. Die Städte Niederösterreichs. Red. Friederike Goldmann/Evelin Oberhammer/Johannes Pradel. 1976, S. 145ff.

[45] UB Babenberger 1, S. 150f., n. 115.

[46] Österreichisches Städtebuch (vgl. Anm. 44). 4. Band, 3. Teil. Die Städte Niederösterreichs. Red. Friederike Goldmann. 1982, S. 373ff.

[47] UB Babenberger 1, S. 249ff., n. 183. – Dazu Österreichisches Städtebuch (vgl. Anm. 44). 1. Band. Die Städte Oberösterreichs. Red. Herbert Knittler. 1968, S. 119.

Ehe wir diesen Prozeß weiterverfolgen, müssen wir doch erinnern, daß zunächst, wie schon angedeutet, der städtische Handel und nicht die Städte selbst privilegiert wurden, wie die entsprechenden Dokumente für die Regensburger und flandrischen Kaufleute beweisen[48]. Aus den Begleitumständen dürfen wir schließen, daß durch diese Dokumente aber nicht nur die Empfänger dieser Schriftstücke selbst, sondern die gesamte Wirtschaft in Österreich, insbesondere aber wieder die Städte und deren Bürger unterstützt werden sollten. Die Quellen zeigen, daß die Stadtpolitik der Babenberger nicht nur aus den Privilegien für die Städte selbst, sondern auch aus anderen Unterlagen erschlossen werden muß und daß neben der Rechtslage vor allem auch die wirtschaftliche Situation für die Entwicklung ausschlaggebend war. Es versteht sich von selbst, daß deshalb die Bestimmungen, die in Stadtprivilegien ökonomische Belange berühren, nicht übersehen werden dürfen, wohl aber sei angedeutet, daß wirtschaftliche Faktoren, auch wenn sie entscheidend waren, in den Urkunden, die Städten verliehen wurden, oft gar nicht angeführt werden. Dies sei für die folgenden Beobachtungen vorausgeschickt.

Ungeachtet des Privilegium minus, dessen Gerichtsparagraph vielleicht Privilegierungen von Städten durch andere Machthaber untersagte – klar sind die Verhältnisse oft nicht, und so sei zur Illustration nur auf die Forschungen Otto Brunners verwiesen, die zur Seite bleiben sollen, um weitere Verkomplizierungen zu vermeiden[49] –, zeichnete noch 1159 der Bischof von Passau mittels einer Urkunde die Stadt St. Pölten aus. Es wird daher auch die Ansicht vertreten, dieses Dokument und nicht das schon genannte Stadtrecht für Enns sei der früheste Beleg für die Entwicklung in Österreich. Wie dem auch sei, Tatsache ist, daß der Bischof die Stadtherrschaft zu St. Pölten behaupten konnte und unter anderem auch von König Rudolf I. bestätigt bekam[50]. Bei dieser Gelegenheit werden übrigens dem geistlichen Fürsten auch seine Ansprüche auf die Stadt Mautern anerkannt.

[48] Vgl. oben Anm. 43.

[49] Otto Brunner: Land und Herrschaft. Grundfragen der territorialen Verfassungsgeschichte Südost-Deutschlands im Mittelalter. ^{1}1939, ^{5}1965. Die von Brunner aufgegriffenen Themen und die ausgedehnte Diskussion darüber können in unserer knappen Übersicht nicht berücksichtigt werden.

[50] Österreichisches Städtebuch 4/3, S. 33ff., bes. S. 38. – Vgl. dazu auch Karl Gutkas: Die Entwicklung des österreichischen Städtewesens im 12. und 13. Jahrhundert. In: Die Städte Mitteleuropas. Hrsg. von Wilhelm Rausch. 1963, S. 77ff. Die Tatsache, daß im späten 13. Jahrhundert auch der Hochadel erfolgreich die Herrschaft über österreichische Städte anstrebte, möchte ich weniger mit geänderten Rechtsauffassungen als vielmehr mit dem Verfall landesfürstlicher Macht nach 1246 erklären.

Es bleibt uns nicht die Zeit, das analoge Geschick einiger anderer Städte im Bereich des Herzogtums Österreich zu verfolgen und den relativ langen Weg zu zeigen, der bewältigt werden mußte, bis es den Herzögen gelungen war, so gut wie alle Städte sich völlig untertan zu machen. Es muß genügen, zwei kennzeichnende Erscheinungen, wie sie für Österreich bestimmend wurden, herauszustreichen. Es glückte erstens keiner Bürgergemeinde, eine Stadtherrschaft abzuschütteln. Sofern nicht ein anderer Mächtiger dieses Recht beanspruchte, nahm es der Landesfürst wie selbstverständlich wahr. Und zweitens gedieh die Wirtschaft in Städten, die dem Landesfürsten unterstanden, meistens besser als in jenen Orten, die Habsburgern und Babenbergern nicht unmittelbar untertan waren. Ob die Fürsten, wie im Falle der Vogteien, sich mehr anstrengten, reiche Städte zu gewinnen oder ob der Reichtum erst mit der landesfürstlichen Gewalt und der sich daraus ergebenden Förderung der Bürger erklärt werden muß, soll dahingestellt bleiben.

Instruktiv und kennzeichnend für das Geschick der österreichischen Städte sind die Vorgänge zu Wien. Die Stadt war schon im frühen 13. Jahrhundert zum wichtigen Faktor in Österreich geworden, wurde daher auch von Landesfürsten und Kaiser mit zahlreichen Sonderrechten ausgestattet, die sie zum Teil 1296 unter der Herrschaft Herzog Albrechts I. wieder einbüßte[51]. Wenige Jahre später wurde sie aber, nicht zuletzt wegen ihres Residenzcharakters, von den Landesfürsten wieder bevorzugt[52] und konnte hauptsächlich wegen ihrer wirtschaftlichen Bedeutung in den Kämpfen des 15. Jahrhunderts eine überragende Rolle spielen, die bis in das frühe 16. Jahrhundert behauptet werden konnte[53]. Doch damit befinden wir uns schon wieder in einer Epoche, die wir ausklammern wollen.

Diese Stadtpolitik war im frühen 13. Jahrhundert auch wichtig geworden, da die Regalien damals in Städten genutzt wurden, wie Mitterauer schon bewies. So wurden zum Beispiel nicht nur die Zollstätten in Städte verlegt – und in diesen gleichzeitig Münzstätten eingerichtet – sondern Zollstätten nach Möglichkeit auch mit urbanen Rechten ausgestattet, wofür Leopold VI. (1198 -

[51] Fontes rerum Austriacarum, Abt. 3: Fontes iuris. 9. Band: Die Rechtsquellen der Stadt Wien. Hrsg. von Peter Csendes. 1986, S. 94ff., n. 17.

[52] Günther Hödl: Friedrich der Schöne und die Residenz Wien. In: Jahrbuch des Vereines für Geschichte der Stadt Wien 26. 1970, S. 7ff. – Ders.: Habsburg und Österreich 1273 - 1493. Gestalter und Gestalt des österreichischen Spätmittelalters. 1988, S. 16ff.

[53] Zum Verlust der Vorrechte im frühen 16. Jahrhundert vgl. Csendes, Rechtsquellen S. 267ff., n. 76. – Dazu Max Kratochwil: Wien im 16. Jahrhundert. In: Die Stadt an der Schwelle zur Neuzeit. Hrsg. von Wilhelm Rausch. 1980, S. 75ff.

1230) verantwortlich sein soll[54]. Und wenn wir noch berücksichtigen, daß der Ausbau der Städte wegen ihrer Wehranlagen, die in ihrer rechtlichen Bedeutung übrigens auch relativ spät erfaßt wurden, überdies noch die Verfügungsgewalt des Befestigungs- und Burgregals voraussetzte, wird deutlich, daß die entscheidenden Hoheitsrechte seit dem 13. Jahrhundert auf die Städte konzentriert waren und Stadtpolitik zum wichtigsten Anwendungsbereich landesfürstlicher Machtpolitik geworden war[55].

Das Burgregal war aber nicht nur für die Städte, sondern auch für den Adel wichtig, der sich seit dem Hochmittelalter durch seine Höhenburgen als besondere Gruppe auswies[56]. Damit sind wir bei einem fast uferlosen Thema angekommen, bei der Sonderstellung und den Rechten des Adels, bei einem Problem, das wir nicht weiter verfolgen wollen. Es muß der Hinweis genügen, daß die Großen Österreichs schon 1186 in weitaus größere Abhängigkeit von ihrem Landesfürsten gekommen waren als die Mächtigen benachbarter Landschaften[57]. Diese Randbemerkung genügt, um die überragende Stellung des österreichischen Herzogs zu verdeutlichen. Und wenn auch manche Herren in den Wirren des 13. Jahrhunderts ihren Freiheitsbereich in Österreich gelegentlich wieder ausdehnen konnten, was in den Randlandschaften den Großen nicht zuletzt dank einer geschickten Schaukelpolitik zwischen den einzelnen Königreichen und Herzogtümern erleichtert wurde, so gab es doch keinen Zweifel, daß das Fürstentum Österreich ein Land mit einheitlicher Herrschaft geworden war, einer Herrschaft, die in wichtigen Belangen aber erst im Laufe des 13. Jahrhunderts ihre Prägung erfahren hatte[58].

Wir halten inne und blicken zurück. Es war deutlich geworden, daß die Verfügungsgewalt über die Kirchen- und Klostervogteien, die Ausübung der Stadtherrschaft in großen Bürgergemeinden und endlich die Abhängigkeit des Adels vom Herzog zu den wichtigsten Stützen der landesfürstlichen Macht

[54] MICHAEL MITTERAUER: Zollfreiheit und Marktbereich. Studien zur mittelalterlichen Wirtschaftsverfassung am Beispiel einer niederösterreichischen Altsiedellandschaft. 1969, S. 338ff. – DERS.: Markt und Stadt im Mittelalter. 1980, S. 264ff.

[55] Dazu HEINRICH KOLLER: Die mittelalterliche Stadtmauer als Grundlage städtischen Selbstbewußtseins. In: Stadt und Krieg. Hrsg. von BERNHARD KIRCHGÄSSNER / GÜNTHER SCHOLZ (= Stadt in der Geschichte Bd. 15. Begründet von Erich Maschke und Jürgen Sydow). 1989, S. 9ff.

[56] Die Burgen im deutschen Sprachraum. Ihre rechts- und verfassungsgeschichtliche Bedeutung. Hrsg. von HANS PATZE. Vorträge und Forschungen 19. 1976. – Wegen besonderer Gründlichkeit wäre noch hervorzuheben: MARTIN BITSCHNAU: Burg und Adel in Tirol zwischen 1050 und 1300. Grundlagen zu ihrer Erforschung. In: Sitzungsberichte Wien, Bd. 403, Sonderband 1, 1983.

[57] SPREITZHOFER, Georgenberger Handfeste, S. 33f.

[58] APPELT, Privilegium minus, S. 73ff.

geworden waren. Dabei war das letzte dieser Phänomene nur knapp gestreift worden. Wegen der schlechten Quellenlage – in diesem Bereich wurde nur wenig dokumentiert – ist allzu viel unklar. Wichtig war es für die Ausbreitung herzoglicher Gewalt, daß auch viele Familien des Hochadels im 12. und 13. Jahrhundert ausstarben. Doch konnten die überlebenden Familien, wie etwa die Kuenringer, ihre Machtstellung oft auch nicht behaupten[59]. Es ist schwer zu entscheiden, wie weit damals eine brutal angewandte Politik des Landesfürsten oder eher die Rechtsverhältnisse den Ausschlag für die Entwicklung gaben. Weitaus besser waren jedenfalls die Vorgänge zu verfolgen, die es den Herzögen von Österreich ermöglichten, Klöster und Städte unter ihre Gewalt zu bringen.

Eine entscheidende Grundlage war dafür gewiß oft das Privilegium minus, doch wurde dessen Nutzen wohl erst um 1200 und später erkannt. Zu dieser Zeit war es jedenfalls ein Argument für gesteigerte Ansprüche des Herzogtums, das jedoch, wie schon angedeutet, 1235 in Schwierigkeiten geriet. Das Aussterben der Babenberger brachte weitere Komplikationen. Ein deutlicher Rückgang landesfürstlicher Gewalt war die Folge. König Rudolf I., der das Herzogtum für seine Familie sichern konnte, war nur imstande, die Ansprüche auf die Vogteien im Lande zu sichern, eine analoge österreichische Stadtpolitik konnte er jedoch kaum stützen, wie er auch vor dem Adel in Österreich und Steyr zurückweichen mußte. Sein Sohn Albrecht festigte dann wieder die herzogliche Stellung[60]. Österreich war unter ihm wieder ein weitgehend abgeschlossener Territorialstaat geworden. Diese Entwicklung zeichnete sich übrigens auch in dem Interesse ab, das dem Privilegium minus gewidmet wurde. Sein Text wurde, wie die Überlieferung zeigt, zunächst wenig beachtet, jedoch nach 1235 und in den folgenden Jahrzehnten mehrmals abgeschrieben[61].

Im 14. Jahrhundert waren die Bestimmungen des Dokuments jedoch überholt und veraltet, und so lag es auf der Hand, das Schriftstück zu verfälschen und zu erweitern, wie es dann gegen 1360 geschah, als das sogenannte Privilegium maius entstand. Darin ist nun nicht mehr, wie in seiner echten Vorlage, das Erbrecht an erster Stelle behandelt, es wird vielmehr primär die absolute Lehenshoheit über alle, die in Österreich Besitz haben, und die Verfügungsge-

[59] Gernot Heiss: Die Kuenringer im 15. und 16. Jahrhundert. Zum Machtverlust einer Familie. In: Jahrbuch für Landeskunde von Niederösterreich NF 46/47 (1980/81), S. 227ff.

[60] Alfons Dopsch: Albrechts I. von Österreich Bedeutung für die Ausbildung der Landeshoheit in Österreich (1282-98). In: Blätter des Vereins für Landeskunde von Niederösterreich, NF 27 (1893), S. 241ff. – Alphons Lhotsky: Geschichte Österreichs seit der Mitte des 13. Jahrhunderts (1281-1358). 1968, S. 72ff.

[61] Appelt, Privilegium minus, S. 20ff.

walt über die Regalien verlangt. Alle jene Rechte, die im 13. Jahrhundert zur Diskussion standen, sind somit in den Mittelpunkt gerückt. Die Vogtei wird allerdings nicht mehr berührt. Den Kampf, der darum geführt worden war, hatten die Habsburger bereits erfolgreich beendet. Die restlichen Bestimmungen der Urkunde sind für unser Thema unwichtig, wohl aber ist entscheidend, daß an versteckter Stelle verlangt wird, Recht und Macht des österreichischen Landesfürsten sollten auf alle Gebiete ausgedehnt werden, die in Zukunft die österreichischen Herzöge erwerben sollten[62]. Damit sind wir beim zweiten Abschnitt unserer Studie angelangt.

Die Übertragung österreichischer landesfürstlicher Rechte in andere Länder

Dieses Problem war akut geworden, als die Babenberger das Herzogtum Steyr erwarben, ein Territorium, dessen Eigenständigkeit sie noch 1186 garantiert hatten[63]. Dennoch nannte sich Herzog Leopold V. nach 1192 in Urkunden und Siegeln Herzog von Österreich und Steyr und deutete mit diesem Titel die Vereinigung und wohl auch Vereinheitlichung beider Länder an[64]. Haltbar war aber dieser Zustand offensichtlich nicht, und so wurde nach dem Tod des Babenbergers 1195 wieder geteilt. Leopold VI. bekam Steyr, sein Bruder Friedrich I. Österreich[65]. Nach dessen Tode 1198 vereinte Leopold VI. die beiden Fürstentümer, nannte sich zunächst auch noch Herzog von Österreich und Steyr und führte bis 1204 ein Siegel mit diesem Titel[66]. Diese Vorgangsweise dürfte Anstoß erregt haben. Später, bis zum Aussterben des Geschlechts, wurde jedenfalls ein Münzsiegel verwendet, das auf der einen Seite den Fürsten als Herzog von Österreich mit dem Reichsadler, später mit dem Bindenschild als Wappen, auf der anderen Seite aber als Herzog von Steyr mit dem Panther am Schild zeigte[67]. Die Eigenständigkeit beider Länder war damit wieder deutlich ausgewiesen. Auch die 1245 vorgesehene Erhebung der babenbergischen Lande zum Königreich, die zwar nie realisiert wurde, aber dennoch stets beachtet wurde

[62] Lhotsky, Privilegium maius, S. 88.

[63] Vgl. oben Anm. 57.

[64] Urkundenbuch zur Geschichte der Babenberger in Österreich, 3. Band v. Oskar Frh. v. Mitis, ergänzt von Franz Gall. 1954, S. 23, n. 20.

[65] Zöllner, Geschichte Österreichs, S. 73ff.

[66] UB Babenberger 3, S. 28, n. 25.

[67] UB Babenberger 3, S. 30f., n. 26f.

und somit wirksam blieb[68], sieht nicht, wie es fälschlich immer wieder behauptet wird – auch ich beging den Fehler[69] – eine Aufwertung Österreichs vor, sondern die Errichtung eines Königreichs Österreich-Steyr, wie sogar noch ein bis jetzt in seiner Deutung übersehenes Siegel Kaiser Friedrich III. erkennen läßt[70]. Eine Verschmelzung österreichischer und steyrischer landesfürstlicher Rechte ist somit im frühen 13. Jahrhundert allenfalls behutsam angestrebt, aber nie verwirklicht worden. Sie wurde sogar unmöglich, als 1254 Steyr unter ungarische und Österreich unter böhmische Herrschaft gekommen war[71]. Als der böhmische König Ottokar II. 1260 dann aber doch wieder das Herzogtum Steyr neben Österreich behaupten konnte, sind die in Österreich geltenden Rechte gegenüber den böhmischen zweitrangig und spielen somit für einige Jahre keine wesentliche Rolle[72]. Die Vorgänge in der Mitte des 13. Jahrhunderts sind demnach für unser Thema unergiebig.

Die babenbergischen Herzogtümer rückten erst wieder in den Mittelpunkt des Interesses, als König Rudolf I. diese Länder erwarb und damit seine Söhne Rudolf und Albrecht belehnte[73]. In welchem Ausmaße sich daraus eine Verbindung der habsburgischen Stammlande mit Österreich und Steyr ergab, ist schwer zu entscheiden, aber wenig bedeutsam, da schon am 1. Juni 1283 im Vertrag zu Rheinfelden der Besitz aufgeteilt und die Länder des Ostalpenraumes Albrecht I. zugewiesen wurden[74], der sofort energisch die bis dahin brüchig gewordene herzogliche Gewalt festigte, wie nicht zuletzt seine Politik gegenüber der Stadt Wien beweist, die sich 1296, wie schon erwähnt, mit einem gegenüber 1236 und 1278 wesentlich eingeschränkten Stadtrecht zufrieden geben mußte[75]. Wir haben vorgegriffen und müssen kurz nochmals zurückblicken und uns erinnern, daß Albrecht schon 1277 in Österreich eingesetzt worden war, als er 22 Jahre alt und dank der Wahl seines Vaters zum Reichsoberhaupt zu einer wichtigen politischen Persönlichkeit geworden war. Es hatte zwar in Österreich eini-

[68] Dazu zuletzt Hermann Wiesflecker. Neue Beiträge zu Kaiser Maximilians Plänen eines »Königreiches Österreich«. In: FS für Helmut J. Mezler. Andelberg 1988, S. 529ff.

[69] Vgl. oben Anm. 10.

[70] Otto Posse: Die Siegel der deutschen Kaiser und Könige von 751 bis 1913. Bd. 5. 1913, S. 52, n. 16. In diesem Siegel sind die Wappen der Herzogtümer Österreich und Steyr nebeneinandergestellt und werden von dem Wappen des römischen Königs bekrönt. Der Plan des 13. Jahrhunderts, Österreich-Steyr zum Königreich zu erheben, war auch Kaiser Friedrich III. bekannt.

[71] Zöllner, Geschichte Österreichs, S. 111ff.

[72] Zöllner, Geschichte Österreichs, S. 113ff.

[73] Lhotsky, Geschichte Österreichs, S. 101ff.

[74] Schwind-Dopsch, Urkunden, S. 133, n. 68.

[75] Vgl. oben Anm. 51.

gen Anstoß erregt, daß er in seinem Gehaben und auch mit dem Kreis seiner Ratgeber seine alemannische Herkunft nie verleugnete[76], in seinen Aktionen war er aber bis 1290, als sein Bruder, und 1291, als sein Vater starb, in erster Linie stets Herzog von Österreich und Steyr, und er hat in dieser Eigenschaft nicht nur die Ausweitung landesfürstlicher Macht betrieben, sondern auch die steyrischen Sonderrechte beseitigt. Er bemühte sich um eine bis dahin kaum mit Nachdruck versuchte Verschmelzung der beiden Fürstentümer[77]. Erleichtert wurde diese seine Politik durch den Verlust von Kärnten und Krain, mit Ländern, die aus dem ottokarischen Nachlaß an Meinhard II. gelangt waren und daher mit ihrer anders gearteten Problematik und den deshalb anstehenden Komplikationen nicht berücksichtigt werden mußten[78].

Mit diesen knappen Bemerkungen ist der Wesenszug der Handlungen Albrechts erfaßt: Er stärkte und vereinheitlichte die landesfürstliche Macht, er verschleppte als erster die Rechte eines Herzogs von Österreich erfolgreich nach Steyr und trat wohl auch schon wie ein österreichischer Landesfürst nach 1290/91 am Oberrhein auf. Wegen der schlechten Quellenlage ist es nicht leicht, das Vorgehen des Habsburgers zu analysieren, zumal er unter verschiedenen Titeln, vorerst etwa als »filius regis« agierte[79]. Dieser Beleg läßt vermuten, daß er sich zunächst nach Programmen orientierte, die in Westeuropa anerkannt waren, daß er somit von Anbeginn als moderner Fürst auftrat. Sein Handeln ist folglich unter diesen Umständen keineswegs ausschließlich aus den Verhältnissen zu erklären, die er in Österreich vorfand. Doch ist auch zu bedenken, daß er hier und in Steyr Gegebenheiten vorfand, die seinen Wünschen gelegen kamen, und daß er in einer entscheidenden Lebensphase mehr und mehr zum Österreicher werden mußte. Als er 1291 nach dem Tode seines Vaters dessen Erbe antrat, wurde er jedenfalls wegen seiner langjährigen Tätigkeit im Südosten des Reichs und wegen seines Engagements in diesem Raum zu Recht von seiner Umwelt eher als Österreicher und nicht mehr als Alemanne eingeschätzt.

Ob ihm die Problematik dieser seiner Aktionen bewußt geworden war, läßt sich schwer entscheiden. Die Schwierigkeiten dabei wurden, wie wir bald sehen werden, erst später erkannt und überwunden. Überdies wäre zu bedenken, daß

[76] Lhotsky, Geschichte Österreichs, S. 45.

[77] Vgl. oben Anm. 60.

[78] Hermann Wiesflecker: Meinhard II., Tirol, Kärnten und ihre Nachbarländer am Ende des 13. Jahrhunderts. 1955, S. 112ff.

[79] Lhotsky, Geschichte Österreichs, S. 43ff., hat zwar einige der Titel Albrechts I. angeführt, bietet aber keine vollständige Übersicht. – Vgl. auch Lexikon des Mittelalters Bd. 1. 1980, S. 311 (Heinrich Koller).

sich der Habsburger immer als Anwärter auf die römischdeutsche Königskrone fühlte und auch aus diesem Anspruch eine Sonderstellung ableiten konnte. Seine allseits gefürchtete Herrschsucht könnte sich nicht zuletzt aus allen diesen Elementen ergeben haben. In seinem politischen Werdegang hatte aber Österreich eine so bedeutende Rolle gespielt, daß er die hier üblichen landesfürstlichen Machtansprüche wohl schon nach dem Südwesten des Reichs verschleppt haben könnte, ehe dieses Vorgehen als Programm im Privilegium maius ausdrücklich festgelegt worden war. Für einen österreichischen Landesfürsten war es fast selbstverständlich, daß eine Bürgergemeinde seines Einflußbereiches ihn auch als Stadtherrn anerkannte. Damit wären auch seine Aktionen gegenüber der Stadt Luzern am besten zu erklären. Albrechts Handlungsweise am Oberrhein entspricht jedenfalls der Stadtpolitik, die er auch in Österreich verfolgt hatte und die den Zuständen in diesem Land angepaßt gewesen war[80].

Sein Handeln hat jedenfalls die Eidgenossen alarmiert, die sich 1291 durch ein Schutz- und Abwehrbündnis absichern wollten, aber sicherlich noch nicht Österreich als Gegner empfanden, zumal ja schon nach kurzer Zeit, 1298, als Albrecht I. römisch-deutscher König geworden war, primär vom Königtum und nicht von einem österreichischen Herzog Gefahr drohte, von einer habsburgischen Politik, die bis 1330, bis zum Tode Friedrichs, des Sohnes und Nachfolgers Albrechts, andauerte[81]. Zwar trat Leopold, der Bruder Friedrichs, der am Oberrhein die Macht ausübte, nominell auch hier als Herzog von Österreich auf, doch war es sein Hauptziel, die königliche Würde für seine Sippe zu sichern, und manches ist wohl besser zu erklären, wenn wir bedenken, daß er sich in erster Linie als engster Mitstreiter des Reichsoberhauptes fühlte[82].

Doch wie dem auch sei, entscheidend ist, daß sich die Habsburger in dieser Zeit oder wenig später entschlossen, ihren gesamten Besitz unter dem Terminus »Herrschaft Österreich« zu vereinen[83]. Damit war die Voraussetzung geschaffen, auch im Südwesten des Reichs als österreichische Herzöge Vogteien

[80] Albrecht verfolgte keine Stadtpolitik nach wirtschaftlichen Grundsätzen, beanspruchte aber generell die Stadtherrschaft. Dazu Winfried Stelzer: König Albrecht I. und die Städte. In: Bericht über den sechzehnten österreichischen Historikertag in Krems/Donau. Veröffentlichungen des Verbandes Österreichischer Geschichtsvereine 25 (1985), S. 95ff. – Michaela Krissl: König Albrecht I. und die Reichsstädte am Mittelrhein und in der Wetterau. In: Jb. für westdeutsche Landesgeschichte 16 (1990), S. 175ff.

[81] Lhotsky, Geschichte Österreichs, S. 228ff.

[82] Hödl, Habsburg, S. 32ff.

[83] Erich Zöllner, Der Österreichbegriff. Formen und Wandlungen in der Geschichte. 1988, S. 35ff.

von Klöstern, deren Gründerfamilie ausgestorben war, und die Herrschaft über bis dahin freie Städte zu beanspruchen. Dieses Vorgehen könnte die Antwort auf den eidgenössischen Grundsatz gewesen sein, die feindliche Familie nur mit ihrem gräflichen Rang anzuerkennen und ihr landesfürstliches Recht, wie es in Österreich wahrgenommen worden war, für den Südwesten abzustreiten. Leider sind die Begleitumstände für das Werden des Begriffs »Herrschaft Österreich« derzeit noch schlecht erforscht. Das urkundliche Material ist nur zum Teil in unzulänglichen Regesten erfaßt, die Aussichten, diese Quellen in absehbarer Zeit überprüfen zu können, sind kaum gegeben, zumal sich die guten und verläßlichen Editionen der Schweiz auf das eigene Land beschränken. Es ist daher nicht möglich, das Geschehen für unser Thema aufzuhellen. Einige Hinweise müssen genügen.

So sei nur erinnert, daß die Habsburger die Vogteien der mächtigen Klöster zu Einsiedeln und St. Gallen erwarben oder anstrebten und daß aus den sich daraus ergebenden Verpflichtungen die schwersten kriegerischen Konflikte erwuchsen. Nun ist eine Klosterpolitik dieser Art gewiß nicht nur in Österreich verfolgt worden und für dieses Land bezeichnend, doch die scharfe Formulierung, daß die Klostervogtei dem Landesfürsten und nicht der Gründersippe zustehe, ist doch eher für das Fürstentum an der Donau typisch und hatte wohl mitgespielt, daß sich die Habsburger als Beschützer der beiden genannten Konvente aufspielten und dabei in schwersten Gegensatz zu den Eidgenossen gerieten. Und wenn auch die Kriege des 14. Jahrhunderts hauptsächlich zwischen Personen alemannischer Herkunft ausgetragen wurden, dann prallten, wenn wir die Denkmodelle beachten, dann doch Machtansprüche, wie sie österreichische Landesfürsten entwickelt hatten, auf Gegebenheiten und Strukturen, die für den Südwesten des Reichs charakteristisch waren. Hier hatten Klöster, Städte und Gemeinden eine Unabhängigkeit, wie es sie an der Donau nicht gab und die hier als unrechtmäßig galt.

Diese für Österreich kennzeichnenden politischen Konzepte waren auch Anlaß für weitere Konflikte und ausschlaggebend für neue Kämpfe, die zu Beginn des 15. Jahrhunderts erneut ausbrachen und im Appenzeller Krieg einen ersten weiteren Höhepunkt erreichten[84]. Und da in diese Gegensätze auch König Siegmund von Ungarn, der spätere König und Kaiser des Reichs verwickelt

[84] P. Rainald Fischer / Walter Schläpfer / Franz Stark: Appenzeller Geschichte Bd. 1. 1964, S. 142ff.

war[85], wurden in diesem Jahrhundert die eidgenössisch-österreichischen Kämpfe für weite Teile des Abendlandes zur Belastung. Es überrascht folglich nicht, daß erst in dieser Epoche – und nicht schon 1386 und 1388 nach den Schlachten zu Sempach und Näfels – die Entscheidungen fallen. Die Vorgänge sind allerdings, insbesondere nach dem Jahre 1415, so turbulent und verwickelt, daß wir auf eine Analyse des Geschehens verzichten müssen, zumal die Habsburger die militärischen Schlappen, die sie abermals hatten hinnehmen müssen – diesmal war in erster Linie die Stadt Bern für die eidgenössische Überlegenheit verantwortlich gewesen – später durch geschickte Diplomatie auszugleichen wußten[86]. So hatte es längere Zeit auch den Anschein, als ob auch diese Niederlagen wirkungslos geworden seien. Wie hatten die Österreicher dieses Ziel erreicht?

Mit dem Erwerb der römisch-deutschen Königskrone durch den Habsburger Albrecht V. im Jahre 1438 hatte sich für sie abermals die Möglichkeit ergeben, nunmehr wieder die Würde eines Reichsoberhauptes gegen die Eidgenossen einzusetzen, die überdies wegen des Toggenburger Erbes zerstritten waren[87].

Als es nun 1439 glückte, die Stadt Zürich für die österreichische Partei zu gewinnen, wurde der Begriff »Haus Österreich«, der bis dahin dem allgemeinen Sprachgebrauch entsprechend nur verschwommen und ohne schärferen Rechtsinhalt üblich war, in einer entscheidenden Formel, die wahrscheinlich der Protonotar Marquad Brisacher, später Bürgermeister zu Konstanz und Wortführer des österreichischen Anhangs, entwickelte und einführte, mit der kaiserlichen Würde in einer Weise verbunden, daß daraus für die Zukunft der Anspruch der Familie auf den vererbbaren Rang eines Reichsoberhauptes herausgelesen wurde[88]. Welches Gewicht diesen Worten tatsächlich zukommt, ist kaum zu sagen. Tatsache ist jedoch, daß seit diesem Zeitpunkt die Habsburger, von ganz wenigen Ausnahmen abgesehen, in der Folge das Kaisertum durch Jahrhunderte behaupten konnten und sich daher die Eidgenossen seit 1439/40 nicht mehr mit

[85] Heinrich Koller: Kaiser Siegmunds Kampf gegen Herzog Friedrich IV. von Österreich. In: Studia Luxemburgensia Bd. 4 (= FS für Heinz Stoob). 1989, S. 313ff.

[86] Regesten Kaiser Friedrichs III. Hrsg. von Heinrich Koller. Heft 6: Die Urkunden und Briefe aus den Archiven des Kantons Zürich. Bearb. Alois Niederstätter, 1989. S. 9ff.

[87] Günther Hödl: Albrecht II., Königtum, Reichsregierung und Reichsreform 1438-1439. Forschungen zur Kaiser- und Papstgeschichte des Mittelalters Bd. 3. 1978.

[88] Peter F. Kramml: Kaiser Friedrich III. und die Reichsstadt Konstanz (1440-1493). 1985, S. 294ff.

österreichisch-landesfürstlichen, sondern mit österreichisch-kaiserlichen Ansprüchen auseinandersetzen mußten[89].

Kaiser Friedrich III. betrieb jedenfalls schon im Jahre 1442 die Sicherung und Ausweisung der österreichischen Macht im Raume der Schweiz mit Hilfe königlicher und herzoglicher Rechte. Die abermalige Niederlage im Zürichkrieg der Jahre 1443/44 zerstörte zunächst Anfangserfolge und Erwartungen Friedrichs, der jedoch deshalb seine Rechte wohl kaum preisgab. Sicherlich hätte der hartnäckige Herrscher, wenn sich eine günstige Gelegenheit geboten hätte, seine Ansprüche erneuert. Doch die Weltgeschichte verlief ganz anders, als noch 1444 abzusehen war[90]. Die hektische burgundische Expansion nach 1467 unter Karl dem Kühnen zwang, diesen abzuwehren und ihn nicht nur zum Verzicht auf seine Ansprüche zu bewegen, sondern ihn auch als Verbündeten zu gewinnen. Dank dieser Vereinbarungen konnte 1477 das burgundische Erbe wider Erwarten früh von Maximilian tatsächlich erworben werden. Da dieses gegen Frankreich verteidigt werden mußte, waren die Eidgenossen zweitrangig geworden[91]. Der französische König wurde zum größten Widersacher, der alle österreichischen Kräfte in Anspruch nahm und gegen den nunmehr der imperiale Anspruch des Hauses Österreich einzusetzen war. Dessen Besitzungen in Vorderösterreich hatten seither nur mehr die Funktion, Bastionen gegen Westen zu sein. Die Eidgenossen konnten allerdings dennoch die Verbindung österreichischer und kaiserlicher Macht nicht ohne weiteres tolerieren. Die Spannungen nahmen zwar ab, die Kämpfe hörten auf, doch der Wille der Schweizer, sich vom Haus Österreich zu distanzieren, blieb bestehen und führte sie aus dem Reich und in die Selbständigkeit, hatte also eine Abkehr von jener Politik zur Folge, wie sie bis zum Jahre 1437 von den Eidgenossen beharrlich betrieben worden war[92]. So wurden das Herzogtum und später das Haus Österreich entscheidend für das Schicksal der Schweiz, dessen wir uns heute besinnen.

[89] Heinrich Koller: Beiträge zum Kaisertum Friedrichs III. In: Geschichtsschreibung und geistiges Leben im Mittelalter, FS für Heinz Löwe. 1978, S. 585ff.

[90] Niederstätter, Regesten, S. 28ff.

[91] Heinrich Koller: Die Probleme der Regierung Kaiser Friedrichs III. (im Druck).

[92] Heidi Schuler-Alder: Reichsprivilegien und Reichsdienste der eidgenössischen Orte unter König Sigmund, 1410-1437. 1985.

Franz Quarthal

Residenz, Verwaltung und Territorialbildung in den westlichen Herrschaftsgebieten der Habsburger während des Spätmittelalters

Peter Moraw hat die Verfassungsgeschichte des spätmittelalterlichen deutschen Reiches vom Untergang der Staufer bis zu den Reichsreformen zu Ende des 15. Jahrhunderts beschrieben als einen Prozeß, der von einer »offenen Verfassung« in einem lockeren, von außen ungefährdeten Zusammenhang mit einem Minimum allgemein anerkannter Verfahren zu einem neuen Stadium der Verdichtung rechtlicher Zustände um 1470 hinführte, in dem sich dann in einem institutionalisierten Dualismus in Gestalt eines organisierten Reichstages König und Stände gegenüberstanden. Das Reich seit der Kaiserzeit des Hochmittelalters habe sich also nicht in einem fortschreitenden Zerfallsprozeß befunden, sondern im Gegenteil habe es durch die Ausbildung rechtlicher Strukturen wenigstens zum Teil den Rückstand an Staatlichkeit gegenüber den Nachbarmonarchien und den Territorien aufgeholt. Das Reich des Spätmittelalters war ein polyzentrisches Gebilde mit königsfernen und königsnahen Landschaften, innerhalb derer tatkräftigen und energischen Fürsten viele Möglichkeiten zum Ausbau von territorialen Hoheitsgebieten gegeben waren[1].

Die Territorien waren wesentliche Bausteine und zugleich die progressiven Elemente bei der Entwicklung einer modernen Staatlichkeit innerhalb des deutschen Reiches; auch sie haben sich in ihrem Charakter verändert, freilich früher und nachdrücklicher als das Reich selbst. In einer stark zugespitzten Antithese, wie sie Theodor Mayer formuliert hat – die aber in modifizierter Weise immer

[1] Vgl. Peter Moraw, Reich, König und Eidgenossen im späten Mittelalter. In: Jb. d. Historischen Gesellschaft Luzern 4 (1986), S. 15-33; Ders., Die Entfaltung der deutschen Territorien im 14. und 15. Jahrhundert. In: Landesherrliche Kanzleien im Spätmittelalter. Referate zum VI. Internationalen Kongreß für Diplomatik. München 1983. Bd. 1 (= Münchner Beiträge zur Mediävistik und Renaissance-Forschung 35) München 1984, S. 61-108.

noch brauchbar ist –, vollzog sich während dieser Periode der Übergang vom vorwiegend personenrechtlich bestimmten, auf dem Herkommen und der gentilen Verbundenheit beruhenden aristokratischen Verbandstaat zum Territorium[2]. Hierzu gehörte der Aufbau öffentlich-rechtlicher Institutionen, Verschriftlichung des Amtsverkehrs, der räumliche Zusammenschluß des Territoriums durch die Kumulierung von Gerichtsrechten, Vogtei, Grundherrlichkeit, Lehensherrschaft und Schirmrechten, Stadtherrschaft und Regalien. In der Mitte dieser Periode war die Verfassungswirklichkeit geprägt von einer auffälligen Mobilisierung und Kommerzialisierung von Herrschaftsrechten[3]. Das Konglomerat unterschiedlicher Hoheitsrechte war noch nicht zur Ruhe gekommen, es wurde zunächst nur zuammengehalten durch die Person des Landesherrn. Der Aufbau der Territorien erfolgte nicht von oben nach unten. Nicht ein Land zerfiel in Ämter und wurde entsprechend aufgeteilt, sondern die Ämter wuchsen zusammen zu einem Land[4]. Die Neuartigkeit der Ämterverfassung mit dem Einsatz einer mobilen, kündbaren Beamtenschaft, einer Kanzlei[5], festen Ratsgremien und anderem verführt allerdings dazu, die Verfassungsentwicklung des Territorialstaates zu eng unter dem Aspekt der Ämter und Institutionsgeschichte zu sehen. Das informelle Beziehungsgeflecht, das sich aus der Bestellung zum Diener entwickelte, wie es die Einbindung in eine territoriale Abhängigkeit durch die Berufung zum Rat ermöglichte[6], und schließlich die Bindungen, die ein auf einen Hof konzentrierter Lehensverband schuf, waren Elemente der Territorialverfassung, die neben den reinen Ämtern und Institutionen ein beachtliches Gewicht hatten.

In der Nachahmung des königlichen Vorbildes richteten Fürsten in ihren Territorien Hofämter ein[7]. Der Hof konstituierte sich als komplexes Herr-

[2] THEODOR MAYER, Der Staat der Herzöge von Zähringen. In: DERS., Mittelalterliche Studien. Gesammelte Aufsätze. Konstanz 1959, S. 350-364.

[3] GÖTZ LANDWEHR, Mobilisierung und Konsolidierung der Herrschaftsordnung im 14. Jahrhundert. In: HANS PATZE, (Hrsg.), Der deutsche Territorialstaat im 14. Jahrhundert. Bd. 2. VuF 14. Sigmaringen 1970, S. 484-505.

[4] WERNER MEYER, Die Verwaltungsorganisation des Reiches und des Hauses Habsburg-Oesterreich im Gebiete der Ostschweiz. 1264-1416. Diss. Zürich 1933, S. 56-65.

[5] Vgl. WINFRIED STELZER, Zur Kanzlei der Herzöge von Österreich aus dem Hause Habsburg (1282-1365). In: Landesherrliche Kanzleien Bd. 1, wie Anm. 1, S. 297-314.

[6] Vgl. KONRAD KRIMM, Baden und Habsburg um die Mitte des 15. Jahrhundert. Veröff. d. Komm. f. gesch. Landesk. in Baden-Württemberg B 89. Stuttgart 1976.

[7] Vgl. EBERHARD KLAFKI, Die kurpfälzischen Erbhofämter. Mit einem Überblick über die bayerischen Erbhofämter unter den wittelsbachischen Herzögen bis zur Trennung der Pfalz von Bayern 1329. Veröff. d. Komm. f. gesch. Landesk. in Baden-Württemberg B 35. Stuttgart 1966, bes. S. 10-

schafts- und Sozialgebilde, in dem kulturelle, soziale und politische Strukturelemente eng miteinander verbunden waren. »Curia«, der Hof, war der feste Wohnsitz (habitatio certa), der im Mittelpunkt eines Landes, einer »terra«, lag.

Der »Großhof« des deutschen Königs war keine Einrichtung von Dauer. Er konstituierte sich in staufischer Zeit als zeitlich befristeter und festlich inszenierter Hoftag, auf welchem die Pracht der äußeren Formen sowie die Anwesenheit zahlreicher Fürsten und Ritter die Hoheit und den Reichtum des Herrschers sinnlich erfahrbar machten. Hans Patze hat darauf hingewiesen, wie sich dieser Hof entscheidend in nachstaufischer Zeit dadurch veränderte, daß die deutschen Fürsten nicht mehr den König begleiteten, sondern eigene Höfe bildeten[8]. Der aus räumlichen, sächlichen und personellen Elementen zusammengesetzte Begriff »Hof« bezeichnete auf der Ebene des Landesherrn auch das feste Haus (domus) oder die bewehrte Pfalz (palatium), in dem der hierarchisch gegliederte Personenverband zusammenkam. Wurde die Verwaltung des Territoriums zunächst im wesentlichen von Inhabern von Hofämtern mitgetragen – Marschall, Kammermeister usw. –, so spaltete sich zu unterschiedlichen Zeiten die Verwaltung als eigenständige Institution ab. Das Entscheidende war, daß diese entstehenden Verwaltungsorgane dem Landesherrn und seinem prinzipiell noch mobilen Hof nicht mehr folgten[9]. Ihre schriftlichen Behelfe hatten einen solchen Umfang angenommen, daß sie ihren Ort nicht mehr in kurzen Zeitab-

18; Klaus Schreiner, »Hof« (curia) und »höfische Lebensführung« (vita curialis) als Herausforderung an die christliche Theologie und Frömmigkeit. In: Gert Kaiser/Jan Dirk Müller, (Hrsg.), Höfische Literatur, Hofgesellschaft, Höfische Lebensformen um 1200. Kolloquium am Zentrum für Interdisziplinäre Forschung der Universität Bielefeld (3. bis 5. November 1983). Düsseldorf 1986, S. 67-139.; Gerhard Seeliger, Das deutsche Hofmeisteramt im späteren Mittelalter. Eine verwaltungsgeschichtliche Untersuchung. Innsbruck 1885; für Habsburg vgl. R. v. Zolger, Der Hofstaat des Hauses Österreich. Wiener Staatswiss. Studien 14. Wien u. Leipzig 1914; Alfred R. v. Wretschko, Das österreichische Marschallamt. Ein Beitrag zur Verwaltung in den Territorien des deutschen Reiches. Wien 1897. Auch in den westlichen Herrschaftsgebieten der Habsburger waren diese Ämter, zumindest zeitweise, besetzt.

8 Hans Patze, Die landesherrlichen Residenzen im spätmittelalterlichen Deutschen Reich. In: Bll. f. dt. Landesgesch. 118 (1982), S. 205-220, hier S. 208-210; Ders., Die Bildung der landesherrlichen Residenzen im Reich während des 14. Jahrhunderts. In: Stadt und Stadtherr im 14. Jahrhundert, hrsg. v. W. Rausch, Beitr. z. Gesch. d. Städte Mitteleuropas 2. Linz 1972, S. 1-64; s. auch Klaus Neitmann, Was ist eine Residenz? Methodische Überlegungen zur Erforschung der spätmittelalterlichen Residenzbildung. In: Vorträge und Forschungen zur Residenzenfrage. hrsg. v. Peter Johanek, Residenzenforschung 1. Sigmaringen 1990, S. 11-44; Werner Paravicini/Hans Patze, Fürstliche Residenzen im spätmittelalterlichen Europa. VuF 36. Sigmaringen 1991.

9 Patze, Die Landesherrlichen Residenzen, wie Anm. 8, S. 210ff.

ständen wechseln konnten[10]. Landesherrschaft zu Ende des Spätmittelalters hatte ein doppeltes Gesicht: Zum einen manifestierte sie sich noch in der alten Form des Hofes und der persönlichen Herrschaftsausübung durch den Landesfürsten, zum anderen regierte und verwaltete der Landesfürst durch seine Behörden, die sich am Orte einer längerfristigen Hofhaltung entwickelt hatten. Charakteristisch war die Tatsache, daß diese Behörden nicht an den alten Herrschaftsmittelpunkten, den Burgen, sondern in Städten, den Erscheinungen einer neuen wirtschaftlichen, politischen und rechtlichen Wirklichkeit, ortsfest wurden. Solche territorialen Vororte oder Hauptstädte bezeichnete Hans Patze als Residenzen[11]. Sie waren Zentren und Fixpunkte der langsam festwerdenden Territorien; durch bauliche Ausgestaltung, Anlagen von Repräsentationsbauten weltlicher und kirchlicher Art, Meß- und Pfründstiftungen, Einrichtung von Grablegen usw. wurden sie über die anderen Städte herausgehoben und zu symbolischen Konkretisationen der Territorialherrschaft.

Die Kenntnis ihrer Genese, ihres Ausbaus, ihrer Verlagerung oder ihres Verschwindens eröffnet Einsichtsmöglichkeiten in die Struktur des spätmittelalterlichen Territoriums überhaupt. In ihrer Bedeutung ähneln sie derjenigen, die die Pfalzen im Zeitalter der Grundherrschaft hatten.

Als ein Instrument der Territorialbildung sollen im folgenden die Residenzen der Habsburger in ihrern westlichen Herrschaftsgebieten untersucht werden[12]. Auf Grund des Faktums, daß das deutsche Reich im Spätmittelalter und

[10] Für die westlichen Territorien der Habsburger konnte Hans Conrad Peyer auf Grund der Dorsalnotizen nachweisen, daß eine Archivbildung ab 1313 eingesetzt haben muß, wobei das Archiv sich zu diesem Zeitpunkt oder nicht viel später auf der Feste Baden im Aargau befunden hat. Conrad Peyer, Das Archiv der Feste Baden. Dorsalregesten und Archivordnung im Mittelalter. In: Festgabe Hans von Greyerz zum 60. Geburtstag. Hrsg. v. Ernst Waldet/Peter Gilg. Berlin 1967, S. 385-398. Bruno Meyer hielt die Bildung des Archivs bereits unter König Rudolf von Habsburg für möglich. (Bruno Meyer, Das habsburgische Archiv in Baden. In: Z. f. schweizerische Gesch. 23 (1943), S. 169-200, hier S. 181.)

[11] Hans Patze, Die landesherrlichen Residenzen, wie Anm. 8, S. 209f.

[12] Zur frühen habsburgischen Territorialbildung der Habsburger vgl. die immer noch beste Darstellung von Hans Erich Feine, Die Territorialbildung der Habsburger im deutschen Südwesten vornehmlich im späten Mittelalter. In: ZRG GA 67 (1950), S. 176-308; Aloys Schulte, Geschichte der Habsburger in den ersten drei Jahrhunderten. Innsbruck 1887, Theodor Mayer, Die Habsburger am Oberrhein im Mittelalter. In: Gesamtdeutsche Vergangenheit. Festgabe für Heinrich Ritter von Srbik. München 1938, S. 48-54; Harold Steinacker, Staatswerdung und politische Willensbildung im Alpenraum und Tirols Mittelstellung zwischen den westlichen und östlichen Alpenländern. In: Beiträge zur Geschichte und Heimatkunde Tirols. FS zu Ehren Hermann Wopfners. Schlern Schriften 52. Innsbruck 1947, S. 271-316, Hektor Ammann, Die Habsburger und die Schweiz. In: Argovia 43. 1931, S. 125-153.

in der frühen Neuzeit keine Hauptstadt kannte, kam den territorialen Hauptstädten eine wesentlich größere Funktion zu als in den andereren europäischen Staaten[13].

Der ursprüngliche Besitzschwerpunkt der Habsburger lag im Elsaß und in der Nordschweiz am Zusammenfluß von Aare, Reuß und Limmat. 1276, endgültig 1278, gelangten die Habsburger in den Besitz der österreichischen Markgrafschaften, die zwar keine völlig geschlossenen Territorialkomplexe waren, wie sie die ältere Forschung gesehen hat, etwa als geschlossener Hochgerichtsbezirk oder oberste Vogtei über alles Kirchengut, die aber über den Amtssprengel des Herzogs stärker die Möglichkeit zum Auf- und Ausbau einer geschlossenen Territorialhoheit boten, als dies in den Stammlanden möglich war, wo man nicht unbestritten an eine Herzogswürde anknüpfen konnte. Zur Zeit der Anlage des Habsburger Urbars beruhte die Machtstellung der Habsburger mehr auf Grafschafts- und Vogteirechten als auf Grundbesitzrechten[14]. Das Urbar läßt im einzelnen planvolle Organisationsformen der Verwaltung des habsburgischen Eigengutes erkennen, wobei die von den Königen Rudolf und Albrecht wohl geförderte Vermischung von Reichsgut und Reichsrechten nach dem Verlust der Königsherrschaft verunklärend wirkte[15]. Trotzdem mußten die westlichen Herrschaftsgebiete mit ihrer Ansammlung von Grafschafts-, Gerichts- und Grundherrschaftsrechten als Territorium unfertig erscheinen. Nicht umsonst hat etwa Karl Lechner seine Untersuchung über die Territorialbildung und die Durchsetzung der Territorialhoheit der Habsburger vom 13. - 15. Jahrhundert auf den Raum des östlichen Österreichs beschränkt[16]. Betrachtet man aber nicht nur verfassungs-, besitz- und verwaltungsgeschichtliche Aspekte der Territorialbildung, sondern bezieht auch die in den letzten Jahren stärker in den Blick der Forschung getretenen Aspekte der informellen Herrschaftsausübung mit ein, dann entsteht ein relativ kohärentes Bild habsburgischer Territorialherrschaft im Westen und Süden des Reiches. Hof und Residenz sind dabei we-

[13] Wilhelm Berges, Das Reich ohne Hauptstadt. In: Das Hauptstadtproblem in der Geschichte. Festgabe zum 90. Geburtstag Friedrich Meineckes. Jb. f. Gesch. d. dt. Ostens Bd. 1. Tübingen 1952, S. 1-29.

[14] Feine, Die Territorialbildung, wie Anm. 12, S. 181f.

[15] Werner Meyer, Die Verwaltungsorganisation des Reiches und des Hauses Habsburg-Österreich im Gebiete der Ostschweiz 1264-1460. Diss. Zürich 1933, S. 6-19.

[16] Karl Lechner, Die Bildung des Territoriums und die Durchsetzung der Territorialhoheit im Raum des östlichen Österreich. In: Der deutsche Territorialstaat im 14. Jahrhundert. hrsg. v. Hans Patze. Bd. 2. VuF 14. Sigmaringen 1971, S. 389-462.

sentliche Instrumentarien; nach dem Maß ihres Einsatzes in den westlichen Herrschaftsgebieten der Habsburger soll im folgenden gefragt werden.

Während des späten 13. und im 14. Jahrhundert setzten die Habsburger alle Mittel und Instrumentarien zum Aufbau eines geschlossenen Territorialkomplexes auch im Westen ein, intensiver und erfolgreicher als dies sonst eine der Dynastien im Bereich des alten Herzogtums Schwaben bewerkstelligen konnte[17]. Wegen ihres Engagements in den österreichischen Herzogtümern fielen allerdings Hof und Residenz als Kristallisationspunkte und Instrumentarien der Herrschaftsbildung über längere Perioden hinweg aus.

Der zweimalige Verlust der Königswürde, 1292 und 1308, die Doppelwahl von 1314, die Ächtung Herzogs Friedrich IV. auf dem Konstanzer Konzil 1415 und die Niederlagen gegen die Eidgenossen 1315, 1386, 1460, 1474 und 1499 haben schließlich verhindert, daß eine zunächst äußerst energisch und überzeugend angelegte Territorialpolitik erfolgreich zu Ende geführt werden konnte. »Eine wirkliche Einheit, einen Staat konnte man das lockere Gebilde, das die oberrheinischen und schwäbischen Herrschaften unter Österreichs Szepter in ihrer Gesamtheit darstellten, nicht nennen. Kein Herzogtum, kein geschlossenes Fürstentum überhaupt, sondern ein herrschaftliches Konglomerat, das war das Ergebnis der Schwabenpolitik des Hauses Habsburg«[18]. Dieses Verdikt Karl Siegfried Baders, gesprochen aus der Beurteilung des Zustandes der habsburgischen Besitzungen zu Ende des Spätmittelalters, dieses Verdikt hat die Beurteilung der Territorialpolitik Österreichs im Südwesten des Deutschen Reiches bis heute geprägt. Andere Stimmen – etwa Gerhard Ritter: »ein unglückliches, vielfältig zerfetztes Gebilde ohne rechten Mittelpunkt«[19] – oder Theodor Mayer: »ein politisches Trümmerfeld«[20] – oder Otto Stolz: »ein in seinem Ausbau steckengebliebenes Erzeugnis des Strebens nach raumstaatlicher Zusammenfassung«[21] – ließen sich ohne Schwierigkeiten hinzufügen. Es sind dies allerdings alles Urteile ex eventu, Urteile, die den Ablauf der Ereignisse, der Pfandsetzungen, der territorialen Organisationsformen und herrscherlichen Handelns vom Standpunkt des 16. Jahrhunderts aus beurteilen und sich damit den Blick

[17] Einzelheiten bei Feine, Die Territorialbildung, wie Anm. 12, S. 188-270.

[18] Karl Siegfried Bader, Der deutsche Südwesten in seiner territorialstaatlichen Entwicklung. 2. Aufl. Sigmaringen 1978, S. 74.

[19] Gerhard Ritter, Freiburg als vorderösterreichische Stadt. In: Jb. d. Stadt Freiburg i. Br. 2. (1938), S. 199-207, hier S. 204.

[20] Theodor Mayer, Die Habsburger am Oberrhein. wie Anm. 12, S. 53.

[21] Otto Stolz, Geschichtliche Beschreibung der ober- und vorderösterreichischen Lande. Quellen u. Forsch. zur Siedlungs- u. Volkstumsgesch. d. Oberrheinlande 4. Karlsruhe 1943, S. 9.

auf eine epochengerechte Beurteilung von Regierungshandlungen und territorialen Strukturierungen des 13., 14. und 15. Jahrhunderts verbauen[22]. Eine sinnvolle Beurteilung der habsburgischen Territorialpolitik im Westen während des 13. und 14. Jahrhunderts kann nur erfolgen, wenn man sie nicht hauptsächlich mit Blick auf das Scheitern im 15. Jahrhundert beurteilt. Von den Möglichkeiten und Mitteln des 14. Jahrhunderts aus gesehen, betrieben die Habsburger in Schwaben eine energische und zielgerichtete Territorialpolitik, so daß die Frage, ob ihrem Herrschaftskomplex Territorialcharakter zukäme oder nicht, sicher falsch gestellt ist.

Die zweite Schwierigkeit entsteht aus dem gegenwärtigen Zustand der Forschungsorganisation. 1950 hat Hans Erich Feine mit großer Akribie den faktischen, bis dahin weitgehend unerforschten Verlauf der habsburgischen Territorialbildung aufgezeigt[23]. Es ging um den Ablauf von Erwerb, Verpfändung oder Verlust von Rechten, Einkünften und Herrschaften. Die Frage der inneren Organisation oder Strukturierung des Besitzkomplexes stand nicht primär im Blickpunkt von Feines Untersuchung[24]. In der Zwischenzeit sind Frageraster und Problemstellung zum Ablauf der Territorialentwicklung wesentlich verfeinert und weiterentwickelt worden – es sei hier nur etwa an die von Hans Patze herausgegebenen Bände »Der deutsche Territorialstaat im 14. Jahrhundert«[25] oder an Dietmar Willoweits Beiträge in der »Deutschen Verwaltungsgeschichte«[26] erinnert. Für eine Anwendung auf den habsburgischen Territorialbesitz im alten Schwaben fühlt sich niemand recht zuständig. »Eine Geschichte Österreichs« – so erklärt Alphons Lhotsky 1967 an zentraler Stelle – »darf heute nur noch demjenigen Territorienkomplex gelten, der sich im Laufe des Mittelalters durch spontane Konvergenz der Landschaft in weitgehender Identität mit der

22 Franz Quarthal, Landstände und landständisches Steuerwesen in Schwäbisch-Österreich. Schr. z. südwestdeutschen Landesk. 16. Stuttgart 1980, S. 13-17.

23 Feine, Die Territorialbildung, wie Anm. 12., S. 176-308.

24 Dazu, zumindest für den schweizerischen Raum, W. Meyer, Die Verwaltungsorganisation, wie Anm. 4., für Schwaben vgl. Hans-Martin Maurer, Die Habsburger und ihre Beamten im schwäbischen Donaugebiet um 1300. In: Neue Beiträge zur südwestdeutschen Landesgeschichte. FS f. Max Miller. Veröff. d. Komm. f. gesch. Landesk. B 21. 1962, S. 24-54; Franz Quarthal, Die Verwaltung der Grafschaft Hohenberg beim Übergang an Österreich. In: Z. f. württ. Landesgesch. 41. 1982, S. 541-564.

25 Der deutsche Territorialstaat im 14. Jahrhundert. hrsg. v. Hans Patze, Bd. 1-2. VuF 13 und 14. Sigmaringen 1970-1971.

26 Dietmar Willoweit, Die Entwicklung und Verwaltung der spätmittelalterlichen Landesherrschaft. In: Deutsche Verwaltungsgeschichte. Hrsg. v. Kurt A. Jeserich. Stuttgart 1983, S. 66-142.

politischen Gestaltungskraft dieser Dynastien zu einer lebenskräftigen Einheit entwickelte, die über zahllose Krisen hinweg ihre Daseinsberechtigung erwiesen hat«[27]. Neuere österreichische Arbeiten zur vergleichenden territorialen Verfassungsgeschichte beziehen deswegen zwar das Erzstift Salzburg in ihre Betrachtung mit ein, übergehen jedoch völlig die westlich von Vorarlberg gelegenen Besitzungen des Hauses Habsburg[28].

In der schweizerischen Geschichtsforschung war und ist bis heute Entstehung, Entwicklung und Entfaltung der Eidgenossenschaft der zentrale Forschungsgegenstand. Habsburgische Territorienbildung ist nur insoweit von Interesse, als sie von den Eidgenossen überwunden wird. So widmet das Handbuch der Schweizer Geschichte diesem Thema ganze zwei Seiten[29].

Für den südwestdeutschen Landeshistoriker scheint die Grenze an Hochrhein und Bodensee, wie sie sich seit dem 15. Jahrhundert herausgebildet hat und deren mentale Bedeutung Helmut Maurer in ihrer historischen Genese untersucht hat[30], in der Tat ein beträchtliches Hindernis zu sein. So spart etwa der von Friedrich Metz herausgegebene Sammelband »Vorderösterreich«, der die heutige Vorstellung von den habsburgischen Vorlanden weitgehend geprägt hat, die habsburgische Territorialbildung südlich von Bodensee und Hochrhein weitgehend aus seiner Darstellung aus[31].

[27] Alphons Lothsky, Geschichte Österreichs seit der Mitte des 13. Jahrhunderts. Wien 1967, S. 5ff. Vgl. auch die sehr differenzierte Darstellung v. Erich Zöllner, Der Österreichbegriff. Formen und Wandlungen in der Geschichte. Österreich Archiv. Wien 1988.

[28] So etwa Helmut Hassinger, Die Landstände der österreichischen Länder. Zusammensetzung, Organisation und Leistung im 16.-18. Jahrhundert. In: Jb. f. Landeskunde v. Niederösterreich 36. 1964, S. 989-1035 oder Herrschaftsstruktur und Ständebildung. Beiträge zur Typologie der österreichischen Länder aus ihren mittelalterlichen Grundlagen. hrsg. v. E. Brückmüller u.a. Bd. 1-3. München 1973.

[29] Handbuch der Schweizer Geschichte. Bd. 1. 2. Aufl. Zürich 1980, S. 243-245.

[30] Helmut Maurer, Schweizer und Schwaben. Ihre Begegnung und ihr Auseinanderleben am Bodensee im Spätmittelalter. Konstanz 1983.

[31] Friedrich Metz (Hrsg.), Vorderösterreich. Eine geschichtliche Landeskunde. 3. Aufl. Freiburg 1978. Ähnlich auch Vorderösterreich in der frühen Neuzeit. Hrsg. v. Hans Maier/Volker Press. Sigmaringen 1989. Zur territorialen Einheit der schweizerischen, schwäbischen und elsässischen Gebiete der Habsburger vgl. die Arbeiten von Feine, wie Anm. 12 und W. Meyer, wie Anm. 4. sowie Ammann, Die Habsburger, wie Anm. 12, S. 125-153; Harold Steinacker, Die Habsburger und der Ursprung der Eidgenossenschaft. In: Mitt. d. Österr. Inst. f. Geschichtsforsch. 61 (1953), S. 1-37; Bernhard Stettler, Habsburg und die Eidgenossenschaft um die Mitte des 14. Jahrhunderts. In: Schweizerische Z. f. Gesch. 23 (1973), S. 750-764 sowie Wilhelm Baum, Sigismund der Münzreiche. Zur Geschichte Tirols und der habsburgischen Länder im Spätmittelalter. Bozen 1987.

Auch in der Beurteilung des habsburgischen Engagements in Schwaben tut man sich schwer. Während Hektor Ammann über die Politik Albrechts I. urteilte: »Die habsburgischen ›Vorlande‹ [...] standen in den Gesamtinteressen des Hauses von Albrecht I. an zweiter Stelle und verloren in zunehmendem Maße an Geltung für das Haus«[32], stellt Alphons Lhotsky dem entgegen: »War die Rekonstruktion Schwabens und der Ausbau des Hausgutes gegen Westen hin nicht nur eine politische Aufgabe, sondern auch Herzenssache, so mußten die Habsburger aus kalter Überlegung heraus trachten, die allmählich wichtigere Quelle ihrer wirtschaftlichen und militärischen Macht, die Herzogtümer im Osten, möglichst vorteilhaft und richtig zu regieren«[33]. Ähnliche Vorbehalte galten einer mangelhaften Durchorganisierung der Verwaltung (Hektor Ammann)[34] oder einer unzureichenden wirtschaftlichen Ertragskraft der Vorlande (»Es muß die wirtschaftliche Gesamtsituation der Habsburger in den Oberen Ländern als nicht sehr günstig bezeichnet werden, denn mehr als zwei Drittel der Einkünfte waren verpfändet, und der Verdacht, daß aus Österreich und der Steiermark nach Westen verschoben wurde, was möglich war, gewinnt so an Wahrscheinlichkeit«[35]).

Aber auch dort, wo die habsburgische Territorialpolitik neutral untersucht wurde, wird sie, wie bei Hans Erich Feine, häufig an einer Meßlatte gemessen, die nicht adäquat ist und die die Territorialpolitik des Hauses sicher nicht über längere Zeit hin so bestimmt hat, wie dies häufig gesehen wird: die Frage der Wiedererrichtung des Herzogtums Schwaben[36]. Muß es schon fraglich bleiben, ob die Neuerrichtung des Herzogtums wirklich ein Ziel der Aktivitäten König Rudolfs in Schwaben war – seine Erwerbspolitik läßt zumindest keine Verbindung zu irgendwelchen schwäbischen Herzogstraditionen erkennen – oder ob nicht vielmehr die zeitgenössische Chronistik (wie Gotfried von Ensmingen, Burchard von Mall, die Colmarer Annalen oder der Fortsetzer des Martinus Polonus) mit ihrer Bezeichnung von König Rudolfs Sohn Rudolf als »dux Sue-

[32] Ammann, Die Habsburger, wie Anm. 12, S. 138 u. S. 143.

[33] Lhotsky, Geschichte Österreichs, wie Anm. 27, S. 125.

[34] Ammann, Die Habsburger, wie Anm. 12, S. 140-145.

[35] Lhotsky, Geschichte Österreichs, wie Anm. 27, S. 124.

[36] So etwa Feine, Territorialbildung, wie Anm. 12, S. 192-194, 211f., 231, 305-308. Vgl. Hans Georg Hofacker, Die schwäbische Herzogswürde. Untersuchungen zur landesfürstlichen und kaiserlichen Politik im deutschen Südwesten im Spätmittelalter und in der frühen Neuzeit. In: Z. für württ. Landesgesch. 47 (1988), S. 71-148. Zur Schwabenpolitik Rudolfs von Habsburg: Oswald Redlich, Rudolf von Habsburg. Das Deutsche Reich nach dem Untergang des alten Kaisertums. Innsbruck 1903, S. 429f., 456f., 556f.

viae« und »dux et princeps Sueviae« solche Absichten nur suggerieren. Zumindest das Itinerar König Rudolfs in Schwaben läßt mit Dießenhofen, Freiburg i.Ue., Winterthur, Frauenfeld, Bremgarten, Colmar keine herzoglichen Prätentionen erkennen, sondern es bewegt sich ganz im Bereich engster habsburgischer Familieninteressen[37]. Ein Ziel der Politik Albrechts I., Friedrichs des Schönen oder Leopolds I. war der Erwerb der Herzogswürde sicher nicht, und von Rudolf IV. wurde das Ziel der Wiedererrichtung und Konstellation des Herzogtums Schwaben unter einer besonderen Perspektive aufgenommen[38].

Der Maßstab, an dem die Schwabenpolitik des Hauses Habsburg im 14. Jahrhundert zu messen ist, ist also nicht die Möglichkeit einer Wiedererrichtung des Herzogtums Schwaben, sondern die Qualität der Territorialbildung, gemessen an dem zeitgenössischen Standard und der Epoche adäquaten Möglichkeiten.

Diese Frage der Territorialbildung und Territorialverfassung der Habsburger in ihren westlichen Herrschaftsgebieten soll im folgenden an Hand einzelner Elemente nachgegangen werden, wobei nicht der Erwerb oder Verlust einzelner Herrschaftsgebiete betrachtet, sondern strukturelle Elemente einer Territorialverfassung hervorgehoben werden sollen.

1. Die »praesentia principis«: Hof und Residenz in den oberen Landen

Die Habsburger mit ihren territorialen Besitzungen zählen seit dem späten 13. Jahrhundert zu den Großdynastien, deren Existenz und Problematik der Verfassungsgeschichte des spätmittelalterlichen deutschen Reiches nach Peter Moraw ein entscheidendes Gepräge gab. Wie das spätmittelalterliche Reich standen diese Territorien trotz moderner Verwaltungsstrukturen unter dem Diktat eines aristokratischen Verständnisses von Welt und Reich. Die »praesentia principis« war für die volle Realisierung des Landes ein nahezu unabdingbares Erfordernis. Das häufige Fehlen eines Hofes mit allen Implikationen erscheint als das wesentliche strukturelle Defizit bei der Territorialbildung der Habsburger in ihren westlichen Herrschaftsgebieten. Über lange Jahrzehnte mußte die Formierung des Territorialbesitzes und die Integration des Adels ohne höfisches Zentrum erfolgen[39].

Man hat, auch in der jüngeren Forschung, die Teilung des Hauses Habsburg als »unglücklich«, »unselig« beurteilt[40]. Vom Standpunkt des 14. Jahrhunderts, mit den schwierigen Verkehrsverbindungen der Zeit, waren solche Teilungen zur Fortentwicklung des Territoriums unvermeidlich[41]. Man hat gesagt, daß das Haus Habsburg im 14. Jahrhundert im Idealfall dauernd – während der Zeit der Königsherrschaft über drei, sonst über zwei regierungsfähige männliche Mitglieder hätte verfügen müssen, einen für die Königsherrschaft, einen für die westlichen und einen für die östlichen Herrschaftsgebiete. Dieser Idealfall war jedoch häufig nicht gegeben. Mustert man nun die Itinerare der Habsburger seit König Rudolf I. durch, so ergibt sich folgendes Bild[42]: König Albrecht, der zwar die Erwerbspolitik seines Hauses in Schwaben energisch weiter betrieb, trat als Landesfürst in den westlichen Territorien nur selten auf. Sein Itinerar entsprach dem der kleinen Könige, wie es Peter Moraw charakterisiert hat und wie es von Thomas Martin für Rudolf von Habsburg beschrieben wurde[43]. In den westlichen Gebieten der Habsburger hielt sich Albrecht I. 1292 auf, er weilte in Zürich, Winterthur, Aarau, Baden, Waldshut und Mengen.

37 Thomas Martin, Die Städtepolitik Rudolfs von Habsburg. Veröff. d. Max-Planck-Instituts f. Gesch. 44. Göttingen 1976.

38 Helmut Maurer, Karl IV. und die Erneuerung des Herzogtums Schwaben. In: Bll. f. deutsche Landesg. 114. 1978, S. 645-657.

39 Die besondere Problematik einer solchen allein durch Beamte ausgeübten Territorialherrschaft wird deutlich in den Untersuchungen von Krimm, Baden und Habsburg, wie Anm. 6, und Dieter Speck, Die vorderösterreichischen Landstände im 15. und 16. Jahrhundert. Zu Geschichte, Institution und Wirkungsbereich der Landstände in Elsaß, Sundgau, Breisgau und Schwarzwald. Diss. (masch). Tübingen 1989, bes. S. 497-523.

40 So Erich Zöllner, Österreich unter den frühen Habsburgern. In: Die Zeit der frühen Habsburger. Dome und Klöster 1279-1379. Niederösterreichische Landesausstellung 1979. Katalog des Niederösterreichischen Landesmuseums NF 85. Wien 1979, S. 29-42, hier S. 29: »1379 aber beginnt mit dem Neuberger Vertrag die Zeit der spätmittelalterlichen habsburgischen Herrschaftsteilungen, in denen schon manche Zeitgenossen und erst recht spätere Geschlechter eine betrübliche Unterbrechung des staatlichen Konsolidierungsprozesses an der österreichischen Donau und in den Ostalpen zu sehen geneigt waren.«

41 Zum Problem der Herrschaftsteilung vgl. Hansmartin Decker-Hauff, Landeseinheit und Landesteilung. Wunsch und Wirklichkeit in der Vorstellung spätmittelalterlicher Landesherren. In: Münsingen. Geschichte, Landschaft, Kultur. Festschr. zum Jubiläum des württembergischen Landeseinigungsvertrages von 1482. hrsg. v. d. Stadt Münsingen. Sigmaringen 1982, S. 31-36; Hansmartin Schwarzmaier, »Von der fürsten tailung«. Die Entstehung der Unteilbarkeit fürstlicher Territorien und die badischen Teilungen des 15. und 16. Jahrhunderts. In: Bll. f. deutsche Landesgesch. 126 (1990), S. 161-183.

42 Als Grundlage für die folgenden Ausführungen wurde die Regestensammlung von E. M. Lichnowsky, Geschichte des Hauses Habsburg. 1-8. Wien 1836-1844 verwandt, die ohne Zweifel große Lücken aufweist, für diese erste Orientierung aber hinreichend erschien, auch wenn es teilweise bessere Urkundeneditionen bzw. Regestensammlungen gab. Damit wäre aber die Grundlage für die ganze Periode nicht mehr gleichmäßig gewesen.

43 Martin, Die Städtepolitik, wie Anm. 37.

1298 war er in Diessenhofen und Waldshut, 1299 in Zürich, Luzern, Konstanz und Baden, 1300 in Colmar, Zürich und Baden, 1302 in Zürich und Brugg, 1304 in Baden, 1305 in Ensisheim, 1307 in Zürich, Rheinfelden, Colmar und Baden und 1308 in Schaffhausen, Colmar und Baden, bevor er am 1. Mai 1308 bei Brugg ermordet wurde. Insgesamt machen diese Aufenthalte nur einen kleinen Prozentsatz in seinem Itinerar aus. Albrecht konnte als König jedoch noch zentrale Plätze wie Zürich und Straßburg nutzen, während die späteren Habsburger sich mit Orten sekundärer Bedeutung bei ihren Aufenthalten begnügen mußten. Bereits unter Rudolf dem Älteren nach 1227 war Brugg im Aargau als bevorzugter Sitz der Habsburger hervorgetreten und hatte diese Rolle auch unter dem späteren König Rudolf in seiner Grafenzeit bewahren können. Für Albrecht war Brugg keine Residenz; daß er dort ermordet wurde, entsprach eher einer Zufälligkeit. Die Herzöge Rudolf III. und Friedrich III., nach 1298 mit der Verwaltung der oberen Lande betreut, sind bis 1308 nicht dorthin gekommen.

Herzog Leopold III. war zwischen 1308 - 1326 derjenige Habsburger, der wirklich in den oberen Landen residierte. Wenn hier auch kein Ort die Dominanz erreicht, die Wien für die österreichischen Herzogtümer gewinnen konnte, so zeichnen sich doch Schwerpunkte ab: an Dauer und Häufigkeit der Aufenthalte ragen Brugg und Baden im Aargau heraus. Hier lag das Zentrum der Repräsentation, auch des Gewichtes der Regierungshandlung; das Elsaß trat dagegen zurück. Ob es hierbei bereits zu der für das Ende des 14. Jahrhunderts feststellbaren Trennung: – Brugg: Residenz / Baden: Sitz der Verwaltung – gekommen ist, läßt sich gegenwärtig noch nicht sagen.

In der Zeit Leopolds waren Brugg und Baden höfisches Zentrum. Nachweisen lassen sich die Ämter eines Hofmeisters, eines Marschalls und eines Kammermeisters. Um 1308 bis 1310 hielt sich Leopold gänzlich im Westen, überwiegend im Raum zwischen den Alpen und dem Rhein, auf, dann wieder 1313, fast durchgängig ab 1315. Baden wird man in dieser Periode zusammen mit Brugg als Residenz bezeichnen dürfen. Bezeichnenderweise ist in dieser Zeit der Adel in das habsburgische Herrschaftssystem über Dienstverträge besonders stark eingebunden, wodurch eine informelle Territorialherrschaft weit über Eigenbesitz- und Gerichtsgrenzen hinaus möglich war.

Nach Leopolds Tod residierte Albrecht II. 1326/27 in den oberen Landen, der Häufigkeit der urkundlichen Nennungen nach gleichmäßig verteilt im Elsaß (Thann) und im Aargau (Brugg, Baden und Winterthur). Der zeitliche Schwerpunkt lag jedoch eindeutig auf den Besitzungen in der Nordschweiz. Im Elsaß waren Colmar im Januar und April 1322 und Thann im März 1324 und Februar 1325 Aufenthaltsorte Leopolds, der ebenfalls nur selten ins Elsaß gekommen war. Er hatte in Thann im März 1324 Gericht gehalten, so daß dies wohl der zentrale habsburgische Ort in dieser Periode gewesen sein dürfte. Danach brach die Präsenz eines habsburgischen Landesherren in den oberen Landen zunächst ab. Herzog Albrecht II. kam nur zweimal in die westlichen Territorien. Seine Aufenthalte hier 1337 (Brugg und Königsfelden) und 1354 (Brugg, Baden, Winterthur) waren durch Spannungen mit den Eidgenossen ausgelöst und führten zu keiner dauernden Residenz.

Herzog Otto, 1329 - 1339 mit der Verwaltung der oberen Lande betraut, hielt sich hier nur zweimal auf, 1329/30 und 1333. Auch er kam nach Brugg und Baden, das damit als Zentrum der habsburgischen Herrschaft angesehen werden darf.

Allerdings ist damit die landesherrliche Präsenz in den oberen Landen nicht ausreichend beschrieben. Von 1316 bis 1364 residierte Agnes von Ungarn, die Schwester des ermordeten König Albrechts, in dem von ihr gegründeten Kloster Königsfelden, wenige Kilometer von Brugg entfernt[44]. Hier hat sich ein regelrechter Nebenhof entwickelt. Seit der Regierung Herzog Albrechts II. vertrat sie mit Energie und Geschick die Interessen Habsburgs in den oberen Landen, respektiert von den Eidgenossen wie von ihren Brüdern. Ihre Vermittlertätigkeit hatte einen beachtlichen Umfang und verhinderte mehrfach den Ausbruch von Feindseligkeiten in diesem Raum[45]. Das Faktum, daß in Königsfelden innerhalb von kurzer Frist zehn Habsburger bestattet wurden, macht deutlich, welche Bedeutung dem Dreieck Brugg – Baden – Königsfelden bis in die Mitte des 14. Jahrhunderts hinaus als dynastischem Zentrum zukam. Daß Herzog Leopold III. nach der Schlacht von Sempach 1386 in Königsfelden, an der Stätte des Königsmordes, begraben wurde, zeigt vielleicht etwas von der Bedeutung der Schlacht für das Selbstverständnis der Habsburger, die wohl nicht erst unter Kaiser Friedrich III. propagandistisch gegen die Schweizer aufgewertet wurde[46].

[44] HERMANN V. LIEBENAU, Lebensgeschichte der Königin Agnes, der letzten Habsburgerin des erlauchten Stammhauses aus dem Aargau. Regensburg 1868; DERS., Hundert Urkunden zu der Geschichte der Königin Agnes, Witwe von Ungarn 1280 - 1364. Regensburg 1869; ERNST KARL WINTER, Rudolph IV. von Österreich. Bd. 1. Wien 1934, S. 261-266.

[45] Ebd., S. 261 u. 263: »Fast alle Friedensschlüsse und Schiedssprüche, die in den 40er und 50er Jahren des 14. Jahrhunderts zwischen Habsburg und den Eidgenossen spielen, gehen auf die Königin Agnes zurück [...] Als die Königin am 11. Juni 1364 die Augen schloß, war ein guter Geist vom Hause ihrer Väter gegangen«.

[46] HEINRICH KOLLER, Die Schlacht bei Sempach im Bewußtsein Österreichs. In: Jb. d. Hist. Ges. Luzern 4. 1986, S. 48-60.

Nimmt man noch hinzu, daß sich spätestens ab 1360 in Baden über längere Zeit hinweg der Verwaltungssitz der oberen Lande befand, daß hier auf der Feste Stein in Baden das Archiv der oberen Lande lag, das unter den weltlichen Archiven in seiner Ordnung und Systematik nach dem Urteil Hans Conrad Peyers zu den qualitätsvollsten nördlich der Alpen gehörte[47], dann wird deutlich, daß hier zwischen Baden, Brugg und Königsfelden, unbeschadet aller einzelnen Veränderungen, das Herzstück der oberen Lande von Elsaß, Schwarzwald, Schwaben, Aargau, Thurgau und Glarus lag.

Die Frage des Herrschaftssitzes in den oberen Landen in der folgenden Zeit soll nun nur noch abgekürzt behandelt werden. Erst mit Herzog Leopold III. ab 1369 residierte wieder ein Habsburger in den oberen Landen und richtete eine regelrechte Hofhaltung, mit den Hofmeistern Peter von Thorberg, Reinhard von Wehingen, Küchenmeister Hans von Fridingen und Marschall Walter von Hallwil ein. Neben Baden und Brugg traten jetzt Schaffhausen und Rheinfelden als Residenzorte hervor. Aufenthalte im Elsaß und in Tirol (Bozen, Meran und Hall) blieben hinter solchen in den nordschweizer Residenzen zurück. Auffallend ist, daß auch nunmehr wieder eine starke Bindung des Adels an Habsburg über Dienstverträge und jetzt auch durch die Ernennung zum herzoglichen Rat gelang[48]. Die Präsenz des Hofes ermöglichte sofort eine bessere Verknüpfung des habsburgischen Herrschaftsanspruchs mit den Adelsinteressen in den oberen Landen. Um so gravierender war der Untergang der mit Österreich verbundenen Adelsschicht in der Schlacht von Sempach zusammen mit dem seit Leopold II. am engsten mit den Vorlanden verbunden Habsburger[49]. Seit Leopold IV. und mehr noch seit Friedrich IV. (1409 - 1439) gewannen Elsaß und Tirol auf Grund der habsburgischen Verluste in der Innerschweiz an Gewicht[50]; entsprechend häufiger wurden Ensisheim, Bozen, Meran, Hall und jetzt auch Innsbruck aufgesucht. Leopold IV. hielt sich meist in Thann und Ensisheim, Freiburg, Baden im Aargau sowie in den Waldstädten Rheinfelden, Säckingen, Laufenburg und Waldshut auf, wobei ein Schwerpunkt auf Ensisheim und Thann lag, die ebenfalls die Residenzorte seiner Witwe Katharina waren, bevor sie sich

[47] Peyer, Das Archiv, wie Anm. 10, S. 698.

[48] Die Zahl der Räte in dieser Periode ist erstaunlich hoch. Eine Publikation der Ratslisten plane ich an anderer Stelle.

[49] Vgl. Koller, Die Schlacht, wie Anm. 46 und Guy P. Marchal, Luzern und die östereichische Landesherrschaft zur Zeit der Schlacht bei Sempach. In: Jb. d. Hist. Ges. Luzern 4. 1986, S. 34-47.

[50] Vgl. die Zusammenstellung bei Speck, Die vorderösterreichischen Landstände, wie Anm. 39, S. 497.

am Ende ihres Lebens nach Belfort zurückzog. Alles waren jedoch kleine Städte, die nicht mehr die zentrale Beherrschung einer ganzen Region erlaubten. Zürich, Bern, Basel, Straßburg als natürliche Zentren waren den Habsburgern unerreichbar. Mit der Ächtung Friedrichs auf dem Konstanzer Konzil und der Eroberung des Aargaus ging das höfische Zentrum, ging die Residenz in den oberen Landen verloren. Die Residenz verlagerte sich nach Tirol. Mit Freiburg und Rottenburg entstanden 1446 - 1458 unter Albrecht VI. nochmals neue zentrale Orte in den Vorlanden mit gänzlich anderen historischen Wurzeln.

2. Die zentrale Verwaltung der oberen Lande

Der Hof als herrschaftliche Sphäre war ursprünglich zugleich Verwaltungszentrum[51]. Erst im Spätmittelalter emanzipierte sich die zentrale Verwaltung eines Territoriums vom Hof[52]. Eine wesentliche Rolle spielte der Wandel eines Hofamtes vom erblichen Lehen zum besoldeten, zeitlich befristeten, kündbaren Beamtendienst[53].

In der Kritik der habsburgischen Territorialbildung der oberen Lande wurde gerade die mangelnde Durchbildung dieser zentralen Sphäre nachdrücklich hervorgehoben. Eine genaue Durchmusterung der urkundlichen Belege erhellt jedoch das Gegenteil. Offensichtlich sofort nach seiner Königswahl hatte Rudolf I. mit Hermann von Baldegg einen Beamten eingesetzt, der zentral für das habsburgische Hausgut im Elsaß und der Schweiz verantwortlich war[54]. Daß er gleichzeitig als Vogt von Basel Reichsgut zu verwalten hatte und beides damit vermischt wurde, lag in der Zielrichtung rudolfinischer Politik. Nach dem Tode Herzog Rudolfs, des Königssohnes, wurde mit Otto von Ochsenstein erneut ein Beamter zur Verwaltung des westlichen Hausgutes eingesetzt.

[51] Alfred Ritter v. Wretschko, Das österreichische Marschallamt im Mittelalter. Wien 1897, S. 70. Alfons Dopsch, Beiträge zur Geschichte der Finanzverwaltung Österreichs im 13. Jahrhundert. In: Mitt. d. Inst. f. österr. Geschichtsforsch. 18. 1897, S. 233-340, hier S. 245.

[52] Eine Ausnahme bildet das Schreiberamt (»scriba« oder »notarius«), der als Urkunds-, Finanz- und Kanzleibeamter von Anfang an außerhalb des Hofes stand. Dopsch, Beiträge, S. 260-297.

[53] Ivan Ritter v. Zolger, Der Hofstaat des Hauses Österreich. Wiener Staatswissenschaftliche Studien 14. Wien und Leipzig 1917, S. 7f. Die meisten der Beamten in den Vorlanden, soweit sie zentrale Funktionen ausübten, wurden nur kurz, zwischen ein und drei Jahren, auf einer Beamtung beschäftigt. Erst unter Erzherzog Sigismund ab 1470 wurden längerfristige Dienstverhältnisse üblich, die dann den Charakter der Verwaltung insgesamt veränderten.

[54] W. Meyer, Die Verwaltungsorganisation, wie Anm. 4, S. 9f.

In der Umgestaltung des österreichischen Marschallamtes zu einem Landesbeamten unter Rudolf und Albrecht I. sah Wretschko ein wesentliches Element der Festigung der erschütterten Landeshoheit in den österreichischen Herzogtümern[55]. Das Fehlen des Hofes in den westlichen Besitzungen der Habsburger begünstigte den Wandel der alten Hofämter zu Landesbeamtungen. Es ist nicht immer offensichtlich, ob Beamte, die den Titel eines Hofbeamten trugen (Marschall, Hofmeister), in den Vorlanden nicht von vornherein Landesbeamte waren.

Der erste, der das Amt des Marschalls in den habsburgisch gewordenen östlichen Herzogtümern ausübte, war Hermann von Landenberg, der eine ähnliche Funktion bereits in den westlichen Hausgütern der Habsburger innehatte[56]. Angeblich – wenn hier nicht ein Irrtum vorliegt – wurde noch vor 1308 mit Walter IV. von Hallwil erneut ein Marschall für das Land »zwischen dem St. Gotthardberg und dem Eggenbach« im Elsaß eingesetzt. Unter Leopold I. war Hartmann von Tegenfeld Marschall, wobei schwer zu entscheiden ist, ob es sich um einen Hof- oder Landesbeamten handelt. Ab 1330 bis zu Beginn des 15. Jahrhunderts sind diese zentralen Beamten (mit einer Lücke zwischen 1344 und 1356) für die Verwaltung von Elsaß, Sundgau und Breisgau einerseits und Schwaben, Aargau, Thurgau und Glarus andererseits zuständig. Ihnen waren alle Landvögte in den einzelnen Landvogteien und deren untergeordnete Vogteien und Ämter unterstellt. Die Vollmachten der Hauptleute oder obersten Vögte waren außerordentlich weitgehend: Sie hatten die Leute und Untertanen zu halten und zu schirmen, alle Ämter, Gerichte und Burgen zu besorgen, zu setzen und zu entsetzen, Lehen zu verleihen, das Präsentationsrecht auf Pfründen auszuüben. Kriege – oder zumindest Kriege, die sie nicht selbst ohne Hilfe beenden konnten – durften sie nicht beginnen[57].

Der Amtssitz der Hauptleute war Baden im Aargau. Es wäre von Interesse, auch ein Itinerar der Hauptleute aufzustellen, um ihren Wirkungskreis mit dem der Herzöge vergleichen zu können. Die Amtszeiten der Hauptleute und obersten Landvögte überstiegen jedoch selten drei Jahre, so daß man sie kaum mehr

[55] Wretschko, Das österreichische Marschallamt, wie Anm. 51, S. 69-79.

[56] Ebd., S. 70.

[57] Ebd., Urkundliche Beilagen Nr. 8 (1387 März 1, Verleihung der Landvogteien im Aargau, Thurgau und im Schwarzwald an Heinrich den Geßler), Nr. 9 (1387 Nov. 25, Verleihung der Landvogtei im Elsaß und Sundgau an Walther von Altenklingen), Nr. 12 (1389 Juli 25, Bestellung von Reinhard von Wehringen zum Landvogt und Hauptmann in den oberen Landen), Nr. 21 (1408 Juni 8, Bestellung von Hans von Lupfen zum Landvogt im Elsaß und Sundgau). Vgl. auch W. Meyer, Die Verwaltungsorganisation, wie Anm. 4, S. 233-276.

als drei bis fünfmal urkundlich fassen kann; ein sinnvolles Itinerar läßt sich damit nicht aufstellen. Ebenso war es bis jetzt nicht möglich, Verträge über die Annahme zum Diener oder Rat für die Zeiten der reinen Verwaltung der oberen Lande durch Beamte ohne landesherrliche Präsenz aufzufinden. Ob dies ein reines Problem der Quellenlage ist oder ob der Adel während diesen Perioden der Landesverwaltung durch Beamte territorial tatsächlich schwerer einzubinden war, muß sich noch erweisen. Der Verkehr der Beamten mit dem obersten Landvogt in Baden und die persönliche Präsenz der Beamten war intensiv, weit dichter, als dies das urkundliche Material vermuten läßt. Beispielsweise wurden zwischen dem Hauptmann der 1381 an Habsburg gekommenen Grafschaft Hohenberg und dem obersten Landvogt in Baden innerhalb von zwei Monaten acht Boten ausgetauscht. Immerhin läßt sich auf diesem Weg ein kleines Itinerar gewinnen: ein »boten, lüfft gen Baden zu minem herren dem landvogt [...] und lüff gen Bruk und gen Zofingen im nach«[58]. Zumindest nach 1360 war ein ungemein moderner, beeindruckender, auf weitgehender Schriftlichkeit beruhender Instanzenzug für die oberen Lande ausgebildet: Von den Pfandherren sollte eine Berufung an den Landvogt mit seinen Räten und von da an den »oberen Landvogt« und die Räte im Aargau und Thurgau weitergeleitet werden. Letzte Berufungsinstanz war die Herrschaft selbst. Eine so weitgehend institutionalisierte, vom Herrscher losgelöste Verwaltung ist in kaum einem anderen Territorium des deutschen Reiches während des späten Mittelalters nachzuweisen. Neben dem landesfürstlichen Rat bestand also bereits ein Ratsgremium innerhalb der Landvogteien und ein weiteres für die gesamten Besitzungen westlich des Arlbergs. Diese Gremien hatten nicht mehr den offenen Charakter fürstlicher Ratsversammlungen des 14. Jahrhunderts, sondern sie waren institutionalisiert, formalisiert und in ihrem Teilnehmerkreis fest beschränkt[59]. Es sind Institutionen, wie sie in anderen Territorien erst zu Ende des 15. oder im frühen 16. Jahrhundert erreicht wurden. Statt in dem von der Literatur gezeichneten Bild einer ungegliederten und wenig organisierten Territorialmasse ergibt sich bei der Durchsicht urkundlicher Zeugnisse im Gegenteil das eines komplex durchorganisierten und planvoll aufgebauten Großterritoriums.

[58] Jahresrechnung der Grafschaft Hohenberg 1392/93, gedruckt bei Karl Otto Müller (Hrsg.), Quellen zur Verwaltungs- und Wirtschaftsgeschichte der Grafschaft Hohenberg vom Übergang an Österreich (1381) bis zum Ende der reichsstädtischen Pfandschaft (1454). 1. Teil. Württ. Gesch.quellen 24. Stuttgart 1953, S. 169.

[59] W. Meyer, Die Verwaltungsorganisation, wie Anm. 4, S. 255-260; Marchal, Luzern, wie Anm. 49, S. 40.

3. Pfandschaften und Verpfändungen

Man hat bei einer Beurteilung der habsburgischen Territorialpolitik in den Stammlanden die zahlreichen Verpfändungen von Einkünften und Herrschaftsrechten als einen wesentlichen Schwachpunkt der Territorialbildung bezeichnet[60]. Dabei ist aber zu bemerken, daß in kaum einem anderen Territorium des 14. Jahrhunderts ein so hoher Grad an Verschriftlichung und Organisation erreicht worden ist, wodurch Rödel, Urbare und Pfandregister eine weitgehende Bilanz über Verpfändung und Verschuldung erlauben, wie dies in den westlichen Herrschaftsgebieten der Habsburger der Fall war. Eine weitgehend exakte Buchführung zeigte den Stand der Verpfändungen, der in anderen Territorien ähnlich sein konnte, sich aber nicht mehr nachweisen läßt.

Verpfändungen sind jedoch im 14. Jahrhundert nicht ein Indiz schlechten Wirtschaftens. Sie dienten dazu, Herrschaftseinkünfte zu kapitalisieren, Diener zu entlohnen und zugleich an das Territorium zu binden. Sie waren in den Augen der Landesherrschaft keine Entfremdung von Herrschaftsrechten, sondern sie stellten eine Form jederzeit wieder rückkaufbarer Herrschaftsdelegation dar[61]. Die Mobilität der Herrschaftsrechte, wie man es genannt hatte, war begründet in der Verdinglichung der Herrschaft und ihrer einzelnen Berechtigungen, die in ihr eingeschlossen waren, in Gerichts-, Vogtei-, Heerfolge- und Steuerrechten, über die als Einzelobjekte nunmehr verfügt werden konnte. Ein guter Teil des durch habsburgische Pfandschaften in der ersten Hälfte des 14. Jahrhunderts erlösten Kapitals mußte zur Finanzierung von Kriegsunternehmungen, zur Bewahrung der deutschen Reichskrone und zum Kampf gegen die Eidgenossenschaft eingesetzt werden. Ein anderer Teil des Kapitals wurde jedoch wiederum reinvestiert in eine aktive und expansive Territorialpolitik. Zahlreiche Käufe neuer Herrschaften im südwestdeutschen Raum konnten nur über Verpfändungen älterer Herrschaften getätigt werden[62]. Sicher ist eine Bilanzrechnung dieser Politik im modernen Sinn nicht möglich, doch läßt die Zusammensetzung der Kaufsumme beim Erwerb neuer Herrschaften deutlich werden, daß es sich um keine schlechten territorialpolitischen Schachzüge han-

[60] Feine, Die Territorialbildung, wie Anm. 12, S. 242-247.

[61] W. Meyer, Die Verwaltungsorganisation, wie Anm. 4, S. 254f.; Feine, Die Territorialbildung, wie Anm. 12, S. 244; Marschall, Luzern, wie Anm. 49, S. 35-40.

[62] Beim Kauf der Grafschaft Hohenberg ist dieser Vorgang fast bis in die Einzelheiten hinein auf Grund einer günstigen Quellenlage nachzuvollziehen. Im Prinzip verliefen die Erwerbungen der schwäbischen Herrschaften im 14. Jahrhundert wohl nach dem gleichen Muster. Vgl. Quarthal, Landstände, wie Anm. 22, S. 57f.

delte. In vielen Fällen waren die Untertanen der zu erwerbenden Herrschaften bereit, einen guten Teil des Kaufpreises selbst beizutragen, wie dies etwa bei Villingen, Triberg, Freiburg oder Hohenberg der Fall war. Ein weiterer Teil konnte durch Beisteuern eigener Herrschaften aufgebracht und nur ein geringer Prozentsatz mußte durch Verpfändung einiger Rechte in flüssigem Geld beigebracht werden. Wesentlich war, daß in vielen Fällen Steuer und Reise vorbehalten wurden, Rechte, die für die Zukunft als konstitutiv für Landesherrschaft angesehen wurden.

Die amtsweise Vergabe von Pfandschaften brachte schließlich ein Moment der Verstetigung in die Verwaltung, betrugen doch Amtszeiten der Amtleute und Vögte in der Regel nur wenig mehr als zwei oder drei Jahre, Pfandherrschaften jedoch dauerten in der Regel länger. Sie banden den Pfandnehmer an das Territorium, zugleich wurden im allgemeinen habsburgische Rechte schärfer und intensiver durchgesetzt, als von den Landesherrn selbst, wie zahlreiche Klagen der Untertanen belegen. Verpfändung konnte deswegen durchaus Herrschaftsintensivierung bedeuten[63].

Selbstverständlich gab es auch die andere Seite der Verpfändung, die Entfremdung und Verlust des verpfändeten Gutes oder Rechtes bedeutete. Dies namentlich, wenn das Pfand über Zweit- oder Drittverpfändung in die Hände potenter Territorialherren geriet, die nicht in die habsburgische Klientel eingebunden waren. In der Regel sind dies jedoch Probleme des 15. Jahrhunderts, nach denen Politik und Instrumentarien des 14. Jahrhunderts nicht beurteilt werden sollten. Hier sollte die Vielseitigkeit des Instrumentariums der Verpfändung und Fehldeutungen, die eine einseitige Interpretation in sich birgt, aufgezeigt werden. Verpfändungen können nur nach sorgfältiger Prüfung und in zahlreichen Fällen überhaupt nicht als Schwäche der Territorialbildung interpretiert werden.

4. Die Ämter und Vogteien der Habsburger

Ich komme nunmehr zu dem am besten dokumentierten und auch am intensivsten untersuchten Teil der habsburgischen Territorialherrschaft: der Herrschaft über Ämter und Vogteien, wie sie sich im Habsburger Urbar niedergeschlagen hat. Die habsburgischen Ämter wurden offensichtlich nicht allzulange vor der

[63] Dies hat für die Schweiz Guy P. Marchal nachdrücklich deutlich gemacht. MARCHAL, Luzern, wie Anm. 49.

Niederschrift des Urbars in einem Gestaltungsakt der Habsburger geschaffen[64]. Sie hatten im wesentlichen zwei Wurzeln: eine grundherrliche, indem an den ursprünglichen Meierhof weitere Höfe und Einkünfte angegliedert wurden, und eine gerichtsherrliche, die sich aus Grafschaftsrechten über Frei- und Gotteshausleute ableiten läßt.

Ein Teil dieser Ämter wurde mit Burglehen verbunden, andere addiert und zu Vogteien zusammengefügt. Charakteristisch für die habsburgische Vogteiorganisation ist es, daß es nicht zu einer Zusammenfügung von städtischer und ländlicher Vogtei wie in Württemberg in der Union von Stadt und Amt kam, sondern daß beide getrennt blieben[65]. Als Schwäche der habsburgischen Territorialbildung hat man wiederum gesehen, daß die grundherrlichen Rechte den geringeren Teil des Besitzstandes und die Vogtei und Steuerrechte den wesentlichen Bestand ausmachten[66]. Auch hiergegen ist aus der Perspektive neuerer Untersuchungen zur Verfassungsentwicklung der Territorien einzuwenden, daß auch in den Teilen des habsburgischen Einflußgebietes, in denen grundherrliche Rechte nur schwach ausgebildet waren, die Habsburger in zahlreichen Fällen über Zwing und Bann vefügten, was sich in anderen Landschaften als ein äußerst wirksames Mittel zu Ausgestaltung herrschaftlicher Befugnisse erwiesen hat. Auch das Kirchenpatronat, das den Habsburgern über vierhundertmal zustand, hat sich in vielen Fällen im Zuge der Kommunalisierung auch des ländlichen Raumes als Vehikel zum Erwerb der Dorfherrschaft und damit einer über die geteilte Grundherrschaft hinausgehenden Rechtsbefugnis verwenden lassen. Das Habsburger Urbar ist also nicht nur ein Dokument einer stringenten Erfassung und rechtlichen Neu- und Zusammenordnung eines Herrschaftsgebietes, eine »Vorarbeit zur völligen Durchführung fürstlicher Landeshoheit«[67], wie es Ulrich Stutz nannte, sondern es erweist, daß sich die Habsburger in den Besitz der Rechtstitel gesetzt hatten, die im Sinne einer modernen Territorialherrschaft die rechtliche Durchdringung weit über den Rahmen der Grundherrschaft hinaus erlaubt hätten.

[64] W. Meyer, Die Verwaltungsorganisation, wie Anm. 4, S. 56-65.

[65] Ebd., S. 65-108; Walter Grube, Vogteien, Ämter, Landkreise in Baden-Württemberg. Bd. 1. Geschichtliche Grundlagen. Stuttgart 1975, S. 11-13.

[66] Ulrich Stutz, Das habsburgische Urbar und die Anfänge der Landeshoheit. In: Z. f. Rechtsgesch. Germ. Abl. 25 (1904), S. 193-257.

[67] Stutz, Das habsburgische Urbar, wie Anm. 66, S. 192.

5. Das schwäbische Herzogtum und die Territorialbildung der Habsburger

Insbesondere Hans Erich Feine hat, wie eingangs erwähnt, die Territorialbildung der Habsburger im Südwesten des Reiches insgesamt unter dem Aspekt einer Wiedererrichtung des Herzogtums Schwaben gesehen, obwohl dies als Perspektive wohl nur für die Zeit König Rudolfs zu Ende des 13. Jahrhunderts, dann für die Zeit Erzherzog Rudolfs IV. in der Mitte des 14. Jahrhunderts und schließlich ganz kurzfristig für Erzherzog Sigismund im letzten Drittel des 15. Jahrhunderts zutraf[68]. Ganz ohne Zweifel hätte der Rechtstitel des Herzogs in Schwaben, der eine Mediatisierung der Reichslehenträger erlaubt und die Verfügungsgewalt über das Reichsgut in Schwaben eingeräumt hätte, die Territorialbildung der Habsburger ungemein begünstigt und den Aufbau eines weiträumig geschlossenen Herrschaftsgebietes ermöglicht. Wirklich virulent geworden ist die Perspektive einer Neuerrichtung des schwäbischen Herzogtums unter Erzherzog Rudolf IV. in den Jahren 1358/59 bis 1361; Helmut Maurer und Hans Georg Hofacker haben diesen Prozeß, dessen Ablauf eng verbunden ist mit der Herstellung des Privilegium maius 1358/59, unlängst eingehend dargelegt[69].

Während der Regierungszeit Rudolfs kam es nicht zu spektakulären Käufen neuer Herrschaften im schwäbischen Reichsgebiet. Er suchte die habsburgische Position in Schwaben, insbesondere gegen die Eidgenossen durch eine rege Bündnispolitik und durch die Übernahme von Reichsämtern zu stärken; bis 1358 wurde er darin von seinem Schwiegervater Karl IV. unterstützt. So wurde ihm die Landvogtei im Elsaß übertragen, und 1358 gebot Karl den Städten Bern, Solothurn, Zürich und St. Gallen, dem Herzog als neuem Landvogt zu schwören. Zugleich versprach er offensichtlich, ihm die schwäbische Landvogtei zu überlassen. Damit war habsburgisches Haus- und Reichsgut in einer solchen Großräumigkeit verbunden, daß die Versuche der Könige Rudolf und Albrecht daneben verblaßten[70].

1359 ist hierin jedoch ein Bruch eingetreten. Seit diesem Jahr führte Rudolf den Titel »Fürst zu Schwaben und Elsaß«, offensichtlich zunächst mit Einwilligung des Kaisers[71]. Sein Versuch, mit dem Privilegium maius die Stellung der österreichischen Herzogtümer im Reich zu verändern und exempt zu machen,

[68] Vgl. Anm.36.
[69] Ebd.
[70] Ebd., S. 646f.
[71] Ebd., S. 652f.

und diese Exemption auch auf Schwaben auszudehnen, hätte den Kaiser aus einem Landesteil verdrängt, der ihm am engsten verbunden war. Nunmehr wandte sich der Kaiser gegen Rudolf, und in einer klugen Bündnispolitik gelang es ihm, den Erzherzog im September 1360 zu zwingen, auf den Titel eines Herzogs in Schwaben zu verzichten; zugleich entzog er ihm die Landvogtei im Elsaß. Im Oktober führte Rudolf den Titel erneut und mußte sich deswegen im Dezember in Nürnberg wiederum vor dem Kaiser verantworten. Der berühmte habsburgische Lehenstag im Aargau, den Rudolf im Januar 1361 nach Zofingen einberief, und auf dem er und sein Bruder mit Insignien eines herzoglichen Ranges auftraten, war deswegen wohl nicht das rauschende Fest, als das es Heinrich von Diessenhofen in seiner Chronik darstellte, obwohl dem Lehenstag durch die Anwesenheit Herzog Ludwigs von Bayern und Graf Eberhards von Württemberg unbestreitbarer Glanz gegeben war, sondern es war ein verzweifelter Versuch, den herzoglichen Anspruch in Schwaben doch noch durchzusetzen[72]. Herzog Rudolf trat dort – von den Anwesenden unbestritten – mit den Attributen eines Herzogs von Schwaben auf, obwohl er im Jahr zuvor Karl IV. zugesagt hatte, auf diesen Anspruch zu verzichten. Rudolf gab im Juni 1361 zu, »daz wir in unser stat zu Zofingen gelihen haben unser lehen in fürstlichem getzirde mit hute, mentlin und ander zirde, die einen herzogen angehoren mochten, und wir daz wissen, daz wir ze swaben und ze Elsassen nicht herzog seine«[73].

Daß es sich um keine lange geplante Aktion gehandelt haben kann, geht auch daraus hervor, daß der Lehenstag in größter Eile zu einer völlig ungünstigen Jahreszeit ausgeschrieben wurde. Auch die bisher angegebene Chronologie, daß vom 21. Januar ab ein dreitägiger Lehenstag stattgefunden hätte, kann nicht stimmen, denn am 22. Januar urkundete Rudolf im 50 km entfernten Basel[74]. Daß bei dem Lehenstag nicht so sehr die Perspektive des schwäbischen Herzogtums, sondern habsburgische Hauspolitik im Vordergrund stand, erhellt sich schon aus der Wahl des Ortes – Zofingen ist kein in der Geschichte des schwäbischen Herzogtumes hervorgetretener Ort –, zugleich war der Lehenstag als Kriegsmusterung gegen Karl IV. gedacht, wie aus Rudolfs Urkunde zur Stadtrechtsverleihung für Zofingen von 1363 hervorgeht, als er die Stadt lobte, sich seit zwei Jahren, als er sich eines großen Landkrieges gegen seinen Schwie-

[72] Heinricus de Diessenhofen, ed. Boehmer, J. F. In: Fontes Rerum Germanicarum IV. 1868, S. 121; Maurer, Karl IV., S. 653.

[73] Ebd., S. 654.

[74] E. M. Lichnowsky, Geschichte des Hauses Habsburg. Bd. 4, Wien 1839, Nr. 245 F.

gervater Kaiser Karl IV. versah, mit Turm, Ringmauer, Graben usw. gerüstet zu haben. Zur Erneuerung des Herzogtumes Schwaben ist es nicht gekommen, auch nicht unter Erzherzog Sigismund, der sich mit diesem Titel nur noch in Schwaben nördlich des Bodenseeraumes, nicht mehr in der Eidgenossenschaft durchsetzen wollte[75]. Schwaben ist ein Land geblieben, das dem Kaiser »ohn mittel« zugetan blieb, wenn Kaiser Friedrich III. wiederum nicht so radikal vorging, wie es ihm der Kurfürst von Brandenburg vorschlug und Sigismund sämtliche habsburgischen Besitzungen in Schwaben entzog, um daraus eine kaiserliche Immediatzone zu machen. Das Herzogtum Schwaben ist nicht zum Instrument habsburgischer Territorialpolitik geworden.

6. Landstände und Territorialbildung

Die Erneuerung des Herzogtums Schwaben war nicht der Weg, mit dem eine Ausweitung der habsburgischen Territorialansprüche in ihrem wesentlichen Herrschaftsgebiet erreicht werden konnte. Der Herzogtitel und daraus abgeleitete Rechte waren zur Formierung eines Territoriums wirksame, aber in frühere Rechtszustände zurückreichende Instrumentarien. Landständische Verfassungsformen, wie sie sich seit dem 13. Jahrhundert herausbildeten, ermöglichten die Einbindung von Adels- und Klosterherrschaften in ein Territorium, die sich anders nicht in eine direkte Untertänigkeit hätten bringen lassen[76].

Von 1388/89 hat sich eine Steuerliste erhalten, »die stur uff edellut, closter und phaffen in Ergow von notdurft und nucz als landes und unser herschaft von Oesterrich«[77]. Die Liste, drei Jahre nach der Schlacht von Sempach angelegt und unter Umständen als Grundlage für einen Steuereinzug zur Beleihung der Kriegskosten gedacht, entsprach in ihrer Form den späteren landständischen »Landleutezettel«. Es wurden rund 100 Adelige, 30 Klöster und 10 Ämter aufgeführt, die diese Steuer mittragen sollten. Erfaßt wurde nicht nur

[75] 1474 Aug 10, Innsbruck, (Fürstenbergisches UB 7, Nr. 49), Maurer, Karl IV., wie Anm. 38, S. 656; Hofacker, Die schwäbische Herzogswürde. S. 73-114.

[76] Eine mögliche habsburgische Ständebildung in der Nordschweiz wurde bisher noch nicht in Betracht gezogen. Auch neuere Untersuchungen beschränken sich auf die Gebiete auf dem Schwarzwald, am Oberrhein und im Elsaß. Vgl. Speck, Die vorderösterreichischen Landstände, wie Anm. 39, und Georges Bischoff, Gouvernés et gouvernants en Haut-Alsace à l'époque autrichienne. Straßburg 1982.

[77] Das Habsburgische Urbar. Hrsg. v. R. Maag. Bd. 2, 1. Quellen zur Schweizer Geschichte 15,1. 1899, S. 713f.

der Aargau im engeren Sinn, sondern der habsburgische Herrschaftsbezirk im Aargau und auf dem Schwarzwald, ja sogar eine ganze Reihe oberrheinischer Familien: Bärenfels, Falkenstein, Heideck, Rhein, Rüst, Rüseck, Schönau, Wessenberg und andere, die später unter den vorderösterreichischen Ständen erschienen. Erstmals wurden in einer Liste alle drei Stände – Geistlichkeit, Adel und Bürger erfaßt. Da es nicht vorstellbar ist, daß diese Steuer ohne den Konsens der Betroffenen hätte erhoben werden können, mußten entsprechende Verhandlungen vorausgegangen sein. Man kann deswegen in dieser Liste das früheste Dokument landständischer Verfassung in den westlichen Herrschaftsgebieten der Habsburger sehen, wobei sich der Schwerpunkt der Stände noch an das habsburgische Herrschaftszentrum in Brugg anlehnte.

Der Kreis der in der Liste aufgeführten Adelsfamilien entsprach zu großen Teilen dem der in den Gefallenenlisten von Sempach genannten Namen. In vielen Fällen sind die Verluste noch unmittelbar greifbar, da wo Witwen und Waisen von bei Sempach gefallenen Adeligen als Steuerzahler angeführt wurden[78]. Daß der Zusammenhang zwischen beiden Personenkreisen auch zeitgenössisch bewußt war, zeigt ein unter Erzherzog Albrecht VI. in der Mitte des 15. Jahrhunderts entstandenes Verzeichnis des Adels der oberen Lande, dem die Liste der Gefallenen von 1386 quasi als himmlische Vorläufer der Landstände des 15. Jahrhunderts vorangestellt war. Diese Gefallenen sollten als Orientierungspunkt für eine antieidgenössische Politik vor Augen stehen[79].

Die österreichische Politik gegenüber dem Adel südlich von Hochrhein und Bodensee seit dem 14. Jahrhundert gehört allerdings noch zu den wenig untersuchten Aspekten habsburgischer Territorialpolitik, wie dies schon Roger Sablonier formulierte[80]. Mit der Ächtung Herzog Friedrichs auf dem Konstanzer Konzil 1415 gingen nicht nur territoriale Besitzeinheiten in dieser Landschaft verloren, auch die Bindungen des Adels an Österreich lösten sich. Er wandte

[78] Ebd., S. 714; vgl. die Aufstellung bei August Bickel, Die Herren von Hallwil im Mittelalter. Aarau 1978, S. 124f.

[79] HHSTA Wien, HS Blau 138, Böhm 444. Ich danke Herrn Dieter Mertens, Freiburg, für den Hinweis auf die Handschrift. Die habsburgischen Ansätze einer Ständebildung lagen damit – mit Ausnahme der geistlichen Teritorien von Sitten und Chur – vor denen in anderen Territorien im Gebiet der Schweiz (Adolf Gaser, Landständische Verfassungen in der Schweiz. In: Zeitschr. f. Schweizer Gesch. 17. 1937, S. 96-108).

[80] Roger Sablonier, Adel im Wandel. Eine Untersuchung zur sozialen Situation des ostschweizerischen Adels um 1300. Veröff. d. Max-Planck-Inst. f. Gesch. 66. Göttingen 1979, S. 210-224.

sich der Eidgenossenschaft zu. Dies war sicher mit ein Grund, weshalb habsburgische Wiedereroberungsversuche im 15. Jahrhundert so wenig erfolgreich waren[81]. Für die Entwicklung der habsburgischen Territorialherrschaft war es entscheidend, daß der frühe Ansatz einer Ständebildung mit dem Schwerpunkt in der Nordschweiz unterbrochen wurde und nach 1415 keine Fortsetzung mehr fand. Die späteren vorderösterreichischen Stände hatten ihren Schwerpunkt am Oberrhein, im Elsaß, im Sundgau, im Breisgau und auf dem Schwarzwald[82].

Im Vorstehenden wurde der Versuch unternommen, Strukturen der habsburgischen Territorialbildung in ihren westlichen Herrschaftsgebieten sichtbar zu machen. Eine für eine Territorialbildung des 13. - 15. Jahrhunderts gute Quellenlage hat dazu geführt, daß bisher mehr der äußere Ablauf und die Territorialbildung im Bereich von Grund-, Gerichts- und Vogteiherrschaft untersucht wurden. Mir kam es darauf an, anhand einzelner, ausgewählter Strukturelemente zu zeigen, daß die habsburgische Territorialbildung im Rahmen einer adlig geprägten Gesellschaft erfolgte. Aspekte, die eine Durchsetzung von Herrschaftsansprüchen im Rahmen dieser Gesellschaft möglich machten, müssen deswegen stärker beachtet werden. Eine Untersuchung der habsburgischen Territorialbildung darf deswegen nicht nur Gewinn und Verlust einzelner Herrschaften und Städte, und nicht nur institutionalisierte Verwaltungsstellen berücksichtigen, sondern sie muß auch Institutionen und Elemente der offenen Verfassung wie den landesherrlichen Hof, Herrscherpräsenz, Dienst- und Ratsverhältnisse, Pfandschaften und ständische Organisation in ihre Betrachtung einbeziehen. Vor allem darf die Territorialbildung der Habsburger im 13. und 14. Jahrhundert nicht unter dem Aspekt der Niederlagen Österreichs gegen die Eidgenossen im späten 14. und 15. Jahrhundert interpretiert, sondern muß mit gleichzeitigen Verhältnissen in anderen Territorien synchron beurteilt werden.

[81] Karl Schieb, Der Adel in der älteren Schweizer Geschichte. In Bll. f. dt. LG 113. 1977, S. 122-140.

[82] Zur Ständebildung am Oberrhein vgl. jetzt Dieter Speck, Die vorderösterreichischen Landstände, wie Anm. 39.

Wilhelm Baum

Friedrich IV. von Österreich und die Schweizer Eidgenossen

Es gehört zur Eigenart der Geschichte der habsburgischen Besitzungen in den später so genannten »Vorlanden«[1], daß sich bis zum Ende des Mittelalters kein eigentlicher Höhepunkt in ihrer Entwicklung angeben läßt; Verluste der Dynastie gegenüber den Eidgenossen konnten bis um 1500 regelmäßig durch Neuerwerbungen kompensiert werden. Erst der »Schwabenkrieg« Maximilians I. führte zu einer Konsolidierung der Grenze zwischen Österreich und den Eidgenossen, die sich bereits seit der »Ewigen Richtung« von 1474[2] angebahnt hatte. Seitdem rückte der Konflikt zwischen den beiden Mächten in den Hintergrund, zumal die neue Weltmachtspolitik der Habsburger die Stammlande nach und nach zu einem Nebenland werden ließ, das in den napoleonischen Wirren bzw. auf dem Wiener Kongreß von Kaiser Franz I. preisgegeben wurde.

Die neuere Geschichtsschreibung hat das Bild der Beziehungen zwischen Habsburgern und Eidgenossen differenziert und zu einer Auflösung der Mythen von Tell und Winkelried geführt. Es sei daher gestattet, kurz in Erinnerung zu rufen, daß das Verhältnis zur Zeit Rudolfs I. durchaus gut war. Der berühmte Bund von 1291 knüpfte an alte Landfriedensbündnisse an und erkannte die Gehorsamspflicht gegen die Herren durchaus an[3]. Adolf von Nassau bestätigte 1297 die Reichsfreiheit von Schwyz und Uri. Zur Zeit Albrechts I., der 1292 einen Aufstand in der Schweiz niederwarf, wurde das berühmte »habsburgische Urbar« angelegt, in dem alle habsburgischen Rechte und Einkünfte sorgfältig

[1] Die vorliegende Untersuchung stützt sich in erster Linie auf den 1. Teil meiner umfassenden Untersuchung »Die vorländische Politik der Habsburger von 1415 -1486«, die in absehbarer Zeit erscheint und das verstreute Quellenmaterial zu dieser Thematik auswertet. Quellenverweise werden im Rahmen dieser kurzen Analyse nur in besonders wichtigen Fällen gegeben.

[2] Vergl. dazu: Wilhelm Baum: Sigmund der Münzreiche. Zur Geschichte Tirols und der habsburgischen Länder im Spätmittelalter. (Schriftenreihe des Südtiroler Kulturinstitutes 14). Bozen 1987, S. 325-344.

[3] Handbuch der Schweizer Geschichte I. 2. Aufl. Zürich 1980, S. 179-182.

inventarisiert wurden. Nach Albrechts Ermordung bestätigte Heinrich VII. auch Unterwalden die Reichsfreiheit. Der Versuch der Söhne Albrechts, die Waldstätte wieder in ihre Gewalt zu bekommen, scheiterte 1315 in der Schlacht bei Morgarten, dem Anfang einer Kette von habsburgischen Niederlagen. Der Bund der Eidgenossen von 1291 wurde erneuert und erhielt 1316 die Bestätigung der Privilegien von Ludwig dem Bayern. Für die nichthabsburgischen Könige und Kaiser wurden die Eidgenossen nach und nach zu einem wichtigen Bündnispartner gegen die Habsburger, die ihr Schwergewicht im 14. Jahrhundert nach Österreich verlagerten. Kam es jedoch zur politischen Kooperation zwischen den Habsburgern und dem Reichsoberhaupt, mußten die Eidgenossen stets – wie z.B. 1326 und 1334 – um den Verlust ihrer Privilegien bangen. 1330 konnte Albrecht II. Breisach, Rheinfelden, Schaffhausen und Neuenburg erwerben, nicht jedoch Zürich und St. Gallen. Der Versuch Rudolfs IV., 1358 die Reichsvogtei über Zürich, Bern, St. Gallen und Solothurn zu erwerben, scheiterte. Dafür gelang 1363 die Erwerbung Tirols und der Herrschaft Neuburg im späteren Vorarlberg. Zürich verbündete sich 1351 mit den Eidgenossen, 1352 auch das bisher zum habsburgischen Säckingen gehörende Tal Glarus und die Stadt Zug. Auch Luzern konnte sich der österreichischen Oberhoheit entziehen. Bern verbündete sich mit den Eidgenossen, während Zürich sich Österreich wieder vorübergehend näherte, das 1368 Freiburg im Breisgau erwerben konnte. 1379 teilten Albrecht III. und Leopold III. den Besitz der Habsburger in der Weise auf, daß Albrecht das eigentliche Österreich, Leopold III. jedoch die Steiermark, Kärnten, Krain, Tirol und die Vorlande erhielt[4]. Leopold III. konnte sich danach ganz auf den Ausbau der westlichen Besitzungen konzentrieren; nach der Anbahnung der Erwerbung der Grafschaft Feldkirch (1375), der Verpfändung der Reichslandvogtei in Schwaben an ihn (1379) und dem Kauf der Grafschaft Hohenberg (1381) konnte er auf Drängen des Adels sich mit mehr Erfolgsaussichten dem Expansionsstreben der Eidgenossen entgegenstellen. Für eine Rückerstattung der unrechtmäßigen Eroberungen bot Leopold III. den Eidgenossen einen 40jährigen Frieden an, allein der Kriegswille der Luzerner führte zum »Sempacherkrieg«, in dem Leopold III. am 9. 7. 1386 Schlacht und Leben verlor. Die Folgen der Schlacht waren für Österreich verheerend. Albrecht III. mußte als Vormund seiner Neffen nun auch die Verwaltung der leopoldinischen Gebiete übernehmen. Nach mehreren Waffenstillständen wurden die Österreicher 1388 in der Schlacht bei Näfels neuerlich besiegt. Erst 1389 kam es zu einem Waffenstillstand für sieben Jahre, dem 1394 ein zwanzigjähriger

[4] Günther Hödl: Habsburg und Österreich 1273 - 1493, Wien/Köln/Graz 1988, S. 139.

Friede folgte, bei dem die Eidgenossen versprachen, keine österreichischen Untertanen mehr als »Ausburger« aufzunehmen. »Das relative Gleichgewicht der Macht zwischen der Herrschaft Österreich und den Eidgenossen, wie es sich um die Jahrhundertmitte ... geäußert hatte, war nunmehr entgültig zum Nachteil Österreichs gestört. Der durch die eidgenössischen Orte zugestandene Verzicht auf die Ausburgerpolitik war ehedem bereits allzu häufig versprochen und nicht beachtet worden, als daß er als ernsthafte Einschränkung verstanden werden dürfte. Die Herrschaft zu Österreich vermochte ihre Rechte nicht wahrzunehmen«[5].

Der Schrecken, der bei den Habsburgern nach der Niederlage von Sempach zurückblieb, war ungeheuer. Die Listen der Gefallenen wurden in den Zwettler Annalen, in der Chronik des Leopold von Wien, aber auch am Innsbrucker Hofe oder in Frankfurt am Main überliefert[6]. 1442 besuchte König Friedrich III. das Grab seines Großvaters in Königsfelden. Nach Leopold III. wurden die Habsburger in Österreich bestattet – ein deutliches Symptom dafür, daß sich der Schwerpunkt der habsburgischen Herrschaft endgültig nach Österreich verlagert hatte.

Unser Wissen über die Biographie der vier Söhne Leopolds III., Wilhelm (geb. 1370), Leopold IV. (geb. 1371), Ernst (geb. 1377) und Friedrich IV. (geb. 1382) ist zu gering, um diese als Persönlichkeiten und Individuen präzise charakterisieren zu können. Wir wissen auch wenig über ihre Erziehung unter der Vormundschaft Albrechts III., ihre Bildung und politischen Vorstellungen in der Ära des permanenten Bürgerkrieges im Hause Österreich. Leopold IV. amtierte bereits kurz nach der Schlacht bei Sempach als Verweser, stimmte dann aber der Regentschaft seines Onkels zu, der im Dezember 1386 in Bozen eintraf und nun bis nach Burgund reiste, wo er mit Herzog Philipp dem Kühnen ein Bündnis schloß und die Hochzeit Leopolds IV. mit dessen Tochter Katharina von Burgund vereinbarte. Bis Ende 1387 blieb Albrecht III. in den Vorlanden. Seit 1402 verwaltete dann Leopold IV. die Vorlande. 1390 war die Grafschaft Feldkirch nach dem Tod des letzten Montforters endgültig an die Habsburger gefallen, die 1394 auch die Herrschaft Bludenz mit dem Montafon erwerben konnten. Der zwanzigjährige Friedensvertrag zwischen Österreich und den Eidgenossen wurde 1394 von Albrecht III. und Leopold IV. besiegelt. Nach dem Tode Albrechts III. erhielt sein Neffe Wilhelm 1395 im Hollenburger Ver-

[5] Handbuch, wie Anm. 3, S. 263.

[6] Heinrich Koller: Die Schlacht bei Sempach im Bewußtsein Österreichs. In: Jb. der Hist. Ges. Luzern 4. 1986, S. 53-57.

trag einen Anteil an der Verwaltung Österreichs. Dabei wurde auch vereinbart, daß Leopold IV. die Nutznießung »in unsern obern landen enhalb des Arls« erhalten solle. 1395 besetzte dieser die werdenbergische Stadt Rheineck und eroberte die Herrschaft im St. Galler Rheintal. Im Jahre darauf verpfändete Johann von Werdenberg ihm die Grafschaft Sargans mit dem Gaster. 1398 verpfändeten Peter und Wölflin von Hewen ihm die Herrschaft Hewen mit der Stadt Engen im Hegau. 1398 verpfändete Graf Konrad III. von Badenweiler Leopold IV. um 28000 Gulden die Herrschaft Badenweiler. Dies zeigt, daß Albrecht III. und Leopold IV. nach der Katastrophe von Sempach durchaus nicht erfolglos arbeiteten, um die Verluste an die Eidgenossen zu kompensieren und diese durch eine Allianz mit dem neuburgundischen Reiche von beiden Seiten her zu bedrohen.

In einer neuerlichen Länderteilung zu Wien vereinbarten Wilhelm und Leopold IV. 1396, daß Leopold Tirol und die Vorlande verwalten sollte, während Wilhelm die innerösterreichischen Gebiete und die Mitregentschaft in Österreich erhielt. Weiter wurde vereinbart, daß Wilhelm zwei Jahre lang seinen Bruder Ernst versorgen solle, Leopold jedoch auf ein Jahr den 14jährigen Bruder Friedrich, um ihn dann nach einem Jahr an Wilhelm zu übergeben[7]. Dieser Vertrag wurde 1398 und 1402 jeweils auf zwei Jahre verlängert. 1402 erhielt Herzog Ernst in der nächsten Verlängerung dann das Recht zur Mitverwesung von Innerösterreich.

Im Sommer 1400 wurde Kurfürst Ruprecht von der Pfalz zum deutschen König gewählt. Am 22. 7. 1401 schloß er ein Bündnis mit Leopold IV., in dem er gelobte, die Habsburger von Reichs wegen »wider die Swiczer und ir eytgenossen« zu unterstützen und dafür zu sorgen, daß diese »ym und den synen ouch wieder geben und keren, wez sie yn und die sinen entweret haben«[8]. Dabei wurde auch vereinbart, daß Leopolds Bruder Friedrich Elisabeth, die Tochter des Königs, heiraten sollte. Nun drohte den Eidgenossen wieder das gleiche Schicksal wie zur Zeit Ludwigs des Bayern. Ruprecht bestätigte nur den anerkannten Reichsstädten Zürich, Bern und Solothurn die Privilegien und unterschied sie von den »andern stetten und eitgenossen, die in den Switzertale gehorent«, aber »nit des riches sint«. Damit wurden Luzern, Glarus und Zug und möglicherweise sogar die drei Urkantone als rechtlich im Besitz Österreichs bezeichnet! Bei

[7] Heinrich von Zeissberg: Der österreichische Erbfolgestreit nach dem Tode des Königs Ladislaus Postumus (1457-1458) im Lichte der habsburgischen Hausverträge. Wien 1879, S. 23f.

[8] W. Oechsli: Die Beziehungen der schweizerischen Eidgenossen zum Reiche bis zum Schwabenkrieg, in: Polit. Jb. d. Schweiz. Eidgenossenschaft 5. 1890, S. 302-616, hier S. 340.

seinem geplanten Zug gegen Mailand war er gegebenenfalls bereit, den Urkantonen die Freiheit zu bestätigen, wenn sie ihn unterstützten. Es kam aber zu keiner Einigung, weil Ruprecht in bezug auf Österreich keine Zusagen geben konnte oder wollte.

Im Oktober 1401 erlitt Ruprechts Heer vor Brescia eine Niederlage; Leopold IV., der Sohn einer Visconti, geriet sogar in mailändische Gefangenschaft, und der Feldzug wurde zu einem Fiasko. Kurz zuvor, am 8. 10. 1401 besiegelte Friedrich IV. in Innsbruck die älteste mir bekannte Urkunde[9]. Der junge Herzog unterstützte nun die Politik seines zukünftigen Schwiegervaters; Anfang September 1403 beauftragte er von Bozen aus den Grafen Hans von Lupfen mit Verpfändungen, weil er mit Ruprecht nach Italien wolle. Auch mit Venedig scheint Friedrich im Sinne Ruprechts über das Durchmarschrecht für einen Romzug verhandelt zu haben[10]. Ruprecht verhandelte 1404 wiederum mit den Eidgenossen über einen Zug gegen die Lombardei. Es kam jedoch zu keinen Abmachungen, da er nicht bereit war, zuzugestehen, daß er Leopold IV. nicht gegen die Eidgenossen helfen werde.

Im März 1404 kam es nach neuen heftigen Streitigkeiten der Söhne Leopolds III. untereinander zu einem Schiedsspruch ihres Vetters Albrecht IV., nach dem Wilhelm Kärnten und Krain sowie die Mitregierung in Österreich und Leopold IV. die Steiermark und Tirol erhalten sollte. Wilhelm sollte Ernst und Leopold Friedrich mitversorgen, und beide sollten gemeinsam auf drei Jahre die Vorlande erhalten[11]. Am 6. 6. 1404 bevollmächtigte Leopold IV. dann seinen Bruder Friedrich, die habsburgischen Gebiete jenseits des Arlberges im Namen aller Habsburger zu verwalten[12]. Von nun an verwaltete Friedrich IV. die Vorlande. Er reiste nun nach Feldkirch, Schaffhausen, Ensisheim, Villingen, Rottenburg und mischte sich in verhängnisvoller Weise in den Appenzellerkrieg ein.

Die mit dem St. Galler Abt Kuno von Stoffeln unzufriedenen Bauern von Appenzell verbündeten sich mit Schwyz und der Stadt St. Gallen und besiegten ihren Herrn 1403 in der Schlacht bei Vögelinsegg. Herzog Friedrich schloß nun am 6. 3. 1405 ein Bündnis mit der Stadt Konstanz gegen die Appenzeller. Verhandlungen mit den Eidgenossen scheiterten »am überheblichen Herrenstandpunkt des Habsburgers, der keine Änderung der politischen Lage seit Sempach

[9] Innsbruck, TLA, Schloßarchiv Dornsberg.

[10] Regesten der Pfalzgrafen am Rhein 1214-1508, hrsg. v. d. Bad. Histor. Kommission. Bd. 2: Regesten König Ruprechts, hrsg. v. G. L. v. Oberndorff. Innsbruck 1939, S. 227, Nr. 3243.

[11] Zeissberg, wie Anm. 7, hier S. 25-27.

[12] Clemens Wenzeslaus Brandis: Tirol unter Friedrich von Österreich. Wien 1823, S. 237.

anerkennen wollte«[13]. Graf Rudolf von Werdenberg-Sargans schloß sich den Appenzellern an, um mit ihrer Hilfe seine an Österreich verlorenen Besitzungen im Rheintal zurückzuerobern. Herzog Friedrich hingegen verbündete sich mit dem Abt, sammelte Truppen und fühlte sich als Feldherr. Am 17. 6. ging das Banner von Schaffhausen in der Schlacht bei Rotmonten verloren. Als Friedrich den Rückzug antrat, wurde ein österreichisches Heer von 1200 Mann von etwa 400 Appenzellern in der Schlacht am Stoß, in der 350 Österreicher fielen, besiegt. Für Friedrich IV. war dies der erste große Prestigeverlust, aus dem er nichts lernte. Bis auf die Burg Werdenberg gingen nun alle linksrheinischen Besitzungen Österreichs im Rheintal verloren. In seiner Not versuchte der junge Herzog den Teufel mit Beelzebub auszutreiben und ernannte den Grafen Friedrich VII. von Toggenburg zum Landvogt der gefährdeten Gebiete und verpfändete ihm die Grafschaft Sargans mit den Herrschaften Freudenberg, Nidberg und Windegg. Damit begann der Rückschlag der habsburgischen Erwerbungspolitik im Rheintal, die nun für Jahrzehnte zum Stehen gebracht wurde.

Die Erfolge der Appenzeller schürten auch die Unzufriedenheit in den benachbarten österreichischen Territorien. Ein großer Teil der Untertanen von Feldkirch und Bludenz schloß sich im Herbst 1405 den Appenzellern an, die im Mai 1406 über den Arlberg nach Landeck und über den Fernpaß nach Reutte in den Allgäu vorrückten, wo sich der »Allgäuer Bauernbund« gebildet hatte. Nach einer Art Revolution in Feldkirch schloß die Stadt mit Appenzell und St. Gallen die »Eidgenossenschaft ob dem Bodensee«, die 64 Burgen einnahm und auch die Feldkircher Schattenburg zerstörte. Am 6. 7. 1406 vermittelten die Räte König Ruprechts einen Waffenstillstand zwischen Herzog Friedrich und den Appenzellern, nach dem diese die eroberten österreichischen Gebiete vorerst behalten konnten[14]! »So großartig und anspruchsvoll der Herzog zuvor aufgetreten war, so schmählich war jetzt sein Zurückweichen vor den Bauern«[15]. Zurückgedrängt wurden die Appenzeller nicht durch Herzog Friedrich oder die Österreicher, sondern durch die Ritterschaft vom St. Georgen Schild in Schwaben, die den Appenzellern, die Bregenz belagerten, Anfang 1408 eine schwere Niederlage beibrachten. Nun kam König Ruprecht nach Konstanz, um seinen Schwiegersohn zu unterstützen. Am 4. 4. 1408 erließ er in Bregenz einen

[13] Benedikt Bilgeri: Geschichte Vorarlbergs. Bd. 2: Bayern, Habsburg, Schweiz – Selbstbehauptung. Wien/Köln/Graz 1974, S. 145.

[14] Rudolf Thommen: Urkunden zur Schweizer Geschichte aus österreichischen Archiven, Bd. 2: 1371-1410. Basel 1900, S. 454-456, Nr. 616.

[15] Otto Feger: Geschichte des Bodenseeraumes, Bd. 3: Zwischen alten und neuen Ordnungen. 2. Aufl., Sigmaringen 1981, S. 144.

Schiedsspruch, nach dem alle Bündnisse aufgelöst werden mußten und Friedrich sich verpflichtete, allen Herrschaften in Vorarlberg ihre Privilegien zu bestätigen[16].

Das Ansehen Österreichs war nun schwer angeschlagen. Die Schwyzer hatten die habsburgische Kyburg erobert, und die Untertanen der Habsburger suchten ihre Rettung bei den Eidgenossen. Die habsburgischen Städte Baden, Brugg, Aarau, Zofingen, Rapperswil, Mellingen, Bremgarten, Lenzburg und Sursee gingen ein ewiges Burgrecht mit Bern ein. Nachdem der größte Teil der habsburgischen Rechte und Besitzungen im Aargau ohnedies bereits verpfändet war, stand die dortige Herrschaft Österreichs vor dem Zusammenbruch. 1408 ging das von Österreich an die Familie Geßler verpfändete Aargauer Amt Grüningen als Pfand an Zürich über, das im Jahre darauf auch das Amt Regensberg als Pfand erwerben konnte[17]. Die Appenzeller hingegen wurden 1411 von den sieben eidgenössischen Orten außer Bern in das Land- und Burgrecht aufgenommen, die damit auch im Bodenseeraum Fuß gefaßt hatten. 1413 wurde auch die Stadt St. Gallen in den Bund aufgenommen, allerdings zu ungünstigeren Bedingungen.

Die Grafen von Werdenberg kämpften nun mit Unterstützung der Appenzeller gegen Österreich, um ihre Stammgebiete zurückzugewinnen. Bei diesen Kämpfen wurde Rheineck 1411 zerstört. Der österreichische Landvogt Hermann von Sulz erschien nun vor Altstätten, wo sich die Appenzeller und ihre Helfer aus Schwyz und Glarus verschanzt hatten. Nun rückte auch Herzog Friedrich mit 10000 Mann vor die Stadt und ließ sie niederbrennen. Erst der am 28. 5. 1412 abgeschlossene fünfzigjährige Friede zwischen Österreich und den Eidgenossen, zu denen nun neben den acht Orten auch Solothurn und Appenzell gehörten, beendete die militärischen Auseinandersetzungen, in denen der Herzog eine schlechte Figur als Regent abgegeben hatte. »Der Erhebung seiner Vorarlberger Bauern, der Entstehung des Bundes ob dem See sah er zu, ohne den Finger zu rühren, tatenlos, kläglich; es ist nicht auszudenken, was geschehen wäre ohne den Sieg des Adels vor Bregenz. Alle Unfähigkeit, die sein späteres langes Leben zeigen sollte, seine Unüberlegtheit bei raschen Entschlüssen, seine Kopflosigkeit danach, die Würdelosigkeit, mit der er die große Macht in

[16] Regesten Pfalzgrafen, wie Anm. 10, hier S. 391f. Nr. 5264; – und Bilgeri, wie Anm. 13, S. 167ff.

[17] Karl Dändliker: Geschichte der Stadt und des Kantons Zürich, Bd. 2. Zürich 1910, S. 17. – Adolf Gasser: Die territoriale Entwicklung der schweiz. Eidgenossenschaft 1291-1797. Aarau 1932, S. 70f.

seinen Händen verwaltete und vertat, alle seine schlechten und für einen Regenten unerträglichen Eigenschaften zeigten sich schon im Appenzellerkrieg. Es entsprach den Herrschaftsverhältnissen des Mittelalters, daß ein großes Staatswesen an seiner Spitze einen Leiter von wenigstens durchschnittlicher Begabung haben mußte, sollte es nicht zerbrechen; aber selbst eine bescheidene Ausstattung mit staatsmännischen Gaben war dem unglücklichen Herzog versagt geblieben«[18].

Die außenpolitische Konstellation verschlechterte sich auch weiterhin für Friedrich IV.; Ende 1409 starb seine Gemahlin und im Jahre darauf auch deren Vater König Ruprecht. Neues Reichsoberhaupt wurde der ungarische König Sigmund von Luxemburg, der über Jahrzehnte hinweg versuchte, die 1409 an Venedig verlorene Hafenstadt Zara zurückzugewinnen. Friedrich strebte nicht nur nach der Königskrone[19], sondern er versuchte auch mehrfach, durch seine Bündnispolitik mit Venedig den König unter Druck zu setzen. Sigmund hingegen setzte von Anfang an auf die Unterstützung seitens der Eidgenossen und förderte den Prozeß ihrer allmählichen Loslösung vom Reiche. Im Sommer 1413 kam der König von Friaul nach Tirol, wo er mit Friedrich zusammentraf, und reiste dann nach Chur, wo er sich für die von Friedrich bedrängten Bischöfe von Chur, Trient und Brixen einsetzte und Friedrich VII. von Toggenburg, der seinen Besitz im Appenzeller Krieg verdoppelt hatte, offiziell als Reichsgrafen anerkannte. Obwohl Graf Albrecht IV. von Werdenberg-Heiligenberg seine Grafschaft Heiligenberg an Friedrich IV. verkauft hatte, belehnte Sigmund den Neffen des Grafen mit Heiligenberg. Für den König war es wichtig, die Frage des Schismas in der Kirche zu lösen und Papst Johannes XXIII. die Zustimmung zur Einberufung des Konstanzer Konzils abzuringen, was ihm auch gelang. Nach seiner Rückkehr aus Italien besuchte er im Juli 1414 Bern und verhandelte bereits damals mit den Eidgenossen über eine Unterstützung in einem etwaigen Feldzug gegen Herzog Friedrich[20]. Damit wurde die Achse geschmiedet, die Friedrich bis zum Tode des Kaisers in die Defensive treiben sollte, aus der er nicht mehr herauskam.

Johannes XXIII. ahnte, daß Sigmund ihn auf dem Konzil absetzen wollte und verbündete sich am 15. 10. 1414 in Meran mit Friedrich, den er zum General-

[18] Feger, wie Anm.15, hier S. 151.

[19] Vergl. dazu den diesbezüglichen venezianischen Bericht: Arthur Steinwenter: Studien zur Geschichte der Leopoldiner. In: Archiv für österr. Geschichte 63. 1882, S. 1-146, hier S. 120f., Nr. 27.

[20] Conrad Justinger: Die Berner Chronik, hrsg. v. G. Studer. Bern 1871, S. 217ff.

kapitän der Kirche ernannte. In Konstanz nahm der König Vertreter der Opposition gegen den Herzog in seinen Dienst, wie z.B. Oswald von Wolkenstein oder Bischof Ulrich I. von Brixen. Am 8. 3. 1415 kam auch Herzog Friedrich nach Konstanz. Justinger berichtet, Friedrich habe sich geweigert, sich von Sigmund belehnen zu lassen, und dem König dann ein Bündnis gegen die Eidgenossen angeboten, die den 50jährigen Frieden gebrochen hätten. Der König überspielte ihn aber und forderte ihn öffentlich auf, dies zu konkretisieren. Daraufhin wich Friedrich zurück und erklärte, er müsse sich erst bei seinen Vögten erkundigen. »Und also erfand sich vorm küng und vor allen fürsten, daz die klegde gar und gentzlichen erlogen waz«[21]. Sigmund hatte die Eidgenossen bereits Anfang 1415 um Unterstützung gegen Friedrich ersucht[22]. Dieser versuchte vergeblich, Grüningen von Zürich zurückzulösen. Unter Berufung auf den 50jährigen Frieden lehnte die Tagsatzung vom 19. 2. 1415 die Reichshilfe ab. Auch Herzog Friedrich bemühte sich um die Eidgenossen und ließ in Luzern seine Friedensabsichten beteuern. Die schnelle und wirksame Aktion Berns erweckte dann jedoch den Anschein, als ob man dort bereits einen Schlag gegen Österreich vorbereitete.

Nach der Flucht des Papstes aus Konstanz am 20. 3. 1415 wandten sich der größte Teil des Adels im Bodenseeraum und die Reichsstädte gegen Herzog Friedrich, der in törichter Weise die seit Jahrhunderten von seinen Vorfahren aufgebaute Position aufs Spiel gesetzt hatte. Friedrich VII., die Truchsessen von Waldburg und viele andere Adelige gingen mit wehenden Fahnen zum König über, der nun den Reichskrieg gegen Friedrich erklärte. Am 26. 3. erschien Friedrich VII. im Auftrage des Königs in Zürich und verlangte neuerlich militärische Hilfe gegen den Herzog. Am 30. 3. verkündete der König die Reichsacht gegen Friedrich IV., die er einmal mit der Fluchthilfe für den Papst, dann jedoch wieder mit dem Vorgehen Friedrichs gegen die Bischöfe von Chur und Trient begründete. Das Verfahren war rechtlich durchaus anfechtbar, aber Sigmund nutzte nun entschlossen die Gunst der Stunde, um vollendete Tatsachen zu schaffen, bevor sich die fürstliche Solidarität regte.

Die Eidgenossen formulierten am 3. 4. 1415 ihre Bedingungen für eine Hilfe. Zwei Tage später erklärte das Konzil, die Eidgenossen müßten die Hilfe leisten und seien verpflichtet, in das österreichische Gebiet einzumarschieren. Daraufhin sagte Bern am 23. 3. verbindlich 8000 Mann zu, am 1. 4. auch Solothurn.

[21] Ebd., S. 223.

[22] Heidi Schuler-Alder: Reichsprivilegien und Reichsdienste der eidgenössischen Orte unter König Sigmund 1410-1437 (= Geist und Werk der Zeiten 69). Bern/Frankfurt a.M./New York 1985, S. 26.

Zürich erhielt am 6. 4. das »Chancenprivileg«, eingenommene Gebiete mit eigenen Amtleuten zu besetzen. Auch Luzern sagte nun Hilfe zu und begann mit der Belagerung von Sursee. Der König sagte den Eidgenossen nun am 4. 4. zu, alle Untertänigkeit der Eidgenossen, die in Zukunft reichsunmittelbar sein sollten, sei für alle Zeiten aufgehoben[23]. Der König verfolgte jedoch nicht bei allen Eidgenossen die gleiche Taktik. Bern besetzte sogleich mit großem Aufgebot die Städte Zofingen, Aarau, Lenzburg und Brugg und eroberte den Aargau ohne jede Kontaktnahme mit den übrigen Eidgenossen bis zur Reuß. Es schuf damit vollendete Tatsachen, die von Sigmund auch anerkannt wurden. Eine Rückgabe dieser Städte an Österreich stand zu keiner Zeit zur Debatte. Ähnlich erging es Luzern nach der Eroberung von Sursee. Das übrige Aufgebot der Eidgenossen im östlichen Aargau unter der Führung von Zürich war jedoch weniger erfolgreich. Sigmund schickte nun seinen Hofmeister Konrad von Weinsberg dorthin, um eine Huldigung zugunsten des Reiches durchzusetzen. Dies gelang ihm nach der Einnahme von Mellingen bei der Stadt Bremgarten und bei einigen Adelsburgen. Als Friedrich IV. sich am 7. 5. 1415 dem König unterwarf, belagerte das eidgenössische Aufgebot noch die Hauptfeste Baden. Hier versuchte der König vergeblich, die Einnahme zu verhindern; das Hausarchiv der Habsburger, das diese leichtsinnigerweise an einer derart exponierten Stelle gelagert hatten, fiel dabei den Eidgenossen in die Hände.

Die österreichischen Gebiete im Thurgau und Hegau wurden von einem Reichsheer und die vorarlbergischen Besitzungen von Graf Friedrich VII. im Namen des Königs eingenommen. Im Elsaß besetzten der pfälzische Kurfürst und der Graf von Lupfen österreichische Gebiete. »Wir können wohl sagen, daß der alleinige Grund von Friedrichs Verderben war, daß er gerade in der entscheidenden Zeit, ohne Grund die Besinnung verlor und sich zur Unterwerfung unter Friedrichs Machtspruch entschloß.«[24] In vier Wochen konnte man keine Koalition gegen den König zusammenbringen. Wieder einmal hatte Friedrich unüberlegt eine gefährliche Konfrontation begonnen und in der Stunde der Bewährung den Mut verloren. König Sigmund und die Eidgenossen nutzten die Gunst der Stunde und schufen vollendete Tatsachen; der Aargau, Schaffhausen, Badenweiler und Stein am Rhein kehrten nie mehr unter die Herrschaft Österreichs zurück.

[23] Regesta Imperii XI: Die Urkunden Kaiser Sigmunds (1410 - 1437). Neudruck 1968, Bd. 1, S. 99, Nr. 1560f.

[24] Hans Kramer: Das Meraner Bündnis Herzog Friedels mit der leeren Tasche mit Papst Johann XXIII. In: Schlern 15. 1934, S. 440-452, hier S. 450f.

Im Unterwerfungsvertrag mußte Friedrich dem König geloben, als Geisel in Konstanz zu bleiben, bis alle seine Länder sich dem König unterworfen hätten. Da zumindest in Tirol, aber auch in Villingen, Säckingen und Laufenburg keine Rede davon war, blieb der Herzog zunächst als Gefangener in Konstanz. Radolfzell, Schaffhausen und Dießenhofen erhielten noch 1415 den Status einer Reichsstadt, später auch Rapperswil und Winterthur. Am 22. 7. 1415 verpfändete Sigmund um 4500 Gulden den östlichen Teil der Grafschaft Baden mit den Städten Mellingen, Bremgarten und Baden an Zürich[25]. Ende 1415 beteiligte Zürich alle übrigen Orte der Eidgenossenschaft außer Uri an der Pfandschaft, die zur »gemeinen Herrschaft« wurde. Diese gemeinsame Pfandschaft trug dann sehr zum Zusammenwachsen der einzelnen Orte bei. Bern, das sich selbst und dem Reiche huldigen hatte lassen, erhielt das eroberte Gebiet am 1. 5. 1418 als Pfand um 5000 Gulden[26].

In Vorarlberg behaupteten sich zunächst eine österreichtreue Besatzung in der Schattenburg zu Feldkirch sowie die Stadt Bludenz. Herzog Ernst, der Bruder Friedrichs IV., kam nun nach Tirol und übernahm dort die Verwaltung. König Sigmund begab sich nun auf eine lange Reise nach Westeuropa, um dort über eine Konzilsbeteiligung zu verhandeln. Erst Anfang 1417 kehrte er wieder nach Konstanz zurück. Ende März 1416 gelang Friedrich IV. die Flucht aus Konstanz, was später Anlaß zu historisch nicht haltbaren Sagen gab. Anfang 1417 übergab Ernst seinem Bruder wieder die Regierung Tirols. Das Verhältnis zwischen beiden war nicht spannungsfrei geblieben. Als Ernst 1416 erfahren hatte, daß Friedrich Gebiete an Venedig verpfänden wollte, um Mittel für einen Krieg zu beschaffen, hatte er der Signoria geschrieben, sein Bruder könne weder sich selbst noch andere beherrschen und habe kein Recht, österreichische Besitzungen zu veräußern, weil alle Habsburger ungeteilte Erben seien[27]. Dieses Schreiben dokumentiert, wie man in der eigenen Familie über Friedrich IV. dachte!

König Sigmund inszenierte nach seiner Rückkehr nach Konstanz neue Aktionen gegen Herzog Friedrich, der am 3. 3. 1417 vom Konzil exkommuniziert wurde. Am 27. 2. 1417 verpfändete er den größten Teil der Grafschaft Feldkirch an Graf Friedrich VII. von Toggenburg, dem die Bevölkerung jedoch nur als

[25] Regesta Imperii XI, wie Anm. 23, hier S. 123, Nr. 1877. – Schuler-Alder, wie Anm. 22, hier S. 84-88.

[26] Regesta Imperii XI, wie Anm. 23, hier S. 221f., Nr. 3125f. – Schuler-Alder, wie Anm. 22, hier S. 94f.

[27] Steinwenter, wie Anm. 19, hier S. 66.

Reichsvogt zu huldigen bereit war. Mit militärischer Unterstützung Zürichs gelang es ihm im Juni 1417, die Schattenburg einzunehmen. Eine neue Flut von Fehdebriefen gegen Herzog Friedrich blieb jedoch zum Teil eine papierne Aktion. Auch den mehrfach verschobenen Reichskrieg gegen Tirol mußte König Sigmund schließlich ganz aufgeben. Die früheren österreichischen Lehensträger im Aargau wurden vom König aufgefordert, sich von ihm von Reichs wegen belehnen zu lassen. Im Herbst 1417 versuchte Sigmund noch einmal, Herzog Friedrich in die Knie zu zwingen. Er kam nach Zürich, wo Gerüchte über eine mögliche Versöhnung zwischen König und Herzog aufgetaucht waren, und ersuchte um militärische Hilfe gegen Friedrich. In Feldkirch verhandelte der König dann mit Graf Friedrich VII. über weitere Aktionen; er verlieh ihm auch das Recht, das vom Arlberg bis zum Walensee reichende Landgericht Rankweil zu erneuern.

Hier gilt es auch, eine historische Legende zu entkräften. Diverse Autoren wie Aschbach, Krones, Egger, Jäger, Bütler, Bilgeri und Schwob behaupten, Herzog Ernst sei »mit starken Kräften durch Oberschwaben in die Nähe von Konstanz« vorgedrungen und hätte den König durch Drohungen dazu gebracht, mit seinem Bruder Frieden zu schließen[28]. Diese Behauptungen lassen sich weder durch zeitgenössische Quellen noch vom Itinerar Herzog Ernsts her belegen und verdeutlichen, wie auch bekannte Historiker Fehler voneinander abschreiben. Ebenso ist es eine Legende, wenn Ägidius Tschudi behauptet, Sigmund sei vor der Versöhnung nach Zürich geritten, um die Eidgenossen um die Rückgabe des Aargaues zu bitten. Der König war zwar dort, aber nur, um der Stadt die Grafschaft Kyburg zum Kauf anzubieten und etwaige Hilfe gegen Friedrich zu erbitten. Er stellte den Eidgenossen sogar in Aussicht, in einen Friedensvertrag den Passus aufzunehmen, die von Österreich eroberten Gebiete sollten nie mehr rücklösbar sein[29]. Vor der Aussöhnung erschwerte der König dem Herzog noch einmal die Rückerwerbung diverser Gebiete. Er garantierte dem Grafen von Freiburg den ungestörten Besitz von Badenweiler und Hugo von Werdenberg den von Heiligenberg. Johann von Waldburg erhielt die österreichischen Donaustädte als Reichslehen und Frischhans von Bodman eine Pfanderhöhung auf die Herrschaft Rheinfelden mit der Feste Stein. Dann belehnte er Friedrich IV. am 8. 5. 1418 in Konstanz von Reichs wegen mit allen Lehen. Bei Nichteinhaltung des Friedensvertrages sollten alle Besitzungen des Herzogs, also auch Tirol, an das Reich fallen. Am 12. 5. gestattete er ihm, seine

[28] Bilgeri, wie Anm. 13, hier S. 184.

[29] Die Zürcher Stadtbücher des 14. und 15. Jahrhunderts, Bd. 3. 1906, S. 100, Nr. 128.

früheren Besitzungen mit Einverständnis der derzeitigen Inhaber wieder zurückzuerwerben; dabei war aber alles, »was die Aydgenossen innehalden«, ausdrücklich ausgenommen[30]! Die Rückerwerbung hing demnach von der Zustimmung der Besitzer ab; Friedrich war damit auf den langwierigen und schwierigen Verhandlungsweg verwiesen. Es fehlte jedoch der in Zürich diskutierte Passus, daß der Aargau nie mehr rücklösbar sein sollte. Die Bestimmung läßt sich nicht »als ewiger und unwiderruflicher Verzicht des Hauses Österreich auf seine Rechte im Aargau interpretieren. Ebensowenig konnten die eidgenössischen Orte daraus einen dauernden Besitzanspruch auf die aargauischen Erwerbungen ableiten«[31]. Den Eidgenossen mußte damit klar sein, daß dieser Artikel ihnen den Aargau nicht sicherte.

In der bisherigen Geschichtsforschung wurde hinsichtlich der Rückstellungsdekrete an die derzeitigen Inhaber von ehemals österreichischen Gebieten vielfach übersehen, daß die Originalausfertigungen im Archiv Friedrichs IV. blieben und von dort ins Wiener Haus-, Hof- und Staatsarchiv kamen. Kaum ein Mandat gelangte wirklich an den Adressaten. Der König stellte Friedrich derartige Mandate aus und übergab sie ihm zur Verwendung. Es erweckt nun den Anschein, daß der Herzog dort mit den Rückerwerbungsbestrebungen begann, wo er sich den geringsten Widerstand erwartete. Die Markgrafschaft Burgau, das Elsaß und die Städte Laufenburg und Säckingen kehrten noch 1418 während des letzten Aufenthaltes Friedrichs IV. in den Vorlanden unter die Herrschaft Österreichs zurück. Rheinfelden, Schaffhausen, Dießenhofen und Radolfzell erhielten bald vom König »Ausnahmeprivilegien«, daß sie auf jeden Fall beim Reiche verbleiben könnten. Die »Klingenberger Chronik« berichtet, daß der König den entsprechenden »stetten haimlich brieff« schrieb, »dass si bi jm und an dem hailgen rich belibint, und sich an sin schriben noch an nieman kartint« und sie aufforderte, die offiziellen Rückstellungsdekrete nicht zu beachten[32]. Friedrich ließ jedoch schon bald durchblicken, daß er nicht gesonnen war, den Vertrag einzuhalten. Nach seiner Rückkehr nach Tirol reiste er nach Wien, um seine Politik mit seinem Vetter Albrecht V. und seinem Bruder Ernst zu koordinieren, die ja formalrechtlich Mitbesitzer der Vorlande waren. Es kam nun zu einem Spiel mit verteilten Rollen. Herzog Ernst schrieb an Freiburg und Bremgarten, Herzog Friedrich sei nicht bevollmächtigt gewesen, einen

[30] Brandis, wie Anm. 12, hier S. 134.
[31] Schuler-Alder, wie Anm. 22, hier S. 111.
[32] Klingenberger Chronik, hrsg. v. Anton Henne. Gotha 1861, S. 187.

derartigen Vertrag abzuschließen und ermahnte sie zur Treue gegen das Haus Österreich[33].

In den nächsten Jahren mußte Friedrich IV. sich jedoch in erster Linie mit der Konsolidierung seiner Herrschaft in Tirol beschäftigen und konnte sich kaum um die Eidgenossen kümmern. Auch König Sigmund, der nach dem Tode seines Bruders Wenzel 1419 auch noch König von Böhmen geworden war, mußte sich nun hauptsächlich mit den Hussiten und Türken auseinandersetzen und konnte die Politik im Bodenseeraum nur von der Ferne aus beeinflussen. Er setzte es durch, daß Markgraf Bernhard von Baden von den österreichischen Breisgaustädten als Reichsvogt anerkannt wurde und befahl Graf Friedrich VII. von Toggenburg 1420, die Herrschaft Feldkirch niemals mehr an Herzog Friedrich zurückzugeben. 1421 heiratete Albrecht V. von Österreich Sigmunds Erbtochter Elisabeth. Fortan bemühte er sich stets um den Ausgleich zwischen seinem Schwiegervater und dem Vetter.

Bald kam wieder Bewegung in die Politik im Bodenseeraum. Friedrich verbündete sich mit dem Bischof von Chur und regelte das Verhältnis zu seiner Schwägerin Katharina, die große Teile des Elsaß als Witwengut auf Lebenszeit innehatte. Im April 1422 hatten die Eidgenossen durch einen mailändischen Condottiere eine schwere Niederlage erlitten, der das einige Jahre zuvor von Uri und Obwalden gekaufte Bellinzona mit der oberen Leventina zurückeroberte. Dies blieb Friedrich IV., der gute Beziehungen zu seinen mailändischen Verwandten pflegte, natürlich nicht verborgen. Auf der Tagsatzung der Eidgenossen vom April 1422 wurde nun berichtet, Herzog Ernst habe von König Sigmund verlangt, daß er seinem Bruder »Bekerung tu umb Ergow und sin vetterlich erb«. Graf Friedrich VII. von Toggenburg meldete, die Habsburger hätten 4000 Mann ausgerüstet und Herzog Friedrich verhandle insgeheim mit Mailand[34]. Besonders die Stadt Zürich hatte sich nach 1418 verstärkt der Reichspolitik zugewandt, um die Politik Sigmunds besser beobachten zu können. »Jede Änderung im Verhältnis Sigmunds zu Österreich rief bei den Eidgenossen und vor allem bei Zürich größte Unruhe hervor. Zürich mußte deshalb versuchen, die restlichen Unklarheiten über das Erworbene zu beseitigen und fehlende

[33] Wilhelm Baum: Freiburgs Rückkehr zu Österreich (1426/27). Ein Beitrag zur Geschichte der Politik Herzog Friedrichs IV. von Österreich im Krieg zwischen König Sigmund von Luxemburg und Filippo Maria Visconti von Mailand mit der Republik Venedig. In: Z. d. Breisgau-Geschichtsvereins »Schau-ins-Land«, Bd. 107, 1988, S. 7-21, hier S. 11. – Schuler-Alder, wie Anm. 22, hier S. 118f.

[34] Amtliche Sammlung der ältern Eidgenössischen Abschiede, 16d.2, hrsg. v. Anton Philipp Segesser. Luzern 1863, S. 12f., Nr. 19.

Rechte mit königlichen Garantien zu erhalten«[35]. Es nahm daher an Reichstagen teil und profilierte sich als Reichsstadt. Vor dem Hussitenreichstag im Sommer 1422 meldete Zürich der Tagsatzung, daß die Habsburger den König, der ihre Hilfe gegen die Hussiten brauche, dringend ersucht hätten, ihnen die 1415 weggenommenen Länder zurückzugeben[36]. Zürich forderte nun Sicherheitsmaßnahmen für den Aargau und schickte eine Gesandtschaft nach Nürnberg, um Zugeständnisse Sigmunds an die Habsburger zu verhindern.

Herzog Friedrich IV. wußte die Spannungen innerhalb der Eidgenossen geschickt auszunutzen. Uri, Unterwalden, Zug und Luzern unterstützten die Expansion gegen Mailand, während Zürich, Bern und Schwyz eher nach Norden und Osten orientiert waren. Als Graf Friedrich VII. von Toggenburg im Sommer 1423 im Auftrage des Königs die Eidgenossen um Unterstützung für einen Feldzug gegen Herzog Friedrich ersuchte, war Zürich dazu bereit. Luzern aber machte die Hilfe von einer Unterstützung der Eidgenossen für eine offensive Politik gegen Mailand abhängig. Dies lehnten die Eidgenossen jedoch ab, um den Rücken frei zu behalten. Am 2. 10. 1423 verhandelte Friedrichs Kanzler insgeheim in Luzern – das über die Forderung der übrigen Eidgenossen, die 1415 eroberten Ämter Meienberg, Richensee und Villmergen an die »gemeinen Herrschaften« abzutreten, höchst erbittert war – über eine eventuelle Beteiligung des Habsburgers an einem Zug gegen Mailand[37]. Bereits Herzog Friedrich IV. verfolgte also das später von Albrecht II., Friedrich III. und Albrecht VI. immer wieder versuchte Projekt, die Eidgenossen hinsichtlich ihrer Haltung zu Österreich zu spalten, indem man unzufriedene Geister unterstützte! Daß Friedrich IV. nicht daran dachte, den Aargau aufzugeben, wird auch an seiner Urkundensprache deutlich; 1424 erlaubte er Bremgarten, Brugg und Mellingen, die er »unser stet in Ergaw« nannte, Pfandlösungen[38].

Die letzte große Anstrengung König Sigmunds, im Sommer 1423 einen Reichskrieg gegen Friedrich IV. anzuzetteln, scheiterte wie die früheren Versuche im Jahre 1417. Es nützte nichts, daß der König am 16. 7. 1423 Tirol formal an das Reich nahm und den Starkenbergern verlieh[39]. Es fehlten ihm die Mittel, den Angriff, dessen Leitung er dem Reichsmarschall Haupt von Pappenheim übertragen hatte, durchzuführen. Der Züricher Bürgermeister informierte die

[35] Hans Berger: Der Alte Zürichkrieg im Rahmen der europäischen Politik. Zürich 1878, S. 18.

[36] Ebd., S. 15, Nr. 22.

[37] Amtliche Sammlung, wie Anm. 34, hier 23f., Nr. 39. – Berger, wie Anm. 35, S. 20f.

[38] Thommen, wie Anm. 14, hier Bd. 111, 1928, S. 176, Nr. 149.

[39] Regesta Imperii XI, wie Anm. 23, hier S. 393, Nr. 5565.

Tagsatzung darüber, daß Sigmund sie um 500 Mann für den Feldzug gegen Tirol ersucht habe[40]. Das Scheitern seiner Pläne gegen Friedrich IV. veranlaßte König Sigmund dann, seinen Schwiegersohn Albrecht V. mit der Einleitung von endgültigen Friedensverhandlungen zu betrauen, die dann 1425 zum Abschluß des »Hornsteiner Vertrages« führten, durch den der Konflikt zwischen dem König und dem Herzog endgültig beigelegt wurde.

Sigmund hatte seinen Plan, in die Verhältnisse in Italien einzugreifen und sich zum Kaiser krönen zu lassen, noch nicht aufgegegeben. Ende 1423 verhandelten seine Gesandten mit den Eidgenossen über ein neues Bündnis gegen Mailand. Dazu kam es jedoch nicht, weil die Schweizer verlangten, daß der König selbst den Feldzug leite. Nun suchte Sigmund Zürich durch neue Zugeständnisse noch fester an sich zu binden. Die Grafschaft Kyburg war 1384 als habsburgisches Pfand an die Toggenburger gekommen und dann an Kunigunde, die Schwester Friedrichs VII. und Gemahlin Wilhelms VII. von Montfort-Bregenz übergegangen. Zu Beginn des Jahres 1424 bewilligte Sigmund nun Schwyz und Zürich, die beide an einer Expansion in Richtung Walensee interessiert waren, neue Privilegien. Am 9. 2. 1424 gestattete er Zürich, von der Gräfin das Pfand Kyburg sowie von ihrem Bruder die Herrschaften Weesen, Windegg und Gaster auszulösen. Die Besitzungen sollten auf ewig bei Zürich verbleiben, und ihre Rücklösung sollte allein dem König und dem Reiche vorbehalten bleiben[41]. Damit war Zürich der einzige Ort, dem es gelang, »sein Territorium auf Kosten Österreichs seit der Eroberung des Aargaus nochmals zu vergrößern«[42]. Zürich verlangte nun von der Gräfin die Einlösung von Kyburg und erhielt die strategisch wichtige Grafschaft. Gegenüber dem mächtigen Grafen Friedrich VII. wurde das Dekret des Königs jedoch geheimgehalten, der wiederum ein doppeltes Spiel trieb und dem Grafen neuerlich befahl, Feldkirch und Sargans niemals dem Herzog, sondern nur dem Reiche zu lösen zu geben, da Friedrich mit den 1415 abgetretenen Gebieten »nichts mer zu schaffen« habe[43]. Um Friedrichs

[40] Amtliche Sammlung; wie Anm. 342, hier S. 23f., Nr. 39; – und Berger, wie Anm. 35, hier S. 20.

[41] Regesta Imperii XI, wie Anm. 23, hier S. 408, Nr. 5779f.; – vergl. dazu: Karl Mommsen: Eidgenossen, Kaiser und Reich (= Basler Beiträge zur Geschichtswissenschaft 72). Basel / Stuttgart 1958, S. 202f. – Schuler-Alder, wie Anm. 22, hier S. 127f.

[42] Berger, wie Anm. 35, hier S. 22.

[43] Regesta Imperii XI, wie Anm. 23, hier S. 418, Nr. 5901. – Hermann Wartmann: Das Lütisburger Copialbuch in Stuttgart. In: Mitt. z. vaterl. Geschichte St. Gallen XXIV/3. 1894, S. 103-190, hier S. 168, Nr. 55. – Placid Bütler: Friedrich VII., der letzte Graf von Toggenburg, 2. T. Ebd., S. 1-102, hier S. 27.

Position noch einmal zu verstärken, erlaubte er ihm auch, die Pfandschaften im inneren Bregenzer Wald und im Rheintal mit Rheineck und Altstätten von den Herren von Bodman und Jungingen aus der Verpfändung zu lösen. Damit hatte der Toggenburger mit Ausnahme von Bludenz nun alle ehemals österreichischen Gebiete im Vorarlberger Raum in seinem Besitz!

Als Herzog Friedrich IV. nach dem Tode seines Bruders Ernst 1424 auch noch die Verwaltung Innerösterreichs übernommen hatte und seine Macht damit enorm gestiegen war, kam es am 17. 2. 1425 auf der Burg Hornstein bei Eisenstadt zum Abschluß des endgültigen Friedensvertrages zwischen König Sigmund und dem Herzog[44]. Der König gab dem Herzog alle Gebiete wieder zurück. Die 39 erhaltenen Rückstellungsdekrete wurden wie 1418 jedoch zum größten Teil nicht expediert, so daß die Öffentlichkeit kaum etwas von der Sache erfuhr und der Vertrag sogar von prominenten Autoren wie Brandis und Jäger übersehen wurde. Die Klausel von 1418, nach der die derzeitigen Inhaber der Rücklösung zustimmen mußten, fiel nun weg. Auch die Eidgenossen erfuhren nichts von der Sache, obwohl sie ansonsten den Herzog genauestens beobachteten. Lediglich Basel meldete am 23. 2. an Freiburg, man habe erfahren, daß der König sich mit dem Herzog versöhnt habe[45]. Ansonsten lassen sich bei den Eidgenossen jedoch keine weiteren Reaktionen auf die Aussöhnung feststellen.

Herzog Friedrich versuchte nun durch den Grafen Wilhelm von Montfort-Tettnang, Schaffhausen, das sich die Reichsfreiheit 1415 mit 6000 Gulden erkauft hatte, zurückzugewinnen. Er erreichte sein diesbezügliches Ziel jedoch nicht. Durch die Reunionsversuche der Habsburger wurde die Reichsstadt in die Arme der Eidgenossenschaft getrieben, der sie sich 1454 anschloß. Erfolg hatte er jedoch bei den Breisgaustädten, die 1427 unter die österreichische Herrschaft zurückkehrten. Nach dem Tode seiner Schwägerin Katharina konnte Friedrich 1426 auch deren Witwengut im Elsaß wieder in Besitz nehmen. 1429 erlaubte er der Stadt Rapperswil, die die Feste jetzt »zu unsern hannden« innehabe, Pfandauslösungen[46]. Es gelang ihm auch, einige Lehen im Thurgau zu verleihen. Es ist jedoch fraglich, ob man daraus schließen kann, dies sei ein »Beweis, daß der Herzog im Thurgau wieder als Landesherr betrachtet wurde«[47]. 1432 und 1433

[44] Thommen, wie Anm. 14, hier Bd. 2, 1928, S. 186-188, Nr. 160/VII. – Schuler-Alder, wie Anm. 22, S. 136-139.

[45] Deutsche Reichstagsakten VIII: 1421 - 1426, hrsg. v. D. Kerler. 2. Aufl. 1956, S. 405f., Nr. 341; – vergl. dazu: Baum, Freiburgs Rückkehr, wie Anm. 31, hier S. 15.

[46] Wien, Haus-, Hof- u. Staatsarchiv, Cod. B 131, fol. 115.

[47] J. A. Pupikofer: Geschichte des Thurgaus, Bd. 1. Frauenfeld 1886, S. 793.

erscheint Smasmann von Rappoltstein als Landvogt im Thurgau, allerdings ohne Angabe eines Amtsbezirkes[48]. Im Grunde blieb im Verhältnis Friedrichs IV. zu den Eidgenossen vom Hornsteiner Vertrag bis zum Tode des Grafen Friedrich VII. von Toggenburg alles beim Status quo, den beide Seiten nicht ernsthaft in Frage stellten. Der Herzog bemühte sich lediglich in regelmäßigen Abständen, die Eidgenossen zur Herausgabe des Badener Archivs zu bewegen. Diese benutzten die Urkunden und Urbare jedoch als politisches Faustpfand und formulierten bereits 1432 ihre Bedingung dafür, an der sie bis zur »Ewigen Richtung« von 1474 festhielten. Sie erklärten, sie würden das Archiv zurückgeben, wenn Österreich sich ihnen gegenüber verpflichte, »für sich, ir erben und für dz hus von Oesterrich, dz sy uns daz land, so wir erobert und inn habend von unsers herren des küngs wegen, niemer mer ansprechind noch anlangind«, was also eine offizielle Anerkennung der 1415 und 1424 geschaffenen Verhältnisse bedeutete[49].

Die Umwälzungen nach dem Tode des Grafen Friedrich VII. von Toggenburg († 1436) leiteten unmittelbar zum Zürichkrieg über, an dessen Anfang Herzog Friedrich IV. wiederum keine weitsichtige und kluge Politik machte. 1400 hatte die Stadt Zürich den Grafen auf 18 Jahre in ihr Burgrecht aufgenommen, das 1416 auf Lebenszeit des Grafen verlängert wurde. 1419 kam es auch zu einem Bündnis auf 51 Jahre zwischen dem Bischof von Chur und Zürich, das sich allmählich als Ordnungsmacht im rätischen Raume etablierte und den Einfluß Österreichs schrittweise zurückdrängte[50]. Als der Bischof von Chur 1423 das 1392 mit Österreich geschlossene Bündnis erneuern wollte, zwang Zürich den Kirchenfürsten, in das Bündnis nur die Gotteshausleute im Vinschgau aufzunehmen, auf keinen Fall aber Leute, die das Züricher Bürgerrecht besaßen[51]. Dadurch entstand in Rätien allmählich ein Gleichgewicht zwischen Österreich und Zürich. Durch den 1367 gegründeten »Gotteshausbund« der Churer Untertanen wirkte der bündische Einfluß bis in den Vinschgau hinein. 1424 wurde der »Graue Bund«, der an die Stelle der 1395 gegründeten »oberen Eidgenossenschaft« trat, neu gegründet. Er grenzte an Uri und Glarus, die ebenfalls begannen, Einfluß im Bündnerland auszuüben. Nach dem Tode des letzten Toggenburgers kam es am 8. 6. 1436 zur Gründung des »Zehngerichtebundes« im Prättigau.

48 Werner Meyer: Die Verwaltungsorganisation des Reiches und des Hauses Habsburg-Österreich im Gebiet der Ostschweiz. Affoltern 1933, S. 286.

49 Amtliche Sammlung, wie Anm. 34, hier S. 93, Nr. 143.

50 Zürcher Stadtbücher, wie Anm. 29, hier S. 122, Nr. 150.

51 Thommen, wie Anm. 14, hier Bd. 3. 1928, S. 151-153, Nr. 126.

1431 wäre es beinahe schon zum Kriege zwischen Österreich und Zürich gekommen, als Herzog Friedrich die churerische Fürstenburg im Vinschgau belagern ließ. Die Fehde war im Gange, als König Sigmund zu seiner Romreise aufbrechen wollte. Er reiste nach Feldkirch und ersuchte Zürich um Hilfe, das den Herzog darüber informierte, daß es den Bischof unterstützen werde. Es bot 100 Kriegsknechte auf, die gemeinsam mit dem Aufgebot des Toggenburgers die Fürstenburg entsetzen sollten[52]. Der König befahl, den Streit bis zu seiner Rückkehr aus Italien aufzuschieben[53].

In Zürich ahnte man bald, daß nach dem Tode Sigmunds von Luxemburg sein Schwiegersohn, der Habsburger Albrecht, die Krone des Reiches übernehmen würde, was eine Verschlechterung der Position für die Eidgenossen bedeutete. Es galt nun, »soviel wie möglich von der österreichischen Ernte noch unter Dach zu bringen, bevor einschneidende Änderungen dies verhinderten«[54]. So entschied sich Zürich 1432, dem Grafen von Toggenburg das Auslöseprivileg Sigmunds von 1424 über Weesen, Windegg und das Gaster vorzulegen. Der Graf war darüber sehr erzürnt, denn er wollte bis zu seinem letzten Atemzuge über seinen Besitz selbst disponieren. 1417 hatte er auch mit Schwyz einen ewigen Landrechtsvertrag geschlossen und bei der Erneuerung 1428 die Zusage gegeben, daß Schwyz nach seinem Tode die toggenburgischen Besitzungen in der March im Süden des Zürichsees erhalten sollte. In seinen letzten Jahren neigte der argwöhnische Graf sich mehr und mehr den Schwyzern und Glarnern zu; die Beziehung zu Zürich erkaltete, obwohl die Limmatstadt auf die Auslösung von Weesen, Windegg und dem Gaster zu seinen Lebzeiten verzichtete.

Nach dem Tode des Grafen kam es nun zum Ausbruch des »Toggenburgischen Erbschaftsstreites«. Obwohl Kaiser Sigmund dem Grafen 1431 und 1433 das Privileg erteilt hatte, seine Herrschaftsgebiete auch in weiblicher Linie vererben zu können, beanspruchte er jetzt das Erbe. Schwyz besetzte sofort unangefochten die March. Zürich stieß fortan bei seinen Bemühungen in Richtung auf eine Expansion zum Walensee auf den erbitterten Widerstand von Schwyz. Bereits Ende Juni 1436 verhandelten Vertreter des Herzogs sowie von Schwyz und Zürich in Feldkirch über die Aufteilung des Erbes. Das Rücklösungsprivileg von 1424 für Weesen, Windegg und das Gaster brachte Herzog Friedrich IV. erneut in einen scharfen Gegensatz zu Zürich und führte schließlich sogar dazu,

[52] Berger, wie Anm. 35, hier S. 27f.
[53] Johann Georg Mayer: Geschichte des Bistums Chur, Bd. 1. Stans 1907, S. 437.
[54] Berger, wie Anm. 35, hier S. 28.

daß er sich mit dem Erzfeind Schwyz verbündete! Bereits Ende 1436 verhandelte Friedrich insgeheim mit dem Schwyzer Landammann Ital Reding.

Die Bewohner der linksrheinischen Pfandlande ersuchten den Herzog dringend, dafür zu sorgen, daß sie nicht in den Besitz Zürichs kämen. Der Herzog aktivierte die Ritterschaft vom St. Georgen Schild und ernannte den Markgrafen Wilhelm von Hachberg-Rötteln zum Hauptmann der Gesellschaft und 1437 auch zum Landvogt im Elsaß. Er sollte im Zürichkrieg eine führende Rolle spielen. Der Herzog rückte nach wochenlangen erfolglosen Verhandlungen mit der Witwe des Toggenburgers, die das Feldkircher Land auf Lebenszeit behalten wollte, und den Ständen in Richtung auf den Arlberg vor. Diese Demonstration wirkte; am 19. 9. 1436 kam es zum Vertrag von Telfs, in dem die Gräfin dem Herzog alle österreichischen Pfandgebiete um 22000 Gulden zurückstellte. Davon sollte Graf Heinrich von Werdenberg 7000 zahlen und dafür die Grafschaft Sargans als Pfand zurückerhalten[55]. Bei der Bestätigung der Privilegien konnte Friedrich gegenüber dem Freiheitsbrief von 1376 die Streichung des Passus durchsetzen, nach dem Zürich im Falle eines Konfliktes Feldkirchs mit dem Stadtherrn als Schiedsrichter entscheiden sollte.

Dies war der letzte Erfolg des Herzogs, denn alles andere verlief nun ungünstig für ihn. Im Gaster und in Sargans versuchten nun sowohl Zürich als auch Friedrichs Landeshauptmann Ulrich von Matsch, die Huldigung durchzusetzen. Am 21. 12. 1436 schlossen Walenstadt, das Sarganser Land und Mels gegen den Willen des Herzogs ein Burgrecht mit Zürich. Daraufhin schwor das Gaster zu Schwyz. Auch Graf Heinrich von Werdenberg ging Anfang 1437 ein Landrecht mit Schwyz ein. Herzog Friedrich protestierte am 15. 11. 1436 beim Rat von Zürich über das Vorgehen der Stadt. Er wandte sich diesbezüglich auch an die Kurfürsten und Reichsstädte. Die Fürsten drohten daraufhin mit militärischen Aktionen, was auf Zürich jedoch wenig Eindruck machte. Bei den Verhandlungen Ende 1436 mit Schwyz opferte Herzog Friedrich seinen neuen »Partnern« das Gaster mit Weesen, Windegg und Amden, die einen Landrechtsvertrag mit Schwyz und Glarus eingehen sollten[56]. Es nützte Friedrich nicht viel, wenn er den Orten einen Freiheitsbrief ausstellte und vereinbarte, daß sie im Falle eines Krieges zwischen Österreich und den Eidgenossen neutral bleiben sollten. Am 2. 3. 1438 verpfändete er die Orte endgültig um 3000 Gul-

[55] Joseph Bergmann: Urkunden der vorarlbergischen Herrschaften und der Grafen von Montfort. In: Archiv f. Kunde österr. Geschichtsquellen 1. 1848, S. 40-160; und 1849, S. 3-82, hier S. 16-23, Nr. 63-67.

[56] Thommen, wie Anm. 14, hier Bd. 3. 1928, S. 289-291, Nr. 271.

den an Schwyz und Glarus[57]. Damit hatte er den Teufel mit Beelzebub ausgetrieben. Herzog Friedrich verstand es vor allem nicht, sich nach Aufgabe seiner Positionen im linksrheinischen Gebiet, wo ihm nach dem Waffenstillstand vom 25. 2. 1437 nur noch Freudenberg und Nidberg verblieben, aus dem Streit zwischen Schwyz und Zürich zurückzuziehen. Nachdem einige Leute im Sarganser Land sich weigerten, Zürich den Eid zu leisten, sah Ulrich Spieß, der österreichische Vogt auf Freudenberg, darin einen Bruch des Friedens und begann die »Sarganser Fehde«, in der die Sarganser den »Grauen Bund« und die Stadt Chur um Hilfe ersuchten, während Schwyz und Glarus Österreich unterstützten. Zürich erklärte daraufhin Herzog Friedrich am 29. 4. 1437 die Fehde[58]. Die Züricher nahmen am 26. 5. 1437 die Feste Freudenberg ein, die ebenso verbrannt wurde wie kurz darauf die Feste Nidberg. Die »Klingenberger Chronik« berichtet dazu: »Also beschach nun diser zug von denen von Zürich in Sarganser land me denen von Schwitz ze laid, denn dem hertzogen, oder denen in dem land ze lieb, wan der hertzog und sin rät hatten guoten gelouben an die von Schwitz«[59]. Herzog Friedrich schickte nun eine Gesandtschaft zu den Eidgenossen und ließ sie fragen, ob sie bereit wären, den 50jährigen Frieden von 1412 zu halten oder nicht. Es kam nun noch einmal zu einem Waffenstillstand. Der Tod Kaiser Sigmunds am 9. 12. 1437 veränderte dann die politische Großwetterlage. Herzog Albrecht, der sich bereits Ende 1437 in den Streit seines Vetters mit Zürich eingeschaltet und der Limmatstadt seine Vermittlung angeboten hatte, wurde am 1. 1. 1438 zum ungarischen, am 18. 3. zum deutschen und am 6. 5. zum böhmischen König gewählt. Nun verfügte das Haus Habsburg erstmals seit 1308 wieder uneingeschränkt über die Macht des Reichsoberhauptes. Das vom Ausgang des toggenburgischen Erbfolgestreites enttäuschte Zürich wandte sich nun dem neuen König zu und bereitete den Frontwechsel vor. Wie unrühmlich die Herrschaft Österreichs im St. Galler Rheintal zu Ende ging, wird in der »Klingenberger Chronik« deutlich, in der es heißt: »Dis alles was ain erschrokkenlicher wunderlicher louff, daß der herrschaft von Österreich aigen lüt ab irem aignen natürlichen herren brachen on alle not wider ires herren willen, der inen doch kain trang noch laid getan hatt, und dieselben herrschaft von Österrich understuonden ze vertriben«[60]. Der Restbesitz des letzten Toggenburgers wurde am 17. 11. 1437 in Feldkirch unter der Leitung von Ital Reding unter den

57 Ebd., S. 322f., Nr. 297.
58 Berger, wie Anm. 35, hier S. 76.
59 Klingenberger Chronik, wie Anm. 32, hier S. 249.
60 Ebd., S. 254.

Erben aufgeteilt. Petermann und Hildebrand von Raron erhielten die Grafschaft Toggenburg, für die sie ein ewiges Landrecht mit Schwyz und Glarus eingingen.

Gegen Ende seines Lebens unterstützte Friedrich IV. seinen Vetter König Albrecht II. finanziell bei dessen Türkenfeldzug. Dieser setzte sich bei den Eidgenossen für Zürich ein. Es ist daher anzunehmen, »daß Albrecht als Reichsoberhaupt gegen die Eidgenossen auftrat, daß er aber nur vorgeschoben wurde, in Wirklichkeit jedoch die Aktion am Oberrhein von Herzog Friedrich IV. und den schwäbischen Ratgebern am Königshof gelenkt worden war. Schon wegen des Darlehens mußte Albrecht seinem Vetter im Südwesten des Reiches freie Hand lassen. Friedrich könnte dagegen den Krieg gegen die Türken auch unterstützt haben, um den König in Ungarn gebunden zu wissen«[61]. Im März 1438 erreichte der Konstanzer Bischof Heinrich von Hewen, der noch über zwei Jahrzehnte hindurch zwischen Österreich und der Eidgenossenschaft vermitteln sollte, eine Verlängerung des Waffenstillstandes bis Ende 1439.

Bereits im Juli 1438 suchte eine Delegation von Schwyz König Albrecht II. in Prag auf, wo sie eine Bestätigung der Schenkung der March erreichte. Aber auch die Stadt Zürich intervenierte unter der Leitung ihres Bürgermeisters Rudolf Stüssi beim König, der sich jedoch am 1. 5. 1439 mit Zürich, das bisher zu den Gegnern der Habsburger gehört hatte, verbündete[62]. Seine Mitteilung an Bern, Luzern, Solothurn, Zug, Uri und Unterwalden vom 21. 9. 1439, daß er den Streit mit Zürich vor sein Gericht gezogen habe[63], blieb durch seinen Tod am 27. 10. unwirksam. Auch Friedrich IV. war mittlerweile am 24. 6. 1439 in Innsbruck gestorben. Mit dem Tod der beiden Habsburger war das weitere Schicksal der Gebiete an der Peripherie der Eidgenossenschaft offen. Herzog Friedrich »der Jüngere«, der Sohn Herzog Ernsts, der nun die Vormundschaft für Friedrichs IV. Sohn Sigmund übernahm und 1440 als Friedrich III. deutscher König wurde, übernahm die ungelösten Probleme und schlitterte nach anfänglichen Erfolgen in den »Alten Zürichkrieg«, der zu einer neuerlichen schweren Niederlage der Habsburger führen sollte, die nun fast vollständig aus dem Bereich der Eidgenossenschaft bis zur Rheinlinie abgedrängt wurden.

[61] Heinrich Koller: Aspekte der Politik des Hauses Österreich zur Zeit des Regierungsantrittes Friedrichs III. In: Österreich in Geschichte und Literatur, 29. Jg., Heft 3/4. 1985, S. 142-159, hier S. 150.

[62] Regesta Imperii XII, Wien/Köln/Graz 1975, S. 208f., Nr. 903f.; – vergl. dazu: Günther Hödl: Albrecht II. Königtum, Reichsregierung und Reichsreform 1438-1439 (= Beihefte zu J. F. Böhmer: Regesta Imperii 3). Wien/Köln/Graz 1978, S. 117f.

[63] Regesta Imperii XII, wie Anm. 62, hier S. 269f., Nr. 1159-1161.

Herzog Friedrich IV., dessen Beiname »mit der leeren Tasche« erst nach seinem Tode bei Wolfgang Lazius erwähnt wird, war auch in Tirol bei weitem nicht so populär, wie uns spätere Sagen aus der Epoche der Romantik glauben machen wollen, die nicht auf mittelalterliche Quellen zurückgehen. Die »Klingenberger Chronik« tadelt ihn als »ain lamer herr und ain unkrieghafter karger herr, dess sinn und gedenk nur uff bar gelt stuond, dess er och vil hatt«. Neben Sigmund von Luxemburg, dem ebenfalls glücksritterhafte Züge zu eigen waren, verblaßt er hinsichtlich seiner politischen Strategien, bei denen der Kaiser ihm weit überlegen war. Trotz seines ritterlichen Gehabens war er – wie sein Sohn später – unfähig, im entscheidenden Augenblick die Nerven zu behalten und zu kämpfen, als ihm die Sarganser den Huldigungseid verweigerten. »Also row in das gelt, das er ussgeben hatt und im do die lüt nit gehorsam sin noch schweren wolten; do forcht er och den kosten und wolt nit kriegen, und gont also denen in Sarganser land und uss Gastren, dass si ain landtsrecht ze Schwitz und ze Glaris näment drissig jar«[64].

Im 16. Jahrhundert schrieb der Schaffhauser Geschichtsschreiber Rüeger über ihn: »Das Schwabenland wolt schwarlich widerum under sin gehorsame von wegen der nähe des conciliums, uf desse banne es sich verließ«[65]. Die Eidgenossen waren den Habsburgern in der Zeit des 14. und 15. Jahrhunderts militärisch und organisationsmäßig, aber auch kulturell – wie z.B. die hochstehende Geschichtsschreibung zeigt – überlegen. Da ihre Herrschaft auf eine viel umfassendere Weise von der Basis verankert und gesichert war, übte sie auch auf die Adelsherrschaften und Fürstentümer an ihrer Peripherie eine große Attraktivität aus, wie sich besonders im Hegau, Thurgau und in Vorarlberg zeigte, wo die Herrschaft zu Österreich sich häufig nur auf Raubritter und Bauernschinder stützen konnte. Insofern arbeitete die Zeit zugunsten der Eidgenossenschaft. Die katastrophalen Fehler zu Beginn der Regierungszeit Friedrichs IV. können z.T. mit der offensichtlich wenig sorgfältigen Erziehung des Fürsten erklärt werden. Aber auch später lernte der Herzog nicht viel dazu. Gegen seine Gegner ging er rücksichtslos vor, und in der Stunde der Bewährung versagte er. Bei einer bedeutenderen Herrscherpersönlichkeit hätte die Eidgenossenschaft jedoch nicht ein so leichtes Spiel gehabt, die Pufferstaaten zwischen ihr und Österreich zu liquidieren und ihr Herrschaftsgebiet auf der Rheinlinie zu stabilisieren.

[64] Klingenberger Chronik, wie Anm. 32, hier S. 232.

[65] Johann Jakob Rüeger: Chronik der Stadt und Landschaft Schaffhausen, Bd. 2. Schaffhausen 1892, S. 622.

Alois Niederstätter

Die ersten Regierungsjahre Kaiser Friedrichs III. und der Südwesten des Reiches

Am 24. Juni 1439 verstarb Herzog Friedrich IV. von Österreich, der 35 Jahre zuvor, am 4. Juni 1404, mit der Ausübung der Regentschaft über die Vorderen Landen des Hauses Österreich betraut worden war. Friedrichs Politik stand vor allem in der Zeitspanne zwischen dem Ende der Appenzellerkriege[1] und dem Jahr 1415 – wie Guy P. Marchal nachgewiesen hat – durchaus in der Tradition Rudolfs IV. und Leopolds III., die klar nachvollziehbare Maßnahmen zur Herrschaftsverdichtung gesetzt hatten. Friedrich leitete nochmals eine Phase intensiver Verwaltungstätigkeit ein, die vor allem dem Lehens- und Pfandwesen galt. So rief der Herzog im Jahr 1412 eine allgemeine Lehens- und Privilegienerneuerung in den Vorderen Landen aus[2]. Dieses verstärkte Engagement, das den Anschein einer wiedererlangten Stärke erweckte, förderte die Bemühungen um eine Regelung der Verhältnisse in der östlichen Schweiz. Im Zusammenhang damit steht der Fünfzigjährige Friede, den Zürich, Bern, Solothurn, Luzern, Uri, Schwyz, Unterwalden und Glarus unter Einbeziehung der mittlerweile eini-

[1] Vgl. dazu u.a. die – allerdings in ihrer Überbetonung der demokratischen Tendenzen des Bundes stark überzogene – Arbeit von Benedikt Bilgeri: Der Bund ob dem See. Vorarlberg im Appenzellerkrieg. 1968; sowie Ders.: Geschichte Vorarlbergs 2. 1974, S. 140. – Eine knappe, wesentlich ausgewogenere Darstellung bietet Karl Heinz Burmeister: Geschichte Vorarlbergs. Ein Überblick. 1989, S. 85ff. – Siehe außerdem Appenzeller Geschichte 1: Das ungeteilte Land (Von der Urzeit bis 1597), verf. v. Rainald Fischer/Walter Schläpfer/Franz Stark. 1964, S. 121ff. – Ernst Ehrenzeller: Geschichte der Stadt St. Gallen. 1988, S. 43ff.; Geschichte der Schweiz – und der Schweizer 1. 1982, S. 257ff.

[2] Guy P. Marchal: Sempach 1386. Von den Anfängen des Territorialstaates Luzern. Beiträge zur Frühgeschichte des Kantons Luzern. Mit einer Studie von Waltraud Hörsch: Adel im Bannkreis Österreichs. 1986, S. 103f. – Zur Politik Rudolfs IV. vgl. Bernhard Stettler: Habsburg und die Eidgenossenschaft um die Mitte des 14. Jahrhunderts. In: Schweizerische Zeitschrift für Geschichte 23 (1973), S. 750-764, hier S. 760.

germaßen »domestizierten«[3] Appenzeller mit der Herrschaft Österreich am 28. Mai 1412 schlossen[4].

Der Fünfzigjährige Friede brachte allerdings – was man bei seinem Abschluß wohl kaum ahnen konnte – nur eine kurze Spanne der Beruhigung. Die bekannten und vielerorts geschilderten[5] Vorgänge im Zusammenhang mit dem Konstanzer Konzil und dem Engagement Herzog Friedrichs für Papst Johannes XXIII., auf die hier nicht näher eingegangen werden muß, führten zu einer nachhaltigen Schwächung der habsburgischen Stellung im Westen. Zuletzt hat sich Heinrich Koller sehr ausführlich mit diesem Themenkreis befaßt[6]. Friedrich verlor im Verlauf dieser Auseinandersetzung nicht bloß den Aargau mit dem zentralen Ort Baden. Im Thurgau fielen die oberschwäbischen Reichsstädte und Adeligen ein, Stein am Rhein, Diessenhofen, Frauenfeld, Winterthur und Schaffhausen gingen verloren. Das Landgericht im Thurgau wurde an die Stadt Konstanz verpfändet, die Herrschaft Feldkirch, die Herrschaften

[3] Bernhard Stettler spricht in bezug auf das 1411 geschlossene Burg- und Landrecht der sieben östlichen Orte der Eidgenossenschaft mit Appenzell von der »Domestikation der Appenzeller«. Vgl. Bernhard Stettler: Landfriedenswahrung in schwieriger Zeit – Zürichs äußere Politik zu Beginn des 15. Jahrhunderts. In: Schweizerische Zeitschrift für Geschichte 38 (1988), S. 45-61, hier S. 59.

[4] Die Eidgenössischen Abschiede aus dem Zeitraume von 1245 bis 1420. Bearb. von Anton Philipp Segesser. Amtliche Sammlung der älteren Eidgenössischen Abschiede 1. 1874, Beilage 46, S. 342ff.

[5] Vgl. dazu u.a. Joseph von Aschbach: Geschichte Kaiser Sigmunds. 2. 1964 (= Nachdruck der Ausgabe 1839), S. 73ff. – Eduard Maria Lichnowsky: Geschichte des Hauses Habsburg 5. 1841, S. 166ff. – Hans Kramer: Das Meraner Bündnis Herzog Friedels »mit der leeren Tasche« mit Papst Johann XXIII. In: Der Schlern 15 (1934), S. 440-452. – Karl Mommsen: Eidgenossen, Kaiser und Reich. Studien zur Stellung der Eidgenossenschaft innerhalb des heiligen römischen Reiches. Basler Beiträge zur Geschichtswissenschaft 72. 1958, S. 166ff. sowie neuerdings Josef Riedmann: Das Mittelalter. In: Geschichte des Landes Tirol 1. 1985, S. 267-684, hier S. 444ff. – Heinrich Koller: Sigismund 1410-1437. In: Kaisergestalten des Mittelalters. Hrsg. von Helmut Beumann. 1983, S. 277-300. – Heidi Schuler-Alder: Reichsprivilegien und Reichsdienste der eidgenössischen Orte unter König Sigmund, 1410-1437. Geist und Werk der Zeiten. Arbeiten aus dem Historischen Seminar der Universität Zürich 69. 1985. – Jean Jacques Siegrist: Zur Eroberung der gemeinen Herrschaft »Freie Ämter« im Aargau durch die Eidgenossen 1415. In: FS für Karl Schib. 1968, S. 246-267. – Zu den politischen Aspekten des Konstanzer Konzils vgl. Hartmut Boockmann: Zur politischen Geschichte des Konstanzer Konzils. In: Zeitschrift für Kirchengeschichte 85 (1974), S. 45-63. – Zum Konzil allgemein siehe u.a. Das Konzil von Konstanz. Beiträge zu seiner Geschichte und Theologie. Hrsg. von August Franzen und Wolfgang Müller. 1964. – Joseph Gill: Konstanz und Basel-Florenz. 1967; sowie Das Konstanzer Konzil. Hrsg. von R. Bäumer. 1977.

[6] Heinrich Koller: Kaiser Siegmunds Kampf gegen Herzog Friedrich IV. von Österreich. In: Studia Luxemburgensia. FS für Heinz Stoob zum 70. Geburtstag. Hrsg. von Friedrich Bernward Fahlbusch/Peter Johanek. 1989, S. 313-352.

Rheineck, Altstätten und das linksseitige Rheintal kamen als Pfand an Graf Friedrich VII. von Toggenburg. Auch im übrigen Schwaben brach die habsburgische Herrschaft weitgehend zusammen[7].

Während nun die Politik der Sieger und der Nutznießer vornehmlich darauf abzielte, die Beute zu sichern, war Friedrich IV. zeit seines Lebens sehr konsequent bemüht, die 1415 verlorenen Gebiete und Rechte wieder in seine Hand zu bekommen, was ihm jedoch – trotz der formellen Zustimmung Sigismunds[8] – keineswegs vollständig gelang. Gerade die Rekuperation der an eidgenössische Orte gefallenen Besitzungen erwies sich trotz einer durchaus bemühten Politik Friedrichs als nicht durchführbar. Der Tod des Grafen Friedrich VII. von Toggenburg 1436 bot dem Habsburger Gelegenheit für eine letzte bedeutende Rückforderungsanstrengung, aus der sogar eine Zusammenarbeit zwischen den »Erbfeinden« Österreich und Schwyz gegen das eidgenössische Zürich resultierte[9].

Die Revindikation des 1415 verlorenen österreichischen Besitzes war aber keineswegs eine Aufgabe, die nur im Interesse Friedrichs IV. lag. Er handelte vielmehr in seinen letzten Lebensjahren im Einvernehmen mit den beiden anderen regierenden Mitgliedern des Hauses Österreich, den Herzögen Albrecht und Friedrich, die offenbar lebhaftes Interesse an den Bemühungen ihres älteren Verwandten zeigten. Albrecht II. hatte ja mehrfach zwischen seinem Schwiegervater, Kaiser Sigismund, und Friedrich IV. von Tirol vermittelt und ihn bei dessen Rekuperationsbestrebungen im südwestdeutschen Raum unterstützt. Aber auch Friedrich V. – später als König Friedrich III. – nahm an den Bemühungen seines Onkels Anteil. Bereits am 31. Mai 1436, also einen Monat nach dem Tod des vorhin erwähnten Grafen von Toggenburg, hatte Friedrich V. ein Schreiben an Friedrich IV. gerichtet, in dem er ihm den Erhalt einer Mitteilung über den Stand der Dinge in der Toggenburger Erbschaftsangelegenheit bestä-

[7] Vgl. im Überblick Otto Stolz: Der territoriale Besitzstand des Herzogs Friedrich IV. d. Ae. von Österreich-Tirol im Oberrheingebiete (1404-1439). In: Zeitschrift für Geschichte des Oberrheins NF 55 (1942), S. 30-50. – Franz Quarthal: Landstände und landständisches Steuerwesen in Schwäbisch-Österreich. Schriften zur südwestdeutschen Landeskunde 16. 1980, S. 22ff. – Otto Feger: Geschichte des Bodenseeraumes 3. 1981, S. 164ff. sowie Historisch-Biographisches Lexikon der Schweiz 3. 1926, S. 335f.

[8] Die rechtlich Basis dafür bildete der Vertrag von Hornstein vom 17. Februar 1425. Rudolf Thommen: Urkunden zur Schweizer Geschichte aus österreichischen Archiven 3. Basel 1928, S. 186ff. – Vgl. dazu Schuler-Alder (wie Anm. 5), S. 137f.

[9] Hans Berger: Der Alte Zürichkrieg im Rahmen der europäischen Politik. Ein Beitrag zur »Außenpolitik« Zürichs in der ersten Hälfte des 15. Jahrhunderts. 1978, S. 75f.

tigte, sich über die Aktivitäten Friedrichs IV. durchaus erfreut zeigte und sich regelmäßige Informationen über den Fortgang erbat[10]. Mit größter Wahrscheinlichkeit wurde auch ein in Innsbruck überlieferter, in den letzten Monaten des Jahres 1436 verfaßter Entwurf einer Denkschrift über die weiteren Vorgänge für Friedrich V. geschrieben[11]. Der spätere König war auf diese Weise über die Politik seines Onkels, unter dessen Vormundschaft er bis 1435 gestanden hatte, eingehend unterrichtet und nahm großen Anteil an den Bestrebungen zur Wiedergewinnung der Verluste im Westen. Friedrich V. war keineswegs auf das vom Vater ererbte Innerösterreich fixiert, sondern zeigte sich auch um den Nutzen des Gesamthauses besorgt.

Sowohl Friedrich IV. von Tirol wie auch König Albrecht II. starben im Jahr 1439. Der vierundzwanzigjährige Herzog Friedrich V. aus der steierischen Linie avancierte damit zum Senior des Hauses Habsburg. Sigmund, der minderjährige Sohn Friedrichs IV. und Erbe der Tiroler Linie, kam ebenso unter die Vormundschaft Friedrichs V. wie der erst im Februar 1440 nach dem Tod Albrechts II. geborene Ladislaus. Die gesamte habsburgische Hausmacht war somit vorläufig in der Hand Friedrichs vereinigt. Am 2. Februar 1440 wählten ihn die Kurfürsten überdies zum römischen König[12].

Was bedeuteten diese Ereignisse nun für den Südwesten des Reichs? Wenn man dort auch sicherlich keine völlige Klarheit über Friedrichs politische Ziele insgesamt und vor allem über sein tatsächliches Machtpotential hatte, so wußte man doch, daß er sich nach dem Tod seines Vaters Ernst des Eisernen von 1424 bis 1435 unter der Vormundschaft Friedrichs IV. von Tirol befunden hatte und gründliche Kenntnisse über die Restitutionsversuche seines Oheims hinsichtlich der 1415 verlorenen habsburgischen Gebiete besaß. Die Vermutung, auch der

[10] HHStA Wien AUR 1436 V 31.

[11] TLA Innsbruck, Sigmundiana IVb 55/1, fol. 142-145.

[12] Es ist an dieser Stelle nicht möglich, alle biographischen Arbeiten über Friedrich zusammenzustellen. Es sei daher nur verwiesen auf H[EINRICH] KOLLER: Friedrich III. In: Lexikon des Mittelalters 4. 1989, Sp. 940-943. – Ausstellung Friedrich III. Kaiserresidenz Wiener Neustadt. St. Peter an der Sperr. Katalog des Niederösterreichischen Landesmuseums NF 29. 1966. – JOSEPH CHMEL: Geschichte Kaiser Friedrich IV. und seines Sohnes Maximilian I. 1-2. 1840-43. – EBERHARD HOLTZ: Friedrich III. 1440-1493. In: Deutsche Könige und Kaiser des Mittelalters. Hrsg. von EVAMARIA ENGEL/EBERHARD HOLTZ. 1989, S. 360-373. – Weitere Literatur bei PETER M. LIPBURGER: Beiträge zur Geschichte der Epoche Kaiser Friedrichs III. (1440-1493) und der Reichsstadt Augsburg in der zweiten Hälfte des 15. Jahrhunderts. Phil. Diss. Salzburg 1980 (Masch.); sowie DERS.: Über Kaiser Friedrich III. (1440-1493) und die »Regesta Friderici III.«. Ein Forschungsprojekt der Lehrkanzel (Abteilung) für Mittelalterliche Geschichte und Historische Hilfswissenschaften. In: Jahrbuch der Universität Salzburg 1979-1981. 1982, S. 127-151.

jüngere Friedrich werde in diesem Raum die Politik seines Onkels fortsetzen, war nicht von der Hand zu weisen.

In diesem Zusammenhang von Bedeutung ist ein Bericht, den die Klingenberger Chronik über den zweiten Teil der Antwort Friedrichs bei der Annahme seiner Königswahl bietet: *Item er huob och sin selb vor, wie dem huss von Österrich und sinen vordren grosser schwarlicher schad zuo gezogen wär und inen das ir abgebrochen wär wider Gott und recht, und wie küng Sigmund der römsche küng und ze Vngern küng sinem vetter hertzog Fridrichen von Österrich und dem huse Österrich vil stett, schloss, lütt und land abgebrochen hett, ain tail hin geben hett, ain tail dem rich zuo gezogen hett, und etlich stett och daby gefrygt hett, das er doch nüt maint also lassen beliben; sölt das jeman sprechen, es wärent fürsten, herren oder ander, dass er dem rich von zug und im selb und dem hus Österreich zuo, das wär im laid, und wölt och solichs vor komen, won er welt je das sin und das dem huse ze Österrich zuo hett gehört, niemer lassen faren. Also ward im das gantz gewilgot von den fürsten, und gabent im och dess gelimpf und versprachent och dem küng mit lib und guot darzuo ze helffen*[13].

Wenn auch die Authentizität dieses Berichts in Frage zu stellen ist, dürfen wir doch festhalten, daß die Revindikation der Verluste von 1415 – auch für die Zeitgenossen erkennbar – zum politischen Programm des jungen Königs zählte. Neu war solcherlei keineswegs, nicht bloß Friedrich IV. hatte sich bis an sein Lebensende darum bemüht, auch Albrecht II. war vom Reichserbkämmerer Konrad von Weinsberg angegangen worden, die Rekuperation der an die Eidgenossen verlorenen Gebiete als königliche Verpflichtung anzusehen[14]. Diese Mahnung zeigte offenbar Wirkung, denn der König behielt in einer Generalkonfirmation[15] für die Stadt Zürich, die zu den Hauptnutznießern des Jahres 1415 zählte, dem Haus Österreich ausdrücklich dessen Lösungsrechte vor[16]. Ebenfalls einen Vorbehalt der Rechte und Pfandschaften des Hauses Österreich enthielten die Konfirmationen Albrechts für die Städte Diessenhofen, Rheinfelden und Schaffhausen[17]. Alle drei waren 1415 aus österreichischem Besitz an das

[13] Die Klingenberger Chronik [...]. Hrsg. Anton Henne. 1861, S. 212.

[14] Berger (wie Anm. 9), S. 96.

[15] Regesta Imperii XI. Die Urkunden Kaiser Sigmunds (1410 - 1437): Verzeichnet von Wilhelm Altmann. 1968 (= Nachdruck der Ausgabe 1896 - 1900), n. 903, S. 208.

[16] [...] *doch unschedlich dem huse zu Osterreich an sin losungen und rechten, ab es anders einich losung oder rechte gen den genanten von Czurich hette.* Das Reichsregister König Albrechts II. Bearb. v. Heinrich Koller. Mitteilungen des Österreichischen Staatsarchivs, Erg. Bd. 5. 1955, n. 244, S. 174f.

[17] Regesta Imperii XII. Albrecht II. 1438 - 1439. Bearb. von Günther Hödl. 1975, nn. 1087, 1089, 1090, S. 252f.

Reich gekommen. Auch ihnen gegenüber blieben somit die habsburgischen Ansprüche gewahrt. Friedrich konnte im Bedarfsfall also auf der Politik seiner Vorgänger aufbauen. Tatsächlich war er von Beginn seiner Regierungszeit an bemüht, österreichische Rechtspositionen theoretisch abzusichern beziehungsweise symbolhaft zu betonen, so etwa, als er die 1415 ans Reich gefallene Stadt Winterthur 1440 nicht mit der für eine Reichsstadt geltenden Anrede bedachte, sondern mit jener, die die Kanzlei gewöhnlich für österreichische Landstädte verwendete[18].

Von Wien und Wiener Neustadt aus erledigte der König bald nach seiner Wahl eine Anzahl südwestdeutscher Angelegenheiten – in erster Linie Konfirmationen und Verleihungen[19] –, er fand aber vorerst keine Gelegenheit, persönlich in diesem Raum einzugreifen. Andere Dinge standen im Vordergrund[20]. Über die Vorgänge selbst war er ohne Zweifel von Beginn seiner Regierung an gut informiert. Schon am 23. April 1440, nicht einmal drei Wochen nach der Annahme der Wahl, weilte Wilhelm von Grünenberg am königlichen Hof in Wiener Neustadt, um sich den Blutbann in seinen Hochgerichten bestätigen zu lassen[21]. Grünenberg, ein enger Vertrauter des österreichischen Landvogtes Wilhelm von Hachberg, war einer der wichtigsten Exponenten der österreichischen Partei in diesem Raum und besaß ohne Zweifel beste Kenntnisse der Lage. So ist die Vermutung keineswegs abwegig, Wilhelm von Grünenbergs Aufenthalt in Wiener Neustadt habe nicht zuletzt den Zweck gehabt, Friedrich über die brisanten Vorgänge in der Eidgenossenschaft zu informieren und vielleicht auch zu einer offensiven Westpolitik anzuregen.

[18] Regesten Kaiser Friedrichs III. (1440-1493) nach Archiven und Bibliotheken geordnet. Hrsg. von Heinrich Koller. H. 6: Die Urkunden und Briefe aus den Archiven des Kantons Zürich (vornehmlich aus dem Staatsarchiv Zürich). Bearb. von Alois Niederstätter. 1989, n. 2.

[19] Vgl. Joseph Chmel: Regesta chronologico-diplomatica Friderici IV. Romanorum regis (imperatoris III.). Auszug aus den im k.k. geheimen Haus-, Hof- und Staatsarchive zu Wien sich befindenden Registerbüchern vom Jahre 1440-1493. [...] 2 Abteilungen. 1962 (= Nachdruck der Ausgabe 1838-40); Regesten Kaiser Friedrichs III. (1440-1493) nach Archiven und Bibliotheken geordnet. Hrsg. von Heinrich Koller. H. 1: Die Urkunden und Briefe aus Stadtarchiven im Bayerischen Hauptstaatsarchiv (München) (mit Ausnahme von Augsburg und Regensburg). Bearb. von Heinrich Koller. 1982; sowie H. 2: Urkunden und Briefe aus Klosterarchiven im Bayerischen Hauptstaatsarchiv (München). Bearb. von Christine Edith Janotta. 1983.

[20] Besonders die Probleme mit den österreichischen Erblanden im engeren Sinn – die Streitigkeiten mit den Ständen in der Vormundschaftsfrage, die Ansprüche seines Bruders Albrecht – machten Friedrich zu schaffen. Dazu kamen die Versuche, Böhmen und Ungarn dem Haus Österreich zu erhalten, sowie die Kirchenfrage.

[21] Chmel (wie Anm. 19), n. 16.

Was bewegte nun die österreichischen Kräfte westlich des Arlbergs in so hohem Maße, daß es galt, das Interesse des Königs darauf zu lenken? Im Jahr 1436 war Graf Friedrich VII. von Toggenburg als Letzter seines Stammes verstorben. Der Toggenburger hatte es verstanden, als Nutznießer der Ereignisse von 1415 sowie durch eine geschickt zwischen Österreich und der Eidgenossenschaft lavierende Politik ein beachtliches Territorium im Bereich der östlichen Schweiz sowie auf Vorarlberger Boden zu schaffen und bis an sein Lebensende zu behaupten. Es ist verständlich, daß bereits vor seinem Tod lebhafte Bemühungen aller Interessenten im Gange waren, sich einen entsprechenden Teil der Erbschaft zu sichern.

Neben der Verwandtschaft traten das Haus Österreich mit der Absicht der Restitution der Verluste von 1415 und vor allem die eidgenössischen Orte Schwyz und Zürich auf den Plan. Aus den beiden Bundesgenossen Schwyz und Zürich wurden Rivalen und schließlich im weiteren Verlauf des Erbstreites erbitterte Feinde, die auch die militärische Konfrontation nicht scheuten[22]. Zürich geriet durch diesen Konflikt, bei dem es nicht nur um die Kontrolle der wichtigen Walenseeroute ging, sondern um die politische und wirtschaftliche Vorherrschaft im Raum der nachmaligen Ostschweiz, mehr und mehr in Isolation, weil die übrigen eidgenössischen Orte zu den Schwyzern tendierten und ihnen zum Sieg verhalfen. Zürich mußte eine bittere Niederlage durch die eigenen Bundesgenossen einstecken. Für die österreichischen Kräfte des Raumes, vor allem für die dem habsburgischen Umfeld angehörigen, teils von den Eidgenossen verdrängten Adeligen bot sich durch diesen innereidgenössischen Konflikt und die daraus resultierende Schwächung des Bündnissystems zum ersten Mal seit langer Zeit eine einigermaßen realistische Chance, die Kräfteverhältnisse in diesem Raum nachhaltig zu verändern, sofern sich das Haus Österreich mit aller Kraft engagieren würde. Auch dafür schienen die Zeichen der Zeit gut zu sein, denn Friedrich vereinigte als Vormund seiner jüngeren Verwandten vorläufig den gesamten Hausbesitz in seiner Hand.

Der König selbst schien zunächst geneigt, die Politik Friedrichs IV. fortzusetzen, das heißt, die Stadt Zürich als Hauptgegner Österreichs zu betrachten und im innereidgenössischen Streit eher der Seite von Schwyz unter dem Landammann Ital Reding den Vorzug zu geben. Dies erschließt sich aus den ersten Mandaten des Reichsoberhauptes, die auf Initiative der Schwyzer ausgefertigt wurden und sich gegen Zürich richteten[23]. Den Höhepunkt der schwyzerisch-

[22] Vgl. dazu Berger (wie Anm. 9) passim.
[23] Regesten (wie Anm. 18), nn. 1 und 2.

habsburgischen Kooperation bildete eine militärische Aktion gegen die Züricher Gebiete im Sarganserland, an der auch der österreichische Landvogt von Feldkirch, Wolfhard von Brandis, an der Seite der Schwyzer mitwirkte sowie die im Zuge dieses Unternehmens erfolgte Wiedereinsetzung Österreichs in seine Rechte in der Herrschaft Freudenberg durch Schwyz[24]. Es ist verständlich, daß ein solcher Vorgang in der Schweizer Geschichtsschreibung wenig Beachtung fand. Es paßt eben nicht in ihr Bild der Eidgenossenschaft, daß die Schwyzer und Glarner in Kooperation mit dem Hochadel der Umgebung und mit offensichtlicher österreichischer Unterstützung dem eigenen Bundesgenossen Zürich ein Gebiet gewaltsam abnahmen und einen Teil davon dem »Erzfeind« Habsburg zurückstellten.

Die Stadt Zürich befand sich durch das gewaltsame Vorgehen der eigenen Bundesgenossen und die ungünstigen Bedingungen, unter denen sie Frieden mit ihnen hatte schließen müssen, in einer Situation, die dazu anregen konnte, sich nach anderen Freunden umzusehen. Das Bündnis mit den Eidgenossen erbrachte für die Limmatstadt jedenfalls alles andere als Nutzen. Für einen grundlegenden Kurswechsel bot sich nur Österreich, der »Erbfeind« der Eidgenossen, an. Den ersten Schritt unternahm Zürich Mitte des Jahres 1441. Die Stadt beorderte den Kanoniker Jakob Motz an den königlichen Hof nach Wiener Neustadt, um einen königlichen Geleitbrief für eine städtische Gesandtschaft an den Hof und zurück zu erwerben.

Es fällt auf, daß zum selben Zeitpunkt auch der Konstanzer Marquard Brisacher, der seit kurzem der Kanzlei Friedrichs als Protonotar angehörte[25], bei Hof weilte. Marquard Brisacher hatte bereits während der Regierungszeit Albrechts II. als Angehöriger der Kanzlei des Königs eine Annäherung Zürichs an Österreich ermöglicht. In Übereinstimmung mit Heinrich Koller kann Marquard Brisacher im Beraterstab Albrechts II. als einer der besten Kenner der Verhältnisse im Westen gelten, sicherlich war er auch Propagandist einer neuen Österreich-Ideologie, wenn nicht sogar Schöpfer des Begriffs »Haus Österreich« als Ausdruck eines neuen, imperialen Österreichbegriffs. Überhaupt gewannen schwäbische Kräfte nun verstärkten Einfluß in der Umgebung König Friedrichs[26].

[24] ADOLF GASSER: Die territoriale Entwicklung der Schweizerischen Eidgenossenschaft 1291-1797. o.J., S. 117.

[25] Zu Brisacher vgl. PETER F. KRAMML: Kaiser Friedrich III. und die Reichsstadt Konstanz (1440-1493). Die Bodenseemetropole am Ausgang des Mittelalters. Konstanzer Geschichts- und Rechtsquellen. Neue Folge der Konstanzer Stadtrechtsquellen 29. 1985, S. 294ff.

Noch ein weiterer einflußreicher Schwabe hielt sich damals in Wiener Neustadt auf und war vielleicht sogar gemeinsam mit Motz dorthin gereist, nämlich der österreichische Landvogt im Elsaß, Sundgau und Breisgau, Markgraf Wilhelm von Hachberg, der aus dem Beraterkreis Friedrichs IV. stammte und als Hauptmann der Rittergesellschaft mit St. Georgen- und St. Wilhelmsschild, eines von Friedrich IV. selbst ins Leben gerufenen Instruments habsburgischer Restitutionspolitik fungierte[27].

Es war in erster Linie Marquard Brisacher, der sowohl beim König wie auch bei den Zürichern für eine gegenseitige Annäherung warb und damit seine bereits unter Albrecht begonnene, durch den frühen Tod des Königs aber jäh unterbrochene Politik fortsetzte. Seine Idee von einer Allianz zwischen Österreich und Zürich wurde vom vorländischen Adel mit Markgraf Wilhelm an der Spitze begeistert aufgegriffen, die adeligen Revanchegelüste gegenüber der Eidgenossenschaft erhielten Nahrung.

Aber noch zögerten beide Seiten, Zürich ebenso wie der König. Erst das persönliche Auftreten Brisachers in der Limmatstadt beschleunigte die Vorgänge. Man wußte auf Züricher Seite recht gut, was der König wollte, nämlich nichts anderes als die Restitution des in ihren Händen befindlichen ehemaligen österreichischen Besitzes, vor allem der Herrschaft Kyburg. Anfang Februar 1442 ging schließlich eine Gesandtschaft der Limmatstadt an den König ab, der bereits aufgebrochen war, um sich in Aachen krönen zu lassen. Für die Position der Züricher, die in Salzburg zum König stießen, aber erst in Innsbruck empfangen wurden, erwies es sich natürlich als nachteilig, daß sie sich de jure noch im Kriegszustand mit Österreich befanden. Zuerst mußten sie also ihren Friedenswillen bekunden und versuchen, die Hulde Friedrichs zu gewinnen, der ihnen unmißverständlich klar machte, daß sie seine Gnade als Reichsoberhaupt nur dann erlangen konnten, wenn sie seine Ansprüche als Herzog von Österreich befriedigten. Im übrigen dürfte des Königs Beraterstab den Aufenthalt in Innsbruck nicht zuletzt dazu benützt haben, um sich im dortigen Hausarchiv eingehend über die vorländischen Verhältnisse zu erkundigen[28].

[26] Heinrich Koller: Zur Herkunft des Begriffs »Haus Österreich«. In: FS für Berthold Sutter. 1983, S. 277-288, hier S. 282, 284ff.

[27] Regesten der Markgrafen von Baden und Hachberg 1050-1515. Bearb. von Heinrich Witte. 2. 1901, nn. 1648-1653.

[28] Vgl. dazu nunmehr Alois Niederstätter: Der Alte Zürichkrieg. Studien zum österreichisch-eidgenössischen Konflikt im ausgehenden Mittelalter sowie zur Politik König Friedrichs III. [in Druck, masch. Ms. im Vorarlberger Landesarchiv, Seiten nach der masch. Fassung].

Während die Verhandlungen zwischen den Züricher Gesandten und einer vom König eingesetzten Kommission[29] an den weiteren Stationen der Reise Friedrichs fortgesetzt wurden und es den Zürichern nicht gelang, die harten Forderungen des Königs abzuschwächen, war die österreichische Politik auf dem Boden der nachmaligen Schweiz durchaus erfolgreich. Winterthur und Rapperswil erklärten sich bereit, auf den 1415 erworbenen Status einer Reichsstadt zu verzichten und wieder unter die Herrschaft des Hauses Österreich zurückzukehren[30]. Am 20. Mai wurden schließlich auch die Gespräche mit Zürich in Frankfurt abgeschlossen und ein Vertragsentwurf erstellt. Es waren nicht zuletzt die Bedenken des Königs, die die Verhandlungen verzögert hatten[31].

Es ist an dieser Stelle nicht nötig, auf alle Einzelheiten der Vereinbarungen zwischen dem König und der Limmatstadt einzugehen, die in insgesamt elf Urkunden zusammengestellt sind[32]. Zehn dieser Urkunden tragen als Datierung den 17. Juni 1442, den Krönungstag Friedrichs, zwei von ihnen nennen ausdrücklich das Aachener Münster als Ausstellungsort[33], was als besonders symbolträchtig gelten kann. Zürich mußte nicht bloß die Herrschaft Kyburg abtreten, um die Gnade des Königs zu erlangen, Österreich behielt sich darüber hinaus auch die Lösung anderer Rechte, die sich zu diesem Zeitpunkt in Züricher Hand befanden, vor. Sehr aufschlußreich über die Intentionen der habsburgischen Politik sind die geheimen Bestimmungen im Friedensvertrag, der den Zürichern gewährt wurde[34]. Zur Durchsetzung der gemeinsamen Interessen sollte ein Bündnis zwischen Zürich, dem Markgrafen Wilhelm von Hachberg, Jakob Truchseß von Waldburg mit Bregenz und dem Bregenzerwald, dem Bischof von Konstanz mit seinen Stiften Konstanz und Chur, der Stadt St. Gallen, dem Land Appenzell, der Stadt Konstanz mitsamt der Herrschaft Frauen-

[29] Ihr gehörten Markgraf Wilhelm von Hachberg, der schwäbische Reichslandvogt Truchseß Jakob von Waldburg, die Bischöfe Peter von Augsburg und Sylvester von Chiemsee, Ritter Hans von Neipperg und Walter Zebinger an. Marquard Brisacher nahm an den Unterredungen offiziell nicht teil, es scheint, daß er sich im Frühjahr 1442 von dieser Angelegenheit etwas zurückzog oder vielleicht eher durch den Markgrafen von Hachberg, der die Initiative mehr und mehr an sich riß, in den Hintergrund gedrängt wurde.

[30] Dies läßt sich aus einigen Privilegien erschließen, die der König den beiden Städten verlieh. Regesten (wie Anm. 18), nn. 7-10 u. n. 12. Die Ausfertigung dieser Privilegien – als Ausdruck königlicher Gunst – belegt eindeutig, daß die Gesandtschaften von Winterthur und Rapperswil die Bereitschaft ihrer Kommunen, wieder an das Haus Österreich zurückzukehren, bekundet haben.

[31] StA Zürich A 176.1, n. 28.

[32] Vgl. Regesten (wie Anm. 18), nn. 13-22.

[33] Ebd., nn. 19 und 20.

[34] Ebd., n. 17.

feld, den Grafen von Montfort und von Werdenberg sowie dem Grauen Bund vermittelt werden. Friedrich sollte außerdem die Grafschaft Toggenburg und die Herrschaft Uznach an sich bringen und an Zürich – sozusagen als Entschädigung – weitergeben. Nun aber waren Toggenburg und Uznach direktes Einflußgebiet der Schwyzer, das diese wohl nur nach einer gründlichen Veränderung der regionalen Machtverhältnisse aufgeben würden[35]. Aber genau darum ging es dem Kreis um Markgraf Wilhelm von Hachberg beim Forcieren der züricherisch-östereichischen Koalition, nämlich um die Schaffung der Voraussetzungen für ein gewaltsames Zurückdrängen des Einflusses der Innerschweizer Orte aus dem Gebiet der heutigen Ostschweiz, wo sich Österreich wiederum als Ordnungsmacht etablieren sollte. Mittel zum Zweck war nicht nur das genannte Bündnis, sondern auch ein solches zwischen einem genau eingegrenzten Teil der Vorderen Lande Österreichs und der Limmatstadt[36].

Zwei Dinge müssen notiert werden. Zum einen war der Bund zwischen Österreich und Zürich keine »hochverräterische« Tat der Züricher, begangen an der eidgenössischen Sache, wie es die vaterländische Geschichtsschreibung der Schweiz darzustellen gewohnt ist[37], sondern ein bewußter Rückgriff auf die habsburgfreundliche Politik eines Teils der Züricher Eliten im 14. Jahrhundert. So läßt sich der Text der Bündnisurkunde von 1442 über weite Strecken auf den eines in letzter Sekunde durch die Eidgenossen verhinderten Bundes zwischen Österreich und Zürich aus dem Jahr 1393 zurückführen. Wie andere Reichsstädte des deutschen Südwestens verfügte auch Zürich über eine nicht zu unterschätzende österreichfreundliche Partei innerhalb der Bürgerschaft[38].

[35] Uznach befand sich seit 1436/37 im Besitz der Länder Schwyz und Glarus. Die Grafschaft Toggenburg war nach dem Tod Friedrichs VII. von Toggenburg an den Freiherrn Petermann von Raron gefallen, der selbst im Landrecht von Schwyz und Glarus stand. Die Untertanen von Toggenburg waren mit Billigung ihres Landesherrn ebenfalls in ein ewiges Landrecht mit Schwyz und Glarus getreten. Vgl. Regesten (wie Anm. 18), S. 16.

[36] Der König schloß mittels dieser Urkunde als regierender Fürst des Hauses Österreich auch für seinen Bruder, Herzog Albrecht VI., und seinen Vetter, Herzog Sigmund, sowie für seine Landvögte, Burgvögte, Vögte, Amtmänner und alle Untertanen der Grafschaft, Burg und Stadt Rheineck, Stadt und Feste Feldkirch, Bludenz, der Grafschaft Kyburg, von Winterthur, Diessenhofen, Waldshut, Laufenburg, Hauenstein, vom Schwarzwald, von Säckingen und der Burg Rheinfelden ein ewiges Bündnis mit der Stadt Zürich. Ebd., n. 22.

[37] Stellvertretend genannt sei etwa Karl Dändliker: Geschichte der Stadt und des Kantons Zürich 2. 1910, S. 82.

[38] Vgl. dazu etwa Alois Niederstätter: Lindau und Feldkirch. Studien zur städtischen Verfassungsgeschichte im Mittelalter. In: Oberdeutsche Städte im Vergleich. Mittelalter und Frühe Neuzeit. Hrsg. von Joachim Jahn / Wolfgang Hartung / Immo Eberl: Regio. Forschungen zur schwäbischen Regionalgeschichte 2. 1989, S. 101-114, hier S. 110f.

Zum anderen bedarf die Einschätzung der Politik Friedrichs einer Korrektur. Bislang wurde meist angenommen, der König habe mit kluger Berechnung erkannt, daß er mit Hilfe der von der Eidgenossenschaft enttäuschten Stadt Zürich seine Rekuperationspläne durchsetzen könne, und man sich in weiterer Folge schnell handelseinig geworden sei[39]. Eine genaue Interpretation der Quellen führt zu dem Schluß, daß das Bündnis kein Werk Friedrichs war, sondern ein solches seiner südwestdeutschen Berater. Der König selbst bremste die Verhandlungen. Ihm ging es in erster Linie darum, die Limmatstadt zum Gehorsam zu zwingen, zu bestrafen und ihr die ehedem österreichischen Besitzungen abzunehmen. Es ist ohne weiteres denkbar, daß Friedrich III. das Bündnis mit Zürich, das kaum zu seinen Vorstellungen von imperialer Würde paßte, gar nicht erst geschlossen hätte, wäre er nicht von seinen Räten dazu gedrängt worden.

Wie sich Friedrich selbst die offenbar vom Beginn seiner Regierung an geplante Rückgewinnung der österreichischen Verluste von 1415 vorstellte, belegt am besten seine Reise nach dem Empfang der Krone in Aachen[40]. Bereits zu Beginn des Jahres 1441 hatte er verlauten lassen, er werde in Kürze den nachmalig Schweizer Raum aufsuchen[41]. Nunmehr, nachdem er am 17. Juni 1442 gekrönt worden war, konnte er dieses Projekt realisieren.

Am 18. August verließ Friedrich Frankfurt und langte wenig später in Speyer ein, wo als symbolträchtiger Auftakt der Reise die Kaisergräber besichtigt wurden. Natürlich fanden die Grablegen der habsburgischen Könige Rudolf und Albrecht, beide im alemannischen Raum verwurzelt, das besondere Interesse des Königs und seines Gefolges[42]. In Breisach betrat der König habsburgischen Boden. Von diesem Zeitpunkt an wurde seine Reiseroute zunehmend komplizierter. Nach einer eingehenden Besichtigung der österreichischen Besitzungen im Elsaß und Breisgau wandte er sich – unter auffälliger Vermeidung

[39] Vgl. etwa Anton Largiadèr: Geschichte von Stadt und Landschaft Zürich 1. 1945, S. 204; und Geschichte der Schweiz (wie Anm. 1), S. 247.

[40] Über die Reise des Königs sind wir sehr gut informiert, besonders durch den Bericht eines anonymen Begleiters im königlichen Gefolge, ediert von Joseph Seemüller: Friedrichs III. Aachener Krönungsreise. In: MIÖG 17 (1896), S. 585-665, sowie Deutsche Reichstagsakten. Ältere Reihe 16, 1441-1442. 1. Hälfte hrsg. von Hermann Herre, 2. Hälfte bearb. von Hermann Herre. Hrsg. von Ludwig Quidde. 1957 (= Nachdruck der Ausgabe 1928), S. 152ff. sowie ebd., 17, 1442-1445. Hrsg. von Walter Kaemmerer. 1963, S. 3ff. – Vgl. auch Alphons Lhotsky: Quellenkunde zur mittelalterlichen Geschichte Österreichs. MIÖG Erg.Bd. 19. 1963, S. 345ff.

[41] Klingenberger Chronik (wie Anm. 13), S. 280f.

[42] Seemüller (wie Anm. 40), S. 645.

eines Besuchs in Basel – den Städten am Hochrhein zu, in denen es galt, die Ansprüche seines Hauses zu vertreten[43].

Nächstes Ziel Friedrichs war Zürich. Aus der Limmatstadt konnte der unbekannte Chronist der Krönungsreise des Königs nicht nur über Sehenswürdigkeiten und Besitzverhältnisse berichten, sondern auch über den offiziellen Bündnisabschluß zwischen Österreich und Zürich. Er wußte aber auch zu überliefern, worum es der österreichischen Seite bei diesem Bündnis in erster Linie ging: Zürich werde so stark eingeschätzt, daß es 8000 Mann stellen könne, ohne die militärische Sicherheit der Stadt selbst zu gefährden. Man unterhielt sich im Gefolge des Königs anscheinend sehr offen über die Vorteile, die der Bund zu bieten hatte. Die beachtlichen Machtmittel, über die Zürich zu verfügen schien, waren natürlich auch der Grund, warum Männer wie Markgraf Wilhelm von Hachberg mit solcher Konsequenz auf den Abschluß des Bündnisses gedrängt hatten. Der südwestdeutsche Adel war nicht in der Lage, größere Aufgebote zu stellen. Aber auch das Haus Österreich besaß in der näheren Umgebung keine personellen Ressourcen für wirklich groß angelegte kriegerische Aktionen. Die Aussicht, daß die Stadt Zürich im Kriegsfall den Großteil der Truppen, die man erfahrenen adeligen Kommandanten zu unterstellen gedachte, aufbieten würde, muß für die Amtsträger des Hauses Österreich sehr verlokkend gewesen sein. Die im Bericht vom Krönungsumritt angegebene Zahl von 8000 Mann, die Zürich aufzubieten in der Lage gewesen sein soll, kann allerdings auch als absolute Obergrenze kaum als realistisch betrachtet werden[44].

Der König wurde natürlich auch in Zürich mit allen Zeremonien, die zum feierlichen Einritt eines Reichsoberhauptes gehörten, empfangen, die Limmatstadt zeigte sich bester proösterreichischer Stimmung[45]. Friedrich III. blieb vom 19. bis zum 29. September mit einer kurzen Unterbrechung in Zürich. Diese Unterbrechung nützte der König, um Rapperswil, mit dem man schon vorher einig geworden war, wieder offiziell an Österreich zu bringen. Wenig später huldigten auch die Bürger von Winterthur dem Haus Habsburg[46].

[43] Ebd., S. 648.

[44] Vgl. Johannes Häne: Militärisches aus dem Alten Zürichkrieg. Zur Entwicklung der Infanterie. 1928, S. 7 und 21.

[45] Vgl. dazu Hans Conrad Peyer: Der Empfang des Königs im mittelalterlichen Zürich. In: Hans Conrad Peyer: Könige, Stadt und Kapital. Aufsätze zur Wirtschafts- und Sozialgeschichte des Mittelalters. Hrsg. von Ludwig Schmugge / Roger Sablonier / Konrad Wanner. 1982, S. 53-68 (zuvor in: Archivalia et Historica. FS für Anton Largiadèr. Hrsg. von Dietrich Schwarz / Werner Schnyder. 1958, S. 219-233).

[46] Klingenberger Chronik (wie Anm. 13), S. 289f.

Mit der Abreise Friedrichs aus Winterthur begann eine besonders interessante, ohne Zweifel entscheidende Phase der Reise. Er betrat damit ehemals österreichisches Territorium, das seit mehr als einem Vierteljahrhundert unter gemeineidgenössischer Verwaltung stand. Man hatte offenbar mit dieser Routenwahl des Königs nicht gerechnet, sondern nahm an, er ziehe nach Konstanz, zumal er die Wagen und einen Teil des Gefolges dorthin geschickt hatte[47]. Am 1. Oktober 1442 traf er in Baden[48], dem vormaligen Verwaltungsmittelpunkt des österreichischen Besitzes in den Vorderen Landen, ein. Dieser Besuch Friedrichs dokumentierte mit aller Konsequenz den österreichischen Anspruch auf den Aargau sowohl nach außen hin wie den Bewohnern gegenüber, die er als österreichische Untertanen behandelte. Am 2. Oktober erreichte Friedrich das Kloster Königsfelden[49], wo sein von den Eidgenossen bei Sempach erschlagener Großvater Leopold III. im Kreise seines adeligen Gefolges ruhte, jener Leopold, der ja nach österreichischer Auffassung im Zuge einer Rebellion *a suis, in suo, cum suis, propter sua* getötet worden war[50]. Nun befand sich sogar sein Grab in der Hand seiner Mörder, was für Friedrich ohne Zweifel ein unhaltbarer Zustand sein mußte, den es zu revidieren galt. Wir kennen seit kurzem – dank einer Studie von Heinrich Koller – die Bedeutung der Sempachtradition auch für Österreich[51] und können schon daran die Symbolkraft dieser Reisestation des Königs ermessen.

Ein weiterer Höhepunkt des königlichen Umritts war – neben dem Besuch im eidgenössischen Bern – Friedrichs Aufenthalt in Freiburg im Üchtland, der exponierten westlichsten Position des Hauses Österreich auf dem Boden der nachmaligen Schweiz. Des Königs Besuch gab Anlaß zu einem geradezu unglaublichen Freudenfest der Bürger, dem König schlug eine Österreich-Begeisterung entgegen, die er in Österreich selbst nie erlebt hatte[52]. Für Friedrich mag der Eindruck entstanden sein, daß ihm eine Restitution der habsburgischen Rechte in diesem Raum auf friedlichem Weg durch sein persönliches Auf-

[47] Ebd., S. 290.

[48] Seemüller (wie Anm. 40), S. 649.

[49] Ebd., S. 649. – Daß Friedrich das Grab gesehen und im Kloster die Messe gehört hat, berichtet die Klingenberger Chronik (wie Anm. 13), S. 290.

[50] Vgl. beispielsweise Barbara Helbling: Der Held von Sempach. Österreichische und eidgenössische Versionen. In: Schweizerische Zeitschrift für Geschichte 31 (1981), S. 60-66, hier S. 60.

[51] Heinrich Koller: Die Schlacht bei Sempach im Bewußtsein Österreichs. In: Jahrbuch der Historischen Gesellschaft Luzern 4 (1986), S. 48-60.

[52] Seemüller (wie Anm. 40), S. 650. – Die Chronik des Nicod du Chastel (1435-1452). Hrsg. von Albert Büchi. In: Anzeiger für Schweizerische Geschichte 18 (1920), S. 106-128, hier S. 119f.

treten und seine königliche Autorität gelingen werde. Vielleicht war er auch von den bekannten Friedrich-Prophetien seiner Zeit nicht unberührt geblieben und fühlte diese nun in seiner Person bestätigt[53]. Auch die Bewohner dieser unter eidgenössischer Verwaltung stehenden Gebiete hielten eine Rückkehr an Österreich nicht für ausgeschlossen und bemühten sich vorsorglich um die Gunst Friedrichs[54].

Die weiteren Stationen der Reise Friedrichs – Lausanne, Genf, Besançon, Basel – dienten vornehmlich der Kontaktaufnahme mit Savoyen und Burgund[55]. Im Zentrum der Unterredungen stand die Kirchenfrage, nicht jedoch die der österreichischen Revindikationen. Dieser Problemkreis dürfte wohl nur auf tieferer Ebene vom Markgrafen Wilhelm von Hachberg aufgeworfen worden sein. Wir dürfen heute – entgegen etwa der von Karl Mommsen vertretenen Meinung[56] – festhalten, daß die Kirchenfrage für die weitere Eskalation des österreichisch-eidgenössischen beziehungsweise züricherisch-eidgenössischen Konflikts keine Rolle spielte[57]. Im Zuge seines Aufenthalts in Basel hat der Konzilspapst Felix V. dem König seine Tochter zur Ehe angeboten, um sich auf dem Weg einer hohen Mitgift die Anerkennung durch Friedrich zu erkaufen. Der König wies dieses Ansinnen offenbar entschieden von sich[58].

Auf dem Rückweg stellte Friedrich nochmals seine Vorliebe für symbolträchtige Handlungen unter Beweis. Er hatte die Boten der Eidgenossen, die zuletzt in Freiburg im Üchtland wegen der Bestätigung ihrer Privilegien an ihn herangetreten waren, nach Konstanz beordert, also in jene Stadt, in der König Sigismund Herzog Friedrich IV. geächtet, ihm die Lehen entzogen und die Eidgenossen zur Exekution der Acht und damit zur Eroberung der habsburgischen Gebiete aufgefordert hatte. Am selben Ort wollte Friedrich III. nun einen entscheidenden Akt zur Wiedergewinnung der damals verlorenen Gebiete setzen, indem er den Eidgenossen unter Hinweis auf sein von ihnen zurückgehaltenes

[53] Vgl. zusammenfassend Tilman Struve: Friedenskaiser. In: Lexikon des Mittelalters 5. 1989, Sp. 921-923.

[54] Niederstätter (wie Anm. 28), S. 252f.

[55] Zur österreichischen Westpolitik vgl. allgemein Werner Maleczek: Die diplomatischen Beziehungen zwischen Österreich und Frankreich in der Zeit von 1430 bis 1474. Phil. Diss. Innsbruck 1968 (Masch.). – Ders.: Österreich – Frankreich – Burgund. Zur Westpolitik Herzog Friedrichs IV. in der Zeit von 1430 bis 1439. In: MIÖG 79 (1971), S. 109-155.

[56] Karl Mommsen: Eidgenossen, Kaiser und Reich. Studien zur Stellung der Eidgenossenschaft innerhalb des heiligen römischen Reiches. Basler Beiträge zur Geschichtswissenschaft 72. 1958, S. 250.

[57] Niederstätter (wie Anm. 28), S. 265f.

[58] RTA 17 (wie Anm. 40), n. 20, S. 46.

väterliches Erbe die Ausstellung von Konfirmationen verweigerte[59] und sie auf einen rechtlichen Austrag der Angelegenheit verwies. Friedrichs Position hinsichtlich einer Rückforderung der österreichischen Verluste von 1415 war ja sehr günstig, weil er sowohl als österreichischer Herzog wie auch als König argumentieren konnte, er führte, wie es der Schwyzer Chronist Fründ ausdrückte, *zwo figgen*[60].

Allerdings – und das war dem jungen König ohne Zweifel bewußt – konnten seine Wünsche nur dann sicher in Erfüllung gehen, wenn die Eidgenossen entweder freiwillig ihre Aargauer Eroberungen abtreten oder sich auf einen rechtlichen Austrag einlassen und dem Urteil Folge leisten würden. Es zeichnete sich aber bereits in Konstanz ab, daß die Eidgenossen weder zum einen noch zum anderen bereit sein würden. Eine militärische Konfrontation wurde immer wahrscheinlicher, was der vorderösterreichische Adel durchaus begrüßte[61].

Friedrichs Politik war damit aber trotz einiger Erfolge gescheitert. Seine durch den überaus freundlichen Empfang auch in eidgenössischem Gebiet genährten Hoffnungen auf eine völlige Veränderung der Situation vor allem im Aargau als Folge seines persönlichen Auftretens, seiner königlichen Würde und Autorität erfüllten sich nicht. Seine günstige rechtliche Position konnte er nicht ausspielen, weil sich die Eidgenossen auf kein Verfahren einließen. Es hat den Anschein, daß der König durchaus enttäuscht von dieser Entwicklung, die nun eindeutig auf einen Krieg hinauslief, den er offenbar im Gegensatz zu seinen Beratern nicht wollte, aber auch persönlich gekränkt nach Osten abreiste. Jedenfalls distanzierte er sich für einen längeren Zeitraum fast vollständig von den Vorgängen im Rahmen des nun alsbald unter veränderten Voraussetzungen wieder ausbrechenden Alten Zürichkrieges, der weitgehend ohne Beteiligung des Königs geführt wurde. Er beschränkte sich auf eine Unterstützung der österreichisch-züricherischen Koalition durch einige Mandate, materielle Hilfe bot er dagegen – soweit wir informiert sind – nicht. Es ist übrigens bezeichnend, daß Friedrich in das Bündnis mit Zürich nur einen Teil der Vorderen

[59] Allerdings machte er selbst Ausnahmen. Sowohl Uri, das an der Verwaltung des Aargaus nicht beteiligt war, wie auch Bern, das er damit wohl in Verlegenheit bringen wollte, erhielten Konfirmationen ihrer Rechte und Freiheiten.

[60] Die Chronik des Hans Fründ, Landschreiber zu Schwytz. Hrsg. von Christian Immanuel Kind. 1875, S. 111.

[61] Schon Tage vor der Audienz für die eidgenössische Gesandtschaft in Konstanz hatte der Markgraf von Hachberg an den Erzbischof Jakob von Trier berichtet, [...] *daz die sachen zwúschent minem herren dem kunig und den eidgenossen zu(e)mal wildeclich stand, und ich* [der Markgraf] *versich mich, daz die zu(o) krieg kommen werden.* RTA 17 (wie Anm. 40), n. 20, S. 46.

Lande Österreichs einbezogen und die Exekution der Bündnisverpflichtungen ausschließlich in die Hände der regionalen Amtsträger gelegt hatte. Er selbst – aber auch die anderen Mitglieder des Hauses Österreich – konnten vom Wortlaut des Vertrages her gar nicht um Hilfe angegangen werden. So ist vom rein rechtlichen Standpunkt dem immer wieder erhobenen Vorwurf, er habe Zürich im Stich gelassen, der Boden entzogen. Als die Forderung nach einem persönlichen Engagement des Hauses Österreich immer lauter und der Imageverlust Friedrichs immer größer wurde, betraute er seinen Bruder Albrecht mit der Fortführung des Krieges gegen die Eidgenossenschaft und übertrug ihm zu diesem Zweck 1444 die Regierung über die Vorderen Lande und die Grafschaft Tirol. Auch die schwierige Aufgabe der Überwindung der ständischen Opposition[62] in Tirol, die die Entlassung Herzog Sigmunds aus der königlichen Vormundschaft verlangte, war damit faktisch auf Albrecht abgewälzt worden. Diese Maßnahmen stellen im wesentlichen einen weiteren Akt der Resignation Friedrichs dar, der den Großteil der Pläne vom Beginn der Regierungszeit als gescheitert oder zumindest ernsthaft in Frage gestellt ansehen mußte. Er setzte zwar alle Maßnahmen, die einer Aufrechterhaltung der österreichischen Ansprüche dienten, zog sich selbst aber weitgehend zurück.

Es sei an dieser Stelle außerdem erwähnt, daß sich Friedrich hinsichtlich der Anforderung der Armagnaken[63] und deren Einsatz gegen die Eidgenossenschaft beziehungsweise der Hilfsgesuche an Burgund wesentlich zurückhaltender verhielt, als bisher angenommen wurde[64]. Die Versuche zur Einbeziehung

[62] Vgl. dazu Riedmann (wie Anm. 5), S. 459. – Albert Jäger: Der Streit der Tiroler Landschaft mit Kaiser Friedrich III. wegen der Vormundschaft über Herzog Sigmund von Österreich, von 1439 - 1446. In: Archiv für österreichische Geschichte 49 (1872), S. 89-265. – Wilhelm Baum: Die Anfänge der Tiroler Adelsopposition gegen König Friedrich III. Zur Entlassung Herzog Sigismunds aus der Vormundschaft. Ein Beitrag zur Biographie Oswalds von Wolkenstein. In: Der Schlern 59 (1985) 10, S. 579-606; sowie Ders.: Sigmund der Münzreiche. Zur Geschichte Tirols und der habsburgischen Länder im Spätmittelalter. 1987.

[63] Vgl. dazu Heinrich Witte: Die Armagnaken im Elsaß 1439 - 1445. Beiträge zur Landes- und Volkskunde von Elsaß-Lothringen 3. 1889, sowie Berger (wie Anm. 9), S. 141ff.

[64] Nicht nur die Schweizer Literatur (zuletzt Geschichte der Schweiz, wie Anm. 1, S. 275f.) sowie die reichsgeschichtlichen Überblickswerke (Friedrich Baethgen: Schisma und Konzilszeit, Reichsreform und Habsburgs Aufstieg. In: Bruno Gebhardt: Handbuch der deutschen Geschichte. Hrsg. von Herbert Grundmann. 6. 1978. S. 119f.; Heinz Thomas: Deutsche Geschichte des Spätmittelalters 1250 - 1500. 1983, S. 453), sondern auch österreichische Autoren (vgl. beispielsweise Erich Zöllner: Geschichte Österreichs. Von den Anfängen bis zur Gegenwart. 1984, S. 146) haben Friedrich meist vorgeworfen, die Armagnaken ins Reich gerufen zu haben, um die Eidgenossen zu vernichten.

auswärtiger Kräfte beruhen, wie wir heute wissen, vornehmlich auf der Initiative des vorländischen Adels unter Führung des Markgrafen Wilhelm von Hachberg in Zusammenarbeit mit der ständischen Opposition in Tirol und mit Herzog Sigmund von Tirol, der auf diese Weise gegen seinen Vormund agierte[65]. Ein recht unbestimmtes Hilfsersuchen Friedrichs vom August 1443 blieb singulär und ohne Reaktion von französischer Seite, bot dieser allerdings später eine willkommene Rechtfertigung für den Armagnakenzug. Die weiteren Kontakte zu Frankreich wurden vom vorländischen Adel offenbar ohne Absprache mit dem König, aber in Übereinstimmung mit Herzog Sigmund gepflegt, der sich ja in der Vormundschaftsfrage der Unterstützung des französischen Königshauses erfreuen konnte.

Ganz auf derselben Linie liegt auch die Reaktion Friedrichs auf einen Versuch Albrechts VI., zu Beginn des Jahres 1445 burgundische Hilfe gegen die Eidgenossen zu erlangen. Friedrich reagierte auf eine für ihn typische Weise. Vorerst gab er seinem Bruder unter dem Hinweis auf die zahlreichen Schwierigkeiten, die daraus erwachsen könnten, keine Erlaubnis zu entsprechenden Verhandlungen und verschleppte in weiterer Folge die Angelegenheit so konsequent, daß eine Kontaktaufnahme nicht zustande kam[66].

Friedrich verzichtete somit vom Zeitpunkt seiner Abreise aus den Vorderen Landen gegen Ende des Jahres 1442 an für lange Zeit auf eine nachvollziehbare Schwabenpolitik. Den Grund dafür bildete augenscheinlich die Enttäuschung über das Scheitern seiner Restitutionspolitik gegenüber der Eidgenossenschaft, was schließlich zur Übergabe des vorländischen Herrschaftskomplexes an seinen Bruder Albrecht VI. führte. Österreichische Hauspolitik im Westen wurde damit eine Angelegenheit Albrechts und schließlich wieder der Tiroler Linie, wobei Sigmund gerade auf Vorarlberger Boden, aber auch gegenüber den schwäbischen Reichsstädten recht erfolgreich agierte. Der König dagegen beschränkte sich in diesem Raum vorläufig auf die Sicherung und auch die Rückgewinnung der ihm von Reichs wegen zustehenden Rechte, wie etwa der Reichssteuer der Reichsstädte[67]. Allerdings waren diese Kontakte nicht sehr eng. Die Überlieferung an Urkunden und Briefen der Reichskanzlei für schwä-

[65] Vgl. Niederstätter (wie Anm. 28), S. 405ff.

[66] Ebenda S. 437ff. Bisher war angenommen worden, Friedrich sei darauf prompt eingegangen. Vgl. Maleczek: Beziehungen (wie Anm. 55), S. 85, sowie Berger (wie Anm. 9), S. 180.

[67] Vgl. dazu vor allem Kramml (wie Anm. 25) sowie Alois Niederstätter: Kaiser Friedrich III. und Lindau. Untersuchungen zum Beziehungsgeflecht zwischen Reichsstadt und Herrscher in der zweiten Hälfte des 15. Jahrhunderts. 1986.

bische Empfänger deutet – ohne daß darüber bereits ein abschließendes Urteil gefällt werden könnte – für die Jahre zwischen 1442 und der Kaiserkrönung 1452 auf eine eher geringe Kontaktbereitschaft auf beiden Seiten hin[68].

[68] Vgl. etwa Regesten, H. 1 (wie Anm. 19), sowie CHMEL (wie Anm. 19).

Alfred A. Strnad und Katherine Walsh

Basel als Katalysator

Persönliche und geistige Kontakte der habsburgischen Erbländer im Umfeld des Konzils

Geradezu mit einem Paukenschlag hatte das Basler Konzil begonnen. Großartig nannten schon die Zeitgenossen die von Standhaftigkeit und Selbstsicherheit zeugende Vorgangsweise der sich hier seit Sommer 1431 versammelnden Konzilsväter[1]. Diese waren der am 1. Februar noch von Papst Martin V. ergangenen Einladung in die Reichsstadt am Westrande der Eidgenossenschaft gefolgt und weigerten sich daher die bereits wenige Monate nach der feierlichen Eröffnung am 12. November 1431 vom neuen Papst, Eugen IV., verfügte Auflösung und Verlegung der Versammlung nach Bologna, einer Stadt im Kirchenstaat und

* Erweiterte und kommentierte Fassung eines Referates, das von den Autoren am 15. Juni 1990 beim Internationalen Symposion zur 700-Jahrfeier der Eidgenossenschaft 1991 im Landesbildungszentrum Schloß Hofen gehalten wurde. – Die drei aus dem universitären Bereich gewählten Fallstudien hat Katherine Walsh gestaltet, während Alfred A. Strnad den drei Repräsentanten fürstlichen Machtanspruches nachspürt. Für die Einführung in das Thema zeichnen die Autoren gemeinsam verantwortlich.

[1] Die aus Anlaß des 550-jährigen Gedächtnis der Eröffnung gehaltenen Referate sind in der Theologischen Zeitschrift 38 (1982) S. 272-366 veröffentlicht. Sie bemühen sich um einen übergreifend »konfessionellen« Ansatz: Erich Meuthen, Das Basler Konzil in römisch-katholischer Sicht (S. 274-308), Hans Schneider, Das Basler Konzil in der deutschsprachigen evangelischen Geschichtsschreibung (S. 308-330), Deno J. Geanakopolos, Die Konzile von Basel (1431-49) und Florenz (1438-39) als Paradigma für das Studium moderner ökumenischer Konzile aus orthodoxer Perspektive (S. 330-359) und Herwig Aldenhoven, Das Konzil von Basel in altkatholischer Sicht (S. 359-366). Des weiteren vgl. Mario Fois, I concili del secolo XV, in: Problemi di storia della chiesa. Il medioevo dei secoli XII-XV (Cultura e storia 16, Milano 1976) S. 162-214; Erich Meuthen, Das Basler Konzil als Forschungsproblem der europäischen Geschichte (Geisteswissenschaftliche Vorträge der Rheinisch-Westfälischen Akademie der Wissenschaften G 272, 1985) und Johannes Helmrath, Das Basler Konzil 1431-1449. Forschungsstand und Probleme (Kölner Historische Abhandlun-

somit im kurialen Einflußbereich, widerspruchslos hinzunehmen[2]. Seit den Tagen der Konstanzer Synode war die Kirche, um mit Peter Moraw zu sprechen »gleichsam nach Deutschland verlegt worden[3]«. Auch die Wahl von Basel als Konzilsort, den Enea Silvio de' Piccolomini zum Gegenstand einer humanistischen »laudatio urbis« machte[4], war wohlüberlegt: Der Wiener Universitätsvertreter Thomas Ebendorfer rühmt die Stadt als einen Ort des Friedens und der Rechtgläubigkeit, der dank seiner Lage im Herzen der Christenheit allen den sicheren Zugang eher ermögliche als irgendeine Stadt im durch Kriege zerrissenen Italien. Etwas spitz fügte er noch hinzu: Nur diejenigen, denen die Bequemlichkeit der Griechen eine Herzenssache sei, könnten einem anderen Ort als Basel den Vorzug geben[5]!

Durch das Verhalten des Papstes empört und zugleich provoziert verkündeten die Konzilsväter von sich aus erneut die Konstanzer Reformdekrete »Haec Sancta« und »Frequens«, die Superiorität und Regelmäßigkeit von Konzilien bestimmten[6]. Auch umschrieben sie nunmehr einläßlich die der Synode gestell-

gen 32, 1987). – Grundlegende Quelleneditionen sind die Monumenta Conciliorum Generalium seculi decimi quinti (fortan MC), 4 Bde (1857-1935) und Concilium Basiliense. Studien und Quellen zur Geschichte des Concils von Basel (fortan: CB), 8 Bde (1896-1936; Nachdruck: 1971). Dazu vgl. den Überblick bei A. P. J. Meijknecht, La concile de Bâle. Aperçu général sur ses sources, RHE 65 (1970) S. 465-473.

[2] Hierzu vgl. Loy Bilderback, Eugene IV and the First Dissolution of the Council of Basle, Church History 36 (1967) S. 243-253; Walter Brandmüller, Der Übergang vom Pontifikat Martins V. zu Eugen IV., QFIAB 47 (1967) S. 596-629 und Joachim W. Stieber, Pope Eugenius IV, the Council of Basel and the Secular and Ecclesiastical Authorities in the Empire. The Conflict over Supreme Authority and Power in the Church (Studies in the History of Christian Thought 13, Leiden 1978).

[3] Peter Moraw, Von offener Verfassung zu gestalteter Verdichtung 1250-1490 (Propyläen Geschichte Deutschlands 3, 1985) S. 368.

[4] Vgl. die Textedition von Rudolf Wackernagel in: CB 5, S. 365-373 und (kommentiert) in: Basilea latina. Lateinische Texte zur Zeit- und Kulturgeschichte der Stadt Basel im 15. und 16. Jahrhundert, ausgewählt und erläutert von Alfred Hartmann (1931) S. 37-62. Dazu vgl. Berthe Widmer, Enea Silvios Lob der Stadt Basel und seine Vorlage, Basler Zeitschrift für Geschichte und Altertumskunde 58/59 (1959) S. 111-138 und Klaus Voigt, Italienische Berichte aus dem spätmittelalterlichen Deutschland. Von Francesco Petrarca zu Andrea de' Franceschi (1333-1492), (Kieler Historische Studien 17, 1973) S. 100-110. – Allgemein zum Thema: Hermann Goldbrunner, Laudatio Urbis. Zu neueren Untersuchungen über das humanistische Städtelob, QFIAB 63 (1983) S. 313-328.

[5] In dem im Auftrag des Konzilslegaten Kardinal Giuliano Cesarini nach dem 23. August 1432 erstellten Gutachten (Wien, Österreichische Nationalbibliothek [fortan: ÖNB], Codex Vindobonensis Palatinus [fortan: CVP] 4954, fol. 147[r]). Dazu Walter Jaroschka, Thomas Ebendorfer als Theoretiker des Konziliarismus, MIÖG 71 (1963) S. 87-98, bes. 89.

ten Aufgaben: Einheit der Christenheit im Glauben, Frieden und Versöhnung unter den christlichen Völkern sowie eine durchgreifende Kirchenreform an Haupt und Gliedern[7].

Nach dem unwidersprochenen Tiefpunkt im Ansehen von Reich und Kirche an der Zeitenwende um das Jahr 1400, der Cliquen und Kollegialitäten dominieren ließ[8], zeigten sich in Basel nun recht deutlich jene »konziliaren« Tendenzen, die Widerstand ebenso hervorriefen wie zu Hoffnungen Anlaß gaben[9]. Vor allem das machtvolle Hervortreten der Universitäten – der alten wie der erst vor kurzem errichteten – und damit das Formieren ihrer Angehörigen in Nationen bestimmte nun das äußere Erscheinungsbild[10]. Denn die Väter

[6] Aus der reichen Literatur hierüber vgl. nur WALTER BRANDMÜLLER, Besitzt das Konstanzer Dekret »Haec Sancta« dogmatische Verbindlichkeit?, Annuarium Historiae Conciliorum 1 (1969) S. 96-113; wiederabgedruckt in DERS.: Papst und Konzil im Großen Schisma (1378-1431). Studien und Quellen (1990) S. 225-242; sowie DERS.: Das Konzil, demokratisches Kontrollorgan über den Papst? Zum Verständnis des Konstanzer Dekrets »Frequens« vom 9. Oktober 1417, Annuarium Historiae Conciliorum 16 (1984) S. 328-347; wiederabgedruckt in: Papst und Konzil im Großen Schisma, S. 243-263 bzw. BRIAN TIERNEY, Hermeneutics and History. The Problem of ›Haec Sancta‹, in: Essays in Medieval History Presented to Bertie Wilkinson (Toronto 1968) S. 354-370; wiederabgedruckt in: Church Law and Constitutional Thought in the Middle Ages (London 1979) Nr. XII sowie STIEBER (wie Anm. 2), S. 405-407.

[7] Vgl. hierzu die Ausführungen von MEUTHEN, Das Basler Konzil als Forschungsproblem (wie Anm. 1), S. 5ff.

[8] Vgl. ALPHONS LHOTSKY, Die Zeitenwende um das Jahr 1400, in: Europäische Kunst um 1400. Achte Ausstellung unter den Auspizien des Europarates (Katalog, 1962) S. 5-26; wiederabgedruckt in: DERS.: Europäisches Mittelalter. Das Land Österreich (Aufsätze und Vorträge 1, 1970) S. 194-217. – Zu Haltung und Stellung der Kardinäle vgl. WOLFGANG DECKER, Die Politik der Kardinäle auf dem Basler Konzil (bis zum Herbst 1434), Annuarium Historiae Conciliorum 9 (1977) S. 112-153 und 315-400.

[9] Dazu vgl. KARL AUGUST FINK, Die konziliare Idee im späten Mittelalter, in: Die Welt zur Zeit des Konstanzer Konzils (Vorträge und Forschungen 9, 1965) S. 119-134; ANTONY C. BLACK, The Universities and the Council of Basle: Ecclesiology and Tactics, Annuarium Historiae Conciliorum 6 (1974) S. 341-351; Die Entwicklung des Konziliarismus. Hrsg. von REMIGIUS BÄUMER (Wege der Forschung 279, 1976); HANS SCHNEIDER, Der Konziliarismus als Problem der neueren katholischen Theologie. Die Geschichte der Auslegung der Konstanzer Dekrete von Febronius bis zur Gegenwart (Arbeiten zur Kirchengeschichte 4, 1976); GIUSEPPE ALBERIGO, Il movimento conciliare (XIV-XV sec.) nella ricerca storica recente, Studi Medievali 19 (1978) S. 913-950; JÜRGEN MIETHKE, Die Konzilien als Forum der öffentlichen Meinung im 15. Jahrhundert, DA 34 (1981), S. 736-773 sowie ALFRED STOECKLIN, Das Ende der mittelalterlichen Konzilsbewegung, Zeitschrift für schweizerische Kirchengeschichte 37 (1943) S. 8-30.

[10] Näheres bei HELMRATH (wie Anm. 1), S. 132-160 bzw. 47-54 (»Die Bedeutung der Nationen«). Ferner vgl. PAUL LAZARUS, Das Basler Konzil. Seine Berufung und Leitung, seine Gliederung und Behördenorganisation (Historische Studien 100, 1912; Nachdruck: 1965).

dieses »bestorganisierten Konzils des Mittelalters«[11] beanspruchten nicht nur die oberste Kirchengewalt, sondern sie aktualisierten diese, indem sie alle jene Rechte auszuüben sich anschickten, die bislang Papst und Kurie vorbehalten waren. Die in Basel beanspruchte Selbständigkeit und Unabhängigkeit der konziliaren Potestas äußerte sich nicht bloß in der Errichtung eines eigenen Gerichtshofes (Rota), der an sich gezogenen Verleihung von Benefizien und der Erteilung von Ablässen[12], sondern auch in der selbstbewußten Bestellung von Legaten[13], der Verwendung eines eigenen Siegels[14] und der Einrichtung einer Konzilsuniversität[15]. Nichts lag daher näher als – im Juni 1439 – dem zum Widersacher gewordenen Papst den Prozeß zu machen und ihn dann als Häre-

[11] So HARALD ZIMMERMANN, Das Mittelalter, II: Von den Kreuzzügen bis zum Beginn der großen Entdeckungsfahrten (1979) S. 193. – Zur Organisation des Konzils: HELMRATH (wie Anm. 1), S. 18-70.

[12] ERICH MEUTHEN, Rota und Rotamanuale des Basler Konzils. Mit Notizen über den Rotanotar Johannes Wydenroyd aus Köln, in: Römische Kurie, kirchliche Finanzen, Vatikanisches Archiv. Studien zu Ehren von Hermann Hoberg, hrsg. von ERWIN GATZ (Miscellanea historiae pontificiae 6, Roma 1979) S. 473-518. Das Repertorium Concilii Basiliensis. Die Basler Rotamanualien, wird von HANS-JÖRG GILOMEN für den Druck (Repertorium Germanicum, Sonderband) vorbereitet. – PASCAL LADNER, Der Ablaß-Traktat des Heymericus de Campo. Ein Beitrag zur Geschichte des Basler Konzils, Zeitschrift für schweizerische Kirchengeschichte 71 (1977) S. 93-140. – ALEXANDER ECKSTEIN, Zur Finanzlage Felix' V. und des Basler Konzils (Neue Studien zur Geschichte der Theologie und der Kirche 14, 1912; Nachdruck: 1973). – RICHARD ZWÖLFER, Die Reform der Kirchenverfassung auf dem Konzil zu Basel, Basler Zeitschrift für Geschichte und Altertumskunde 28 (1929) S. 141-247 und 29 (1930) S. 1-58; WERNER KRÄMER, Verfassungsprinzipien der Kirche im Basler Konziliarismus (Beiträge zur Geschichte der Philosophie und Theologie des Mittelalters, N.F. 19, 1980). Dazu vgl. JOHANNES HELMRATH, Selbstverständnis und Interpretation des Basler Konzils, Archiv für Kulturgeschichte 66 (1984) S. 215-229.

[13] WERNER SIEBERG, Studien zur Diplomatie des Basler Konzils (phil. Diss., Heidelberg 1952); BERNHARD SCHIMMELPFENNIG, Zum Zeremoniell auf den Konzilien von Konstanz und Basel, QFIAB 49 (1969) S. 272-292 und HELMRATH (wie Anm. 1), S. 54-58. Siehe dazu auch diesen Beitrag, S. 178.

[14] Hierzu vgl. JOSEPH DEPHOFF, Zum Urkunden- und Kanzleiwesen des Konzils von Basel (Geschichtliche Darstellungen und Quellen 12, 1930). Zum Siegelbild: HELMRATH (wie Anm. 1), S. 39 mit Anm. 76 (als Frontispiz abgebildet). Dazu vgl. CHARLES BURNS, New Light on the ›Bulla‹ of the Council of Basle. The Innes Review 15 (1964) S. 92-95.

[15] Vgl. JULIUS SCHWEIZER, Zur Vorgeschichte der Basler Universität (1432-1448), in: Aus fünf Jahrhunderten schweizerischer Kirchengeschichte. Zum sechzigsten Geburtstag von Paul Wernle (1932) S. 1-21; VIRGIL REDLICH, Eine Universität auf dem Konzil in Basel, HJb 49 (1929) S. 92-101 bzw. DERS., Die Basler Konzilsuniversität, in: Glaube und Geschichte, Festgabe Joseph Lortz, hrsg. von ERWIN ISERLOH und PETER MANNS 2 (1958) S. 355-361 und MICHAEL BORGOLTE, Die Rolle des Stifters bei der Gründung mittelalterlicher Universitäten, erörtert am Beispiel Freiburgs und Basels, Basler Zeitschrift für Geschichte und Altertumskunde 85 (1985) S. 85-119 sowie (zusammenfassend) HELMRATH (wie Anm. 1), S. 157-160.

tiker abzusetzen[16]. Die Papstwahl eines Außenseiters, des als Dekan einer ritterlichen Einsiedlergruppe an den Ufern des Genfersees residierenden abgedankten Herzogs Amadeus von Savoyen läßt jedoch erkennen, daß der Bogen überzogen und der kritische Punkt längst erreicht war[17]. Die dadurch beabsichtigte Spaltung der Kirche, deren Folgen den Zeitgenossen noch in lebhafter Erinnerung waren, blieb indes auf weiten Strecken aus: Denn die weltlichen Potentaten entschieden sich für Taktieren, verharrten dabei oft so lange in selbstgewählter Neutralität, bis sich das Zünglein an der Waage zu Gunsten des römischen Papstes neigte. Die Belohnung hierfür konnte nicht ausbleiben[18].

Die gefährdete Einheit war somit zwar gerettet. Doch hatten Kirche und Reich eine große Gelegenheit vertan, die Chancen zu Reformen waren unzweifelhaft verspielt.

So präsentieren sich – in kurzem – Hintergrund und Umfeld des Basler Reformkonzils, jenes letzten Versuches zu einer aus eigenen Kraftanstrengungen kommenden Erneuerung der alten Kirche. Daß hierbei – bedingt durch das Konzil als universales Forum und vielseitiger Multiplikator – Neues hervortrat,

[16] Leider reicht Harald Zimmermann, Papstabsetzungen des Mittelalters (1968) nur bis Konstanz. – Die Basler rechtfertigten ihr Vorgehen gegen Eugen IV. vor allem mit einem Wort Cyprians (Ep. 55, 24) gegen den Gegenbischof Novatian. Dazu vgl. Werner Marschall, Ein Cyprianzitat im Schreiben des Konzils von Basel vom 20. Februar 1439 an die europäischen Gesandten, in: Von Konstanz nach Trient. Beiträge zur Geschichte der Kirche von den Reformkonzilien bis zum Tridentinum. Festgabe für August Franzen, hrsg. von Remigius Bäumer (1972) S. 189-197. Vgl. auch Arnulf Vagedes, Das Konzil über dem Papst? Die Stellungnahme des Nikolaus von Kues und des Panormitanus zum Streit zwischen dem Konzil von Basel und Eugen IV., 2 Bde (Paderborner Theologische Studien 11, 1981). – Zum Problem der Häresie des Papstes: Jeffrey A. Mirus, On the Deposition of the Pope for Heresy, Archivum Historiae Pontificiae 13 (1975) S. 31-248 (Lit.).

[17] Ausführlichste Darstellung bei Gabriel Pérouse, Le Cardinal Louis Aleman et la Fin du grand Schisme (Lyon 1904). Vgl. auch Hugo Manger, Die Wahl Amadeo's von Savoyen zum Papste durch das Basler Konzil (phil. Diss., Marburg 1901). – Zum Papst: Josef Stutz, Felix V., Zeitschrift für schweizerische Kirchengeschichte 24 (1930) S.1-22, 105-120, 189-204 und 278-299. Unter dem Titel »Felix V. und die Schweiz 1439 -1449« als phil. Diss. Freiburg/Schweiz erschienen.

[18] Man denke in diesem Zusammenhang vor allem an die sog. ›Fürstenkonkordate‹ und das Wiener Konkordat (17. Februar 1448). Vgl. hierzu Wilhelm Michel, Das Wiener Konkordat vom Jahre 1448 und die nachfolgenden Gravamina des Primarklerus der Mainzer Kirchenprovinz. Ein Beitrag zur Geschichte der Reformbewegungen im 15. Jahrhundert (phil. Diss., Heidelberg 1929). Vgl. noch Heribert Raab, Die Concordata Nationis Germanicae in der kanonistischen Diskussion des 17. bis 19. Jahrhunderts. Ein Beitrag zur Geschichte der episkopalistischen Theorie in Deutschland (Beiträge zur Geschichte der Reichskirche in der Neuzeit 1, 1956); Heinz Hürten, Die Mainzer Akzeptation (phil. Diss., Münster 1955); bzw. Ders.: Die Mainzer Akzeptation von 1439. Ein Beitrag zur Reform- und Vermittlungspolitik der Kurfürsten zur Zeit des Basler Konzils, Archiv für mittelrheinische Kirchengeschichte 11 (1959) S. 42-75 sowie Helmrath (wie Anm. 1), S. 314-322 (Lit.).

das zukunftweisenden Charakter haben sollte, ist längst bekannt. Man denke bloß an des Schweizer Romanisten Ernst Walsers feinsinnige Feststellung: »Der Humanismus geht mit stillem Tritt neben den geräuschvollen Konzilsdebatten«[19]. Wie stark dabei der Konzilsort, der erst 1501 als neunter Ort in den Verband der Eidgenossenschaft Aufnahme finden sollte, zu internationalem Ansehen gelangen konnte, müßte allerdings erst am Beispiel der einzelnen dort dominierenden Nationen und Gruppierungen zur Darstellung gebracht werden. Da in diesem Kontext aber den Individualitäten in erhöhtem Maß Aufmerksamkeit zu schenken ist, sollen hier persönliche und geistige Beziehungen für den habsburgischen Einflußbereich anhand von sechs Erscheinungsbildern vorgeführt werden[20].

Die Erkenntnis, daß in der Zeit der Reformkonzilien des frühen 15. Jahrhunderts die *Universitäten* eine ganz maßgebliche Rolle gespielt haben, gehört zum festen Bestand neuerer Forschung[21]. Als intellektuelle Zentren und als Reservoir von theologischen und juristischen Fachleuten waren vor allem sie an der Weiterentwicklung der konziliaren Theorie wesentlich beteiligt und setzten diese auch in die Praxis um. Durch korporativen Geist wie durch akademisches Milieu geprägte Universitätsabsolventen bestimmten vorrangig die Atmosphäre der Reformsynoden. Bei diesen handelte es sich um Kirchenversammlungen mit überproportionalem Anteil von universitär gebildeten Klerikern, die in den verschiedensten Funktionen mitzusprechen hatten[22]. Waren schon die Hohen Schulen selbst durch akademisch gebildete Abgesandte vertreten, so finden sich ihre Absolventen auch unter allen anderen Kategorien des Klerus, vor allem

[19] Ernst Walser, Die Konzilien von Konstanz und Basel. Zwei Etappen der Kirchenreform und des Humanismus, Wissen und Leben 9 (1913) S. 424-443; wiederabgedruckt in: Gesammelte Studien zur Geistesgeschichte der Renaissance (1932) S. 1-21; Zitat: 19.

[20] Darauf hat schon Meuthen, Das Basler Konzil als Forschungsproblem (wie Anm. 1), bes. S. 46f. mit Nachdruck verwiesen. Vgl. auch Helmrath (wie Anm. 1), S. 71-178 (»Die Teilnehmer des Konzils – Spektrum der Gruppen«). – Zur Aufnahme Basels in die Eidgenossenschaft vgl. nur Rudolf Wackernagel, Geschichte der Stadt Basel 2/1 (1911) S. 179-188.

[21] Antony Black, The Universities and the Council of Basle: Collegium and Concilium, in: The Universities in the Late Middle Ages, hrsg. von Josef Ijsewijn – Jacques Paquet (Mediaevalia Lovanensia, ser. I, studia 6, Löwen 1978) S. 511-523; Stieber (wie Anm. 2), bes. S. 72-92 und zuletzt Helmrath (wie Anm. 1), S. 132-160 (Lit.).

[22] Dazu vgl. Rainer Christoph Schwinges, Deutsche Universitätsbesucher im 14. und 15. Jahrhundert. Studien zur Sozialgeschichte des Alten Reiches (Veröffentlichungen des Instituts für Europäische Geschichte Mainz 123, 1986) bes. S. 341ff. (Zum Standes- und Berufsbewußtsein dieser Universitätsabsolventen). Ferner vgl. Ingrid Baumgärtner, »De privilegiis doctorum«. Über Gelehrtenstand und Doktorwürde im späten Mittelalter, HJb 106 (1986) S. 298-332.

aber unter den Beauftragten und Prokuratoren. Es ist beispielsweise errechnet worden[23], daß in den Jahren 1432/33 zwischen sechzig bis fünfundsechzig Prozent der inkorporierten Teilnehmer am Basler Konzil Universitätsabsolventen waren – und das ohne die versteckte Zahl von studierten Bischöfen, Äbten und Pröpsten mitzuberücksichtigen!

Die Forschung spricht daher gerne von den Gelehrten dieser Zeit als einer immer bedeutender werdenden sozialen Schicht sowie von den Universitäten selbst als Ketten im Netz persönlicher Beziehungen und Sammelplätzen einer geistigen Elite von gelehrten Räten[24]. Während diese in erster Linie Juristen waren[25], ist im Umfeld von Kirchenschisma und Reformkonzilien die wachsende Bedeutung auch der theologischen Fachleute zu betonen[26]. Unter den Akteu-

[23] MIETHKE, Konzilien (wie Anm. 9), bes. S. 752f. Dazu jetzt auch: JOHANNES HELMRATH, Kommunikation auf den spätmittelalterlichen Konzilien, in: Die Bedeutung der Kommunikation für Wirtschaft und Gesellschaft, hrsg. von HANS POHL (Vierteljahrschrift für Sozial- und Wirtschaftsgeschichte, Beihefte 87, 1989) S. 116-172.

[24] Diese sind in den letzten Jahren sowohl gruppenweise wie auch als Einzelpersönlichkeit untersucht worden. Aus der reichen Literatur vgl. nur HEINZ LIEBERICH, Die gelehrten Räte. Staat und Juristen in Bayern in der Frühzeit der Rezeption, Zeitschrift für Bayerische Landesgeschichte 27 (1964) S. 120-189; LAETITIA BOEHM, »Libertas Scholastica und Negotium Scholare«. Entstehung und Sozialprestige des Akademischen Standes im Mittelalter, in: Universität und Gelehrtenstand 1400-1800, hrsg. von HELMUTH RÖSSLER und GÜNTHER FRANZ (Deutsche Führungsschichten in der Neuzeit 4, 1970) S. 15-61 und HARTMUT BOOCKMANN, Zur Mentalität spätmittelalterlicher gelehrter Räte, HZ 233 (1981) S. 295-316

[25] Dazu jüngsthin: PETER MORAW, Gelehrte Juristen im Dienst der deutschen Könige des späten Mittelalters (1273-1493), in: Die Rolle der Juristen bei der Entstehung des modernen Staates, hrsg. von ROMAN SCHNUR (1986) S. 77-147 (Lit.). Als eine besonders geeignete Fallstudie bietet sich der in pfälzischen Diensten stehende Job Vener (um 1370-1447) an. Vgl. zu ihm HERMANN HEIMPEL, Die Vener von Gmünd und Straßburg 1162-1447. Studien und Texte zur Geschichte einer Familie sowie des gelehrten Beamtentums in der Zeit der abendländischen Kirchenspaltung und der Konzilien von Pisa, Konstanz und Basel (Veröffentlichungen des Max-Planck-Instituts für Geschichte 52, 1-3, 1982). Dazu vgl. auch KATHERINE WALSH, Familienpolitik, Bildung und gelehrtes Beamtentum im Schatten von Reich und Konzil, Innsbrucker Historische Studien 6 (1983) S. 191-196.

[26] Dabei ging es zum einen um die Bekämpfung der ketzerischen Lehrmeinungen, die in England von John Wyclif und in Böhmen von Jan Hus und Hieronymus von Prag ausgingen, zum anderen aber um die Klärung der ekklesiologischen Frage hinsichtlich des päpstlichen Primats und des Stellenwertes eines allgemeinen Konzils. Zusammenfassend vgl. HELMRATH (wie Anm. 1), S. 327-352 (»Kirchenreform und Basler Konzil«) und 353-372 (»Eucharistie und Ekklesiologie: Die Auseinandersetzung mit den Hussiten«). – Eine systematische Untersuchung des Anteils der Theologen an den Beratungen des Basler Konzils steht noch aus. Dagegen sind die zahlreichen Traktate zu kirchenpolitischen wie ekklesiologischen Fragen eingehender studiert worden. Vgl. u.a. HUBERT JEDIN, Juan de Torquemada und das Imperium Romanum, Archivum Fratrum Praedicatorum 12 (1942) S. 247-278; ULRICH HORST, Grenzen der päpstlichen Autorität. Konziliare Elemente in der Ekklesio-

ren begegnet immer häufiger ein neuer Typ von Diplomat: Der weltläufige, gründlich gebildete Geistliche, der seine scholastische (oder schon humanistisch angehauchte) Rhetorik in den Dienst einer kirchenpolitischen und ekklesiologischen Partei stellte, nach Antony Black der »ideological courtier«[27]. Auf Grund der Aktualität der Themen des kirchenpolitischen Alltags erreichte dabei die sachliche Notwendigkeit theologischen Fachwissens in Basel geradezu ihren Höhepunkt[28]. Daher ist es keineswegs Zufall, daß alle *drei* hier als typisch vorzustellenden Universitätsabsolventen – so unterschiedlich auch ihre Leistungen und ihre Qualitäten zu bewerten sind – eines gemeinsam haben: Sie alle waren prominente Mitglieder der theologischen Fakultät der Universität Wien[29].

*

Das erste typische Erscheinungsbild, nämlich das des ausdrücklich als Universitätsgesandten nach Basel delegierten Fachgelehrten, wird durch die Person des als Geschichtschreiber, Theologe und Diplomat gleich angesehenen Thomas Ebendorfer (1388 - 1464) aus dem niederösterreichischen Haselbach (Pol. Bezirk Korneuburg) verkörpert[30]. In diesem Zusammenhang erübrigt sich wohl dessen

logie des Johannes Torquemada, Freiburger Zeitschrift für Philosophie und Theologie 19 (1972) S. 361-388; Ders.: Zwischen Konziliarismus und Reformation. Studien zur Ekklesiologie im Dominikanerorden (Dissertationes Historicae 22, Romae 1985) sowie Adolar Zumkeller, Die Augustinereremiten in der Auseinandersetzung mit Wyclif und Hus. Ihre Beteiligung an den Konzilien von Konstanz und Basel, Analecta Augustiniana 28 (1965) S. 5-56 und Katherine Walsh, Augustinus de Ancona as a conciliar authority: The circulation of his *Summa* in the shadow of the Council of Basle, in: The Church and Sovereignty. Essays in honour of Michael Wilks (Studies in Church History, Subsidia 8, 1991).

[27] Antony C. Black, Monarchy and Community. Political ideas in the later conciliar controversy, 1430 - 1450 (Cambridge Studies in Medieval Life and Thought, 3. ser., 2, Cambridge 1970), bes. S. 88 bzw. 125f. – Zur Rolle der Rhetorik und zum Vordringen der »stilisierten, höfisch-gelehrten Prunkrede« vgl. Boockmann, Zur Mentalität (wie Anm. 24), S. 305 bzw. Helmrath, Kommunikation (wie Anm. 23), S. 140ff.

[28] Dazu vgl. Black, Monarchy (wie Anm. 27), S. 19; Ders.: Council and Commune. The conciliar movement and the fifteenth century heritage (London 1979) S. 43; Helmrath (wie Anm. 1) S. 135ff. und 417ff. (›Theologisierung‹. Bibel und Kanonistik). – Zur relativen Zahlenstärke von Theologen und Juristen unter den Konzilsteilnehmern vgl. Helmrath (wie Anm. 1), S. 154. – Zu den noch offenen Reformanliegen vgl. u. a. D. Catherine Brown, Pastor and laity in the theology of Jean Gerson (Cambridge 1987).

[29] Zu deren akademischer Karriere und Tätigkeit vgl. Die Akten der Theologischen Fakultät der Universität Wien (1396 - 1508), hrsg. von Paul Uiblein (1978) S. 649, 662, 703 (Register).

[30] Zu diesem vgl. Alphons Lhotsky, Thomas Ebendorfer. Ein österreichischer Geschichtschreiber, Theologe und Diplomat des 15. Jahrhunderts (Schriften der MGH 15, 1957) und Ders.: Thomas Ebendorfer. Chronica Austriae (MGH, SS rer. Germ. N.S. 13 [1967]) S. I-XXIII (»Leben

nähere Vorstellung: Es sollen daher lediglich einige Streiflichter aufgezeigt werden, die für sein Verhalten ebenso wie für sein Wirken am Konzil aufschlußreich sein dürften[31].

Bald nach seiner Promotion zum Doktor der Theologie (1428) erhielt Ebendorfer bekanntlich eine der beiden Professuren für Theologie, die mit dem Collegium ducale verbunden waren[32]. Schon am 2. November 1428 bestellte ihn der Propst von St. Stephan zu seinem Vertreter, also zum Vizekanzler[33]. Als solcher konnte er u.a. bei der Verleihung des Lizentiats der Theologie an Magister Johannes Himmel mitwirken[34]. Dieser wird uns als zweites Beispiel noch beschäftigen.

Im selben sowie im darauffolgenden Jahre wurde Ebendorfer zum Dekan der theologischen Fakultät gewählt[35]. In dieser Eigenschaft kam es zu seiner ersten konkreten Begegnung mit den Konzilsvorbereitungen. Da die prokonzi-

und Werke«); HARALD ZIMMERMANN, Thomas Ebendorfers Schismentraktat, AÖG 120/2 (1954); DERS.: Ebendorfers Antichristtraktat. Ein Beitrag zum Geschichtsdenken des Wiener Historikers, MIÖG 71 (1963) S. 99-109; JAROSCHKA, Theoretiker (wie Anm. 5), S. 97-98; ferner EMMA SCHERBAUM, Das hussitische Böhmen bei Thomas Ebendorfer, Österreich in Geschichte und Literatur 17 (1973) S. 141-153; PAUL UIBLEIN, Epilegomena zur Neuausgabe der ›Cronica Austrie‹ Thomas Ebendorfers, Unsere Heimat 40 (1969) S. 1-23; DERS., Thomas Ebendorfer, in: Die deutsche Literatur des Mittelalters – Verfasserlexikon 2 (1980) Sp. 253-266; und DERS., Thomas Ebendorfer (1388 - 1464), Gelehrter, Diplomat, Pfarrer von Perchtoldsdorf. Ausstellung anläßlich der 600. Wiederkehr des Geburtstages (1988) S. 14-39.

31 Darüber fehlt bislang eine Darstellung. Vgl. HERTA EBERSTALLER, Die Vertretung der Wiener Universität auf dem Konzil von Basel (masch. Hausarbeit am Institut für Österreichische Geschichtsforschung, Wien 1956).

32 Vgl. Acta Facultatis Artium Universitatis Vindobonensis 1385 - 1416. hrsg. von PAUL UIBLEIN (Publikationen des Instituts für Österreichische Geschichtsforschung VI/2, 1968) S. 565; LHOTSKY, Ebendorfer (wie Anm. 30), S. 12 und UIBLEIN, Ebendorfer (wie Anm. 30), S. 20. Nach HERMANN GÖHLER, Das Wiener Kollegiat-, nachmals Domkapitel zum hl. Stephan in seiner persönlichen Zusammensetzung in den ersten zwei Jahrhunderten seines Bestandes 1365 - 1554 (phil. Diss., Wien 1932) S. 246-249 Nr. 142 wurde Ebendorfer am 17. September 1427 als Kanonikus von St. Stephan installiert.

33 Zu seinem Wirken als Vizekanzler vgl. UIBLEIN, Ebendorfer (wie Anm. 30), S. 21. Darüber hinaus amtierte er seit dem 4. Juli 1428 erstmals als Dekan der theologischen Fakultät. Vgl. UIBLEIN, Akten (wie Anm. 29), S. 62.

34 Ebda S. 63 bzw. UIBLEIN, Ebendorfer (wie Anm. 30), S. 21. – Bereits während seines Theologiestudiums kam Johannes Himmel sowohl mit Ebendorfer als auch mit dem Dominikaner Heinrich Rotstock, der gleichfalls den Weg nach Basel einschlug, in engeren Kontakt. Bei Ebendorfers Sentenzenlesung werden beide als Disputationspartner genannt. Vgl. Repertorium Commentariorum in Sententias Petri Lombardi ... hrsg. FRIDERICUS STEGMÜLLER 1 (1947) S. 416f.

35 UIBLEIN, Akten (wie Anm. 29), S. XXVIff. und 62-65. Dieses Amt sollte Ebendorfer insgesamt zwölfmal ausüben.

liare Haltung der Wiener Universität seit langem bekannt war, ergriff die Sorbonne die Initiative und schickte eine vierköpfige Delegation nach Wien. Diese sollte für eine Lösung des Hussitenproblems auf dem Verhandlungsweg ebenso wie für eine baldige Beschickung des nach Basel einberufenen Konzils Stimmung machen[36]. Am 28. März 1429 wurden die Pariser Gäste von der Universität empfangen, worauf Ebendorfer in seiner Eigenschaft als Dekan noch am gleichen Tag an der Spitze einer Delegation einen Gegenbesuch in deren Herberge abstattete[37]. Darüber hinaus begleitete er sie nach Preßburg zu den vom römischen König Siegmund angesetzten Verhandlungen mit den Hussiten[38].

Am 17. September 1431 ließ der Präsident des Basler Konzils, Kardinal Giuliano Cesarini, eine formelle Einladung zur Teilnahme an die Wiener Universität ergehen[39]. Ende November setzte diese einen Ausschuß zwecks Beobachtung der Konzilsangelegenheit und zur Wahl ihrer Vertreter ein[40]. Innerhalb von wenigen Wochen wurden Ebendorfer und ein zweiter Theologe dazu bestellt[41].

[36] Vgl. hierzu Rudolf Kink, Geschichte der kaiserlichen Universität zu Wien 1/2 (1854) S. 57 Nr. XXIII (zum 28. März 1429) bzw. Lhotsky, Ebendorfer (wie Anm. 30), S. 15. – Im Hinblick auf die zahlreichen Aufforderungen des Konzils an die Universitäten, Vertreter nach Basel zu entsenden, vgl. Hermann Bressler, Die Stellung der deutschen Universitäten zum Baseler Konzil und ihr Anteil an der Reformbewegung in Deutschland während des fünfzehnten Jahrhunderts (1885) bes. S. 10f.

[37] Vgl. Kink (wie Anm. 36), S. 57 Nr. XXIII (*Mag. Thomas itidem fecit collacionem et ipsi uiceuersa responderunt*) bzw. Ein Kopialbuch der Wiener Universität als Quelle zur österreichischen Kirchengeschichte unter Herzog Albrecht V. Codex 57 G des Archivs des Stiftes Seitenstetten, hrsg. von Paul Uiblein (Fontes rerum Austriacarum II/80, 1973) S. 137f. Nr. 33. Ebendorfers *Responsio ad ambasiatorum universitatis Parysiensis proposicionem 1429 feria II post festum pasche* (= 29. März) im Autograph in Wien, ÖNB, CVP 4680, fol. 307^{r-v} (Inc.: *Quia verbum bonum et suave ac super mel*).

[38] Diese Delegation bestand aus Vertretern sämtlicher Fakultäten, darunter als Delegierter der Artisten Magister Narcissus Her(t)z von Berching, der später auch als – bislang ignorierter – Vertreter der Wiener Universität an der Basler Kirchenversammlung teilgenommen hat. Vgl. Uiblein, Kopialbuch (wie Anm. 37), S. 43 und 45 Anm. 95.

[39] Hartmann J. Zeibig, Beiträge zur Geschichte der Wirksamkeit des Basler Concils in Österreich, SB Wien 8 (1852) S. 515-616, hier: 606f. (Beilage A); Lhotsky, Ebendorfer (wie Anm. 30), S. 16. *1431, feria 5 ante s. Urbani fuit congregacio vniuersitatis ad audiendum literam Vniuersitati nostre ab Vniuersitatis Parisiensis ad concilium generale ambasiatoribus a Basilea transmissam* (Kink [wie Anm. 36] S. 57 Nr. XXIII). Zu Cesarini vgl. Gerald Christianson, Cesarini, the Conciliar Cardinal. The Basel Years, 1431-1438 (Kirchengeschichtliche Quellen und Studien 10, 1979).

[40] Magister Narcissus Herz, 1428 und nochmals 1430 Dekan der Wiener Artistenfakultät, war bei dieser Gelegenheit mit Konzilsvorbereitungen beschäftigt. Zusammen mit Himmel gehörte er dem elfköpfigen Arbeitsausschuß an, der für die Überwachung des Konzilgeschehens zuständig war. Vgl. hierzu Joseph Aschbach, Geschichte der Wiener Universität im ersten Jahrhunderte ihres Bestehens. FS zu ihrer fünfhundertjährigen Gründungsfeier (1865) S. 262ff.

Zumindest in seinem Fall ist bekannt, daß die Universität größten Wert darauf legte, daß ihr Abgesandter keine weiteren Aufträge übernähme, sondern ausschließlich ihr zur Verfügung stünde[42]. Bei der Eidesleistung am 10. April 1432 wurde dieser Wunsch daher an Ebendorfer herangetragen und er aufgefordert, mit einem Famulus – oder falls erforderlich auch zweien – sofort nach Basel abzureisen. Nach Möglichkeit sollte er sich dabei an den landesfürstlichen Gesandten halten[43]. Ebendorfer tat dies und traf in Freising auf den offiziellen Vertreter Herzog Albrechts V., Bischof Nicodemo della Scala, um diesen nach Basel zu begleiten[44].

Mit ihm sowie seinem Fakultätskollegen Johannes Himmel – in Konzilsquellen latinisiert »Celi« genannt –, der auf Wunsch des österreichischen Herzogs dem Freisinger Bischof als Prokurator und theologischer Beistand zur Seite stehen sollte, traf Ebendorfer am 28. Juni 1432 in Basel ein. Drei Tage später berichtete er über seine ersten Eindrücke daselbst der Wiener Universität[45], noch ehe alle drei am 5. Juli den Konzilsvätern inkorporiert wurden. Sowohl Ebendorfer als auch Himmel wurden dabei als *nuncii et ambassiatores illustrissimi principis domini Alberti ducis Austriae* vorgestellt[46]. Allerdings wurde bei deren Selbstdarstellung vor der Synode die tatsächliche Situation deutlicher:

41 Wahrscheinlich war dies Magister Johannes Fluck von Pfullendorf. Siehe unten S. 149f.

42 Vgl. Lhotsky, Ebendorfer (wie Anm. 30), S. 16. Die Auflage der Universität, keine weitere Gesandtschaft zu übernehmen, erfolgte aufgrund der ausdrücklichen Forderung Ebendorfers, nötigenfalls eine solche mitbetreuen zu dürfen. Möglicherweise ist hierbei an einen landesfürstlichen Auftrag zu denken. Vgl. Kink (wie Anm. 36), I/2, S. 59.

43 Ebda S. 59. Vgl. Lhotsky, Ebendorfer (wie Anm. 30), S. 19. – In der Zwischenzeit dürfte das Schreiben der in Basel bereits Versammelten an die Universitäten von Wien und Köln vom 23. Januar 1432 hier eingetroffen sein. Darin wurden diese Hohen Schulen zur stärkeren Beteiligung aufgefordert (CB 1 [1896], S. 119).

44 Lhotsky, Ebendorfer (wie Anm. 30), S. 17 und Herta Eberstaller, Thomas Ebendorfers erster Bericht vom Baseler Konzil an die Wiener Universität, MIÖG 64 (1956) S. 312-317, hier: 313. – Zu Nicodemo della Scala siehe unten S. 161-167.

45 Eigene Aussage Ebendorfers in Wien, ÖNB, CVP 4680, fol. 260v. Zum Eintreffen des Freisinger Bischofs in Basel siehe unten S. 161.

46 Nicht am 4. Juli, wie Lhotsky, Ebendorfer (wie Anm. 30), S. 17 und darnach Heinrich Schmidinger, Begegnungen Thomas Ebendorfers auf dem Konzil von Basel, in: FS Oskar Vasella zum 60. Geburtstag (Fribourg/Schweiz 1964) S. 175 haben, sondern am 5. Juli, wie die Konzilsprotokolle überliefern (CB 2, S. 156). Vgl. auch Ebendorfers Bericht aus CVP 4954 gedruckt bei Eberstaller (wie Anm. 44), S. 313-317. Bei dieser Gelegenheit stellte sich Ebendorfer mit einer Ansprache zum Bibeltext »Ecce motus magnus factus est in mari« (Matth 8, 24) den Konzilsteilnehmern vor (Lhotsky, ebd., S. 87). Ein halbes Jahr später kam er wieder auf diese Bibelstelle zu sprechen, und zwar in einer am Sonntag, den 8. Februar 1433 vor der Basler Synode gehaltenen Predigt. Hier

Ebendorfer berief sich auf die Beauftragung durch die Universität und legte entsprechende Schriftstücke vor[47], während Himmel das offizielle Schreiben des Landesfürsten an das Konzil vorlas. Diese klare Funktionstrennung der beiden wurde nochmals am 8. Juli deutlich. Anläßlich einer großen Prozession in der Stadt Basel publizierten die Vertreter des österreichischen Herzogs dessen Begrüßungsadresse an die Versammlung[48]. Darüber hinaus kam ein Schreiben der Wiener Universität zur Sprache, worin sich diese entschuldigte, ihren Gesandten, *Thomam Evendorffer arcium et sacre pagine professorem*, nicht früher entsandt zu haben, da man auf eine gemeinsame Reise mit dem landesfürstlichen Vertreter gewartet habe[49].

Trotz ihrer eindeutig getrennten Aufgabenbereiche scheint die Zusammenarbeit zwischen Ebendorfer und dem Bischof von Freising gut funktioniert zu haben. Mehrfach ließ der Universitätsgesandte seine Auftraggeber wissen, wie sehr man Nicodemo für wertvolle ihm (= Ebendorfer) erwiesene Gunstbezeugungen eigentlich zu Dank verpflichtet sei. Diese Vergünstigungen dürften sich nicht bloß darauf beschränkt haben, daß der Universitätsgesandte gastlich im Hause des Bischofs untergebracht war, somit seinen Auftraggebern manche Unkosten am damals sehr teuer gewordenen Konzilsort erspart blieben[50]. Denn

wird der Eifer der Wiener Universität sowie des österreichischen Herzogs bei der Bekämpfung der Häresie besonders herausgestellt. Text in Città del Vaticano, Biblioteca Apostolica Vaticana (fortan: BAV) cod. Pal. lat. 956, fol. 42^{v}-48^{r}.

47 MC 2, S. 209f. und CB 2, S. 156: *Premissa recommendacione litteras pro parte ipsius domini ducis presentaverunt, quibus presentatis et lectis factaque solemni collacione per magistrum Johannem* (= Himmel), *assumens pro theumate »Celi enarrant« etc.* (Ps 18, 2) *alius doctor, videlicet magister Thomas, pro et nomine universitatis litteras presentavit.*

48 MC 2, S. 209f. bzw. CB 2, S. 159: *Die martis VIII^{a} mensis iulii de mane fuit processio generalis pro felici progressu sacri concilii, pro pace et tranquillitate regum et regnorum, in qua processione domini prelati cum mittris et pluvialibus et alii domini de concilio more solito intercesserunt.*

49 MC 2, S. 210.

50 *prefatus doctor* (d.i. Ebendorfer) *stat cum domino Frisingensi in mensa et in eadem habitacione vna cum familia sua, an sit contrarius vniuersitati, quod ibidem stet sub expensis, quas impendit dominus Frisingensis ex gracia. Placuit vniuersitati, quod grates sint referende domino episcopo pro eo, quod ita honeste tenet et tractauit Ambasiatorem et pro eo tantum exposuit; sed pro futuris est commissum discretioni domini doctoris, quod videat, an secundum suam conscienciam honestum vniuersitati sit, quod moretur et mensam habeat cum domino episcopo predicto, sic tamen pre omnibus, ut se regat secundum officium sibi descriptum ab vniuersitate* (Kink [wie Anm. 36] S. 60). Zum 1. März 1433 beschloß die Universität daher in dieser Angelegenheit: *Ambasiator desiderauit, quatenus Vniuersitas referret domino Nicodemo episcopo Frisingensi graciarum acciones de multis beneficijs sibi per eum in Basilea exhibitis. Et placuit Vniuersitati quod dominus Rector cum suis officialibus, decanis et procuratoribus eundem visitaret adiungendo sibi doctores et*

eine Kirchenversammlung war bekanntlich »die stärkste Conjunctur, die sich für das gesamte Wirtschaftsleben einer mittelalterlichen Stadt denken läßt«[51].

Binnen kurzem schuf sich Ebendorfer eine ziemlich prominente Stellung im Konzilsgeschehen[52]. In Anbetracht seiner Auffassung vom Konzil als der obersten kirchlichen Autorität – das legitim tagende Generalkonzil war für ihn die Gesamtkirche – überrascht dieses Engagement beileibe nicht[53]. Schon im August 1432 wurde er Mitglied einer von Kardinal Cesarini einberufenen Kommission, welche die Antwort des Konzils auf die Rede des päpstlichen Gesandten ausarbeiten sollte[54]. Einen Monat später, am 24. September, wurde er als Mitglied einer Konzilsgesandtschaft zum Frankfurter Kurfürstentag auserkoren[55]. Nach Abschluß dieser Mission wurde gerade sein Anteil am damals erzielten Erfolg ausdrücklich gewürdigt[56]. Daher ist es durchaus verständlich, wenn Ebendorfer Jahre später die Zuvorkommenheit betonte, mit der man ihn in

magistros, quos vellet, et sibi nomine vniuersitatis fieret verbum et regraciacio de beneficijs Vniuersitati et eius Ambasiatori exhibitis (ebd.). Vgl. dazu noch Bressler (wie Anm. 36), S. 13f. und Lhostky, Ebendorfer (wie Anm. 30), S. 18. – Bischof Nicodemo dürfte überhaupt ein sehr gastliches Haus in Basel geführt haben, denn auch der als Vertreter der bayerischen Benediktinerabteien am Konzil tätige Prior von Tegernsee, Ulrich Stöckl (seit 1438 Abt von Wessobrunn), weilte einige Zeit dort. Am 4. Dezember 1433 bat er seinen Abt, dem Überbringer des Schreibens behilflich zu sein, denn *ipse est famulus dominorum meorum de Austria, cum quibus ego sto* (CB 1, S. 74f.). Zu Stöckl vgl. Pirmin Lindner, Familia S. Quirini in Tegernsee. Die Äbte und Mönche der Benediktiner-Abtei Tegernsee von den ältesten Zeiten bis zu ihrem Aussterben (1861) und ihr literarischer Nachlass, Oberbayerisches Archiv für vaterländische Geschichte 50 (1897) S. 59-62.

51 Traugott Geering, Handel und Industrie der Stadt Basel. Zunftwesen und Wirtschaftsgeschichte bis zum Ende des 17. Jahrhunderts (1896) S. 266 (Zitat). Dazu vgl. Helmrath (wie Anm. 1) S. 165 (»Basel als Konzilsstadt«).

52 Er hielt sowohl am 1. Januar als auch am 8. Februar 1433 die offizielle Konzilspredigt. Letztere ist aber nicht – wie Lhotsky, Ebendorfer (wie Anm. 30), 77 Nr. 50 annimmt – identisch mit jener vom 1. Januar. Dazu vgl. CB 5, S. 34. Nochmals trat Ebendorfer am 24. Juni 1434 als Prediger am Konzil in Erscheinung (ebd., S. 95). Zur Predigt vom 1. Januar 1433 vgl. Jean-Marie Vidal, Un recueil manuscrit de sermons prononcés aux Conciles de Constance et de Bâle, RHE 10 (1919) S. 492-520, bes. 495. Ein Gleichstück dieses einst im Besitze des Kremser Dominikanerklosters gewesenen Kodex findet sich in Klosterneuburg, Stiftsbibliothek, cod. 82. Beide erwarb der Augustiner-Chorherr Koloman Knapp bei seinem Aufenthalt am Konzilsort. Dazu vgl. Gerda Koller, Koloman Knapp – ein Leben im Schatten des Konzils, Jahrbuch des Stiftes Klosterneuburg, N.F. 3 (1963) S. 109-136, bes. 135.

53 Dazu vgl. Jaroschka, Theoretiker (wie Anm. 5), S. 87-98 und Uiblein, Ebendorfer (wie Anm. 30), S. 22: »Die Superiorität des Konzils über den Papst galt Ebendorfer als Glaubenswahrheit«!

54 Jaroschka, Theoretiker (wie Anm. 5), S. 88.

55 Gemeinsam mit dem Bischof von Freising und dem Primicerius der Universität Avignon. Vgl. MC 2, S. 260 bzw. CB 2, S. 228 und 230.

Basel behandelt hatte[57]. Dies war ihm Beweis seiner These, wonach die Wiener Alma mater gegenüber allen anderen Hohen Schulen im Reichsraum einen besonderen Vorrang genieße: In der Tat erscheint Wien in den Präsenzlisten des Konzils nach Paris und Avignon bereits an dritter Stelle vor den anderen deutschen Universitäten genannt[58].

Problematisch wurde für Ebendorfer erst der Umstand, daß er von den allgemeinen und den Hauptanliegen des Konzils sehr bald auf eine Spezialangelegenheit abgedrängt wurde. Trotz seiner Befähigung in anderen Bereichen war er sehr bald als »Hussitenreferent« der Synode abgestempelt[59]. Nachdem im Januar 1433 eine böhmische Legation in Basel erschienen war, mußte er sich fortan fast ausschließlich mit den Beziehungen der Synode zu den Hussiten und der Frage des Laienkelches auseinandersetzen[60].

Im Einverständnis mit seinen Wiener Fakultätskollegen nahm Ebendorfer im Hinblick auf die Kelchverweigerung eine unnachgiebige Haltung ein. Nachdem er in Wien rückgefragt hatte, erhielt er am 16. März 1433 die Weisung, hierin nicht nachzugeben, sondern für den Fall, daß die Forderung der Hussiten angenommen werden sollte, sofort sein Mandat niederzulegen[61]. Ein Jahr spä-

[56] *Deinde ipse magister Thomas nomine dictorum dominorum electorum exhortatus est concilium ad reformacionem et ad illa, propter que concilium est congregatum. Quibus sic peractis dominus cardinalis presidens nomine concilii de bona diligencia per supradictos circa eorum ambassiatam adhibita eisdem regraciatus est. Ob que bona nova per eos relata fuit indicta processio generalis et missa de Sancto Spiritu in ecclesia maiori die dominica proxima* (CB 2, S. 254f.).

[57] *Ymo verius cum omni caritate et reverentia, omni pace salva, tam in publicis, quam privatis actibus, Wyennenses studii sindicos sibi semper decreverunt preponere, uti seniores,* heißt es in seiner »Chronica regum Romanorum«. Vgl. Thomas Ebendorfers »Chronica regum Romanorum«. Kritisch erläutert und hrsg. von Alfred Francis Přibram, MIÖG, Erg.bd 3 (1890/94), S. 98. Dazu vgl. Lhotsky, Ebendorfer (wie Anm. 30), S. 17.

[58] Vgl. Lazarus (wie Anm. 10), S. 352 bzw. Michael Lehmann, Die Mitglieder des Basler Konzils von seinem Anfang bis August 1442 (theol. Diss., Wien 1945).

[59] Dazu Helmrath (wie Anm. 1), S. 353-372 bzw. William Robert Cook, Negotiations between the Hussites, the Holy Roman Emperor, and the Roman Church, 1427--1436, East Central Europe 5 (1978) S. 90-104.

[60] Zu Ebendorfers Verhandlungen mit den Hussiten und seiner Reisetätigkeit zwischen 1433 bis 1435 vgl. MC 1, S. 361f., 505, 524ff., 540ff., 560ff., 572ff. und 674.

[61] Zeibig (wie Anm. 39), S. 520. Ferner wurde am 13. April 1433 in den Akten der Artistenfakultät festgehalten: *quod idem Ambasiator* (= Ebendorfer) *non consentiret hussitis in communionem sub utraque specie eukaristie.* Vgl. Kink I/2 (wie Anm. 36) S. 62 bzw. Helmrath (wie Anm. 1), S. 362 (»Ebendorfer, der in der Tradition der Universität Wien eine besonders intransigente Haltung einnahm«). Zum Thema: Dieter Girgensohn, Peter von Pulkau und die Wiedereinführung des Laienkelches. Leben und Wirken eines Wiener Theologen in der Zeit des großen Schismas (Ver-

ter, am 22. Mai 1434, berief die theologische Fakultät eine Sitzung ein, um ein Gutachten in dieser Frage für das Konzil abzufassen. Darin wurde die Genehmigung der Kelchkommunion für Laien nochmals strikt abgelehnt. Dabei wird deutlich, daß Ebendorfers Stellung als Universitätsvertreter in Basel nicht wegen Meinungsverschiedenheiten mit seinen Auftraggebern »auf die Dauer unhaltbar« geworden war[62]. Allerdings stand hier die Universität in offensichtlichem Widerspruch zu Herzog Albrecht V., der gemeinsam mit seinem kaiserlichen Schwiegervater durchaus bereit war, im Interesse des Friedens Konzessionen zu machen. Auffallend ist jedenfalls der Umstand, wonach der ausdrückliche Vertreter des österreichischen Landesfürsten, Johannes Himmel, sich in dieser heiklen Angelegenheit viel diplomatischer verhielt und dadurch auch weniger belastet war. Dennoch muß eingeräumt werden, daß die – wenn auch nur eingeschränkte – Genehmigung des Laienkelches durch die Basler Synode sehr wohl dazu beigetragen hat, daß die Universität fortan nicht mehr bereit war, für Ebendorfers Unkosten am Konzilsort weiter aufzukommen. Allerdings ist die Forschungslage im Hinblick auf die wahren Gründe für die Unterbrechung von Ebendorfers Konzilstätigkeit sowie die Interpretation des von ihm am 7. März 1435 der Wiener Universität vorgelegten Rechenschaftsberichtes immer noch reichlich unklar[63].

öffentlichungen des Max-Planck-Instituts für Geschichte 12, 1964). – Die Handschriften der BAV, codd. Vat. lat. 1119 - 1121 gehen alle auf den Schülerkreis des Petrus von Pulkau zurück. Sie liefern einen weiteren Beweis dafür, daß die Universität – obzwar sie sich in Sachen Konzil sehr offen zeigte – in der Eucharistiefrage keinen Kompromiß duldete.

[62] So Lhotsky, Ebendorfer (wie Anm. 30), S. 24. Dazu Uiblein, Akten (wie Anm. 29), S. 73 bzw. Kink I/2 (wie Anm. 36), S. 63. – Vgl. aber die äußerst vorsichtigen Formulierungen Himmels in der Kelchfrage (CB 3, S. 29 zum 16. Februar 1434).

[63] Dabei geht es u.a. um die Frage, ob in den Augen der Wiener Universität als Entsenderinstitution die Hussitenproblematik derart zentrale Bedeutung erlangt hatte, daß alle anderen Reformanliegen des Konzils oder gar die theoretische Diskussion über die Autorität einer Kirchenversammlung zurückgedrängt wurden. Vgl. dazu Jaroschka, Theoretiker (wie Anm. 5), S. 87-98 und Zimmermann, Schismentraktat (wie Anm. 30), S. 11-14. – Zur Abberufung von 1434 vgl. Aschbach (wie Anm. 40), S. 267f. bzw. Kink I/2 (wie Anm. 36), S. 63f. sowie Alphons Lhotsky, Quellenkunde zur mittelalterlichen Geschichte Österreichs, MIÖG, Erg.bd 19 (1963) S. 337f. Nach Ebendorfers Rückkehr machte sich unter den Wiener Magistri eine gewisse Interesselosigkeit an den Basler Problemen bemerkbar. – Noch am 24. Februar 1435 hatte der Konzilsgesandte Gilles Charlier dem österreichischen Herzog und tagsdarauf auch der Wiener Universität gegenüber die hohe Wertschätzung seitens der Konzilsväter für die von Ebendorfer geleistete Arbeit ausgesprochen und ihr für die Ehre gedankt, daß sie eine derart hervorragende Kapazität nach Basel entsandt habe. Auch der dort noch verweilende Johannes Himmel wurde lobend herausgestrichen. Text der beiden Ansprachen in MC 1, S. 624-628 bzw. 628-632.

Es dürften jedoch finanzielle Schwierigkeiten seitens der Wiener Universität hierfür ausschlaggebend gewesen sein, die wie viele andere Hohe Schulen nicht in der Lage war, längerfristig eine Gesandtschaft am Konzilsort zu unterhalten, welche zur Aufgabe der ständigen Vertretung in Basel mitbeigetragen haben. Bereits am 21. September 1433 war beschlossen worden, daß Ebendorfer nur mehr bis nächste Ostern dort verbleiben sollte[64]. Über seine Auslagen konnte wegen Stimmengleichheit der Fakultäten aber keine Einigung erzielt werden. Offenbar weigerten sich Mediziner und Juristen, weitere Geldmittel zur Verfügung zu stellen. Zwar wurde am 7. März 1434 die Verlängerung seiner Gesandtschaft beschlossen, nichts jedoch über deren finanziellen Unterhalt ausgesagt[65]. Der Dekan der medizinischen Fakultät verhinderte weitere Verhandlungen darüber, so daß gegen Jahresende 1434 endgültig feststand, Ebendorfer aus Basel abzuberufen, obzwar die Artisten ihrerseits bereit waren, sich an den Kosten weiterhin zu beteiligen[66].

Angesichts der Bedeutung des Konzilsortes als Büchermarkt und als Kommunikationszentrum überrascht es sehr, daß Ebendorfer von dieser wohl einmaligen Gelegenheit kaum Gebrauch gemacht haben dürfte[67]. Bekanntlich besaß er zur Zeit seines Todes (1464) eine Büchersammlung, die kaum hinter jener seines Zeitgenossen, Kardinal Nikolaus von Kues, zurückgestanden haben dürfte[68]. Allerdings war ihr größter Teil im unmittelbaren Umkreis der Wiener

[64] *Fuit conclusum, quod orator vniuersitatis in concilio Basiliensi maneat usque ad festum Pasce* (Kink [wie Anm. 36] S. 62). Dazu Uiblein, Ebendorfer (wie Anm. 30), S. 22f.

[65] *In dominica Letare congregatio vniuersitatis super continuatione Ambasiatoris in concilio et placuit, quod continuaret; de expensis autem non fuit conclusum* (Kink [wie Anm. 36] S. 63). Stieber (wie Anm. 2), S. 77f. und 82f. überschätzt bei weitem die tatsächliche Stärke der Wiener Vertretung in Basel, wenn er von einer »distinguished delegation which was headed from 1432 until 1435 by Thomas Ebendorfer« spricht. – Zu Köln vgl. Franz Joseph von Bianco, Die alte Universität Köln und die späteren Gelehrten-Schulen dieser Stadt I/1: Die alte Universität (1855) bzw. Erich Meuthen, Die alte Universität (Kölner Universitätsgeschichte 1, 1988) bes. S. 164ff. Diese Hohe Schule wußte sich allerdings durch die Entsendung von Ordensleuten, etwa den Dominikaner Gottfried Slussel, der im Basler Predigerkloster wohnte, zu helfen (ebd., S. 156).

[66] *In congregacione vniuersitatis facta conclusa fuit reuocacio ambasiatoris vniuersitatis in concilio Basiliensi existentis. Tantum facultas artium libenter diucius cum aliis facultatibus contribuisset* (Kink [wie Anm. 36] S. 64). Vgl. noch CB 1, S. 55; Lhotsky, Ebendorfer (wie Anm. 30), S. 24 und Uiblein, Ebendorfer (wie Anm. 30), S. 23.

[67] Vgl. hierzu Paul Lehmann, Konstanz und Basel als Büchermärkte während der großen Kirchenversammlungen, Zeitschrift des deutschen Vereins für Buchwesen und Schrifttum 4 (1921) S. 6-11 und 17-27; wiederabgedruckt in: Ders.: Erforschung des Mittelalters 1 (1941) S. 253-280.

[68] Hierzu vgl. Jakob Marx, Verzeichnis der Handschriften-Sammlung des Hospitals zu Cues bei Bernkastel an der Mosel (1905). Zum Ganzen vgl. auch Remigio Sabbadini, Le scoperte dei codi-

Universität erworben oder von ihm selbst im Laufe seines langen Lebens mühevoll abgeschrieben worden[69]. Dazu dürfte ihm der Konzilsrummel kaum Gelegenheit gelassen haben. Die finanziellen Belastungen, die vor allem die zweite Hälfte seines Basler Aufenthaltes überschatteten, mögen vielleicht eine Erklärung dafür abgeben, weshalb er von zweifellos vorhandenen Kaufangeboten Abstand genommen hat. Allerdings fällt auf, daß nur eine der drei in Basel agierenden Persönlichkeiten aus dem Wiener Theologenmilieu, die hier zur Sprache kommen – paradoxerweise ein zahlungskräftiger niederrheinischer Bettelmönch – dort bedeutende Ankäufe getätigt hat!

Dennoch sorgte Ebendorfers Basler Aufenthalt auch für nachhaltige geistige Eindrücke, die er in seine historischen Werke einfließen ließ. Als Beispiel hierfür sei bloß an die Rede erinnert, die der Bischof des schwedischen Växjö, Nikolaus Ragvaldi, am 12. November 1432 vor den Konzilsvätern gehalten hat[70]. Dabei entwickelte er eine These von der Abstammung der Schweden von den Goten, welche fünfzehn Jahre später von Ebendorfer herangezogen wurde, um seinerseits die Herkunft der Österreicher von diesem Volksstamme der Völkerwanderungszeit zu belegen[71]. Demnach dürfte er eine schriftliche Vorlage von Ragvaldis Basler Propagandarede mit nach Hause genommen und diese dann größtenteils seiner »Cronica Austriae« einverleibt haben[72]!

ci latini e greci ne' secoli XIV e XV (Firenze 1905; erweiterte Neuausgabe durch EUGENIO GARIN [Biblioteca storica del Rinascimento, N.S. 4, Firenze 1967]).

[69] Vgl. die Zusammenstellung seines Bücherbesitzes bei LHOTSKY, Ebendorfer (wie Anm. 30), S. 60-65 bzw. die Erweiterung durch UIBLEIN, Epilegomena (wie Anm. 30), S. 5-10. Dort auch die Feststellung: »Mit 64 Handschriften würde Ebendorfers Bibliothek größenmäßig nicht viel hinter den 67 Handschriften des im gleichen Jahr (1464) wie Ebendorfer verstorbenen deutschen Kardinals Nikolaus von Kues zurückstehen«.

[70] Ragvaldi, der 1438 durch das Konzil Erzbischof von Upsala wurde und als solcher 1448 verstorben ist, war im März 1434 zusammen mit Bischof Ulrich von Aarhus nach Basel gekommen. Zu ihm vgl. V. SÖDERBERG, Nicolaus Ragvaldi och Baselkonciliet (Bidrag Till Sveriges Medeltidshistoria … af Historiska Seminariet Vid Upsala Universitet 15, Upsala 1902) und BEATA LOSMAN, Norden och Reformkonsilierna 1408-1449 (Studia Historia Gothoburgensia 11, Göteborg 1970) S. 196-233.

[71] Zu seiner Ansprache, von der JOSEF SVENNUNG (in: Från senantik och medeltid 1 [Lund 1963] S. 174-180) eine kritische Ausgabe vorlegte, und ihrer großen Nachwirkung in Konzilskreisen vgl. BEATA LOSMAN, Nikolaus Ragvaldis Gotiska Tal, Lychnos 8 (1967/68) S. 215-221; SCHMIDINGER, Begegnungen (wie Anm. 46), S. 193-197; GUY P. MARCHAL, Die frommen Schweden in Schwyz. Das ›Herkommen der Schwyzer und Oberhasler‹ als Quelle zum schwyzerischen Selbstverständnis im 15. und 16. Jahrhundert (Basler Beiträge zur Geschichtswissenschaft 138, 1976) S. 69-72. Indem dieser Text nicht bloß dem schwedischen Nationalprestige – Abstammung der Schweden von den Goten – nachhaltigen Auftrieb gab, vermittelte er (über einige etymologische Metamorphosen [sueci/suici]) auch den Schweizern eine (gotische) Herkunftstradition.

[72] Vgl. LHOTSKY, Chronica Austriae (wie Anm. 30), S. 44-48.

**

Bei der zweiten, hier vorzustellenden typischen Erscheinung unter den österreichischen Konzilsvertretern handelt es sich um einen typischen »Multifunktionär«, nämlich Akademiker, der nicht bloß Universitätsabsolvent war, sondern auch weiterhin als Universitätslehrer immer wieder akademische Ämter bekleidete[73]. In Basel vertrat er zudem fallweise den Landesfürsten wie die Universität. Das Wirken des aus Weitz in der Steiermark gebürtigen Johannes Himmel an der Wiener Hohen Schule umfaßt mehr als vier Jahrzehnte und reicht bis zu seinem Tod am 11. November 1450, wobei die Leichenpredigt auf ihn von keinem anderen als Thomas Ebendorfer gehalten wurde[74]. Vor mehr als dreißig Jahren bemerkte Alphons Lhotsky, daß Himmels Rolle auf dem Basler Konzil noch nicht näher erforscht sei[75]: Seither hat sich daran kaum etwas geändert.

In neueren Studien über diese Kirchenversammlung erscheint sein Name überhaupt nicht – vielleicht weil man ihn in den Konzilstexten unter »Celi« suchen müßte[76]. Allerdings sorgte Lhotsky für Verwirrung im Hinblick auf Himmels tatsächliche Funktion in Basel, wenn er eine künstliche Trennung gelten ließ zwischen der Rolle von Ebendorfer als ausschließlichem Vertreter der Universität und jener von Himmel, der *nur* im landesfürstlichen Dienst gestanden haben soll[77]. Lhotsky war indes sehr genau über jene Privilegien informiert,

[73] Zur akademischen Karriere von Johannes Himmel vgl. Uiblein, Acta Facultatis Artium (wie Anm. 32), S. 532 (Register); Uiblein, Akten (wie Anm. 29), S. 662 (Register). Ferner vgl. Aschbach (wie Anm. 40), S. 471-473 Nr. 32; Karl Klamminger, Johannes Himmel, in: Bilder aus Vergangenheit und Gegenwart 5 (1958) S. 29ff. sowie Alois Lang, Beiträge zur Kirchengeschichte der Steiermark und ihrer Nachbarländer aus römischen Archiven, Veröffentlichungen der historischen Landescommission für Steiermark 18 (1903) S. 122-124. Zu seiner Rolle im Passauer Bistumsstreit vgl. Gerda Koller, Princeps in Ecclesia. Untersuchungen zur Kirchenpolitik Herzog Albrechts V. von Österreich, AÖG 124 (1964) bes. S. 143ff., 188f. und 195f. Bei dieser Gelegenheit dürfte er das Vertrauen des Landesfürsten erlangt haben. – Außerdem wirkte er zwischen 1430 und 1433 als Passauischer Offizial in Wien. Vgl. dazu Anton Mayer, Das kirchliche Leben und die christliche Caritas, in: Geschichte der Stadt Wien 2/2 (1905) S. 916 mit Anm. 7.

[74] Überliefert in Wien, ÖNB, CVP 4701, fol. 418r. – Schon am 10. Januar 1429 hatte Ebendorfer *Pro magistro Iohanne Hymel in licencia* gesprochen. Im Autograph erhalten ebd., CVP 4680, fol. 419-423.

[75] Lhotsky, Ebendorfer (wie Anm. 30), S. 17, Anm. 6 (»Seine Rolle auf dem Baseler Konzil ist noch nicht näher erforscht«).

[76] Vgl. hierzu MC und CB (ad indicem). Sogar der ansonsten sehr versierte Stieber (wie Anm. 2), kennt Himmel nicht. Auch bei Helmrath (wie Anm. 1), scheint er nicht auf.

[77] Lhotsky, Ebendorfer (wie Anm. 30), S. 17 Anm. 6: »Daß er 1441 für die Theologische Fakultät beim Konzil Kommissionen übernahm, bedeutet keineswegs, daß etwa er dann Vertreter der Wiener Universität gewesen sei«.

welche Himmel für die Wiener theologische Fakultät vom Basler Konzil erwirkt hatte. Bekanntlich wurde Ebendorfer 1451 von seinen Fakultätskollegen aufgefordert, anläßlich seiner bevorstehenden Romreise ähnliche Vergünstigungen vom regierenden Papst zu erbitten[78]. Dennoch blieb Lhotsky bei der Auffassung, Himmel sei niemals Vertreter der Wiener Universität gewesen. Daß dies auf einem Irrtum beruhte, wissen wir nun.

Allerdings sind die Umstände noch unklar, unter denen Johannes Himmel 1432 zu dieser »Doppelvertretung« gekommen ist. Solches geschah höchstwahrscheinlich nicht auf Wunsch von Ebendorfer, mit dem sich Himmel nicht sonderlich gut verstanden haben soll[79] – wenngleich beide bereit waren, gegen mißliebige Kollegen gemeinsam vorzugehen! Wie schon erwähnt, mußte Ebendorfer bei der Eidesleistung in Wien versichern, keine weiteren Gesandtschaften nach Basel anzunehmen. Tatsächlich wurden damals aber *zwei* Vertreter der Universität ausgewählt, die zum Konzil reisen sollten. Der zweite war jedoch nicht Himmel, sondern dessen wesentlich älterer Kollege Johannes Fluck von Pfullendorf[80]. Dieser wußte daher in der Fakultätssitzung vom 20. Dezember

[78] Gemeint ist die am 16. Februar 1441 durch das Konzil verbriefte Erneuerung der von Papst Martin V. am 27. Mai 1420 gewährten Rechte geistlicher Jurisdiktion ebenso wie eine Bulle, derzufolge der Propst von St. Stephan als Kanzler der Universität im Falle seiner Verhinderung nur durch einen Doktor der Theologie als Vizekanzler bei der Promotion eines Kandidaten aus der theologischen Fakultät vertreten sein dürfe. Überdies gewährte das Konzil der Universität das Recht, über Prediger, die in Wien und Umgebung häretische Lehren verbreiten, zu richten. Vgl. hierzu Kink 2 (wie Anm. 36), S. 294f. Nr. 33-35. – Tatsächlich bestätigte Papst Nikolaus V. am 23. März 1452 diese Privilegien (ebd., S. 295-299 Nr. 36f.). Vgl. Uiblein, Akten (wie Anm. 29), S. 239 und 517. Die Aufforderung an Ebendorfer war in der Fakultätssitzung vom 13. Oktober 1451 erfolgt (ebd., S. 239). – Schon zuvor wollte Johannes Himmel vermutlich in dieser Angelegenheit am 29. September 1450 – also sechs Wochen vor seinem Ableben – nach Rom reisen. Vgl. Uiblein, Acta Facultatis Artium (wie Anm. 32), S. 352.

[79] »Himmel, der mit Ebendorfer nicht auf bestem Fuße stand«, urteilt Lhotsky, Ebendorfer (wie Anm. 30), S. 17, ohne indes diese Aussage näher zu begründen. Dagegen fällt auf, wie häufig beide mit Fakultätsangelegenheiten gemeinsam befaßt waren – sowohl vor wie auch nach ihrer Tätigkeit in Basel. Zum einen wurden sie am 13. Oktober 1431 mit der Erstellung eines Inhaltsverzeichnisses der Fakultätsstatuten betraut (Uiblein, Akten [wie Anm. 29] S. 69 und 455), zum anderen sollten sie – einem Auftrag der Fakultät vom 14. September 1447 nachkommend – bei König Friedrich III. wegen der Nachbesetzung der durch Heinrich Rotstocks Ableben (4. September 1447) vakanten Lehrkanzel vorstellig werden. Hierzu vgl. ebd., S. 227 bzw. Isnard Wilhelm Frank, Hausstudium und Universitätsstudium der Wiener Dominikaner bis 1500, AÖG 127 (1964) S. 112f. (allerdings mit Datum 13. September).

[80] Uiblein, Acta Facultatis Artium (wie Anm. 32), S. 528f.; Uiblein, Akten (wie Anm. 29), S. 679f. Hier findet sich allerdings die unrichtige Angabe, Fluck wäre beim Konzil in Basel gewesen und erst 1436 an der Pest gestorben.

1431 bereits *cathegorice* zu berichten, daß er wegen der bevorstehenden Abreise zum allgemeinen Konzil seiner bereits eingegangenen Verpflichtung zur Abhaltung der Pfingstpredigt 1432 nicht nachkommen könne[81]. In der Tat reiste Fluck – trotz anderslautender Vermutungen – aber nicht nach Basel. Die Gründe dafür mögen in seinem hohen Alter liegen, denn schon 1390 ist er als Baccalaureus artium und seit 1405 an der theologischen Fakultät bezeugt[82], der er 1416 und 1417 als Dekan vorstand[83], als viele seiner Kollegen in Konstanz weilten. Fluck war aber auch der unmittelbare Vorgänger von Ebendorfer als Pfarrer von Perchtoldsdorf, als welcher er schon 1423 genannt wird[84]. Die letzte Erwähnung in den Wiener Fakultätsakten findet sich zum 4. November 1433, als das Gremium in seinem Haus in der Himmelpfortgasse tagte[85]. Bald nach dem 10. Januar 1434 dürfte er verstorben sein. Die Vergabe der Pfingstpredigt war allerdings nicht sofort geklärt, denn die Fakultät wählte als Ersatz keinen anderen als Johannes Himmel[86], und dieser wiederum war zu Pfingsten 1432 mit anderen Aufgaben betraut – und bereits über Freising nach Basel unterwegs!

In den Konzilsakten der ersten Jahre, etwa bis 1433, erscheint Himmel sowohl als Vertreter Herzog Albrechts V. wie auch der Universität Wien[87]. Dabei entsprechen die von ihm besorgten Aufgaben durchaus diesen beiden Funktionen. Er blieb allerdings nicht ständig am Konzilsort, sondern reiste häufig im Auftrage der Versammlung. Dabei gehen jene von ihm unternommenen diplomatischen Missionen, die *nicht* nach Wien führten, eindeutig auf seine Funktion als Fürstenvertreter zurück[88]. Beispielsweise war er mehrfach in baye-

[81] Uiblein, Akten (wie Anm. 29), S. 70. Diese Aussage wurde anläßlich eines Festessens beim Rektor – anscheinend eine vorweihnachtliche Feier – gemacht: *in congregacione facultatis in commodo rectoris facto prandio fuit conclusum.*

[82] Uiblein, Akten (wie Anm. 29), S. 10.

[83] Ebd., S. XXV, 35 und 39.

[84] Vgl. Silvia Petrin, Geschichte des Marktes Perchtoldsdorf von den Anfängen bis 1683 (1962) S. 267.

[85] Uiblein, Akten (wie Anm. 29), S. 110f.

[86] Ebd., S. 70. Allerdings geht aus den Fakultätsakten nicht eindeutig hervor, ob Himmel tatsächlich zur Verfügung gestanden wäre. Eine Woche zuvor, am 12. Dezember 1431, war er jedoch für diese Predigt bereits vorgesehen. Himmel lehnte aber mit dem Hinweis ab, daß Fluck bereits zugesagt habe. Wußte er damals bereits, daß er sich für einen landesfürstlichen Auftrag zur Verfügung halten müsse?

[87] Der Basler Delegation, die in Wien am 24. und 25. Februar 1435 vor Landesfürst und Universität Ansprachen hielt, galt Himmel unwidersprochen als Gesandter auch der Hohen Schule. Vgl. MC 1, S. 628.

[88] MC 1, S. 187 und 279 bzw. CB 2, S. 164: *Magister Johannes Celi ambassiator universitatis Wiennensis* (zum 11. Juli 1432). Bei den Verhandlungen mit den Hussiten wird Himmel aber eindeu-

rischen Angelegenheiten unterwegs und wurde im November 1434 als Gesandter des Konzils zum Breisacher Reichstag nominiert[89]. Protokollstellen wie *procurator universitatis Wiennensis nomine ducis Alberti* geben davon Zeugnis, daß die Konzilsbeamten durchaus nicht imstande waren, seine »Doppelfunktion« auseinanderzuhalten[90].

In der Zwischenzeit erhielten Ebendorfer und Himmel aber weitere Unterstützung aus Wien. Am 8. April 1434 erfahren wir, daß *dux Austrie Albertus [...] doctorem unum in theologia studii Wienensis Narcissum nomine* als seinen Gesandten nach Basel entsandt hatte, um Visitation und Reform der Klöster in seinen Territorien voranzutreiben[91]. Die Herausgeber vermuteten hinter diesem nicht sehr geläufigen Namen einen Schreiberirrtum und argumentierten daher für eine Weiterbefassung Himmels in dieser Angelegenheit[92]. Ihre Einwände sind aber nicht stichhaltig, denn aus anderen Quellen geht eindeutig hervor, daß Magister Narcissus Herz eben mit diesen Aufgaben betraut worden war und daß er ein Jahr später auch als Mitglied der vom Konzil eingesetzten Visitationskommission wirkte[93].

Wenn Himmel im Zusammenhang mit dem Konzil überhaupt erwähnt wird, dann meistens mit der Bemerkung, daß seine eigentliche Stärke im diplomatischen Geschick und in seinen administrativen Fähigkeiten lag[94]. Dennoch sei nicht vergessen, daß er am Konzil 1434 zum Präsidenten der Kommission *de fide* gewählt wurde[95]. Es wäre daher verfehlt, diesem Kanoniker von St. Stephan und späteren Domherrn von Olmütz[96] besondere theologische Talente

tig als *orator ducis Austrie Alberti* (ebd., S. 535) genannt – also in deutlicher Unterscheidung zu Ebendorfer als Universitätsvertreter.

89 MC 1, S. 808 bzw. CB 2, S. 164, 189 und 264; CB 3, S. 546 und CB 4, S. 63. Spätestens 1436 bekleidete Himmel eine besondere Vertrauensposition am Konzil. Dies hing vermutlich mit seinen Aufgaben in der *Deputatio de fide* zusammen. Damals war bei allen wichtigen Beratungen im kleinen Kreis um Kardinal Niccolò Albergati, dem Legaten Eugens IV., zugegen. Vgl. dazu CB 4, S. 103f. und 106f.

90 CB 3, S. 5. Vgl. aber dazu CB 2, S. 535.

91 CB 5, S. 126.

92 CB 5, S. 126 mit Anm. 3.

93 Aschbach (wie Anm. 40), S. 270 mit Verweis auf Zeibig (wie Anm. 39), S. 575-585 Nr. XXIXf. (Vollmacht und Fragepunkte für die Visitatoren). – Zu Narcissus vgl. Aschbach S. 453-455 Nr. 28 sowie Martin Grabmann, Magister Narcissus Herz, Theologieprofessor in Wien († 1442), Beilage zur Augsburger Postzeitung 1902, Nr. 61-63, S. 481f., 490-492 und 499-502.

94 So beispielsweise bei Aschbach (wie Anm. 40), S. 471 und danach bei Franz Josef Worstbrock/Dagmar Ladisch-Grube, Himmel, Johannes, von Weits, in: Die deutsche Literatur des Mittelalters – Verfasserlexikon 4 (1983) Sp. 24f. (»Zwischen etwa 1425 und 1450 war er einer der einflußreichsten Wiener Universitätslehrer«).

abzusprechen. Trotz der vielen Verwaltungsaufgaben – dreimal Rektor der Universität, zweimal Dekan der Artisten und gar siebenmal der Theologen[97] – fand er immerhin Zeit für eine beachtliche Seelsorge- und Predigttätigkeit. So engagierte er sich beispielsweise in einer in Wien wie am Konzilsort abgehaltenen Predigt über die unbefleckte Empfängnis Mariens[98], nahm auch zum Streit

[95] CB 4, S. 105 und 177. – Für seine Bedeutung in diesem Gremium spricht der ausdrückliche Vermerk in den jeweiligen Protokollen, daß – trotz seiner (häufigen) Abwesenheit – weitergearbeitet werden konnte. Darüber hinaus war er (gemeinsam mit dem Dominikaner Juan de Torquemada) Mitglied einer Kommission, welche eine Heiligsprechung des wegen seiner strengen Bußübungen verehrten Petrus von Luxemburg zu prüfen hatte. Dieser war als Kardinal des Gegenpapstes Klemens (VII.) im Alter von nur 18 Jahren am 2. Juli 1387 eines heiligmäßigen Todes gestorben. Dazu MC 1, S. 810. Außerdem war Himmel an zahlreichen Beratungen über ekklesiologische Detailfragen beteiligt (ebd., S. 827 und 865). – Zur zentralen Bedeutung der *Deputatio de fide* vgl. Helmrath (wie Anm. 1), S. 154.

[96] Eine Auflistung seines Pfründenbesitzes bei Uiblein, Acta Facultatis Artium (wie Anm. 32), S. 532. Außer einem Kanonikat bei St. Stephan in Wien, das er von 1430 bis zu seinem Verzicht (vor 12. Juli 1445) innehatte (dazu Göhler [wie Anm. 32] S. 252ff. Nr. 145), war er spätestens seit 18. März 1437 Domherr zu Olmütz (dazu Quellen zur Geschichte der Stadt Wien I/4 [1901] S. 298 Nr. 4682) und im Besitz der landesfürstlichen Pfarre Laa an der Thaya, die im Jahr 22 Mark Silbers einbrachte (ebd., I/1 [1895] S. 29 Nr. 148).

[97] Gleich nach seiner Rückkehr aus Basel, wo das Jahr 1436 eines der für ihn am ereignisreichsten gewesen ist (vgl. CB 4, S. 31, 63, 97f., 103f., 105ff., 177, 247), wurde er am 18. April 1437 nochmals zum Dekan der Wiener Theologenfakultät gewählt. Vgl. Uiblein, Akten (wie Anm. 29), S. 76. Allerdings ist Frank, Hausstudium (wie Anm. 79), S. 212 zu korrigieren, wonach Himmel als Dekan mit der Frage der umstrittenen Doktorpromotion des Frankfurter Dominikaners Johannes Streler befaßt war. Dies trifft für Ebendorfer als seinen Amtsnachfolger zu. – Über seine Rolle bei den Verhandlungen um Verlegung des Konzilsortes nach Wien informiert Koller, Princeps in Ecclesia (wie Anm. 73), S. 75 mit Anm. 166.

[98] Teilweise gedruckt bei Johannes Ludovicus Schönleben, Orbis universus votorum pro definitione piae et verae sententiae de immaculata conceptione Deiparae 4 (Clagenfurti 1659) S. 34f. Darin plädiert Himmel für die »Immaculata Conceptio B. V. Mariae«. Diese wurde im Dekret »Elucidantibus« der 36. Sessio vom 17. September 1439 von den Basler Konzilsvätern zum Glaubenssatz erhoben. Vgl. dazu Karl Binder, Die Lehre des Nikolaus von Dinkelsbühl über die Unbefleckte Empfängnis im Lichte der Kontroverse (Wiener Beiträge zur Theologie 31, 1970) S. 145f. Bester Überblick zu dieser Thematik in: The Dogma of the Immaculate Conception. History and Significance, hrsg. von Edward O'Connor (Notre-Dame [Indiana] 1958) S. 532-621. Zusammenfassend Helmrath (wie Anm. 1), S. 383-394 (»Mariologie: Das Dogma der Unbefleckten Empfängnis«). – Es ist bislang nicht gelungen, unter den zahlreichen – oft anonym verbreiteten – Konzilspredigten zu dieser Thematik, jene von Himmel zu identifizieren. Eine findet sich z.B. in der vom Klosterneuburger Augustiner-Chorherrn Kolomann Knapp aus Basel mitgebrachten Sammlung, über die Vidal (wie Anm. 52), S. 500 berichtet. Weitere, gleichfalls anonym überlieferte Predigten finden sich in BAV, cod. Pal. lat. 596, fol. 210^{v}-214^{v} und BAV, cod. Ross. lat. 685, fol. 116^{v}-125^{r}.

zwischen dem Klerus von St. Stephan und den Franziskanern in Sachen Beichtprivilegien Stellung[99] und besorgte für die am 14. April 1436 vom Konzil erlassene Ablaßbulle die amtliche *Epistola promulgatoria* für den Bereich der Salzburger Erzdiözese[100]. Hinzu kamen eine Reihe von lateinischen Musterpredigten (*Sermones scolaris*) sowie einfachere, etwa für die Basler Dominikanerinnen verfaßte Ansprachen in der Volkssprache[101]. Kurz gesagt: Johannes Himmel erweist sich als ein überzeugter Verfechter der Kirchenreform »in membris«, welche die Gesamtheit der »respublica christiana« erfassen sollte. Damit repräsentiert dieser von der Forschung wohl zu Unrecht Vergessene jedoch in geradezu symptomatischer Weise die eigentlichen Bedürfnisse und Anliegen dieses Reformkonzils.

***

Neben den Universitäten bzw. in engster Verbindung mit ihnen stellen die religiösen *Orden* den zweitstärksten Kader der konziliaren Idee dar[102]. Vor allem setzte die Basler Reformbewegung in jene Ordenszweige große und echte Hoffnungen, die eine Rückkehr zur strengen Observanz der ursprünglichen Regel anstrebten[103]. Es ist daher gewiß kein Zufall, daß gerade aus diesen Kreisen,

[99] Überliefert in Wien, ÖNB, CVP 3786, fol. 152r-156v. Über diese Angelegenheit wurde in einer Sitzung der theologischen Fakultät am 28. Juni 1440 befunden. Vgl. hierzu Uiblein, Akten (wie Anm. 29), S. 84.

[100] Dieses »amtliche Mitteilungsschreiben« (Franz Josef Worstbrock) ist gedruckt bei Ioannes Dominicus Mansi, Sacrorum Conciliorum nova, et amplissima collectio 29 (Venetiis 1788) Sp. 128-133. Vgl. Verfasserlexikon (wie Anm. 94), Sp. 25. Himmel war als *commissarius principalis a sacroscanta sinodo Basiliensi in materia indulgentiarum* hierfür zuständig.

[101] Zu den Handschriften vgl. Verfasserlexikon (wie Anm. 94), Sp. 25f. Dort auch Näheres über Himmels pastorales Engagement. Als Prediger trat Himmel erstmals in Erscheinung, als er – noch *magister artium* und Student der Theologie – am 19. April 1415 durch die theologische Fakultät mit der Pfingstpredigt betraut wurde. Vgl. Uiblein, Akten (wie Anm. 29), S. 33. – Zur Einführung der Observanz in das Dominikanerinnenkloster »An den Steinen« vgl. Eugen Hillenbrand, Die Observantenbewegung in der deutschen Ordensprovinz der Dominikaner, in: Reformbemühungen und Observanzbestrebungen im spätmittelalterlichen Ordenswesen, hrsg. von Kaspar Elm (Berliner Historische Studien 14 = Ordensstudien 6, 1989) S. 238f. und 248 bzw. Emil A. Erdin, Das Kloster der Reuerinnen Sancta Maria Magdalena an den Steinen zu Basel. Von den Anfängen bis zur Reformation (ca. 1230-1529), (1956) bes. S. 56ff.

[102] Vgl. hierüber Helmrath (wie Anm. 1), S. 121-132.

[103] Dazu vgl. Petrus Becker, Fragen um den Verfasser einer benediktinischen Reformdenkschrift ans Basler Konzil, StMGBO 74 (1964) S. 293-301 bzw. Luchesius Spätling, Der Anteil der Franziskaner an den Generalkonzilien des Spätmittelalters, Antonianum 36 (1961) S. 300-340, bes. 329ff. (Streit um die Einführung der Observanz innerhalb des Ordens, der auch im Rahmen des Basler Konzils ausgetragen wurde).

vor allem aber unter den Universitätsabsolventen aus den Orden auffallend viele bereit waren, sofort der Einladung zum Konzil nachzukommen[104].

Ausgehend von unterschiedlichen Voraussetzungen ist die jüngere Forschung dennoch zu einem gewissen Konsens gelangt, nach welchen Kriterien die Ordensbeteiligung an der Konzilsarbeit zu bewerten ist. Dabei wird deutlich, daß die Schwierigkeiten im Umgang mit dem konziliaren Gedankengute für die Vertreter der Bettelorden ungleich größer waren als für die in losen Verbänden bzw. Kongregationen zusammengeschlossenen Benediktiner oder Chorherren im süddeutschen Raum[105]. Dank der streng hierarchisch gegliederten Ordensstrukturen der Bettelorden waren ihre Mitglieder stets an die Haltung ihrer – zumeist propäpstlich eingestellten – Ordensgeneräle gebunden[106].

Im Falle des Dominikanerordens, aus dessen Reihen unser drittes Beispiel kommt, blieben die beiden deutschen Provinzen offiziell neutral: Der Generalmagister Barthélemy Texier (1426-1449) war zwar den Basler Konzilsvätern inkorporiert, trat aber bald auf die Seite Eugens IV.[107], ohne indes seine Mitbrüder dafür zu bestrafen, daß einige recht prominente unter ihnen weiterhin zum Konzil hielten, sich sogar stark für den Konzilspapst engagierten[108].

Unter diesen ist – neben dem reformeifrigen Provinzvikar Johannes Nider[109] sowie Johannes Mayer vom Basler Konvent [110] und Gottfried Slussel aus Köln[111] – der gleichfalls aus Köln gebürtige, aber am Wiener Ordensstudium sowie an der dortigen theologischen Fakultät wirkende Heinrich Rotstock

[104] Dieter Mertens, Reformkonzilien und Ordensreform im 15. Jahrhundert, in: Reformbemühungen und Observanzbestrebungen (wie Anm. 101), S. 431-457; Adolar Zumkeller, Die Beteiligung der Mendikanten an der Arbeit der Reformkonzilien von Konstanz und Basel, ebd., S. 459-467; Kaspar Elm, Verfall und Erneuerung des Ordenswesens im Spätmittelalter. Forschungen und Forschungsaufgaben, in: Untersuchungen zu Kloster und Stift (Veröffentlichungen des Max-Planck-Instituts für Geschichte 68 = Studien zur Germania Sacra 15, 1980) S. 188-238.

[105] Vgl. die sehr differenzierten Bemerkungen bei Stieber (wie Anm. 2), S. 92-113 mit dem Hinweis, wonach »not a single Benedictine community in the Empire, however, is known to have sided with Eugenius IV« (S. 99f.).

[106] Beispielsweise stand einer der wenigen prominenten Franziskaner-Theologen an der Kölner Universität, Heinrich von Werl, als Anhänger Eugens IV. gegen das Basler Konzil unter seinen Universitätskollegen ziemlich allein. Vgl. hierzu Meuthen, Kölner Universitätsgeschichte 1 (wie Anm. 65), S. 158f.

[107] Über ihn informiert Thomas Kaeppeli, Scriptores Ordinis Praedicatorum Medii Aevi 1 (Romae 1970) S. 169-171.

[108] Stieber (wie Anm. 2), S. 104f. (Lit.). Für die – im Vergleich zum Konstanzer Konzil – relativ geringe Bedeutung der Ordensprediger in Basel vgl. Adolar Zumkeller, Der Augustinermagister Nicolinus von Cremona und seine Septuagesimapredigt auf dem Basler Konzil, Annuarium Historiae Conciliorum 3 (1971) S. 29-70.

(† 1447) besonders hervorzuheben[112]. 1417 bat er gemeinsam mit Ebendorfer um die Zulassung als Biblicus[113]. Ab dem Studienjahre 1424/25 erscheint er in prominenter Stellung: Nun wird er zum ersten Mal Dekan der theologischen Fakultät, übernimmt die Stelle als Regens studii für seine Ordensbrüder und fungierte – 1424 – auch als Prior des Wiener Predigerklosters[114]. 1432 wirkte er zudem als Provinzvikar für die Natio Austriae und nannte sich *Regens stipendiatus in studio illustrissimi domini ducis Alberti*[115], dürfte aber kurz darauf das Vertrauen seiner Mitbrüder verloren haben. Er wurde nämlich 1434 von seinem Lehrstuhl verdrängt und erst drei Jahre später – 1437 – wieder in dieser Funktion bestätigt[116]. Die Ursachen dieser Verstimmung dürften einerseits in der im selben Jahre wieder eingeführten Reform des Wiener Konventes nach der strengen Observanz liegen[117], andererseits aber in Rotstocks Neigung, bei jeder sich bietenden Gelegenheit die Universität Köln als Vorbild für Leistung und akademisches Niveau seinen – in seinen Augen zu großzügigen – Wiener Kollegen vor-

[109] Über den aus Isny (Schwaben) Gebürtigen vgl. Aschbach (wie Anm. 40), S. 446-451 Nr. 25; Kaeppeli (wie Anm. 107), 2 (Romae 1975) S. 500-515 bzw. Kaspar Schieler, Magister Johannes Nider aus dem Orden der Prediger-Brüder. Ein Beitrag zur Kirchengeschichte des fünfzehnten Jahrhunderts (1885).

[110] Dazu vgl. – außer Kaeppeli 2 (wie Anm. 109), S. 476-480 – noch Johannes Meyer, Buch der *Reformacio Predigerordens*, hrsg. von Benedikt M. Reichert (Quellen und Forschungen zur Geschichte des Dominikanerordens in Deutschland 2/3, 1908/09) und Georg Boner, Das Predigerkloster in Basel von der Gründung bis zur Klosterreform 1233-1429, Basler Zeitschrift für Geschichte und Altertumskunde 33 (1934) S. 195-303 und 34 (1935) S. 107-259. Zum Reformeifer der Dominikaner im Südwesten des Reiches vgl. Hillenbrand (wie Anm. 101), S. 219-271.

[111] Fehlt bei Kaeppeli. Vgl. Meuthen, Kölner Universitätsgeschichte 1 (wie Anm. 65), S. 156.

[112] Über Heinrich Rotstock vgl. Kaeppeli, Scriptores 2 (wie Anm. 109) S. 216-218.

[113] Uiblein, Akten 1 (wie Anm. 29), S. 99. Diese Information wurde im ersten Teil der Dekanatsregister vom damaligen Dekan Johannes Fluck von Pfullendorf verschwiegen und erst von Thomas Ebendorfer während seines Dekanates eigenhändig nachgetragen (ebd., S. 35 mit Anm. X).

[114] Zu seinem Wirken als *regens studii* vgl. Frank, Hausstudium (wie Anm. 79), S. 206-222.

[115] Vgl. die Eintragung in Wien, Dominikanerkonvent, Ms 119/86, fol. 19r. Zu diesem Kodex siehe unten S. 156.

[116] Dazu Frank, Hausstudium (wie Anm. 79), S. 207.

[117] Diese wurde von Johannes Nider eingeführt im Einklang mit Impulsen, die von Basel und Nürnberg ausgingen. Dazu jüngsthin Hillenbrand (wie Anm. 101), S. 250f., der auch den Anteil des österreichischen Landesfürsten an der Klosterreform herausstreicht: »Für Herzog Albrecht wurde Klosterreform auch Universitätsreform« (ebd., S. 251). Ferner vgl. Frank, Hausstudium (wie Anm. 79), S. 214ff.

zuhalten[118]. Rotstock gehörte *nicht* zu jenen reformeifrigen Bettelmönchen, die sich eine Verbesserung der Ordenszustände vom Konzil erhofften. Seine mangelnde Begeisterung für die Armutsbestimmungen seiner Ordensobservanz wird sowohl durch die von diesem Kölner Patriziersohn bezogene Leibrente wie auch durch sein Verhalten in bezug auf seinen persönlichen Buchbesitz deutlich[119].

Rotstocks Bibliothek stellte in der Tat eine ansehnliche Sammlung dar. Schon 1432 besorgte er sich u.a. ein Exemplar der *Summa de ecclesiastica potestate* des Augustiner-Eremiten Augustinus Triumphus de Ancona[120], ein Werk, das in Konzilskreisen beachtliche Verbreitung erreichte[121], und von Job Vener zu jenen fünf Büchern gerechnet wurde, welche als Mindestausstattung einer anständigen, konziliaren Bibliothek zu gelten haben[122]. Später nützte Rotstock am Konzilsort auch jede Gelegenheit, seine Sammlung um aktuelle Stücke zu erweitern, wie etwa durch den *Tractatus de potestate universalis ecclesie* aus der Feder des Ludovico Pontano, des aragonesischen Auditors in Basel[123].

Dabei darf der besondere Stellenwert des Basler Predigerkonventes während des Konzils nicht außer acht gelassen werden. Hier war ein leistungsfähiges Skriptorium für den ordensinternen Eigenbedarf beheimatet, wo die

[118] Rotstock verstand es sogar zu verhindern, daß Studierende aus dem eigenen Orden in Wien zum Magisterium der Theologie zugelassen wurden, weil sie den Normen der Kölner Universität nicht entsprochen hatten. Vgl. Frank, Hausstudium (wie Anm. 79), S. 219f. Näheres darüber bringt Gabriel Löhr, Epistolae magistri Henrici Rotstock O.P. missae ex concilio Basiliensi anno domini 1439 ad facultatem theologicam universitatis Viennensis, Analecta S. Ordinis Fratrum Praedicatorum 19 (1929/30) S. 39-46 und 86-91, bes. 43-45. Unter den von ihm als »großzügige« Kollegen Apostrophierten befanden sich sowohl Ebendorfer als auch Himmel, die gemeinsam mit dem Prior der Wiener Dominikaner Johannes Egnolf den Ordensnachwuchs unterstützten. Aus Löhrs Edition geht eindeutig hervor, daß zusätzliche Aufzeichnungen von Rotstock damals noch vorhanden waren, die im Zweiten Weltkrieg wohl verlorengegangen sind.

[119] Aus Familienbesitz in Köln bezog er Leibrente. Am 12. August 1438 vereinbarte er in Wien einen Vertrag mit Prawn von Lechenich und dessen Hausfrau Alheit, wonach sich diese verpflichteten, ihm eine jährliche Rente zu zahlen. Vgl. Frank, Hausstudium (wie Anm. 79), S. 207-209.

[120] Heute Wien, Dominikanerkloster, Ms 119/86 (mit mehrfachem eigenhändigen Besitzvermerk: fol. 19^r, 21^r, 356^r und 434^r).

[121] Zur Verbreitung vgl. Adolar Zumkeller, Manuskripte von Werken der Autoren des Augustiner-Eremitenordens in mitteleuropäischen Bibliotheken (Cassiciacum 20, 1966) S. 77f.; Katherine Walsh, Augustinismus und Konziliarismus in Tirol. Entstehungsgeschichte und ekklesiologischer Stellenwert einer Brixner Handschrift, in: Kunst und Kirche in Tirol. FS zum 70. Geburtstag von Karl Wolfsgruber, hrsg. von Josef Nössing und Helmut Stampfer (Bozen 1987) S. 47-53; und Dies., Augustinus de Ancona as a conciliar authority (wie Anm. 26).

[122] Vgl. Heimpel, Die Vener von Gmünd (wie Anm. 25), S. 1292f.

gewichtigsten Abhandlungen zur Souveränitätsproblematik sowie zu aktuellen theologischen Fragen oft mehrfach abgeschrieben wurden[124]. Dieser Konvent war und blieb auch während der vierziger Jahre des 15. Jahrhunderts ein reges Reformzentrum im Sinne des Konzils, eine Tatsache, die auch in seinem Bücherbesitz dokumentiert wird[125]. Auch ein Predigerbruder, der sich nach 1437 gegen das Konzil stellte, wie der spätere Kardinal Juan de Torquemada, erwarb einen Teil seiner stattlichen Bibliothek während der Konzilsjahre in Basel[126].

[123] Heute Wien, Dominikanerkloster, Ms 195/60. Der Verfasser, der erst nach Eugens IV. Absetzung ganz auf konziliaristischen Kurs schwenkte, starb bereits wenige Wochen danach am Konzilsort an der Pest (1439). Rotstock notierte gleich zweimal (fol. 34^v und Einlageblatt vor fol. 43), daß er diese Handschrift am Feste des hl. Jakobus (25. Juli) 1439 in Basel käuflich erworben habe. Vgl. Frank, Hausstudium (wie Anm. 79), S. 209f. bzw. Ders.: Der antikonziliaristische Dominikaner Leonhard Huntpichler. Ein Beitrag zum Konziliarismus der Wiener Universität im 15. Jahrhundert, AÖG 131 (1976) S. 183. – Zu Pontano vgl. Pompeo Falcone, Lodovico Pontano e la sua attivitá al Concilio di Basilea, 1436 - 1439 (Spoleto 1934); Paolo Nardi, Mariano Sozzini, giureconsulto senese del Quattrocento (Quaderni di Studi senesi 32, Milano 1974), ad indicem; Winfried Küchler, Alfons V. von Aragon und das Basler Konzil, in: Gesammelte Aufsätze zur Kulturgeschichte Spaniens (= Spanische Forschungen der Görresgesellschaft, Reihe I/23 [1967]) S. 131-146 und Helmrath (wie Anm. 1), S. 242. Eher negativ gehalten ist das Urteil von Guido Kisch, Enea Silvio Piccolomini und die Jurisprudenz (Basel 1967) S. 77f.

[124] Philipp Schmidt, Die Bibliothek des ehemaligen Predigerklosters in Basel, Basler Zeitschrift für Geschichte und Altertumskunde 18 (1919) S. 160-254; Angelus Walz, Dominikaner an der jungen Universität Basel (1460 - 1515), ebd., 58/59 (1959) S. 139-153, bes. 140; Martin Steinmann, Ältere theologische Literatur am Basler Konzil, in: Xenia Medii Aevi Historiam illustrantia oblata Thomae Kaeppeli O.P., hrsg. von Raymundus Creytens / Pius Künzle, 2 (Storia e letteratura 142, Roma 1978) S. 471-482 und Max Burckhardt, Bibliotheksaufbau, Bücherbesitz und Leserschaft im spätmittelalterlichen Basel, in: Studien zum städtischen Bildungswesen des späten Mittelalters und der frühen Neuzeit, hrsg. von Bernd Moeller / Hans Patze / Karl Stackmann (= Abhandlungen der Akademie der Wissenschaften in Göttingen, phil.-hist. Klasse 3. Folge, Nr. 137, 1983) S. 33-52.

[125] Neben den in Anm. 124 genannten Werken vgl. noch Johannes Meyer, Reformacio Predigerordens (wie Anm. 110), und Hillenbrand (wie Anm. 101), S. 236ff.

[126] Eine umfassende Untersuchung von Torquemadas Bücherbesitz steht noch aus. Vgl. derzeit Thomas Kaeppeli, Antiche biblioteche domenicane in Italia, Archivum Fratrum Praedicatorum 36 (1966) S. 5-80, bes. 60-63; Jacinto Maria Garrastachu, Los Manuscritos del Cardenal Torquemada en la Biblioteca Vaticana, La Ciencia Tomista 22 (1930) S. 189-217 und 292-322. Unter den in Basel von ihm erworbenen Texten befinden sich zwei Handschriften süddeutscher Provenienz (heute BAV, codd. Barb. lat. 611 und 715). Die beiden Bände, deren Zugehörigkeit zu einander bislang unbeachtet geblieben war, enthalten eines der selten vollständigen Exemplare von Heinrichs von Langenstein über fünf Studienjahre gehaltener Vorlesung *Super Genesim*. Vgl. dazu Katherine Walsh, Heinrich von Langenstein's Commentary on Genesis in the library of Cardinal Juan de Torquemada O.P. A note on BAV, Barb. lat. 611 and 715, in: Miscellanea Bibliothecae Apostolicae Vaticanae 6 (Città del Vaticano 1991, im Druck).

Heinrich Rotstock hatte anläßlich einer Krankheit 1434 einen Teil seiner Büchersammlung den Wiener Dominikanern vermacht[127]. Nach der – anscheinend unerwarteten – Genesung wollte er diese Schenkung widerrufen, geriet dabei aber in zusätzliche Schwierigkeiten mit seinen Mitbrüdern. Neben der Auseinandersetzung um seinen Lehrstuhl dürfte der Streit um seine Bibliothek ein weiterer Grund für Rotstocks Entscheidung gewesen sein, an das allgemeine Konzil zu appellieren und persönlich nach Basel zu reisen.

Aufgrund einer irreführenden, dennoch in der Forschung aufscheinenden Behauptung, wonach Thomas Ebendorfer an der Spitze einer größeren Delegation die Wiener Universität in Basel vertreten habe, vermutete auch Joachim Stieber, daß Rotstock ebenfalls als Universitätsbeauftragter zum Konzil gereist sei[128] – etwa als Mitglied einer zwar gelegentlich unterbrochenen, aber dennoch kontinuierlichen Kette von Vertretern in den späten dreißiger Jahren. Etwas vorsichtiger verhielt sich Isnard W. Frank, wenn er meinte: »in wessen Diensten der Wiener Regent eigentlich nach Basel kam, muß auch heute [1968] eine offene Frage bleiben«[129]. So offen dürfte aber diese Frage gar nicht sein: Die Eintragung im Protokoll des Konzilsnotars Jakob Hüglin anläßlich Rotstocks Inkorporation in die Konzilsväter am 23. Juni 1439 spricht wohl eine eindeutige Sprache. Während alle anderen, an diesem Tage inkorporierten Teilnehmer mit dem Hinweis auf ihre Funktion als Vertreter einer Person oder einer Körperschaft genannt werden, finden wir im Falle von Rotstock lediglich die Angabe: *Magister Heinricus Roitsteck de Colonia ordinis Praedicatorum sacre theologie professor*[130]. Von Wien – weder Landesfürst noch Universität oder Dominikanerkonvent – findet sich keine Silbe. Demnach nahm er in eigener Sache, als Ordensmann und Theologieprofessor, am Konzil von Basel teil[131].

[127] Näheres hierzu bei Frank, Hausstudium (wie Anm. 79), S. 207 ff. Dies war sicherlich auch ein Grund für die mehrfachen Besitzvermerke in seinen Büchern. Ähnlich war auch die Tendenz seitens des Wiener Predigerklosters, dessen Ansprüche gleichfalls mehrfach festgehalten wurden, so etwa *Iste liber est conventus Viennensis ordinis fratrum predicatorum in Austria* in Ms 119/86, fol. 18^{v}, 218^{v} und 435^{v}.

[128] Stieber (wie Anm. 2), S. 83.

[129] Frank, Hausstudium (wie Anm. 79), S. 208.

[130] CB 6 (1926) S. 520.

[131] Als solcher stellte er allerdings keine Ausnahme dar. Am 3. Oktober 1439 wurden *dominus Johannes Lapicida de Koennegeshofen magister in artibus studens universitatis Wiennensis per quatuor annos* sowie am 27. Mai 1440 *magister Johannes de Patavia magister in artibus studii Viennensis* den Konzilsvätern inkorporiert (vgl. CB 6, S. 605 bzw. 7, S. 147), ohne daß diese irgendeine Vertretung übernommen hatten.

Vier Tage nach seiner Inkorporation wurde am 27. Juni 1439 Rotstocks Bittschrift hinsichtlich seiner Lehrtätigkeit unter den Wiener Mitbrüdern behandelt. Dabei wurde ihm die Unterstützung durch eine Konzilskommission in Aussicht gestellt[132]. Fast ein Jahr später, am 7. Mai 1440, kam eine weitere Supplik Rotstocks vor die Generalversammlung des Konzils. Diesmal ging es um das Schicksal seiner Bücher. Nun wird deutlich, warum Rotstock die seinerzeitige Schenkung widerrufen wollte. Er wollte frei darüber verfügen können, um seine Bibliothek eventuell seinem Heimatkloster in Köln zu vermachen, da er sich von den Wiener Dominikanern ungerecht behandelt fühlte[133]. Mittlerweile hatte er sich den Konzilsvätern, vor allem aber dem Erzbischof von Arles, Kardinal Louis d'Aleman, als Präsident der Synode, nützlich gemacht. Noch im Jahre 1439 war er von Basel nach Köln gereist, um vor der Universität die vom Konzil ausgesprochene Absetzung Eugens IV. zu verkünden[134]. Unter den nun bekannten Umständen dürfte es nicht verwundern, warum er sich damals in die dortige Universitätsmatrikel eintragen ließ: Als Absicherung seiner schwierigen Stellung in Wien, wo während seiner Abwesenheit weiter an seiner *professura stipendiata* gesägt wurde[135]. Kurz darnach wurde er – offensichtlich in Anerkennung des für das Konzil Geleistete – von der Kirchenversammlung zum *poenitentiarius magnus* ernannt[136].

Die noch 1440 erfolgte Rückkehr des streitbaren Dominikaners nach Wien bestätigt den aus seiner Korrespondenz gewonnenen Eindruck, wonach die Spannungen um seine Person vorwiegend ordensinternen Charakter hatten[137]. Vom Konzilsort sowie von seiner Reise nach Köln berichtete Rotstock in fünf Schreiben an die Wiener Theologenfakultät, über seine dortige Tätigkeit jedoch in einem Tone, der gegenseitige Hochachtung und gemeinsames Interesse an

[132] CB 6, S. 534 (zum 27. Juni 1439). – Zu den Suppliken vgl. Guy P. Marchal, Supplikenregister als codicologisches Problem: Die Supplikenregister des Basler Konzils (Genf, Ms lat. 61/ Lausanne, G 863), Basler Zeitschrift für Geschichte und Altertumskunde 74 (1974) S. 201-235.

[133] CB 7, S. 116f.

[134] Diese Legation scheint nur aus Rotstocks eigener Korrespondenz bekannt zu sein. Vgl. Löhr, Epistolae (wie Anm. 118), bes. S. 42-45 (für den Text seines Briefes aus Köln vom 13. August 1439 an die Wiener Kollegen, worin er über diesen Auftrag berichtet). Ferner vgl. Frank, Huntpichler (wie Anm. 123), S. 126f.

[135] Hierbei nannte er sich *professor universitatis Wiennensis et Coloniensis*. Vgl. Hermann Keussen, Die Matrikel der Universität Köln 1: 1389 - 1475 (Bonn ²1928) S. 413 (Sommersem. 1439).

[136] Vgl. Lazarus (wie Anm. 10), S. 331.

[137] Aller Wahrscheinlichkeit nach spielte hierbei der krasse Widerspruch zwischen Rotstocks Lebensstil und den Forderungen der strengen Observanz eine entscheidende Rolle. Vgl. oben S. 156 mit Anm. 119.

der Förderung der konziliaren Idee verrät, ohne dabei seine Kritik an den laxen Zuständen in Wiener Theologenkreisen zu verbergen[138]. Nach seiner Rückkehr wurde er 1441 von der Fakultät wiederum zum Dekan gewählt[139], ein Amt, das er 1446 – ein Jahr vor seinem Tode – noch ein weiteres Mal bekleidete[140]. Seine Auffassung deckte sich vollinhaltlich mit der selbständigen Haltung der Fakultät im Hinblick auf das Basler Konzil und die Autorität des Papstes[141].

Daher wundert es wohl kaum, wenn – ausgerechnet während Rotstocks Dekanat – die Wiener Theologen am 15. März 1442 in einem Gutachten für den Erzbischof von Salzburg, Friedrich Truchseß von Emmersberg, von Eugen IV. lediglich als »olim« oder »quondam papa« sprachen[142]. Sie bezogen damit eine Stellung, die weit über die damals von Königshof und Kurfürstenkolleg vereinbarte Neutralität hinausging[143].

Anders als Ebendorfer, der nur seine Universität vertrat, anders aber auch als Himmel, der in erster Linie seinem Landesfürsten und fallweise auch seiner Alma mater am Konzilsort gefällig war, ist der Dominikaner Heinrich Rotstock ein gutes Beispiel für die Appellation einer Einzelperson an das Konzil[144]. Im Streit um seinen Universitäts-Lehrstuhl sowie um seine persönliche Büchersammlung hoffte er, durch ein öffentliches Forum sogar gegenüber ebenfalls dort vertretene Körperschaften Recht zu bekommen. In einem Fall war er erfolgreich, im anderen nicht: Sein Lehrstuhl blieb ihm erhalten, seine Bibliothek – und heute ist man dafür dankbar – verblieb in Wien.

[138] Löhr, Epistolae (wie Anm. 118), S. 43-45. – Allerdings dürfte sein eigenes wissenschaftliches Ansehen nicht allzu hoch gewesen sein. Abgesehen von den Pflichtübungen im Verlaufe seines theologischen Studiums und einem kurzen Gutachten, worin er – ähnlich wie seine Wiener Fakultätskollegen – den Laienkelch entschieden ablehnte, hinterließ er kaum Spuren eigener akademischer bzw. literarischer Tätigkeit. Vgl. Kaeppeli, Scriptores 2 (wie Anm. 109), S. 217f.

[139] Vgl. Uiblein, Akten (wie Anm. 29), S. 117. Dabei folgte er unmittelbar auf Johannes Himmel, der 1440/41 gleich durch zwei Amtsperioden dieses Amt innegehabt hatte (ebd., S. 85f.).

[140] Ebd., 124. Insgesamt fungierte er zwischen 1424 und 1446 fünfmal als Dekan, was nicht gerade für Unbeliebtheit bei den Kollegen spricht (ebd., S. XXVIf. und 649 [Register]).

[141] Vgl. die vom Rektor der Wiener Universität, dem Mediziner Dietmar Hinderbach, und von Johannes Himmel als Dekan der theologischen Fakultät abgefaßte Solidaritätserklärung für das Konzil. Diese wurde am 14. Februar 1441 in Basel vorgelesen: *Deinde lecte fuerunt bine littere per magistrum Michaelem socium scripte sacro concilio, una ex parte decani et facultatis theologice Wyennensis et alia rectoris et suppositorum dicte universitatis, per quas ipsi nominant hoc concilium Basiliense esse verum concilium etc.* (CB 7, S. 313).

[142] Gedruckt in: Deutsche Reichstagsakten unter Kaiser Friedrich III., 2. Abteilung: 1441-1442, hrsg. von Hermann Herre / Ludwig Quidde (= DRTA 16, 1928) S. 289-292 Nr. 128. Vgl. dazu die Einleitung S. 214f. bzw. Stieber (wie Anm. 2), S. 83.

[143] Zur Neutralitätspolitik vgl. ebd., S. 132-189 und Helmrath (wie Anm. 1), S. 289ff.

****

Für die Konzilsmacht politisch am schwersten, da mit starkem Prestigegewinn verbunden, wogen verständlicherweise die *Fürstengesandten*, denn sie bildeten in der Tat »ein wesentliches Ferment seines Innenlebens«[145]. Ihr zeremoniöser Einzug stellte daher – liest man in den tagebuchartigen Aufzeichnungen etwa des Venezianers Andrea Gatari[146] – stets einen mit allerhand Hoffnungen und Erwartungen verbundenen spektakulären Höhepunkt im Alltag der Synode dar.

Solches galt auch für die offizielle Vertretung des österreichischen Landesfürsten, Herzog Albrechts V., die am 28. Juni 1432 am Konzilsort eingetroffen war[147] und wenige Tage später nach der üblichen Eidesleistung (*medio iuramento*) den Konzilsvätern eingegliedert wurde[148]. An ihrer Spitze stand der als Diplomat erfahrene und als trefflicher Verwalter geschätzte Bischof von Freising, eines gerade in den Ländern der Domus Austriae begüterten Salzburger Suffraganbistums[149]. Als solcher verstand sich dieser nicht bloß als Mitglied seines Standes in der kirchlichen Hierarchie, sondern hatte überdies auch als verlängerter Arm eines kirchenpolitisch stark engagierten Landesherrn zu fungieren[150] – eines Fürsten also, der ihn anfangs für diese geistliche Würde sogar abgelehnt hatte[151].

144 Miethke, Konzil (wie Anm. 9), S. 752f.; Helmrath (wie Anm. 1) S. 151ff.

145 Ebd., S. 103 (Zitat). Unter Verweis auf das Vorgehen der aragonesischen Konzilsgesandten (1443) setzt dieser deren Abreise »einer politischen Katastrophe« gleich (S. 104).

146 Diario del Concilio di Basilea di Andrea Gatari 1433-1435, hrsg. von Giulio Coggiola, in: CB 5, S. 375-442. Zuvor schon in deutscher Übersetzung zugänglich: Andrea Gattaro von Padua. Tagebuch der Venetianischen Gesandten beim Concil zu Basel (1433-1435), übersetzt von H. Zehntner, hrsg. von Rudolf Wackernagel, Basler Jahrbuch 1885, S. 1-58.

147 Die Abreise von Freising hatte sich durch dringende Geschäfte des Bischofs verzögert (Wien, ÖNB, CVP 4680, fol. 260v). Vgl. Eberstaller, Thomas Ebendorfers erster Bericht vom Baseler Konzil an die Wiener Universität (wie Anm. 44), S. 313, wo aus CVP 4954, fol. 57r-v ein Schreiben Ebendorfers vom 1. Juli abgedruckt ist, das über die ersten Tage des Aufenthaltes in Basel unterrichtet (S. 313-317).

148 *Quibus completis et regraciacionibus factis, episcopus Frinsingensis*(!) *supradictus et alii duo doctores* (= Thomas Ebendorfer und Johannes Himmel) [...] *medio iuramento fuerunt incorporati* (CB 2, S. 156). Das Kredenzialschreiben Herzog Albrechts V. für *Nichodemo de Laschala, episcopo Frisingensi, amico et consiliario suo carissimo,* wurde indes erst am 8. Juli vor den *octo generales congregaciones* verlesen (MC 2, S. 209f.).

149 Hierzu vgl. zuletzt Josef Maass, Das Bistum Freising im Mittelalter (Geschichte des Erzbistums München und Freising, 1986).

150 Zur »Multifunktionalität« der Konzilsteilnehmer vgl. die grundsätzlichen Aussagen bei Helmrath (wie Anm. 1), S. 71f.

Denn Nicodemo della Scala († 1443), von dem hier die Rede sein soll, war als Abkömmling des berühmten Veroneser Signorengeschlechtes selbst ein Landfremder, der weder mit den Landessitten vertraut war noch die Sprache seiner Untertanen genügend kannte[152], als er am 20. März 1422 vom Papst erneut mit diesem Bistum providiert wurde[153]. Doch gelang es verschiedenen Bemühungen, nicht zuletzt aber seiner eigenen Umsicht und seinem diplomatischen Geschick, den österreichischen Herzog rasch umzustimmen, so daß dieser schon am 18. September 1422 mit ihm ein Beistandsbündnis gegen jedermann abschloß, ausgenommen den Papst, die römische Kirche und das Reichsoberhaupt[154].

Albrecht V. brauchte in der Tat diesen Vertrauensbeweis nicht zu bereuen, denn dank Nicodemos verständiger Art, seiner stets loyalen Haltung – insbesondere in den schwierigen Jahren des Passauer Bistumsstreites 1423-1429[155] –,

[151] Vgl. Koller, Princeps in Ecclesia (wie Anm. 73), S. 119ff. – Zu Nicodemos Persönlichkeit und zu seinem schwierigen Amtsantritt vgl. Hubert Strzewitzek, Die Sippenbeziehungen der Freisinger Bischöfe im Mittelalter (Beiträge zur altbayerischen Kirchengeschichte 16, 1938) S. 215-217 Nr. 35; John Easton Law, Venice, Verona and the Della Scala after 1405, Atti e memorie della Accademia di agricoltura, scienze e lettere di Verona, anno accademico 1977/78, serie 6/29 (154 [Verona 1979]) S. 157-185 und Maass (wie Anm. 149), 296ff. sowie Alfred A. Strnad, Della Scala, Nicodemo, in: Dizionario Biografico degli Italiani 37 (Roma 1989) S. 453-456 (Lit.).

[152] Mit dem Argument, »es sei zudem ein Ding der Unmöglichkeit, einem weder mit den Landessitten noch mit der Sprache vertrauten Mann eine so verantwortungsvolle Stellung zu übertragen«, verwies Herzog Albrecht V. bei seiner anfänglichen Ablehnung Nicodemos auf die Kanzleiregeln Papst Alexanders V., welche in § 24 das *proprium ydioma* für den Bewerber verlangten. Vgl. Emil von Ottenthal, Regulae cancellariae apostolicae. Die päpstlichen Kanzleiregeln von Iohannes XXII. bis Nicolaus V. (1888) S. 168. Dazu Koller (wie Anm. 73) S. 123.

[153] ASV, Reg. Lat. 221, fol. 126^r-127^v. Schon am 29. März 1420 war Nidocemo erstmals mit dem Bistum Freising providiert worden. Vgl. Repertorium Germanicum IV/3, bearb. von Karl August Fink (1958) Sp. 2817. Maass (wie Anm. 149), S. 297, der Conradus Eubel, Hierarchia catholica medii aevi 1 (^{2}1913) S. 255 folgt, verwechselt die beiden Daten und führt daher den »29. März 1422« als (letztes) Provisionsdatum an.

[154] Regest bei Fürst E(duard) M(aria) Lichnowsky (und Ernst Birk), Geschichte des Hauses Habsburg 5: Vom Regierungsantritt Herzog Albrecht des Vierten bis zum Tode König Albrecht des Zweiten (1841) S. CLXXXVIII Nr. 2087. Am 10. Oktober 1422 verband sich der Bischof mit Erzherzog Ernst von Österreich und versprach diesem, von seinen in dessen Ländern gelegenen Besitzungen ohne dessen Willen keinen Krieg zu beginnen (ebd., Nr. 2091). Bereits am 26. August 1422 war Nicodemo in Nürnberg von König Siegmund mit den Reichsregalien belehnt worden. Vgl. Wilhelm Altmann, Die Urkunden Kaiser Sigmunds (Reg. Imp. 11, 1896) S. 356 Nr. 5065.

[155] Dazu vgl. im Anschluß an Koller, Princeps in Ecclesia (wie Anm. 73), die Arbeiten von Karl Amon, Ein steirischer Briefwechsel zum Passauer Schisma aus dem Jahre 1425, Zeitschrift des Historischen Vereins für Steiermark, Sonderband 14 (1967) S. 33-48 sowie von Paul Uiblein, Neue

vor allem aber seiner vernünftigen Regierungsweise gestaltete sich das beiderseitige Verhältnis recht erfreulich. Es führte sogar zu jener – keineswegs erwarteten – engeren Bindung zwischen beiden, als deren Kulminationspunkt Nicodemos Delegierung an die in Basel zusammengetretene Kirchenversammlung als offizieller Vertreter des Habsburgers gelten kann[156].

Vielleicht trug dazu auch des Bischofs älterer Bruder, Brunoro della Scala, bei, der zeit seines Lebens als bestellter Reichsvikar über Verona und Vicenza zum engsten Gefolge König Siegmunds von Luxemburg gehörte, dem er besondere bei dessen Italienzug (1431/33) wertvolle Dienste leistete[157]. Als Brunoro am 21. November 1434 gelegentlich eines Aufenthaltes in Wien vom Tod ereilt wurde, setzte man seinen Leichnam in der Kirche der Augustiner-Eremiten nahe der Burg bei, wo sich seit 1424 die Familiengruft befand[158]. Doch hat sich auch ein 1897 in der Singertor-Vorhalle der Wiener Stephanskirche aufgefundenes, heute im Historischen Museum der Stadt verwahrtes Wandgemälde erhalten[159], das der Kunsthistoriker Giuseppe Fiocco aus stilistischen Gründen für eine Jugendarbeit des Stefano da Verona hält[160]. Auf Grund der Darstellung des von

Dokumente zum Passauer Bistumsstreit (1423 - 1428), in: FS Franz Loidl 3 (1971) 291-355; Kopialbuch (wie Anm. 37), bes. S. 20ff. und zuletzt Dokumente zum Passauer Bistumsstreit von 1423 bis 1428. Zur Kirchenpolitik Herzog Albrechts V. von Österreich (Paris, Bibl. Nat. lat. 1515), (Fontes rerum Austriacarum II/84, 1984).

[156] Das offizielle Kredenzschreiben des Herzogs an das Konzil (Wien, 4. Mai 1432) ist ungedruckt. Eine Abschrift findet sich in BAV, cod. Regin. lat. 1017, fol. 162r-163r; auszugsweise in MC 2, S. 209f. Vgl. CB 2, S. 156.

[157] Über diesen vgl. Alfred A. Strnad, Della Scala, Brunoro, in: Dizionario Biografico degli Italiani 37 (Roma 1989) S. 389-393 (Lit.).

[158] Leopoldus Fischer, Brevis notitia urbis Vindobonae potissimum veteris ex variis documentis collecta. Editio altera, supplementum 2 (Vindobonae 1772) S. 123 verzeichnet dessen Grabinschrift: *Ob(iit) mag(nificus) et potens D(ominus) Bruno de la Scala, Veronae et Vicentiae D(ominus) Imperialis generalis*. Als erste war hier deren am 3. März 1424 verstorbene Schwester Caterina beigesetzt worden. Vgl. noch Paul Uiblein, Beziehungen der Wiener Medizin zur Universität Padua im Mittelalter, Römische Historische Mitteilungen 23 (1981) S. 282 mit Anm. 62, wo die dort bestatteten Skaliger aufgelistet sind.

[159] Zu diesem vgl. Gustavo Tànfani, Medizinische Bücher im Mittelalter. Beitrag zur Geschichte der paduanischen Ärztefamilie di Santa Sofia, Sudhoffs Archiv für Geschichte der Medizin 26 (1933) S. 191-195; Harry Kühnel, Die Leibärzte der Habsburger bis zum Tode Kaiser Friedrichs III., Mitteilungen des Österreichischen Staatsarchivs 11 (1958) S. 13-15; Ders.: Mittelalterliche Heilkunde in Wien (Studien zur Geschichte der Universität Wien 5, 1965) S. 39ff. sowie Uiblein, Beziehungen (wie Anm. 158), S. 274-276.

[160] Giuseppe Fiocco, Disegni di Stefano da Verona, Proporzioni 3 (1950) S. 56f. mit tav. XXXV/1. Diese Ansicht findet sich übernommen in: Europäische Kunst um 1400. Achte Ausstellung unter den Auspizien des Europarates (1962) S. 158f. Nr. 97.

seinem bärtigen Schutzpatron mit Pedum in der Rechten – wohl der Hl. Bruno, Gründer des Kartäuserordens – der thronenden Madonna präsentierten Stifters in vornehmer italienischer Kleidung[161] könnte es sich hierbei um eine bildliche Erinnerung an diesen, 1404 aus Verona geflüchteten Skaliger handeln[162]. Als solche verweist sie – auch wenn der Künstler weiterhin strittig ist[163] – jedenfalls recht deutlich in die Kunstrichtung der italienischen Frührenaissance.

Gewiß sprach für Nicodemos Entsendung nach Basel als hochrangiger Fürstenvertreter aber auch der Umstand, daß dieser – mit seinen Geschwistern (Brunoro, Paolo, Fregnano, Bartolomeo und Lauria [Oria]) – bereits 1417 am Konstanzer Konzil nachzuweisen ist, wo er König Siegmund und Papst Martin V. persönlich kennenlernte[164]. Schon damals scheint er in den Besitz eines Kanonikates mit Pfründe am Basler Domstift gekommen zu sein, wie aus seiner am 13. April 1419 in Florenz durch Martin V. vorgenommenen Aufnahme »in suum et sedis apostolice capellanum, commensalem et subdiaconum« hervorgeht[165]. Kurz darauf – am 6. Mai – supplizierte Nicodemo zudem um ein Kanonikat am Straßburger Domstift und dürfte dabei auch Erfolg gehabt

[161] Erstmals abgebildet in: Österreichische Kunstschätze, hrsg. von Wilhelm Suida 1 (1910) Heft 8, Taf. 57 (»Veronesischer Meister am Ende des 14. Jahrhunderts«). Vgl. Ders., Österreichs Malerei in der Zeit Erzherzog Ernst des Eisernen und König Albrecht II. (Artes Austriae 4, 1926) S. 25 (»Oberitaliener aus dem Altichierokreise gegen Ende des 14. Jahrhunderts«) und zuletzt bei Elga Lanc, Die mittelalterlichen Wandmalereien in Wien und Niederösterreich (Corpus der mittelalterlichen Wandmalereien Österreichs 1, 1983) S. 41f. mit Abb. 15-19.

[162] Hinfällig dürfte daher die ältere Vermutung sein, hier wäre der Paduaner Mediziner Galeazzo di Santa Sofia dargestellt, der 1394 bis 1405 als Professor der Medizin an der Wiener Universität wirkte. Dafür plädierte Alphons Lhotsky, Die Geschichte der Sammlungen. Von den Anfängen bis zum Tode Kaiser Karls VI., 1740 (FS des Kunsthistorischen Museums zur Feier des fünfzigjährigen Bestandes II/1, 1941--1945) S. 74 Anm. 171; Ders., Wiens spätmittelalterliches Landesmuseum: Der Dom zu St. Stephan, in: Ders., Aufsätze und Vorträge, hrsg. von Heinrich Koller/Hans Wagner 4 (1974) S. 65; bzw. Ders.: Zur Ikonographie (ebd.) S. 216 eingetreten ist. Vgl. noch Kühnel, Mittelalterliche Heilkunde (wie Anm. 159), S. 43 mit Taf. 1.

[163] Nach Esther Moench, Stefano da Verona: la quête d' une double paternité. Zeitschrift für Kunstgeschichte 49 (1986) S. 220 Anm. 2 ist dieses Werk »à rejeter du catalogue de Stefano«. – Zum Künstler selbst vgl. zuletzt (zusammenfassend) Giorgio Fossaluzza, Stefano di Giovanni ›da Verona‹ (1375 c. – Verona 1438), in: Arte in Lombardia tra Gotico e Rinascimento (Milano 1988) S. 240-247.

[164] Zum Aufenthalt in Konstanz vgl. Altmann, Reg. Imp. 11 (wie Anm. 154), S. 199 Nr. 2793 (zum 4. Januar 1418). Vgl. Strnad, Della Scala, Nicodemo (wie Anm. 151), S. 453 bzw. Repertorium Germanicum IV/3 (wie Anm. 153), Sp. 2817.

[165] Città del Vaticano, Archivio Segreto Vaticano (fortan: ASV), Diversa Cameralia 5, fol. 58^{v} und 59^{r}. Vgl. dazu Repertorium Germanicum IV/3 (wie Anm. 153), Sp. 2817.

haben, weil ein solches bei seiner Bestellung zum Bischof neu zu vergeben war[166].

Der Skaliger-Sproß war daher in Basel gewiß kein Unbekannter, als er am 5. Juli 1432 als Bischof und als Fürstengesandter dieser Versammlung inkorporiert und bald darauf mit Geschäften überhäuft wurde[167]. Dazu zählten nebst anderem vor allem die schwierigen Angelegenheiten der Hussiten, die er im Auftrag der Synode im besonderen zu führen hatte. Deswegen – und nicht zuletzt auch auf Grund der hierbei gezeigten Umsicht und des entfalteten Geschickes – wurde er schon am 24. September desselben Jahres als Abgesandter des Konzils zum Kurfürstentag nach Frankfurt am Main entsandt[168]. Dorthin begleitete ihn ein talentierter junger Mann aus dem Sienesischen, der eben erst nach Basel gekommen war, als Sekretär: Enea Silvio de' Piccolomini[169].

Ende Januar des folgenden Jahres – 1433 – verließ der Kirchenfürst bereits wieder den Konzilsort, um in seinem Bistum nach dem Rechten zu sehen[170], kehrte aber schon im April dorthin zurück: »vestido di coroto«, also in Trauer-

[166] Ebd., mit Verweis auf ASV, Reg. Suppl. 125, fol. 68r. Schon am 29. März 1420, dem Zeitpunkt der ersten Promotion Nicodemos mit Freising, hatte der Kuriale Giovanni Fieschi, Neffe des Kardinals Ludovico Fieschi, um diese Pfründen in Basel und Straßburg suppliziert (ASV, Reg. Suppl. 140, fol. 131r; vgl. Repertorium Germanicum IV/2 [1957] Sp. 1892).

[167] Zu den vielfältigen Aufgaben beim Konzil, vor allem innerhalb der *Deputacio pro communibus*, darunter bei den Verhandlungen mit den Abgesandten Papst Eugens IV. oder *in materia Bohemorum*, vgl. CB 2, ad indicem.

[168] CB 2, S. 228: *Pro ambassiata mittenda ad dietam Francfordie, in qua domini electores sacri imperii convenire debent, fuerunt nominati dominus episcopus Frinsingensis (!) et dominus Thomas de Bohemia* (= Ebendorfer), *super quo ad avisandum alias deputaciones fuit missus ad illas magister Hugo promotor*. Zwei Tage später (26. September) wurde ihnen der *primicerius studii Auinionensis* (d.i. Pierre Somard) als dritter Konzilsgesandter beigegeben. Vgl. MC 2, S. 260. Im *Reportatorium actorum sacri concilii Basiliensis* (Wien, ÖNB, CVP 5111, fol. 249r) wird seine Abreise aus Basel zum 28. September vermerkt: *in vigilia Michaelis episcopus Frisingensis, videlicet Nychodemus de Scala, fuit missus ad electores imperii racione concilii super ulteriori adhesione*. Schon am 26. September trat der Bischof von Cádiz Juan González als Berichterstatter im Konzilsverfahren gegen Eugen IV. an Nicodemos Stelle (CB 2, S. 231). – Die Rückkehr der Gesandtschaft aus Frankfurt ist zum 24. Oktober 1432 verzeichnet: *Dominus episcopus Frinsingensis, primicerius universitatis Auinionensis et magister Thomas de Wienna noviter venientes pro parte concilii de dieta Francfordie, ubi electores sacri imperii interfuerunt* [...] (ebd., S. 254f.).

[169] Enea Silvios erste Reise zu dem am 4. Oktober 1432 abgehaltenen Kurfürstentag in Frankfurt als Begleiter des Freisinger Bischofs dauerte vom 28. September bis 18. Oktober 1432. Vgl. Deutsche Reichstagsakten unter Kaiser Sigmund 4, hrsg. von Hermann Herre (= DRTA 10, 1900-1906) S. 522 Anm. 5 bzw. S. 574 bzw. Thea Buyken, Enea Silvio Piccolomini. Sein Leben und Werden bis zum Episkopat (1931) S. 22.

kleidung, da sein Bruder, der *miles* Bartolomeo gestorben war[171]. Als Nicodemo späterhin nach Wien kam, stattete ihm der Rektor der dortigen Universität einen Dankesbesuch ab, zumal der Kirchenfürst die beiden Universitätsangehörigen Ebendorfer und Himmel wie Gäste in seinem Haus in Basel eine Zeitlang auf liberalste Weise schadlos gehalten hatte[172]. Auch der ansonsten im Lob eher karge Ebendorfer vermochte neben der großen Zuvorkommenheit, mit der man ihn in Basel behandelt hatte, Güte und Noblesse des Freisinger Bischofs nicht genug zu rühmen[173].

Wenn auch das Nicodemo gesetzte Grabdenkmal bei dem Kirchenumbau von 1608 in den Boden versetzt wurde und später ganz verschwunden ist[174], hat

[170] Am 26. Januar 1433 billigte die Generalkongregation, daß *pro certis arduis negociis concernentibus suam ecclesiam* der Bischof von Freising *transeat ad partes et revertatur infra festum Pasche et dimittat procuratorem loco sui.* Als solcher fungierte während seiner Abwesenheit Dr. Johannes Himmel (Celi), *doctor universitatis Wiennensis* (CB 2, S. 325f.).

[171] *E venne senza instrumenti vestido di coroto per ch'el gera morto misier Bartholomio so fradelo*, heißt es bei Gatari (wie Anm. 146), S. 399f. (*La venuta del Vescovo de Fraisser*). Diese Rückkehr nach Basel ist Maass (wie Anm. 149), S. 304 entgangen, denn er meint: »Nikodemus hat sein Versprechen, wieder nach Basel zu gehen, nicht eingelöst. Er war offenbar krank«. – Bartolomeo della Scala war am 21. März 1433 wohl in Wien verstorben. Auch er fand seine letzte Ruhestätte in der dortigen Kirche der Augustiner-Eremiten. Fischer (wie Anm. 158), S. 123 überliefert die Grabinschrift: *d(ominus) Bartholomaeus miles de la Scala, d(ominus) Veronae et Vicentiae, hic sepultus.*

[172] Der Universität konnte dies verständlicherweise auf die Dauer nicht recht sein, weshalb Ebendorfer angedeutet wurde, »er möge auf Mittel und Wege sinnen, die dem Ansehen der Universität nicht eben dienliche Tatsache, daß der Bischof für ihn bezahle, aus der Welt zu schaffen«. Vgl. Lhotsky, Ebendorfer (wie Anm. 30), 18. Bressler, Stellung der deutschen Universitäten zum Baseler Konzil (wie Anm. 36), S. 13f. ist dagegen der Ansicht, die Universität habe angesichts der hohen Kosten, die der Aufenthalt eines Gesandten in dem damals teuren Basel verursachte (etwa 250 Gulden im Jahr), dies gar nicht ungern gesehen.

[173] Vgl. hierzu: Přibram, Ebendorfers Chronica regum Romanorum (wie Anm. 57), S. 98.

[174] Fischer (wie Anm. 158), sah dieses Grabmal noch: »Auch ligt hie Nicodemus de la Scala etc., dessen Jarzall aber versezt mit Stüellen« (S. 123). Vgl. auch Veit Arnpeck: *Hic praeclarus et memorie dignus pontifex Nicodemus Wienne diem obivit anno Domini 1443, et ibidem in monasterio Augustinensium, quod vineis et ornamentis pluribus ditaverat, unacum fratribus suis de la Scala ante altare sancte crucis sepultus* (Sämtliche Chroniken, hrsg. von Georg Leidinger [Quellen und Erörterungen zur bayerischen und deutschen Geschichte, N.F. 3, 1915] S. 897). – Nicodemo war am 13. August 1443 in Wien verstorben. Kurz zuvor, am 10. Juni, war er (gemeinsam mit dem Bischof von Passau) noch von König Friedrich III. mit den Reichsregalien belehnt worden. Vgl. Joseph Chmel, Regesta chronologico-diplomatica Friderici IV. Romanorum regis, imperatoris III. (1838) S. 148 Nr. 1460. Den Text der Belehungsurkunde bringt Carolus Meichelbeck, Historiae Frisingensis tom. 2 (Augustae Vindelicorum 1729) S. 227f.

sich doch jenes literarische Denkmal über alle Zeiten hinaus erhalten, das ihm Enea Silvio im »Pentalogus de rebus ecclesie et imperii« gesetzt hat[175] – jenem fingierten Fünfgespräch, in dem es um das aktuelle Thema der Reichspolitik gegenüber Papst und Konzil, praktisch um das kirchenpolitische »Regierungsprogramm« für König Friedrich III. geht[176], der aufgefordert wird, durch Bündnis- und Heiratspolitik die Sache des Reiches in Italien zu stärken und durch ein neues Konzil unter seinem Vorsitz die Einheit der Kirche wiederherzustellen. Hier erscheint der Kirchenfürst als *vir praestantissimus et maxime nobilitatis*[177] – ein Urteil, dem Wesen und Lebensart dieses umsichtigen, zeitlebens um sein Hochstift eifrig bemühten Reformbischofs und großzügigen Mäzens voll und ganz Rechnung trugen[178].

*****

Als »un personaggio molto rappresentativo dei suoi tempi, ma anche una persona pittoresca, affascinante e molto vivace« charakterisierte vor kurzem der in Italien lehrende Pole Jan Władysław Woś[179] jenen polnischen Hochadeligen, der

[175] Edition bei BERNARDUS PEZIUS, Aeneae Sylvii, postea Pii Secundi Pont. Max. Pentalogus de rebus ecclesiae et imperii, in: Thesaurus anecdotorum novissimus 4, pars 3 (Augustae Vindelicorum et Graecii 1723) Sp. 639-744; eine auszugsweise Übersetzung bei JOSEPH CHMEL, Geschichte Kaiser Friedrichs IV. und seines Sohnes Maximilian I. 2 (Hamburg 1843) S. 768-792; Beilage XII. – Dazu vgl. HERMANN J(OSEPH) HALLAUER, Der Pentalogus des Aeneas Silvius Piccolomini (phil. Diss., Köln 1951) bzw. MARGARETHA NEJEDLY, Enea Silvio Piccolomini, Pentalogus de rebus ecclesiae et imperii (phil. Diss., Wien 1952).

[176] Enea Silvio Piccolomini, Papst Pius II. Ausgewählte Texte aus seinen Schriften, hrsg. von BERTHE WIDMER (1960) S. 48-50 (»Der Pentalogus: Eneas Regierungsprogramm für den König«).

[177] PEZIUS (wie Anm. 175), Sp. 640.

[178] Eine dem 15. Jahrhundert angehörende »Continuatio« der »Gesta episcoporum Frisingensium« (MGH SS 24 [1879] S. 330) urteilt über ihn: *Hic Nicodemus optime rexit ecclesiam annis 19 ad minus et eam multis clenodiis decoravit.* VEIT ARNPECK (wie Anm. 174), S. 896 nennt ihn *dulcissimus pontifex* und führt zahlreiche seiner Schenkungen an die Freisinger Domkirche an, darunter das von ihm mit Ablässen reich ausgestattete Marienbild, *quam B. Lucas evangelista propriis manibus laboravit.* Vgl. ferner MEICHELBECK, Historiae Frisingensis tom. 2 (wie Anm. 174), S. 202ff., 224 (zum Marienbild) und 230 (»in aeterna memoria dignus«). – Zum Reformbischof – Nicodemo ließ im April 1438 die durch das Konzil veranlaßte erste Freisinger Diözesansynode abhalten, der 1439 und 1440 noch zwei weitere folgten – vgl. GEORG SCHWAIGER, Freisinger Diözesansynoden im ausgehenden Mittelalter, in: Reformatio Ecclesiae. Beiträge zu kirchlichen Reformbemühungen von der Alten Kirche bis zur Neuzeit. Festgabe für Erwin Iserloh, hrsg. von REMIGIUS BÄUMER (1980) S. 266f.

[179] Zitat von JAN WŁADYSŁAW WOŚ, Alessandro di Masovia, Vescovo di Trento (1423-1444). Studi trentini di scienze storiche 63 (1984) S. 434. – Vom gleichen Verfasser sind mittlerweile weitere themenbezogene Arbeiten erschienen: Linee di ricerca sul Vescovo Alessandro di Masovia, ebd.,

– abgesehen von der Schützenhilfe des Hauses Österreich – vorrangig dem Basler Konzil seine eigentümliche Karriere zu verdanken hatte[180]. Denn Alexander Herzog von Masowien (1400 - 1444), zweiter Sohn des Fürsten Ziemowit IV. († 1425) von Płock aus der masowischen Nebenlinie des Königshauses der Piasten, war durch seine Mutter Aleksandra († 1434) ein Neffe des Polenkönigs Władysław Jagiełło[181] und – was manchmal übersehen wird – durch seine Schwester Cymbarka (Cimburgis), die ob ihrer Körperkraft bestaunte Gemahlin Herzog Ernst des Eisernen, ein Onkel des 1440 zum Reichsoberhaupt erwählten Herzogs Friedrich V. von Österreich[182].

Schon frühzeitig für die geistliche Laufbahn bestimmt und seiner hochadeligen Abkunft entsprechend mit einträglichen Benefizien im heimatlichen Płock[183] sowie am polnischen Metropolitansitz Gnesen ausgestattet[184], hatte

64 (1985) S. 423-437; Lagnanze dei cittadini di Trento contro il Vescovo Alessandro di Masovia, ebd., 66 (1987) S. 253-264; auf deutsch: Beschwerden der Bürger von Trient über ihren Bischof Alexander von Masowien. Zeitschrift für Ostforschung 38 (1989) S. 364-375; zuletzt in Buchform: Alessandro di Masovia, Vescovo di Trento (1423 - 1444). Un profilo introduttivo (Civis. Studi e Testi, Supplemento 6, Trento 1990). Darnach wird im folgenden vorrangig zitiert.

[180] Noch immer nützlich ist die ältere Arbeit von Ludwik Bąkowski, Książę mazowiecki Aleksander, biskup trydencki. Przegląd Historyczny 16 (1913) S. 1-34 und 129-163. Vgl. auch Domenico Caccamo, Masovia, Alessandro di, in: Dizionario Biografico degli Italiani 2 (Roma 1960) S. 230f. (Lit.).

[181] Der Ehe entstammten zwölf Kinder. Vgl. Oswald Balzer, Genealogia Piastów (Kraków 1895) S. 499-502 bzw. Wlodzimierz Dworzaczek, Genealogia. Tablice (Nauki Pomocnicze Historii, Warszawa 1959) tav. nr. 4 (»Książęta Mazowieccy z Domu Piastów«). – Das Fürstentum Płock umfaßte einen Teil von Masowien (Polen).

[182] Zu Friedrichs III. Mutter, Cymbarka, geboren zwischen 1394 und 1397 in Warschau, seit Februar 1412 in Krakau mit dem Habsburger Ernst († 10. Juni 1424) verheiratet und am 28. September 1429 auf einer Pilgerfahrt in Türnitz (Niederösterreich) verstorben, vgl. Balzer (wie Anm. 181), S. 496f.; Dworzaczek (wie Anm. 181), tav. nr. 4; sowie Monika Schellmann, Zur Geschichte Herzog Ernst des Eisernen (1386/1402 - 1424), (phil. Diss., Wien 1966) und Walter Leitsch, Cimburgis, in: Die Habsburger. Ein biographisches Lexikon, hrsg. von Brigitte Hamann (1988) S. 70f. – Ihre Gestalt hält ein Standbild aus der Werkstatt des Gilg Sesselschreiber fest, das für den Kenotaph Kaiser Maximilians in Innsbruck hergestellt wurde. Vgl. hierzu Vinzenz Oberhammer, Die Bronzestandbilder des Maximiliangrabes in der Hofkirche zu Innsbruck (1935) S. 299-308 und 537 Nr. 7 mit Abb. 145-151.

[183] Am 20. Juli 1409 erhält *Alexander nobilis viris Semouithi ducis Masouie natus, clericus Plocensis, dilectus Oddonis diaconi cardinalis sancti Georgii ad Velum Aureum* (= Oddo Colonna, der spätere Papst Martin V.), ein Provisionsmandat *super prepositura Plocensis*, ungeachtet der ihm bereits erteilten Anwartschaften auf Kanonikate in Gnesen und Breslau. Damit verbunden ist die erforderliche Altersdispens (ASV, Reg. Lat. 138, fol. 54^{v}; vgl. Repertorium Germanicum III, bearbeitet von Ulrich Kühne [1935] Sp. 5). Die Propstei war durch Ableben des Arnoldus Jacobi vakant geworden.

sich Alexander 1417 an der Krakauer Universität inskribiert[185], wo er im Studienjahre 1422 gleich für beide Semester das Amt des Rektors innehatte[186]. Solches war allerdings höchst ungewöhnlich, da dies ausdrücklich den Statuten der 1400 nach Pariser Vorbild reorganisierten Hohen Schule widersprach, die vorsahen, daß der jeweilige Rektor aus den Reihen der ›magistri regentes‹ zu wählen sei[187]. Alexander hat den adeligen Usancen der Zeit entsprechend aber niemals auch nur einen akademischen Grad erworben. So sei dahingestellt, ob sich die Mitglieder der Krakauer Universität aus Prestigegründen zu seiner Wahl entschlossen, oder aber sich nur dem Druck ihres Landesherrn beugten, der auf diese Weise für seinen Neffen eine günstige Ausgangsposition bei der Erlangung einer Bistumspfründe schaffen wollte[188].

[184] Papst Johannes (XXIII.) providierte Alexander auf Grund einer Supplik des Polenkönigs am 23. Januar 1414 mit der durch Ableben des Nikolaus Strosberg (Straßburg) freigewordenen Propstei von Gnesen (ASV, Reg. Lat. 174, fol. 284ʳ; vgl. Repertorium Germanicum III [wie Anm. 183] Sp. 46). Diese Pfründe erhielt er am 24. Oktober 1414 (ASV, Reg. Lat. 172, fol. 109ᵛ; vgl. Repertorium Germanicum III, Sp. 243f.). Dazu vgl. noch Jan Korytkowski, Pralaci i kanonicy katedry metropolitalnej gnieżnieńskej od roku 1000 aż do dni naszych 1 (Gnieszno 1883) S. 28 bzw. (Teil B) 11-14; Balzer (wie Anm. 181), und Bąkowski (wie Anm. 180), S. 6 bzw. Woś, Alessandro di Masovia (wie Anm. 179), S. 16f. (zu einem ersten Bistumsprojekt für Alexander in Posen 1419).

[185] Seine Immatrikulation erfolgte unter dem Rektorate des Nicolaus Sculteti: *sub quo intitulatus est ill. princeps et d.d. Alexander filius illustris principis et d.d. Symoviti ducis Masovie*. Vgl. Heinrich Zeissberg, Das älteste Matrikel-Buch der Universität Krakau (1872) S. 40; Album Studiosorum Universitatis Cracoviensis 1 (ab Anno 1400 ad Annum 1489), (Cracoviae 1887) S. 4. und Kazimierz (Casimir) Morawski, Historya Uniwersytetu Jagiellońskiego (Histoire de l' université de Cracovie) 1 (Paris-Cracovie 1900) S. 111 (dieses Werk erschien gleichzeitig in polnischer und französischer Sprache). Vgl. auch Bąkowski (wie Anm. 180), S. 6f. und Woś, Alessandro di Masovia (wie Anm. 179), S. 19. Dort werden als seine akademischen Lehrer genannt: Der Theologe Eliasz Z Wąwolnicy, der Dekretalist Jakub Zaborowski (da Zaborów) und Stanislaw Sobniowski (da Sobniów), *magister artium*, der später in Trient Alexanders engster Mitarbeiter geworden ist.

[186] Zeissberg (wie Anm. 185), S. 23; Album Studiosorum Universitatis Cracoviensis (wie Anm. 185), S. 53f. Vgl. auch Morawski (wie Anm. 185), S. 111.

[187] Dazu Jan Władysław Woś, Le origini dell' Università di Cracovia, in: Ders.: In finibus Christianitatis. Figure e momenti di storia della Polonia medioevale e moderna (Firenze 1988) S. 43f.

[188] Schon 1414 bemühte sich der polnische König um das Bistum Posen für seinen Neffen. Vgl. Woś, Alessandro di Masovia (wie Anm. 179) S. 16f. mit Verweis auf Stanislaw Kijak, Piotr Wysz, biskup krakowski (Prace Krakowskiego Oddzialu Polskiego towarzystwa historycznego 9, Kraków 1933) S. 72. Vgl. hierzu Liber cancellariae Stanislai Ciołek. Ein Formelbuch der polnischen Königskanzlei aus der Zeit der husitischen Bewegung. Zweiter Theil, hrsg. von Jacob Caro, AÖG 52 (1874) S. 120-122 Nr. LXVIII. – Nach der Promotion von Zbigniew Oleśniecki auf das Bistum Krakau (9. Juli 1423) erhielt Alexander dessen Kanonikat (mit Präbende) in Gnesen. Dazu vgl. Antonius Prochaska, Codex epistularis Vitoldi magni ducis Lithuaniae (1376 - 1430), (Monumenta medii aevi

Schon am 20. Oktober 1423 war Alexander durch Papst Martin V. auf den Bischofsstuhl des fern seiner polnischen Heimat gelegenen Trient providiert worden[189], eines geistlichen Fürstentums und Suffraganbistums von Aquileia. Dort versuchte der Tiroler Landesfürst seit vier Jahren vergeblich, sein Protegé – den Dekan des Kapitels und Generalvikar Johannes von Isny, *baccalaureus in decretis* – unterzubringen[190]. Dementsprechend dürfte auch die päpstliche Bestellung des polnischen Fürstensohnes kaum auf Herzog Friedrichs IV. Drängen erfolgt sein, wie gelegentlich zu lesen ist[191]. Vielmehr erweist sich dessen Bruder, Erzherzog Ernst (der Eiserne), der Regent der innerösterreichischen Länder, – wohl aus familiären Gründen – als die eigentliche treibende Kraft[192]. Jedenfalls entschärfte diese Nomination die prekäre Lage, zumal bereits am 15. Juni 1424 in Innsbruck eine Vereinbarung zwischen Alexander und dem Tiroler Landesherrn zustandekam[193], die dem Elekten den ungehin-

historica res gestas Poloniae illustrantia 6, Cracoviae 1882) S. 594 Nr. MXCI bzw. Repertorium Germanicum IV/3 (wie Anm. 153), Sp. 3338 bzw. Namenregister, bearb. von SABINE WEISS (1979), Addenda 268.

189 EUBEL, Hierarchia catholica medii aevi 1 (wie Anm. 153), S. 498; Repertorium Germanicum IV/1 (Berlin 1943) Sp. 66. Vgl. noch (BENEDICTUS BONELLI), Monumenta ecclesiae Tridentinae volumis tertii pars altera (Tridenti 1765) S. 127 und FRIEDRICH SCHNELLER, Beiträge zur Geschichte des Bisthums Trient aus dem späteren Mittelalter, Zeitschrift des Ferdinandeums für Tirol und Vorarlberg III/39 (1895) S. 228f. Nr. 926 (an den Patriarchen von Aquileia als Metropoliten).

190 Nach dem Tode Georgs von Liechtenstein (20. August 1419) nominierte Herzog Friedrich IV. den Domdekan Johann von Isny (*Isnina*; vgl. Repertorium Germanicum IV/2 [wie Anm. 166] Sp. 2073)) für dessen Nachfolge in Trient und investierte diesen am 11. August 1420 mit den landesfürstlichen Temporalien. Diesem leistete daher die Bürgerschaft der Bischofsstadt am 16. August den Treueid. Dagegen hatte Papst Martin V. zunächst am 29. März 1420 den Bischof Freising, Hermann von Cilli, nach Trient versetzt, diese Translation aber wegen dessen Bruchleidens widerrufen. Darnach versuchte er den Konflikt durch Versetzung des Bischofs von Gurk, Ernst Auer (17. Dezember 1420), bzw. durch Provision des Dekans von Passau, Heinrich Fleckel (2. März 1422), beide habsburgische Protegés, zu lösen, blieb dabei allerdings erfolglos. Vgl. hierüber STRZEWITZEK (wie Anm. 151), S. 164; KOLLER, Princeps in Ecclesia (wie Anm. 73), S. 119f. und 134f. und ARMANDO COSTA, I Vescovi di Trento. Notizie – Profili (Trento 1977) S. 116. Vgl. noch SCHNELLER (wie Anm. 189), S. 228 Nr. 925 (22. Juni 1422: Papst Martin V. erbittet von Herzog Friedrich IV. Schutz und Schirm für den neuen Bischof von Trient, Heinrich Fleckel). – Sowohl für Freising, Gurk wie auch Trient war Nicodemo della Scala in den Augen des Papstes ein geeigneter Kandidat.

191 So etwa bei KOLLER, Princeps in Ecclesia (wie Anm. 73), S. 134.

192 Dazu vgl. zwei undatierte Schreiben im Liber cancellariae Stanislai Ciołek (wie Anm. 188), S. 211-213 Nr. 125f. (*pro quo* (= Alexandro) *et inclitus princeps dominus Arnestus archidux Austrie benevolencie sue vota dedit*). Vgl. noch WOŚ, Alessandro di Masovia (wie Anm. 179), S. 33f.

193 Trento, Archivio di Stato, Archivio Principesco-Vescovile, Sezione latina, Capsa 17, n. 26f. Gedruckt bei WOŚ, Alessandro di Masovia (wie Anm. 179), S. 130-133 Nr. 2f.

derten Zugang zu seinem Kirchensprengel ermöglichte. Am 26. Juni konnte dieser somit in Trient seinen Einzug halten und dort von seinem Bistum Posseß ergreifen[194], ehe er im darauffolgenden Jahr, am 27. September 1425, durch den Bischof von Feltre die bischöfliche Weihe empfing[195].

Durch Alexander von Masowien erstand in Trient aber auch jene Kommunität von Polen, die für ein Vierteljahrhundert das Antlitz von Stadt und Bistum prägte, zumal einige von ihnen sogar im dortigen Domkapitel Aufnahme und Versorgung gefunden haben: Genannt seien beispielsweise Alexanders Krakauer Lehrer, der *magister in artibus* Stanislaw Sobniowski (da Sobniów), der zum Kanzler des Bistums bestellt wurde und im Oktober 1425 erster Inhaber der neugeschaffenen Dignität eines Dompropstes wurde[196], der *doctor artium et decretorum* Jakub Zaborowski, der 1426 Domdekan wurde, doch schon drei Jahre

[194] Dies geschah *in festo S. Vigilii* (= 26. Juni). Vgl. Bonelli, Monumenta (wie Anm. 189), S. 127f.; Costa (wie Anm. 190), S. 116 bzw. Woś, Linee (wie Anm. 179), S. 423 und Ders., Alessandro di Masovia (wie Anm. 179), S. 36.

[195] Bonelli, Monumenta (wie Anm. 189), S. 132; Bąkowski (wie Anm. 180), S. 12f.; Woś, Alessandro di Masovia (wie Anm. 179), S. 36. Noch am 17. Februar 1424 hatte er von Papst Martin V. eine Aufforderung zum Empfang der höheren Weihen, einschließlich der Konsekration zum Bischof, erhalten (Trento, Archivio di Stato, Archivio Principesco-Vescovile, Sezione latina, Capsa 56 n. 6; Schneller, Beiträge [wie Anm. 189] S. 229 Nr. 927, abgedruckt bei Woś, Alessandro di Masovia [wie Anm. 179] S. 129f. n. 1). Zum 18. Juni 1425 brachte Alexander eine *prorogatio consecrationis* beim Papst ein (ASV, Reg. Suppl. 188, fol. 224r). – Zum Konsekrator, Enrico Scarampi aus Asti (Piemont), der vom 9. April 1404 bis 29. September 1440 den Bischofsstuhl von Feltre (damals vereinigt mit Belluno) einnahm, am Konzil von Konstanz teilnahm, als »après la soumission à Venise (1404), l' évêque le plus remarquable« gilt und »en odeur de sainteté« verstarb, vgl. Eubel, Hierarchia catholica medii aevi 1 (wie Anm. 153), S. 133 und 2 (^{2}1914) S. 103 (sub Bellunen. et Feltren.) sowie G. Biasuz, Feltre, in: Dictionnaire d' Histoire et de Géographie Ecclésiastiques 16 (Paris 1967) Sp. 952f.

[196] Dieser hatte Alexander nach Trient begleitet, wo er erstmals am 20. Juli 1424 erscheint (Trento, Archivio di Stato, Archivio Principesco-Vescovile, Sezione latina, Capsa 58, nr. 30). Am 10. Oktober 1425 trat er in das dortige Domkapitel ein und bekam die damals neugeschaffene Dignität des Propstes – zweite nach dem Dekan – zugewiesen. Dabei wurde das Benediktinerkloster San Lorenzo außerhalb der Mauern von Trient, das die letzten zwei Jahrhunderte nur eine kümmerliche Existenz geführt hatte, unterdrückt und mit seinen Gütern die neu eingerichtete Propstei dotiert. Vgl. Leo Santifaller, Urkunden und Forschungen zur Geschichte des Trientner Domkapitels im Mittelalter 1: Urkunden zur Geschichte des Trientner Domkapitels 1147-1500 (Veröffentlichungen des Instituts für Österreichische Geschichtsforschung 6, 1948) S. 320-322 Nr. 392, wo Stanislaus den Titel eines *prothocanzelarius* des Bischofs führt. Die päpstliche Zustimmung dazu erfolgte erst zum 12. September 1426. Näheres bringt Hans von Voltelini, Beiträge zur Geschichte Tirols, Zeitschrift des Ferdinandeums für Tirol und Vorarlberg 3. Folge 33 (1889) S. 48-50. Stanislaus erscheint in der Kapitelsitzung vom 16. August 1440 zum letzten Male genannt, zog zunächst nach Basel, wo er noch im Mai 1444 nachzuweisen ist, und dann in seine polnische Heimat, wo er nach

später wieder nach Polen zurückkehrte[197], die beiden Jan Moszyński, von den der eine (Sohn des Gotardus) 1429 Pfarrer von Mezzocorona wurde[198], während der andere (Sohn des Andreas) bis zu seinem Ableben (Anfang September 1439) im Besitze jenes Kanonikates war, das damals an Enea Silvio de' Piccolomini kam[199], ferner *Nicolaus Polonus* (*de Wratislavia*, eigentlich Mikolaj da Wrocław), der schon vor dem 15. April 1440 verstorben ist[200], *Florianus de Polonia, plebanus plebis Rippe*[201], Jan Rogala da Wróblewice, in dessen Präbende am 15. Juni 1441 der Böhme Johannes Glasberger von Komotau (Chomutov) nachfolgte[202] oder Alexanders Sekretär Johannes von Strelitz (Strzelce), welcher als Pfarrer von Tassullo der einzige war, der über dessen Amtszeit hinaus bis an

dem 15. September 1454 verstorben ist. Bis an sein Lebensende behielt er die Trientner Propstei bei. Hierzu vgl. zuletzt Woś, Alessandro di Masovia (wie Anm. 179), S. 52-59.

197 *Jacobus de Zabornuf, doctor artium et decretorum*, gehörte – in der Nachfolge des ausgeschiedenen *dominus Zeno* (de Polonia?) – seit dem 8. Januar 1427 dem Trientner Kapitel an. Gleich Sobniowski war auch er ein eifriger Anhänger des Basler Konzils. Um 1429 kehrte er wieder nach Krakau zurück, doch behielt er die Dignität des Domdekans noch bis 1436 bei. Erst jetzt vertauschte er sie gegen Überlassung der Scholasterie an der Domkirche von Posen an den *utriusque iuris doctor* Francesco Bossi (*de Bossis de Mediolano*), Alexanders Generalvikar in Trient. Vgl. Santifaller (wie Anm. 196), S. 322 Nr. 395 bzw. Woś, Alessandro di Masovia (wie Anm. 179), S. 59f.

198 Dieser war seit 29. April 1429 – in der Nachfolge des verstorbenen Brixner Georg Hilprandi – Mitglied des Trientner Kapitels. Als *custos ecclesie Plocensis* ist *Iohannes Gotardi de Mosziny* erst am 10. Juli 1464 in Płock verstorben. Vgl. Santifaller (wie Anm. 196), S. 323 Nr. 398 bzw. Woś, Alessandro di Masovia (wie Anm. 179), S. 60.

199 Er war nur kurz im Besitz des Trientner Kanonikates. Seine Nachfolge trat Enea Silvio an. Vgl. CB 6, S. 625 bzw. Woś, Alessandro di Masovia (wie Anm. 179), S. 60. Siehe auch unten S. 187f.

200 Als *Nicolaus de Wratislauia* erscheint er in der Sitzung des Trientner Kapitels am 6. November 1432. *Dominus Nicolaus de Polonia canonicus Tridentinus* verstarb 1439, worauf Johannes de Reuo sich unrechtmäßig in den Besitz der Präbende setzte. Vgl. Santifaller (wie Anm. 196), S. 326 Nr. 411 bzw. 333f. Nr. 433 und Woś, Alessandro di Masovia (wie Anm. 179), S. 60. Dieser hält ihn für identisch mit Mikolaj Maskoni.

201 *Dominus presbiter Florianus de Polonia* wurde als Pfarrer von Santa Maria Assunta in Riva (am Gardasee) am 22. November 1439 Benefiziat des St. Andreas-Altares im Trientner Dom. Vgl. Santifaller (wie Anm. 196), S. 333 Nr. 432.

202 Erscheint als *Iohannes de Polonia* in der Kapitelsitzung vom 16. August 1440. Vgl. Santifaller (wie Anm. 196), S. 334f. Nr. 434 und Woś, Alessandro di Masovia (wie Anm. 179), 60, der ihn mit Jan Rogalecz, einem Sohn des Mikolaj da Wróblewice, identifiziert. Nach seinem Ableben optierte der Domherr Johannes von Komotau am 15. Juni 1441 auf seine Präbende (Santifaller S. 337 Nr. 440). Dieser wurde im Mai 1440 vom Gegenpapst Felix V. mit dem nach Enrico Scarampis Ableben vakanten Bistum Feltre providiert, konnte sich aber gegen den von Venedig gestützten Elekten Eugens IV., Tommaso Tom(m)asini-Paruta, nicht durchsetzen. Vgl. MC 3, S. 555 bzw. Eubel, Hierarchia catholica medii aevi 2 (wie Anm. 195), S. 103 n. 1 (sub Bellunen. et Feltren.).

sein Lebensende (vor 6. Juli 1466) hier wirkte[203]. Dieser Umstand läßt die Forschung wohl zurecht von »polacchi trentinizzati« sprechen[204].

Als Konziliarist der ersten Stunde[205] gehörte Alexander von Anbeginn an zu den eifrigsten und überzeugtesten Beförderern der Basler Synode, doch konnte er erst am 17. Dezember 1433 dortselbst persönlich erscheinen[206]. Fortan vermochte der Konziliarismus jedoch in seinem Kirchensprengel einen nachhaltigen Einfluß auszuüben, den in seiner Wirkung erst eine differenzierte Analyse verdeutlichen könnte, die indes noch aussteht[207]. Soviel aber läßt sich heute schon sagen, daß gerade das Basler Konzil dank Alexanders Wirken im Bistum Trient starken Rückhalt gefunden hat[208] und selbst dann noch über diesen ver-

[203] Als Kapitelsmitglied schon zum 7. November 1436 genannt, erhielt *dominus Johannes Streliz, plebanus in Theno* (= Tenno) *et reverendissimi domini patriarche* (= Alexander von Masowien) *secretarius* erst am 9. September 1440 vom Kapitel den infolge Resignation des *dominus Valerianus de Alba, capellanus domini patriarche*, vakant gewordenen St. Maxentia-Altar in der Krypta des Trientner Domes. Er starb als Pfarrer von (S. Maria Assunta) zu Tassullo (im Nonsberg). Näheres bei Santifaller (wie Anm. 196), S. 520 (Register) bzw. Woś, Alessandro di Masovia (wie Anm. 179), S. 61. – Dieser korrigiert auch einen Lesefehler Santifallers S. 334 Nr. 434, wo es im Dokument vom 16. August 1440 statt *domino Ardoinano de Polonia* heißen muß *Valeriano*.

[204] Zitat von Woś, Studi trentini 63 (1984) S. 432. Zum Thema Ders., Alessandro di Masovia (wie Anm. 179), S. 51ff.

[205] Schon am 3. Juni 1432 hatte Alexander die Kirchenversammlung wissen lassen, er sei von Anfang an und mit ganzer Seele bei der Sache des Konzils, doch werde er durch einen Befehl des Reichsoberhauptes zur Teilnahme an dessen Romzug ebenso wie durch kriegerische Vorfälle am persönlichen Erscheinen in Basel behindert. Nach München, Bayerische Staatsbibliothek, clm 1250, fol. 85^r in CB 2, S. 1515 n. 1.

[206] *Eadem die venerunt episcopi Babenbergensis et Tridentinensis* (CB 5, S. 70 [zum 17. Dezember 1433]). Zusammen mit dem Patriarchen Ludwig von Aquileia erfolgte beider Inkorporation erst am 16. Januar 1434 (CB 3, S. 7). Bereits am 18. Oktober 1432 hatte Alexander, der seit 20. Januar 1432 auch Geheimer Rat Sigmunds war, einen kaiserlichen Geleitsbrief zum Konzil erhalten. Vgl. Reg. Imp. 11 (wie Anm. 154), S. 224 Nr. 9279 bzw. 206 Nr. 9018. Als sein Prokurator war schon am 23. September 1433 Stanislaus Sobniowski den Konzilsvätern inkorporiert worden. Mit dem Bischof trafen noch die beiden Jan Moszyński (Sohn des Gotard bzw. des Andreas) und Piotr da Klopoczyn, Hauptmann der bischöflichen Truppen, in Basel ein.

[207] Ansatzweise von Woś, Alessandro di Masovia (wie Anm. 179), S. 38ff. versucht. Allgemein hierzu Helmrath (wie Anm. 1), S. 111.

[208] Mit Genugtuung vermerkt das Konzilsprotokoll des Jakob Hüglin zum 6. November 1439: *Sed lecte fuerunt litere domini episcopi Tridentini, per quas significavit decretum privacionis Gabrielis* (= die Absetzung Eugens IV. am 25. Juni 1439) *publicasse et execucioni demandasse in sua iurisdiccione* (CB 6, S. 701). Vgl. noch *Eneas* (= Piccolomini) *[...] rediens de partibus Tridentinis suam fecit relacionem in effectum, quod dominus Tridentinus, eius clerus et tota patria sunt obedientissimi sacri concilii* (ebd., S. 625 zum 9. Oktober 1439). Vgl. auch Woś, Alessandro di Masovia (wie Anm. 179), S. 62ff. Zum Thema: Conrad Hanna, Die südwestdeutschen Diözesen und das

fügte, als man sich dort vom Papste getrennt hatte und eigene Wege beschritt. Diese kulminierten in der am 5. November 1439 erfolgten Papstwahl des früheren Herzogs von Savoyen, des als Pensionär in der Zurückgezogenheit von Ripaille am Genfersee lebenden, politisch keineswegs abstinenten Dekans einer ritterlichen Einsiedlergemeinschaft[209].

Bereits zu Anfang Dezember 1439 bestellte die Basler Synode Alexander von Masowien in der Nachfolge des hier am 24. August an der Pest verstorbenen Herzogs Ludwig von Teck zum Patriarchen von Aquileia[210]. Solches geschah ungeachtet des Umstandes, daß Papst Eugen IV. hierfür bereits eine Wahl getroffen hatte und der Auserwählte auch der Unterstützung durch die seit 1420 über den Patriarchenstaat gebietende Markusrepublik sicher sein konnte[211]. Deshalb sollte Alexander bis zur Erlangung des Patriarchenstuhles auch die

Baseler Konzil in den Jahren 1431 bis 1441 (phil. Diss. Erlangen, Borna-Leipzig 1929). Werner Maleczek, Österreich-Frankreich-Burgund. Zur Westpolitik Herzog Friedrichs IV. in der Zeit von 1430 - 1439, MIÖG 79 (1971) S. 132-140 streicht die Friedenssicherung als »größtes Verdienst« des Konzils heraus.

[209] Zur Wahl und zur Papstkrönung am 24. Juli 1440 im Basler Münster vgl. detailreich Stutz, Felix V. (wie Anm. 17), S. 1-6 und zusammenfassend Helmrath (wie Anm. 1), S. 233f. Manger, Die Wahl Amadeo's von Savoyen zum Papste (wie Anm. 17), ist heute überholt. – Zur Persönlichkeit des letzten Gegenpapstes: Francesco Cognasso, Amedeo VIII di Savoia, in: Dizionario Biografico degli Italiani 2 (Roma 1960) S. 749-753 (Lit.) bzw. Marie José di Savoia, La Maison de Savoie: Amédée VIII, le Duc qui devint Pape, 2 Bde (Paris 1962; italienische Übersetzung: Amedeo VIII di Savoia [Verona 1965]).

[210] CB 6, S. 730-734 und 736 (der mit der Palliumsverleihung am 5. Dezember 1439 abschließende Ernennungsvorgang erstreckte sich vom 1. bis 3. Dezember). – Enea Silvio zufolge war Ludwig von Teck seit 21. Mai 1437 *extremo senio ... confectus* (Der Briefwechsel des Eneas Silvius Piccolomini 1, hrsg. von Rudolf Wolkan [= Fontes rerum Austriacarum II/61, 1909] S. 66). Über Ludwig II. von Teck (1412 - 1439), welcher »der letzte deutsche, zugleich der letzte unabhängige Landesherr und Patriarch war«, vgl. Miroslav Ostravsky, Beiträge zur Kirchengeschichte im Patriarchate Aquileia (Kärntner Museumsschriften 30, 1965) S. 13-15, vor allem aber Girolamo Conte de Renaldis, Memorie storiche dei tre ultimi secoli del patriarcato d' Aquileia (Udine 1888) S. 110f. Dortselbst S. 113 über die Bestellung seines Nachfolgers (Alexander war aber nicht »vescovo di Trieste«). Vgl. auch Pio Paschini, Alessandro di Masovia, patriarca di Aquileia, Memorie storiche forogiuliesi 11 (1915) S. 62-64 bzw. Ders.: Storia del Friuli (Udine [3]1975) S. 752ff. sowie Antonio Niero, L' azione veneziana al Concilio di Basilea (1431 - 1436), in: Venezia e i concili (Quaderni del Laurentianum, Venezia 1952) bes. S. 24ff.

[211] Eugen IV. hatte seinen Leibarzt, den kriegerischen Lodovico Trevisan († 22. März 1465), am 19. Dezember 1439 von Florenz nach Aquileia transferiert. Vgl. hierzu vor allem Pio Paschini, Lodovico Cardinal Camerlengo († 1465) (= Lateranum N.S. 5/1, Roma 1930) bes. S. 30ff. Konrad Eubel, Die durch das Baler Konzil geschaffene Hierarchie, Römische Quartalschrift für christliche Altertumskunde und für Kirchengeschichte 16 (1902) S. 284 nennt irrig den »18. Dezember«. So auch in Ders., Hierarchia catholica medii aevi 2 (wie Anm. 195), S. 92 und 154. Woś, Alessandro

Geschäfte seiner bisherigen Diözese Trient weiterführen und daraus die Einkünfte genießen[212].

Um das Maß voll zu machen und um der weiteren Förderung der Basler Anliegen durch diesen eifrigen Protagonisten konziliarer Macht sicher zu sein[213], erhob der Konzilspapst Felix V. – zugleich der letzte Gegenpapst – in seinem zweiten Kardinalskonsistorium am 12. Oktober 1440 zu Basel Alexander als ersten zum Kardinalpresbyter mit dem Titel von San Lorenzo in Damaso[214] – es war dies dieselbe Titelkirche, welche bereits der um Aquileia erfolgreichere Rivale von Eugen IV. erhalten hatte[215]. Um den hiermit verbundenen Aufwand besser verkraften zu können, erhielt Alexander am 17. März 1442 vom Basler Konzil noch die Administration des kurz zuvor vakant gewordenen Alpenbistums Chur übertragen, *donec haberet possessionem Aquilegiensis patriachatus vel maioris partis bonorum*[216].

di Masovia (wie Anm. 179), S. 42 verwendet hingegen die alte Namensform »Scarampi Mezzarota«, die Paschini als unrichtig nachgewiesen hat.

212 *Quod ecclesia Tridentina vacare non censeatur, quousque possessionem dicti patriarchatus vel maioris partis eius fuerit assecutus, admittatur, et admissus fuit, in forma, ut petitur* (CB 6, S. 731).

213 Er hatte sogleich das Dekret »Prospexit« über die Absetzung Eugens IV. durch das Konzil in dessen 34. Sessio am 25. Juni 1439 (MC 3, S. 325-327) in seinem Kirchensprengel publiziert (CB 6, S. 701). Hierzu vgl. Helmrath (wie Anm. 1), S. 472 (Lit.).

214 MC 3, S. 513 sowie CB 7, S. 262. Vgl. dazu die Bulle Felix' V. vom 4. Februar 1441 bei Paul Maria Baumgarten, Die beiden ersten Kardinalskonsistorien des Gegenpapstes Felix V., Römische Quartalschrift für christliche Altertumskunde und für Kirchengeschichte 22 (1908) S. 153-157, bes. 155f. bzw. Eubel, Hierarchia catholica medii aevi 2 (wie Anm. 195), S. 9 Nr. 6. Am 29. Juli 1440 wurde ihm auf erneut vorgebrachte Bitte von Felix V. das Pallium verliehen (CB 7, S. 219f.). – Zum kirchenpolitischen Effekt dieser Kreationen vgl. Helmrath (wie Anm. 1) S. 121. Von Eugen IV. waren sie durch einen Schub von siebzehn neuen Kardinälen am 18. Dezember 1439 bereits geschickt unterlaufen worden. Vgl. hierzu Francis Albert Young, Fundamental Changes in the Nature of the Cardinalate in the Fifteenth Century and their Reflection in the Election of Pope Alexander VI. (phil. Diss., University of Maryland 1978) S. 13-20.

215 Trevisan war bereits am 1. Juli 1440 zum Kardinal promoviert worden. Vgl. Eubel, Hierarchia catholica medii aevi 2 (wie Anm. 195), S. 8 Nr. 21.

216 Vgl. Stutz, Felix V. (wie Anm. 17), S. 197, der sich hierfür auf das in Torino, Archivio di Stato, verwahrte »Bollario di Felice V« stützt (vol. III: 1442, XVI. Kalendas Aprilis). Vgl. MC 3, S. 980: *Mense autem marcio in secreto consistorio commendata est ecclesia Curiensis tanquam vacans per obitum Johannis Nasonis cardinali Tridentino, donec haberet possessionem Aquilegiensis patriarchatus vel maioris partis bonorum*. Vgl. auch Bonelli (wie Anm. 189), S. 134; Eubel, Hierarchia catholica medii aevi 2 (wie Anm. 195), S. 284 (hat nur »März 1442«) und – darauf und Bąkowski (wie Anm. 180), S. 21 gestützt – Woś, Alessandro di Masovia (wie Anm. 179), S. 45f. – Alexander konnte sich in Chur gegen den von Eugen IV. zum Administrator bestellten Konstanzer Bischof Heinrich von Hewen nicht durchsetzen. Vgl. Johann Georg Mayer, Geschichte des Bistums

Als weitere Entschädigung kam am 25. Oktober 1442 noch die Propstei des Kollegiatskapitels Allerheiligen - St. Stephan in Wien hinzu, die nach allgemeiner Schätzung nicht mehr als jährlich 2600 Mark reinen Silbers abwarf. Dabei betonte die Basler Synode ausdrücklich, daß das landesfürstliche Nominationsrecht für dieses Mal infolge Nichtbeachtung der Präsentationsmodalitäten verwirkt worden sei[217]. Man ersieht daraus, daß König Friedrich III. wohl aus Gründen der strikten Neutralitätswahrung sich zu keiner Nomination entschlossen hatte, als sein bewährter Kanzler Konrad Zeidler, welcher diese Pfründe seit Frühjahr 1440 innegehabt hatte, am 31. März 1442 mit dem Tod abgegangen war[218].

Schon am 14. Juli 1440 war Alexander von der Basler Synode zum Legatus a latere in den habsburgischen Ländern, ferner in Böhmen, Ungarn sowie Polen bestellt worden[219], doch konnte er diesem Auftrag nicht vollinhaltlich nachkommen, da er zusammen mit dem gleichfalls von Felix V. zum Kardinal erhobenen Juan de Segovia zu dem beabsichtigten Reichstag in Nürnberg reisen sollte[220]. Auf dem Wege dorthin traf er am 13. April 1442 in Innsbruck mit dem

Chur 1 (1907) S. 446 und Felici Curschellas, Heinrich V. von Hewen, Administrator des Bistums Chur 1441 - 1456, in: 94. Jahresbericht der Historisch-Antiquarischen Gesellschaft von Graubünden (1965), S. 45f.; sowie Peter F. Kramml, Heinrich IV. von Hewen (1436 - 1462), Friedensstifter und Reformbischof, in: Die Bischöfe von Konstanz 1: Geschichte, hrsg. von Elmar L. Kuhn / Eva Moser / Rudolf Reinhardt / Petra Sachs (1988) S. 384-391.

[217] Original Wien, Haus-, Hof- und Staatsarchiv, Allgemeine Urkundenreihe mit dem rückseitigen Vermerk: *Commissio pro Cardinali s. Laurentii umb die tumbrobstey zu Wienn*. Regest in: Quellen zur Geschichte der Stadt Wien, 1. Abteilung: Regesten aus in- und ausländischen Archiven mit Ausnahme des Archives der Stadt Wien (= Quellen zur Geschichte der Stadt Wien 1/7, 1923) S. 184f. Nr. 14935. Vgl. dazu noch Göhler (wie Anm. 32), S. 76-78 Nr. VII. Woś, Alessandro di Masovia (wie Anm. 179), S. 49, der kein Verleihungsdatum nennt, spricht von der »parrocchia della chiesa di S. Stefano a Vienna«.

[218] Zu diesem vgl. Göhler (wie Anm. 32), S. 73-75 Nr. VI (sein Leichnam wurde in der Pfarrkirche von [Grauscharn-]Pürgg [Steiermark] beigesetzt, deren Einkünfte er gleichfalls bezogen hatte); Repertorium Germanicum IV/1 (wie Anm. 189), Sp. 543 (»Czedeler«) und Paul-Joachim Heinig, Zur Kanzleipraxis unter Kaiser Friedrich III., AfD 31 (1985), S. 389, der Zeidler einen »als unterschiedlos für landesherrliche und ›Reichs‹-Sachen bewährten Kanzler« wertet. – Bereits am 28. Juni 1443 richtete König Friedrich III. als österreichischer Landesfürst eine Präsentation auf ein Kanonikat bei St. Stephan an Alexander, *commendatorius* dieser Propstei (Göhler S. 77).

[219] Vgl. die Empfehlungsschreiben der Basler Synode an König Friedrich III. (vom 12. Juli) und Königinwitwe Elisabeth von Ungarn (vom 14. Juli 1440) in Trento, Archivio di Stato, Archivio Capitolare, Capsa 39 nr. 35 und 70. Dazu vgl. Noel Valois, La France et le Grand Schisme d' Occident 2 (Paris 1898) S. 371 bzw. Woś, Alessandro di Masovia (wie Anm. 179), S. 42f.

[220] Den Titel *legatus de latere ad partes Germanie* erhielten beide am 12. November 1440. Zu dieser Legation vgl. Näheres in den Deutschen Reichstagsakten unter Kaiser Friedrich III., 1. Abtei-

auf seinem Krönungszuge befindlichen Habsburger Friedrich III., *consanguineum suum* zusammen. Dieser empfing ihn zwar überaus ehrenvoll, bat ihn aber zugleich, bei dieser Gelegenheit freiwillig auf den Gebrauch der Insignien eines Kardinals zu verzichten[221].

Erneut vom Konzil zum Legaten bestellt, verließ Alexander am 11. April 1443 Basel, um sich zu Verhandlungen über Wien nach Ungarn zu begeben[222].

lung: 1440-1441, hrsg. von Hermann Herre (DRTA 15, 1914) S. 316f. und 332-339 Nr. 157 (Instruktion an die Gesandten: Beglückwünschung zur Königswahl, Aufforderung zur Obedienzleistung, Vorschlag einer Heirat Friedrichs III. mit einer Tochter Felix' V. u.a.m.). Bezüglich der Unterstützung Alexanders in der Angelegenheit von Aquileia lautet die Anweisung: *Item dicetis, quomodo ad sui instantiam et litterarum suarum sacrum concilium promovit venerabilem Alexandrum tunc episcopum Tridentinum ad patriarchatum Aquilegiensem consideracione eciam meritorium ipsius domini Aquilegiensis consanguinei sui, et ipsum eidem recommendabitis, ut velit iuvare ipsum pro habendo possessionem patriarchatus nec velit consentire, ut sic de facto occupetur, et sacrum concilium et dictus dominus Felix facient debitum suum* (S. 334). – An Alexanders Stelle gingen Stanislaw Sobniowski, Dereslaw Borzynowski und Marco Bonfili nach Polen. Vgl. Stefan Hain, Wincenty Kot, Prymas Polski 1436-1448 (Poznańskie Towarzystwo Przyjaciol Nauk, Prace Komisij Teologicznej 3/2, Poznań 1948) S. 123-127 bzw. Woś, Alessandro di Masovia (wie Anm. 179) S. 43. – Zu Juan de Segovia vgl. nur Ursula Fromherz, Johannes von Segovia als Geschichtsschreiber des Konzils von Basel (Basler Beiträge zur Geschichtswissenschaft 81, 1960) S. 35 und Hermann Diener, Zur Persönlichkeit des Johannes von Segovia. Ein Beitrag zur Methode der Auswertung päpstlicher Register des späteren Mittelalters, QFIAB 44 (1964) S. 289-365; hier 329.

221 Vgl. hierüber MC 3, S. 978f. sowie DRTA 16 (wie Anm. 142), S. 152f. (mit weiteren Dokumenten). Friedrich III. befand sich auf der Fahrt nach Aachen. In der ersten Aprilhälfte weilte er in Innsbruck, wo er nicht nur mit dem ihm verwandten polnischen Kardinal, sondern auch mit dem Legaten Eugens IV., Kardinal Cesarini, zusammentraf, der sich auf der Reise nach Ungarn befand, um zwischen dem König Władysław von Polen und Elisabeth von Ungarn, der Witwe König Albrechts II. zu vermitteln. Während Friedrich III. von Cesarini zu aktivem Vorgehen gegen die drohende Türkengefahr aufgefordert wurde, dürfte ihn der Kardinal-Patriarch – über die bedrohlichen Pläne der Kurfürsten in der Obedienzfrage unterrichtet – zu einem Besuch des Frankfurter Reichstages gedrängt und »ihm die zügelnde Einwirkung des Konzils auf Herzog Albrecht [= König Friedrichs Bruder] in Aussicht gestellt haben« (ebd., S. 153). Woś, Alessandro di Masovia (wie Anm. 179), S. 46 folgt der älteren Literatur und verlegt daher die Zusammenkunft ins steirische Bruck an der Mur.

222 Seine Beglaubigung beim römischen König durch das Konzil datiert vom 5. April 1443. Wie wichtig man in Basel diese Gesandtschaft genommen hat, beweist die noch nachträglich unter dem 12. April ausgestellte und offenbar nachgeschickte Empfehlung bei der Wiener Universität (gedruckt bei Zeibig [wie Anm. 39] S. 616 Nr. 39). Alexander verließ 10./11. April Basel und reiste über München, wo er Gast Herzog Albrechts von Bayern war, und Salzburg nach Wien, wo er in den ersten Maitagen eintraf. Sieht man von den etwas böswilligen Auslassungen Enea Silvios ab, dann wissen wir – abgesehen von Alexanders eigenem Bericht vom 22. Juni, der vor der Synode verlesen wurde (CB 7, S. 486) – über seine Tätigkeit kaum Konkretes. Vgl. Näheres in: Deutsche Reichstagsakten unter Kaiser Friedrich III., 3. Abteilung: 1442-1445, hrsg. von Walter Kaemmerer (DRTA 17, 1963)

Schon allein daraus ersieht man, wie sehr die Synode bemüht war, die repräsentative Wirkung ihrer Gesandtschaften zu steigern, in dem sie – in ungleich stärkerem Maße als Eugen IV. – ihre ranghöchsten Vertreter (Kardinäle, Patriarchen, Bischöfe) vor allem auf den Weg ins Reich schickte[223]. Dazu kam bei Alexander von Masowien aber noch der Umstand, daß er sogar mütterlicherseits ein Neffe des Reichsoberhauptes war. Als weitere Art von »Überrepräsentation« trat noch jene »magna pompa« des äußeren Auftretens hinzu, womit die mangelnde Anerkennung der Konzilsautorität und das in Basel fehlende »courtly milieu« kompensiert werden sollten[224]. Wenngleich man damit vielleicht richtiger den Zuschnitt der deutschen Adelskirche einzuschätzen wußte, mit deren Exponenten zu verhandeln war, so mußte dabei doch manche Peinlichkeit in Kauf genommen werden[225]. Davon blieb auch der Kardinal von Masowien nicht verschont, denn auch bei seinem Einzug in Wien mußte er auf Purpur und Kardinalshut verzichten, zumal man hierzulande den Neutralitätsanspruch nicht leichtfertig aufs Spiel setzen wollte[226]. Doch als sein Gegenspieler im Legatenamte, Kardinal Giuliano Cesarini, damit bekleidet auftrat, entlud sich Alexanders Zorn über die ungleiche Behandlung in – wie Enea Silvio nicht ohne Spott nach Basel meldete[227] – äußerst temperamentvoller Weise: *Hoc anno, cum esset hic Julianus* (= Cesarini), *multa minabatur Aquilegiensis pu-*

S. 118-120 und 138-140 Nr. 58. Vgl. auch Woś, Alessandro di Masovia (wie Anm. 179), S. 46f., dem aber dieser Band der Reichstagsakten entgangen ist.

[223] Hierzu Meuthen, Das Basler Konzil als Forschungsproblem (wie Anm. 1), S. 280 mit Anm. 14, der für die Jahre 1438 bis 1446 seitens der Basler zehnmal einen Kardinal, für die Eugenianer aber nur ein einziges Mal einen solchen (Niccolò Albergati, 1438) und ebenfalls nur einmal einen Bischof (Tommaso Parentucelli [später Papst Nikolaus V.], 1447) zählt.

[224] Darauf hat Helmrath (wie Anm. 1), S. 57f. verwiesen.

[225] Juan de Segovia und der Konzilspräsident, Louis d' Aleman, durften auf dem Mainzer Reichstag im März 1441 nicht mit dem Purpur und den anderen kardinalizischen Insignien erscheinen; Segovia durfte nur *absque cappa et rocketo in habitu doctorali* vor der Versammlung sprechen. Vgl. DRTA 15 (wie Anm. 220), S. 550-552 und Acta Cusana. Quellen zur Lebensgeschichte des Nikolaus von Kues, hrsg. von Erich Meuthen / Hermann Hallauer I/2 (1983) S. 482.

[226] Vgl. den Bericht des Juna de Segovia in MC 3, S. 1318f.; teilweise gedruckt in DRTA 17 (wie Anm. 222), S. 139f. Nr. 58. Bezeichnend ist, was Enea Silvio am Tag der Beisetzung Alexanders nach Basel schrieb: *Pileus rubeus ob neutralitatem non est permissus mortuo, qui vivo non negabatur* (Wolkan, Briefwechsel 1 [wie Anm. 210] S. 334-336 Nr. 146, hier: 335: an Giovanni Peregallo in Basel; wiederabgedruckt bei Woś, Alessandro di Masovia [wie Anm. 179] S. 161f. Nr. 15).

[227] Wolkan, Briefwechsel 1 (wie Anm. 210), S. 202-204 Nr. 86 (Mitte Oktober 1443 aus Wien), hier S. 203. Erst als sein Gegenspieler Cesarini damit bekleidet erschien, wurde dieses Verbot gemildert.

gnareque crucibus et rem fidei manibus et pugnis tueri volebat, in quibus magis confidebat quam in verbis; nunc neutri rei est idoneus, quoniam nec loqui multum potest nec in pedes se tollere.

Was diesem bis in den Augenblick des Todes verwehrt werden sollte, gestattete man bereitwillig darüber hinaus. Denn als Alexander nach nur kurzer Krankheit schon am 2. Juni 1444 in Wien verstarb[228], fand sein Leichnam im Liebfrauenchor seiner Propsteikirche die letzte Ruhestätte[229]. Dort erinnert noch heute ein rotmarmornes Grabdenkmal an ihn: Es zeigt – wider alles Erwarten – den aufrecht stehenden Verstorbenen in voller Kardinalskleidung mit dem »pileus rubeus«, also dem Kardinalshut auf dem Haupte[230]. Vielleicht hat seine Verwandtschaft mit dem Reichsoberhaupt – wie so oft in seinem Leben[231] – auch hierfür den Ausschlag gegeben?

******

Dem persönlichen Wohlwollen dieses Exponenten der Basler Hierarchie verdankte indes der wohl prominenteste Laie auf dieser Kirchenversammlung seinen Pfründenbesitz am Trientner Domstift und im deutschsprachigen Anteil dieses Bistums: Enea Silvio de' Piccolomini (1405 - 1464), der einer vornehmen, politisch allerdings einflußlosen Sieneser Adelsfamilie entstammte[232], war schon

[228] Bereits am 1. Juni 1442 hatte Enea Silvio das bevorstehende Ableben Alexanders angekündigt (*reverendissimus dominus Aquilegiensis in extremis laborat: Parva vite sue spes est, minor sanitatis. Exanguis est, spiritus iam non corpus videtur.* Vgl. Wolkan, Briefwechsel 1 [wie Anm. 210] S. 333 Nr 145). Zum tagsdarauf erfolgten Ableben vgl. dessen Briefe an Giovanni Peregallo (vom 4. Juni, gedruckt ebd., S. 334f. Nr. 146) und an Kardinal Juan de Segovia (vom 6. Juni, ebd., S. 336f. Nr. 147; wiederabgedruckt bei Woś, Alessandro di Masovia [wie Anm. 179] S. 161-164 Nr. 146f.). Darin das Verdikt: *non puto magno detrimento esse concilio mortem eius, quia non multum utilis vita fuit* (ebd., S. 336 Nr. 147). Dennoch hat Enea Silvio in echter Humanistenmanier auf den Verstorbenen gleich zweimal ein *Epitaphium* verfaßt (ebd., S. 335f.).

[229] Vgl. Göhler (wie Anm. 32), S. 77. Dort auch zur Umschrift der Grabplatte. Balzer (wie Anm. 181), S. 502 und darnach Woś, Alessandro di Masovia (wie Anm. 179), S. 50 n. 88 irren, wenn sie meinen, dort stünde 1443 als Todesjahr. Zu Alexanders Ableben und zu seinem Grabdenkmal vgl. auch DRTA 17 (wie Anm. 222), S. 120.

[230] Mehrfach abgebildet, so bei Hans Tietze, Geschichte und Beschreibung des St. Stephansdomes in Wien (Österreichische Kunsttopographie 23, 1931) S. 478f. Abb. 584f.; vgl. auch S. 475f.

[231] Hierzu vgl. nur Jakob Caro, Geschichte Polens 4: 1430 - 1455 (1875) S. 331. Zu seiner Beurteilung vgl. Morawski (wie Anm. 185) S. 61, der von Alexanders »intelligence médiocre« spricht, und Pérouse (wie Anm. 17), S. 345, welcher ihn als »pétit théologien, mais grand seigneur« charakterisiert.

[232] Außer Georg Voigt, Enea Silvio de' Piccolomini als Papst Pius der Zweite und sein Zeitalter 1 (1856) S. 3ff. vgl. Buyken (wie Anm. 169), S. 5ff. und Widmer (wie Anm. 176), bes. S. 13ff.

Mitte April 1432 nach Basel gekommen[233]. Er hatte den Konzilsort im Gefolge eines Kirchenfürsten betreten, dem Papst Eugen IV. – entgegen der Verfügung seines Amtsvorgängers – das ihm zuerkannte Kardinalat rundweg abgesprochen hatte[234]. Der Sechsundzwanzigjährige dürfte die ihm von dem feingebildeten Bischof von Fermo, Domenico Capranica, angebotene Sekretärstätigkeit wohl ohne jedes Bedenken angenommen haben, denn »wie ein junger Vogel« sei er damals ausgeflogen, urteilte er in späteren Jahren als Bischof darüber[235].

Einmal an den Sitz des Konzils gekommen, wurde Enea Silvio sogleich von den sich überstürzenden Eindrücken und Ereignissen gefangengenommen. Diese ließen ihn in rascher Abfolge vom Inhaber einer einfachen Skriptorenstelle beim Konzil, die er seit dem 23. September 1432 bekleidete[236], zum Sekretär des 1439 gewählten Konzilspapstes Felix V. aufsteigen[237] und drei Jahre darnach –

[233] *Eadem die* (= 15. April) *intraverunt nuncii concilii de Roma et domini Mediolanensis* (= Bartolomeo della Capra, seit 1414 Erzbischof von Mailand) *et Firmanus* (CB 2, S. 95). Als Capranicas Familiare ist Enea Silvio selbst erst zum 9. August 1432 aktenmäßig in Basel bezeugt: *nobilis Eneas de Piccolominibus de Senis, eius familiaris* (ebd., S. 190). Der erste (erhaltene) Brief aus Basel, an die Stadt Siena gerichtet, ist mit 1. November 1432 datiert. Vgl. Wolkan, Briefwechsel 1 (wie Anm. 210), S. 12-14 Nr. 8*. – Später wird er klagen: *O utinam nunquam vidissem Basileam!* (ebd., S. 542 Nr. 185 an Giovanni Campisio, ca. 10. September 1445). Zur Datierung vgl. Hans A. Genzsch, Die Anlage der ältesten Briefsammlung Enea Silvio Piccolominis, MIÖG 46 (1932) S. 427 und 437 Nr. 20.

[234] Capranica ging es im wesentlichen nur um seine Anerkennung als Kardinal. Sobald er diese erhalten hatte, erlahmte sein Konzilsengagement sehr. Vgl. dazu Helmrath (wie Anm. 1), S. 118. – Aus der reichen Literatur zu diesem vgl. nur M. Morpurgo-Castelnuovo, Il cardinale Domenico Capranica, Archivio della R. Società Romana di Storia Patria 52 (1929) bes. S. 25-47; Decker (wie Anm. 8), S. 130-140, 319-322 und 375; Alfred A. Strnad, Capranica, Domenico, in: Dizionario Biografico degli Italiani 19 (Roma 1976) S. 145-153 (Lit.) und Erich Meuthen, Capranica, in: Lexikon des Mittelalters 2 (1983) S. 1488 (Lit.). Über seine Bibliothek vgl. Anthony V. Antonovics, The Library of Cardinal Domenico Capranica, in: Cultural Aspects of the Italian Renaissance. Essays in Honour of Paul Oskar Kristeller, hrsg. von Cecil H. Clough (Manchester/New York 1978) S. 141-159 bzw. Antonio G. Luciani, Minoranze significative nella biblioteca del cardinale Domenico Capranica, in: Scrittura, biblioteche e stampa a Roma nel Quattrocento. Aspetti e problemi (= Littera Antiqua 1/1, Città del Vaticano 1980) S. 167-182.

[235] *Nova tunc ego avis ex Senensi gymnasio devolaveram nec Romane curie mores nec Eugenii vitam sciebam; vera putavi, que audivi, omnia* (Enea Silvio an den Rektor der Kölner Universität, 13. August 1447, gedruckt bei Wolkan, Briefwechsel 2: Briefe als Priester und als Bischof von Triest, 1447-1450 [= Fontes rerum Austriacarum II/69, 1912] S. 56 Nr. 19). Vgl. auch Widmer (wie Anm. 176), S. 18f.

[236] CB 2, S. 227 verzeichnet zum 23. September 1432 seine Nomination an erster Stelle: *Pro scriptoribus earundem litterarum fuerunt nominati: Eneas de Senis [...]* Vgl. auch ebd., S. 260.

[237] Er hatte die Stelle eines apostolischen und päpstlichen Sekretärs spätestens seit Anfang April 1440 inne. Vgl. CB 7, S. 124 Anm. 2.

1442 – sogar in die Dienste des Reichsoberhauptes, König Friedrich III., übertreten[238]. Das hierauf folgende knappe Jahrfünft zwischen der Aachener Königskrönung dieses Herrschers (17. Juni 1442) und der Papstwahl Nikolaus' V. (6. März 1447) gehört zweifelsfrei zu den wohl interessantesten und zugleich wechselvollsten Abschnitten im Leben des späteren Papstes[239]. Es kann allerdings nur dann ganz verstanden werden, wenn man die davor liegenden Ereignisse mitberücksichtigt, die aus dem engagierten Anhänger der konziliaren Bewegung einen überzeugten, ja fanatischen Verfechter des päpstlichen Machtanspruches machten. Dabei stellten die binnen kurzem erfolgten Veränderungen im Wechsel der Obedienz und des Standes, aber auch im Wandel der religiösen Gesinnung und der kirchenpolitischen Anschauungen in den Augen der Zeitgenossen durchaus keinen gravierenden Makel dar. Wohl aber wird das Persönlichkeitsbild des Piccolomini – trotz mancher Entlastungsversuche vor allem aus jüngerer Zeit[240] – nach wie vor auf Grund der bis heute unersetzten Biographie von Georg Voigt (Berlin 1856-1863) deswegen und wegen der von ihm gesetzten politischen Aktivitäten im Reich in den Jahren 1445/46 von dem abträglichen Image eines »Opportunisten« oder gar eines »Verräters« bestimmt[241]. Dabei ist jedoch zu beachten, daß sich diesen Charakterfehler – Apostat, Verräter, Heuchler, Opportunist – bereits die ›dramatis personae‹ unter den Zeitgenossen fast unisono vorgeworfen haben!

Feststeht jedenfalls, daß Enea Silvio als *Laie* zum Konzil kam[242] und dort auch eine Verdienstmöglichkeit erhielt. Bereits am 9. August 1432 konnte er – was Voigt entgangen ist[243] – im Konvent der Basler Barfüßer als Prokurator

[238] Hierzu vgl. HERMANN DIENER, Enea Silvio Piccolominis Weg von Basel nach Rom. Aus päpstlichen Registern der Jahre 1442-1447, in: Adel und Kirche, Gerd Tellenbach zum 65. Geburtstag dargebracht von Freunden und Schülern. Hrsg. von JOSEF FLECKENSTEIN/KARL SCHMID (1968) S. 520.

[239] Ebd., S. 516.

[240] Vgl. BUYKEN (wie Anm. 169); GERHARD BÜRCK, Selbstdarstellung und Personenbildnis bei Enea Silvio Piccolomini (Basler Beiträge zur Geschichtswissenschaft 56, 1956) sowie WIDMER (wie Anm. 176); und DIES., Enea Silvio Piccolomini in der sittlichen und politischen Entscheidung (ebd., 88, 1963), vor allem aber LAETO MARIA VEIT, Pensiero e vita religiosa di Enea Silvio Piccolomini prima della sua consacrazione episcopale (Analecta Gregoriana 139, Roma 1964).

[241] Vgl. hierzu HELMRATH (wie Anm. 1), S. 446f. mit der richtigen Feststellung: »Doch hat man dabei wiederum den Theologen gegenüber dem Literaten überschätzt«.

[242] Dazu HELMRATH (wie Anm. 1), S. 85f. Er wurde erst am 15. Mai 1438 den Konzilsvätern inkorporiert (CB 6, S. 231). Vgl. noch DIENER, Weg (wie Anm. 238), S. 522f. und 527.

[243] Deshalb hat VOIGT Enea Silvios Aussage in seinen »Commentarii« über seine Prokuratur im Prozeß zwischen Capranica und Eugen IV. als Prahlerei abgetan. Vgl. WIDMER (wie Anm. 176), S. 19.

seines ersten Dienstherrn fungieren: Das Ergebnis dieser ersten Sitzung bestand im Beschluß, den Papst zu zitieren, damit er selber dem Verfahren beiwohne[244]. Trotzdem Enea Silvio fortan in auffälligster und kontaktfreudigster Weise am Konzil in Erscheinung trat, wurde er aller Wahrscheinlichkeit nach nicht vor Mitte Mai 1438 diesem Gremium inkorporiert[245].

Hier am Oberrhein konnte der Piccolomini fortan aber gerade die für seine politische wie persönliche Laufbahn wichtigsten Beziehungen anknüpfen oder zumindest die Grundlagen dafür legen. Deshalb bereute er seinen in jugendlichem Eifer gefaßten Beschluß auch nicht, sich dorthin begeben zu haben: *Non me penitet in Synodo Basiliensi fuisse, in qua lumina nostri orbis excellentiora fuerunt, multa illic didici, que adhuc meminisse iuvat*[246].

Dank eines wachen und beweglichen Geistes, des vitalen Interesses am jeweiligen Geschehen, vor allem aber auf Grund liebenswürdiger und diplomatischer Umgangsformen war ihm der Zugang zu Ämtern und Menschen ein leichter. Das gilt vom Konzilspräsidenten abwärts bis zum Dienstpersonal der Konzilsväter, jener nur schwer differenzierbaren personellen »Grauzone«, welche sich aus niederen, tonsurierten Klerikern ebenso wie aus »echten«, also nicht-geweihten, vielfach aber gebildeten Laien zusammensetzte[247].

Da sein erster Dienstherr mittellos nach Basel geflohen war und hier auch weiterhin seiner Einkünfte beraubt blieb, mußte sich Enea Silvio schon sehr bald nach einem anderen Brotgeber umsehen. Er fand ihn in dem bereits vorge-

[244] CB 2, S. 190 zum 9. August 1432: *instante supradicto Enea procuratore*.

[245] Allerdings war er damals bereits Kleriker. CB 6, S. 231 zum 15. Mai 1438: *Super supplicacione Enee de Picholominibus prepositi s. Laurencii maioris et incorporati huic sacro concilio petentis sibi prorogari terminum ad bienium ad suscipiendum ordines eciam presbiteratus inclusive etc. placuit; et prorogatus est sibi terminus ad annum*. Vgl. hierzu Diener, Weg (wie Anm. 238), S. 522f. und 527 bzw. Helmrath (wie Anm. 1), S. 86 mit Anm. 47.

[246] In dem unter dem irreführenden Titel »Tractatus de captione urbis Constantinopolitane anno 1453« verzeichneten »Dialog über einen erdichteten Traum« gedruckt bei Josephus Cugnoni, Aeneae Silvii Piccolomini Senensis, qui postea fuit Pius II Pontifex maximus, opera inedita, Memorie della R. Accademia dei Lincei 8 (Roma 1883) S. 578. Vgl. Buyken (wie Anm. 169) S. 22* bzw. Helmrath (wie Anm. 1), S. 71. – Andernorts hat er sich davon ausdrücklich distanziert: *Non inficior, sed doleo me fuisse Basiliensem. Non nego, sed horresco, quae dixi, scripsique, ne feram inde supplicium timeo*. Vgl. Pius II. Pont. Max. a calumniis vindicatus ternis retractationibus eius quibus dicta et scripta pro concilio Basiliensi contra Eugenium PP. IV. eiuravit, hrsg. von Carolus Fea (Romae 1823) S. 4; vgl. auch S. 153f. Hierzu noch Martin Birck, Enea Silvio de' Piccolomini als Geschichtsschreiber des Basler Konzils, Theologische Quartalschrift 76 (1894) S. 589.

[247] Dazu vgl. Meuthen, Basler Konzil als Forschungsproblem (wie Anm. 1), S. 26-30 bzw. Helmrath (wie Anm. 1), S. 83f. und 87.

stellten Bischof von Freising, Nicodemo della Scala, der als offizieller Vertreter des österreichischen Landesfürsten nach Basel gekommen war[248]. Dortselbst begegnete Enea Silvio erstmals auch dem Theologieprofessor Thomas Ebendorfer, den Konzilsgesandten der Wiener Universität. Dabei dürfte sich jene gut versteckte, gegenseitige Abneigung angebahnt haben, die sich – Alphons Lhotsky zufolge[249] – »in höflichen Bosheiten entlud und in jener Überkorrektheit, die eigentlich schon Beleidigung ist«.

Denn als Enea Silvio nach einer in atemberaubendem Tempo erfolgten Karriere – April 1447 Bischof von Triest[250], September 1450 von Siena[251], Dezember 1456 Kardinal[252] – am 19. August 1458 als Pius II. den päpstlichen Stuhl bestieg[253], erinnerte sich Ebendorfer genau dieser Zeit und erzählte[254],

[248] Alles Nähere siehe oben, S. 161f.

[249] Lhotsky, Ebendorfer (wie Anm. 30), S. 27. Ähnlich Schmidinger, Begegnungen (wie Anm. 46), S. 190f.

[250] Am 19. April 1447 obligierte er sich für dieses Bistum, das seit dem Ableben des Nicolò degli Aldigari (4. April) vakant war (ASV, Oblig. et Sol. 72, fol. 25r). Vgl. Eubel, Hierarchia catholica medii aevi 2 (wie Anm. 195), S. 247. König Friedrich III. hatte Enea Silvio schon am 30. Mai 1446 für Triest empfohlen und teilte dem Kapitel am 18. Mai 1447 dessen päpstliche Bestätigung mit. Das diesbezügliche Schreiben Eneas aus Graz ist mit 20. Mai 1447 datiert. Vgl. Pietro Kandler, Codice diplomatico Istriano, vol. 4, anni 1400 - 1499 (Trieste 1986) Nr. 1042 und 1045f. Dazu noch Miroslav Premrou, Serie documentata dei vescovi triestini dei secoli XV-XVIII, Archeografo triestino ser. 3, vol. 10 (1923) S. 290 Nr. 9 und Documenti 21. – Zum Thema vgl. Marino Szombathely, Pio II e Trieste (Trieste 1965).

[251] Zum 23. September 1450: ASV, Reg. Lat. 412, fol. 313 und Kandler, Codice (wie Anm. 250), Nr. 1063 (Papst Nikolaus V. versetzt Enea Silvio von Triest nach Siena). Vgl. auch Eubel, Hierarchia catholica medii aevi 2 (wie Anm. 195), S. 247, der hierfür nur auf »Schede Garampi« verweist. Der Amtsvorgänger Neri de Monte Garulo war im Oktober 1449 verstorben. Dazu vgl. Curzio Ugurgieri della Berardenga, Pio II Piccolomini. Con notizie su Pio III e altri membri della famiglia (= Biblioteca dell' Archivio storico italiano 18, Firenze 1973) S. 155ff.

[252] Anläßlich der zweiten Kardinalspromotion Papst Kalixts III. am 17. Dezember 1456. Tagsdarauf erhielt Enea Silvio Santa Sabina auf dem Aventin als Titelkirche zugewiesen. Vgl. Eubel, Hierarchia catholica medii aevi 2 (wie Anm. 195), S. 12 Nr. 7 und Appendix I, S. 31f. Nr. 175f., 180, 184 und 186.

[253] Die Daten von Wahl und Krönung (3. September 1458) werden bei Eubel, Hierarchia catholica medii aevi 2 (wie Anm. 195), S. 12 (Pius II.) näher belegt. – Zum Thema vgl. Alfred A. Strnad, Johannes Hinderbachs Obedienz-Ansprache vor Papst Pius II. Päpstliche und kaiserliche Politik in der Mitte des Quattrocento, Römische Historische Mitteilungen 10 (1967) S. 43ff. (Lit.)

[254] *Pius secundus, quem Eneam Silvium de Senis, mihi et similibus ab antiquo familiariter notissimum, sua de Senis tytulabat prosapia, virum pauperem, olim humili sola toga contentum, non aspernantem eciam, interpellatus a sociis, dum Basilee in concilio pariter degeremus, eciam a caupone pro collatione mensuram vini promptus affere*, berichtet Ebendorfers »Chronica regum Romanorum«, hrsg. von Přibram (wie Anm. 57) S. 166. Eine ähnliche Äußerung in Ebendorfers »Cro-

daß der damalige Sekretär stets in Armut lebte und mit einem einzigen bescheidenen Rock zufrieden gewesen sei (*humili sola toga contentum*), es sich zur Ehre anrechnete, mit ihm und seinesgleichen bei Tische zu sitzen, und sich auch nicht scheute, dienstwillig aus der nahen Schenke den Wein für das Nachtmahl zu holen. Die Chronik des Basler Münsterkaplans Niklaus Gerung genannt Blauenstein bestätigt solches, wenn sie lapidar festhält[255]: »Er war arm und suchte sich den Lebensunterhalt durch Schreibarbeiten zu verdienen« (*fuit [...] pauper, nutriens se laboribus scribendi*).

Rund ein Jahrzehnt band sich der von Voigt zum »Apostel des Humanismus in Deutschland«[256] geradezu hochstilisierte »Modellhumanist« aus der Toskana an das Konzil und seinen Papst, an dessen Erhebung er – nicht als Wahlmann, wohl aber als *Clericus ceremoniarum* und als Notar – mitgewirkt hatte[257]. In dieser Eigenschaft begleitete er auch die unter der Führung des Kardinals von Arles, eines eifrigen Konziliaristen, stehende prunkvolle Konzilsgesandtschaft nach Ripaille am Genfersee, wo sie nach Annahme der Wahl dem Erwählten als erste huldigte[258]. Darnach war der Piccolomini dem neuen Papste

nica Pontificum Romanorum«, ediert von RICHARD BLAAS, Untersuchungen zu Ebendorfers Liber pontificum (phil. Diss., Wien 1946) S. 67. Vgl. dazu SCHMIDINGER, Begegnungen (wie Anm. 46), S. 189.

255 Des Kaplans Niklaus Gerung genannt Blauenstein Fortsetzung der »Flores temporum« 1417-1475, in: Basler Chroniken 7, bearb. von AUGUST BERNOULLI (1915) S. 55. Der Übertritt in die Dienste des Reichsoberhauptes wird folgendermaßen erklärt: *De Basilea venit in cancellariam Friderici Romanorum regis propter ydeoma Ytalicum.*

256 VOIGT (wie Anm. 232), 2 (Berlin 1862) S. 351 sowie DERS.: Die Wiederbelebung des classischen Altertums oder das erste Jahrhundert des Humanismus 2 (Berlin [3]1893) S. 277 und 311. Vgl. noch ANTON WEISS, Aeneas Sylvius Piccolomini als Papst Pius II. Sein Leben und Einfluß auf die literarische Cultur Deutschlands (1897) S. 3 (»Apostel und Missionär des Humanismus in Deutschland«) und 78 sowie HELMRATH (wie Anm. 1), S. 172.

257 Zusammen mit Michel Bruman (*Brunnen*, Kanonikus von Beauvais), wurde *Eneas de Senis, licenciatus in jure civili, canonicus Tridentinus* zum *clericus ceremoniarum gracia* bestellt. Beide waren *notarii apostolici*. Vgl. die Angaben in CB 6, S. 678, 690 und 699 sowie MC 3. S. 424 und 427. Dazu DIENER, Weg (wie Anm. 238), S. 518. Um selbst Papstwähler zu werden, hätte Enea Silvio mindestens die niederen Weihen haben müssen. Als Papst berichtete er, daß man ihm damals *extra tempora* alle Weihen (einschließlich des Diakonats) erteilt hätte, wenn er als Papstwähler innerhalb der italienischen Nation am Konklave teilnehmen würde, was er jedoch ausschlug (ebd., S. 522).

258 Mit dem Doktor der Theologie Johannes de Valle und fünf weiteren Personen war Enea Silvio beim Gastwirt Griffon in Thonon einquartiert. Vgl. MAX BRUCHET, Le Château de Ripaille (Paris 1907) S. 528 und DIENER, Weg (wie Anm. 238), S. 518, der daher die Huldigung durch die Wahlgesandtschaft irrig in Thonon erfolgen läßt. Zur Übersiedlung des Papstes von Ripaille nach Thonon, die am folgenden Tag (= 18. Dezember) erfolgte, vgl. HERMANN HERRE, Einleitung, in: CB 7 S. XXV. – Über den Kardinal von Arles vgl. PÉROUSE (wie Anm. 17), bes. S. 393ff.

beim Aufbau einer eigenständigen kurialen Verwaltung, zunächst als Abbreviator, dann als Sekretär, behilflich. Er übte dabei eine Tätigkeit aus, die sich in den Registern und Urkunden Felix' V. deutlich widerspiegelt[259].

Enea Silvio war daher auch an der Abfassung jenes Schreibens beteiligt, in dem der Konzilspapst am 11. Februar 1440 – von Thonon aus – dem zum Reichsoberhaupt erwählten Habsburger, Herzog Friedrich V. von Österreich, seine Glückwünsche entbot und dabei der Hoffnung Ausdruck verlieh, daß dieser die Wahl annehmen, das Konzil unterstützen und dessen Beschlüsse anerkennen werde[260].

Solches war dem »Humanisten als Konzilsvater«[261] keineswegs neu. Denn schon zwei Jahre zuvor, im April 1438, hatte er eine ähnliche Adresse für seinen früheren Dienstherrn, den Bischof von Novara Bartolomeo Visconti, verfaßt und bei dieser Gelegenheit auch erstmals die Stadt Wien betreten[262]. Der Annahme, er hätte bei dieser Gelegenheit auch seine erste Beschreibung der Donaustadt verfaßt[263], widerspricht nicht bloß deren rhetorische Form, sondern mehr noch passen die ungeschminkten Äußerungen über den Adel gleich

[259] Vgl. DIENER, Weg (wie Anm. 238), S. 518. – Zur savoyischen Kanzlei und zur Regierungspraxis Felix' V. vgl. PETER RÜCK, Die Ordnung der herzoglich savoyischen Archive unter Amadeus VIII. (1398-1451), Archivalische Zeitschrift 67 (1971) bes. S. 29ff. sowie HANS SCHNEIDER, Die Halbbulle Felix' V. Zur Imitation kurialen Kanzleibrauches in der Basler Konzilskanzlei, Annuarium Historiae Conciliorum 17 (1985) S. 457-463. Zusammenfassend HELMRATH (wie Anm. 1), S. 233-237, der feststellt: »Über das Selbstverständnis Felix' V. als ›herzoglicher Papst‹ bzw. ›päpstlicher Herzog‹ wüßte man gern mehr« (S. 235).

[260] Nach dem Original in Wien, Haus-, Hof- und Staatsarchiv, Allgemeine Urkundenreihe publiziert bei JOSEPH CHMEL, Materialien zur österreichischen Geschichte. Aus Archiven und Bibliotheken 1 (1837) S. 74f. Nr. IV. Vgl. DERS., Regesta 1 (wie Anm. 174), S. 2 Nr. 6. Vgl. hierzu SCHNEIDER, Halbbulle (wie Anm. 259), S. 460f.

[261] HELMRATH (wie Anm. 1), S. 446. Als »Modellhumanist« ebd., S. 172.

[262] Gedruckt in den Deutschen Reichstagsakten unter König Albrecht II. 1. Abteilung: 1438, hrsg. von GUSTAV BECKMANN (DRTA 13 [1925; Nachdruck: 1957]) S. 99-102 Nr. 42 mit dem Datum: *ex opido Viene 27 aprilis mane summo currente anno domini* 1438 et dominica 2 post festum resurrectionis (S. 102). Zu dieser Gesandtschaft vgl. noch VOIGT 1 (wie Anm. 232), S. 85f.; BUYKEN (wie Anm. 169), S. 37 und HERBERT PAULHART, Die Rede eines Mailänder Gesandten vor Albrecht II. 1438. Ein Nachtrag zu den Reichstagsakten, in: FS Karl Pivec. Hrsg. von ANTON HAIDACHER/HANS EBERHARD MAYER (Innsbrucker Beiträge zur Kulturwissenschaft 12, 1966) S. 289-293. Enea Silvio, der sich in Wien nicht sonderlich wohl fühlte, schloß sich dem Patriarchen von Aquileia, Ludwig von Teck, an und traf bereits am 27. Juni wieder am Konzilsort ein. Somit dauerte sein erster Aufenthalt in Wien nur von Mitte April bis Mitte Juni 1438.

[263] Vor allem WOLKAN, Briefwechsel 1 (wie Anm. 210), S. 80 (Anm. b) Nr. 27, der diese Beschreibung gar »für den Rest eines Briefes hält, den Eneas bei seinem ersten Besuche der Stadt an einen Freund richtete«.

der negativen Beurteilung der Frauen kaum zu jemandem, der bloß für zwei Monate dort verweilte[264].

So hochgespannt die Erwartungen der Basler Versammlung damals auch gewesen sein mögen, so deutlich zeichneten sich bereits zwei Jahre später die Mißerfolge ihrer Kirchenpolitik ab. Der verzweifelte Existenzkampf der Synode gegen die »Übermacht der geschichtlichen Entwicklung«[265] hatte allerdings schon 1439 eingesetzt, nachdem die Kurfürsten im März 1438 eine Neutralitätserklärung abgegeben hatten, aus der alsbald jeder für sich Nutzen zu ziehen begann[266]. Nach dem heutigen Forschungsstand verhielt sich König Friedrich III. den an ihn herangetragenen Anliegen der Kirchenversammlung stets distanziert und er blieb dies auch gegenüber den politischen (und persönlichen) Annäherungsversuchen Felix' V. auf seiner Reise durch die Schweiz im November 1442[267].

Bereits wenige Monate zuvor aber hatten sich für den erneut als Begleiter einer Konzilsgesandtschaft zum Frankfurter Reichstag abgeordneten Papstsekretär ganz neue Perspektiven eröffnet. Am 27. Juli 1442 fand seine Aufsehen erregende Krönung zum »poeta laureatus« durch das Reichsoberhaupt statt[268].

[264] Darüber findet sich jetzt Näheres bei Voigt, Italienische Berichte (wie Anm. 4), S. 111f. mit Anm. 181 (dortselbst [S. 110-122]: »Die zwei Fassungen der Beschreibungen Wiens«). Dort ist auch der Text der zweiten ediert (S. 246-252). Vgl. hierzu noch Alphons Lhotsky, Die Wiener Artistenfakultät 1365-1497, Festgabe der Österreichischen Akademie der Wissenschaften zur 600-Jahrfeier der Universität Wien, SB Wien, phil.-hist. Klasse 247/2 (1965) S. 135-137 und Ders.: Aeneas Silvius und Österreich (Vorträge der Aeneas-Silvius-Stiftung an der Universität Basel 5, 1965) S. 10f. mit Anm. 12.

[265] Zitat von Widmer (wie Anm. 176), S. 41.

[266] Hierüber informieren Wilhelm Pückert, Die kurfürstliche Neutralität während des Basler Concils. Ein Beitrag zur deutschen Geschichte von 1438-1448 (1858); Adolf Bachmann, Die deutschen Könige und die kurfürstliche Neutralität 1438-1447. Ein Beitrag zur Rechts-und Kulturgeschichte Deutschlands, AÖG 75 (1889) S. 1-236 (separat: Wien 1889); Gertrud Weber, Die selbständige Vermittlungspolitik der Kurfürsten im Konflikt zwischen Papst und Konzil, 1437/38 (Historische Studien 127, 1915; Nachdruck: 1965); Michael Stütz, Die Neutralitätserklärung der deutschen Kurfürsten von 1438 (theol. Diss., Mainz 1976). Zusammenfassend Helmrath (wie Anm. 1), S. 289-297.

[267] Zu dieser Schweizer Reise vgl. Voigt 1 (wie Anm. 232), S. 270-272; Joseph Seemüller, Friedrichs III. Aachener Krönungsreise, MIÖG 17 (1896) S. 584-665, bes. 652; Pérouse (wie Anm. 17), S. 329-383 und den Beitrag von Alois Niederstätter in diesem Band (S. 111ff.). – Bei dieser Gelegenheit kam es auch zu einem Treffen zwischen Friedrich III. und Felix V., wobei dieser erfolglos mit viel Geld und der Hand seiner Tochter Margarita, Witwe des Titularkönigs von Sizilien Louis d' Anjou, um Anerkennung seiner Obedienz warb. Vgl. hierzu nur Stutz, Felix V. (wie Anm. 17), S. 193f. Dies läßt Alphons Lhotsky, Friedrich III., in: NDB 5 (1961) S. 485 von einer »grundsätzlichen Abneigung gegen alles Illegitime« sprechen. Hierzu vgl. Helmrath (wie Anm. 1), S. 307f.

Damals erhielt Enea Silvio – durch die Vermittlung zweier Kirchenfürsten – aber auch die Einladung, in die Dienste König Friedrichs III. einzutreten[269].

Die Entlassung aus dem Dienstverhältnis bei Felix V. erfolgte indes völlig korrekt[270], wohl aber – wie Enea Silvio selbst später erzählte – unter großen Anstrengungen, vor allem jedoch auf Grund der Beteuerung, am Königshof für die Sache des Konzils einzutreten. Es gibt indes keinen Hinweis darauf, daß der Piccolomini seinen Abschied auf Grund eines geschickt durchgeführten Täuschungsmanövers erlangte, er selbst also ganz andere, entgegengesetzt gerichtete Ziele am Königshofe verfolgen wollte, als sich der Konzilspapst von ihm erhoffte. Denn der bloße Amtswechsel mußte noch keinen Abfall nach sich ziehen[271].

[268] Zur Dichterkrönung, die für Voigt 2 (wie Anm. 256), S. 268 »räthselhaft« blieb, vgl. Weiss (wie Anm. 256), S. 15; Buyken (wie Anm. 169), S. 44; Lhotsky, Aeneas Silvius (wie Anm. 264), S. 12f. Das Diplom gedruckt bei Chmel, Regesta 1 (wie Anm. 174) S. XXIX Nr. 17 bzw. 93 Nr. 801 (Regest). – Zum Thema vgl. Karl Schottenloher, Kaiserliche Dichterkrönungen im Heiligen Römischen Reiche Deutscher Nation, in: Papsttum und Kaisertum, Forschungen zur politischen Geschichte und Geisteskultur des Mittelalters, FS Paul Kehr, hrsg. von Albert Brackmann (1926) S. 648-673 und Alois Schmid, »Poeta et orator a Caesare laureatus«. Die Dichterkrönungen Kaiser Maximilians I., HJb 109 (1989) S. 57f.

[269] Neben dem Kurfürst-Erzbischof von Trier Jakob von Sierck (zu diesen: Ignaz Miller, Jakob von Sierck 1398/99-1456 [Quellen und Abhandlungen zur mittelrheinischen Kirchengeschichte 45, 1983] bzw. Ders.: Der Trierer Erzbischof Jakob von Sierck und seine Reichspolitik, Rheinische Vierteljahrsblätter 48 [1984] S. 86-101) ist dabei an Silvester Pflieger, 1438-1453 Bischof von Chiemsee und Hofkanzler Friedrichs III., zu erinnern. Diesen würdigte Enea Silvio in seinem »Pentalogus« : *Est enim in eo non solum grandis scientia, sed usus quoque multarum rerum [...] Neque in hoc ambitio aut avaritia regnat. Itaque rectum est iudicium, ubi haec absunt [...] Nam quid ego multa verba dicam, cum unum sufficiat? Sequere consilia eius, et nunquam errabis* (hrsg. von Pezius [wie Anm. 175] S. 659f.). Vgl. zu ihm Engelbert Wallner, Das Bistum Chiemsee im Mittelalter (1215-1508), (Quellen und Darstellungen zur Geschichte der Stadt und des Landkreises Rosenheim 5, 1967) S. 109-111 (mit Korrektur des bei Eubel, Hierarchia catholica medii aevi 2 [wie Anm. 195] S. 127 mit »9. Oktober 1454« angegebenen Todesdatum in »21. Oktober 1453«; S. 109 Anm. 836). – Zum Frankfurter Reichstag vgl. DRTA 16 (wie Anm. 142), S. 16ff.

[270] Noch am 26. Oktober 1442 hatte Felix V. dem als Domherrn von Trient angesprochenen *magistro Enee de Picolominibus Senensi poete laureato ac Secretario nostro* eine Expektanz auf ein Benefiz zur Kollation des Bischofs oder Kapitels von Trient erteilt, womit die Dispens verbunden war, zwei inkompatible Benefizien zu kumulieren. Drei Tage später gewährte er Enea Silvio den gewünschten Abschied in aller Form. Registereintragungen beider Dokumente in Torino, Archivio di Stato, Bollario di Felice V., vol. III, fol. 214^v-215^v und 166^v, daraus das letztere publiziert bei Diener, Weg (wie Anm. 238) S. 520f.

[271] Ebd., S. 521. Enea Silvio wartete noch den Besuch König Friedrichs III. bei Felix V. ab, verließ Basel dann aber in dessen Gefolge am 17. November 1442. Erst auf dem Wege von Innsbruck nach Trient leistete er in Brixen den für die Aufnahme in die königliche Kanzlei verpflichtenden

Dabei darf aber nicht übersehen werden, daß damals am Hofe König Friedrichs III. bereits Kräfte tätig waren, die auf eine Verständigung mit Eugen IV. hinarbeiteten[272]. Zu diesen gehörten in erster Linie der »eugenianisch« gesinnte Kanzler Kaspar Schlick[273], aber auch der umsichtige Protonotar Ulrich Sonnenberger[274]. Mit beiden verband Enea Silvio sehr bald ein persönliches Freundschaftsverhältnis.

Auch sein Pfründenbesitz erfuhr damals eine Aufbesserung. Anstatt der Pfarrei Mariä Himmelfahrt in Sarnthein (nördlich von Bozen), mit der ihn – auf Grund eines Vorschlages Friedrichs III. – *vigore litterarum Amadei* der Trientner Bischof, Kardinal Alexander von Masowien, gelegentlich eines Aufenthaltes an der Etsch providiert hatte[275], in deren Besitz er sich aber nur etwas über ein Jahr halten konnte, wurde ihm im Herbst 1444 als erstes Kuratbenefiz die Pfarrkirche St. Marien im oberösterreichischen Aspach durch den Bischof von Passau übertragen[276]. Da hiermit die »cura animarum« verbunden war,

Amtseid. Nach Seemüller (wie Anm. 267), S. 656f. verweilte der Hof am 28. Dezember 1442 und nochmals vom 10. bis 15. Januar 1443 dortselbst. Im Teilnehmerverzeichnis findet sich die Eintragung: *Mayster Eneas de Seins* (ebd., S. 662).

272 Vgl. Helmrath (wie Anm. 1), S. 308: »Das kirchenpolitische Spektrum dieser Räte [...] war heterogen; doch besaßen die Eugenianer das deutliche Übergewicht«.

273 Zu diesem »eugenianisch« gesinnten Aufsteiger aus dem Bürgertum vgl. Otto Hufnagel, Caspar Schlick als Kanzler Friedrichs III., MIÖG, Erg.bd 8 (1911) S. 253-460 und zuletzt Paul-Joachim Heinig, War Kaspar Schlick ein Fälscher?, in: Fälschungen im Mittelalter 3 (MGH, Schriften 33/III, 1988) S. 247-281.

274 Näheres bei Alfred A. Strnad, Woher stammte Bischof Ulrich III. Sonnenberger von Gurk?, Carinthia I/156 (1966) S. 634-679.

275 Seit Oktober 1439 wurde Kardinal Alexander von Masowien während seiner Abwesenheit vom Konzilsort durch Enea Silvio als Prokurator vertreten. Vgl. CB 6, S. 79 und 7 S. 219f. – Zu Enea Silvios Pfründenbesitz im Trientner Kirchensprengel vgl. Dieter Brosius, Die Pfründen des Enea Silvio Piccolomini, QFIAB 54 (1974) S. 273f. Zur Pfarre Sarnthein vgl. die Notiz in »Pii II Commentarii rervm memorabilivm qve temporibvs svis contigervnt« 1 (hrsg. von Adrianus van Heck [Studi e Testi 312, Città del Vaticano 1984] S. 56f.: *Interim Eneas sarantane vallis parrochialem ecclesiam favore cesaris assecutus est, que aureos ei sexaginta quotannis reddidit, sita in alpibus que Germaniam ab Italia disterminant.* Dagegen reduziert die Supplik des Burkhard Frii (Fry), Klerikers der Diözese Konstanz, vom 7. August 1445 den Pfründenwert auf jährlich 54 Gulden. Vgl. auch Diener, Weg (wie Anm. 238), S. 524f. und Wilhelm Baum, Enea Silvio Piccolomini (Pius II.), Cusanus und Tirol, Der Schlern 56 (1982) S. 178ff. (»Enea Silvio als Pfarrer von Sarnthein [1443/1445]«). – Kanonikat und Präbende am Trientner Domstift erbrachten bloß acht Mark Silbers jährlich. Vgl. hierzu ASV, Reg. Suppl. 416, fol. 212v-213r (vom 24. April 1447 gelegentlich der Neuvergabe aufgrund von Enea Silvios Bischofspromotion).

276 *Verum hanc ecclesiam Eneas brevi dimisit meliorem assecutus in Baioaria, sancte Marie Aspacensis, non longe ab Eno flumine, quam Leonardus pataviensis episcopus, genere atque magni-*

bestand für Enea Silvio die Verpflichtung, wenigstens die niederen Weihen zu empfangen[277].

Hierbei alsbald in Verzug geraten, mußte er um die erforderliche Aufschubdispens supplizieren. Und er tat dies auch – nicht jedoch bei Felix V. oder dem Konzil, sondern bei Eugen IV., zu dem er sich 1445 in königlichem Auftrage persönlich begab[278]. Sein diesbezügliches Bittgesuch an den römischen Papst signalisiert jedoch deutlich genug Enea Silvios nunmehr erfolgte Abwendung von der Basler Synode und seine Hinwendung zur Kirchenpolitik des römischen Papstes. Hier verstand man dies sehr wohl und gewährte dem zweiten Mann in der Reichskanzlei, *imperialis aule prothonotarius*, das Gewünschte *ad biennium* und noch dazu *gratis de mandato domini nostri pape*[279].

Ohne Zweifel beschleunigte Eugen IV. auf diese Weise auch bei Enea Silvio den Wandlungsprozeß vom Konziliaristen zum Verfechter des päpstlichen

ficentia eque nobilis, ultro contulit litteris ei sine pretio ad Stiriam missis, lautet sein Bericht in den »Commentarii« (hrsg. von VAN HECK 1 [wie Anm. 275] S. 57). Dazu vgl. DIENER, Weg (wie Anm. 238), S. 525 und BROSIUS (wie Anm. 275), S. 274, der den Pfründenwert mit 15 Mark Silbers angibt.

[277] Nach DIENER, Weg (wie Anm. 238), S. 525f. empfing Enea Silvio die niederen Weihen zwischen dem 21. Mai, dem Tag, an dem er Giovanni Campisio gegenüber einbekannte, Geistlicher werden zu wollen (*ecclesiam habeo parochialem fierique me presbyterum oportet, iam vero medius annus est adepte possessionis*, WOLKAN, Briefwechsel 1 [wie Anm. 210] S. 499 Nr. 170), und dem 10. Juli 1445 in Wien oder Wiener Neustadt. Am 6. März 1446 zum Subdiakon geweiht, muß er vor dem 30. Mai Diakon geworden sein, da er am 4. März 1447 zum Priester geweiht wurde. Hierzu vgl. ANGELO MERCATI, Pio II. La data della sua ordinazione sacerdotale, in: DERS., Aneddotti per la storia di pontefici, Pio II, Leone X, Archivio della R. Società Romana di Storia patria 56/57 (1933/34) S. 363-365. Als Konsekrator fungierte der päpstliche Vizekämmerer, Bischof Alessio Cesari von Chiusi, den Pius II. 1462 auf das Erzbistum Benevent transferierte. Zu diesem vgl. EUBEL, Hierarchia catholica medii aevi 2 (wie Anm. 195), S. 104. Zum Thema vgl. VEIT (wie Anm. 240), S. 210, doch kennt dieser nur das Datum der Subdiakonsweihe und meint, Enea Silvio wäre »a distanza di una settimana« zum Diakon geweiht worden.

[278] Hierzu VOIGT 1 (wie Anm. 232), S. 339-356 (»Enea Silvio zu den Füßen Eugen's«); BUYKEN (wie Anm. 169), S. 55-65 (»Enea auf dem Reichstag zu Nürnberg und sein Kniefall vor Eugen IV.«) sowie DIENER, Weg (wie Annm. 238) S. 528f.

[279] Vgl. ebd., S. 532f. mit Hinweis auf die »Doppelstellung eines Diplomaten, der an zwei Höfen Vertrauensstellungen genießt«. Am 8. Juli 1446 erfolgte Eneas Ernennung zum päpstlichen Sekretär (Roma, Archivio di Stato, Fondo Camerale I, vol. 1713, fol. 10^{v}). Zwar nahm er die Sekretärsgeschäfte an der Kurie niemals wahr, doch genoß er deren Rechte und Prärogativen. Von Papst Eugen IV. noch zum apostolischen Subdiakon ernannt (ebd., fol. 29^{v} bzw. ASV, Reg. Vat. 383, fol. 75^{v}), nahm er zwar als solcher an den Exequien für diesen nicht teil, trug aber bei den Krönungsfeierlichkeiten von dessen Nachfolger (Tommaso Parentucelli = Papst Nikolaus' V.) diesem dabei sogar das Kreuz voran (vgl. WOLKAN, Briefwechsel 2 [wie Anm. 235] S. 260: *crucem ante pontificem Eneas portavit, in subdiaconorum acceptus ordinem*). Vgl. BUYKEN (wie Anm. 169), S. 72ff.

Machtanspruches[280]. Der römische Papst gewann darüber hinaus aber einen äußerst geschickten Anwalt seiner Interessen am Königshof – und dies zu einem Zeitpunkt, da Friedrich III. bereits das Illusionäre der ursprünglich auch von ihm mit zäher Beharrlichkeit unterstützten, mit seiner Funktion als »advocatus ecclesiae« verbundenen Idee eines »Dritten Konzils« einzusehen bereit war[281]. Nunmehr begann sich, die für die Basler Synode geradezu tödliche Hinwendung des Reichsoberhauptes auf die eugenianische Seite immer stärker abzuzeichnen. Die seit 1441/42 von der römischen Kurie mit Erfolg praktizierte »systematische Konkordatspolitik« war nicht ohne Auswirkungen auf den finanzknappen Monarchen geblieben[282]. Der Übertritt seines Sekretärs aber ließ unübersehbar werden, daß fortan die Eugenianer hier das deutliche Übergewicht haben würden.

Unzweifelhaft haben Eugens IV. »Fürstenkonkordate« – einschließlich das Wiener Konkordat[283] – ebenso wie die von ihm bereitwillig gewährten Privilegien das kirchenherrliche Selbstbewußtsein der Laienfürsten gestärkt und somit dem landesherrlichen Kirchenregiment den Weg geebnet[284]. Doch sollte hierbei

[280] Ähnliches gilt auch für Enea Silvios Zeitgenossen, Nikolaus von Kues (1401 - 1464), für den Helmrath (wie Anm. 1), S. 436f. zurecht festhält, er sei »der einzige ›Basler‹, dessen Erforschung ihrerseits auf eine über 150jährige Geschichte und eine riesige Bibliographie blicken kann«. Zum Thema vgl. nur Erich Meuthen, Nikolaus von Kues in der Entscheidung zwischen Konzil und Papst, Mitteilungen und Forschungsbeiträge der Cusanus-Gesellschaft 9 (1971) S. 19-33.

[281] Hierüber vgl. Remigius Bäumer, Eugen IV. und der Plan eines »Dritten Konzils« zur Beilegung des Basler Schismas, in: Reformata Reformanda, Festgabe für Hubert Jedin, hrsg. von Erwin Iserloh / Konrad Repgen (Reformationsgeschichtl. Studien und Texte, Suppl. I/1, 1965) S. 87-128.

[282] Zitat von Helmrath (wie Anm. 1), S. 316. Dazu Bäumer (wie Anm. 281), korrigierend Stieber (wie Anm. 2), S. 271-287 bzw. Helmrath S. 308. Dabei wird der maßgebliche Einfluß der Räte, allen voran Kaspar Schlick, hervorgehoben. Dieser war um die Jahreswende 1442/43 als Nachfolger des Trierer Erzbischofs Jakob von Sierck königlicher Kanzler geworden (Stieber S. 249, Anm. 95, 261-263 und 284-294).

[283] Text der »Fürstenkonkordate« (vom 5. und 7. Februar 1447) bei Christoph Wilhelm Koch, Sanctio Pragmatica Germanorum illustrata (Straßburg 1789) S. 181-194 bzw. in: Raccolta di ›Concordati‹ su materie ecclesiastiche tra la Santa Sede e le autorità civili, hrsg. von Angelo Mercati 1 (Roma 1919) S. 168-177.

[284] Dazu vgl. Wilhelm Bertrams, Der neuzeitliche Staatsgedanke und die Konkordate des ausgehenden Mittelalters (Analecta Gregoriana 30, Roma ²1950) bzw. John B. Toews, Pope Eugenius IV and the Concordat of Vienna (1448) – an Interpretation, Church History 34 (1965) S. 178-194. Die Forschung hat – wie Helmrath (wie Anm. 1), S. 314f. betont – das »tiefverwurzelte Bild der ›betrogenen Nation‹ gemildert und seine latent ›vorreformatorische‹ Teleologie abgeschwächt«. Vgl. hierzu etwa Heinz Angermeier, Die Reichsreform 1410 - 1555. Die Staatsproblematik in Deutschland zwischen Mittelalter und Gegenwart (1984) S. 107, für den das Wiener Konkordat »kein Verzichtsfriede« gewesen ist. Dazu vgl. auch Buyken (wie Anm. 169), S. 1-3 und 70ff.

auch die Tragweite der flankierenden Theorien für eine ideologische Absicherung der fürstlichen Kirchengewalt im Auge behalten werden. Sie gipfelte schließlich in jenem ›verkirchlichten‹ Herrscherbild, das bereits auf das konfessionelle Zeitalter hinweist[285].

Wenngleich die Forschung dem Thema »Humanismus und Basler Konzil« bislang nur geringe Aufmerksamkeit entgegengebracht hat[286], so daß gewissermaßen der Eindruck entstehen könnte, auf der Konstanzer Synode sei das humanistische Interesse ein stärkeres gewesen[287], herrscht doch darüber Einigkeit, daß die »humanistische Phrase« nunmehr zu einem zentralen Thema geworden war[288].

Basel war auch in diesem Bezug zum Katalysator geworden. Da nunmehr die Rhetorik selbst für die unterschiedlichsten sachlichen Positionen Verwendung finden konnte, nach Erich Meuthen »ideologisch also offen war«[289], dürften – worauf dieser gleichfalls hingewiesen hat – wesentliche Fortschritte bei der Erschließung dieser Problematik vor allem von einer konsequent durchgeführten personengeschichtlichen Aufarbeitung zu erwarten sein[290]. Die hier kurz vorgeführte typologische Auswahl will bloß als Ansatz dazu verstanden werden.

[285] Grundsätzliche Einsichten vermittelt Helmrath (wie Anm. 1), S. 194-202 (»Fürstliche Politik und Basler Konzil«).

[286] Weshalb Schneider, Konziliarismus (wie Anm. 9), S. 43 Anm. 115 festhält: »Die Rezeption konziliaristischer Ideen bei den Humanisten bedarf noch einer sorgfältigen Untersuchung«. Zu diesem Defizit vgl. auch Helmrath (wie Anm. 1), S. 166-172. Von diesem liegt bereits vor: Die italienischen Humanisten und das Basler Konzil, in: Vita activa, FS Johannes Zilkens, hrsg. von Hans-Joachim Hoffmann-Nowotny/A. Senger (1987). S. 55-72.

[287] Helmrath (wie Anm. 1), S. 166, der hierfür – symbolisch – an den Tod des Manuel Chrysoloras (1415) in Konstanz erinnert.

[288] Vgl. hierzu Helmrath, Kommunikation (wie Anm. 23), bes. S. 140ff.

[289] Meuthen, Das Basler Konzil als Forschungsproblem (wie Anm. 1) S. 46. – Vgl. Johannes Haller, Eine Rede des Enea Silvio vor dem Concil zu Basel, QFIAB 3 (1900) S. 82-102, der diese zwischen November 1438 und März 1439 gehaltene Ansprache als typische »humanistische Rede« charakterisiert.

[290] Als Musterbeispiel sei Heribert Müller, Zur Prosopographie des Basler Konzils: Französische Beispiele, Annuarium Historiae Conciliorum 14 (1982) S. 140-170 angeführt.

Helmut Maurer

Formen der Auseinandersetzung zwischen Eidgenossen und Schwaben: Der »Plappartkrieg« von 1458

Die einzelnen Vorgänge, die sich mit der politisch-rechtlichen Ablösung der Eidgenossen vom Reich verbinden, scheinen mir – trotz vielfacher wissenschaftlicher Bemühungen[1] – noch immer nicht ausreichend erforscht und vor allem nicht der Überlieferung gemäß analysiert und gewürdigt zu sein, und nicht viel anders steht es um die Erforschung des Auseinanderlebens der Schweizer, der Eidgenossen, und der ihnen im Reiche unmittelbar benachbarten Schwaben[2], denen sie, die Eidgenossen, noch bis ins 14. Jahrhundert, wenn nicht sogar darüberhinaus, selbst zugezählt worden sind. Immerhin haben auf diesem Felde Arbeiten, die sich in allerjüngster Zeit mit dem Selbstbewußtsein, mit dem Selbstverständnis der Schweizer befaßten[3], eine Grundlage geschaffen, auf der dieses Auseinanderleben angemessener, als dies bislang möglich war, beurteilt werden kann.

[1] S. vor allem Karl Mommsen: Eidgenossen, Kaiser und Reich. Basler Beiträge zur Geschichtswissenschaft 72. 1958, passim – und den Überblick bei Hans Conrad Peyer: Verfassungsgeschichte der alten Schweiz. 1978, insbes. S. 9ff.

[2] Für den Bereich des Bodensees vgl. Helmut Maurer: Schweizer und Schwaben. Ihre Begegnung und ihr Auseinanderleben am Bodensee im Spätmittelalter. Konstanzer Universitätsreden 136. 1983 passim – und danach etwa Klaus Graf: Exemplarische Geschichten. Forschungen zur Geschichte der älteren deutschen Literatur 7. 1987, S. 106ff. – Ders.: Aspekte zum Regionalismus in Schwaben und am Oberrhein im Spätmittelalter. In: Kurt Andermann (Hrsg.): Historiographie am Oberrhein im späten Mittelalter und in der frühen Neuzeit. Oberrhein. Studien 7. 1988, S. 165-192 – und grundsätzlich Rüdiger Schnell: Deutsche Literatur und deutsches Nationsbewußtsein in Spätmittelalter und Früher Neuzeit. In: Joachim Ehlers (Hrsg.): Ansätze und Diskontinuität deutscher Nationsbildung im Mittelalter. Nationes 8. 1989, S. 247-319.

[3] Vgl. vor allem die Arbeit von Guy P. Marchal, zuletzt Ders.: Bellum justum contra judicium belli. In: N. Bernard/G. Reichen (Hrsg.): Gesellschaft und Gesellschaften. FS für Ulrich Im Hof. 1982, S. 114-137. – Ders.: Die Antwort der Bauern. In: H. Patze (Hrsg.): Geschichtsschreibung und Geschichtsbewußtsein im späten Mittelalter. Vorträge und Forschungen XXXI. 1987, S. 757-

Beide miteinander verwandten, wenn auch keinesweges miteinander identischen Fragen, diejenige nach den Stufen und Formen, in denen sich die Herauslösung des eidgenössischen »Staatsgebildes« aus dem Reich vollzog, und diejenige nach dem fortschreitenden Auseinanderleben der Menschen, lassen sich vielleicht am ehesten beantworten, wenn man jene Ereignisse genauer unter die Lupe nimmt, die sowohl Eidgenossen und Reich als auch Schweizer und Schwaben in feindlicher Berührung, kurzum in der Konfrontation, zeigen. Die Bedeutung des sog. Schweizer- oder Schwabenkrieges vom Jahre 1499 innerhalb dieses Ablösungs- und zugleich Entfremdungsprozesses ist hinlänglich bekannt. Indessen habe ich den Eindruck, daß eine neuerliche Behandlung der kriegerischen Ereignisse, die sich zwischen der Beendigung des »Alten Zürichkrieges« und dem Beginn des Schwaben- oder Schweizerkrieges im Norden der Eidgenossenschaft und im Süden des durch die eidgenössischen Eroberungen immer mehr über den Rhein zurückgedrängten Landes Schwaben zugetragen haben, auch einige neue Einblicke und Einsichten in den Gesamtprozeß und vor allem in seine Formen gewinnen lassen könnte. Das sei im folgenden an einem Beispiel, dem in der Wissenschaft als sog. Plappartkrieg bezeichneten kriegerischen Ereignis versucht.

Es gibt kaum eine Gesamtdarstellung oder ein Handbuch der Schweizer Geschichte, die bzw. das diesen sog. Plappartkrieg des Jahres 1458 nicht wenigstens in aller Kürze nennen und charakterisieren würde. Johannes Dierauer etwa behandelt ihn 1892 in seiner »Geschichte der schweizerischen Eidgenossenschaft«[4] als ein Ereignis, das dem Verhältnis der Eidgenossenschaft zu Österreich zuzuordnen sei und kennzeichnet ihn zudem als »Streifzug« »übermütiger Scharen« gegen Konstanz. Rudolf von Fischer ordnet ihn in seinem Beitrag vom Jahre 1915 zur »Schweizer Kriegsgeschichte«[5] einem Kapitel »Streifzüge« zu, das er zwischen das Kapitel über den »Alten Zürichkrieg« und dasjenige über »Die Eroberung des Thurgaus« (1460) einschiebt. Wie die Streifzüge in den Hegau (1457) und nach Kempten (1460) scheint ihm auch der auf Konstanz zielende Plappartkrieg allein deswegen geführt worden zu sein, weil

790 – und Ders.: Nouvelles approches des mythes fondateurs suisses ... In: Itinera 9 (1989) S. 1-24. – s. außerdem zukünftig die Ergebnisse des »Nationalen Forschungsprogrammes 21«: »Die alte Schweiz als Bauernstaat«, das am Historischen Seminar der Universität Zürich bearbeitet wird; dazu vorerst das Thesenpapier von Roger Sablonier/Elisabeth Wechsler/Matthias Weishaupt vom 31. 3. 1988.

[4] Bd. 2, S. 140f. = ^{2}1920, S. 165f.

[5] Heft 1, 1915, S. 96ff.

»die abenteuerliche Lust am Kriegshandwerk manchem frischen Gesellen keine Ruhe mehr« ließ. »Um Recht oder Unrecht plagte sich deren keiner; die Aussicht auf Beute war Grunds genug«, heißt es an anderer Stelle. Auch der Zug der Eidgenossen nach Konstanz war letztlich – wie Rudolf von Fischer meint – eine »kecke Unternehmung«. Er sah in ihm einen »Feldzug, der ohne Notwendigkeit eröffnet und ohne viel Kampf durchgeführt worden war.«

Emil Dürr sieht in dem von ihm bearbeiteten, 1933 erschienenen Band der »Schweizer Kriegsgeschichte«[6] den Plappartkrieg erneut als ein Geschehen an, das er einem Kapitel »Eidgenossenschaft und Österreich in den Jahren 1415 - 1468« zuordnen und als einen »Erpressungszug gegen Konstanz« verstanden wissen möchte. Demgegenüber hält Ernst Gagliardi in seiner »Geschichte der Schweiz« vom Jahre 1939[7] dafür, daß es sich bei diesem Ereignis, das er seinem Kapitel über die Burgunderkriege eingliedert, um einen Zug von »Freischärlern«, um einen »Streifzug«, um einen Zug von »Plünderern« gehandelt habe. Und 1972 beschreibt Walter Schaufelberger in seinem Beitrag zum »Handbuch der Schweizer Geschichte«[8] den Plappartkrieg als einen Vorgang, der das Ende der österreichischen Herrschaft im Thurgau mit eingeläutet habe, genauer als einen »Rachezug« von Innerschweizern, vorab von Luzerner »Freiheiten«, die im Thurgau und die von der Stadt Konstanz »erhebliche Brandschatzgelder« erzwungen hätten.

Ausführlicher hatte sich Walter Schaufelberger, der heute gewiß beste Kenner der Schweizer Kriegs- und Militärgeschichte des Spätmittelalters, in seiner Dissertation über den »Alten Schweizer und sein Krieg« von 1952[9] bei der Betrachtung des Phänomens des von ihm sogenannten unstaatlichen Krieges in der alten Eidgenossenschaft zum Plappartkrieg geäußert. Weil er dabei in etwa auch den angeblichen Anlaß und den ungefähren Verlauf wiedergibt, seien seine Bemerkungen in extenso wiedergegeben, um wenigstens einmal ein vorläufiges Bild von mutmaßlichem Anlaß und Verlauf dieses kriegerischen Unternehmens zu vermitteln. Es heißt da:

> »Anders verhielt es sich dagegen mit einigen Rache- und Beutezügen nach Nordosten. Der erste bekanntere wird Plappartkrieg genannt und ging nach einem Zwischenfall an einem Schützenfest zu Konstanz in Szene. Die Ansichten der Chronisten über den Grund des Streites sind recht verschie-

[6] Heft 4, 1933, S. 246.
[7] Bd. 1, [4]1939, S. 343, 346.
[8] Bd. 1, 1972, S. 310f.
[9] [2]1966, S. 163.

> den. Sogar die Luzerner, welche als Rädelsführer zum Kriege aufwiegelten, teilen darüber keine Einzelheiten mit. Auf alle Fälle muß es sich um eine Lappalie gehandelt haben, welche nur deshalb 4.000 kampfbereite Kerle auf die Beine zu bringen vermochte, weil es diesen nicht um einen ehrlichen, sondern einfach um einen lustigen Krieg und besonders um reiche Beute ging. Der Kriegsverlauf erbringt dafür den Beweis. Nicht nur gaben sich die Gesellen sofort zufrieden, als ihnen die Konstanzer 3.000 Gulden in die Hand drückten. Jetzt war von Rache plötzlich keine Rede mehr. Auch die Weinfelder, welche den Banden in den Weg liefen und doch gewiß nicht für den Vorfall am Schützenfest verantwortlich gemacht werden konnten, sollten um 2.000 Gulden geschröpft werden. Von den vor Weinfelden abgelesenen Trauben, vom Wein, welchen man einigen Wilern stahl, von der Brandschatzung des Schlosses Lommis, der Einnahme der Stadt Rapperswil und andern Taten, welche mit der vorgeschützten Rache an Konstanz nicht das geringste zu tun haben, gar nicht zu reden!«

Lediglich ein Schweizer Historiker hat – wie mir scheint – etwas genauer hingesehen. Zwar wertet auch Karl Dändliker in seiner »Geschichte der Schweiz« vom Jahre 1901[10] den Plappartkrieg als eine jener zahlreichen Fehden, die gegen Österreich und den Adel gerichtet gewesen und dem Prozeß des »Wiedererstarkens der Eidgenossenschaft nach dem alten Zürichkrieg« zuzuordnen seien. Ja, er betrachtet ihn sogar als einen »ergötzlichen Kriegszug«. Aber er macht darüber hinaus bewußt, daß »die Konstanzer die Empfindlichkeit der Eidgenossen gereizt hätten« und daß »hierbei [...] der innere Gegensatz von Schweizern und ›Schwaben‹ zum erstenmal recht scharf« hervorgetreten sei. Von deutschen Historikern hat sich kaum einer mit dem Geschehen von 1458 befaßt. Lediglich Otto Feger hat sich in seiner »Geschichte des Bodenseeraumes« von 1963[11] zu diesem »Freischarenzug« bzw. zu diesem »übermütigen Raubzug«, wie er das kriegerische Unternehmen der Innerschweizer nennt, geäußert. »Es war« – wie er meint – »eine Tat übermütiger junger Leute gewesen, die im Gefühl ihrer Stärke und mangels anderer Beschäftigungen sich über Rechtsweg und Landfrieden hinwegsetzten.«

Alles in allem genommen stellt sich der sog. Plappartkrieg des Jahres 1458 dar als ein letztlich in der Auseinandersetzung mit Österreich und zwar im immer noch österreichischen Thurgau gegen die Stadt Konstanz geführter Streifzug,

[10] S. 165f.
[11] Bd. 3, S. 275ff.

Beutezug, Erpressungszug oder Rachezug »übermütiger Scharen«, »frischer Gesellen«, »Freischärler« oder »Plünderer«, als ein »ergötzlicher Kriegszug«, der als »unstaatlich« und ohne Rechtsgrund und letztlich nur wegen einer Lappalie geführt zu werten sei.

Würde dieses Sammelurteil zutreffen, dann wäre eine nähere Beschäftigung mit den Vorgängen des Jahres 1458 in der Tat kaum allzu lohnend.

Angesichts der Bedeutung, die das Geschehen zumindest für Konstanz und – im Blick auf die große Zahl der Teilnehmer an dem Kriegszug – auch für die beteiligten Orte der Eidgenossen, vorab für Luzern besessen haben muß, läßt sich von vornherein die Existenz einer reichen amtlichen Überlieferung erwarten. Dem ist indessen – wenigstens nach dem gegenwärtigen Stand der Quellenerschließung[12] – nicht so. In den Amtsbüchern der Stadt Konstanz, den Ratsbüchern der Jahre 1458 und 1459, den Stadtrechnungen und den Strafbüchern[13] der gleichen Jahre findet sich nicht der geringste Hinweis auf die Ereignisse und auf ihre Folgen. Lediglich die beiden gleichlautenden, sowohl in Luzern als auch in Konstanz verwahrten Urkunden[14] über die endgültige schiedsgerichtliche Beilegung des »Krieges«, – durch eine zeitgleiche Dorsualnotiz auf dem Konstanzer Exemplar als *Der richtungßbrief von der von Luczern wegen* charakterisiert –, sowie eine vor allem in Luzern überlieferte bruchstückhafte Korrespondenz geben dürftige Kunde von dem, was offensichtlich geschehen ist. Daraus läßt sich soviel rekonstruieren: In einem an Schultheiß und Rat von Luzern gerichteten Brief vom 11. September 1458[15] lassen Bürgermeister und Rat von Konstanz wissen, daß ihnen folgendes zugetragen worden sei: Sie, die Konstanzer, seien von einigen Luzernern oder anderen wegen gewisser Dinge, die sich *uff dem schiessen by uns verloffen, versait*, d.h. also doch wohl angeschuldigt worden[16], so daß bei der Luzerner Obrigkeit Unwillen gegenüber Konstanz erwachsen sei. Die Konstanzer versichern, daß sie, falls die Klage berechtigt sei, gerne Recht erböten[17], d.h. sich vor einem aus den eidge-

[12] Vgl. den Überblick über die Quellen bei JOHANNES DIERAUER (wie Anm. 4), ^{2}1920, S. 166, Anm. 59. – ERNST GAGLIARDI, Dokumente zur Geschichte des Bürgermeisters Hans Waldmann, 1. Quellen zur Schweizer Geschichte II. 1. 1911, S. 18f., Anm. 2 – und R. CYSAT, Collectanea Chronica, hrsg. JOSEF SCHMID. 1969, S. 861, Anm. c. – Vgl. auch Anm. 27.

[13] Vgl. St. A. (= Stadtarchiv) Konstanz All 18, Bl 8, Cl 2b-d, L 808, 809, 1061.

[14] Vgl. St. A. Konstanz, U 10152 = PHILIPP RUPPERT, Die Chroniken der Stadt Konstanz. 1891, S. 374f. und Eidgenössische Abschiede (= EA) 2, Nr. 462, S. 295.

[15] Vgl. EA 11, Nr. 462/1, S. 295

[16] Zur Bedeutung von *versait* vgl. JÖRG FÜCHTNER, Die Bündnisse der Bodenseestädte bis zum Jahre 1390. Veröff. des Max-Planck-Instituts für Geschichte 9. 1970, S. 70, 76-78, 82f.

[17] Zu diesem Begriff vgl. unten Anm. 52.

nössischen Orten beschickten Schiedsgericht oder einem von Luzern benannten Schiedsrichter verantworten wollen in der Hoffnung, daß Luzern angesichts dieses Rechterbietens nichts weiter gegen Konstanz unternehme. Das war am Montag, den 11. September 1458. Aber am Mittwoch, den 13. September, sieht sich der Abt der Reichenau bereits veranlaßt, Bürgermeister und Rat von Konstanz ein Warnschreiben zugehen zu lassen des Inhalts[18], daß die Eidgenossen in der vorausgehenden Nacht mit etwa 3.000 Mann in dem (seit 1452 zürcherischen) Oberwinterthur gelagert hätten und dabei seien, einen Kriegszug gegen Konstanz zu unternehmen. Aber nicht nur eine Warnung enthält das Schreiben des Abtes; er bietet darüberhinaus seine vermittelnden Dienste zwischen der Stadt und den Eidgenossen an.

Wenige Tage später, in der Nacht von Freitag auf Samstag, 15./16. September, können Hauptleute und gemeine Gesellen, die von Luzern ins Feld geschickt worden waren, ihrer Obrigkeit bereits von einer entscheidenden Wende des Kriegsgeschehens berichten:[19] Heute habe auf Bitten der in der Konstanzer Angelegenheit tätigen Vermittler bzw. Schiedsleute (*tädinglút*)[20] eine Beratung stattgefunden, deren Ergebnis die Vermittler den Konstanzern inzwischen berichtet hätten. In der Tat seien von den Konstanzern inzwischen die von den Luzernern erhobenen Forderungen bereits angenommen worden: nämlich bar 4.000 fl. zu zahlen und von des Schlosses (Weinfelden) wegen auf St. Thomas (21. Dezember) noch einmal 2.000 fl zu erlegen. Aufgrund dieses Zugeständnisses könnten sie nun heimziehen, und dasselbe treffe auch für die Zürcher zu, die am heutigen Tage mit 1.200 Mann zu ihnen ins Feld gezogen seien; die Schaffhauser, die gleichfalls zu ihnen stossen wollten, hätten sie noch rechtzeitig zur Umkehr veranlassen können. Das Schreiben wird nicht beschlossen ohne einen Hinweis auf Rat und Hilfe, die die Luzerner *von unseren aidgenossen* hatten erfahren dürfen.

Das, was in dieser brieflichen Mitteilung nur kurz angedeutet ist, wird durch den bereits eingangs zitierten »Richtungsbrief« weitgehend bestätigt[21].

[18] Vgl. GLA (= Generallandesarchiv) Karlsruhe 209/80 = Repertorium Schweizergeschichtlicher Quellen im Generallandesarchiv Karlsruhe. 1. 3. 1984, S. 246, Nr. 2164.

[19] S. EA II, Nr. 462/2, S. 295f.

[20] Zu *tädi(n)gen* vgl. etwa Herbert Obenaus, Recht und Verfassung der Gesellschaften mit St. Jörgenschild in Schwaben. Veröff. des Max-Planck-Instituts für Geschichte 7. 1961, S. 45 mit Anm. 31 und S. 100ff.

[21] Vgl. Anm. 14 und dazu außerdem die Einigung zwischen Konstanz und Berthold Vogt vom 21. März 1459, St. A. Konstanz U 6007.

Die Urkunde ist tatsächlich am gleichen 15. September gefertigt worden. Ausgestellt wurde sie von jenen vorhin nur pauschal genannten Vermittlern bzw. Schiedsleuten, und zwar dem Konstanzer Generalvikar Nikolaus Gundelfinger im Auftrag seines Bischofs, Heinrich IV. von Hewen, und von insgesamt acht namentlich genannten Persönlichkeiten, die zu diesem Vermittlungs- bzw. Schiedstag aus den eidgenössischen Orten Zürich, Uri, Schwyz, Unterwalden *nid dem Wald* und Unterwalden *ob dem Wald* sowie Zug abgeordnet worden waren. Ihnen hatten die beiden streitenden Parteien eine Schlichtung der *Veh und Vindschaft*, d.h. der Fehde, übertragen, einer Fehde, die im übrigen so entstanden sei: *Hans Halter, Melchior Russ, Anthõni Scherer, Jacob Armbroster und Haini Kúpschin*, sämtlich von Luzern und zugleich *gemain gesellen der aidgenossen*, hätten Bürgermeister und Rat *ain vindschaft geschrieben nach lut der brieff in deshalb von ihn gesandt*. Mit anderen Worten: Die fünf Luzerner hatten Konstanz einen Absagebrief, d.h. eine offizielle Fehdeerklärung, zukommen lassen. Indem nun – als Ergebnis der Vermittlungsbemühungen – die Konstanzer ihren Luzerner Gegnern für »Wüstung und Brandschatzung«, die diese der Stadt am See angedroht hatten, 3.000 fl. in bar gezahlt und beide Seiten die gegenseitig gemachten Gefangenen freizulassen versprochen hätten, sei die Fehde beigelegt worden. Anlaß zu dieser kriegerischen Auseinandersetzung sei gewesen, daß sich auf dem kürzlich in Konstanz abgehaltenen Schiessen *von ettlicher Verhandlung wegen durch ettlich von den aidgenossen* mit Worten und Werken, Unwille, Fehde und Feindschaft erhoben hätten, aber auch danach, im Verlauf dieser Fehde selbst, Raub, Wegnahme (von Gütern), Totschlag und Brand geschehen seien.

So dürftig sich diese gewissermaßen amtlichen »Überreste« eines Rechtsstreites und eines kriegerischen Geschehens zugleich ausnehmen, so erscheint doch schon jetzt im Spiegel dieser wenigen Stücke als höchst fragwürdig, was die wissenschaftliche Literatur bislang über den sog. Plappartkrieg geäußert hat. Wie kann angesichts dessen, daß in dem den Streit beendenden, von beiden Seiten akzeptierten »Richtungsbrief« ausdrücklich von Fehde und ebenso ausdrücklich von einem die Fehde ankündigenden Absagebrief[22] und sodann von den typischen Mitteln der Fehdeführung[23], nämlich von offener Wegnahme

[22] Zu ihm nach schwäbischen Quellen vgl. H. Obenaus, Recht und Verfassung (wie Anm. 20), S. 85; und J. Füchtner, Bodenseestädte (wie Anm). 16, S. 26, 32, 97.

[23] Zur Fehde und den Mitteln der Fehdeführung vgl. noch immer Otto Brunner, Land und Herrschaft. [5]1965, S. 41 ff., 48, 77-96, 106ff.; und neuerdings vor allem Elsbeth Orth, Die Fehden der Reichsstadt Frankfurt am Main im Spätmittelalter. Frankfurter Histor. Abhandlungen 6. 1973,

fremder Güter, von Totschlag und Niederbrennen des gegnerischen Besitzes sowie endlich von der legal erpreßten »Brandschatzung«, d.h. von einer die Fehde abschließenden Geldzahlung zur Vermeidung weiteren Plünderns und Brennens die Rede ist, wie kann ernstlich davon gesprochen werden, daß es sich beim sog. Plappartkrieg um einen »ungeordneten Freischarenzug«, einen »übermütigen Raubzug«, »einen Streifzug«, ein »keckes Unternehmen«, einen »ohne Notwendigkeit eröffneten Feldzug«, einen »ergötzlichen Kriegszug«, ein »sich über Rechtsweg und Landfrieden hinwegsetzen[des]« Unternehmen gehandelt habe? Vielmehr reichen die genannten Merkmale bereits dazu aus, den Plappartkrieg als eine rechte, d.h. als eine rechtmäßig geführte[24], aufs engste mit Rechterbieten und Schiedsgericht verbundene Fehde zu charakterisieren. Und nicht minder zu Zweifeln Anlaß gibt schon nach diesen wenigen amtlichen Zeugnissen die Kennzeichnung dieses Krieges oder besser: dieser Fehde als eines »unstaatlichen« Krieges. Wie kann, so frage ich weiter, ein kriegerisches Unternehmen, das von Rat und Schultheiß von Luzern getragen wurde, das vom Abt der Reichenau als von den Eidgenossen geführt angesehen und tatsächlich auch von weiteren eidgenössischen Orten mit mehreren tausend Mann beschickt wurde, als »unstaatlich« eingestuft werden?

Ob unsere Bedenken gegenüber der bisher üblichen Einschätzung des Geschehens berechtigt sind, läßt sich glücklicherweise anhand einer sehr reichhaltigen Überlieferung überprüfen, die nun freilich nicht als Überrest amtlichen Tuns und rechtlichen Entscheidens auf uns gekommen ist, sondern als Tradition, als bewußte Geschichtsschreibung[25]. Gewiß hat man spätmittelalterlicher

S. 27ff. – sowie Hartmut Boockmann, Artikel »Fehde«, in: Lexikon des Mittelalters IV. 2, 1987, Sp. 331ff. – Für Schwaben und die Schweiz J. Füchtner, Bodenseestädte (wie Anm. 16), S. 69, Anm. 46, S. 76, 127, Anm. 217 – sowie Walter Schaufelberger: Der Alte Schweizer und sein Krieg. ²1966, S. 168ff., 178ff. – sowie Christian Padrutt: Staat und Krieg im alten Bünden. Geist und Werk der Zeiten II. 1965, S. 173ff., 178ff., 182-185.

[24] Dies und das Folgende gegen den Versuch, solche und andere Fehden in der obengenannten Weise und dazu noch als unstaatliche Kriege zu kennzeichnen, etwa bei Hans Georg Wackernagel: Fehdewesen, Volksjustiz und staatlicher Zusammenhalt in der Alten Eidgenossenschaft. In: SZG 15 (1965), S. 289-313, hier S. 292, 301-303. – Walter Schaufelberger: Zum Problem der militärischen Integration in der spätmittelalterlichen Eidgenossenschaft. In: Allg. Schweizerische Militärzeitung 136 (1970), S. 313-328, insbes. S. 316, 319, 320, 323 – sowie Ders.: Das eidgenössische Wehrwesen im Spätmittelalter im Lichte moderner Militärgeschichtswissenschaft. CLXVI. Neujahrsblatt der Feuerwerker-Gesellschaft in Zürich. 1975 (1974), insbes. S. 10, Anm. 8 und S. 12, Anm. 12.

[25] Vgl. dazu grundsätzlich die Beiträge in den Sammelbänden »Geschichtsschreibung und Geschichtsbewußtsein« (wie Anm. 3), und »Historiographie am Oberrhein« (wie Anm. 2).

Chronistik mit den notwendigen Vorüberlegungen zu begegnen, hat man ihre Funktionen, hat man ihre Absichten und Tendenzen, hat man den jeweiligen Erwartungshorizont ihrer Leser – und auch Hörer –, hat man ihre Auswahlprinzipien, hat man ihre »Gebrauchssituation« und anderes mehr in Rechnung zu stellen, um sie befragen zu können[26]. Aber gerade wenn man dies tut, lassen sich über den Gewinn weiterer Fakten hinaus, auf die wir – angesichts der dürren amtlichen Überlieferung – angewiesen sind, vielleicht auch Aufschlüsse über die Einschätzung der Ereignisse durch beide beteiligten Parteien erwarten – Wertungen, die in amtlicher Korrespondenz und in einer abschließenden Schiedsurkunde kaum zum Vorschein kommen dürften.

Aber von dem zu erwartenden Einblick in die hinter den Fehdehandlungen zu vermutenden Vorurteile und Ideologien beider sich bekriegenden Gemeinwesen sind von den historiographischen Quellen vor allem auch elementare Aufschlüsse über einzelne noch im Dunkeln verborgene Stufen des Konflikts zu erhoffen. So fehlt uns bislang eine klare Kennzeichnung des Rechtsgrundes, auf den sich die fünf Luzerner bei ihrer Fehdeerklärung berufen konnten. Und selbst der Zeitpunkt jenes Schiessens, jenes Konstanzer Schützenfestes, auf dem die Luzerner ihre nach Wiedergutmachung heischende Schädigung erlitten haben sollen, ist uns durch die amtlichen Schriftstücke nicht überliefert.

Nähert man sich der chronikalischen Überlieferung[27], dann zeigt sich bald, daß sich – wie nicht anders zu erwarten – die in eidgenössischen Orten entstandenen Chroniken nach dem Inhalt, aber auch nach der Tendenz ihrer Aussagen auf charakteristische Weise von den auf schwäbischem Boden, genauerhin in Konstanz und in Überlingen verfaßten Chroniken unterscheiden. Es empfiehlt sich, zunächst einmal in chronologischer Reihenfolge die wichtigsten schweizerischen Chroniken, die Wesentliches über den sog. Plappartkrieg aussagen, zu betrachten. Benedikt Tschachtlan ist, als er etwa ein Jahrzehnt nach dem Krieg

[26] S. vor allem FRANTISEK GRAUS in: Geschichtsschreibung und Geschichtsbewußtsein (wie Anm. 3), S. 11ff., 47ff., 53, 55. – PETER JOHANEK, ebd., S. 311ff. und PETER MORAW, ebd., S. 702 – und KLAUS GRAF: Exemplar. Geschichten (wie Anm. 2), S. 10. – Eigens über die notwendige Vorsicht bei der Benützung von erzählenden Quellen mit Berichten über »kriegerische Vorgänge« vgl. WILHELM ERBEN: Die Berichte der erzählenden Quellen über die Schlacht bei Mühldorf. In: Archiv für österreichische Geschichte 105 (1917) S. 231-514, insbes. S. 231ff. und DERS.: Kriegsgeschichte des Mittelalters. Historische Zeitschrift. Beiheft 16. 1929, S. 31ff. Über kontroverse und parteigebundene Kriegsberichterstattung s. auch RUDOLF GAMPER: Die Züricher Stadtchroniken und ihre Ausbreitung in die Ostschweiz. Mitteilungen der Antiquarischen Gesellschaft in Zürich 52.2. 1984, S. 97.

[27] Zusammengestellt bei LEO ZEHNDER: Volkskundliches in der älteren schweizerischen Chronistik. Schriften der Schweizerischen Gesellschaft für Volkskunde 60. 1976, S. 153f., 251f.

um 1469/70 seine Berner Chronik verfaßte[28], der erste der eidgenössischen Chronisten, der jener Ereignisse gedenkt. Eingebettet zwischen die Berichte von den eidgenössischen Auszügen der Jahre 1456 und 1460 in den Hegau und das Allgäu, weiß er in auffallender Kürze dies zu berichten: Vor dem Hl. Kreuztag, d.h. vor dem 14. September des Jahres 1458, sei in Konstanz ein von weither besuchtes Schützenfest veranstaltet worden. Auf diesem Schießen seien einige Schützen aus der Eidgenossenschaft mit einigen aus der Stadt, also doch wohl aus Konstanz, in Streit geraten, worauf sich die Eidgenossen in Erwartung einer gegen sie gerichteten Gewalttat zusammengerottet hätten. Zwar sei der Streit noch in Konstanz geschlichtet worden (*also ward die sach dozemal gestillet*); aber nach der Rückkehr in ihre Heimatorte hätten sich die Eidgenossen *von allen örtern*, u.a. auch die Berner, zu einem Kriegszug gegen Konstanz aufgemacht, und meinten *ie die schmach ze rächen, so inen beschechen was*. Von Schmach ist also die Rede, die den eidgenössischen Schützen in Konstanz widerfahren sei, und sie habe es zu rächen gegolten, wiewohl eine Schlichtung des Streites in Konstanz vorausgegangen sei. Über den Inhalt dieser Schmach schweigt sich Benedikt Tschachtlan indessen aus.

Sein Berner Chronisten-Kollege Diebold Schilling – im Jahre 1474 offiziell mit der Niederschrift einer Berner Stadtchronik betraut, die er 1483 abschließen konnte[29] – besitzt für uns den Vorzug, daß er in den Jahren 1456 bis 1460 als Schreiber in der Luzerner Ratskanzlei tätig war, also im administrativen und politischen Zentrum jener Stadt, der – nach der amtlichen Überlieferung – diejenigen Schützen entstammt haben sollen, von denen die Fehde gegen Konstanz ausgegangen sei. Auch Schilling ordnet seine Erzählung zwischen die Berichte über die Hegau- und Allgäu-Fehde ein. Aber anders als Tschachtlan weiß er als erster[30] den Grund der dem eidgenössischen Schießgesellen in Konstanz zugefügten Schmach zu benennen. Sie bestand darin, daß sein Konstan-

[28] Vgl. Thüring Frickarts Twingherrenstreit – Bendicht Tschachtlans Berner Chronik, hrsg. G. Studer: Quellen zur Schweizer Geschichte 1. 1877. S. 215f. – Zu Tschachtlan s. Richard Feller/Edgar Bonjour: Geschichtsschreibung der Schweiz vom Spätmittelalter zur Neuzeit. 1. ^{2}1979, S. 14ff.

[29] Vgl. Diebold Schillings Berner-Chronik, hrsg. Th. von Liebenau/W. F. von Mülinen. In: Archiv des Histor. Vereins des Kantons Bern. XIII. (1893), S. 431-600, hier S. 486f. – Zum Berner Diebold Schilling s. Feller-Bonjour (wie Anm. 28), S. 21ff.

[30] Dies gegen E. Gagliardi, Waldmann I. (wie Anm. 12), S. 18/19, Anm. 2; und J. Dierauer: Geschichte der schweizerischen Eidgenossenschaft II. ^{2}1920, S. 166, Anm. 59.

zer Gegenüber einen Berner Plappart[31], einen in Bern geprägten Halbgroschen, auf dessen Vorderseite der Berner Bär zu sehen war, als »Kuhplappart« bezeichnet habe, worauf ihn der Eidgenosse ins Gesicht geschlagen habe, und es danach zu einem Auflauf auf beiden Seiten gekommen sei. Und auch der ältere Schilling weist darauf hin, daß der nachfolgende kriegerische Auszug der Eidgenossen unternommen worden sei, obgleich man in Konstanz die Angelegenheit geschlichtet habe. Erstmals wird die geschehene Schmach durch die Einführung der Geschichte vom »Kuhplappart« erklärt.

Denn die seit dem späten 14. Jahrhundert in Schwaben allenthalben belegbaren typischen Schmähungen der Eidgenossen als Bauern – und diese Eigenschaft will der bösartige Hinweis auf die Kuh ansprechen[32] – bedeuten in der Tat einen Angriff auf die den Menschen im Mittelalter so sehr viel bedeutende Ehre, bedeutet eine Ehrenschelte[33], und sie gibt wahrhaft einen ausreichenden Rechtsgrund für eine Fehde ab. Aber ist die »Kuhplappart«-Geschichte nur ein Argument, das vom Chronisten zielgerecht eingesetzt wird, oder hat sie sich tatsächlich so, wie geschildert, zugetragen? Dem 1458 im politischen Zentrum Luzerns tätigen Diebold Schilling wäre zuzutrauen, daß er unmittelbaren Bericht von der »Kuhplappart«-Schmähung empfangen haben könnte, wenngleich auffällt, daß er den eidgenössischen Schützen nicht ausdrücklich als Luzerner ausweist.

Das ändert sich in den Werken der beiden Luzerner Chronisten Petermann Etterlin[34] und Diebold Schilling[35] des Jüngeren, von denen der eine seine Chronik von 1505 bis 1507 und der andere im Jahre 1513 verfaßt hat. Petermann Etterlin weiß vier Luzerner, die an der Auseinandersetzung in Konstanz betei-

[31] Zum Berner Plappart s. Carl Lohner: Die Münzen der Republik Bern. 1846, S. 113f. – Fritz Blatter: Von den frühesten Berner-Plapharten. In: Blätter für bernische Geschichte 22. (1926), S. 113-123 – Hans-Ulrich Geiger: Der Beginn der Gold-und Dickmünzenprägung in Bern. In: Archiv des Histor. Vereins des Kantons Bern. 52 (1968), S. 5-246, hier: Registerposition »Plappart« auf S. 234 – und allg. zum Plappart Friedrich Frhr. von Schrötter: Wörterbuch der Münzkunde, ²1970, S. 76-77 – und für Südwestdeutschland Joachim Schüttenhelm: Der Geldumlauf im südwestdeutschen Raum ... Veröff. der Kommission für geschichtl. Landeskunde in Baden-Württemberg B. 108. 1987, S. 121.

[32] Zur Bedeutung der Kuh- und Bauernschmähung s. künftig die Ergebnisse des »Nationalen Forschungsprogramms 21« (Roger Sablonier), s. Anm. 3.

[33] Über »Ehre« und »Ehrenschelte« bei den Eidgenossen s. R. Sablonier u.a., »Die alte Schweiz« (wie Anm. 3), S. 3f. – und allg. etwa E. Orth, Fehden (wie Anm. 23), S. 80ff. – und für Schwaben und die Schweiz Emil Usteri: Das öffentlich-rechtliche Schiedsgericht in der schweizer. Eidgenossenschaft. 1925, S. 219f. – sowie H. Obenaus: Recht und Verfassung (wie Anm. 20), S. 69, 79ff., 84ff.

ligt waren, namentlich zu nennen. Sie sind in der Tat mit vieren der fünf identisch, die auch die Schiedsurkunde vom 15. September nennt, und erweisen sich – nebenbeibemerkt – teilweise sogar als Ratsherren bzw. als Inhaber hoher Ratsämter. Etterlin ebenso wie nach ihm der zweite Diebold Schilling berichten die Geschichte vom »Kuhplappart«, aber beide heben nicht allein auf die Schmähung, sondern vor allem auch darauf ab, daß durch diese Schmähung das den Luzerner Schützen sogar in der Form besiegelter Geleitsbriefe versprochene freie Geleit[36], in diesem Falle also ein Versammlungsgeleit[37], gebrochen worden sei[38]. Und bei Etterlin ebenso wie bei Schilling sind es denn auch die Luzerner und etliche von Unterwalden, die aus Rache, und um die Konstanzer und ihre Untertanen im Thurgau zu schädigen, bis vor Schloß Weinfelden gezogen und dort mit dem Zürcher Auszug zusammengetroffen seien. Die Zürcher hätten denn auch den Streit geschlichtet und eine Zahlung von insgesamt 5.000 fl. erreicht. Keine Rede ist bei beiden Luzerner Chronisten von vorausgehender Schlichtung des Streites in Konstanz selbst. Dagegen weiß der zwischen 1508 und 1516 schreibende Zürcher Chronist Heinrich Brennwald[39], dessen Chronik im übrigen die inhaltlich gleichen Aussagen enthält, zusätzlich zu berichten, daß die Luzerner und die Unterwaldner das Schloß Weinfelden, das dem Konstanzer Bürger Berthold Vogt gehört habe, lediglich ausgeplündert und im übrigen (im Thurgau) das weggenommen hätten, was den Konstanzern gehörte.

Diese Hinweise sprechen nun deutlich genug für den Einsatz der auch in der Schiedsurkunde benannten Mittel einer Fehde[40], nämlich der »Nahme«, d.h. der Wegnahme, und des »Raubes«, d. h. der Plünderung. Und zur Aussage des

[34] Vgl. Petermann Etterlin, Kronica von der loblichen Eydtgnoschaft ...; und Eugen Gruber: Quellenwerk zur Entstehung der schweizerischen Eidgenossenschaft III. 3. 1965, hier S. 228f. – Zu Etterlin vgl. Feller-Bonjour (wie Anm. 28), S. 63ff.

[35] Vgl. »Die Schweizer Bilderchronik des Luzerners Diebold Schilling 1513«, hrsg. Alfred A. Schmid u.a. 1981, hier S. 100-103. – Zu Diebold Schilling d.J. vgl. Feller-Bonjour (wie Anm. 28), S. 66ff.

[36] Zum freien Geleit grundsätzlich Georg Robert Wiederkehr: Das freie Geleit. Rechtshistor. Arbeiten 16. 1977, passim.

[37] S. Wiederkehr, ebd., S. 24f.

[38] Über Schmähung als Geleitsbruch s. Wiederkehr, ebd., S. 187ff.; über Geleitsbruch und Fehde ebenda, S. 169ff.

[39] Vgl. Heinrich Brennwalds Schweizerchronik II., hg. von Rudolf Luginbühl: Quellen zur Schweizer Geschichte NF I. 2. 1910, hier S. 190-191. – Zu Brennwald vgl. Feller-Bonjour (wie Anm. 28), S. 55ff.

[40] S. Anm. 23.

»Richtungsbriefes« paßt auch die Nachricht, daß die Eidgenossen, deren Zahl inzwischen auf 4.000 angestiegen war, vorgehabt haben, auch noch unmittelbar vor Konstanz zu ziehen *und da ðch gewüst und brent han*. Jetzt aber hätten Bischof Heinrich von Hewen und Freiherr Albrecht von Sax vermittelnd eingegriffen und einen Frieden zwischen Konstanz und den Eidgenossen zustande gebracht. Diese Einigung sei dadurch geschaffen worden, daß die Konstanzer 3.000 fl. und dazu Berthold Vogts Weinfelder Untertanen 2.000 fl. für Brandschatz zu zahlen versprachen. Hier findet sich der für eine Fehde typische Zusammenhang von Verwüstungs- bzw. Plünderungsdrohung und der diese Maßnahme verhindernden Sühnezahlung ausdrücklich angesprochen.

Die schweizerische Chronistik bestätigt demnach unsere Vermutung, daß es sich beim Plappart-Krieg um eine in den gewohnten Rechtsformen geführte Fehde gehandelt hat; ja, sie benennt, beginnend mit dem vor 1483 schreibenden Berner Diebold Schilling, ausdrücklich den Rechtsgrund[41], auf dem die Fehdeankündigung durch die vier oder fünf Luzerner beruhte: Die Luzerner und ihre Eidgenossen fühlten sich durch die Konstanzer in ihrer Ehre angegriffen. Und dies durch eine Schmähung, die das eidgenössische Selbstverständnis zentral treffen mußte und geradezu nach einer entsprechenden »Antwort der Bauern«[42] verlangte. Und das ist wohl überhaupt das Entscheidende und Eindrückliche an der eidgenössischen Überlieferung, daß sie den Konstanzern – zu Recht oder Unrecht – jene sehr wirkungsvolle Kuhplappart-Geschichte unterschiebt. Wenn man bedenkt, daß Chroniken bzw. Passagen aus Chroniken nicht nur immer wieder abgeschrieben, sondern daß aus Chroniken auch öffentlich – etwa in Ratssitzungen – vorgelesen worden ist[43], dann kann der Propaganda-Effekt, der sich mit dieser Geschichte schon vor 1488, dem Jahr der Begründung des Schwäbischen Bundes, und vor 1498, dem Jahr des Beitritts von Konstanz zu diesem eidgenossenfeindlichen Bündnis, gegen eben die Reichsstadt, ja gegen die Schwaben insgesamt verbinden ließ, unschwer ermessen werden. Die Absicht und die Funktion der »Kuhplappart«-Erzählung und damit der Plappart-Kriegsüberlieferung innerhalb der schweizerischen Chronistik liegen damit offen zutage.

[41] Über den Rechtsgrund einer Fehde allg. O. Brunner, Land und Herrschaft (wie Anm. 23), S. 41ff., S. 48 – sowie E. Orth, Fehden (wie Anm. 23), S. 57ff.

[42] So die Formulierung Guy P. Marchals aufgreifend (vgl. Anm. 3).

[43] Vgl. etwa R. Gamper: Zürcher Stadtchroniken (wie Anm. 26), S. 58 – oder Dieter Weber: Geschichtsschreibung in Augsburg. Abhandlungen zur Geschichte der Stadt Augsburg 30. 1984, S. 29ff.

Wie haben demgegenüber die nichteidgenössischen Chronisten, wie hat vor allem die »seeschwäbische« Chronistik die Ereignisse vom Herbst 1458 verarbeitet? Die um 1462 geschriebene sog. Thurgauer Fortsetzung[44] der gleichfalls sog. Klingenberger Chronik[45], der man einen gemäßigt österreichischen und dementsprechend adelsfreundlichen Standpunkt zuschreibt und die – um 1460/1462 von dem Konstanzer Gebhard Sprenger geschrieben und wohl auch verfaßt[46] – dem Geschehen zeitlich am nächsten steht, weiß im Grunde die Vorgänge so zu berichten, wie es etwa die eidgenössische Chronistik seit dem Luzerner Diebold Schilling unternimmt mit dem entscheidenden Unterschied, daß der Klingenberger Fortsetzer nichts von einer in Konstanz geschehenen Schmähung, geschweige denn etwas von der »Kuhplappart«-Geschichte weiß, – oder vielleicht richtiger: wissen möchte. Vielmehr berichtet er lediglich von einem *unwil entzwünschent aim burger von Costentz und ainem gesellen von den aidgenossen mit namen von Luczern*. Angesichts dieser schwachen Charakterisierung des Vorgefallenen als *unwil* verwundert es nicht, daß er den von den Luzernern aus Verärgerung initiierten Kriegszug derart charakterisiert: *und understuonden sich, die von Costentz darumb zuo überzüchend*.

Gespannt ist man sodann, wie Zeitzeugen unter den Chronisten auf der schwäbischen Seite das kriegerische Geschehen des Jahres 1458 bewerten. Hier steht der Überlinger Chronist Leonhart Wintersulger[47] deswegen an erster Stelle, weil seine Erzählung[48] zeigt, daß er selbst als Mitglied der Überlinger Kriegsmannschaft im Herbst 1458 zu Konstanz im Felde gelegen hatte. Von ihm erfah-

[44] Dazu R. Gamper, Zürcher Geschichtsschreibung (wie Anm. 26), S. 105ff., 109, 118ff., 193, 199f.

[45] Die Klingenberger Chronik, hrsg. Anton Henne von Sargans. 1861, hier S. 354ff.

[46] Vgl. Ernst Gagliardi: Katalog der Handschriften der Zentralbibliothek Zürich II: Neuere Handschriften. 1931, Spalte 69, Hs. A 78.; Leo Cunibert Mohlberg: Katalog der Handschriften der Zentralbibliothek Zürich I: Mittelalter. Handschriften. 1932, S. 3f. Hs. A 78 und S. 4, Hs. A 113.

[47] Über L. Wintersulger vgl. Fritz Harzendorf: Überlinger Einwohnerbuch 1444-1800. VI. 1954/62, S. 214, 219 sowie IV. 6. 1954/59, IN 1750, Nr. 6 – und Peter Eitel: Die Oberschwäbischen Reichsstädte im Zeitalter der Zunftherrschaft. Schriften zur südwestdeutschen Landeskunde 8. 1970, S. 294, Nr. 363 und S. 315, Nr. 53.

[48] Vgl. die Edition von Philipp Ruppert in dessen »Konstanzer Beiträgen zur badischen Geschichte« (I.). 1888, S. 96-132, hier S. 101-103; und dazu Adolf Boell: Das große histor. Sammelwerk von Reutlinger in der Leopold-Sophien-Bibliothek in Überlingen. In: ZGO 34 (1882), Teil 1, S. 31-65, hier S. 50. Vgl. auch die Übernahme des Wintersulgerschen Textes durch Georg Han von Überlingen in dessen Materialien zur Konstanzer Geschichte im 16. Jahrhundert (von 1586-1593) = HB V. 54, fol. 199b-203b der Württ. Landesbibliothek Stuttgart (vgl. Die Handschriften der Württ. Landesbibliothek Stuttgart II. 2/2. 1975, S. 63).

ren wir nun endlich auch das Datum jenes großen Konstanzer Schützenfestes[49], von dem letztlich das ganze unheilvolle Zerwürfnis seinen Ausgang nahm. Es war Sonntag, der 20. August, und an diesem Sonntag nun veranstalteten die Konstanzer aus Anlaß des Schiessens *ain freye aventure*, d.h. ein Glücksspiel[50] mit zahlreichen ausgesetzten Gewinnen, darunter Pferde, Ochsen, silberne Becher, eine Armbrust und goldene Ringe. Und Wintersulger weiß sogar die Gewinner namentlich zu bezeichnen. Was sein Bericht jedoch ganz grundsätzlich von den Erzählungen der eidgenössischen Chronisten, ja auch von dem Fortsetzer der sog. Klingenberg-Chronik unterscheidet, ist dies: Nicht ein Luzerner und ein Konstanzer seien sich in die Haare geraten, sondern – aus ihm unbekannten Gründen – auf dem Höhepunkt des Festes zwei Spieler aus Zürich. Angesichts einer solchen Situation und Konstellation hat denn auch eine Schmähgeschichte in der »Kuhplappart«-Version keinen Platz. Die Gründe für die unfreundliche Reaktion der Eidgenossen – von Luzernern ist angesichts des innerzürcherischen Zwistes verständlicherweise keine Rede – sieht Wintersulger irgendwo anders: Die Konstanzer seien zu dem Streit herbeigeeilt, hätten ihn geschlichtet und dabei den einen der Zürcher in Gefangenschaft genommen. Indessen hätten die beiden Streithähne keinen Frieden gegeben, weil sie fanden, sie seien *ungüetlich*, d.h. doch wohl mit Gewalt[51], voneinander geschieden worden, und zwar wie solche Leute, die nicht Recht erboten, also kein Schiedsgericht angeboten hätten[52]. Auch die Freilassung des einen Gefangenen habe den kriegerischen Auszug der Schweizer, nach Wintersulgers Meinung *one alles wis-*

[49] Über Schützenfeste vgl. für die Schweiz beispielhaft Walter Schaufelberger: Der Wettkampf in der Alten Eidgenossenschaft. Schweizer Heimatbücher. 1972, S. 37-45 – und Leo Zehnder, Volkskundliches (wie Anm. 27), S. 330ff. – Zu Stadt und Krieg (wie Anm. 23), S. 75ff.

[50] Zur Bedeutung von *aventúre* s. L. Zehnder, Volkskundliches (wie Anm. 27), S. 330ff.

[51] Diese Interpretation verdanke ich der freundlichen Auskunft des Germanisten Prof. Dr. E. C. Lutz, Fribourg.

[52] Zur Bedeutung des »Rechterbietens« und zum Aufeinander-Bezogensein von Schiedsgericht und Fehde vgl. E. Usteri, Schiedsgericht (wie Anm. 33), S. 59f., Anm. 10. – Karl S. Bader: Schriften zur Rechtsgeschichte. 1. 1984, S. 192ff. 199, 231, 240, 245ff. sowie Ingeborg Most: Schiedsgericht, rechtlicheres Rechtsgebot, ordentliches Schiedsgericht, Kammergericht. In: Aus Reichstagen des 15. und 16. Jahrhunderts. Schriftenreihe der Histor. Kommission bei der Bayer. Akademie der Wiss. 5. 1958, S. 116-153, insbes. S. 119 mit Anm. 10 – sodann J. Füchtner, Bodenseestädte (wie Anm. 16), S. 46ff., 53ff., 56ff. – Vor allem aber H. Obenaus, Recht und Verfassung (wie Anm. 20), S. 50, 54-57, 62f., 66, 84, 115ff., 119, 121. – sowie E. Orth, Fehden (wie Anm. 23), S. 18ff., S. 63ff. (hier S. 65 – gegen die Meinung von Obenaus – der negative Befund, »daß im Bewußtsein der Zeit eine [selbstauferlegte] Subsidiarität der Fehde im Verhältnis zum Schiedsgericht [nicht] bestanden habe.«).

sen, d.h. ohne Fehdeerklärung, nicht verhindern können. Was er sodann über den Verlauf der auch in seinem Bericht eindeutig als Fehde beschriebenen Vorgänge zu berichten weiß, stimmt im wesentlichen mit dem uns aus der amtlichen Überlieferung und aus der eidgenössischen Chronistik Vertrauten überein. Neu ist aber zweierlei: Wintersulger weiß zum einen davon zu berichten, daß die Konstanzer angesichts der Einnahme von Schloß und Dorf Weinfelden und der Verwüstung des Umlandes die im Bodensee-Städtebund vereinigten Reichsstädte um Kriegshilfe gebeten hätten, mit der Folge, daß Überlingen, Lindau und Buchhorn-Friedrichshafen ihre Kriegsmannschaften nach Konstanz entsandten. Und so lag denn auch Leonhard Wintersulger aus Überlingen von Dienstag, dem 12., bis zum Samstag, dem 16. September, dem Tag nach der endgültigen Fehdebeilegung, zu Konstanz im Feld; und zwar, was er eigens betont, als Kriegsmann der Reichsstädte, als solcher kenntlich gemacht durch ein aufgenähtes rotes Kreuz. Neu ist zum anderen Wintersulgers Hinweis darauf, daß der Generalvikar und der Offizial des Bischofs und viele andere schon während des Stillstandes der Fehde in und um Weinfelden vermittelnd tätig geworden und daß auch die Konstanzer noch vor der Drohung der Eidgenossen, bis Konstanz weiterzuziehen, – freilich vergebens – immer wieder Recht erboten, d.h. sich einem Schiedsgericht zu unterwerfen gewillt gezeigt hätten.

Nicht zwischen einem Konstanzer und einem Luzerner, sondern zwischen zwei Eidgenossen aus Zürich sei der Streit auf dem Konstanzer Schützenfest ausgebrochen, und nicht eine irgendwie geartete Schmähung durch einen Konstanzer sei für die Eidgenossen Anlaß zur Rache an Konstanz und zur Wiedergutmachung des Geschehens gewesen, sondern etwas, was im übrigen häufig zu Fehden geführt zu haben scheint: die Verärgerung über eine ungerechte, ja gewaltsame Streitschlichtung[53]. Das war freilich ein viel schwächerer Rechtsgrund für eine Fehde als jener, den die eidgenössischen Chronisten anzugeben wußten; und zudem sollte wohl auch der Hinweis auf das wiederholte Ausschlagen eines von den Konstanzern angebotenen Schiedsgerichts durch die Eidgenossen[54] diese in ein ungutes Licht setzen. – Soweit die Aussage des Überlinger Kriegsteilnehmers Leonhart Wintersulger.

[53] Zu derartigen Fällen vgl. E. Usteri, Schiedsgericht (wie Anm. 33), S. 124-128, 298f.; H. Obenaus, Recht und Verfassung (wie Anm. 20), S. 71 und J. Füchtner, Bodenseestädte (wie Anm. 16), S. 56.

[54] Zur Bedeutung der Schiedsgerichte für die Loslösung der Eidgenossenschaft vom Reich vgl. E. Usteri, Schiedsgericht (wie Anm. 33), S. 320f., 326ff.

Des bedeutendsten Konstanzer Chronisten, des 1471 verstorbenen Gebhard Dachers[55] Meinung vorzustellen, können wir uns ersparen. Dies nicht nur deswegen, weil seine Niederschrift[56] mit derjenigen Wintersulgers weitgehend übereinstimmt; ein solcher Verzicht ist vor allem deswegen möglich, weil Dachers, des Zeitzeugen, Niederschrift vollinhaltlich in eine wesentlich ausführlichere Überlieferung eingegangen ist, die uns freilich erst der vor 1576 schreibende Konstanzer Chronist Christoph Schulthaiß[57] tradiert hat. Diese nun spezifisch Konstanzer Überlieferung[58] hört sich so an: Wie der Überlinger Wintersulger wissen auch Dacher und Schulthaiß davon, daß es bei dem Schiessen des Spieles wegen zwischen zwei Eidgenossen, und zwar – und diese Namensnennung ist neu – zwischen Heinrich Waldmann von Zürich und einem namens Pruner zu einer Schlägerei gekommen sei; ja daß sogar der Konstanzer Bürgermeister Hans von Cappel, der angesichts des entstehenden Auflaufs vor den Mauern und innerhalb der Mauern der Stadt herbeieilte, geschlagen worden sei: Dacher, der Konstanzer Zeitgenosse des Geschehens, und nach ihm Schulthaiß wissen wiederum hervorzuheben, daß der Streit noch in Konstanz beigelegt worden sei. *Das ward nun alles gericht und geschlicht*. Und trotzdem habe danach der Zürcher Waldmann die Konstanzer in Luzern *über die Richtung* verklagt, worauf dann das – auch hier durchaus ähnlich wie in der eidgenössischen Chronistik geschilderte – Kriegsgeschehen seinen Lauf genommen habe. Bemerkenswert ist auch hier – wie bei dem Überlinger Wintersulger – der Hinweis darauf, daß die Eidgenossen sich wegen des in Konstanz gefällten Schiedsspruches, d.h. wegen der in Konstanz vorgenommenen Schlichtung, zum Eingreifen veranlaßt gesehen hätten. – Der einhundert Jahre nach Dacher schreibende Schulthaiß vermag nun aber die sich bei Dacher etwas unglaubwürdig ausnehmende Erhebung der Klage ausgerechnet in Luzern dadurch verständlich zu machen, daß er der Erzählung von diesem ersten Streit eine weitere von einem zweiten anfügt und die Schlichtung erst mit dieser zweiten Auseinandersetzung verbindet. Und zwar habe es ein erneutes Zerwürfnis wegen eines Spiels gegeben, diesmal zwischen einem Luzerner mit dem Namen Thoni und einem

[55] Über Gebhard Dacher zuletzt Helmut Maurer: Konstanz im Mittelalter 2. 1989, S. 159ff.

[56] Vgl. den entsprechenden Text aus der Dacherschen Chronik bei Philipp Ruppert: Die Chroniken der Stadt Konstanz. 1891, S. 237f.

[57] Über Christoph Schulthaiß vgl. Eugen Hillenbrand: Die Chronik der Konstanzer Patrizierfamilie Schulthaiß. In: K. Elm u.a. (Hrsg.): Landesgeschichte und Geistesgeschichte. Festschrift für Otto Herding. 1977, S. 341-360.

[58] Vgl. zum folgenden St.A. Konstanz, Christoph Schulthaiß, Collectaneen, A 1 8, Bd. 1, S. 162 1/2-163.

namentlich nicht genannten Konstanzer. Indessen habe der Bürgermeister eine von beiden angenommene Schlichtung erreicht. Aber trotzdem – und das ist nun wesentlich glaubhafter als bei Dacher – habe der Luzerner in Luzern die Konstanzer beschuldigt. *Er gab noch viel mer uss dann im geschehen was.* Und wegen dieser *unnützen und erlogenen wort* hätten die Luzerner ihren kriegerischen Auszug begonnen und zwar – wie Schulthaiß betont – ohne Vorwarnung, ohne daß die Luzerner den Krieg offiziell angesagt hätten. Dann folgen der ausführliche Bericht über die zwei Phasen des eidgenössischen Feldzugs, die eine bis zur Einnahme Weinfeldens reichend, die zweite die Möglichkeit eines Vordringens bis vor die Tore von Konstanz einschließend, und es folgen Berichte sodann über das mehrmalige vergebliche Rechterbieten der Konstanzer, das Eingreifen der drei Bodenseestädte auf der Seite von Konstanz, schließlich über die Vermittlungsbemühungen des Bischofs und endlich über die den Streit abschließende Zahlung des Brandschatzes. Noch deutlicher als bei Leonhart Wintersulger werden bei dem Konstanzer Christoph Schulthaiß die typischen Abläufe einer Fehde offensichtlich. Bei ihm findet sich denn auch der Hinweis darauf, daß – wie es auch die amtliche Überlieferung erkennen läßt – doch noch ein Absagebrief, d.h. eine offizielle Fehdeerklärung in Konstanz eingetroffen sei, dies aber erst, als die Eidgenossen bereits Weinfelden eingenommen hatten.

Aus Konstanzer Sicht mußte das Vorgehen der Eidgenossen demnach in jeder Beziehung als eine unrechte Fehde[59] gelten: sie war ohne plausiblen Rechtsgrund eröffnet und dazu noch vor Eintreffen des Absagebriefes begonnen worden. Von einer Schmähung und von einer »Kuhplappart«-Erzählung ist – ähnlich wie bei dem Überlinger Leonhart Wintersulger – auch bei den beiden Konstanzern Gebhard Dacher und Christoph Schulthaiß keine Rede, – genausowenig wie übrigens – um das noch einmal zu betonen – bei Benedikt Tschachtlan, dem ersten eidgenössischen Chronisten, der sich des Gegenstandes annahm, oder in der freilich Konstanz nahestehenden Fortsetzung der sog. Klingenberg-Chronik oder gar in der amtlichen Korrespondenz zwischen Konstanz und Luzern oder dem »Richtungsbrief« vom 15. September 1458. Das gilt es zu beachten. Aber ebenso zu beachten ist Christoph Schulthaißens Hinweis darauf, daß sich Konstanz und seine Helfer, d.h. die Kriegsmannschaften aus

[59] Zu diesem Begriff vgl. H. Obenaus, Recht und Verfassung (wie Anm. 20), S. 85; J. Füchtner, Bodenseestädte (wie Anm. 16), S. 26, 32, 97; sowie E. Orth, Fehden (wie Anm. 23), S. 63ff.

den Bodenseestädten, *zu ainem stritt hatten gerüst mit dem grossen baner*, und daß jeder *ain rot Krútz [...] zu ainem veldzaichen* habe tragen müssen.

So also stellt sich die Konstanzer und ähnlich auch die Überlinger, und damit, wenn man so will, die schwäbische Überlieferung[60] des Geschehens von Sommer und Herbst 1458 dar. Die Unterschiede zwischen der eidgenössischen und der seeschwäbischen Berichterstattung treten offen zutage. Die verschiedenen Absichten, die ihnen zugrundeliegen, sind nicht zu übersehen. Bevor ich für die Kenntnis der Formen spätmittelalterlicher Auseinandersetzung zwischen den Eidgenossen und den nördlich benachbarten Schwaben eine Bilanz aus der Analyse der für ein immerhin spektakuläres Einzelereignis zur Verfügung stehenden Quellen zu ziehen versuche, habe ich abschließend noch auf zwei Chroniktexte aufmerksam zu machen, die – trotz oder vielleicht gerade wegen ihres gewissermaßen abweichenden Verhaltens – doch das Bild zu vervollständigen vermögen. Im relativ weit entfernten Speyer[61], immerhin auf »reichsdeutschem Boden« also, nimmt ein noch vor 1476 schreibender Chronist[62] nicht etwa die Konstanzer Version in seine Chronik[63] auf, sondern im Grund die bekannte, wenn auch etwas abgewandelte eidgenössische. Die Einladung zu dem Schiessen sei nicht nur an Luzern, sondern auch an Bern ausgegangen und allen Besuchern sei freies Geleit versprochen worden. Der Streit sei zwischen einem Konstanzer und einem Berner wegen eines Plapparts entstanden, und zwar dadurch, daß der Konstanzer den Berner als *Kuwekiher*[64], bezeichnet, d.h. ihn mit einem der schlimmsten gegen einen Eidgenossen zu erhebenden Vorwürfe, demjenigen der Sodomie mit einer Kuh, belegt habe[65]. Den Ausschlag für den kriegerischen

[60] Ihr zuzuzählen ist auch die Überlieferung in Hektor Mülichs bis 1487 reichender Chronik der Stadt Augsburg, wo wiederum ein Streit zwischen zwei Schweizern als Auslöser des »Krieges« postuliert wird: *[...] darbei sind die Sweytzer gewesen, die haben ainander umb ainen blaphart mit fäusten geschlagen, also haben die von Costnitz frid under in gemacht [...]* – Vgl. Die Chroniken der deutschen Städte 22 = Die Chroniken der schwäbischen Städte. Augsburg III. 1892. ²1965, S. 135 (dort textkritische Anmerkung 9 der Hinweis auf eine weitere Handschrift, die dann doch die Geschichte von der Kuhplappart-Schmähung enthält). – Zu Mülich vgl. D. Weber, Augsburg (wie Anm. 43), passim., und zum Ereignis von 1458 insbes. S. 246.

[61] Zur Übernahme und »Vernetzung« von Chroniktexten allg. Rolf Sprandel: Geschichtsschreiber in Deutschland 1347-1517. In: Frantisek Graus (Hrsg.): Mentalitäten im Mittelalter. Vorträge und Forschungen IXIV. 1987, S. 289-314 mit Karte 3.

[62] Vgl. dazu Ernst Voltmer, in: Geschichte der Stadt Speyer 1. ²1983, S. 257.

[63] Vgl. die Edition der »Speierischen Chronik« bei Franz Josef Mone: Quellensammlung der badischen Landesgeschichte. 1. 1848, S. 367-520, hier S. 423.

[64] Zu Kuhgeheier s. Deutsches Rechtswörterbuch VIII. 1. 1984, Sp. 44ff.

[65] Dazu G. P. Marchal, Antwort der Bauern (wie Anm. 3), passim; R. Sablonier u.a., Die Alte Schweiz (wie Anm. 3), S. 3f.; und G. P. Marchal, Nouvelles approches (wie Anm. 3), S. 8ff.

Auszug der Berner, Zürcher und Luzerner, der im übrigen auf einen die übliche Dreitagefrist[66] wahrenden Absagebrief hin erfolgt sei, habe gegeben, daß *die von Costentz sie in einem fryen verschriben versiegelten geleite gesmehet [...] auch daz geleit an in gebrochen hetten und die von Costentz dieselbigen auch nit darumme gestraffet hetten.* Das ist ganz und gar die eidgenössische Sicht des Rechtsgrundes für das auch hier eindeutig als rechte Fehde charakterisierte Unternehmen: Geleitsbruch durch Schmähung[67], durch Ehrenschelte[68].

Als noch bemerkenswerter mag erscheinen, daß im Jahr 1529 der am Konstanzer Offizialatsgericht tätige Notar Beatus Widmer[69], d.h. ein allerdings nicht der Stadt, sondern dem Bischof (Hugo von Hohenlandenberg), einem gebürtigen Eidgenossen, verpflichteter Mann, in seine Chronik[70] eine verkürzte Darstellung der Kuhplappart-Schmähung aufnimmt. Ja, er unterstreicht die Kuhplappart-Erzählung gar noch mit dem Hinweis darauf, daß die Eidgenossen in einer am Hauptportal des Konstanzer Münsters seit Jahrhunderten angebrachten Darstellung des Jüngsten Gerichts das Bild eines reisigen Knechts beanstandet hätten, weil dieser eine Kuh auf seinen Schultern tragend abgebildet sei. Hier schreibt in Konstanz einer, der immerhin im Jahre 1499 den erfolglosen Reichskrieg gegen die Eidgenossen miterlebt hatte, offen und ehrlich über die Beleidigungen, die die Schweizer in Konstanz hatten hinnehmen müssen. An anderer Stelle beklagt er sogar die Verachtung, die die Schwaben ihrem Feind entgegengebracht hatten.

Was lehrt diese Analyse der Quellen, vorab der chronikalischen Überlieferung, zu einem von den Eidgenossen ebenso wie von den Schwaben aufmerksam registrierten kriegerischen Zusammenstoß zwischen den Schweizern und einer, ja mehrerer schwäbischer Reichsstädte am Bodensee?

Sie zeigt zunächst, wie weit die Erwartungen einer eidgenössischen und einer schwäbischen Leser- bzw. Hörerschaft in den 70er und 80er Jahren des 15.

[66] Dazu H. Obenaus, Recht und Verfassung (wie Anm. 20), S. 85; J. Füchtner, Bodenseestädte, S. 26, 97; sowie E. Orth, Fehden, S. 41ff.

[67] Wobei darauf hinzuweisen ist, daß die Konstanzer um die Mitte des 15. Jahrhunderts auf das Geleit im Thurgau Anspruch erhoben.

[68] Vgl. dazu H. Obenaus, Recht und Verfassung (wie Anm. 20), S. 69, 71, 80.

[69] Überdies vgl. Peter-Johannes Schuler: Notare Südwestdeutschlands 2. 1987, S. 506f., Nr. 1497.

[70] In Hs. HB V. 32, S. 18b-20a der Württembergischen Landesbibliothek Stuttgart (vgl. »Die Handschriften ...«, wie Anm. 48, S. 45).

Jahrhunderts, längst vor dem sog. Schweizer- oder Schwabenkrieg von 1499, bereits auseinanderklafften, und wie sehr Geschichtsschreibung durch entsprechende Auswahl, Gewichtung und Wertung der zu berichtenden Ereignisse in der damaligen Gegenwart der Menschen nördlich wie südlich des Bodensees als propagandistisches Mittel zur Stärkung des Gemeinschaftsbewußtseins und zur gegenseitigen Abgrenzung eingesetzt wurde. Der gegensätzliche Umgang mit der Überlieferung von einem kriegerischen Konflikt zwischen Eidgenossen und Schwaben diente selbst wiederum als ein Mittel der Auseinandersetzung.

Dieser kriegerische Konflikt, über den sie so oder so berichtete, aber bedarf nach der von uns vorgenommenen Analyse einer wesentlich anderen Einschätzung als sie die wissenschaftliche Literatur, die reiche schweizerische ebenso wie die viel dürftigere deutsche, bislang vorgenommen hat. Ganz gleich welcher Überlieferung man zu folgen gewillt ist –, an der Tatsache, daß es sich keineswegs um einen willkürlich unternommenen Streifzug, um einen Beutezug oder Rachezug, um einen »ergötzlichen Kriegszug« übermütiger Freischärler, sondern stattdessen um eine in den üblichen Formen geführte, wenn auch vielleicht nicht ganz ordnungsgemäß angesagte Fehde der Eidgenossen gegen Konstanz gehandelt hat, geht kein Weg vorbei. Und wer davon spricht, daß diese Fehde, die schließlich zum Auszug tausender eidgenössischer Kriegsmannen geführt hat, wegen einer Lappalie und allein aus Freude am lustigen Krieg und aus Lust an reicher Beute begonnen worden sei, verkennt die Bedeutung, die gerade für die Eidgenossen eine wie immer geartete Verletzung ihrer so viel und so oft gescholtenen Ehre[71] haben mußte. Sie wiederherzustellen, war Rechtsgrund genug, um eine Fehde zu führen. Wer dementsprechend die Rolle des sog. Plappartkriegs von 1458 als einer der Wiederherstellung eidgenössischer Ehre wegen geführten Fehde verkennt, läuft denn auch leicht Gefahr, vom »unstaatlichen« Krieg zu reden. Ganz abgesehen von der Bedeutung, die die Eidgenossen dem Ereignis beimaßen, spricht gegen eine solche Wertung im Blick auf die Ereignisse des Jahres 1458 die bislang übersehene Tatsache, daß den Eidgenossen vor den Toren von Konstanz nicht nur die Bürger dieser Reichsstadt, sondern Kriegsmannschaften weiterer seeschwäbischer Reichsstädte gegenüberlagen. Die Reichsstädte aber haben in eben diesem 15. Jahrhundert Anspruch darauf erhoben, das Reich zu sein oder es zu repräsentieren und sich als Reich schlechthin zu verstehen. Damit pflegten sie freilich nicht ein monarchisches Reichsbewußtsein, sondern die Vorstellung von einem abstrakten, von einem vom König unabhängigen Reich. »Interessenkollisionen mit den Reichsstädten

[71] Vgl. die in Anm. 33 und 65 genannte Lit.

und direkte Übergriffe bedeuteten eine Schädigung des Reichs selbst.«[72] Daß die Bodenseestädte[73] sich als Glieder dieses Reiches verstanden, gaben sie durch das Feldzeichen ihrer Kriegsmannschaften zu erkennen. Alle trugen sie an ihrem Waffenrock das rote Kreuz als Symbol[74] des Reiches. Auf diese Weise zeigten sie den gewiß das weiße Kreuz[75] auf rotem Grund tragenden Eidgenossen an, daß diese im Jahre 1458 – wie später im Schwabenkrieg – letztlich mit dem Reich in kriegerischen Konflikt geraten waren. Damit ist zugleich aber auch erwiesen, daß es – entgegen der bisherigen Forschungsmeinung – nicht angeht, den sog. Plappartkrieg als eines der gegen Österreich geführten Unternehmen zu werten. Vielmehr ist gerade im Hinblick auf diesen Konflikt an die Feststellung Karl Mommsens zu erinnern, daß die Zeitgenossen im 15. Jahrhundert scharf zwischen Österreich und dem Reich zu scheiden wußten[76].

[72] So Eberhard Isenmann, Reichsstadt und Reich an der Wende vom späten Mittelalter zur frühen Neuzeit. In: Josef Engel (Hrsg.): Mittel und Wege früher Verfassungspolitik 1. Spätmittelalter und frühe Neuzeit. 9. 1979, S. 9-223, hier S. 10-13 und S. 35. – Vgl. auch Peter Moraw: Reichsstadt, Reich und Königtum im späten Mittelalter. In: ZHF 6. 1979, S. 385-424, hier S. 388f.

[73] Über die Reichsstädte am Bodensee und ihre Bündnisse im 15. Jahrhundert vgl. Peter F. Kramml: Kaiser Friedrich III. und die Reichsstadt Konstanz (1440-1493). Konstanzer Geschichts- und Rechtsquellen XXIX. 1985, S. 145ff.

[74] Vgl. dazu H. Obenaus, Recht und Verfassung (wie Anm. 20), S. 161, Anm. 26 – und Ernst Schubert: König und Reich. Veröff. des Max-Planck-Instituts für Geschichte. 63. 1979, S. 363ff.

[75] Dazu jüngst Guy P. Marchal: De la »passion du Christ« à la »Croix suisse.« In: Itinera 9 (wie Anm. 3), S. 107-131; vgl. auch die Abbildung eines »Schwabenkreuzes« und eines »Schweizerkreuzes« als Himmelserscheinung 1561 bei Matthias Senn: Die Wickiana. 1975, S. 44.

[76] Dazu Karl Mommsen, Eidgenossen (wie Anm. 1), S. 293.

Horst Carl

Eidgenossen und Schwäbischer Bund – feindliche Nachbarn?

I

Schon die Zeitgenossen auf beiden Seiten des Bodensees beurteilten die Beziehungen zwischen Schwäbischem Bund und Eidgenossenschaft vor allem unter den Gesichtspunkten der Polarisierung und Konfrontation. Das Schlüsselerlebnis für diese Sicht war natürlich die große kriegerische Auseinandersetzung beider Einungen 1499, die in der Einschätzung ihres berühmtesten Chronisten, des Nürnberger Patriziers und Humanisten Willibald Pirckheimer, den üblichen Rahmen der Kriege der Epoche gesprengt habe. Er sei »der größte und unheilvollste von allen denjenigen ..., die bei unserem und unserer Väter Gedenken geführt worden sind; nicht nur wegen der Größe der Waffenrüstung und Zahl der Truppen, sondern auch wegen der Wildheit der Schlachten und der Vielzahl der Niederlagen ... Dazu kam noch die Hartnäckigkeit der Gemüter und die Erbitterung der Streitenden, die nicht so sehr um des kriegerischen Ruhmes willen kämpften, als vom wechselseitigen Haß getrieben.«[1] Die Folgen, beispielsweise die Kriegsschäden, blieben Jahrzehnte präsent, und sei es auch nur, wie bei den Grafen von Fürstenberg 1543, um einen Nachlaß bei der Reichsmatrikel zu erlangen[2].

In der Tat muten die Jahre von der Gründung des Schwäbischen Bundes bis zum Ausbruch des Krieges wie die Bündelung und dramaturgische Zuspitzung der latenten Konflikte an, die schließlich die gewaltsame Lösung der Spannungen unausweichlich machten – sei es aus der Perspektive der Eidgenossen die machtpolitische Rivalität zum Schwäbischen Bund als militärisch bedeutendstem Faktor im Reich, der immer schärfer sich artikulierende Gegensatz zwischen Schweizern und Schwaben oder schließlich die unterschiedliche

[1] Karl Rück (Hrsg.): Willibald Pirckheimers Schweizerkrieg, S. 32. Hier zitiert nach der deutschen Übersetzung in Willehad Paul Eckert/Christoph von Imhoff: Willibald Pirckheimer. Dürers Freund im Spiegel seines Lebens, seiner Werke und seiner Umwelt. 1971, S. 139.

[2] Sigmund Riezler (Hrsg.): Mitteilungen aus dem Fürstlich Fürstenbergischen Archive 1. 1894, Nr. 464. S. 343.

soziale und ständische Struktur der Einungen. Der Antagonismus zwischen dem Schwäbischen Bund als Schwureinung herrschaftlicher Gewalten und den Eidgenossen als Gegenbild einer bäuerlich-städtischen Einung ohne Fürsten und Adel ist auch in der Historiographie bis in die jüngste Zeit immer wieder paradigmatisch herausgestrichen worden[3].

Der Schwaben- oder Schweizerkrieg aber hat nicht nur den Gegensatz zwischen Eidgenossen und Schwäbischem Bund ins Extrem zugespitzt, sondern durch die außerordentliche Polarisierung auch Differenzierungen innerhalb beider Einungen verschwimmen lassen. Das Haus Österreich, der Schwäbische Bund und schließlich das Heilige Römische Reich Deutscher Nation sind gleichsam zu einem einzigen, die Eidgenossenschaft existenziell gefährdenden Gegner verschmolzen, geeint im Haß auf die Eidgenossenschaft als ganz anders geartetes soziales und ständisches Gebilde. Diese Polarisierung hat König Maximilian selbst nachdrücklich mit seinem berüchtigten Manifest gegen die Schweizer vom 22. April 1499 befördert: noch einmal die gesamte habsburgische und adelige Propaganda gegen die Eidgenossen zusammenfassend[4], kulminierte dieses für die Reichsstände bestimmte Pamphlet in dem Vorwurf, diese groben, bösen, schnöden Bauersleute, denen keine Tugend, kein adeliges Geblüt, keine Mäßigung, sondern nur Üppigkeit, Untreue und Haß auf die deutsche Nation innewohnten, stünden im Begriff, den christlichen Glauben sowie die Ehre des Reichs und der deutschen Nation zu zerstören[5]. Die enge propagandistische

[3] Karl Siegfried Bader: Der deutsche Südwesten in seiner territorialstaatlichen Entwicklung. 1950, S. 184. – Erika Maitz: König Maximilian und die Eidgenossenschaft von seinem Regierungsantritt bis zum Ende des Schweizerkrieges. Diss. phil. masch. Graz 1974, S. 26f. – Adolf Laufs: Der Schwäbische Kreis. Studien über Einungswesen und Reichsverfassung im deutschen Südwesten zu Beginn der Neuzeit. 1971, S. 70-72. – Dietmar Willoweit: Deutsche Verfassungsgeschichte. Vom Frankenreich zur Teilung Deutschlands. 1990, S. 101f.

[4] Bernhard Stettler: Einleitung. In: Ders. (Bearb.): Aegidius Tschudi Chronicon Helveticum 3. = QSG N. F. 1. Abt. VII/3. 1980, S. 7*-192*, hier S. 59*-73*.

[5] »Deßhalben gantz erschrockenlich zu hören wer, solte den pösen groben und schnoden gepawrßlewten, in denen doch kain tugend, adelich geplüet noch messigung, sondern allein uppigkait untrew verhassung der Tewtschen Nacion, jr rechten naturlichen herschafft davon sy sich als obsteet geschwiden haben, und grobkait ist, lenger zugesehen, sy nit darumb notturftiglich gestrafft und die cristenhait also spotlich und jamerlich verlassen (werden), auch das unser heyliger cristennlicher glawben des heiligen Reichs und Tewtscher Nacion eer dermassen dardurch zerstört.« Ebd., S. 71*. – Vgl. auch Hermann Wiesflecker: Kaiser Maximilian I. Das Reich, Österreich und Europa an der Wende zur Neuzeit, Bde. 1-5. 1971-1986, hier Bd. 2 (1493-1500), S. 334f. – Guy P. Marchal: Die Antwort der Bauern. Elemente und Schichtungen des eidgenössischen Geschichtsbewußtseins im späten Mittelalter. In: Hans Patze (Hrsg.): Geschichtsschreibung und Geschichtsbewußtsein im späten Mittelalter = VuF 31. 1986, S. 757-790, hier S. 758.

Verknüpfung von traditionellen antieidgenössischen Argumenten adeliger und habsburgischer Provenienz mit einer neu akzentuierten Reichspropaganda, deren politisches Substrat die Durchsetzung der Wormser Reformbeschlüsse von 1495 gegenüber der Eidgenossenschaft waren, lassen es nicht verwunderlich erscheinen, daß für die Schweizer die Begriffe Reich, Österreich und Schwäbischer Bund identisch wurden[6]. Dafür sprachen gute Gründe, war doch Maximilian seit 1490 als Herr der vorländischen und tirolischen Lande Mitglied des Schwäbischen Bundes, und gewann der Bund zeitweilig eine zentrale Bedeutung für seine Reichs- und erbländische Politik[7].

Zweifellos bildet das Jahr 1499 einen tiefen Einschnitt in der Geschichte der Schweiz, wirkte das Ergebnis des Krieges auf lange Sicht »grenzziehend«[8]. Bis in die Terminologie schlägt sich dies nieder in der unterschiedlichen Benennung dieses Krieges – aus deutscher oder österreichischer Perspektive als »Schweizerkrieg«, aus der der Schweizer als »Schwabenkrieg«. Die Diskussion um die Charakteristik des Schwabenkrieges als eines Unabhängigkeitskrieges vom Reich, wie dies einer liberalen Tradition Schweizer Historiographie entsprach, läßt eine solche Grundproblematik bis in jüngste Publikationen zum Schwabenkrieg und zur nationalen Identitätsfindung der Schweiz hinein spürbar werden[9]. Die neuere Schweizer Geschichtsforschung hat allerdings in Anlehnung an Forschungen Hans Sigrists[10] und vor allem Karl Mommsens[11]

[6] Maitz, wie Anm. 3, S. 34.

[7] Volker Press: Die Bundespläne Karls V. und die Reichsverfassung. In: Heinrich Lutz (Hrsg.): Das römisch-deutsche Reich im politischen System Karls V. = Schriften des Historischen Kollegs 1. 1982, S. 55-107, hier S. 55-61. – Ders., Vorderösterreich in der habsburgischen Reichspolitik des späten Mittelalters und der frühen Neuzeit. In: Volker Press/Hans Maier (Hrsg.): Vorderösterreich in der frühen Neuzeit. 1989, S. 1-41, hier S. 7-10.

[8] Albert Baumhauer: Die deutsch-schweizerische Grenze in der Schweizergeschichte. In: GWU 11 (1960), S. 193-211, hier 206f. – Karl Schib: Zur Geschichte der schweizerischen Nordgrenze. In: SZG 27 (1947), S. 1-35. – Ders.: Geschichte der Stadt und Landschaft Schaffhausen. 1972, S. 256. – Für Konstanz und den Thurgau differenziert den Prozeß der Verfestigung der Grenze nach 1499 Helmut Maurer: Die Entstehung der deutsch-schweizerischen Grenze und das Problem der Extradition von Archivalien. In: Helmut Maurer/Hans Patze (Hrsg.): Festschrift für Berend Schwineköper. 1982, S. 489-500, v.a. S. 500.

[9] Johannes Dierauer: Geschichte der Schweizerischen Eidgenossenschaft, 2. 1892, S. 317-377. – In der Tradition des Befreiungskrieges interpretiert den Schwabenkrieg noch Schib, Schaffhausen, wie Anm 8, S. 230-234. – Zusammenfassend zur Historiographie Walter Schaufelberger: Spätmittelalter. In: Handbuch der Schweizer Geschichte 1. 1972, S. 241-388, hier S. 340, Anm. 499.

[10] Hans Sigrist: Reichsreform und Schwabenkrieg. In: Schweizer Beiträge zur Allgemeinen Geschichte 5 (1947), S. 114-141. – Ders.: Zur Interpretation des Basler Friedens von 1499. Ebd., 7 (1949), S. 153-155.

diese Deutung des Jahres 1499 relativiert, das Evolutionäre des Trennungsvorgangs betont und größeres Gewicht auf Kontinuitäten im Verhältnis von Eidgenossen und Reich gelegt[12]. Dies gilt auch für die Beziehungsgeschichte von Eidgenossen und Schwäbischem Bund: betrachtet man sie lediglich von der Warte der extremen militärischen und propagandistischen Konfrontation des Jahres 1499 her, besteht die Gefahr, daß das Trennende verabsolutiert und zum prinzipiellen Gegensatz stilisiert wird. Im folgenden sollen deshalb sowohl die Genese dieser Konfrontation nachgezeichnet wie auch strukturelle Parallelen oder Verbindungslinien beider Einungen thematisiert werden.

II

Die machtpolitischen Konsequenzen der Gründung des Schwäbischen Bundes 1488 für die Eidgenossen werden deutlich vor der politischen Rolle, die sie seit 1450 im südwestdeutschen Raum gespielt haben. Die Jahre um 1450 sind gekennzeichnet durch eine Neuorientierung in der regionalen Mächtekonstellation[13]. Die Eidgenossenschaft konsolidierte sich mit Abschluß des sogenannten »Alten Zürichkrieges«, der erst jetzt die Reichsstadt Zürich endgültig zu einer eidgenössischen Stadt werden ließ[14]. Die Niederlage Zürichs nahm der habsburgischen Politik für längere Zeit den wichtigsten Hebel, an dem eine Politik gegen die Eidgenossen ansetzen konnte. Parallelen gab es zum Ergebnis des sogenannten zweiten Städtekrieges 1449/1450, der die Reichsstädte nördlich des Bodensees auf der Verliererseite sah – allerdings gegen Adel und Fürsten. Auch hier wurden die Möglichkeiten einer selbständigen Politik in Gestalt einer korporativen Städtepolitik empfindlich eingeschränkt, so daß die meisten Reichsstädte ihre weitere Politik am Zwang zum Interessenausgleich mit den jeweils

[11] Karl Mommsen: Eidgenossen, Kaiser und Reich = Basler Beiträge zur Geschichtswissenschaft 72. 1958.

[12] Hans Conrad Peyer: Verfassungsgeschichte der alten Schweiz. 1978, S. 20f. – Schaufelberger, Spätmittelalter, wie Anm. 9, S. 338-346. – Bruno Meyer: Der Thurgau im Schwabenkrieg von 1499. In: Thurgauische Beiträge zur Vaterländischen Geschichte 116/117 (1979/1980), S. 5-218, hier S. 6; 102 Anm. 550. – Laufs, wie Anm 3, S. 71.

[13] Margarete Steibelt: Die Eidgenossen und die südwestdeutschen Territorien 1450-1488. Diss. masch. Heidelberg 1946, S. III. Ziel dieser Dissertation war es ursprünglich, »den Anteil der eidgenössischen Gefahr an der Gründung des schwäbischen Bundes zu untersuchen«, ebd., S. I.

[14] Hans Berger: Der Alte Zürichkrieg im Rahmen der europäischen Politik. 1978. – Otto Feger: Geschichte des Bodenseeraumes 3. 1963, S. 255ff. – Schaufelberger, Spätmittelalter, wie Anm. 9, S. 293-305.

regional bestimmenden Mächten orientierten[15]. Schließlich markierte der Regierungsantritt Friedrichs des Siegreichen (1449 - 1476) den Beginn einer sehr erfolgreichen kurpfälzischen Reichspolitik, die zeitweilig ihren Einfluß durch eine geschickte Klientel- und Städtepolitik bis weit nach Südwestdeutschland und ins Elsaß ausdehnen konnte[16]. Als Haupt derjenigen Kräfte im Reich, die in Opposition zum habsburgischen Kaiser Friedrich III. standen, nahm die Kurpfalz zeitweilig Methoden einer informellen quasi-königlichen Politik wahr, vermochte sich jedoch auch militärisch gegen die südwestdeutschen Parteigänger des Kaisers – vor allem Graf Ulrich von Württemberg und Markgraf Karl von Baden – 1462 bei Seckenheim durchzusetzen[17]. Eine Folge des württembergischen Machtverlustes nach den verlorenen Schlachten bei Seckenheim und Giengen war 1463 der Abschluß eines Bündnisses zwischen der Reichsstadt Rottweil und den Eidgenossen, die damit bis tief nach Schwaben hinein präsent waren[18].

Das Machtvakuum in Südwestdeutschland, welches den mächtigen Nachbarn Pfalz und den Eidgenossen solche Einflußnahme ermöglichte, hing jedoch weniger mit der zeitweiligen Schwäche Württembergs, als vielmehr mit gravierenden Problemen der zweiten großen Territorialmacht dieses Raumes, den Habsburgern, zusammen. Der Zerfall in mehrere Linien und die Konkurrenz

[15] Thomas A. Brady: Turning Swiss. Cities and Empire, 1450 - 1550. 1985, S. 16. – Johannes Eichmann: Der Städtekrieg von 1449 - 50. 1882. – Theodor Kern: Die Fürstenpartei im Städtekrieg. In: Karl Hegel (Hrsg.): Die Chroniken der fränkischen Städte. Nürnberg 2 = Die Chroniken der deutschen Städte 2, 2. 1864 (ND 1961), S. 417-481. – Peter F. Kramml: Kaiser Friedrich III. und die Reichsstadt Konstanz 1440 - 1493 = Konstanzer Geschichts- und Rechtsquellen 29. 1985, S. 136f.

[16] Peter Moraw: Die kurfürstliche Politik der Pfalzgrafschaft im Spätmittelalter, vornehmlich im späten 14. und frühen 15. Jahrhundert. In: Jb. f. Westdeutsche Landesgeschichte 9 (1983), S. 275-297. – Bernhard Rolf: Kurpfalz, Südwestdeutschland und das Reich 1449 - 1476. Die Politik des Pfalzgrafen und Kurfürsten Friedrich des Siegreichen. Diss. Heidelberg 1981. – Meinrad Schaab: Geschichte der Kurpfalz. 1: Mittelalter. 1988, S. 177-183. – Volker Press: Das Hochstift Speyer im Reich des späten Mittelalters und der frühen Neuzeit – Portrait eines geistlichen Staates. In: Ders. / Eugen Reinhard / Hansmartin Schwarzmaier (Hrsg.): Barock am Oberrhein = Oberrheinische Studien 6. 1985, S. 251-290, hier S. 252-257.

[17] Christoph Friedrich von Stälin: Württembergische Geschichte 3. 1856 (ND 1975), S. 536f. – Konrad Krimm: Baden und Habsburg um die Mitte des 15. Jahrhunderts. Fürstlicher Dienst und Reichsgewalt im späten Mittelalter = Veröff. d. Kommission f. Gesch. Landeskunde in Baden-Württemberg B 89. 1976, S. 165-183. Schweizer Söldner spielten in diesem Krieg bereits eine wichtige Rolle.

[18] Placid Bütler: Die Beziehungen der Reichsstadt Rottweil zur Schweizer Eidgenossenschaft bis 1528. In: Jahrbuch für Schweizer Geschichte 33 (1908), S. 55-130. – Paul Kläui: Rottweil und die Eidgenossenschaft. In: ZWLG 18 (1959), S. 1-14, hier S. 5f.

zwischen Friedrich III., Sigmund von Tirol und Albrecht VI. führten gerade in den Vorlanden zu einem Mangel an Kontinuität der Herrschaft[19]. 1454 schloß die Reichsstadt Schaffhausen, bis 1415 österreichische Landstadt, ein Bündnis mit den Eidgenossen, 1460 brach mit dem Verlust des Thurgaus die habsburgische Position in der Ostschweiz endgültig zusammen, und mit dem verheerenden Sundgauerzug 1468 und dem zeitgleichen Waldshuterkrieg 1468/69 bedrohten die Eidgenossen die Substanz der vorländischen Position des Hauses Habsburg[20]. Die Verpfändung eines Teils der Vorlande, namentlich des habsburgischen Oberelsaß an Burgund 1469, beleuchtete schlaglichtartig die Schwäche der habsburgischen Position im Konflikt mit den Eidgenossen. Nach dem gescheiterten Versuch eines Rückhaltes an Burgund blieb Sigmund schließlich nur noch eine radikale Kehrtwendung übrig: Mit der Ewigen Richtung von 1474, die 1477/78 in eine Erbeinigung umgewandelt wurde, sollte ein Schlußstrich unter die Auseinandersetzungen mit den Eidgenossen gezogen werden – im Gegenzug verzichtete Sigmund darauf, noch Ansprüche auf die an die Eidgenossen verlorenen, ursprünglich habsburgischen Gebiete geltend zu machen. Damit zog er die Konsequenzen aus der Erkenntnis, daß unter den gegebenen Machtverhältnissen eine Konsolidierung seiner vorländischen Position gegen die Eidgenossen nicht möglich war – in der Folgezeit vermochte er auf dieser Grundlage eine zielgerichtete Politik der territorialen Arrondierung des habsburgischen Besitzes in Schwaben in die Wege zu leiten[21]. Der Tod Friedrichs des Siegreichen von der Pfalz 1476 und Karls des Kühnen 1477 entlastete Südwestdeutschland zunächst von Einflußnahmen auswärtiger Mächte, doch trat an deren Stelle seit 1480 die expansive Politik der bayerischen Wittelsbacher.

Durch die Schwäche der habsburgischen Position in Südwestdeutschland wuchsen die Eidgenossen – bedingt natürlich vor allem durch ihre militärische Schlagkraft – zu einem beherrschenden politischen Faktor dieses Raumes heran: Alle süddeutschen Fürsten einschließlich der Habsburger haben vorüberge-

[19] Press, Vorderösterreich, wie Anm. 7, S. 5-7. – Wilhelm Baum: Sigmund der Münzreiche. Zur Geschichte Tirols und der habsburgischen Länder im Spätmittelalter. 1987, S. 73 ff., 105 ff., 153 ff. – Dieter Mertens: Die Anfänge der Universität Freiburg. In: Zeitschrift für die Geschichte des Oberrheins (ZGO) 131 (1983), S. 289-308.

[20] Baum, wie Anm. 19, S. 278-293. – Max A. Maier: Der Friede von Waldshut und die Politik am Oberrhein bis zum Vertrag von St. Omer. In: ZGO 90 (1938), S. 321-364.

[21] Baum, wie Anm. 19, S. 394-424. – Hans-Georg Hofacker: Die Schwäbische Herzogswürde. In: ZWLG 47 (1988), S. 71-148, hier S. 82-90. – Steibelt, wie Anm. 13, S. 60-65.

hend im Bündnis mit ihnen gestanden und Rückhalt an ihnen gesucht – etwaige ständische Vorbehalte haben dabei nicht die geringste Rolle gespielt[22].

Die Eidgenossen haben bei ihrer Politik im Südwesten des Reiches nur in sehr begrenztem Maße eine zielgerichtete territoriale Expansionspolitik über den Rhein hinaus ins Auge gefaßt. Lediglich die Annexionswünsche, die zu Beginn des Waldshuter Krieges geäußert wurden und die sich auf die vier »Waldstädte« Waldshut, Laufenburg, Rheinfelden und Säckingen sowie Teile des Südschwarzwaldes bezogen, waren noch ein Nachklang der erfolgreichen Arrondierungspolitik südlich des Bodensees[23]. Die Ewige Richtung von 1474 sah ein Öffnungsrecht der Waldstädte für die Eidgenossen vor, doch verweigerten deren Magistrate den dazu vorgesehenen Eid und wurde die Angelegenheit von Sigmund systematisch verschleppt. Die Waldstädte blieben deshalb bis in die 90er Jahre hinein ein latenter Streitpunkt, an dem wittelsbachische Werbungen um die Eidgenossen wiederholt einen Ansatzpunkt fanden[24].

Ausgeprägter ist hingegen der Charakter einer »Vorfeldpolitik« der Eidgenossen im Südwesten des Reiches, deren Mittel eine weitgefaßte Bündnispolitik und das häufige Auftreten als Schiedsrichter in lokalen Konflikten gewesen sind. Für ihre Bündnispolitik besaßen sie ein differenziertes Instrumentarium, wobei keineswegs immer alle Orte der Eidgenossenschaft involviert waren. Während das Bündnis mit Schaffhausen 1454 nur von 6 Orten abgeschlossen wurde, gingen alle Orte 1463 dasjenige mit Rottweil ein[25]. Dies ermöglichte den einzelnen Orten eine ihren eigenen regionalen Bedürfnissen entsprechende Bündnis- und Klientelpolitik, welche in den Außenbeziehungen die Komplexität des eidgenössischen Bundesgeflechtes fortsetzte[26]. So trug die Bündnispolitik der Eidgenossen im Oberelsaß, die Mülhausen gegen den Druck des benachbarten Adels und Habsburgs schützte, andererseits aber auch das bedeutende Adelsgeschlecht der Tierstein in eine weitgehende Abhängigkeit brachte, die

[22] Steibelt, wie Anm. 13, passim, zusammenfassend S. 183-189. Für Fritz Ernst sind die Eidgenossen in Südwestdeutschland die »große Unbekannte« im machtpolitischen Spiel dieser Jahre. Fritz Ernst: Reichs- und Landespolitik im Süden Deutschlands am Ende des Mittelalters. In: Historische Vierteljahrschrift 30 (1935), S. 720-732, hier S. 724.

[23] Schaufelberger, Spätmittelalter, wie Anm. 9, S. 314. – Baum, wie Anm. 19, S. 283, 289ff.

[24] Friedrich Hegi: Die geächteten Räte des Erzherzogs Sigmund von Österreich und ihre Beziehungen zur Schweiz 1487-1499. Beiträge zur Geschichte der Lostrennung der Schweiz vom Deutschen Reich. 1910, S. 135f., 148f., 167-169, 318-324, 589f.

[25] Schaufelberger, Spätmittelalter, wie Anm. 9, S. 307-309.

[26] Peyer, Verfassungsgeschichte, wie Anm. 17, S. 21-43.

Handschrift Berns und vor allem Solothurns[27]. Die Niedere Vereinigung von 1474, welche die elsässischen Stände einschließlich Habsburgs in ein Bündnis mit den 8 Orten brachte, festigte deren politischen Einfluß in dieser Region. Für die beteiligten elsässischen Stände war dies eine Möglichkeit, einen dominierenden habsburgischen Einfluß auszubalancieren. Noch 1493 erfüllten sie den Wunsch Maximilians nach Verlängerung der Niederen Vereinigung nur unter der Bedingung, daß zuvor das Bündnis mit den Eidgenossen abgeschlossen würde, um an diesen gegebenenfalls Rückhalt gegen Habsburg zu haben[28].

In Südwestdeutschland hingegen prägte Zürich, welches maßgeblich an der Entstehung einer Achse Rottweil - Schaffhausen - Zürich beteiligt war, die eidgenössische Bündnispolitik[29]. Schirmverträge mit einzelnen eidgenössischen Orten oder Zugewandten besaßen darüber hinaus Wangen (St. Gallen) sowie Buchhorn und die Abtei Weingarten (Zürich)[30]. Adlige wie die Fürstenberger oder die Grafen von Sulz als Landgrafen des Klettgaues, die sich gegenüber Sigmund von Tirol, aber auch möglichen Bedrohungen durch die Eidgenossenschaft selbst absichern wollten, gingen Bündnisse oder Burgrechtsverträge ein[31].

[27] Georges Bischoff: Gouvernés et gouvernants en Haute-Alsace à l'époque autrichienne = Société Savante d'Alsace et des Régions de l'Est 20. 1982, S. 78-81. – Hegi, wie Anm. 24, S. 13-22, 91-94, 228-240.

[28] Dieter Mertens: Reich und Elsaß zur Zeit Maximilians. Untersuchungen zur Ideen- und Landesgeschichte im Südwesten des Reiches am Ausgang des Mittelalters. Masch. Habilitationsschrift Freiburg i. Br. 1979, S. 226-228. Dem Verfasser danke ich für die Möglichkeit der Benutzung seiner ungedruckten Arbeit. – Vgl. auch Brady, wie Anm. 15, S. 50-54.

[29] Schib, Schaffhausen, wie Anm. 8, S. 219-222, 229-231. – Wolfgang Vater: Die Beziehungen Rottweils zu den Schweizerischen Eidgenossen im 16. Jahrhundert. In: 450 Jahre Ewiger Bund. Festschrift zum 450. Jahrestag des Abschlusses des Ewigen Bundes zwischen den XIII Orten der Schweizerischen Eidgenossenschaft und dem zugewandten Ort Rottweil. Hrsg. vom Stadtarchiv Rottweil. 1969, S. 26-63, hier S. S. 27f.

[30] Feger 3, wie Anm. 14, S. 286, 320. – Hofacker, Herzogswürde, wie Anm. 21, S. 90.

[31] Amtliche Sammlung der älteren eidgenössischen Abschiede (EA). Hrsg. unter der Direktion v. Jakob Kaiser u.a. 1-8. 1839 -1876, hier 3, 1. (1478 -1500), Nr. 45. – Steibelt, wie Anm. 13, S. 77-80. – Hegi, wie Anm. 24, S. 177, Anm. 1. – Hofacker, Herzogswürde, wie Anm. 21, S. 88f. Die Grafen von Sulz verfügten über enge Beziehungen nach Rottweil aufgrund ihrer Position als erbliche Hofrichter des dortigen Hofgerichts – sie erhielten 1478 das Züricher Burgrecht auf 10 Jahre, welches für Alwig von Sulz 1488 in ein Erbbürgerrecht umgewandelt wurde. – Vgl. Volker Schäfer: Hochadel aus Sulz am Neckar. Zur Geschichte der Grafen von Sulz. In: Sulz. Alte Stadt am jungen Neckar. Festschrift zur 700-Jahrfeier der Stadtrechtsverleihung. 1984, S. 53-92; zu eidgenössischen Schirmverhältnissen mit Klöstern (1477 Oppositionsgruppe in Ottobeuren, 1478 Weingarten) vgl. Dieter Stievermann: Landesherrschaft und Klosterwesen im spätmittelalterlichen Württemberg. 1989, S. 44f.

Selbst der für seine antieidgenössische Haltung bekannte Hegauadel hat wiederholt versucht, in ein Bündnis mit ihnen zu gelangen[32].

Schon um die Eidgenossen nicht auf seiten des jeweiligen Gegners tätig werden zu lassen, bemühte sich auch Württemberg stets um gute Beziehungen zur Eidgenossenschaft. So suchte man sich 1479 in den Auseinandersetzungen mit den Fridingern auf Hohenkrähen abzusichern[33]. Problematisch waren jedoch die Konflikte mit Rottweil, da die Reichsstadt 1465 und 1481 versuchte, Württemberg zu provozieren und die Eidgenossen zum Eingreifen zu bewegen. 1467 und 1485 drohten infolgedessen sogar zeitweilig kriegerische Auseinandersetzungen zwischen Württemberg und den Eidgenossen[34]. Schließlich boten auch die innerwürttembergischen Auseinandersetzungen Möglichkeiten der Einflußnahme: Während sich Eberhard im Bart 1485 durch eine Einung mit Sigmund von Tirol abzusichern suchte, setzte der jüngere Eberhard auf ein Zusammengehen mit den Wittelsbachern, die ihrerseits nichts unversucht ließen, die Eidgenossen zum Bündnispartner ihrer Expansionspolitik in Schwaben zu machen[35].

III

Dies gehört bereits zur unmittelbaren Vorgeschichte der Bundesgründung 1487/88, für die das Ausgreifen der Wittelsbacher nach Schwaben mit dem Kauf der Vorlande von Sigmund von Tirol 1487 der eigentliche Auslöser wurde[36]. Die Bundesgründung brachte eine Figur ins Spiel, die seit Jahrzehnten in Südwestdeutschland nur noch eine untergeordnete Rolle gespielt hatte: Kaiser Friedrich III. erließ am 27. Juli 1487 in äußerst bedrängter Lage nach dem Verlust des wichtigsten Teils der österreichischen Erblande an Ungarn jenes folgenschwere Mandat an Adel und Städte Schwabens, in dem er ihnen unter dem Rechtstitel

[32] Steibelt, wie Anm. 13, S. 76. EA 3, 2 (1500-1520), Nr. 45, Nr. 53.

[33] Christian Friderich Sattler: Geschichte des Herzogthums Würtenberg unter der Regierung der Graven 4. ^{2}1777, S. 139ff.

[34] Steibelt, wie Anm. 13, S. 157. – Fritz Ernst: Eberhard im Bart. 1933, S. 186ff. – Dieter Stievermann: Gründung, Reform und Reformation des Frauenklosters zu Offenhausen. Der Dominikanerinnenkonvent Gnadenzell im Spannungsfeld zwischen Stifterfamilie und Landesherrschaft. In: ZWLG 49 (1986), S.149-202, hier S. 178-180.

[35] Ernst Bock: Der Schwäbische Bund und seine Verfassungen 1488-1534. Ein Beitrag zur Geschichte der Zeit der Reichsreform. 1927. ND mit Vorrede 1968, XIIIf.

[36] Helmo Hesslinger: Die Anfänge des Schwäbischen Bundes. Ein Beitrag zur Geschichte des Einungswesens unter Friedrich III. = Forschungen zur Geschichte der Stadt Ulm 9. S. 59. – Press, Vorderösterreich, wie Anm. 7, S. 5ff.

eines besonderen Status – der Reichsunmittelbarkeit – den Zusammenschluß gebot[37]. Daß er damit binnen kurzem nahezu den ganzen südwestdeutschen Raum in kaiserlich-habsburgischem Sinne zu organisieren vermochte, verdankte Friedrich III. allerdings einer außerordentlich günstigen politischen und personellen Konstellation. Eine solche umfassende ständeübergreifende Einung von Adel und Städten, für die es bis dahin kein Vorbild gab, war nur möglich aufgrund des Gefühls gemeinsamer Bedrohung der Mindermächtigen durch die Wittelsbacher – die Wittelsbacher hatten dem durch ihr Vorgehen gegen die Reichsstädte Regensburg und Nördlingen oder die Grafen von Oettingen 1485 kräftig Vorschub geleistet[38].

Kaum zu überschätzen ist dabei die Rolle des kaiserlichen Verhandlungsführers Haug von Werdenberg, der als Hauptmann der Adelseinung des Georgenschildes Vertrauensmann des Adels war und zugleich beste Beziehungen zu den großen Reichsstädten besaß, außerdem mit dem Haus Württemberg verwandt war, so daß er in ungewöhnlichem Maße als Integrationsfigur wirken konnte[39]. Hatte Friedrich III. die Einung zunächst auf Adel und Städte beschränken wollen, so führte ihre jeweilige Schwäche auch Eberhard von Württemberg und Sigmund von Tirol zu Beginn 1488 in Form von zweiseitigen Verträgen in den Bund. Die Ausdehnung des Bundes auf weitere Fürsten, so vor allem die fränkischen Hohenzollern, den Markgrafen von Baden und die Erzbischöfe von Mainz und Trier, wurde besonders von Sigmund von Tirol forciert, der sich nach dem Bruch mit Bayern als Hauptangriffsziel möglicher wittelsbachischer Gegenaktionen sah. Deutlich spielte dabei jedoch auch die Furcht vor einem möglichen Einschreiten der Eidgenossen mit, sollte vor allem ein Zusammengehen des Pfalzgrafen mit ihnen verhindert werden[40].

[37] Hesslinger, wie Anm. 36, S. 60ff. – Bock, wie Anm. 35, S. 3ff. – Hofacker, Herzogswürde, wie Anm. 21, S. 106-114. – Reinhard Seyboth: Die Markgraftümer Ansbach und Kulmbach unter der Regierung Markgraf Friedrichs des Älteren (1486-1515) = Schriftenreihe d. Hist. Komm. bei der Bayerischen Akademie d. Wiss. 24. 1985, S. 129-142.

[38] Bock, wie Anm. 35, S. X-XII. – Seyboth, wie Anm. 37, S. 115-122. – Reinhard Stauber: Herzog Georg der Reiche von Niederbayern und Schwaben. Voraussetzungen und Formen landesherrlicher Expansionspolitik an der Wende vom Mittelalter zur Neuzeit. In: ZBLG 49 (1986), S. 611-670, hier S. 661ff.

[39] Bock, wie Anm. 35, S. XV. – Johann Nepomuk Vanotti: Geschichte der Grafen von Montfort und Werdenberg. Ein Beitrag zur Geschichte Schwabens, Graubündens, der Schweiz und Vorarlbergs. 1845 (ND 1988), S. 430ff.

[40] Hegi, wie Anm. 24, S. 223, Anm. 3, S. 249-266. – Daneben engagierten sich auch die fränkischen Markgrafen stark für eine Ausweitung des Bundes: Seyboth, wie Anm. 37, S. 133-135.

In der Tat waren die Eidgenossen viel zu eng mit der Politik in Südwestdeutschland verflochten, als daß die abrupte Veränderung der politischen Konstellation ihre Interessen nicht tangiert hätte[41]. Schon die ersten Ansätze einer Einungspolitik, die seit 1484 unter größter Geheimhaltung von einzelnen schwäbischen Reichsstädten, Eberhard von Württemberg, Sigmund von Tirol und Haug von Werdenberg beraten wurden[42], registrierten die Eidgenossen mit Mißtrauen. Im November 1485 sollten laut Tagsatzungsbeschluß Zürich und Schwyz Boten an einen Bund in Schwaben schicken, da von dort offenbar in St. Gallen und Appenzell sondiert worden war[43]. Das Mißtrauen verstärkte sich, als 1487 die ersten kaiserlichen Mandate bekannt wurden, die einen Beitritt auch denjenigen Reichsstädten befahlen, die mit den Eidgenossen formell verbündet waren wie Rottweil oder in deren unmittelbarem Vorfeld lagen wie Konstanz oder Basel. Bekräftigt wurde die kaiserliche Politik noch dadurch, daß zunächst mit dem befohlenen Bundesbeitritt alle anderen Bündnisse für nichtig erklärt werden sollten[44].

Dieses Vorgehen Friedrichs III. zielte jedoch nicht nur auf die eidgenössische Klientel, sondern auch auf die der Pfalz, wie beispielsweise die wiederholten Mandate an Straßburg, Heilbronn oder die Kraichgauritter belegen[45]. Wenngleich sich letztlich 1488 noch eine Mehrzahl der angemahnten Städte dem Beitritt entziehen konnte oder durch »Ausnehmung« ihre bisherigen regionalen Klientelbeziehungen wahren konnten, war der polarisierende Effekt, den Friedrich III. intendierte, auf Dauer unverkennbar: Straßburg etwa entschied sich 1488 demonstrativ für eine Verlängerung des Bündnisses mit Kurpfalz[46], während sich Heilbronn in den Bund begab. Rottweil und Konstanz wurden immer wieder mit massiven Sanktionsdrohungen zum Bundesbeitritt aufgefordert, so daß Rottweil 1497 kurz davor stand, in den Bund einzutreten, Konstanz den Beitritt schließlich unmittelbar vor Ausbruch des Schwabenkrieges wirklich

[41] Wilhelm Oechsli: Die Beziehungen der schweizerischen Eidgenossenschaft zum Reiche bis zum Schwabenkrieg. In: Carl Hilty (Hrsg.): Politisches Jahrbuch der Schweizerischen Eidgenossenschaft 5 (1890), S. 302-616, hier S. 506f.

[42] Bock, wie Anm. 35, S. XI-XXIV. – Hesslinger, wie Anm. 36, S. 95-103. – Hofacker, Herzogswürde, wie Anm. 21, S. 100-106.

[43] EA 3, 1, Nr. 251, S. 222 (13. Nov. 1485).

[44] Die Mandate und die Reaktionen Basels in RTA m. R. 3, 1. S. 467-472. – Mertens, Reich, wie Anm. 28, S. 215. – Zu Konstanz Kramml, wie Anm. 15, S. 153-161.

[45] RTA m. R. 3, 1. S. 443-446, 473-475, 489-499, 608-621. – Karl Klüpfel (Hrsg.): Urkunden zur Geschichte des Schwäbischen Bundes (1488-1533). 1 (1488-1506). 1846, S. 39f. – Hesslinger, wie Anm. 36, S. 72ff., 123-126.

[46] Mertens, Reich, wie Anm. 28, S. 215f. Die Eidgenossen wurden ausgenommen.

vollzog. Der Schwäbische Bund veränderte die politische Landschaft im Südwesten des Reiches und führte zu großräumigen politischen Konstellationen, die eine regionale Gleichgewichtspolitik, wie sie die Reichsstädte, aber auch der Adel mit dem Versuch von Mehrfachbindungen praktizierten, immer weniger zuließ[47].

Schließlich wurden die Eidgenossen auch durch Einzelpersonen tief in die Geschehnisse der Bundesgründung verstrickt. Die wichtigsten Vertreter der prowittelsbachischen Fraktion der Räte Sigmunds, die von ihren Gegnern bald als »böse Räte« apostrophiert wurden, flohen nach ihrer Entmachtung auf dem Haller Landtag im August 1487 zu den Eidgenossen[48], weil einige von ihnen über enge Verbindungen dorthin verfügten. Graf Georg von Werdenberg-Sargans, dessen Vorfahren bereits mit Glarus und Schwyz ein Landrecht eingegangen waren, schloß sich den Eidgenossen 1483 noch enger an, indem er ihnen die Grafschaft Sargans verkaufte und dafür von den 7 Orten in ein Burg- und Landrecht aufgenommen wurde. Ausschlaggebend war die schlechte finanzielle Situation des Grafen[49]. Finanzielle Abhängigkeiten bestimmten auch das Verhältnis der im Elsaß begüterten Grafen von Tierstein, die seit 1478 in einem Schirmverhältnis Solothurns standen[50]. Graf Gaudenz von Matsch, der einem alten Vintschgauer Geschlecht entstammte, welches in Tiroler Diensten zu hohen Positionen gelangt war – er selbst war als Hofmeister Sigmunds 1486 die Zentralfigur der prowittelsbachischen Fraktion –, fügt sich in dieses Bild ein: Auch er geriet unter erheblichen Druck, der ihn 1477 zum Verkauf eines Teiles

[47] Mertens, Reich, wie Anm. 28, S. 234. – Zur »Regionalisierung der Politik« als einer Tendenz der städtischen Politik vgl. Rolf Kießling: Die »Nachbarschaft« und die »Regionalisierung« der Politik: Städte, Klöster und Adel in Ostschwaben um 1500. In: Ferdinand Seibt / Winfried Eberhard (Hrsg.): Europa 1500. Integrationsprozesse im Widerstreit: Staaten, Regionen, Personenverbände, Christenheit. 1987, S. 262-278. – Ders.: Die Stadt und ihr Land. Umlandpolitik, Bürgerbesitz und Wirtschaftsgefüge in Ostschwaben vom 14. bis ins 16. Jahrhundert = Städteforschung A 29. 1989, S. 773ff. – Georg Schmidt: Der Städtetag in der Reichsverfassung. Eine Untersuchung zur korporativen Politik der freien und Reichsstädte in der ersten Hälfte des 16. Jahrhunderts = Veröffentlichungen des Instituts für Europäische Geschichte Mainz, Abt. Universalgeschichte 113. 1984, S. 190-237.

[48] Ebd., S. 82-90. – Albert Jäger: Der Übergang Tirols und der österreichischen Vorlande von dem Erzherzog Sigmund an den römischen König Maximilian von 1478-1490. In: Archiv für österreichische Geschichte 51 (1873), S. 297-449, hier S. 327-352. – Baum, wie Anm. 19, S. 483-488.

[49] EA 3, 1. Nr. 170. – Hegi, wie Anm. 24, S. 3-10. Beim Thurgauerzug von 1460 hatte er auf seiten der Eidgenossen gestanden. – Baum, wie Anm. 19, S. 205.

[50] Hegi, wie Anm. 24, S. 17f., 232.

des Familienbesitzes in Graubünden an Tirol zwang. Er gelangte erst 1490, nach seiner Flucht in die Eidgenossenschaft, in das Burgrecht eines ihrer Orte – Luzern –, und auch in seinem Fall bedeutete dies eine weitgehende finanzielle Abhängigkeit[51].

Die führenden Vertreter der »bösen Räte« waren somit Angehörige alter Adelsgeschlechter, die zwischen den größeren territorialen Gewalten zerrieben wurden. Ihre finanzielle Schwäche setzte sie dem Zugriff entweder der Habsburger oder der Eidgenossen aus. Sie stehen als Beispiele dafür, wie gering die Freiräume für eine Schaukelpolitik zwischen Habsburg und der Eidgenossenschaft wurden, was noch durch das Aussterben aller drei Geschlechter bis 1519 unterstrichen wurde. Ihre erfolgreiche Wühlarbeit gegen Vermittlungsbemühungen Sigmunds und Maximilians sowie ihre hervorragenden Beziehungen zu den jeweiligen Schirmorten, die auf den Tagsatzungen immer wieder für ihre Anliegen Partei ergriffen, bildeten in der Vorgeschichte des Schwabenkrieges ein stetes Moment der Unruhe und akuter Bedrohung für Habsburg.

Zugleich beeinflußte die Personengruppe der »bösen Räte« von vornherein die Beziehungen der Eidgenossenschaft zum Schwäbischen Bund. Ersetzt wurden sie nämlich in Innsbruck durch ein Regiment, welches Angehörigen der schwäbischen Ritterschaft aus dem Kreise des Jörgenschildes[52] – einem Grundpfeiler des Schwäbischen Bundes – größeres Gewicht gab[53]. Haug von Werdenberg hatte zudem seine Stellung am kaiserlichen Hof und im Schwäbischen Bund dazu benutzt, den Besitz des rivalisierenden Geschlechts der Freiherrn von Zimmern, welches gleichfalls einen der zu den Eidgenossen geflüchteten Räte gestellt hatte, an sich zu bringen[54].

Die Stärkung der habsburgischen Position in den Vorlanden durch die Gründung des Schwäbischen Bundes fand umgehend ein Korrelat in innerschweizerischen Entwicklungen. Der Sturz des Züricher Bürgermeisters Hans

[51] Ebd., S. 391-394. – Heinz Noflatscher: Liechtenstein, Tirol und die Eidgenossen. In: Volker Press/Dietmar Willoweit (Hrsg.): Liechtenstein – Fürstliches Haus und staatliche Ordnung. 1987, S. 129-162, hier 132f.

[52] Hermann Mau: Die Rittergesellschaften mit St. Jörgenschild in Schwaben. Ein Beitrag zur Geschichte der deutschen Einungsbewegung im 15. Jahrhundert. 1. Politische Geschichte 1406-1437. 1941. – Herbert Obenaus: Recht und Verfassung der Gesellschaft mit St. Jörgenschild in Schwaben. Untersuchungen über Adel, Einung, Schiedsgericht und Fehde im fünfzehnten Jahrhundert = Veröff. d. MPI f. Gesch. 7. 1961.

[53] Wiesflecker, Maximilian 1, wie Anm. 5, S. 254. – Hofacker, Herzogswürde, wie Anm. 21, S. 111. – Press, Vorderösterreich, wie Anm. 7, S. 17f.

[54] Vanotti, wie Anm. 39, S. 438-447. – Hegi, wie Anm. 24, S. 26 f., 82ff., 108f.

Waldmann im Juni 1489 bedeutete das Ende einer prohabsburgischen Partei in der Schweiz; fortan war ein Ansatzpunkt, der es dem neuen König Maximilian 1487 ermöglicht hatte, in Konkurrenz zu den Wittelsbachern ein Bündnis mit der Mehrzahl der Orte zuwege zu bringen, nicht mehr gegeben[55]. Die Gegner des Züricher Bürgermeisters[56] hatten durch falsche Gerüchte, der Kaiser oder der Schwäbische Bund rüsteten zur Hilfe Waldmanns, geschickt eine allgemeine Hysterie geschürt, um dessen schnelle Verurteilung und Hinrichtung durchzusetzen[57].

Trotz aller diplomatischen Bemühungen Sigmunds und Maximilians sowie mehrerer Gesandtschaften des Schwäbischen Bundes, die sich 1488/1489 um gutnachbarliche Beziehungen zu den Eidgenossen bemühten[58], verschärften sich durch die Gravitation der machtpolitischen Gegensätze die Spannungen nahezu zwangsläufig. Bereits 1490 drohte im Gefolge des Rorschacher Klosterbruches die bewaffnete Konfrontation: Die 7 Orte intervenierten militärisch zugunsten des Abtes von St. Gallen gegen die Appenzeller, aufständische Gotteshausleute und die Stadt St. Gallen, während der Schwäbische Bund, wo man zwischen Befürchtungen weitergehender Schweizer Pläne und einem Eingreifen zugunsten der Stadt St. Gallen schwankte, im Rheintal über 10000 Mann zusammenzog. Nur durch eine eilige Schlichtungsaktion vermochten die Eidgenossen eine Eskalation im letzten Augenblick zu vermeiden[59].

Der St. Gallerkrieg verdeutlichte, mit welchen Schwierigkeiten es nach 1488 verknüpft war, Konflikte im Umkreis der Habsburger und Eidgenossen noch zu lokalisieren. Durch den Regierungsantritt Maximilians in Tirol 1490 und den Tod Kaiser Friedrichs III. 1493 wurden die Spannungen zwar zeitweilig

55 Zu Waldmann v.a. ERNST GAGLIARDI (Hrsg.): Dokumente zur Geschichte des Bürgermeisters Hans Waldmann. 1-2. 1911 (= Quellen zur Schweizer Geschichte NF 2, 1), hier 1. CXVII-CLXXI.

56 Waldmann hatte sich neben der Züricher Landschaft und den alten Ratsgeschlechtern auch die inneren Orte, vor allem Luzern, zu Feinden gemacht. Die eidgenössischen Boten nahmen ihre schiedsrichterliche Funktion in Zürich deshalb nicht im obrigkeitsstützenden Sinne des Stanser Verkommnisses von 1481 wahr.

57 Ebd., 2. S. 36.

58 EA 3, 1. Nr. 322, S. 288-292. Nr. 338, S. 302-307. S. 319-32. – GAGLIARDI, wie Anm. 55, 1. S. 436f. – HEGI, wie Anm. 24, S. 213-216, 306-319, 421-424. – HESSLINGER, wie Anm. 36, S. 134-138.

59 Detailliert JOHANNES HÄNE: Der Klosterbruch in Rohrschach und der St. Gallerkrieg 1489-1490. Diss. Zürich. 1895, passim. – FEGER 3, wie Anm. 14, S. 293-303. – HEGI, wie Anm. 24, S. 364-388. – BENEDIKT BILGERI: Geschichte Vorarlbergs. 2. 1974. S. 255-258. – MEYER, wie Anm. 12, S. 11-15.

gedämpft, da Maximilian eine flexiblere Politik gegenüber den Eidgenossen einschlug als sein Vater; auch war der Schwäbische Bund durch die erfolgreichen Auseinandersetzungen mit den Wittelsbachern 1490-1494 anderweitig in Anspruch genommen. 1497 jedoch wiederholten sich die Vorbereitungen zu militärischer Konfrontation im Zusammenhang mit der Ächtung St. Gallens im sogenannten Varnbühler-Handel: Auch jetzt war es nur einer intensiven Vermittlungsdiplomatie, diesmal Maximilians, zu verdanken, daß der offene Konflikt noch einmal vermieden werden konnte[60]. Als Anfang 1499 jedoch erneut in Graubünden ein lokaler Konflikt zwischen den Bünden und Tirol ausbrach, ließ sich dieser nicht mehr durch eine Diplomatie des Krisenmanagements eingrenzen. Die jeweiligen Kriegsparteien – auf Tiroler Seite in Abwesenheit Maximilians die Räte des Innsbrucker Regiments, auf eidgenössischer Seite die Länderorte – setzten sich gegen alle Vermittlungsbemühungen durch[61], Schwäbischer Bund und Eidgenossen traten als Verbündete der jeweiligen Gegner in Graubünden auf den Plan.

Der Schwabenkrieg führte die machtpolitische Polarisierung im Südwesten des Reiches auf ihren Höhepunkt: Nur Rottweil, Stadt und Bistum Basel sowie der Bischof von Konstanz, der seit 1494 im Bündnis mit den Eidgenossen gestanden hatte[62], vermochten während des Krieges eine prekäre Neutralität aufrechtzuerhalten, welche sie beiden Parteien suspekt machte. Selbst die Stände der Niederen Vereinigung, die nominell noch mit den Eidgenossen verbündet waren und zunächst eine vermittelnde Position einnehmen wollten, kamen mit Ausnahme Basels an einer Parteinahme auf seiten der Gegner der Eidgenossen nicht vorbei[63]. Trotz oder gerade wegen der schweren militärischen Niederlagen

[60] Hegi, wie Anm. 24, S. 523-548. Auf eidgenössischer Seite wirkten im Solde Maximilians stehende »Provisionäre«, vor allem die Diesbach als führendes Ratsgeschlecht in Bern, einer Eskalation entgegen. Ein zusätzlicher Komplikationsfaktor blieb Rottweil, welches sich zum Sachwalter der Zimmernschen Ansprüche aufschwang und deren Überfall auf Oberndorf am Neckar 1496 unterstützte. Infolgedessen geriet die Reichsstadt in die Acht. Wiesflecker 2, wie Anm. 5, S. 323ff.

[61] Zum Ausbruch des Schwabenkrieges Maitz, wie Anm. 3, S. 138-145. – Heinrich Ulmann: Kaiser Maximilian I. 1-2. 1884-1891 (ND 1967), hier 1., S. 694-721. – Wiesflecker 2, wie Anm. 5, S. 330-336. – Schaufelberger, Spätmittelalter, wie Anm. 9, S. 340. – Meyer, wie Anm. 12, S. 17-21.

[62] Die Lage des Konstanzer Bischofs im Schwabenkrieg gestaltete sich besonders schwierig. Er trat dem Schwäbischen Bund nicht bei, sondern ließ sich von beiden Seiten seine Neutralität bestätigen, was faktisch das Öffnungsrecht für die im jeweiligen Machtbereich liegenden Besitzungen bedeutete. Lediglich auf Gottlieben im Thurgau legte der Schwäbische Bund seine Hand jenseits dieser Sphäre. Oechsli, wie Anm. 41, S. 596, Anm. 2. – Klüpfel 1, wie Anm. 45, S. 293. EA 3. 1, S. 593, 596.

[63] Oechsli, wie Anm. 41, S. 593-595. – Mertens, Reich, wie Anm. 28, S. 232-234.

gegen die Eidgenossen erreichte der Schwäbische Bund, bei dem sich 1496 bereits erste Auflösungserscheinungen bemerkbar gemacht hatten, bei der Verlängerung 1500 seine bislang größte Ausdehnung und aufgrund einer in wesentlichen Punkten modifizierten Verfassung seine größte Geschlossenheit[64].

IV

Die Konfrontation der beiden Bundessysteme im Schwabenkrieg war somit zunächst ein Ergebnis machtpolitischer Gegensätze. Es ist allerdings ein Indiz für den Grad an Rationalität der Politik, wie sehr wirtschaftliche Beweggründe diesen Gegensatz mitbestimmten. Die fallenden Getreidepreise infolge des säkularen Bevölkerungsrückganges zwischen 1350 und 1450 hatten eine tiefgreifende Umschichtung der Wirtschaftsstruktur zur Folge: Der Getreideanbau in Inner- und Nordschweiz ging im 15. Jahrhundert drastisch auf Kosten einer Spezialisierung hin zu Graswirtschaft und Großviehzucht zurück[65]. Die Entstehung des »klassischen schweizerischen Hirtenlandes«[66] im 15. Jahrhundert mit dem Schwerpunkt in den innerschweizerischen Länderorten verstärkte die spezifischen Besonderheiten der bäuerlich geprägten Sozialverfassung dieses Kerns der Eidgenossenschaft. Die Kehrseite der Medaille jedoch war, daß die völlige Abhängigkeit von der Getreideeinfuhr die Länderorte durch das Mittel der Getreidesperren erpreßbar machte[67]. Auch die forcierte und im Vergleich zu

[64] Bock, wie Anm. 35, S. 86-108. – Laufs, wie Anm. 3, S. 122-129. Wesentliche Neuerungen waren die Integration der Fürsten auf einer dritten Bundesbank, die Ortsbeständigkeit und Besetzung des Bundesgerichtes mit rechtsgelehrten Richtern, sowie Verbesserungen auf dem Gebiet der Landfriedenswahrung und in der Militärverfassung des Bundes. Der Bund wurde um Albrecht von Bayern und zahlreiche Reichsstädte, die ihm 1499 nicht angehört hatten – Augsburg, Nürnberg, Straßburg – erweitert. Zumindest bei letzteren allerdings spielte eine eidgenössische Gefahr keine Rolle für den Beitritt, wohl aber die Furcht vor den Folgen des königlichen Prestigeverlustes. Nürnberg suchte sich gegen die Markgrafen, Straßburg gegen Kurpfalz abzusichern.

[65] Hans Conrad Peyer: Die Schweizer Wirtschaft im Umbruch in der zweiten Hälfte des 15. Jahrhunderts. In: 500 Jahre Stanser Verkommnis. 1981, S. 61-70, hier S. 68f. Zugleich stagnierten seit der Mitte des 15. Jahrhunderts die städtischen Exportgewerbe und gewannen die Solddienste ein immer größeres wirtschaftliches Gewicht. – Ders.: Die wirtschaftliche Bedeutung fremder Dienste für die Schweiz vom 15. bis 18. Jahrhundert (zuerst 1978). In: Ders.: Könige, Stadt und Kapital. Aufsätze zur Wirtschafts- und Sozialgeschichte des Mittelalters. 1982, S. 219-231.

[66] Peyer, Wirtschaft, wie Anm. 65, S. 68.

[67] Ein bekanntes Beispiel dafür sind im Gefolge der religionspolitischen Auseinandersetzungen die mehrfachen Proviantsperren, mit denen Zwingli die altgläubigen innerschweizerischen Orte unter Druck setzte. Walter Claassen: Schweizer Bauernpolitik im Zeitalter Ulrich Zwinglis. 1899, S. 13. – Leonhard von Muralt: Renaissance und Reformation. In: HSG 1, wie Anm. 9, S. 392-570,

den meisten südwestdeutschen Reichsstädten überaus erfolgreiche Territorialpolitik der eidgenössischen Reichsstädte war vor allem in der versorgungspolitisch begründeten Einflußnahme auf das Umland begründet[68].

Für die von Getreidezufuhr abhängige Eidgenossenschaft wurden Oberschwaben[69] und das Elsaß[70] die wichtigsten Importregionen für Getreide, während sie selbst im Gegenzug als Lieferanten von Käse und Vieh auftraten. Die wirtschaftliche Motivation der eidgenössischen Vorfeldpolitik in beiden Regionen, die wichtiger war als eine strategisch orientierte Politik der »Vorwehren«[71], wurde von der Tagsatzung immer wieder geltend gemacht, wenn sich die Eidgenossen außerhalb ihres Gebietes – vor allem in der Rolle als Schlichter –

hier S. 512f. Dieses Mittel gehörte zum traditionellen Repertoire Züricher Politik in Konflikten mit der Innerschweiz: BERNHARD STETTLER: Vorwort. In: DERS. (Bearb.), wie Anm. 4, 7. = QSG I. Abt. VII/7. 1988, S. 7*-119*, hier S. 20*.

[68] Die Stadt-Landproblematik und speziell die Territorialpolitik der Reichsstädte bilden einen neueren Forschungsschwerpunkt. Vgl. allgemein den Sammelband von HANS K. SCHULZE (Hrsg.): Städtisches Um- und Hinterland in vorindustrieller Zeit = Städteforschung A/22. 1986 – ROLF KIESSLING: Die Stadt und ihr Land. Umlandpolitik, Bürgerbesitz und Wirtschaftsgefüge in Ostschwaben vom 14. bis ins 16. Jahrhundert = Städteforschung A/29. 1989. – PETER BLICKLE: Zur Territorialpolitik der oberschwäbischen Reichsstädte. In: ERICH MASCHKE / JÜRGEN SYDOW (Hrsg.): Stadt und Umland. 1974, S. 54-71. – WOLFGANG LEISER: Territorien süddeutscher Reichsstädte. Ein Strukturvergleich. In: ZBLG 38 (1975), S. 967-981. – GERD WUNDER: Reichsstädte als Landesherren. In: E. MEYNEN (Hrsg.): Zentralität als Problem der mittelalterlichen Stadtgeschichtsforschung = Städteforschung A/8. 1979, S. 79-91. – HANS CONRAD PEYER: Schweizer Städte des Spätmittelalters im Vergleich mit den Städten der Nachbarländer. In: DERS.: Könige, wie Anm. 65, S. 262-270, hier S. 268f. – ANDRÉ HOLENSTEIN: Konsens und Widerstand. Städtische Obrigkeit und landschaftliche Partizipation im städtischen Territorium Bern (15. - 16. Jahrhundert). In: Parliaments, Estates and Representations 10, 1 (1990), S. 3-27, hier S. 3-7. – DOROTHEE RIPPMANN: Bauern und Städter. Stadt-Land-Beziehungen im 15. Jahrhundert = Basler Beitr. z. Geschichtswiss. 159. 1990.

[69] REINHOLD BOSCH: Der Kornhandel der Nord-, Ost- und Innerschweiz und der ennetbirgischen Vogteien im 15. und 16. Jahrhundert. Diss. Zürich 1913. – PETER EITEL: Der Konstanzer Handel und Gütertransit im 16. und 17. Jahrhundert. In: SZG 20 (1970), S. 501-561, hier S. 515-523. Die regionale Komplementarität zwischen Oberschwaben als Getreideexporteur und den Eidgenossen als Hauptabnehmer blieb eine Konstante der frühen Neuzeit und verstärkte sich noch, als die Nordschweiz sich im 17. Jahrhundert zu einer Gewerberegion entwickelte. – Vgl. FRANK GÖTTMANN: Kreuzschiffe auf dem Bodensee. Die grenzpolitische Überwachung des Getreidehandels im 18. Jahrhundert. In: SVGB 106 (1988), S. 145-182, hier S. 149. – DERS.: Über Münz- und Währungsprobleme im Bodenseeraum vom Ende des 17. bis zur Mitte des 18. Jahrhunderts. In: SVGB 107 (1989), S. 195-220.

[70] GEORGES LIVET / FRANCIS RAPP (Hrsg.): Histoire de Strasbourg des origines à nos jours. 2. 1981, S. 295ff.

[71] VALENTIN LÖTSCHER: Der deutsche Bauernkrieg in der Darstellung und im Urteil der zeitgenössischen Schweizer. Diss. Basel 1943, S. 45.

engagierten. Die eidgenössische Vermittlungsmission unter der Führung Berns zwischen Frankreich und Habsburg 1491-93 wurde ebenso wie das Interesse an einer Verlängerung der Niederen Vereinigung 1491 vor allem mit der Zufuhr von Wein und Korn begründet[72]. Furcht vor Teuerungen in Oberschwaben als Folge kriegerischer Ereignisse veranlaßte Vermittlungsangebote 1479 in der Mägdeberg-Fehde zwischen den Württembergern und Sigmund von Tirol[73] ebenso wie bei der Belagerung des Hohenkrähen durch den Schwäbischen Bund 1512[74].

Die unbestreitbaren positiven Auswirkungen der neuen übergreifenden Landfriedenseinung nördlich des Bodensees, welche diese gerade für die Reichsstädte attraktiv machte[75], konnten eidgenössisches Mißtrauen keineswegs abbauen, da im Konfliktfalle der Schwäbische Bund die Getreidezufuhr aus Oberschwaben unterbinden konnte. In der Tat mußten die Eidgenossen im Schwabenkrieg die Erfahrung machen, daß ihre Gegner an diesem Schwachpunkt ansetzten[76]; der dritte Hegauzug der Eidgenossen im Juli 1499, der auch auf ihrer Seite deutliche Desorganisationsanzeichen erkennen ließ, diente ganz im Sinne späterer Fouragezüge dazu, das halbreife Korn zu schneiden[77]. Aufgrund abgefangener Briefe erfuhren sie nur wenig später, daß Mailand – offiziell neutral und bereits als Vermittler tätig – Maximilian geheime Zusagen für eine Lebensmittelblockade gemacht hatte[78]. Die Störung des Handels führte darüber hinaus zu dramatischen Einnahmeverlusten in den meisten eidgenössischen Städten[79].

[72] EA 3, 1. Nr. 418, S. 392f.; Nr. 423, S. 398.

[73] Sattler, wie Anm. 33, S. 139f.

[74] Eberhard Dobler: Burg und Herrschaft Hohenkrähen im Hegau. 1986, S. 216-232. Sorge um »feilen Kauf« lautete auch 1521 das Argument gegen eine Belagerung des Hohentwiels – Zufluchtsort des vertriebenen Herzogs Ulrich – durch den Schwäbischen Bund. Zürich an Jakob Stürtzel 7. Aug. 1521. HHStA Wien. Schwäbische Bundesakten 1b, fol. 109r.

[75] Zur Bedeutung der Geleitsproblematik für die großen Handelsstädte im Schwäbischen Bund Heinrich Lutz: Conrad Peutinger. Beiträge zu einer politischen Biographie = Schriftenreihe des Stadtarchivs Augsburg 9. 1957, S. 80-96, 159f., 248ff. – Meinrad Schaab: Geleit und Territorium in Südwestdeutschland. In: ZWLG 40 (1981), S. 398-417. – Stauber, wie Anm. 38, S. 641-651.

[76] Hans-Gerd von Rundstedt: Die Regelung des Getreidehandels in den Städten Südwestdeutschlands und der deutschen Schweiz im späteren Mittelalter und im Beginn der Neuzeit = VSWG Beihefte 19. 1930, S. 42f. Bereits 1490 hatte der Schwäbische Bund eine Lebensmittelsperre gegen die Eidgenossen verhängt. Bilgeri 2, wie Anm. 59, S. 257.

[77] EA 3, 1. Nr. 654, S. 618.

[78] Ebd., Nr. 656, S. 623. – Wiesflecker 2, wie Anm. 5, S. 339.

[79] Martin H. Körner: Solidarités financières suisses au XVIe siècle. 1980, S. 102.

Das gravierendste Problem für die Eidgenossen war jedoch die Versorgung mit Salz. Die Schweiz war wohl dasjenige Gebiet mit dem höchsten Salzverbrauch im damaligen Europa, besaß aber keine eigenen Salzvorkommen[80]. Die Viehzuchtgebiete im alpinen Raum wiesen einen solch hohen Salzverbrauch auf, weil dieses eine wichtige Futterbeigabe für das Vieh war und in großen Mengen als Konservierungsmittel für Fleisch und Käse benötigt wurde[81]. Für die inneren Orte war deshalb die Salzversorgung von existenzieller Bedeutung, auch reagierte die bäuerliche Bevölkerung sehr sensibel auf jede Änderung des Salzpreises[82]. Schon früh beeinflußte das Salzproblem Innen- und Außenpolitik der eidgenössischen Orte: Bern und Zürich suchten sich in den Salzhandel einzuschalten und ein Salzmonopol für ihr Territorium zu erringen[83]. Berns Außenpolitik war in hohem Maße bestimmt von der Sorge um unbeschränkten Zugang zu den Salinen von Salins in der Freigrafschaft Burgund[84], während der größte Teil der übrigen Eidgenossenschaft abhängig von Salzeinfuhren aus Tirol, Bayern und Schwaben – hier vor allem Schwäbisch Hall – blieb. Habsburg und der Schwäbische Bund besaßen so immer einen Hebel, Druck auszuüben, sei es als Salzexporteure, sei es, weil der Handel aus den bayerischen Salzbergwerken durch vom Schwäbischen Bund kontrolliertes Gebiet und meist über schwäbische Zwischenhändler lief[85].

Auch hier also trug der Schwäbische Bund zu einer Verschärfung des Versorgungsproblemes für die Eidgenossen bei. Beim diplomatischen Werben der Wittelsbacher und des Bundes um die Eidgenossen fehlte deshalb der Hinweis

80 Die beste neuere Gesamtdarstellung der Geschichte des Salzes stammt von einem Schweizer Wissenschaftler. Jean-Francois Bergier: Une histoire du sel. 1982 (dt. Die Geschichte vom Salz. 1989). – Zum Forschungsstand allgemein die Beiträge in Wilhelm Rausch (Hrsg.): Stadt und Salz = Beiträge zur Geschichte der Städte Mitteleuropas 10. 1988.

81 Alain Dubois: Die Salzversorgung des Wallis 1500-1610. Wirtschaft und Politik. Diss. Zürich 1965, S. 23. – Bergier, wie Anm. 80, S. 131ff.

82 Vgl. die Bemerkung im Abschied vom 30. Mai 1491 (EA 3, 1. Nr. 413, S. 386): Wenn das Salz teuer sei, sei das »dem gemeinen Mönschen schwer und schedlich«. Zum Zusammenhang von Bauernunruhen und Salzpreis (Beispiele allerdings nach 1550) Dubois, wie Anm. 81, S. 93f. – Bergier, wie Anm. 80, S. 192.

83 Ebd., S. 166.

84 Urs Martin Zahnd: Die autobiographischen Aufzeichnungen Ludwig von Diesbachs. Studien zur spätmittelalterlichen Selbstdarstellung im oberdeutschen und schweizerischen Raume. 1984, S. 177.

85 Zu den Salzstraßen aus Bayern und Tirol, die über Ravensburg oder Lindau zum Knotenpunkt Schaffhausen liefen Dubois, wie Anm. 81, S. 23ff. – Hektor Ammann: Schaffhausens Wirtschaft im Mittelalter. 1948. S. 87ff. – Schib, Schaffhausen, wie Anm. 8, S. 144ff. Zu den schwäbischen Salzhändlern in der Nordschweiz vgl. EA 3, 1. Nr. 265, S. 236.

auf Vorteile bei der Salzversorgung nicht[86]. Die Situation spitzte sich im Schwabenkrieg dramatisch zu, weil Herzog Albrecht von Bayern-Landshut sich gleichfalls unter die Gegner der Eidgenossen einreihte. Die Abschottung vom lebenswichtigen Salz wäre für die Eidgenossen vollständig gewesen, wenn nicht Bern den Salzhandel nach Salins hätte offenhalten können[87], doch reichte dies zur Versorgung der übrigen Schweiz keineswegs aus. Auch Versuche, französisches Salz in großem Maßstab einzuführen, schlugen fehl.

Vor diesem Hintergrund wird das Urteil Pirckheimers verständlich, trotz aller militärischen Erfolge hätten die Eidgenossen, wenn der Krieg in die Länge gezogen worden wäre, nicht standhalten können, wofür er vor allem den Salzmangel verantwortlich machte[88]. Maximilian hatte dem durch eine Zermürbungsstrategie Rechnung zu tragen versucht, doch die schwere Niederlage des vorländischen Aufgebotes bei Dornach (23. 6. 1499) und vor allem der französische Angriff auf das Herzogtum Mailand machten auch ihn friedensbereit. Die vergleichsweise geringen Konzessionen, mit denen sich die siegreichen Schweizer zufrieden gaben, unterstrichen ihren Friedenswillen – lediglich das im Besitz von Konstanz befindliche Landgericht im Thurgau wurde den Eidgenossen abgetreten[89].

Die Problematik des Salzmangels im Schwabenkrieg ist für die Eidgenossen offenbar eine traumatische Erfahrung gewesen. Bereits im folgenden Jahr entwickelte die Tagsatzung Initiativen, um mit den Wittelsbachern ein weitgehend unverbindlich abgefaßtes Bündnis abzuschließen, damit bei einer erneuten Konfrontation mit dem Schwäbischen Bund die Salzeinfuhr gesichert werden konnte[90]. Als die Orte der Westschweiz 1504 die Anlage eines eigenen Salzbrunnens ins Auge faßten, versuchten sie, durch Vermittlung Rottweils an einen erfahrenen Salzsiedemeister aus Schwaben heranzukommen[91], doch war allen Bestrebungen, sich von der fatalen Abhängigkeit von den Salzlieferanten zu

[86] EA 3, 1. Nr. 298, S. 267; Nr. 413, S. 386; beim auf 5 Jahre befristete Bündnis mit den Wittelsbachern 1491 versprachen die Bayern, daß die Salzscheiben in Zukunft wieder die alten Maße haben würden, ebd., Nr. 416, S. 388.

[87] EA 3, 1. Nr. 641, S. 604.

[88] Rück, wie Anm. 1, S. 134.

[89] Zum Friedenswillen in der Eidgenossenschaft vgl. Wiesflecker, Maximilian, wie Anm. 5, S. 351-355.

[90] EA 3, 2. Nr. 16, S. 40f. Auch die erneuten Bündnisverhandlungen mit Konstanz sollten den widerstrebenden inneren Orten durch den Hinweis auf die Salz- und Kornversorgung nahegebracht werden. Ebd., Nr. 25, S. 57f.

[91] Ebd., Nr. 182, S. 287; Nr. 184, S. 289.

befreien, kein Erfolg beschieden. Noch 1547 führte die Nachricht vom Anfall Konstanz' an Österreich zu panikartigen Reaktionen der eidgenössischen Politiker[92].

Trotz der einschneidenden und grenzziehenden Folgen, welche der Schwabenkrieg an Rhein und Bodensee gehabt hat – die Aufnahme Schaffhausens und vor allem Basels 1501 als neue Orte in die Eidgenossenschaft[93] – gab es doch auch noch Beispiele einer Offenheit der politischen Situation im Kräftefeld von Eidgenossenschaft, Schwäbischem Bund und Habsburg. Das beste Beispiel dafür ist Konstanz, das 1500 der Verlängerung des Schwäbischen Bundes nicht beitrat, sondern bis 1502 zwischen Beitritt zur Eidgenossenschaft und Integration in die habsburgische Klientel schwankte. Da die Länderorte die von Zürich betriebene Aufnahme Konstanz' verhinderten, kam 1502 Maximilian mit einem habsburgischen Schirmvertrag zum Zuge. Nach erneuten Verhandlungen der Eidgenossen mit Konstanz setzte Maximilian persönlich 1511 einen umfassenden Schirmvertrag mit Konstanz durch, was ihm im gleichen Jahr auch in Rottweil gelang[94]. Die Abschließung solcher Sonderbündnisse mit einzelnen Städten wie 1498 mit Lindau oder auch mit Überlingen 1523 war für Habsburg eine Alternative zum Schwäbischen Bund und band diese Städte noch enger in die eigene Klientel ein[95]. Doch Rottweil vermochte 1519 mit einem Ewigen Bündnis mit den Eidgenossen und Konstanz 1527 durch sein Burgrecht mit Zürich aus dem habs-

[92] DUBOIS, wie Anm. 81, S. 87. – Zur Bedeutung der Salzversorgung für die Bündnispolitik der Eidgenossenschaft in der frühen Neuzeit allg. BERGIER, wie Anm. 80, S. 190-195.

[93] Besonders bezeichnend auch der Beitritt des Bischofs von Konstanz lediglich mit seinen nördlich des Bodensees gelegenen Besitzungen zum Schwäbischen Bund. EA 3, 2. Nr. 469. S. 662. Faktisch war er bereits im Schwabenkrieg so verfahren.

[94] KLÜPFEL, wie Anm. 45, S. 461. – EA 3, 2. Nr. 25. S. 57f.; Nr. 90. S. 168. – HANS CHRISTOPH RUBLACK: Die Außenpolitik der Reichsstadt Konstanz während der Reformationszeit. In: BERND MOELLER (Hrsg.): Der Konstanzer Reformator Ambrosius Blarer 1492-1564. Gedenkschrift zu seinem 400. Todestag. 1964, S. 54-68, hier S. 56-68. – DERS.: Die Einführung der Reformation in Konstanz. Von den Anfängen bis zum Abschluß 1531 = QuF z. Reformationsgeschichte 40. 1971, S. 3-7. – DERS.: Politische Situation und reformatorische Politik in der Frühphase der Reformation in Konstanz. In: JOSEF NOLTE/HELLA TROMPERT/CHRISTOF WINDHORST (Hrsg.): Kontinuität und Umbruch. Theologie und Frömmigkeit in Flugschriften und Kleinliteratur an der Wende vom 15. zum 16. Jahrhundert = Spätmittelalter und Frühe Neuzeit 2. 1978, S. 316-334. – Das Rottweiler Bündnis mit den Eidgenossen war 1507 unter dem Druck Maximilians nicht verlängert worden. KLÄUI, wie Anm. 18, S. 9f. – VATER, wie Anm. 29, S. 26.

[95] WILFRIED ENDERLE: Konfessionsbildung und Ratsregiment in der katholischen Reichsstadt Überlingen (1500-1618) im Kontext der Reformationsgeschichte der oberschwäbischen Reichsstädte = Veröffentlichungen der Kommission für geschichtliche Landeskunde in Baden-Württemberg B 118. 1990, S. 158-170.

burgischen Bündnissystem auszubrechen, wie überhaupt die Bündnispolitik Zwinglis einen tiefen Einbruch in die reichsstädtische kaiserliche Klientel zur Folge hatte.

Für politische Möglichkeiten trotz aller territorialen Verfestigungserscheinungen stehen als Beispiel diejenigen Gruppen, deren traditionelle Feindschaft eigentlich als eine feste Größe der Beziehungen zwischen Eidgenossen und Schwaben gilt: Der Hegauadel[96], der im Schwabenkrieg unter den Verwüstungszügen der Eidgenossen am meisten zu leiden gehabt hatte, offerierte ihnen ein Bündnis – allerdings ohne Hilfsverpflichtungen –, das wohl auch Einflußnahmen der Eidgenossen auf seine Untertanen abschneiden sollte[97]. Gleichzeitig trat er der Verlängerung des Schwäbischen Bundes nicht bei, sondern wollte dies von Konzessionen des Bundes und Herzog Albrechts von Bayern abhängig machen[98]. Auf der anderen Seite besserten sich nach dem Schwabenkrieg die Beziehungen Österreichs seit 1507 gerade zu den Länderorten der Innerschweiz zusehends bis hin zum religionspolitisch motivierten Bündnis von 1529[99]. Die Erbvereinigung von 1511 zwischen Habsburg und den eidgenössischen Orten, die alle noch offenen bilateralen Probleme auszuräumen suchte, erwies sich in der Folgezeit als außerordentlich beständige Grundlage des beiderseitigen Verhältnisses[100].

Die Spannungen zwischen Schwäbischem Bund und Eidgenossen erreichten nie mehr jenen Grad wie im Jahrzehnt vor dem Schwabenkrieg. Zwar drohten 1503 bei Streitigkeiten zwischen Basel und Rheinfelden oder 1510 im Werben

[96] Helmut Maurer: Schweizer und Schwaben. Ihre Begegnung und ihr Auseinanderleben am Bodensee im späten Mittelalter = Konstanzer Universitätsreden 136. 1983. S. 39. Dort auch der Verweis auf Pirckheimers Bemerkungen über das »summum odium inter Hegavenses et Helvetios«, zit. nach Rück, wie Anm. 1, S. 89.

[97] EA 3, 2. Nr. 45, S. 99; Nr. 53. S. 112-115.

[98] Klüpfel 1, wie Anm. 45, S. 411, 451, 463, 480. Noch 1503 waren die Hegauritter wegen offener Entschädigungsforderungen aus dem Schwabenkrieg dem Bund nicht beigetreten; dieser stellte Maximilian frei, mit ihnen ein gesondertes Bündnis abzuschließen, ebd., S. 485. Insofern ist Bock, wie Anm. 35, S. 79, 89 zu korrigieren.

[99] Schaufelberger, Spätmittelalter, wie Anm. 9, S. 350f. – Oskar Vasella: Österreich und die Bündnispolitik der katholischen Orte = Freiburger Universitätsreden N.F. 11. 1951, S. 59-121. – Eine Schlüsselrolle spielte beim Zustandekommen dieses Bündnisses Rudolf von Sulz, der noch einmal hervorragende Beziehungen zu den Eidgenossen (Erbbürgerrecht in Zürich), Zugehörigkeit zur adeligen habsburgischen Klientel und hohe Ämter am Tiroler Hof miteinander verbinden konnte. Vgl. dazu Noflatscher, wie Anm. 51, S. 137-139.

[100] Karl Heinz Burmeister: Geschichte Vorarlbergs. 1980, S. 99.

um Konstanz regionale Konfliktherde sich auszuweiten[101], beschwor Maximilian auf Bundestagen das Gespenst einer Schweizer Gefahr im Verein mit Bundschuh und Frankreich[102], doch agierten beide Einungen in der Folgezeit äußerst vorsichtig im Umgang miteinander. Bei den Eidgenossen zeigte sich dies in der zurückhaltenden Politik im Landshuter Erbfolgekrieg 1504, in den Auseinandersetzungen zwischen Ulrich von Württemberg und dem Schwäbischen Bund und schließlich im Umkreis des Bauernkrieges. Beide Einungen zogen damit tiefgreifende Konsequenzen aus den Ereignissen des Schwabenkrieges – der Bund aus dem militärischen Debakel, die Eidgenossen aber aus den schweren wirtschaftlichen Schädigungen. Erst dies ließ den Schwabenkrieg langfristig zu einem »grenzziehenden Ereignis« werden.

V

Der Krieg von 1499 ist nicht nur eine Auseinandersetzung der Eidgenossen mit dem Schwäbischen Bund und Österreich gewesen, sondern auch mit dem Reich. In nationalstaatlichen Bahnen denkend hat ihn die ältere Forschung deshalb als Unabhängigkeitskrieg vom Reich verstanden, doch weder nach Intention noch Ergebnis ist er dies gewesen[103]. Obwohl der Reichskrieg durch Maximilian längst erklärt war, beharrten die Eidgenossen bis zum Baseler Frieden darauf, sie führten den Krieg gegen den Schwäbischen Bund, nicht gegen das Reich[104]. Auch den Schweizer Chronisten galt der Schwäbische Bund als eigentlicher Gegner[105]. Der Friedensvertrag fixierte schließlich die Stellung der Eidgenossenschaft als eines exemten Reichsstandes, welcher von Leistungen bei Reichssteuern ebenso wie von der Rechtsprechung des neuen Reichskammergerichtes ausgenommen wurde.

Trotzdem diente das Reich, verstanden in einem weiten Sinne als »universale Rechtsordnung«[106], weiterhin mit seinen Privilegien den Legitimationsan-

[101] Klüpfel 1, wie Anm. 45, S. 484; 1509/1510 beschlossen die Bundesstädte, einen möglichen Krieg Maximilians mit den Eidgenossen wegen Konstanz zu hintertreiben.

[102] So in seinen berühmten Ausführungen vor dem Bundestag zu Ulm am 24. Juni 1502. – Klüpfel 1, wie Anm. 45, S. 468-470. – Vgl. Albert Rosenkranz: Der Bundschuh und die Erhebung des südwestdeutschen Bauernstandes in den Jahren 1493-1517. 1-2. 1927, hier 1., S. 243-248.

[103] Sigrist, wie Anm. 10, passim. – Mommsen, wie Anm. 11, passim. – Peyer, Verfassungsgeschichte, wie Anm. 17, S. 18-21.

[104] EA 3, 1. Nr. 648, S. 608. – Stettler, wie Anm. 4, S. 68* Anm. 181*.

[105] Sigrist, Reichsreform, wie Anm. 10, S. 134ff.

[106] Peyer, Verfassungsgeschichte, wie Anm. 17, S. 76.

sprüchen der Eidgenossen, wurden einzelne ihrer Mitglieder oder Zugewandten noch zum Reichstag geladen oder zur Bezahlung von Reichshilfen aufgefordert[107].

Die neuere verfassungsgeschichtliche Forschung, welche die Vorgänge um die »Reichsreform« nicht von intentionalen oder konzeptionellen Gegensätzen bestimmt sieht, sondern sie als geronnene Kompromisse vor dem Hintergrund eines epochalen Verdichtungsschubes seit etwa 1470 interpretiert[108], hat das Verhältnis von Reich, »Reichsreform« und Eidgenossenschaft mit dem Begriff der »offenen Verfassung« zu beschreiben gesucht: Die Eidgenossen haben angesichts der Verdichtungs- und Modernisierungserscheinungen der Reichsverfassung auf der Zugehörigkeit zum nicht institutionalisierten und kaum Pflichten einfordernden überkommenen Reich der »offenen Verfassung« bestanden und durch diesen Anachronismus der weiteren Entfremdung vom Reich Vorschub geleistet[109].

[107] Ein Einschnitt nach 1500 ist allerdings unverkennbar: Bern, Freiburg i. Ue., Solothurn und St. Gallen sandten noch 1495 auf den Wormser Reichstag Gesandte, nach 1500 erschien alleine noch die Stadt St. Gallen auf Reichstagen – wenngleich nur als Beobachter. Während die Reichskanzlei die neu den Eidgenossen beigetretenen oder eng verbundenen Orte Schaffhausen, Mülhausen, Basel und Rottweil noch zu Reichstagen einlud oder zur Bezahlung von Reichshilfen aufforderte, wurden sie vom Reichsstädtetag bereits nicht mehr berücksichtigt. – Schmidt, Städtetag, wie Anm. 47, S. 66f. – Heinz Mohnhaupt: Das Verhältnis des »Corpus Helveticum« zum Reich und seinen Verfassungsinstitutionen. In: M. Bircher/W. Sparn/Erdmann Weyrauch (Hrsg.): Schweizerisch-deutsche Beziehungen im konfessionellen Zeitalter. Beiträge zur Kulturgeschichte 1580-1650 = Wolfenbütteler Arbeiten zur Barockforschung 12. 1984, S. 57-76.

[108] Zu nennen sind in erster Linie die Forschungen von Peter Moraw: Versuch über die Entstehung des Reichstages. In: Hermann Weber (Hrsg.): Politische Ordnung und soziale Kräfte im Alten Reich. 1980, S. 1-36. – Ders.: Fürstentum, Königtum und »Reichsreform« im deutschen Spätmittelalter. In: Blätter für deutsche Landesgeschichte 122 (1986), S. 117-136, hier S. 135f. – Ders.: Bestehende, fehlende und heranwachsende Voraussetzungen des deutschen Nationalbewußtseins im späten Mittelalter. In: Joachim Ehlers: Ansätze und Diskontinuität deutscher Nationsbildung im Mittelalter = Nationes 8. 1989, S. 99-120, hier S. 117-119. – Georg Schmidt: Der Wetterauer Grafenverein. Organisation und Politik einer Reichskorporation zwischen Reformation und Westfälischem Frieden = Veröff. d. Hist. Komm. f. Hessen 52. 1989, S. 24f. – Volker Press: Kommunalismus oder Territorialismus. Bemerkungen zur Ausbildung des frühmodernen Staates in Mitteleuropa. In: Heiner Timmermann (Hrsg.): Die Bildung des frühmodernen Staates – Stände und Konfessionen. 1989, S. 109-136, hier S. 126f. – Eberhard Isenmann: Kaiser, Reich und deutsche Nation am Ausgang des Mittelalters. In: Ehlers, wie Anm. 108, S. 145-246. – Zur »Reichsreform« grundsätzlich, wenngleich mit teilweise anderer Akzentuierung Heinz Angermeier: Die Reichsreform 1410-1555. Die Staatsproblematik in Deutschland zwischen Mittelalter und Gegenwart. 1984.

[109] Peter Moraw: Von offener Verfassung zu gestalteter Verdichtung. Das Reich im späten Mittelalter 1250 bis 1490 = Propyläen Geschichte Deutschlands 3. 1985, S. 416-421. – Ders.: Reich, König und Eidgenossen im späten Mittelalter. In: Jb. d. Hist. Gesellschaft Luzern 4 (1986), S. 15-33.

In diesem Sinne kommt dem Schwäbischen Bund durchaus ein wichtiger Platz in der verfassungspolitischen Entfremdungsgeschichte zwischen Eidgenossen und Reich zu[110]. Die Rückkehr des Kaisers ins Reich, welche den Verdichtungsschub der Reichsverfassung zwischen 1486 und 1500 in Gang setzte, fußte wesentlich auf einer Neuformierung der kaiserlichen Klientel im alten Königsland Schwaben[111], welche Friedrich III. mit der Gründung des Schwäbischen Bundes 1488 erreicht hatte. Schwaben wurde damit zur Drehscheibe einer kaiserlichen Reichspolitik neuer Qualität, die in die Auseinandersetzungen seines Nachfolgers Maximilian mit den Ständen führte. Zielstrebig setzte gerade dieser den Bund zu einer Intensivierung der Reichspolitik ein. So ermöglichte der Schwäbische Bund zunächst eine organisatorische Straffung des Zugriffs auf einen Teil der Reichsstände[112], erlaubte es dem König / Kaiser aber auch, Defizite der Reichsverfassung in der Landfriedenspolitik zu kompensieren[113]. Von Maximilian bis zu Karl V. blieb deshalb die Umgestaltung des Reiches zu einem Bund eine alternative Option kaiserlicher Verfassungspolitik[114].

Die gesteigerte Präsenz im Reich ließ zugleich die für das Königtum zentrale schiedsrichterliche Funktion wieder verstärkt zur Geltung kommen. Auch hier kam Maximilian die Existenz des Schwäbischen Bundes zugute, erlaubte sie ihm doch, sich gegen die wittelsbachische Konkurrenz 1492 und 1504 aus der Position des königlichen Schiedsrichters durchzusetzen[115]. Beide Male war er dabei einer unliebsamen, als Konkurrenz empfundenen Vermittlungsaktion der

[110] Dagegen bei Sigrist, Reichsreform, wie Anm. 10, S. 136 die Bemerkung, die Reichsreform habe mit dem Konflikt zwischen Schwäbischem Bund und Eidgenossenschaft nichts zu tun.

[111] Press, Bundespläne, wie Anm. 7, S. 55-61. – Ders.: Schwaben zwischen Bayern, Österreich und dem Reich 1486-1805. In: Pankraz Fried (Hrsg.): Probleme der Integration Ostschwabens in den bayerischen Staat = Augsburger Beiträge zur Landesgeschichte Bayerisch-Schwabens 2. 1982, S. 17-78, hier S. 20-31.

[112] Kramml, wie Anm. 15, S. 154.

[113] Heinz Angermeier: Königtum und Landfriede im deutschen Spätmittelalter. 1966, S. 527f. – Ders.: Reichsreform, wie Anm. 108, S. 123f., 158-160.

[114] Eberhard Isenmann: Integrations- und Konsolidierungsprobleme der Reichsordnung in der zweiten Hälfte des 15. Jahrhunderts. In: Ferdinand Seibt / Winfried Eberhard (Hrsg.): Europa 1500. Integrationsprozesse im Widerstreit: Staaten, Regionen, Personenverbände, Christenheit. 1987, S. 115-149, hier S. 148. – Press, Bundespläne, wie Anm. 7, passim. – Schmidt, Grafenverein, wie Anm. 108, S. 24-27.

[115] Zur königlichen Schiedsgerichtsbarkeit Karl Siegfried Bader: Das Schiedsverfahren in Schwaben vom 12. bis zum 16. Jahrhundert. Diss. Freiburg 1929, S. 18-20. – Ingeborg Most: Schiedsgericht, Rechtlicheres Rechtsgebot, Ordentliches Gericht, Kammergericht. Zur Technik fürstlicher Politik im 15. Jahrhundert. In: Aus Reichstagen des 15. und 16. Jahrhunderts = Schriftenreihe der Historischen Kommission b. d. Bayer. Akademie d. Wiss. 5, S. 116-153, hier S. 118-120.

Eidgenossen zuvorgekommen. Im lokalen Rahmen wiederum schränkte der Bund Tendenzen der Eidgenossenschaft, ihren Einfluß in Südwestdeutschland als Schiedsrichter geltend zu machen, ein, weil sein für die Mitglieder verpflichtendes institutionalisiertes Schiedsgericht die Einflußnahme auswärtiger Schlichter ausschloß[116].

Dieser Vorgang, der weniger eine Absonderung der Eidgenossen vom Reich als vielmehr ein Fernhalten von der Reichspolitik bedeutete, findet eine Parallele in der politischen Mentalität der Handelnden auf beiden Seiten. Während eidgenössische Politiker und Chronisten weiterhin ihre Zugehörigkeit zum Reich – wenngleich nach 1500 unter den im Baseler Frieden festgelegten Exemtionsbedingungen – betonten[117], mehrten sich jenseits der Rheingrenze die Stimmen, die ihre Zugehörigkeit zum Reich nicht mehr gegeben sahen. Friedrich III., der ohnehin die Eidgenossen ganz aus der habsburgischen Perspektive sah, hielt zwar nicht schon das befristete Bündnis Rottweils mit den Eidgenossen für eine Abkehr vom Reich, wohl aber Bemühungen der Stadt, einen Ewigen Bund abzuschließen – wie ihr dies dann 1519 unter günstigen politischen Bedingungen gelang – oder sogar ein Ort der Eidgenossenschaft zu werden[118]. Selbst Pirckheimer, der gewiß den Eidgenossen wohlwollender gegenüberstand, kennzeichnete die Aufnahme Basels unter die eidgenössischen Orte als Abfall vom Reich[119].

Als Integrationsmöglichkeit bot sich jedoch der Begriff der »deutschen Nation« an, seit 1486 als Epitheton des Heiligen Römischen Reiches belegt. Unabhängig davon, ob man diesen Zusatz eher im Sinne eines Anspruchs der deutschen Nation auf das Reich[120] oder einer geographischen Zuordnung[121] versteht, die Zugehörigkeit der Eidgenossen zur deutschen Nation – verstanden

[116] Schiedsrichterlich wurden die Eidgenossen nördlich des Bodensees vermehrt seit etwa 1480 tätig, so in den wiederholten Konflikten Rottweils mit Württemberg oder 1486 zwischen Alwig von Sulz und dem Konstanzer Bischof. 1497 vermittelten sie zwischen Pfalz und Straßburg. EA III, 1. S. 106f.; Nr. 418, S. 392f.; EA III, 2. Nr. 179, S. 284ff.

[117] Mommsen, wie Anm. 11, S. 286-289.

[118] Friedrich III. an Haug von Werdenberg 5. Mai 1488. HHStA Wien Schwäbische Bundesakten 1 a, fol. 94rv. Belege für diese Unterscheidung im 16. Jahrhundert unter Ferdinand I. bei Peyer, Verfassungsgeschichte, wie Anm. 17, S. 76.

[119] Rück, wie Anm. 1, S. 133. Der Baseler Rat hatte 1488 noch selbst diese Perspektive eingenommen: RTA m. R. 3, 1. S. 467ff. – Friedrich Meyer: Die Beziehungen zwischen Basel und den Eidgenossen in der Darstellung der Historiographie des 15. und 16. Jahrhunderts. Baseler Beitr. z. Geschichtswissenschaft 39. 1951, S. 84-87.

[120] Karl Schottenloher: Die Bezeichnung »Heiliges Römisches Reich deutscher Nation«. In: F. Redenbacher (Hrsg.): F.S. Eugen Stollreither. 1950, S. 301-311; – Ulrich Nonn: Heiliges Römi-

primär als Abgrenzung der Sprachnation gegen »frömd Gezüng«[122] – war ein unbestrittenes Faktum, welches für eine Reklamierung als »Reichsglieder« dienen konnte. Maximilian wie auch die Reichsstände haben sich dieser Argumentation mit Regelmäßigkeit bedient, wenn es zu Verhandlungen mit den Eidgenossen über die Stellung von Söldnern gegen die Franzosen kam[123].

Die Instrumentalisierung des Nationenbegriffes, deren Pendant die Schürung nationaler Gegensätze gegen Franzosen oder allgemeiner die »Welschen« war, gehörte zum Repertoire maximilianeischer Politik[124], welche gerade bei den Eidgenossen auf fruchtbaren Boden fallen konnte. 1481 mußte Freiburg i.Ue. mit seiner formellen Aufnahme in die Eidgenossenschaft zugleich offiziell von der französischen zur deutschen Sprache übergehen[125]. Bewußt bezeichneten die Eidgenossen gerade in ihren Verträgen mit Frankreich ihre Einung als »grossenn, alltenn pundt Ober tütscher landenn«[126], und Beispiele eines populären Nationengegensatzes zwischen »deutsch« und »welsch« finden sowohl in den Tagsatzungsabschieden als auch in der zeitgenössischen Chronistik ihren Niederschlag[127]. Diese Möglichkeit der Einbindung der Eidgenossen ins Reich wurde nicht von allen Zeitgenossen nachvollzogen[128], doch kam die »signifikan-

sches Reich Deutscher Nation. Zum Nationen-Begriff im 15. Jahrhundert. In: ZHF 9 (1982), S. 129-142, hier S. 142. – Vgl. auch MERTENS, Reich, wie Anm. 28, S. 52f.

121 KARL ZEUMER: Heiliges römisches Reich deutscher Nation. = Quellen und Studien zur Verfassungsgeschichte des Deutschen Reiches 4. 1910. – RÜDIGER SCHNELL: Deutsche Literatur und deutsches Nationsbewußtsein im Spätmittelalter und in der frühen Neuzeit. In: EHLERS, wie Anm. 108, S. 247-320, hier S. 293f. – Zum gegenwärtigen Forschungsstand auch ERNST SCHUBERT: König und Reich. Studien zur spätmittelalterlichen deutschen Verfassungsgeschichte. 1979, S. 226ff., S. 335ff. – ALFRED SCHRÖCKER: Die deutsche Nation. Beobachtungen zur politischen Propaganda des ausgehenden 15. Jahrhunderts = Historische Studien 426. 1974. – ISENMANN, Kaiser, wie Anm. 108, S. 155-162.

122 EA 3, 2. Nr. 16. S. 44. – ISENMANN, Kaiser, wie Anm. 108, S. 156f.

123 EA 3, 1. Nr. 437. S. 413 (1492). EA III 2. Nr. 6. S. 19 (1500); Nr. 90 (1502). Zu den Verhandlungen der Reichsstände und Maximilians mit den Eidgenossen 1507 STETTLER, wie Anm. 4, S. 68*.

124 SCHRÖCKER, wie Anm. 121, passim. Für das Elsaß MERTENS, Reich, wie Anm. 28, S. 160.

125 PEYER, Verfassungsgeschichte, wie Anm. 17, S. 19. Zu Freiburg i. Ue. als Grenzort der deutschen Sprachnation SCHNELL, wie Anm. 121, S. 272f.

126 Zitiert nach MURALT, wie Anm. 67, S. 414.

127 Z.B. EA 3, 1. S. 14; Nr. 216. S. 186. Zur Chronistik vgl. LÖTSCHER, wie Anm. 71, S. 64f. – MOMMSEN, wie Anm. 11, S. 257 f. – Zum Abbau des sprachlichen Gegensatzes in der Schweiz im 16. Jahrhundert HANS STRICKER: Die Selbstdarstellung des Schweizers im Drama des 16. Jahrhunderts. Diss. Bern 1961, S. 21ff.

128 Pirckheimer etwa unterschied zwischen dem Reich, dem die Eidgenossen entfremdet waren, und der deutschen Nation, der sie noch angehörten. RÜCK, wie Anm. 1, S. 133-135.

te Mehrdeutigkeit« der Begriffe »Reich«[129] und »Nation«[130] der Absicht Maximilians entgegen. Er führte allerdings gleichsam auch die desintegrative Funktion des Nationenbegriffs vor, rührte doch die verletzende Schärfe seiner antieidgenössischen Publizistik im Schwabenkrieg gerade daher, daß er zu den sattsam bekannten Vorwürfen der Adelsfeindschaft noch den der Zerstörung des Reiches und des Hasses auf die deutsche Nation hinzufügte[131]. Ohne einen Appell an die Zugehörigkeit zur deutschen Nation aber blieb nur noch eine negative Umschreibung ihrer Zugehörigkeit zum Reich, da sie »dasselb in allen Eynungen vorbehalten«[132].

Zu dieser Integrationsbereitschaft auf beiden Seiten durch einen Gleichklang der Begriffsfelder Nation und Reich kontrastierte jedoch augenfällig der Antagonismus von Schwäbischem Bund und Eidgenossenschaft, der die Konfrontation zwischen den beiden sich als eigenständig empfindenden Volksgruppen der Schweizer und Schwaben widerspiegelte[133]. Beispielhaft für eine solche Haltung mag der bekannteste der eidgenössischen Chronisten in der ersten Hälfte des 16. Jahrhunderts, der gebürtige Rottweiler und Berner Stadtschreiber Valerius Anshelm stehen, der gegenüber den »Welschen« immer Partei für die deutsche Nation ergreift, gegenüber den Schwaben aber als Schweizer empfindet[134]. Der eidgenössische Partikularismus und spezifische »Patriotismus«[135] verfestigte sich in besonderem Maße an den Nachbarn nördlich des Bodensees, deren Abneigung sich in den berüchtigten Schmähungen der »Kuhschweizer« Luft machte[136]. Diese waren wiederholt Auslöser Schweizer Freischarenzüge und damit kriegerischer Verwicklungen, am folgenschwersten als unmittelbarer Anlaß zum Ausbruch des Schwabenkrieges.

[129] Isenmann, Kaiser, wie Anm. 108, S. 244f.

[130] Mertens, wie Anm. 28, S. 25ff.

[131] Stettler, wie Anm. 4, S. 69*-74*.

[132] Königliche Gesandte an Tagsatzung 11. März 1500. EA 3, 2. Nr. 6, S. 19.

[133] Zur Genese des Gegensatzes zwischen Schweizern und Schwaben grundlegend Maurer, wie Anm. 96, passim.

[134] Lötscher, wie Anm. 71, S. 65.

[135] Maurer, wie Anm. 96, S. 10. – Albert Hauser: Das eidgenössische Nationalbewußtsein. 1941. – Mommsen, wie Anm. 11, S. 102. – Weiterführend Marchal, Antwort, wie Anm. 5, S. 768ff.

[136] Maurer, wie Anm. 96, S. 27-31. – Wilhelm Oechsli: Die Benennungen der Alten Eidgenossenschaft und ihrer Glieder. 2. In: Jb. f. Schweizerische Geschichte 22 (1917), S. 89-258, hier S. 177-201. – Stettler, wie Anm. 4, S. 37*-43*, 69*-74*; – Meyer, wie Anm. 12, S. 136-138; – Guy P. Marchal: Die frommen Schweden in Schwyz = Basler Beiträge zur Geschichtswissenschaft 136. 1976, S. 74ff.

Die Gründung des Schwäbischen Bundes zog einen von späteren Forschern als irrational empfundenen Ausbruch des Hasses, vor allem auf schwäbischer Seite nach sich[137]. Helmut Maurer hat in seiner wichtigen Studie nachgezeichnet, daß dies kein plötzliches Aufbrechen von Gegensätzen gewesen ist, sondern den Endpunkt eines Prozesses der Entfremdung zwischen beiden Volksgruppen des selben Stammes bildete[138]. Substrat dieser Entfremdung zu feindlichen Nachbarn wurde die soziale Sonderentwicklung mit der starken Stellung eines freien Bauerntums in der Innerschweiz zu Lasten des Adels und, in Gestalt des Hauses Habsburg, der Fürsten – einer Entwicklung, die gerade in Schwaben mit seinem zahlreichen Adel keine Parallele finden konnte. Folgerichtig wurden die Schwyzer zum Synonym für die Eidgenossenschaft.

Für den Adel im Reich mußte diese Eidgenossenschaft wie eine Gegenwelt wirken, wenn der für das adelige Selbstverständnis zentrale Begriff der »Ehre« von den mit Schimpfworten bedachten Bürgern und Bauern in Anspruch genommen wurde und sie darauf mit dem vom Adel als ständischem Vorrecht[139] verstandenen Fehderecht antworteten[140]. Während die Eidgenossen einen korporativen, aber nicht ständisch beschränkten Freiheitsbegriff im Sinne einer ursprünglichen Reichsunmittelbarkeit ins Zentrum ihres Selbstverständnisses stellten, diente in Schwaben das adelige Selbstbewußtsein als »freie Schwaben« der Untermauerung der Reichsunmittelbarkeit gegen alle fürstlichen Mediatisierungsversuche[141].

Der Schwäbische Bund schien für Schwaben neue Möglichkeiten zu bieten, spezifische Entwicklungen der Eidgenossenschaft nachzuholen. Ein gemeineidgenössisches Bewußtsein, welches sich am politischen Gebilde der Eidgenossenschaft orientierte und spätestens in der Mitte des 15. Jahrhunderts ausgebildet war[142], konnte nun am Schwäbischen Bund seine Parallele finden. Zwar er-

[137] Sigrist, Reichsreform, wie Anm. 10, S. 136;

[138] Dazu auch Franz Ludwig Baumann: Schwaben und Alamannen, ihre Herkunft und ihre Identität. In: Ders. (Hrsg.): Forschungen zur schwäbischen Geschichte. 1895, S. 500-585.

[139] Otto Brunner: Land und Herrschaft. 5. Aufl. 1961, S. 50-73. – Vereinzelte Beispiele bürgerlicher und bäuerlicher Inanspruchnahme des Fehderechtes hat es allerdings im Reich durchaus gegeben. Vgl. Ekkehard Kaufmann: Michael Kohlhaas = Hans Kohlhase. Fehde und Recht im 16. Jahrhundert – ein Forschungsprogramm. In: Recht, Gericht, Genossenschaft und Policey. Studien zu Grundbegriffen der germanistischen Rechtshistorie. Symposion für A. Erler, hrsg. v. Gerhard Dilcher/Bernhard Diestelkamp. 1986, S. 65-83, hier S. 70.

[140] Vgl. den Beitrag Maurer zum Plappartkrieg von 1458 in diesem Band.

[141] Hofacker, Herzogswürde, wie Anm. 21, S. 128. – Press, Vorderösterreich, wie Anm. 7, S. 9.

[142] Stettler, wie Anm. 4, S. 50*-55*.

streckte dieser sich bald über den Raum Schwaben hinaus, doch blieb dies sein Kernland, und seine Struktur mit der starken Stellung von Adel und Reichsstädten fußte auf spezifischen Voraussetzungen dieses Raumes.

In der Tat hat der Schwäbische Bund sich nicht ohne Erfolg um seine »Popularisierung« bemüht, wie seine Behandlung in Volksliedern belegt[143]. Der Humanist Heinrich Bebel, poeta laureatus Maximilians, beteiligte sich nicht alleine an der antieidgenössischen Publizistik vornehmlich elsässischer Humanisten nach 1500, sondern suchte ein entscheidendes Defizit Schwabens gegenüber den Eidgenossen wettzumachen. Konstitutiv für eidgenössisches Selbstbewußtsein und Zusammenhalt war das Bewußtsein gemeinsamer Geschichte und Ursprungs, wie dies seit dem 15. Jahrhundert in den Chroniken und systematisiert dann in den Werken der eidgenössischen Humanisten einen Niederschlag fand[144]. Entsprechend suchte auch Bebel dem Schwäbischen Bund »eine historische Dimension und eine Moral zu geben«[145], sollte ein spezifisch schwäbischer Patriotismus seinen Bezugspunkt im Bund und in dessen herausgehobener Stellung im Reich finden.

VI

So sehr das Verhältnis zwischen Schwäbischem Bund und Eidgenossen zunächst durch wachsende Spannungen und Gegensätze in macht-, wirtschafts- und verfassungspolitischen Fragen gekennzeichnet war, so sehr Sozialstruktur und Mentalität die Konfrontation fast als zwangsläufig erscheinen ließen, so darf doch das beiderseitige Verhältnis nicht allein aus der Erfahrung des Schwabenkrieges bewertet werden. Wenn der Schwäbische Bund in der Geschichte der Eidgenossenschaft nur seinen Platz hat als Gegenspieler im Schwabenkrieg, geraten mögliche Parallelen und Verbindungslinien aus dem

143 Beispiele bei Laufs, wie Anm. 3, S. 58, und Brady, wie Anm. 15, S. 49, 81. – In einem weitaus höheren Maße als vergleichbare Landfriedenseinungen war der Schwäbische Bund den Untertanen im Kirchengebet präsent. Während des Schwabenkrieges wurden darüberhinaus wöchentliche Bittprozessionen für ihn angeordnet. Klüpfel 1, wie Anm. 45, S. 292, 299.

144 Mommsen, wie Anm. 11, passim. – Stettler, wie Anm. 4, S. 53* ff.; 80*ff. – Marchal, Schweden, wie Anm. 5, passim.

145 Dieter Mertens: »Bebelius ... patriam Sueviam ... restituit«. Der poeta laureatus zwischen Reich und Territorium. In: ZWLG 42 (1983), S. 145-174, hier S. 172f. – Zu vergleichbaren Zielen der Publizistik elsässischer Humanisten in diesen Jahren Ders.: Reich, wie Anm. 28, S. 12ff. – Ihre publizistische Auseinandersetzung mit eidgenössischen Chronisten reflektiert diese Konkurrenzsituation, vgl. Marchal, Antwort, wie Anm. 5, S. 771ff.

Blick, was wiederum eine Überpointierung eidgenössischer Sonderung zur Folge haben könnte. Allein der Umstand, daß – wenngleich unter bisweilen erheblichen Anstrengungen der Beteiligten – bis zum Ende des Schwäbischen Bundes 1534 keinerlei offener Konflikt mehr ausbrach, läßt Zweifel daran aufkommen, daß der Antagonismus ein solch prinzipieller gewesen ist. Außerdem griffe die Interpretation, daß für den Schwäbischen Bund in erster Linie der Gegensatz zu den Eidgenossen konstitutiv gewesen sei, zu kurz. Wesentlicher war sein komplexes Verhältnis zum sich verfestigenden Reich und dessen Institutionen, das sich nicht auf eine Ersetzung von Landfriedensfunktionen oder auf ein Mittel zur Durchsetzung einer dynastisch-territorialen Politik der Habsburger reduzieren läßt[146].

Eine mögliche Ebene, Parallelen zwischen Eidgenossenschaft und Schwäbischem Bund zu ziehen, ist die der genossenschaftlichen Struktur beider politischen Systeme[147]. Zum Kristallisationskern der genossenschaftlichen Strukturen des Bundes wurde vor allem der korporative Zusammenschluß des schwäbischen Adels, die Gesellschaft mit St. Jörgenschild, während die zweite Säule, die Reichsstädte, ihre nach dem Scheitern der Städtebundpolitik verfallenen korporativen Strukturen erst wieder reaktivieren mußten[148]. Gemeinsamkeiten gab es in der rechtlichen und institutionellen Ausgestaltung[149] ebenso wie in der Bundesstruktur: Die Fürsten wurden zunächst nicht in den eigentlichen Bund integriert, sondern ähnlich den zugewandten Orten mittels zweiseitiger Bündnisse dem Bund angeschlossen – auch der Schwäbische Bund war so bis zur Integration der Fürsten auf einer dritten Bank 1500 wie die Eidgenossenschaft in Wirklichkeit ein höchst komplexes Bundesgeflecht.

146 Dazu demnächst Horst Carl: Der Schwäbische Bund und das Reich – Alternative oder Symbiose? In: Volker Press (Hrsg.): Alternativen zur Reichsverfassung = Schriften des Historischen Kollegs München. Erscheint 1991.

147 Bader, Südwesten, wie Anm. 3, S. 181-185. – Laufs, wie Anm. 3, S. 68-73. – Willoweit, Verfassungsgeschichte, wie Anm. 3, S. 101f. – Ders.: Genossenschaftsprinzip und altständische Entscheidungsstrukturen in der frühneuzeitlichen Staatsentwicklung. Ein Diskussionsbeitrag. In: Dilcher/Diestelkamp, wie Anm. 139, S. 126-138. – Press, Kommunalismus, wie Anm. 108, S. 115.

148 Hesslinger, wie Anm. 36, S. 119. – Laufs, wie Anm. 3, S. 83-88.

149 Laufs, wie Anm. 3, S. 69. – Parallelen gab es zwischen Tagsatzung und Bundesrat oder in der Ausgestaltung schiedsrichterlicher Funktionen. Niklaus Bütikofer: Zur Funktion und Arbeitsweise der eidgenössischen Tagsatzung zu Beginn der frühen Neuzeit. In: ZHF 13 (1986), S. 15-46, hier S. 28ff. – Emil Usteri: Das öffentlich-rechtliche Schiedsgericht in der Schweizerischen Eidgenossenschaft des 13. - 15. Jahrhunderts. Ein Beitrag zur Institutionengeschichte und zum Völkerrecht. Diss. Zürich 1925, S. 35ff.

Das Bünden grundsätzliche Problem der Bündnisfreiheit der einzelnen Mitglieder weist gleichfalls eher auf strukturelle Parallelen als Gegensätze hin: Obwohl Friedrich III. zunächst energische Ansätze machte, die Bündnisfreiheit der mindermächtigen Gründungsmitglieder einzuschränken, kam er doch auf deren Drängen nicht daran vorbei, die Einbindung in regionale Klientelverhältnisse zu berücksichtigen. Trotzdem blieb ihre Bündnisfreiheit zum Abschluß neuer Bündnisse eingeschränkt, während die Fürsten lediglich den Bund ausnehmen mußten[150]. In der Eidgenossenschaft ermöglichte die Bündnisfreiheit der einzelnen Orte den Großmächten Habsburg und Frankreich immer wieder, auf die Geschicke der Eidgenossenschaft einzuwirken. Gerade die Soldverträge einzelner Orte mit Frankreich oder Habsburg verschärften dieses Problem[151], da eine unterschiedliche außenpolitische Orientierung auf die politischen Binnenverhältnisse zurückwirkte. Sonderbündnisse einzelner Orte untereinander blieben eine stete Bedrohung für die Eidgenossenschaft und führten im Vorfeld des Stanser Verkommnisses 1481 zu einer ihrer schwersten Zerreißproben[152]. Auch dem Schwäbischen Bund waren solche Sonderbündnisse nicht fremd – so 1509-1512 zwischen den Bodenseestädten[153] oder 1528 zwischen den »Anstößern« der Landvogtei Schwaben[154]. Im Gefolge der Reformation nahmen konfessionelle Sonderbünde schließlich für beide politischen Systeme den Charakter existenzieller Gefährdungen an.

Bekanntlich ist der Schwäbische Bund gerade an dieser konfessionellen Entwicklung zerbrochen, wogegen die Eidgenossenschaft sie im 2. Kappeler Landfrieden durch einen Kompromiß neutralisieren konnte, den der Minimalkonsens eines Fortbestehens der Eidgenossenschaft trug. Dies wies auch dem

[150] Bock, wie Anm. 35, S. 38. – Laufs, wie Anm. 3, S. 100.

[151] Peyer, Verfassungsgeschichte, wie Anm. 17, S. 67f. – Schaufelberger, Spätmittelalter, wie Anm. 9, S. 348ff. Der Versuch, 1503 im sogenannten Pensionenbrief die Bündnispolitik der Orte an Mehrheitsentscheidungen der Tagsatzung zu binden, scheiterte.

[152] Zu diesem für die Entwicklung der Eidgenossenschaft grundlegenden Ereignis zuletzt Ferdinand Elsener: Rechtsgeschichtliche Anmerkungen zum Stanser Verkommnis von 1481. In: 500 Jahre Stanser Verkommnis. 1981, S. 123-181, hier S. 127-132. – Ernst Walder: Zur Entstehungsgeschichte des Stanser Verkommnisses und des Bundes der VIII Orte mit Freiburg und Solothurn von 1481. In: SZG 32 (1982), S. 263-292, hier S. 272f. – Ders.: Zu den Bestimmungen des Stanser Verkommnisses von 1481 über verbotene Versammlungen und Zusammenschlüsse in der Eidgenossenschaft. In: N. Bernard/G. Reichen (Hrsg.): Festschrift Im Hof. 1982. S. 80-94.

[153] Enderle, wie Anm. 95, S. 159. – Alfons Dreher: Habsburgische Politik in Oberschwaben 1509-1512. In: SVGB 56 (1928), S. 67-83.

[154] Hofacker, Herzogswürde, wie Anm. 21, S. 130f., 135.

Reich einen Ausweg aus der Konfessionsproblematik, welches einen vergleichbaren Weg dann im Augsburger Religionsfrieden von 1555 beschritt.

Es wäre problematisch, aus dem Scheitern des Schwäbischen Bundes und dem ex-post-Urteil, wonach in der Eidgenossenschaft, nicht aber in Schwaben die Genossenschaft staatsbildende Kraft besessen habe, auf ein Defizit an Staatlichkeit beim Schwäbischen Bund rückzuschließen. Allerdings gab es einen grundsätzlichen Unterschied zwischen Eidgenossenschaft und Schwäbischem Bund: Während die Bünde der eidgenössischen Orte zeitlich unbefristet »auf ewig« geschlossen und damit faktisch unkündbar waren[155], galt der Schwäbische Bund nur befristet und mußte 1496, 1499/1500, 1512 und 1522 nach jeweils langwierigen und mühsamen Verhandlungen verlängert werden. Eine formelle Verlängerung kam 1534 nicht mehr zustande. Im Unterschied zu Reich und Eidgenossenschaft gab es damit die Möglichkeit, den Bund zu verlassen. Die Fluktuation der Mitglieder in der 46jährigen Geschichte seines Bestehens brachte ein Moment der Diskontinuität in die Struktur des Bundes, da lediglich die habsburgischen Vorlande und Tirol, die meisten der wichtigeren südwestdeutschen Reichsstädte unter Führung Ulms – nicht aber Augsburg oder Nürnberg – und schließlich einige der bedeutenden schwäbischen Adelsgeschlechter wie die Waldburg ihm während der ganzen Zeit angehört haben. Obgleich letztlich Aspekte der Kontinuität überwogen – vor allem in der Wahrung eines überständischen Charakters, in der Beibehaltung des räumlichen Schwerpunktes auf Schwaben, in der Integrationsfunktion für eine kaiserliche Klientel –, muß bei der Beurteilung des Bundes doch seine jeweilige Zusammensetzung berücksichtigt werden.

Diese Wandlungsfähigkeit bot manche Vorteile, da der Austritt von Bundesgliedern als Ventil für den Abbau interner Spannungen dienen konnte. Vor allem aber ermöglichte die periodische Verlängerung des Bundes eine kontinuierliche Fortentwicklung der Verfassung, wodurch er sich den grundlegenden Modernisierungserscheinungen der Epoche sehr flexibel angepaßt hat[156]. Noch mehr als die sich parallel dazu ausgestaltende Reichsverfassung partizipierte er

[155] Peyer, Verfassungsgeschichte, wie Anm. 17, S. 28f.

[156] Die beiden grundlegenden Werke zum Schwäbischen Bund, Bock, wie Anm. 35, und Laufs, wie Anm. 3, stellen die Verfassungsentwicklung des Bundes ins Zentrum der Darstellung. Bei Laufs, wie Anm. 3, S. 63-66, Überblick über die verfassungsgeschichtliche Einordnung des Bundes. – Zur neueren Bewertung vgl. Press, Bundespläne, wie Anm. 7, S. 55-57. – Als »verfassungsgeschichtlich bedeutendste Einung« wertet ihn jetzt auch Willoweit, Verfassungsgeschichte, wie Anm. 3, S. 102.

an den säkularen Modernisierungsvorgängen der Institutionalisierung, Bürokratisierung und Verrechtlichung. Deutlich wird dies an der Entwicklung der Gerichtsbarkeit: begründet als institutionalisiertes Schiedsgericht, welches noch ganz in der Tradition der Landfriedenseinungen stand, nahm das Bundesgericht mit rechtsgelehrten Richtern, Aktenprozeß, festem Gerichtsort und Gerichtszwang für Mitglieder Züge eines ordentlichen Gerichtes an[157]. Wenngleich die Rezeption des römischen Rechts nicht so weit ging wie beim Kammergericht und das Bundesgericht wesentliche Elemente einer Austrägalinstanz beibehielt, war es jenem doch zeitweilig an Kontinuität und Exekutionsmöglichkeiten überlegen.

Vergleichbare Institutionalisierungsvorgänge kennzeichnen die Verfassungsentwicklung des Bundes auch in anderen Bereichen: zwar trugen Bundesversammlung und Bundesrat zunächst noch deutlich die Züge von Gesandtenkongressen – vergleichbar Tagsatzung und Reichstag –, doch machten sich Tendenzen der Verselbständigung schließlich in solchem Maße geltend, daß es noch gegen Ende der Tätigkeit des Bundes zu einer Grundsatzdebatte unter den städtischen Bundesräten darüber kommen konnte, ob sie im Zweifelsfall ihrer Stadt oder dem Bund verpflichtet seien[158]. Die Schaffung von Ausschüssen auf Bundesebene, wie sie auch auf dem Reichstag deutliches Indiz einer Institutionalisierung gewesen ist[159], konkretisierte sich vor allem in einem Gremium von sechs Räten, das im Kriegsfall die logistischen Vorbereitungen zu treffen hatte, zugleich aber auch den politischen Einfluß auf den Bundesfeldhauptmann gewährleisten sollte. Dieser Bundesausschuß profilierte sich vor allem im Bauernkrieg[160], da aus dieser Position der bayrische Bundesrat Leonhard von Eck entscheidenden Einfluß auf die Bundespolitik erhielt und an Stelle einer vor-

[157] Willoweit, Verfassungsgeschichte, wie Anm. 3, S. 102. – Laufs, wie Anm. 3, S. 92-96, 114-120, 125f., 135f. – Ders./E. Reiling: Schwäbischer Bund. In: HRG 4. 1990, Sp. 1551-1557. – Siegfried Frey: Das Gericht des Schwäbischen Bundes und seine Richter 1488-1534. In: Josef Engel (Hrsg.): Mittel und Wege früher Verfassungspolitik = Spätmittelalter und frühe Neuzeit 9. 1979, S. 224-281, hier S. 227-240.

[158] RTA j. R. VII, S. 267ff. – Bock, wie Anm. 35, S. 204f. – Schmidt, Städtetag, wie Anm. 47, S. 139-141.

[159] Helmut Neuhaus: Reichstag und Supplikationsausschuß. Ein Beitrag zur Reichsverfassungsgeschichte der ersten Hälfte des 16. Jahrhunderts = Schriften zur Verfassungsgeschichte 24. 1977. – Gerhard Oestreich: Zur parlamentarischen Arbeitsweise des deutschen Reichstages unter Karl V. (1519-1556). In: MÖStA 25 (1972), S. 217-243.

[160] Christian Greiner: Die Politik des Schwäbischen Bundes während des Bauernkrieges 1524/1525 bis zum Vertrag von Weingarten. In: Zeitschrift des Historischen Vereins für Schwaben 68 (1974), S. 7-94, hier S. 17ff.

sichtigeren Linie, welche die meisten Städte verfolgten, eine scharfe Politik gegen die Bauern durchzusetzen vermochte. Im Anschluß an den Bauernkrieg brachte der Bund mit Mitteln der Landfriedensexekution – den streifenden Rotten – und der Steuerpolitik in Gestalt von Brandschatzungen[161] seinen Einfluß in die meisten Territorien hinein weit mehr zur Geltung, als dies bei älteren Landfriedensbündnissen der Fall gewesen war. Gewiß entzogen sich solchen Eingriffen die mächtigeren Territorialherren, doch im Vergleich mit dem Reich läßt sich eine größere Effizienz des Bundes nicht bezweifeln.

Eine vergleichbare Verfassungsentwicklung im Sinne einer Anpassung an säkulare Modernisierungserscheinungen hat in der Eidgenossenschaft nicht stattgefunden. Das Schlüsselereignis dafür waren die Kompromißregelungen des Stanser Verkommnisses von 1481: wenngleich die Sicht, daß es in den Auseinandersetzungen um eine Bundesreform mit »zentralistischer Tendenz« ging, ein Anachronismus ist[162], wurde mit diesem für die Folgezeit grundlegenden Verfassungsdokument, welches die Stellung der einzelnen Orte gegen die des Bundesgeflechtes nachhaltig stärkte[163], doch die weitere Verfassungsentwicklung der Eidgenossenschaft entscheidend abgebremst. Unter diesem verfassungsgeschichtlichen Gesichtspunkt erscheint der Kontrast beider Einungen instruktiv: Die intensive Verfassungsentwicklung des Schwäbischen Bundes kompensierte offenbar den Mangel an Kontinuität, der in der befristeten Dauer und in der Mitgliederfluktuation begründet lag. Da unbefristet und faktisch unkündbar, gab es diesen Anpassungsdruck in der Eidgenossenschaft nicht, wo sich die weitere Verfassungsentwicklung ganz auf die einzelnen Orte verlagerte. Hier lag eine deutliche Parallele zum Reich, wo gleichfalls – wenngleich mit zeitlicher Verzögerung – die Reichsverfassung weitgehend fixiert wurde, die Modernisierungstendenzen sich dadurch auf die Ebene der Territorien konzentrierten. Dies erlaubte jedoch der Eidgenossenschaft wie dem Reich gleichermaßen, die konfessionelle Problematik durch Verlagerung auf die Ebene der Terri-

[161] Thomas S. Sea: Schwäbischer Bund und Bauernkrieg: Bestrafung und Pazifikation. In: Hans-Ulrich Wehler (Hrsg.): Der deutsche Bauernkrieg 1524-1526 = Geschichte und Gesellschaft Sonderheft 1. 1975, S. 129-167. – Ders.: The Economic Impact of the German Peasants' War. The Question of Reparations. In: Sixteenth Century Journal 8 (1977), S. 75-97.

[162] Walder, Entstehungsgeschichte, wie Anm. 152, S. 263f.

[163] Peyer, Verfassungsgeschichte, wie Anm. 17, S. 40-44.

torien und Orte zu neutralisieren. Eine solche Lösung, die nur durch einen weitestgehenden Verzicht auf eine Fortentwicklung der Verfassung erkauft werden konnte, war jedoch dem Schwäbischen Bund verwehrt. Er scheiterte an der Konfessionsproblematik.

VII

Der Schwäbische Bund ist die letzte bedeutende Landfriedenseinung gewesen, bevor das Reich sich mit Reichskammergericht und Kreisen die verfassungsmäßige Kompetenz auf diesem Gebiet zu sichern vermochte. Die Gemeinsamkeiten mit der Eidgenossenschaft als erfolgreichstem regionalen Landfriedensbündnis des Spätmittelalters erschöpften sich allerdings nicht in den gemeinsamen verfassungsgeschichtlichen Wurzeln. Die Kohärenz beider Einungen rührte nicht zuletzt von ihrer anfänglichen politischen Zielsetzung her. Ein den Bundesgliedern gemeinsamer Gegner – hier Habsburg, dort Wittelsbach – stabilisierte als exogener Faktor das Bündnis[164]. Doch auch bei der für beide Einungen zentralen Landfriedensproblematik[165] gab es unterschwellige Gemeinsamkeiten. Die Eidgenossen brauchten sich mangels Adels nicht mehr mit dem Problem der sogenannten »Raubritter«[166], der aggressiven Selbsthilfe eines wirtschaftlich deklassierten niederen Adels, in ihrem Bereich zu beschäftigen. Der Schwäbische Bund dagegen hatte sich immer wieder mit Angehörigen dieser Spezies auseinanderzusetzen, vor allem auf Drängen der Städte. Er vermochte dabei zeitweilig spektakuläre Erfolge zu erzielen, so 1512 mit der Eroberung des oberschwäbischen »Raubnestes« Hohenkrähen, vor allem aber 1523 mit seinem Feldzug gegen einen Teil des fränkischen Adels, der sich vom Vorwurf des Landfriedensbruches nicht zu reinigen vermochte[167].

164 PEYER, Verfassungsgeschichte, wie Anm. 17, S. 25f. – BOCK, wie Anm. 35, S. VIIIff.

165 Zur Landfriedenswahrung als zentralem Bereich der Eidgenossenschaft jetzt BERNHARD STETTLER: Landfriedenswahrung in schwieriger Zeit – Zürichs äußere Politik zu Beginn des 15. Jahrhunderts. In: SZG 38 (1988), S. 45-61, hier S. 60f.

166 Zuletzt WERNER RÖSENER: Zur Problematik des spätmittelalterlichen Raubrittertums. In: HELMUT MAURER/HANS PATZE (Hrsg.): FS Berend Schwineköper zu seinem siebzigsten Geburtstag. 1982, S. 469-488.

167 ROBERT FELLNER: Die fränkische Ritterschaft von 1495-1524 = Historische Studien 50. 1905 (ND 1965), S. 184-187. – KLÜPFEL 2, wie Anm. 45, S. 272ff. – Allgemein zum fränkischen Adel HANNS HUBERT HOFMANN: Der Adel in Franken. In: HELLMUTH RÖSSLER (Hrsg.): Deutscher Adel 1430-1555 = Schriften zur Problematik deutscher Führungsschichten in der Neuzeit 1. 1965, S. 95-126.

Obwohl offenbar in den Regionen, in welchen der Bund wirksam wurde, die Ritterschaft eher domestiziert wurde[168] als in Franken oder am Mittelrhein, wo er gar nicht oder erst spät tätig wurde, machten ihm Auswüchse dieses Phänomens bis über sein offizielles Ende hinaus zu schaffen. Die Fehde der fränkischen Rosenberg, deren Schloß zu den 1523 zerstörten Raubburgen gehörte, hielt einen »Bundestorso«[169] bis 1555 am Leben. Die Auseinandersetzung endete mit einem finanziellen Teilerfolg des Albrecht von Rosenberg, nicht zuletzt deswegen, weil er sich mittlerweile durch seine großangelegte Fehdetätigkeit gegen Bundesglieder einen solchen Namen gemacht hatte, daß er in kaiserliche Dienste hatte eintreten können[170]. Er verkörperte damit jenen Typus des Raubritters, der seine Unternehmungen in großem Stil betrieb – die bekanntesten Vertreter sind Franz von Sickingen und Götz von Berlichingen[171] – und damit zugleich auch militärische Qualifikation erlangte oder nachwies[172].

Fehdeunternehmungen großen Stils wie die Sickingens gegen Worms oder Hessen waren nur möglich, wenn man dazu eine große Zahl von Fehdehelfern, seien es adlige Verwandte, Freunde oder Söldner, mobilisieren konnte[173]. Dies war weniger eine Frage der Bonität der verfochtenen Ansprüche als vielmehr militärischer Organisationsfähigkeit. Gerade von dieser Ebene lassen sich Parallelen ziehen zu den Formen »unstaatlichen« Krieges bei den Eidgenossen, den sogenannten Auszügen, welche oftmals unter dem Rechtstitel der Fehde stattfanden [174]. Bekannte Beispiele dafür waren etwa der Auszug der Inner-

[168] Volker Press: Kaiser Karl V., König Ferdinand und die Entstehung der Reichsritterschaft = Institut für Europäische Geschichte, Vorträge 60. 2. Aufl. 1980, S. 18. – Ders.: Götz von Berlichingen (ca. 1480-1562) – Vom »Raubritter« zum Reichsritter. In: Hans-Martin Maurer/Franz Quarthal (Hrsg.): Speculum Sueviae 1. FS für Hansmartin Decker-Hauff zum 65. Geburtstag. Zugleich ZWLG 40 (1981), S. 305-326, hier S. 315.

[169] Press, Karl V., wie Anm. 168, S. 30.

[170] Josef Frey: Die Fehde der Herren von Rosenberg auf Boxberg mit dem Schwäbischen Bund und ihre Nachwirkungen (1523-1555). Diss. masch. Tübingen 1924. – Schmidt, Städtetag, wie Anm. 47, S. 192f. – Zu Albrecht von Rosenberg liegt eine instruktive biographische Skizze vor: Volker Press: Albrecht von Rosenberg. In: Mein Boxberg 20 (1985), S. 5-30.

[171] Heinrich Ulmann: Franz von Sickingen, 1872. – Helgard Ulmschneider: Götz von Berlichingen. Ein adeliges Leben der deutschen Renaissance. 1974. – Volker Press: Ein Ritter zwischen Rebellion und Reformation. Franz von Sickingen (1481-1523). In: Blätter für Pfälzische Kirchengeschichte und Volkskunde 50 (1980), S. 151-177. – Ders., Götz, wie Anm. 168, passim.

[172] Press, Götz, wie Anm. 168, S. 313. – Ders., Karl V., wie Anm. 168, S. 21.

[173] Zur Bedeutung der Fehdehelfer für das Phänomen der »Raubritter« vgl. Brunner, wie Anm. 135, S. 57-60. – Rösener, Problematik, wie Anm. 166, S. 487.

[174] Peyer, Verfassungsgeschichte, wie Anm. 17, S. 64-68. – Grundlegend Hans Georg Wakkernagel: Fehdewesen, Volksjustiz und staatlicher Zusammenhalt in der alten Eidgenossenschaft.

schweizer und Luzerner 1458 gegen Konstanz, der sogenannte »Plappartkrieg«, der »Saubannerzug« gegen Genf 1477 oder der Auszug der Innerschweizer gegen Konstanz 1495. Die Haltung der Obrigkeiten zu diesen Fehden war wie im Reich zwiespältig: zwar suchten sie diese Formen der Selbsthilfe durch Verbote zumindest einzuschränken, doch wußten sie das kriegerische Potential, das sich hier zur Geltung brachte und den Kern der eidgenössischen Macht ausmachte, zu schätzen[175]. Wichtige Eroberungen wie die des Thurgaus 1460 gingen auf einen solchen Freischarenzug zurück.

Die Eidgenossen haben somit ihr spezifisches Landfriedensproblem immer wieder nach außen abgedrängt, gleichsam exportiert. Für die Nachbarn waren diese Auszüge, vor allem wegen der in den einzelnen Orten schnell mobilisierbaren großen Zahl von Fehdehelfern, eine stete, unberechenbare Gefahr[176]. Wie beim Raubrittertum waren die Grenzen von rechter Fehde zu nackter, zielbewußter Erpressung fließend: der »Plappartkrieg« gegen Konstanz 1458 erbrachte 3000 fl. Brandschatzung, die bloße Androhung eines Auszugs Zürichs gegen Straßburg 1482 sogar 8000 fl.[177] Die Furcht der benachbarten Obrigkeiten vor diesem unkalkulierbaren Element eidgenössischer Außenbeziehungen drückt am besten wohl ein Herzog Sigmund von Tirol zugeschriebenes Wort aus: »Wird irgendwo ein Bauer auf einer Kirchweih erschlagen, so sind alle Eidgenossen sofort ihn zu rächen einig.«[178]

Diese Form der Außenpolitik hat den Eidgenossen auch geschadet, wie das Beispiel Konstanz zeigt. Sowohl von den Eidgenossen als auch vom Schwäbischen Bund heftigst umworben, neigte sich die Schale zugunsten des letzteren, als die Innerschweizer Orte 1495 von der Stadt durch einen Auszug den Verzicht

In: SZG 15 (1965), S. 289-313. – Walter Schaufelberger: Der Alte Schweizer und sein Krieg. Studien zur Kriegführung vornehmlich im 15. Jahrhundert. Diss. Zürich 1952. – Ders.: Spätmittelalter, wie Anm. 9, S. 359-364. – Ders.: Krieg und Kriegertum im eidgenössischen Spätmittelalter. In: 500 Jahre Stanser Verkommnis. 1981, S. 39-58, hier S. 40-44.

[175] Ebd., S. 44.

[176] Stievermann, Gründung, wie Anm. 34, S. 179f. – Maurer, Schweizer, wie Anm. 96, 21-27. – Vgl. auch den Beitrag dieses Autors im vorliegenden Band.

[177] Livet/Rapp, wie Anm. 70, S. 248. – Gagliardi 1, wie Anm. 55, S. LIVf. – Ähnlich wie die Fehdeunternehmer im Reich hatte sich Zürich hier Ansprüche eines Dritten zu eigen gemacht. Vgl. auch die Fehde Luzerns und Berns gegen Straßburg 1457-1461 um Annullierung verpfändeter Steuern: Guy Marchal: Sempach 1386. Von den Anfängen des Luzerner Territorialstaates. 1986, S. 240-252.

[178] Zitiert nach Gagliardi 1, wie Anm. 55, S. V.

[179] EA 3, 2. Nr. 503. S. 479; Nr. 504; S. 480. Nr. 555f. S. 523ff. – RTA m. R. 5. 1, 2. Nr. 1438-1467., S. 1058-1075; – Wackernagel, Fehdewesen, wie Anm. 174, S. 302ff. – Maurer, Schweizer, wie Anm. 95, S. 25f.

auf das Thurgauer Landgericht erpreßten[179]. Wenngleich die Tagsatzung sich energisch einschaltete und die Annullierung des Vertrages erreichte, orientierten sich die Konstanzer in der Folgezeit mehr zum König und zum Schwäbischen Bund hin. Endgültig trat die Stadt im November 1498 dem Bund wohl auch deshalb bei, weil sich in Zug erneut Freischaren sammelten, welche ein Unternehmen gegen Schwaben planten[180]. Der Schwäbische Bund sollte damit vor eidgenössischen Auszügen ebenso Sicherheit verschaffen wie in anderen seiner Gebiete vor Fehdeunternehmungen adeliger Raubunternehmer.

VIII

Als wichtigster Unterschied zwischen Eidgenossenschaft und Schwäbischem Bund ist schließlich von Zeitgenossen und Historikern immer wieder die soziale Zusammensetzung und Struktur beider Einungen geltend gemacht worden: Hier die genossenschaftliche Einung freier Bauern und Städte, dort die der feudalen Herrschaftsgewalten unter Ausschluß der Bauern[181]. Es läßt sich in der Tat gar nicht anzweifeln, daß dieser Gegensatz auf beiden Seiten wesentlich zu Verschärfung und Ausbruch des Konfliktes beigetragen hat: Zeugnisse von Furcht oder Erbitterung auf seiten des Adels gegen die Schweizer finden sich im Umfeld des Schwabenkrieges ebenso wie solche eines tiefen Adelshasses auf eidgenössischer Seite[182]. Dies läßt den Schwäbischen Bund dann in erster Linie als »feudale Schutzorganisation« gegen die beständige Drohung eines »Turning Swiss«[183] – der sozialrevolutionären Umgestaltung der Herrschaftsverhältnisse

[180] EA 3, 1. Nr. 624. S. 585.

[181] Bader, Südwesten, wie Anm. 3, S. 175ff. – Ders.: Altschweizerische Einflüsse in der Entwicklung der oberrheinischen Dorfverfassung. In: ZGO NF 50 (1937), S. 405-453, hier S. 410, 427. – Schaufelberger, Spätmittelalter, wie Anm. 9, S. 339. – Brady, wie Anm. 15, S. 52ff. – Bilgeri, wie Anm. 59, S. 260-263. – Willoweit, Verfassungsgeschichte, wie Anm. 3, S. 102.

[182] Zur Ideologie Maurer, Schweizer, wie Anm. 96, S. 41ff. – Marchal, Antwort, wie Anm. 5, S. 762ff. – Die unmittelbarsten Beispiele für adligen Schweizerhaß im Schwabenkrieg bietet Ulmann, Maximilian 1, wie Anm. 61, S. 689; für Adelshaß auf seiten der Eidgenossen Meyer, wie Anm. 12, S. 41. Selbst der auf seiten der Eidgenossen stehende thurgauische Adel war vor Übergriffen nicht sicher.

[183] So jetzt programmatisch bei Brady, wie Anm. 15, vor allem S. 34-40. – Zahlreiche Quellenzitate – allerdings ohne Belege – bereits bei Alfred Stern: Der politische Zusammenhang politischer Ideen in der Schweiz und in Oberdeutschland am Ende des XV. und im ersten Drittel des XVI. Jahrhunderts. In: Ders.: Abhandlungen und Aktenstücke zur Geschichte der Schweiz. 1925, S. 13-29. – Marchal, Antwort, wie Anm. 5, S. 764f. – Es sei nur darauf hingewiesen, daß Sigmund von

in Analogie zur nicht ständisch gegliederten Eidgenossenschaft – erscheinen, eine Sicht, die durch dessen Agieren im Bauernkrieg noch weiter bestärkt wird.

Trotzdem bedarf es einiger Anmerkungen, die einen solchen Antagonismus abmildern. Auch hier ist es wieder aufschlußreich, das Reich in den Vergleich einzubeziehen, da dies die Polarisierung von Bund und Eidgenossen relativiert. Die Eidgenossenschaft als politisches Gebilde fand im sich formierenden frühneuzeitlichen Reich weder ständisch noch machtpolitisch einen angemessenen Platz, weil dieses sich ganz im Sinne der mächtigen Reichsstände, der Kurfürsten und Fürsten, als hocharistokratisches Gebilde organisierte. Ein Beitritt der Eidgenossen zum Schwäbischen Bund, wie ihnen dies 1488 und 1491 angeboten wurde, wäre hingegen möglich gewesen, da sie ähnlich wie die Fürsten durch einen gesonderten Bündnisvertrag hätten angebunden werden können. Auch ständische Schranken hätten dem nicht entgegengestanden, war doch 1488 die württembergische Landschaft eigens durch Vertrag in das Bundesverhältnis mit aufgenommen worden und mußte die Vorarlberger Landschaft einem Bundesbeitritt 1497 auf einem Landtag zustimmen. In beiden Fällen wurden die bäuerlich-bürgerlichen Landschaften dadurch aufgewertet[184].

In viel höherem Maße als das Reich ist die schwäbische Einung eine Veranstaltung im Interesse der Mindermächtigen gewesen: Während Grafen und Prälaten am Reichstag letztlich nur eine abgestufte Beteiligung in Gestalt von Kuriatstimmen erreichen konnten und die Reichsstandschaft der Städte in einer dritten Kurie bis 1648 in ihrer Qualität umstritten war, bildeten beide zunächst den Kern des Bundes. Die Schaffung einer eigenen Fürstenbank 1500 zementierte nicht ein machtbedingtes Übergewicht der Fürsten, sondern integrierte diese als gleichrangig in den Bund[185]. Sowohl Adel als auch Reichsstädte wurden

Tirol selbst beim schwäbischen Adel ein »Turning Swiss« gegen die habsburgische Territorialisierungspolitik für denkbar hielt: Hofacker, Herzogswürde, wie Anm. 21, S. 82, Anm. 49 (1471).

184 Zu Württemberg Laufs, wie Anm. 3, S. 100 (»württembergische Untertanen als akzessorische Vertragspartner des Bundes«). – Hofacker, Herzogswürde, wie Anm. 21, S. 113. – Zu Vorarlberg A. Brunner: Die Vorarlberger Landstände von ihren Anfängen bis zum Beginn des 18. Jahrhunderts = Forschungen zur Geschichte Vorarlbergs und Liechtensteins 3. 1929. – Burmeister, wie Anm. 100, S. 104. – Volker Press: Herrschaft, Landschaft und »Gemeiner Mann« in Oberdeutschland vom 15. bis zum 19. Jahrhundert. In: ZGO 123 (1975), S. 169-214, hier S. 193-195. – Die Beteiligung bäuerlich-bürgerlicher Landschaften an politischen Entscheidungsprozessen auf Territorialebene spielt eine wichtige Rolle für die Thesen Peter Blickles. – Vgl. Ders.: Landschaften im Alten Reich. 1973. – Ders.: Kommunalismus, Parlamentarismus, Republikanismus. In: HZ 242 (1986), S. 529-556. – Zur Diskussion Press, Kommunalismus, wie Anm. 108, S. 114 ff. – Willoweit, Genossenschaftsprinzip, wie Anm. 147, S. 127ff.

185 Bock, wie Anm. 35, S. 87ff. – Laufs, wie Anm. 3, S. 122ff.

damit im Vergleich zum Reich deutlich aufgewertet. Zumindest die politische Eigeninitiative entwickelnden mindermächtigen Stände erreichten bei allen ungeliebten Lasten, die die Teilnahme am Bund mit sich brachte, Ziele, welche im Reich gegen die Mächtigen kaum mehr durchzusetzen waren. So stand dem Adel im Bundesgericht von Anfang an eine Austrägalinstanz für Konflikte mit den Fürsten zur Verfügung, während ihnen dies auf der Ebene des Reiches erst nach harten Auseinandersetzungen in der Reichskammergerichtsordnung von 1521 zugestanden wurde[186].

Vor allem aber fror der Bund die territoriale Dynamik in seinem Geltungsbereich, den meist territorial zersplitterten königsnahen Regionen, nahezu ein. Die Mindermächtigen vermochten sich unter seinem Dach den Territorialisierungsbestrebungen der Mächtigeren zu entziehen. Daß die Zugehörigkeit zum Bund in zahlreichen Fällen die weitere Reichsunmittelbarkeit präjudizierte[187], bekamen nicht nur die Wittelsbacher bei ihrem Ausgreifen nach Schwaben zu spüren, sondern auch das Haus Habsburg als diejenige Macht, die im Bund zeitweilig die Funktion eines Protektors spielte. Indem jedoch Friedrich III. die kaiserliche Klientel in Schwaben unter dem Rechtstitel der Reichsunmittelbarkeit organisiert hatte, war auch einer weiteren Territorialisierung durch Habsburg ein Riegel vorgeschoben. Die Versuche, die reichsunmittelbaren Prälaten und Adligen Oberschwabens mithilfe der Landvogtei landsässig zu machen, scheiterten nach jahrzehntelangen Auseinandersetzungen 1529 definitiv[188]. Die Konzeption des Bundes als eines kaiserlich/königlichen kehrte sich konsequent auch gegen territoriale Interessen des Hauses Habsburg selbst.

Profitiert haben von der Existenz des Bundes trotz aller Klagen über einseitige Belastungen wohl am meisten die Reichsstädte, namentlich die großen Fernhandelsstädte Ulm, Augsburg und Nürnberg[189]. Sie wurden vom Territorialisierungsdruck der Fürsten entlastet, und die bündische Landfriedenswah-

[186] Fellner, wie Anm. 167, S. 194-211.

[187] Hofacker, Herzogswürde, wie Anm. 21, S. 127-135. – Ders.: Die Landvogtei Schwaben. In: Press/Maier, wie Anm. 7, S. 57-74, hier S. 58-61. – Franz Quarthal: Landstände und landständisches Wesen in Schwäbisch-Österreich. 1980, S. 38ff. – Stievermann, Landesherrschaft, wie Anm. 31, S. 60-68.

[188] Hofacker, Herzogswürde, wie Anm 21, S. 116, 125-135.

[189] Die hohe Bedeutung des Bundes für die Städte unterstreichen die aus deren Perspektive argumentierenden Studien von Lutz, wie Anm. 75, S. 21f., und Brady, wie Anm. 15, S. 53. – Schmidt, Städtetag, wie Anm. 47, S. 190-192. – Volker Press: Die Reichsstadt in der altständischen Gesellschaft. In: Neue Studien zur frühneuzeitlichen Reichsgeschichte = ZHF Beih. 3. 1987, S. 9-42, hier S. 17.

rung war für ihren Handel von existenzieller Bedeutung. Darüber hinaus wurde der Bund institutionelles Gehäuse kaiserlicher Städtepolitik, die damit einen Zugriff auf diese genuine kaiserliche Klientel erhielt wie in der gesamten späteren Geschichte des Reiches nicht mehr[190].

Vor allem Maximilian hat die Einbindung der Reichsstädte in kaisernahe Einungen – in erster Linie in den Schwäbischen Bund – sehr geschickt gehandhabt und gleichsam zum Kern eines »maximilianeischen Systems« habsburgischer Reichspolitik gemacht[191]. Da dieses vitale politische Interessen der Reichsstädte wahrte, blieb die mögliche Alternative eines »Turning Swiss« für die meisten von ihnen hypothetisch und wenig attraktiv[192]. Lediglich einige im Einflußbereich der Eidgenossenschaft liegenden Städte wie Mülhausen, Rottweil und vor allem Basel haben nach Gründung des Schwäbischen Bundes aus spezifisch regionalpolitischen Gründen diese Alternative gewählt.

Diese Möglichkeit weist auf die wichtigste strukturelle Parallele zwischen Eidgenossenschaft und Schwäbischem Bund hin: In beiden Bundessystemen bildeten die politisch selbständigen Städte einen wesentlichen Bestandteil. Die Schweizer Städteorte gehörten nach Entstehung, Sozialstruktur und Verfassung zur Städtelandschaft im Südwesten des Reiches, sie unterschied von den Reichsstädten nördlich des Bodensees vor allem der größere Erfolg bei der Schaffung eigener Territorien[193]. Oligarchisierungstendenzen korrespondierten auf beiden Seiten mit einem wachsenden Selbstverständnis der städtischen Magistrate als »Obrigkeit«[194]. Offenbar haben die bündischen Entscheidungsstrukturen mit

[190] Schmidt, Städtetag, wie Anm. 47, S. 144ff. – Volker Press: Schwaben zwischen Bayern, Österreich und dem Reich 1486-1805. In: Pankraz Fried (Hrsg.): Probleme der Integration Ostschwabens in den bayrischen Staat = Augsburger Beiträge zur Landesgeschichte Bayerisch-Schwabens 2. 1982, S. 17-82, hier S. 25f.

[191] Brady, wie Anm. 15, S. 49ff.

[192] Ebd., S. 41f.

[193] Press: Reichsstadt, wie Anm. 188, S. 11-14. – Peyer, Schweizer Städte, wie Anm. 68, passim. – Holenstein, wie Anm. 68, S. 6. – Hans Eugen Specker: Vergleich zwischen der Verfassungsstruktur des Reichsstadt Ulm und anderer oberdeutscher Städte mit den eidgenössischen Stadtrepubliken. In: Bircher/Sparn/Weyrauch (Hrsg.), wie Anm. 107, S. 77-101, hier S. 77f.,

[194] Eberhard Naujoks: Obrigkeitsgedanke, Zunftverfassung und Reformation. Studien zur Verfassungsgeschichte von Ulm, Eßlingen und Schwäbisch Gmünd = Veröff. der Kommission für geschichtliche Landeskunde in Baden-Württemberg B 31. 1958, S. 24-28. – Hans-Conrad Peyer: Die Anfänge der schweizerischen Aristokratien. In: Ders.: Könige, wie Anm. 65, S. 195-218. – Das Stanser Verkommnis 1481 mit seiner Betonung der Rechte der Obrigkeiten gegenüber den Gemeinden war ein deutlicher Reflex dieser Tendenzen in der Eidgenossenschaft: Elsener, wie Anm. 152, S. 152-155; 173-181.

ihrem Zwang zur Professionalisierung der städtischen Politiker diese Tendenzen verstärkt. Daß auch innerstädtisch die Option für die Eidgenossenschaft nicht mit gemeindlich oder »demokratisch« gleichgesetzt werden konnte, belegt das Beispiel Konstanz. Nach 1500 waren es vor allem die Patrizier, die wegen ihrer Interessen im Thurgau für einen Anschluß an die Eidgenossen optierten, während eine habsburgfreundliche Partei ihren Rückhalt in den Zünften fand[195]. Maximilian trug dem 1510/11 Rechnung, indem er den Rat durch einen Appell an Zünfte und Stadtgemeinde unter Druck setzte und die eidgenössische Partei in der Stadt durch eine Verfassungsänderung, die die Stimmenzahl der Patrizier im Rat verminderte, schwächte.

Soziale Spannungen und deren Ausbruch in städtischen Unruhen haben nicht an der Rheingrenze halt gemacht; bei den eidgenössischen Städten verband sich dieses Problem jedoch in viel stärkerem Maße als im übrigen Reich mit der sich ausgestaltenden Landeshoheit in ihren Territorien und daraus hervorgehenden Konflikten mit den bäuerlichen Untertanen ihres Landgebietes. Während es in den Jahren um 1513, dem »tollen Jahr« der Reichsstädte, im Reich in fast allen Reichsstädten zu Auseinandersetzungen zwischen Rat und Gemeinde, zugleich weitgehend unabhängig davon im Breisgauer Bundschuh von 1513 und im württembergischen »Armen Konrad« von 1514 zu bäuerlichen Erhebungen beträchtlichen Ausmaßes kam[196], fanden in den eidgenössischen Städteorten die Spannungen von 1513 bis 1515 ihren Ausdruck in bäuerlichen Erhebungen in den Landgebieten von Bern, Solothurn, Luzern und schließlich Zürich, die auch das innerstädtische Gefüge selbst tangierten[197].

Den städtischen Räten wurde so immer wieder die Labilität und Angreifbarkeit ihrer Position vor Augen geführt. In der Regel vermochten die Aufständischen, deren Organisationsgrad vergleichsweise hoch war, partielle Erfolge zu erzielen und die städtischen Magistrate unter Druck zu setzen, wie dies im übri-

[195] Rublack, Außenpolitik, wie Anm. 94, S. 56. – Ders.: Einführung, wie Anm. 94, S. 6f. – Auch in Basel und Schaffhausen fanden sich gerade in den Zünften Parteigänger Österreichs. Vgl. Meyer, Beziehungen, wie Anm. 119, S. 108. – Schib, Schaffhausen, wie Anm. 8, S. 233f.

[196] Kurt Kaser: Politische und soziale Bewegungen im deutschen Bürgertum zu Beginn des 16. Jahrhunderts mit besonderer Rücksicht auf den Speyrer Aufstand im Jahre 1512. 1899. – Schaufelberger, Spätmittelalter, wie Anm. 9, S. 33, Anm. 466. – Press, Reichsstadt, wie Anm. 188, S. 17.

[197] Emil Dürr: Schweizer Kriegsgeschichte Heft 4. 1933, S. 627-644. – Schaufelberger, Spätmittelalter, wie Anm. 9, S. 333-335. – Bruno Amiet: Die solothurnischen Bauernunruhen in den Jahren 1513/1514 und die Mailänderfeldzüge. In: ZSG 21 (1941), S. 653-728; – Christian Dietrich: Die Stadt Zürich und ihre Landgemeinden während der Bauernunruhen von 1489-1525. 1985, S. 110-119.

gen Reich kaum Parallelen findet[198]. Dies konnte sich zu solch dramatischen Ereignissen zuspitzen wie 1489 dem Sturz des Züricher Bürgermeisters Waldmann, für den ein Aufstand der Züricher Landschaft den Anlaß bildete[199]. Die Städteorte waren deshalb immer wieder zu einer flexiblen und konzessionsbereiten Politik gegenüber ihren Landschaften gezwungen, indem sie den bäuerlichen Gemeinden ihrer Territorien ein Mitspracherecht bei politischen Entschlüssen zubilligten. Allerdings überbrückte dies die Gegensätze zwischen Stadt und Land letztlich nicht endgültig, da die Städteorte Kompromißlösungen oder Partizipationsmöglichkeiten wie die Ämteranfragen in Bern, Luzern und Zürich mit der Zeit in obrigkeitlichem Sinne handhaben konnten[200].

Für die Eidgenossenschaft als Ganzes barg die Revoltenanfälligkeit der städtischen Landgebiete reichlich Zündstoff, weil gerade sie damit zu ersten Adressaten einer bäuerlichen Freiheitsideologie der inneren Orte wurden, die wohl nirgernds sonst solche Resonanz gefunden hat[201]. In Auseinandersetzungen setzten die Innerschweizer wiederholt an diesem Schwachpunkt der mächtigeren Städteorte an, folgenschwer vor allem in Amstaldenhandel 1478, als ein Teil des Luzerner Territoriums zum Abfall von der Stadt bewogen werden sollte[202]. Dies war einer der wesentlichen Anlässe für die Bemühungen um einen Interessenausgleich zwischen Städte- und Länderorten im Stanser Verkommnis von 1481. Auf Drängen der Städteorte wurde in den Artikeln 5 und 6 festgelegt, daß es verboten sei, die Untertanen anderer Orte gegen ihre Obrigkeiten aufzuwiegeln, und daß darüber hinaus in einem solchen Falle die anderen Orte zur Stützung der Obrigkeit verpflichtet waren[203].

[198] Bauernunruhen in reichsstädtischen Territorien außerhalb der Eidgenossenschaft sind bis jetzt nicht systematisch erforscht. – Vgl. das weitgehende Fehlen in der Zusammenstellung bei PETER BIERBRAUER: Bäuerliche Revolten im Alten Reich. Ein Forschungsbericht. In: PETER BLICKLE u.a.: Aufruhr und Empörung. Studien zum bäuerlichen Widerstand im Alten Reich. 1980, S. 1-68, hier S. 62-65.

[199] GAGLIARDI 2, wie Anm. 55, passim. – DIETRICH, wie Anm. 197, S. 33-98.

[200] PEYER, Verfassungsgeschichte, wie Anm. 17, S. 69.– CHRISTIAN ERNI: Bernische Ämterbefragungen 1495 -1522. In: Archiv des Historischen Vereins des Kantons Bern 19 (1947), S. 1-124. – KARL DÄNDLIKER: Die Berichterstattungen und Anfragen der Züricher Regierung an die Landschaft in der Zeit vor der Reformation. In: Jb. f. Schweizer Geschichte 21 (1896), S. 37-69. – DERS.: Zürcher Volksanfragen von 1521 bis 1798. In: Ebd., 23 (1898), S. 149-225. – HOLENSTEIN, wie Anm. 68, S. 22, 24.

[201] DIERAUER, wie Anm. 9, 1. S. 445-450. 2. S. 41-75. – LÖTSCHER, wie Anm. 71, S. 53.

[202] SCHAUFELBERGER, Spätmittelalter, wie Anm. 9, S. 332f. – ELSENER, wie Anm. 152, S. 131.

[203] ELSENER, wie Anm. 152, S. 155f.

Eine vergleichbare Regelung, die den am meisten bedrohten Nachbarn, Sigmund von Tirol, vor dieser stets gefürchteten Aufwiegelung von Untertanen sichern sollte und ebenfalls die Eidgenossen zur Hilfeleistung gegen widerspenstige Untertanen verpflichtete, war bereits in die Bestimmungen der Erbeinung von 1477/8 eingeflossen[204]. Daß die Instrumentalisierung einer bäuerlichen Freiheitsideologie bereits in der Eidgenossenschaft selber zum Dilemma wurde, wird an der Politik Zwinglis, die in vielen Bereichen ganz einer ausgeprägten Tradition Züricher Territorialpolitik verpflichtet war, deutlich: Während sein gegen Habsburg und die altgläubigen Orte gerichteter Feldzugsplan von 1526[205] ausdrücklich eine Aufwiegelung der Bauern im habsburgischen Herrschaftsbereich in die Planungen mit einbezog, war das Burgrecht mit Bern 1528 – der Kern der politischen Organisation der neugläubigen Orte – unter anderem eine Reaktion darauf, daß die altgläubigen Orte bereits mit einigem Erfolg versuchten, die Untertanen der Städteorte zu Revolten anzustiften[206].

Die ständeübergreifende Struktur und damit die Zugehörigkeit von Reichsstädten verhinderten beim Schwäbischen Bund, daß ein eidgenössischer Adelshaß, wie er sich vom Appenzellerkrieg bis zum Waldshuterkrieg aggressiv geäußert hatte, sich noch umstandslos gegen diesen Nachbarn kehren konnte. Ein Appell an die Untertanen der in dieser Einung organisierten Herrschaften hätte in seinen Konsequenzen auch die eidgenössischen Städteorte in ihrer Substanz treffen können. Und schließlich hatte es sich in den neuen eidgenössischen Untertanengebieten und Städteorten längst gezeigt, daß die dortigen Untertanen zwar ihren Herrn, aber nicht ihre Rechtsstellung gewechselt hatten[207].

[204] EA 2. Nr. 945. – Baum, wie Anm. 19, S. 372. – Bilgeri 2, wie Anm. 59, S. 244.

[205] Muralt, wie Anm. 67, S. 490, Anm. 504. – Lötscher, wie Anm. 71, S. 105. – Brady, wie Anm. 15, S. 205. – Zu Zwinglis außenpolitischen Konzeptionen René Hauswirth: Landgraf Philipp von Hessen und Zwingli. Voraussetzungen und Geschichte der politischen Beziehungen zwischen Hessen, Straßburg, Konstanz, Ulrich von Württemberg und reformierten Eidgenossen 1526-1531. S. 184-193.

[206] Muralt, wie Anm. 67, S. 485, 491. – Im Oktober 1528 kam es im Berner Oberland zu einem von Unterwalden unterstützten Aufstand. Hermann Specker: Die Reformationswirren im Berner Oberland im Jahre 1528. In: Zeitschrift für Schweiz. Kirchengeschichte Beiheft 9. 1951.

[207] Günther Franz: Der Kampf um das Alte Recht in der Schweiz. In: VSWG 26 (1933), S. 105-145, hier S. 115. – Für die Beibehaltung der Rechtsstellung der Untertanen in städtischen Territorien ist das Beispiel Basels aufschlußreich: Bei der Aufnahme als neuer Ort der Eidgenossenschaft 1501 ließ sich die Stadt das Weiterbestehen der Leibeigenschaft bestätigen. Ulf Dirlmeier: Stadt und Bürgertum. Zur Steuerpolitik und zum Stadt-Land-Verhältnis. In: Horst Buszello / Peter Blickle / Rudolf Endres (Hrsg.): Der deutsche Bauernkrieg. S. 254-280, hier S. 279.

Dies ist noch kein Argument dagegen, daß die Eidgenossenschaft als Modell bei den aufständischen Bauern nördlich von Rhein und Bodensee attraktiv geblieben ist und vom Hegauer Bundschuh 1460 bis hin zum Bauernkrieg 1525 im bäuerlichen Denken eine wichtige Rolle gespielt hat[208]. Bereits vor dem Bauernkrieg gab es allerdings erste Anzeichen dafür, daß die Anziehungskraft der Eidgenossenschaft nachließ, wenngleich sie auch im Bauernkrieg noch Modellen einer bündisch-korporativen Organisation Pate stand[209]. In den Bundschuhaufständen hatte sich angekündigt, daß eine Änderung der Ziele und Legitimationsmuster von altrechtlichen Vorstellungen hin zu solchen eines unbedingten göttlichen Rechtes das konkrete Vorbild der Eidgenossenschaft entbehrlich machen konnte[210]. Die Plünderungszüge der Eidgenossen im Schwabenkrieg haben wahrscheinlich ebenso eine Ernüchterung zur Folge gehabt[211] wie die Hinrichtung oder Auslieferung von Anführern des Bundschuhs[212].

Eine Identifikation der bäuerlichen Untertanen in Südwestdeutschland mit den Eidgenossen ist gewiß auch durch die wachsenden Gruppenidentitäten von Schwaben und Schweizern erschwert worden: die Schmähungen gegen die »Kuhschweizer« in den Grenzregionen wurden ja nicht nur von Adligen vorgebracht, sondern waren »populär«. Nicht zuletzt die seit den 1480er Jahren wachsende Konkurrenz und der Haß zwischen schweizerischen Reisläufern und süddeutschen Landsknechten[213] trug wohl dazu bei, daß nunmehr antischwei-

[208] ROSENKRANZ 1, wie Anm. 102, S. 16, 68, 243ff., 258f. – BRADY, wie Anm. 15, S. 34-42; – LÖTSCHER, wie Anm. 71, S. 38ff. – HORST BUSZELLO: Der deutsche Bauernkrieg als politische Bewegung mit besonderer Berücksichtigung der anonymen Flugschrift »An die versamlung gemayner Pawerschaft« = Studien zur europ. Geschichte 8. 1969, S. 60-64, 82-90.

[209] BUSZELLO, Bauernkrieg, wie Anm. 208, S. 124f. – DERS.: Legitimation, Verlaufsformen und Ziele. In: DERS.: BLICKLE/ENDRES, wie Anm. 207, S. 281-321, hier: S. 317-319. – PETER BLICKLE: Die Revolution von 1525. 2. Aufl. 1981, S. 197-201.

[210] ROSENKRANZ 1, S. 287ff.

[211] Vgl. dazu die bekannte Äußerung Anshelms, wenn die Eidgenossen ihren guten Namen nicht durch ihre Räubereien verspielt hätten, so hätten sie keine Mühe gehabt, viele der von ihren Herren bedrängten Städte und Gemeinden an sich zu bringen. – STERN, wie Anm. 182, S. 17. – LÖTSCHER, wie Anm. 71, S. 40.

[212] Ebd., S. 41.

[213] Zu dieser Konkurrenz vgl. MAURER, Schweizer, wie Anm. 96, S. 30f. – GÜNTHER FRANZ: Vom Ursprung und Brauchtum der Landsknechte. In: MIÖG 61 (1953), S. 79-99. – HANS-MICHAEL MÖLLER: Das Regiment der Landsknechte. Untersuchungen zu Verfassung, Recht und Selbstverständnis in deutschen Söldnerheeren des 16. Jahrhunderts = Frankfurter Hist. Abhandlungen 12. 1976, S. 1ff., 67ff. – REINHARD BAUMANN: Das Söldnerwesen im 16. Jahrhundert im bayerischen und südwestdeutschen Beispiel. Eine gesellschaftsgeschichtliche Untersuchung = Misc. Bav. Monacensia

zerische Ressentiments, die bislang vor allem beim Adel ausgeprägt waren, bei weiteren Bevölkerungsschichten Eingang finden konnten. Einen Reflex findet dies selbst in der bekanntesten Schrift des Bauernkrieges, die das eidgenössische Modell propagiert, die im April 1525 entstandene anonyme Flugschrift »An die gemayne Pawerschaft«[214]. Auch hier wird unterschieden zwischen einer ruhmreichen Vergangenheit der Eidgenossenschaft im Sinne einer bäuerlichen Freiheitsgeschichte und den diesem Ideal nicht mehr entsprechenden Zeitgenossen[215].

Selbst der Bauernkrieg, dessen militärische Niederschlagung wesentlich das Werk des Schwäbischen Bundes gewesen ist, läßt zugleich noch einmal Parallelen zwischen beiden Bundessystemen erkennen. Ebenso wie die Eidgenossenschaft etablierte sich der Schwäbische Bund als Schiedsinstanz auch für Auseinandersetzungen zwischen Herrschaften und Untertanen[216]. Offenbar unter dem Eindruck der militärischen Niederlage im Schwabenkrieg und aus Furcht vor wachsenden bäuerlichen Unruhen wurden in der Verfassung von 1500 die Untertanen bei Herrschaftskonflikten an die Bundesversammlung verwiesen. Die Verfassung von 1522 brachte demgegenüber eine spürbare Verschlechterung, indem nunmehr nur noch die Herren die Bundesversammlung als Schiedsrichter in Herrschaftskonflikten anrufen durften[217] – ein Modus, der in den Augen der Untertanen einer Rechtsverweigerung gleichkommen mußte.

Die Flut bäuerlicher Beschwerdeschriften zu Beginn des Jahres 1525[218] belegte nicht nur konkrete Nöte und Anliegen, sondern auch die zentrale Bedeu-

79. 1978, S. 43-45, 50-58. – Ders.: Georg von Frundsberg. Der Vater der Landsknechte und Feldhauptmann von Tirol. Eine gesellschaftsgeschichtliche Biographie. 1984, S. 58ff. – Wiesflecker, Maximilian 5, wie Anm. 5, S. 507, 551f.

[214] Abgedruckt bei Buszello, Bauernkrieg, wie Anm. 208, S. 152-192. – Vgl. auch die kommentierte Edition: Siegfried Hoyer (Hrsg.): An die Versammlung Gemeiner Bauernschaft. Eine revolutionäre Flugschrift aus dem Deutschen Bauernkrieg (1525). 1975.

[215] Buszello, Bauernkrieg, wie Anm. 208, S. 191: »... dargegen so haben aber die yetzigen Schweitzer / so sy getreten sind auß dem fußstapffen jrer alten/gar wenig gesiget / sonder gemaynlich spott eingelegt / dieweyl sy ausser jrer lender umb gelt andern herren zugezogen sind.« Diese Kritik orientiert sich an Zwingli, war allerdings schon zuvor in der Schweiz selbst artikuliert worden, so im Spiel vom alten und jungen Eidgenossen (1514). – Marchal hat diese nach 1500 aufkommende innereidgenössische Diskussion jüngst als »ideologische Identitätskrise« bezeichnet. Marchal, Antwort, wie Anm. 5, S. 775f.

[216] Bierbrauer, wie Anm. 198, S. 46-49.

[217] Laufs, wie Anm. 3, S. 126. – Greiner, Politik, wie Anm. 160, S. 21f., 29. – Sea, Bund, wie Anm. 161, S. 131f., 162ff.

[218] Günther Franz: Quellen zur Geschichte des Bauernkrieges. 1963, Nr. 22-24, Nr. 34. – Blickle, Revolution, wie Anm. 209, S. 31ff.

tung, welche die Bauern dem rechtlichen Austrag ihrer Beschwerden gegen die Herrschaft beimaßen[219]. Auch der Schwäbische Bund wurde so trotz entgegenstehender Artikel der Bundesverfassung zum Adressaten bäuerlicher Beschwerden gegen ihre Herrschaften[220] und bestätigte schließlich das Recht der Untertanen, die Bundesversammlung als Schiedsinstanz in Konflikten mit der Herrschaft anzurufen, wenn es mit der Herrschaft zu keiner Einigung komme[221]. Bei allen taktischen Beweggründen für den Abschluß des Weingartener Vertrages am 17. April 1525 und bei aller militärischen Härte, die der Bund im weiteren Verlauf des Bauernkrieges an den Tag legte, blieb diese wesentliche Konzession doch gültig. In den Gehorsamseiden, welche der Bund die geschlagenen Bauern schwören ließ, gestand er ihnen die schiedsrichterliche Regelung strittiger Punkte durch den Bundesrat ausdrücklich zu[222] und wies den Weg zu einer weiteren Verrechtlichung der Untertanenkonflikte[223]. Die systemstabilisierende Komponente dieser Form der Konfliktregelung – gleichsam der Preis der Verrechtlichung – blieb bis zu seinem Ende konstitutiv für das Alte Reich[224].

Grundsätzlich gilt diese Beobachtung auch für die Beilegung bäuerlicher Unruhen im Gebiet der Eidgenossenschaft: Bei aller Flexibilität, mit welcher die Tagsatzung oder die einzelnen Städteorte auf die bäuerlichen Forderungen in städtischen Territorien oder in den gemeinen Herrschaften 1513-1515 und 1525 reagierten, blieben doch die Zugeständnisse an die Bauern weitgehend im altständischen Rahmen. Weder die thurgauischen noch die schaffhausenschen

[219] Helmut Maurer: Der Bauernkrieg als Massenerhebung. Dynamik einer revolutionären Erhebung. In: Bausteine zur geschichtlichen Landeskunde von Baden-Württemberg. 1979, S. 255-295, hier S. 266-268.

[220] Wilhelm Vogt: Die Correspondenz des schwäbischen Bundeshauptmannes Ulrich Artzt von Augsburg aus den Jahren 1524 und 1525. In: Zeitschrift des Historischen Vereins für Schwaben und Neuburg 6 (1879), S. 281-400, hier S. 319-339.

[221] Greiner, wie Anm. 160, S. 27-29, 41f.

[222] Sea, wie Anm. 161, S. 162-166.

[223] Winfried Schulze: Die veränderte Bedeutung sozialer Konflikte im 16. und 17. Jahrhundert. In: Hans-Ulrich Wehler, wie Anm. 217, S. 277-302, hier S. 283f. – Ders.: Bäuerlicher Widerstand und feudale Herrschaft in der frühen Neuzeit. 1980, S. 26ff. – Peter Blickle: Die politische Entmündigung der Bauern. Kritik und Revision einer These. In: Ders. (Hrsg.): Revolte und Revolution in Europa = HZ Beih. 4. 1975, S. 289-312. – Volker Press: Von den Bauernrevolten des 16. zur konstitutionellen Verfassung des 19. Jahrhunderts. In: Weber, wie Anm. 108, S. 85-112.

[224] Volker Press: Das römisch-deutsche Reich – ein politisches System in verfassungs- und sozialgeschichtlicher Fragestellung. In: Grete Klingenstein/Heinrich Lutz (Hrsg.): Spezialforschung und Gesamtgeschichte. Beispiele und Methodenfragen zur Geschichte der frühen Neuzeit = Wiener Beitr. z. Geschichte der Neuzeit 8. 1981, S. 221-242, hier S. 239.

Gemeinden vermochten 1525 die Abschaffung der Leibeigenschaft durchzusetzen, während die Baseler Untertanen deren Aufhebung immerhin zeitweilig erreichten. An der Höhe der Abgaben änderte dies indes nichts[225]. Das Gebiet der Eidgenossenschaft blieb wie das territorial zersplitterte Südwestdeutschland auch weiterhin ein Gebiet erhöhter Revoltenanfälligkeit.

Trotz des grundsätzlichen Unterschiedes, daß der Schwäbische Bund gegen die Bauern als Militärmacht vorging, während gleichzeitige bäuerliche Unruhen in der Eidgenossenschaft ohne Blutvergießen beendet wurden, betrieben die Städte innerhalb ihres jeweiligen Bündnissystems eine durchaus ähnliche Politik. Die Bundesstädte, namentlich die oberschwäbischen, plädierten wie die eidgenössischen Städteorte für einen gütlichen oder rechtlichen Austrag[226], konnten sich jedoch gegen die kompromißlose Linie der Fürsten letztlich nicht durchsetzen. Ebenso wie Ravensburg, Kempten oder Memmingen sich in Verhandlungen zwischen Bauern und Schwäbischem Bund als Vermittler engagierten[227], traten auch eidgenössische Städte jenseits des Rheines als Vermittler zwischen Bauern und Herren auf den Plan: Zürich und Schaffhausen suchten in Waldshut und im Klettgau als Schiedsrichter tätig zu werden, Basel entwickelte im Elsaß, im Sundgau und in der oberen Markgrafschaft Baden eine weitgespannte, wenngleich letztlich wenig erfolgreiche Diplomatie[228]. Die Motive entsprachen traditioneller eidgenössischer Vorfeldpolitik, vor allem der Sicherung des Handels und der Verhinderung von kriegsbedingten Teuerungen, wenngleich Zürichs Intervention in Waldshut bereits Züge einer ausgreifenden Religionspolitik trug[229]. Zugleich aber trug diese Diplomatie auch präventiven Cha-

225 MURALT, wie Anm. 67, S. 464f.

226 Zur Vermittlungspolitik der Städte vgl. den Beschluß von zehn oberschwäbischen Städten am 27. März 1525. FRANZ LUDWIG BAUMANN: Quellen zur Geschichte des Bauernkrieges in Oberschwaben = Bibliothek des Literarischen Vereins in Stuttgart 129. 1879, Nr. 176, S. 171. – DIETRICH, wie Anm. 197, S. 253.

227 GREINER, wie Anm. 160, S. 26-30, 41-50, 55-65, 70-72.

228 Auch die Haltung Zürichs im Klettgau, dessen Landgraf Züricher Bürger war, blieb zwiespältig, da die Untertanen indirekt in ihrem Vorgehen gegen den Grafen bestärkt wurden. FRANZ LUDWIG BAUMANN: Die Eidgenossen und der deutsche Bauernkrieg. Teil 1. In: Sitzungsberichte der kgl. bayr. Akademie zu München, philos.-philol. und hist. Classe. 1896. S. 113ff. Teil 2. Ebd., 1899, S. 37ff.

229 HORST BUSZELLO: Oberrheinlande. In: BUSZELLO/BLICKLE/ENDRES, wie Anm. 207, S. 61-96, hier S. 77-79, 88f. – Zeitweilig vermochten die Städteorte die Tagsatzung zu Vermittlungsbemühungen außerhalb des eigenen Gebietes zu bewegen. – LÖTSCHER, wie Anm. 71, S. 69f., 79ff., 104.

rakter, indem sie einer Radikalisierung der bäuerlichen Bewegung und deren Übergreifen auf eidgenössisches Gebiet zu steuern suchte[230].

Sie vermochte zwar nicht zu verhindern, daß seit April auch in der Eidgenossenschaft bäuerliche Unruhen um sich griffen, doch blieben Umfang und Ziele dieser Bewegung weit hinter denen jenseits des Rheines zurück, wurden vor allem die Zwölf Artikel nicht zum Programm der eidgenössischen Bauern[231]. Trotzdem wies der Bauernkrieg sowohl im Schwäbischen Bund als auch in der Eidgenossenschaft die Grenzen städtischer Politik auf, denn auch in der Eidgenossenschaft scheiterte der Versuch der Städteorte, ihre Schlichtungspolitik jenseits des Rheines zur gemeinsamen politischen Linie der gesamten Eidgenossenschaft zu machen[232]. Daß gerade die altgläubigen, bäuerlichen inneren Orte die obrigkeitliche Sicht der Herrschaften im Reich sich zu eigen machten und eine Unterstützung der »Aufrührer« und Landfriedensbrecher ablehnten, ließ die Diskrepanz zwischen Ideal der Eidgenossenschaft und Realität in ihrer ganzen Schärfe zutage treten.

Die Ereignisse des Jahres 1525 rückten eine machtpolitische Auseinandersetzung der Eidgenossenschaft mit dem Schwäbischen Bund noch einmal in den Bereich des Möglichen: wie 1499 drohte eine Kumulation von Konfliktpunkten – das verdeckte Eingreifen Zürichs in Waldshut, der Versuch Ulrichs von Württemberg, sein Herzogtum mit Schweizer Söldnern wiederzuerobern, eine dynamische Zürcher Religionspolitik –, doch die Furcht vor einer Konfrontation behielt auf beiden Seiten die Oberhand. Die Eidgenossen sahen sich nach dem kaiserlichen Sieg bei Pavia im Februar 1525 nunmehr gänzlich von Habsburg und seinen Verbündeten umgeben, während ein eidgenössisches Eingreifen auf seiten Ulrichs von Württemberg in Südwestdeutschland für den Schwäbischen Bund die Lage vollends unbeherrschbar machen mußte. Vor allem aber wirkte sich auf beiden Seiten bereits die konfessionelle Orientierung der Politik als Bruch mit überkommenen Konstellationen aus, am nachhaltigsten in der

[230] Buszello, Oberrheinlande, wie Anm. 229, S. 78, Anm. 28. – Diese Gefahr verdeutlichte etwa die ausweichende Antwort der Hegauer Bauern auf die Bitten Zürichs und Schaffhausens, ihre Untertanen nicht aufzuwiegeln: EA IV 1 a, Nr. 626.

[231] Hans Nabholz: Die Bauernbewegung in der Ostschweiz 1524-1525. Diss. Zürich 1898. – Ders.: Zur Frage nach den Ursachen des Bauernkrieges 1525. In: Aus Sozial- und Wirtschaftsgeschichte. Gedächtnisschrift für Georg von Below. 1928, S. 221-248. – Edgar Bonjour: Die Bauernbewegungen des Jahres 1525 im Staate Bern. Diss. Bern 1923. – Lötscher, wie Anm. 71, S. 57-63. – Peter Blickle: Bäuerliche Rebellionen im Fürststift St. Gallen. In: Ders.: wie Anm. 198, S. 215-297, hier 232-234. – Muralt, wie Anm. 67, S. 461-466. – Dietrich, wie Anm. 197, S. 205ff.

[232] Lötscher, wie Anm. 71, S. 46, 206.

Annäherung der altgläubigen Länderorte an Habsburg, aber auch in der beginnenden Krise der Beziehungen zwischen Kaiser und reichsstädtischer Klientel. Damit war zugleich die Axt an eine der Wurzeln des Schwäbischen Bundes gelegt.

Die Geschichte der Nachbarschaft von Eidgenossen und Schwäbischem Bund vor dem Hintergrund der größten Machtentfaltung der Eidgenossenschaft und einer außerordentlichen verfassungspolitischen Dynamik im Reich läßt sich nicht auf die Konfrontation des Jahres 1499 reduzieren und wohl auch nicht von diesem Ereignis her zureichend begreifen. Bei allen Unterschieden in der ständisch-sozialen Gliederung und vor allem in der Stellung zur Habsburgerdynastie, welche für beide politischen Systeme von schlechterdings existenzieller Bedeutung war, gab es doch auch zahlreiche Gemeinsamkeiten. Beide waren ursprünglich regionale Landfriedensbündnisse, vergleichbar somit in Funktion und genossenschaftlicher Struktur, in beiden politischen Systemen spielten die Reichsstädte eine wesentliche Rolle, wodurch ein Gegensatz von bäuerlich und feudal »temperiert« wurde, beide profilierten sich aufgrund ihrer militärischen Schlagkraft. Struktur und Entwicklung des Schwäbischen Bundes sind ohne den Vergleich mit der Eidgenossenschaft nicht angemessen zu erfassen, wie umgekehrt die Sonderstellung der Eidgenossenschaft im Reich durch die Einbeziehung des Schwäbischen Bundes differenziert wird. Nicht nur eine Nachbarschaft, sondern auch ein spannungsreiches Verwandtschaftsverhältnis kennzeichnet ihre Beziehungsgeschichte.

Paul-Joachim Heinig

Friedrich III., Maximilian I. und die Eidgenossen

Eine Gesandtschaft, welche die nach der Eroberung Genuas durch König Ludwig XII. von Frankreich auf einem Reichstag in Konstanz versammelten Kurfürsten, Fürsten und Stände des Reichs im Mai 1507 abordneten[1], sollte die Eidgenossen an ihre Pflicht mahnen, Hilfe zur Bewahrung des Kaisertums bei den Deutschen gegen die Nachstellungen des Königs von Frankreich zu leisten. Man sei davon überzeugt, daß die Eidgenossen *uß redlichait und vernunfft, damit sy von gott begabt weren, ouch angeborner truw und liebe, so sy als glider und verwandten des richs zue er und wuerdy des Romischen richs, ouch der Tutscher nation als irem rechten vatterland truegen*, dem Franzosen keine Hilfe geleistet hätten, wenn sie den ganzen Sachverhalt erkannt hätten und nicht durch dessen List hintergangen worden wären. Sollten die Eidgenossen den dringenden Aufforderungen *mit widerwertiger oder tungkler antwort begegnen* und damit offenbaren, daß *ir gmue fuer und fuer stuend, dem hailigen Rom[ischen] rich und sunderlich Tutscher nation, irem vatterland, widerwertig ze sin und froembden nationen und froembden zungen anzehangen wider die Tutschen*, so sollten die Reichsgesandten ihnen umso *trutzlicher* antworten, daß sie dann die Verantwortung für alle sich daraus ergebenden Folgen trügen.

Die Argumentation dieser Instruktion enthält wichtige Elemente der zeitgenössischen Auffassung vom Verhältnis zwischen Kaiser, Reich und Eidgenossen, ihr geradezu beschwörend-appellativer Charakter kann als Ausdruck des Unverständnisses gegenüber dem konkreten Zustand dieses Verhältnisses, auch als Ausdruck einer gewissen Unsicherheit und Hilflosigkeit, aber auch diplomatisch hintangehaltener Wut über den dauernden »Verrat« der Eidgenossen an der gemeinsamen Sache gelten. Daran können wir anknüpfen, wenn wir im

[1] Die im folgenden angezogene Instruktion zit. nach J. Janssen: Frankfurts Reichscorrespondenz nebst anderen verwandten Actenstücken von 1376-1519, 2 Bde., Freiburg/Br. 1863-72, hier: Bd. II n. 904.

weiteren herauszuarbeiten versuchen, warum 1507 diejenigen, die namens des Reichs sprachen, den Eidgenossen als *widerwertigen* des Reichs derlei Vorhaltungen machen zu müssen glaubten, denselben Eidgenossen, die im Jahr 1415 und der weiteren Regierungszeit des Luxemburgers Sigmund als Helfer des Herrschers, ja geradezu als *liebhaber* des Reichs üppig privilegiert und mit der Reichsunmittelbarkeit belohnt worden waren[2].

Zunächst erscheint die Erkenntnis wichtig, daß es 1415 wie 1507 und auch in der von diesen Stichdaten eingerahmten, für die Reichsgeschichte und die engere Schweizer Geschichte so ungemein bedeutenden Regierungszeit Friedrichs III. und Maximilians I., um das Verhältnis zwischen König bzw. Kaiser, Reich und Eidgenossen ging und sich die vermeintliche Antinomie zwischen diesen Stichdaten am besten über den Reichsbegriff und seine Wandlung erschließt[3]. Der Stellenwert des traditionellen, landesherrlich-territorialen Konflikts zwischen dem Haus Habsburg/Österreich und den Eidgenossen[4] ergibt

[2] Heidi Schuler-Alder: Reichsprivilegien und Reichsdienste der eidgenössischen Orte unter König Sigmund, 1410-1437. Bern/Frankfurt a.M./New York 1985 (= Geist und Werk der Zeiten, Bd. 69). – Sabine Wefers: Das politische System Kaiser Sigmunds. Stuttgart 1989 (= Veröff. des Instituts für Europäische Geschichte, Mainz – Abt. Universalgeschichte, Bd. 138; Beiträge zur Sozial- und Verfassungsgeschichte des Alten Reiches, Bd. 10).

[3] Dieser zuerst von H. Sigrist: Reichsreform und Schwabenkrieg. Ein Beitrag zur Geschichte der Entwicklung des Gegensatzes zwischen der Eidgenossenschaft und dem Reich. In: Schweizer Beiträge zur Allgemeinen Geschichte, hrsg. v. W. Näf, Bd. 5. Aarau 1947, S. 114-141; und K. Mommsen: Eidgenossen, Kaiser und Reich. Studien zur Stellung der Eidgenossenschaft innerhalb des heiligen römischen Reichs. Basel/Stuttgart 1958 (= Basler Beiträge zur Geschichtswissenschaft, 72) ausgeführte Ansatz hat sich durchgesetzt und wird fortentwickelt, so zuletzt von P. Moraw: Reich, König und Eidgenossen im späten Mittelalter. In: Jb. d. Historischen Gesellschaft Luzern 4 (1986), S. 15-33.

[4] Im 18. Kapitel des 5. Buches seiner Memoiren bekundet Philippe de Commynes: Memoiren, hrsg. v. F. Ernst. Stuttgart 1972, S. 222-224, seine Überzeugung, »daß Gott weder einen Menschen noch ein Tier geschaffen hat, das nicht irgendwie seinen Widerpart hat, um in Demut und Furcht gehalten zu werden.« Ein Beispiel dafür sei das Königreich Frankreich, dem Gott die Engländer zum Gegner und dauernden Stachel gegeben habe. Und er nimmt dann als ein Paradebeispiel Deutschland in den Blick: »In Deutschland sind sich zu allen Zeiten die Häuser Österreich und Bayern feind und besonders die Bayern untereinander und das Haus Österreich den Schweizern. Zu Beginn ihrer Streitigkeiten war es nur das Dorf Schwyz, das nicht sechshundert Mann zusammenbringen konnte, wonach die anderen den Namen tragen; sie sind aber so angewachsen, daß zwei der besten Städte Habsburgs, Zürich und Freiburg, dabei sind, und daß sie große Schlachten gewonnen haben, in denen die Herzöge von Österreich getötet worden sind.« Nach weiteren Belegen für die in diesem Sinne nur vermeintlich ungeordneten Verhältnisse in Deutschland resümiert er: »So scheint es mir, daß die deutschen Städte und Fürsten leben, wie ich gesagt habe, indem sie sich gegenseitig im rechten Maß halten, und es scheint auch so nötig zu sein, denn so ist es in der ganzen Welt.«

sich erst aus einer die Genese des gesamten Verhältnisses zwischen König/Kaiser und Reich in den Blick nehmenden Perspektive.

Die neuere verfassungsgeschichtliche Forschung[5] betrachtet den Konflikt zwischen der Zentralgewalt, den Habsburgern und den Eidgenossen als einen von vielen Konflikten innerhalb des Reichs, der dessen Verfassung keineswegs überforderte und somit auch nicht zum »Abfall« der Eidgenossen vom Reich führte. Sie sieht weder in der Eidgenossenschaft des ausgehenden 15. Jahrhunderts einen fertigen, noch im Reich einen unfertigen Staat, sondern ungleichmäßig integrierte politische Systeme[6]. Die historische Entwicklung des Reichs im Spätmittelalter wird nicht als Verfall und Zerfall, sondern als historischer Wandel, ja geradezu als modernisierende Verdichtung begriffen. Die wichtige, mit einem klassisch-anstaltsstaatlichen Ansatz nicht zu gewinnende Erkenntnis besteht in der Unterscheidung zweier Aggregatzustände des spätmittelalterlichen Reichs. Aus dem Reich der offenen Verfassung, das vielgestaltige und durchaus wenig verbundene Elemente gleichsam kostenloser Teilhabe am Reichsganzen kannte, wurde in einem langgestreckten Prozeß das verdichtete Reich höherer Integration, ein Reich, das mehr als jemals zuvor deutsch-verengt war, dafür aber eindeutiger als zuvor außer den Rechten auch die Pflichten seiner Angehörigen zu fixieren suchte. Die Regierungszeiten Friedrichs III. und Maximilians setzten entscheidende Wegmarken dieser in ihrer Totalität noch keineswegs vollständig analysierten Genese. Am bekanntesten ist die mit dem Begriff der Dualisierung bezeichnete engere Verfassungsentwicklung. Im Verlauf der Regierungszeit Friedrichs III. und in den ersten Jahren Maximilians I. gewann das Reich der Stände als eine mit dem König rivalisierende und diesem in den Wormser Beschlüssen des Jahres 1495 gegenübertretende politisch-rechtliche Größe eigenes Gewicht.

Die Entwicklung der Eidgenossenschaft, ihres Verhältnisses zu Kaiser und Reich und ihrer Stellung im Rahmen der frühneuzeitlichen Reichsverfassung ist

[5] Siehe vor allem P. Moraw: Von offener Verfassung zu gestalteter Verdichtung. Das Reich im späten Mittelalter 1250-1490. Berlin 1985 (= Propyläen Geschichte Deutschlands Bd. 3).

[6] In Bezug auf die Eidgenossenschaft geht dieses Modell von noch weicheren Strukturen aus, als es die Definition beispielsweise von H. C. Peyer: Verfassungsgeschichte der alten Schweiz. Zürich 1978, S. 44, beinhaltet, die Eidgenossenschaft sei ein »Staatenbund im Rahmen des Reiches, der ... zwar gewisse Tendenzen zu einem Bundesstaat entwickelte, sie aber 1481 wieder bremste und schließlich mit der Reformation fast ganz stillegte.« Die neueren Ansätze sind seitens der Schweizer Forschung – natürlich nicht abschließend – eingearbeitet bei W. Schaufelberger: Spätmittelalter und L. v. Muralt: Renaissance und Reformation. In: Handbuch der Schweizer Geschichte Bd. 1. Zürich 1980, S. 239-388 bzw. S. 389-570, jeweils mit der älteren Spezialliteratur.

gleichermaßen mitgestaltender Teil wie Ergebnis dieses Prozesses. Insbesondere die Fixierung von Reichspflichten durch die Wormser Beschlüsse, also der Gemeine Pfennig und das Reichskammergericht, haben einen derart grundlegenden Einfluß auf das Verhältnis zwischen Kaiser, Reich und Eidgenossen ausgeübt, daß die im Anschluß an den Schweizer- oder Schwabenkrieg des Jahres 1499 fixierte, begrifflich als Reichsverwandtschaft zu fassende Sonderstellung der Eidgenossenschaft im Reich heute als Festhalten am Reich der offenen Verfassung, also als Ergebnis der Weigerung gedeutet wird, dem ständisch verdichteten Reich verpflichtet zu sein. Das Phänomen, daß die Eidgenossen unter Bezug auf ihre aus dem Zeitalter der offenen Verfassung überkommenen Privilegien jedes rechtlich fixierte Mitleiden mit dem Reich ablehnten, sich nicht aktiv am Reich als einem »handelnden politischen System«[7] beteiligten und eine quasi-souveräne »Außenpolitik« betrieben, aber dennoch weiterhin zum Reich gehörten und gehören wollten, hat das ältere anstaltsstaatliche Modell vor unlösbare Probleme gestellt. Hier kommt man weiter, wenn man vom Charakter des Reichs als einem Gemeinwesen ausgeht, welches trotz zunehmender staatlicher Wesenszüge weder ein Staat noch ein einheitlich strukturiertes Gebilde, sondern auch in der frühen Neuzeit ein Gemeinwesen mit unterschiedlicher, so »reichsferner« und »reichsnaher« Teilhaberschaft war. Die ihrerseits viel lockerer als früher begriffene Eidgenossenschaft gehörte wie die burgundisch-niederländischen und die österreichischen, später auch die böhmischen Erbländer der Habsburger sowie die reichslehnbaren italienischen Territorien zu den Gebilden einer neuen Reichsferne.

Es stellt sich die Frage, welcher Platz in diesem neuen Modell dem Verhältnis zwischen den habsburgischen Herrschern und den Eidgenossen zukommt. Diesen hatte die ältere Forschung ziemlich eindeutig bestimmt. Von anstaltsstaatlichen und nicht selten kleindeutsch-preußischen Maßstäben geleitet, fügte sie den vermeintlichen »Abfall« der Eidgenossen ihrer Klage über den Zerfall des Reiches im allgemeinen ein und lud auch diese Verantwortung den habsburgischen Herrschern, also Friedrich III. und Maximilian I. auf. Da letzterem bis in die neuesten Biographien hinein[8] eine Milde zuteil wird, die – weil ihrer-

[7] G. Schmidt: Der Städtetag in der Reichsverfassung. Stuttgart 1984 (= Veröff. d. Inst. f. Europ. Gesch. Mainz, Bd. 113), S. 68f.

[8] Siehe vor allem E. Bock: Die Doppelregierung Kaiser Friedrichs III. und König Maximilians in den Jahren 1486 bis 1493. In: Aus Reichstagen des 15. und 16. Jahrhunderts. Göttingen 1958 (= Schriftenreihe d. Hist. Komm. b. d. Bayer. Akad. d. Wiss., Bd. 5), S. 283-340, aber auch H. Wiesflecker: Kaiser Maximilian I. Das Reich, Österreich und Europa an der Wende zur Neuzeit. 5 Bde., Wien 1971-85.

seits nicht ganz unabhängig vom vorausgesetzten Verständnismodell – ebenfalls der Überprüfung bedarf, lastet vor allem auf dem viel weniger strahlenden Friedrich III. der Vorwurf, er habe alles für das Haus Österreich, aber nichts für das Reich getan und sei der unversöhnliche Gegner der Eidgenossen gewesen. Maximilian demgegenüber, der im Unterschied zu seinem Vater nun tatsächlich persönlich gegen die Eidgenossen im Feld gestanden hat, erscheint schon in den zeitgenössischen Beurteilungen persönlich überwiegend schuldlos, eher als Opfer seiner Untergebenen am Hof und in Innsbruck sowie natürlich des im Schwäbischen Bund vereinigten Adels und gelegentlich auch vermeintlich scharfmacherischer Reichsstände. Die Gewichte lassen sich im folgenden nicht abschließend verschieben, aber vielleicht dadurch neu austarieren, daß 1. Friedrich III. als Reichspolitiker ernstgenommen wird, 2. die verschiedenen Phasen seiner Regierungszeit erkannt werden und – damit zusammenhängend – 3. die sein Handeln bewegenden Motive nicht auf Persönlichkeitsmerkmale reduziert werden, sondern 4. seine Politik als das Ergebnis divergenter Kräfte, auch und gerade an seinem Hof, begriffen wird. Auf diese Weise werden erst die Grundlagen für eine angemessene Beurteilung Maximilians sowie von Kontinuität und Bruch in der Herrscherpolitik ausgangs des Mittelalters geschaffen. Zumal zwar zahlreiche Haupt- und Detailstudien existieren[9], demgegenüber die Quellenlage aber keineswegs so günstig ist, wie es auf den ersten Blick den Anschein hat[10], läßt sich der von hier aus denkbare Versuch, das schwierige komplexe Thema der Beziehungen zwischen der römisch-deutschen Zentralgewalt und den Eidgenossen im ausgehenden 15. und beginnenden 16. Jahrhundert systematisch anzugehen, noch nicht realisieren. Immerhin mag der konventionelle Charakter des im folgenden doch noch einmal befolgten, wegen seiner Übersichtlichkeit dem konkreten Anlaß wohl auch am ehesten angemessenen chronologischen Prinzips durch einige Gesichtspunkte durchbrochen werden, die Bestandteil des skizzierten Modells sind. Dazu zählt vor allem, die bisher bevorzugte regionale Blickrichtung umzukehren und um eine seine Bedingungen in Reich, Hausmacht und Erblanden ernstnehmende Sicht vom

[9] Auch in dieser Hinsicht kann ein Überblick natürlich nur die wichtigsten Titel nennen und darüber hinaus allenfalls Hinweise geben.

[10] Zu beklagen ist weniger das Fehlen, als das Vorhandensein überreicher Quellen und deren nicht erfolgte oder unzureichende Publizierung, vor allem, was die Seite der Herrscher angeht. Aber auch auf Schweizer Seite lassen z. B. Die Eidgenössischen Abschiede aus dem Zeitraume von 1421 bis 1477, bearb. v. P. SEGESSER. Luzern 1863 und DASS.: 1478 bis 1520. Zürich 1858/1869 (= Amtliche Sammlung der älteren zeitgenössischen Abschiede, Bd. 2 u. 3) wegen ihrer Knappheit doch viele Wünsche offen.

römisch-deutschen Herrscher und seinem Hof aus auf seine landschaftlichen Tätigkeitsfelder zu ergänzen.

I

Dabei kann man zunächst ausgehen von einem von Anfang an ebenso betont »adelig« wie römisch-rechtlich beeinflußten Herrschafts-, Obrigkeits- und Majestätsbewußtsein Friedrichs III., welches zusätzliche Schärfe dadurch gewann, daß es mit dem Bewußtsein einer besonderen Bedeutung des Hauses Österreich kombiniert wurde[11]. Mit der in dieser Weise zugespitzten und von Friedrich III. gegen die Eidgenossen als Usurpatoren seines väterlichen Erbes sogleich politisch-praktisch eingeforderten Gleichsetzung von König und Reich konkurrierte und kollidierte die Vorstellung vom kurfürstlichen Reich, welche sich in der Absetzung Wenzels manifestiert hatte, und die vor allem von den Städten getragene Vorstellung des abstrakten Reichs. Mit der Wahl eines Leopoldiners zum römisch-deutschen König nicht nur ihres seit 1291 genossenen Rückhalts an der Zentralgewalt beraubt, sondern von dieser durch die Verweigerung der Privilegienbestätigungen reichsrechtlich illegalisiert und somit stets in der Gefahr des Existenzverlusts, haben die von König Sigmund ans Reich genommenen acht alten Orte der Eidgenossenschaft Sicherheit zu gewinnen gesucht durch das Festhalten an ihren überkommenen Privilegien und deren Interpretation im Sinne der Theorie des abstrakten, vom König unabhängigen Reichs sowie durch ihre Anlehnung an andere binnen- und außerreichische Opponenten gegen den Herrscher und das Haus Österreich. Trotz aller durch gegensätzliche Interessen hervorgerufenen Krisen gewährte auch die immer noch lockere Struktur ihrer Bündnisse alles in allem mehr Schutz und politische Flexibilität als Risiken. Durch die Ausnutzung des anfänglich schärfsten Widerspruchs zwischen Zürich und Schwyz ist Friedrich III. bekanntlich ebensowenig zum Ziel gelangt wie mit dem Versuch, das Reich gegen die Eidgenossen aufzubieten.

[11] Die bisher maßgeblichen Untersuchungen betonen diesen Tatbestand unterschiedlich, s. immer noch A. Lhotsky: Art.: Friedrich III. In: NDB 5, Berlin 1961, S. 484-487 und Ders.: Kaiser Friedrich III., sein Leben und seine Persönlichkeit. In: Kaiserresidenz Wiener Neustadt. Wien 1966 (= Katalog d. Niederösterr. Landesmuseums N.F. 29), S. 16-47. – R. Schmidt: Friedrich III. 1440-1493. In: Kaisergestalten des Mittelalters, hrsg. v. H. Beumann. München 1984, S. 301-331. – G. Hödl: Habsburg und Österreich 1273-1493. Gestalten und Gestalt des österreichischen Spätmittelalters. Wien/Köln/Graz 1988. – H. Koller: Art.: Friedrich III. In: LexMA Bd. 4. München/Zürich 1988, Sp. 940-943.

Die Jahre 1444 - 1463 führten mit der erbländischen Beschränkung Friedrichs III. und seines Hofs eine besondere Diskrepanz zwischen dem hohen Anspruch und der Wirklichkeit der herrscherlichen Gewalt im Reich herauf. Während dieser Jahre des Tiefstands seiner Wirksamkeit und seiner Integrationskraft vollzogen sich irreversible Veränderungen im Verhältnis zwischen König/Kaiser und Reich. In diesen Jahren behaupteten sich die Eidgenossen gegen die mit ihrem königlichen Verwandten überwiegend zerstrittenen Habsburger in Tirol und den Vorderen Landen und übten im Windschatten des äußerst begrenzten herrscherlichen Zugriffs ihre Selbstgenügsamkeit ein. Ihre Kontakte zur Zentralgewalt waren aufs Ganze gesehen spärlich[12]. An Landfrieden nahmen sie nicht teil und waren erheblich erfolgreicher als andere Reichsuntertanen in ihrem Bestreben, sich der persönlichen Gerichtsbarkeit des Kaisers in Form des von Friedrich III. als politisches Instrument ersten Ranges instrumentalisierten Kammergerichts zu entziehen. Im selben Voralpenbereich, in welchem die privilegiale Wirksamkeit des Kaisers erlosch, fand auch das Kammergericht die Grenze seines Zugriffs und seiner Leistungsfähigkeit. Dies hat aber unbeschadet der Tatsache, daß die Eidgenossen als am schlechtesten legitimierte Reichsuntertanen der kaiserlichen Obrigkeit besonders unterstanden, so daß mit ihnen reichsrechtlich zu verfahren war, wo sie sich dem vom Kaiser vertretenen Reichsrecht widersetzten – und dies taten sie aus dieser Perspektive ja dauernd – erst infolge des Waldshuter Krieges (1469) zu Konflikten geführt. Da sie andererseits nun einmal eine außerordentliche militärische Macht verkörperten, war es wie in anderen Fällen nicht opportun oder auch unmöglich, das Herrscherrecht in jedem Fall und immer zu vollziehen, so daß ein politisches Vorgehen angebracht schien. Dies hat der völlig zu Unrecht als diplomatisch ungewandt denunzierte Kaiser nach der Aufgabe seiner erbländischen Isolation und der Rückkehr ins Binnenreich nicht gänzlich erfolglos versucht. Ein von ihm wie in anderen Fällen, so auch gegenüber den Eidgenossen

[12] In den Regesta chronologico-diplomatica Friderici IV. Romanorum Regis (Imperatoris III.), bearb. v. J. Chmel: Nachdr. (d. Ausg. Wien 1838/40) Hildesheim 1962, lassen sich dichtere Beziehungen Friedrichs III. erkennen zu den mit der Eidgenossenschaft unterschiedlich verbundenen Bischöfen von Basel, Chur und Konstanz sowie zum Abt von St. Gallen, und dann natürlich zu den Reichs- bzw. Freien Städten Basel, Bern, Mülhausen, St. Gallen, Solothurn und Zürich; Freiburg im Uechtland und Schaffhausen sowie natürlich das den Eidgenossen gegen württembergischen Zugriff zugewandte Rottweil sind Sonderfälle. Während das gegenüber den Eidgenossen selbstbewußte Land Appenzell gelegentlich Rückhalt beim Herrscher suchte, bestanden so gut wie keine Beziehungen zu den Stadt- und Landkommunen Biel, Glarus, Luzern, Neuenburg, Unterwalden, Uri, Schwyz, Wallis und Zug.

angewandtes Mittel war die Wahrung seiner mehr oder weniger gut begründeten, aber vorderhand nicht realisierbaren Rechtstitel und -ansprüche, wie der Privilegienbestätigungen, und die Erwerbung neuer, reichsrechtlich einwandfreier Zugriffsrechte, wie Kammergerichtsurteile, die er im Sinne von Faustpfändern dann als Druckmittel zur Erzwingung politischen Wohlverhaltens einsetzte. Daß er bei alldem ebenso reaktiv, d.h. auf Veranlassung Dritter handelte, wie dies für das gesamte Regierungsgeschäft römisch-deutscher Herrscher typisch war, ist ebenso klar wie seine Möglichkeit, hinter seine Chargen, wie den Reichsfiskal, zurückzutreten, so daß sein persönliches Wollen nur schwer zu erkennen ist. So entsprach zwar die der Waldshuter Richtung folgende Ächtung der Eidgenossen im Sommer 1469 wegen Verstoßes gegen den Nürnberger Landfrieden dem Gleichklang der kaiserlichen wie der Tiroler Bestrebungen, doch der eigentlich aktive Part lag eindeutig bei den Tirolern, die die Achturkunde bis in die Feinheiten der Formulierung hinein beeinflußten[13]. Diese dürften dem Kaiser auch die Verträge von St. Omer nahegebracht haben, welche die Eröffnung des Kammergerichtsverfahrens gegen die Eidgenossen politisch fundiert und darüber hinaus das habsburgisch-burgundische Heiratsprojekt wiederbelebt hatten.

Mit dem Eintritt Erzherzog Sigmunds von Tirol in den burgundischen Ratsdienst[14], seiner Verpfändung vorländischer Herrschaften an Karl den Kühnen und seinen Bemühungen um eine burgundische Heirat des jungen Kaisersohns setzt das für die zukünftigen Entwicklungen ausschlaggebende burgundische Zeitalter der Beziehungen zwischen dem Haus Habsburg-Österreich und den Eidgenossen ein[15]. Seitens des Kaisers wurde der Beginn dieses Zeitalters

[13] Henny Grüneisen: Herzog Sigmund von Tirol, der Kaiser und die Ächtung der Eidgnossen 1469. Kanzlei und Räte Herzog Sigmunds, inbesondere nach London, Britisches Museum Add. Ms. 25437. In: Aus Reichstagen des 15. und 16. Jahrhunderts, Göttingen 1958 (= Schriftenreihe d. Hist. Komm. bei der Bayer. Akad. d. Wissenschaften, Bd. 5), S. 154-212. – A. Bachmann: Deutsche Reichsgeschichte im Zeitalter Friedrich III. und Max I. Mit besonderer Berücksichtigung der österreichischen Staatengeschichte, 2 Bde. Leipzig 1884/1894 (Ndr. Hildesheim/New York 1970), hier: Bd. 2 S. 272f.

[14] Zum gegenseitigen Verhältnis W. Paravicini: Karl der Kühne, Sigmund von Tirol und das Ende des Hauses Burgund. In: Der Schlern 50 (1976), S. 442-451.

[15] Dazu neben den in Anm. 13f. und 19 genannten Arbeiten vor allem Henny Grüneisen: Die westlichen Reichsstände in der Auseinandersetzung zwischen dem Reich, Burgund und Frankreich bis 1473. In: RhVjbll 26 (1961), S. 22-77. – N. Stein: Burgund und die Eidgenossenschaft zur Zeit Karls des Kühnen. Die politischen Beziehungen in ihrer Abhängigkeit von der inneren Struktur beider Staaten. Frankfurt a.M./Bern/Las Vegas 1979 (= Europäische Hochschulschriften Reihe III Bd. 110).

geprägt durch die Neuformierung der Reichs- und wohl auch der Hauspolitik auf den Fürstentreffen in Kärnten im Frühsommer 1470. Durch den Tod Herzog Karls des Kühnen von Burgund und den – freilich ungesicherten – Anfall der burgundischen Erbschaft an das Haus Österreich wird das Ende dieser ersten Phase zweifellos korrekt angegeben.

II

Nicht in erster Linie die Tiroler Belange, sondern die durch das Scheitern der Wiener Verhandlungen mit König Matthias von Ungarn erhöhte Bedrohung der erbländischen Ostflanke und Böhmens ließ den Westen des Reichs ins Blickfeld des Kaisers treten, bewirkte eine personelle Umstrukturierung seines Hofs[16] und darauf gestützt die politische und persönliche Rückkehr Friedrichs III. in die engeren deutschen Lande des Binnenreichs. Nicht nur mit Burgund, sondern auch mit dem König von Frankreich trat der Kaiser wohl schon 1470 in Verhandlungen über dynastisch-familiäre Verbindungen ein[17]. Daß er damals und hernach bis zur bitteren Enttäuschung wenigstens ebensosehr an einer Verbindung mit König Ludwig XI. von Frankreich wie an einer solchen mit Burgund interessiert war, ergibt sich auch daraus, daß er Herzog Sigmund von Tirol nach dem Waldshuter Krieg ausdrücklich riet, bei dem Franzosen – nicht etwa bei Karl dem Kühnen – Hilfe gegen die Eidgenossen zu suchen. Es ist nun pikant, daß letztere in Anbetracht dieses gänzlich neuartigen Engagements des Kaisers im Westen und der Tatsache, daß dieser gleichzeitig mit Hilfe Herzog Ludwigs von Niederbayern zu einem Ausgleich mit der pfalz-wittelsbachischen Oppositon im Reich und vielleicht sogar zu einer Allianz mit Burgund zu kommen schien, ihrerseits Rückhalt beim französischen König suchten. Als auch

[16] Maßgebend wurden nun statt erbländischer Räte schwäbische Grafenräte und schwäbisch-fränkische Bischöfe sowie – auch gelehrte – Räte aus Franken und Bayern sowie vom Mittel- und Niederrhein; s. dazu künftig P.-J. Heinig: Hof, Regierung und Politik Kaiser Friedrichs III. Ms. Mainz/Gießen 1990.

[17] Es ist zu wenig bekannt, daß der Kaiser seine zuletzt konfliktreich mit Herzog Albrecht von Bayern-München verheiratete Tochter Kunigunde mehrfach ebenso als »Instrument« der Hausmachtpolitik einsetzte, wie der französische König dies mit dem Thronfolger Karl tat. Noch 1475 (?) vereinbarten u.a. Herzog Stephan von Bayern und der aus Köln stammende, bald darauf wegen Treubruchs verfolgte Rat des Kaisers Heinrich Geisbusch definitiv die Heirat zwischen dem Dauphin und Kunigunde, s. J. Chmel: Monumenta Habsburgica. I. Abt. Aktenstücke und Briefe zur Geschichte des Hauses Habsburg im Zeitalter Maximilians I., 3 Bde. Nachdr. (d. Ausg. Wien 1854-1858) Hildesheim 1968, hier: Bd. I,1 S. 24 (Geheimhaltung der Verhandlungen mit Frankreich gegenüber Burgund) und S. 295.

Erzherzog Sigmund sich aus Enttäuschung über das Ausbleiben der erwarteten Hilfe gegen die Eidgenossen statt zur Revision der Waldshuter Richtung, zur Revision der Verträge mit Karl dem Kühnen und zur Unterordnung unter die vermittelnde Hegemonie König Ludwigs XI. entschloß, stand der Kaiser bald mit seinem primär durch die aussichtsreich verfolgten Heiratsambitionen genährten Interesse an Burgund allein.

Von einem schon vor dem burgundischen Einfall in das Kölner Stift, ja noch vor der Trierer Begegnung im Sommer 1473 vom Kaiser verfolgten Plan, die Eidgenossen und Burgund systematisch gegeneinander auszuspielen und gegenseitig zu instrumentalisieren, um im Falle der Niederlage des einen die reiche Erbschaft zu erlangen, im Falle des Unterliegens der anderen Seite endlich die habsburgischen Territorialverluste wettzumachen, wird man heute nicht mehr vorbehaltlos sprechen können[18]. Daß die nationale Historiographie stets vom Verrat Friedrichs III. an der von den Eidgenossen mitvertretenen deutschen Sache gegen die »welschen« Burgunder gesprochen hat, ist ungeachtet der richtigen Beobachtung, daß die Burgunderkriege gerade am Oberrhein dem Prozeß nationaler Abgrenzung mächtig beförderten[19], doch ein anachronistischer und wohl auch sachlich ungerechtfertigter Gesichtspunkt. So muß gegenüber der Feststellung, daß die Burgunderkriege »auch als Krieg der Eidgenossen für die Interessen des Reiches betrachtet werden« können[20], die Erkenntnis durchdringen, daß wir es im gesamten Zeitalter der Reichsreform mit regional und ständisch unterschiedlichen Reichsbegriffen zu tun haben. Demzufolge greift die Aussage zu kurz, an den Burgunderkriegen lasse sich »in einzigartiger Weise erkennen, wie sehr Reichsinteressen und kaiserliche Politik ... einander widerstreben konnten«. Ebenso wie der Kaiser beanspruchte, das Reich zu sein und für dieses zu agieren, beanspruchte dies zumindest in den Fällen, in denen es um die jeweils eigenen Belange ging, die Reichsopposition, und in deren Rah-

[18] Diesem Interpretationsschema folgt noch MOMMSEN, Eidgenossen, z.B. S. 265.

[19] Dazu und zu den Vorgängen im Elsaß allgemein HILDBURG BRAUER-GRAMM: Der Landvogt Peter von Hagenbach. Die burgundische Herrschaft am Oberrhein 1469-1474. Göttingen/Berlin/Frankfurt a.M. 1957 (= Göttinger Bausteine zur Geschichtswissenschaft, Bd. 27) sowie (bedingt) H. HEIMPEL: Karl der Kühne und Deutschland (mit besonderer Rücksicht auf die Trierer Verhandlungen im Herbst des Jahres 1473). In: Elsaß-Lothringisches Jb. 21 (1943), S. 1-54. – DERS.: Karl der Kühne und der burgundische Staat. In: Festschrift für Gerhard Ritter zu seinem 60. Geburtstag, hrsg. v. R. NÜRNBERGER. Tübingen 1950, S. 140-160. Allgemein zum »großen Herzog« W. PARAVICINI: Karl der Kühne. Das Ende des Hauses Burgund. Göttingen/Zürich/Frankfurt a.M. 1976 (= Persönlichkeit u. Geschichte, Bd. 94/95).

[20] Dies und das folgende Zitat nach MOMMSEN, Eidgenossen S. 268.

men eben auch die Eidgenossen. Niemand, auch kein ausländischer Potentat, konnte oder wollte gegen das heilige Reich sein, aber auszudeuten, was denn das Reich war, behielt man sich vor und war darin umso erfolgreicher, desto schwächer die Möglichkeiten des Herrschers waren, seinem eigenen Anspruch Nachdruck zu verleihen.

Sachlich betrachtet, hat der Kaiser bis zum Trierer Zusammentreffen mit Karl dem Kühnen eine von Herzog Ludwig von Niederbayern, aber auch von Kurfürst Adolf von Mainz stark beeinflußte Politik des Ausgleichs mit der gesamten Reichsopposition betrieben, die die ungarischen Verbindungen im Reich kappen sollte, prinzipiell aber in weit höherem Maß und wohl auch ernsthafter, als bislang zugestanden, auf das Zustandebringen eines Feldzugs gegen die Türken abzielte. Diese sachliche Priorität verlangte nicht nur das Kaiseramt, sondern auch das engere Herrschaftsinteresse des in seinen Fürstentümern direkt heimgesuchten Habsburgers. Sie schloß Vergleichsverhandlungen mit den burgundisch-bayerischen Anhängern, vor allem mit dem »Usurpator« Pfalzgraf Friedrich dem Siegreichen[21], aber eben auch mit den Eidgenossen ein, die ungeachtet ihrer Rückbindung an König Ludwig von Frankreich an gutem Einvernehmen mit Burgund interessiert waren. Übereinstimmung um jeden Preis zu erzielen, war freilich des Kaisers Sache nicht. Dieser Linie entsprachen seit dem Regensburger Tag des Jahres 1471 direkte Verhandlungen kaiserlicher Gesandter mit den jetzt nicht nur einzeln, sondern vermehrt auf ihrer Tagsatzung angesprochenen Eidgenossen sowie die Anteilnahme an deren Ausgleichsverhandlungen mit Erzherzog Sigmund. Die Entlassung der Stadt Schaffhausen aus der Reichsacht auf dem Augsburger Tag des Jahres 1473[22] folgte ebenso daraus wie die vom Kaiser seit einem Tag in Basel persönlich geführten Verhandlungen mit den Eidgenossen und seine Reise nach Einsiedeln. In dem äußerst komplizierten, keineswegs geradlinigen Spiel zwischen Kaiser und Reich, Haus Österreich, Frankreich, Burgund und den verschiedenen Fraktionen der Eidgenossen ging es dem Kaiser auch darum, seine Obrigkeit im Südwesten des Reichs durch die Ausschaltung insbesondere der französischen Konkurrenz bei der Ausgleichung zwischen Tirol und den Eidgenossen zu stärken, letztere aber im Zweifelsfall zu militärischer Hilfe gegen Burgund und die von diesem

[21] Daß das Achturteil gegen den Pfalzgrafen nicht exekutiert wurde, war ebenso in der von K. F. Krieger: Der Prozeß gegen Pfalzgraf Friedrich den Siegreichen auf dem Augsburger Reichstag vom Jahre 1474. In: ZHF 12 (1985), S. 257-286, betonten militärischen Schwäche wie in politischem Kalkül des Kaisers begründet.

[22] Bachmann, Reichsgeschichte 2 S. 414ff.

gestützte Reichsopposition zu gewinnen. Abweichend von seiner bis dahin starr erhobenen Forderung nach vorbehaltloser Rückgabe der dem Haus Österreich abgedrungenen Herrschaften bot er den Eidgenossen erstmals ausdrücklich die Legalisierung ihrer »österreichischen« Reichspfandschaften an[23]. Wegen ihrer durch den Spruch König Ludwigs von Frankreich auf die nicht-leiblichen Erben Erzherzog Sigmunds erstreckten Geltung hat er die Ewige Richtung zwar formal nicht anerkannt und z.B. den Papst bestimmt, sie nicht zu bestätigen[24]. In der praktischen Politik, die sich bald darauf überschlug, hat er den Vertrag aber toleriert und, wenn ich recht sehe, seitdem keine offen erkennbaren Anstrengungen mehr unternommen, die formal aufrechterhaltenen Ansprüche seines Hauses gegen die Eidgenossen notfalls militärisch durchzusetzen. Die Eidgenossen ihrerseits leisteten nach dem Abschluß der Ewigen Richtung den kaiserlichen Mandaten Folge und traten »von Reichs wegen« in den Krieg gegen Burgund ein.

Ihr und des Kaisers Bündnispartner, der französische König, hat sich sofort nach der Enttäuschung von Neuß[25], wo sein burgundischer Rivale, statt vernichtet zu werden, nur einen Prestigeverlust erlitten hatte, mit diesem auf Kosten des nun zu einer Gefahr werdenden Kaisers geeinigt und das bestehende Mißtrauen der Eidgenossen gegen das Haus Österreich sowie gegen Kaiser und Reich geschürt. Die freie Hand, derer Karl der Kühne zur beabsichtigten Eroberung Lothringens[26] und zum Einschreiten in Savoyen bedurfte, was wiederum zum Konflikt mit den Bernern, den Eidgenossen und der Niederen Vereini-

[23] Ebd., S. 418f., 422ff. Daß Friedrich III. sich schon vor 1473 grundsätzlich zur Herstellung eines ewigen Friedens mit den Eidgenossen bereitgefunden hatte, was bereits 1471 erste Verhandlungen ermöglicht hatte und eine der Voraussetzungen für die Aufnahme der zur »Ewigen Richtung« führenden Verhandlungen war, betont STEIN, Burgund S. 75f. Für den schleppenden Verlauf der Gespräche waren die im Detail aber weiterhin sehr weit voneinander entfernten Grundpositionen und der Fortgang der allgemeinen Politik verantwortlich, nicht zuletzt Berns offensives Vorgehen gegen Savoyen.

[24] Siehe die (freilich undatierte) Instruktion bei CHMEL, Mon. habsb. I, 1 S. 326-328, hier: S. 328: *Item ut concordia inter ducem Sigismundum et Elvetos non confirmetur fiat memoria.*

[25] Neue Aufschlüsse über den Feldzug von Kaiser und Reich zum Entsatz von Neuß und zum anschließenden Verhältnis zu Frankreich bietet nach den Regesten Kaiser Friedrichs III. (1440-1493), nach Archiven und Bibliotheken geordnet hrsg. v. H. KOLLER, Heft 4: Die Urkunden und Briefe aus dem Stadtarchiv Frankfurt am Main, bearb. v. P.-J. HEINIG. Wien/Köln/Graz 1986, jetzt besonders dass., Heft 7: Die Urkunden und Briefe aus den Archiven des Regierungsbezirks Köln, bearb. v. TH. R. KRAUS. Wien/Köln/Graz 1990.

[26] J. SCHNEIDER: Lorraine et Bourgogne (1473-1478). Nancy 1982.

gung[27] führte, erhielt er nicht durch den Neußer Waffenstillstand mit Kaiser und Reich, sondern durch die Geheimvereinbarungen des mit seinem französischen Todfeind geschlossenen Vertrags von Soleuvre[28]. Der vielgeschmähte Friede, den des Kaisers Gesandter Georg Heßler am 17. November 1475 in Nancy mit Karl dem Kühnen vereinbarte und der im Januar des folgenden Jahres von beiden Seiten ratifiziert wurde, scheint mir demgegenüber nicht als Verrat des Kaisers an der antiburgundischen Koalition im Südwesten zu interpretieren zu sein, denn er schloß alle Reichsuntertanen ein, die dem Burgunder entsprechend kaiserlichem Befehl Fehde angesagt hatten; nach den üblichen Gewohnheiten mußte man nicht den Beitritt zum Vertrag, sondern dessen Ablehnung deklarieren[29]. Wenn der Kaiser den alemannisch-oberrheinischen Verbündeten die Einhaltung dieses Friedens befahl, dann war dies in Anbetracht der Tatsache, daß niemand die endgültige Niederlage Karls des Kühnen vorhersehen konnte, wohl eher politische Vernunft als vordergründige Taktik; es entsprach überdies dem allgemeinen Adelsethos sowie dem Pflichtverständnis Friedrichs III.

Diesen Geboten sind die von Bern geführten, von Frankreich materiell unterstützten Teile der Eidgenossenschaft nach den gescheiterten Neuenburger Verhandlungen mit Burgund bekanntlich ebensowenig nachgekommen[30] wie zuvor den Mandaten, den Burgunder nicht eigenmächtig in Oberburgund zu

[27] In der Stiftung der »Niederen Vereinigung« sah Philippe de Commynes die größte Leistung des französischen Herrschers überhaupt.

[28] Siehe zu diesem H. Witte: Zur Geschichte der Burgunderkriege. In: ZGO N.F. 6 (1891), S. 1-81, 362-414; N.F. 7 (1892), S. 414-477; N.F. 8 (1893), S. 646-457; N.F. 10 (1895), S. 78-112, 202-266, hier: N.F. 10 S. 87ff.

[29] Statt der z.B. von J. Dierauer: Geschichte der Schweizerischen Eidgenossenschaft, 5 Bde.. Gotha 1887-1922, hier: Bd. 2 S. 205 vertretenen Auffassung von diesem Vertrag s. z.B. W. Hollweg: Dr. Georg Heßler. Ein kaiserlicher Diplomat und römischer Kardinal des 15. Jahrhunderts. Versuch einer Biographie. Leipzig 1907 S. 28f. Demgemäß sind eigene Friedensverhandlungen der Kurfürsten mit dem Burgunder, welchem jeder für sich einen Fehdebrief übersandt hatte, natürlich nicht überliefert.

[30] Die wahre oder unwahre Behauptung der Berner, sie hätten den Frieden unter anderem deswegen nicht einhalten können, weil sie von diesem keine Kenntnis gehabt hätten und dieser ihnen nicht eigens notifiziert worden sei, wirft die interessante Frage der Verbindlichkeit und der Gültigkeit allgemeiner Reichsgesetze auf. Die zentrale Bedeutung des Herrscherhofs wird darin deutlich, daß die damalige Argumentation Georg Heßlers, was am kaiserlichen Hof öffentlich verkündet worden sei, sei damit automatisch jedem bekannt und deshalb allgemeinverbindlich, zuvor wie nachher tatsächlich die gültige Regel gewesen zu sein scheint, s. Hollweg, Heßler S. 39. Siehe zur Politik Berns und ihren maßgeblichen Vertretern F. A. Moser: Ritter Wilhelm von Diesbach, Schultheiß von Bern 1442-1517. Muri/Bern 1930.

bekriegen (Héricourt), sondern am Entsatzfeldzug von Kaiser und Reich gegen Neuß teilzunehmen[31]. Bestärkt durch eine bis dahin beispiellose nationale Aufwallung[32] folgten vielmehr vor allem die Berner dem eigenen, seit Jahrzehnten ausgebildeten Verständnis, ungeachtet des Kaisers die wahren Interessen des Reichs selbst definieren zu dürfen und brachten durch ihre Erfolge wie die Niedere Vereinigung, so bald auch Mailand und den mit dem Kaiser gleichzeitig in den Konstanzer Bischofskonflikt verstrickten Erzherzog Sigmund von Tirol auf diesen Kurs. Diese profranzösischen Teile, die im Gefühl des Sieges von Grandson in den mehrfach wiederholten Vermittlungsforderungen des Kaisers[33] eine prinzipiell obsolete und politisch schädliche Disziplinierung zu erkennen meinten, setzten zwar noch auf der Tagsatzung von Luzern am 6. April 1476 die Duldung ihres Kurses durch, doch drohte schon dies die Verbündeten zu spalten. Denn bei der Mehrheit der Eidgenossen machten die Warnungen des kaiserlichen Gesandten, im Falle der Nichtbefolgung des endlich auch von dem bis dahin wohl nicht grundlos zögerlichen Burgunder ratifizierten und im savoyischen Lausanne noch einmal feierlich proklamierten Friedens würden sie als Ungehorsame gegenüber Kaiser und Reich verfolgt werden, einen derartigen Eindruck[34], daß sie die besondere Kriegsinteressen vertretenden Berner und ihre Partei unter die Aufsicht der Tagsatzung stellten und sich gegenüber dem lothringischen Aufstand gegen Karl den Kühnen zunächst ebenso vorsichtig verhalten wollten wie der Kaiser selbst.

In Anbetracht der geringen Friedensakzeptanz der antiburgundischen Koalition soll der Kaiser mailändischen Gesandtenberichten zufolge durch seinen Chefunterhändler Georg Heßler von der Vermittlungslinie des Friedens von Nancy abgewichen sein, dem Burgunder als Gegenleistung für den definitiven Vertrag über die Heirat Maximilians und Marias[35] gemeinsam mit einigen

[31] Die Anfechtbarkeit dessen, »was die Städte unter dem Reiche verstanden«, verkennt Mommsen, Eidgenossen S. 265f., wenn er dem Kaiser vorwirft, aus eigennützigen Motiven zwischen dem Neußer Feldzug und dem Kampf im Elsaß, in Lothringen und in Hochburgund unterschieden zu haben. Die Verwirrung, die ebd., S. 266 zufolge die angeblich einem Traum vom Rückgewinn des Aargaus folgenden kaiserlichen Vermittlungsmandate zur Zeit der Schlachten von Grandson und Murten unter der antiburgundischen Koalition auslösten, erklären sich leicht aus diesem unterschiedlichen Reichsverständnis.

[32] P. Moraw: Bestehende, fehlende und heranwachsende Voraussetzungen des deutschen Nationalbewußtseins im späten Mittelalter. In: Ansätze und Diskontinuität deutscher Nationsbildung im Mittelalter, hrsg. v. J. Ehlers. Sigmaringen 1989 (= Nationes, Bd. 8), S. 99-120.

[33] Bachmann, Reichsgeschichte 2 S. 557ff. – Hollweg, Heßler S. 33-35.

[34] Hollweg, Heßler S. 39.

[35] K. Rausch: Die burgundische Heirat Maximilians I. Wien 1880.

Reichsfürsten militärische Hilfe gegen die Eidgenossen zugesagt und im Rahmen konkreter Bündnis- und Aufmarschpläne sogar die jahrzehntelang verweigerte Mailänder Belehnung betrieben haben[36]. Die Zuverlässigkeit dieser Berichte bleibt aber aus mehreren Gründen zu überprüfen. Zum einen distanzierte sich der Herzog von Mailand damals schon von dem Burgunder und suchte wieder beim König von Frankreich Anlehnung, was die Gesandtenberichte beeinflußt haben könnte. Andererseits passen derartige Machinationen nur wenig in das Bild, das man sich heute gemeinhin von Friedrich zu machen hat. Hingegen entspricht diesem Bild, wenn auf dem Schauplatz des Konflikts ununterbrochen bis zum Tod Karls des Kühnen vor Nancy[37] die Vermittlungstätigkeit kaiserlicher Gesandter, ja sogar Verhandlungen über eine Vereinigung mit den unter sich zerstrittenen Eidgenossen belegt sind. Zum anderen hätte Friedrich, der sich ja weitab vom Schauplatz in den österreichischen Erblanden befand und deshalb ebenso schlecht wie langsam informiert war, in diesem Falle seine eigene militärische Leistungsfähigkeit völlig überschätzt. Zumal er im Osten durch Matthias Corvinus angegriffen wurde, bestand sein Interesse darin, im Westen den mit dem Corvinen verbündeten Burgunder so ruhig wie möglich zu halten und keinesfalls eine weitere Front zu eröffnen. Wenn überhaupt beabsichtigt, war es nicht der Zeitpunkt, die Eidgenossen zu unterwerfen, sondern das Gleichgewicht zwischen den Kontrahenten zu halten. Bei alldem ist aber gegenüber den Denk- und Planspielen, die die an den Konflikten ihrer Zeit geschulten Historiker gern vollziehen, eine grundsätzliche Skepsis angebracht. Keinesfalls darf man die Fähigkeit und die Bereitschaft des ausgehenden 15. Jahrhunderts zur Erstellung großflächiger politischer und militärtaktischer Konzeptionen sowie deren Realisierung und die Möglichkeit, auf Vorgänge angemessen und rasch zu reagieren, zu hoch ansetzen. Macht war immer noch stärker punktuell gebunden als in der Fläche durchzusetzen.

III

Für das Verhältnis zwischen Kaiser und Reich haben die burgundische Erbschaft und der mit dem Kampf um deren Behauptung zusammenfallende Beginn der ungarischen Feldzüge gegen die österreichischen Erblande insofern

[36] Hollweg, Heßler S. 41-43 passim, führt seine These von der »Schwenkung der kaiserlichen Politik auf die Seite Burgunds« aus.

[37] Cinq-centième anniversaire de la bataille de Nancy (1477). Actes du colloque organisé par l'Institut de recherche régionale en sciences sociales, humaines et économiques de l'Université de Nancy II (Nancy, 22-24 septembre 1977). Nancy 1979 (= Annales de l'Est, Mémoire n. 62).

eine ganz neue Dimension eröffnet, als die kaiserlichen Hilfsforderungen an das Reich und damit das immer schon diskutierte Problem der Identität der Interessen des Reichs und des Hauses Habsburg-Österreich-Burgund zum Dauerthema wurden. Gleichzeitig erneuerten die nun von den beiden Bayern geführten Wittelsbacher die europaweite Formation ihrer Opposition gegen die Habsburger und schwenkten in eine außerordentlich aggressive Territorialpolitik ein. An den Wittelsbachern fanden die Eidgenossen wie früher Rückhalt. Weder reichsnoch hauspolitisch vermochte Friedrich III. unter diesen Bedingungen die diplomatischen und militärischen Fehler Ludwigs XI. von Frankreich[38] und ebensowenig die trotz oder vielleicht gerade wegen ihrer Erfolge vermehrten und durch ihre Unfähigkeit, das konfliktträchtige Reislaufen unter Kontrolle zu bringen, verschärften Integrations- und Konsolidierungsprobleme der Eidgenossenschaft auszunutzen. Um die reichslehnbare Freigrafschaft Burgund gegenüber dem französischen Zugriff beim Herzogtum Burgund zu halten, ließen der Kaiser und sein Sohn über ein ewiges Verständnis verhandeln und stellten abermals die ausstehenden Privilegienbestätigungen in Aussicht. Daß sie zuletzt die vereinbarten Termine verstreichen ließen, mag durch unterschiedliche politische Konzeptionen Friedrichs und Maximilians bedingt sein, deren tatsächliche Inhalte noch weiterer Aufklärung bedürfen. Das Ergebnis war jedenfalls, daß sich die Eidgenossen weiterhin am König von Frankreich orientierten und diesem bis zur endgültigen Regelung im Frieden von Senlis[39] die Freigrafschaft übergaben.

Der Tod Ludwigs XI. und der Regierungsantritt Karls VIII. im Jahr 1483 öffnete die bestehenden politischen Verhältnisse. Frankreich, Ungarn und Papst Innozenz VIII. umwarben die Eidgenossen ebenso wie der Kaiser und Erzherzog Maximilian. Erzherzog Sigmund zufolge[40], welcher für Maximilian vermittelte,

[38] Bachmann: Reichsgeschichte 2 S. 581. – S. z.B. Regesten Kaiser Friedrichs III., nach Archiven und Bibliotheken geordnet, hrsg. v. H. Koller, H. 6: Die Urkunden und Briefe aus den Archiven des Kantons Zürich (vornehmlich aus dem Staatsarchiv Zürich), bearb. v. A. Niederstätter. Wien/Köln 1989 n. 131, 136.

[39] Seine Ratifikation durch Maximilian I. im Dezember 1493 jetzt bei J. F. Böhmer: Regesta Imperii XIV. Ausgewählte Regesten des Kaiserreiches unter Maximilian I. 1493-1519. Bd. 1, Tl. 1-2, bearb. v. H. Wiesflecker unter Mitwirkung v. M. Hollegger/K. Riedl/I. Wiesflecker-Huber. Wien/Köln 1990 (künftig RI 14) n. 2846.

[40] Siehe z.B. das Schreiben des Erzherzogs an seine in Frankfurt weilenden Gesandten vom 29. Januar 1486. In: Deutsche Reichstagsakten, hrsg. durch die Historische Kommission bei der Bayerischen Akademie der Wissenschaften, Mittlere Reihe: Deutsche Reichstagsakten unter Maximilian I., 1. Bd.: Reichstag zu Frankfurt 1486, bearb. von H. Angermeier unter Mitwirkung von R. Seyboth, 2 Bde. Göttingen 1989 (künftig RTA M.R. 1) n. 722.

brächte ein solches Bündnis dem Haus Österreich bedeutende Vorteile, denn es gewänne einen starken militärischen Rückhalt, der sich ordnungspolitisch günstig auswirken würde. Rückhalt an den Eidgenossen zu finden, würde die Rückeroberung der vom Kaiser an Ungarn verlorenen östlichen Erblande sowie der Eroberung Oberburgunds durch Maximilian erleichtern, würde die vorderösterreichischen Lande im Falle des Todes Sigmunds ruhig halten, würde insgesamt den Respekt im Reich gegenüber dem Haus Österreich erhöhen sowie schließlich Maximilians Stellung im Reich im Falle eines nach dem Tod des Kaisers ausbrechenden *cismas* stärken. Im andern Falle würde Maximilian, statt *trostlich hilf und beystand* zu erlangen, sich einer Koalition aus dem mit Geld nicht geizenden Frankreich, den Eidgenossen, Ungarn, Mailand und Venedig gegenübersehen[41].

Wenngleich Maximilian sich in seiner betont burgundisch-antifranzösischen Perspektive den Zielen des Vaters nur zum Teil verpflichtet gefühlt haben mag, kann man doch nicht annehmen, daß die nach der Königswahl Maximilians fortgesetzten Verhandlungen nicht koordiniert waren, zumal der Kaiser in diesen Jahren alles zu vermeiden suchte, was die Eidgenossen in die Arme der Gegner hätte treiben können. Das Ergebnis war ein Vertrag, in welchem Maximilian und sein Sohn Philipp als Fürsten von Österreich und Burgund auf jegliche Territorialansprüche an die Eidgenossen verzichteten, diese im Gegenzug Maximilian als König anerkennen, ihm wie alle Reichsuntertanen huldigen und auf Erfordern auch in Reichsangelegenheiten Rat und Hilfe leisten wollten. Maximilian wiederum verpflichtete sich, als König unverzüglich sämtliche Privilegien der Eidgenossen zu bestätigen und dies als Kaiser zu wiederholen. Wohl wegen der einsetzenden Turbulenzen zwischen den Habsburgern und dem seinerseits um die Eidgenossen buhlenden Herzog Albrecht von Oberbayern sowie seinen wittelsbachischen Verwandten wurde dieser Vertrag nur von Zürich, Bern, Solothurn und Zug ratifiziert, deren Privilegien auch tatsächlich bestätigt wurden[42]. Die übrigen Eidgenossen waren trotz wiederholter Versuche nicht zu gewinnen; immerhin widerstanden sie damals ebenso den bayerischen und den französischen Werbungen und zogen sich auf eine neutrale Position zurück[43].

[41] RTA M.R. 1 n. 738.

[42] Deutsche Reichstagsakten (wie Anm. 40), Mittlere Reihe: Bd. 3 (1488-1490), hrsg. v. E. Bock. Göttingen 1972 (künftig RTA M.R. 3) S. 853 Anm. 32.

[43] RTA M.R. 1 n. 745, 748-751; dass. 3 S. 83 Anm. 106.

Maßgebend für das schließlich im Sturz und der Hinrichtung des prohabsburgischen Züricher Bürgermeisters Waldmann im April 1489 manifestierte Scheitern der Bemühungen Maximilians um ein Bündnis mit der gesamten Eidgenossenschaft war die mißtrauenerweckende Stärkung der habsburgischen Position im Reich durch die Überwindung der bayerisch-wittelsbachischen Großmachtpläne, die das gesamte politische Gefüge Oberdeutschlands und speziell Schwaben-Tirols und damit auch die Beziehungen zwischen Kaiser, König und Eidgenossen künftig prägte.

Ein Instrument dieses Erfolgs des Kaisers über die Wittelsbacher war der nach wenigstens dreijähriger Vorbereitung im Februar 1488 gegründete Schwäbische Bund[44]. Offiziell zur Durchsetzung des Frankfurter Reichslandfriedens ins Leben gerufen, setzte der Kaiser alles daran, in ihm alle reichsunmittelbaren Kräfte zunächst Schwabens zu vereinen. An ihrer Spitze zwang er den Verwandten in Tirol zum Beitritt. Mit der Ächtung der »bösen Räte« und dem gesamten Revirement am Innsbrucker Hof verloren die Eidgenossen ihre dortigen Intervenienten auf die probayerische Politik Erzherzog Sigmunds[45]. Die Agitation dieser zum Teil nach Bayern, zum wichtigeren Teil in die Schweiz exilierten Ächter gegen die Habsburger und den Schwäbischen Bund bildete fortan ein Element »klimatischer« Unsicherheit. Dessenungeachtet sollten nach den Vorstellungen führender Bundeskräfte sogar die Eidgenossen, die den Landfrieden ja gar nicht angenommen hatten, in den Bund eintreten; wenigstens aber verhandelte man unter abermaliger Vermittlung des nun von kaiserlichen Parteigängern dominierten Innsbrucker Hofs über verschiedene Möglichkeiten gegenseitigen Einvernehmens bis hin zum Bündnis. Wenngleich die Eidgenossen diese Vorschläge abgelehnt haben bzw. an zu hohen Forderungen haben scheitern lassen, sind diese frühen Bemühungen um einen Modus vivendi zwischen dem Schwäbischen Bund und den Eidgenossen wichtig, weil sie zu einer Revision des älteren Urteils anregen, Friedrich III. habe seinen damals zweifellos noch starken Einfluß auf den Bund gegen die Eidgenossen geltend gemacht. Stattdessen hat er ungeachtet der Tatsache, daß einige Eidgenossen z.B. dadurch eklatant gegen das Kaiserrecht verstießen, daß sie den geächteten

[44] E. Bock: Der schwäbische Bund und seine Verfassungen (1488-1534). Ein Beitrag zur Geschichte der Zeit der Reichsreform. Nachdr. (d. Ausg. Breslau 1927) Aalen 1968 (= Untersuchungen z. dt. Staats- u. Rechtsgeschichte, NF Bd. 137). – H. Hesslinger: Die Anfänge des Schwäbischen Bundes. Ein Beitrag zur Geschichte des Einungswesens und der Reichsreform unter Kaiser Friedrich III. Ulm 1970 (= Forschungen zur Geschichte der Stadt Ulm, Bd. 9).

[45] F. Hegi: Die geächteten Räte des Erzherzogs Sigmund von Österreich und ihre Beziehungen zur Schweiz 1487-1499. Innsbruck 1910.

tirolischen Majestätsverbrechern Unterschlupf gewährten, aus übergeordneten politischen Motiven eine durchaus nachsichtige Haltung eingenommen. Dieser vom Schwäbischen Bund dann nicht mehr verstandenen Haltung entsprach, daß er den Eidgenossen wie den Wittelsbachern in der Folgezeit weit entgegenkam, indem er etliche von deren Zugewandten vom ursprünglich befohlenen Beitritt zum Bund dispensierte[46]. Wegen der Furcht des an seinem Hof einem scharfen Kampf pro- und antiwittelsbachischer Parteiungen ausgesetzten Kaisers vor einer reichspolitischen Verselbständigung des in seinem Verständnis nur als Instrument gegen die Wittelsbacher ins Leben gerufenen und nach deren Ausschaltung selbst zur Gefahr werdenden Schwäbischen Bundes wurde dessen antieidgenössische Komponente zurückgehalten. Erst Maximilian, der im Unterschied zu seinem Vater seit seinem Regierungsantritt in Tirol im Jahr 1490 ja selbst Mitglied des Bundes war, hat sich des Bundes zunehmend und schließlich auch gegen die Eidgenossen als eines habsburgischen Kampfinstruments bedient.

Mit der Übergabe Tirols durch Erzherzog Sigmund von Tirol an König Maximilian im März 1490 begann insofern eine neue Ära, als nun der römisch-deutsche Herrscher direkter territorialer Nachbar der Eidgenossen wurde. Maximilian trat ebenso wie 1477 in Burgund, so nun auch in Tirol ein geographisch-politisches Erbe an, dem er sich unter burgundischer Priorität verpflichtet fühlte und in dem das von Friedrich III. noch weitgehend außer Acht gelassene, für die eidgenössischen Länder aber sehr wichtige Mailand eine große Bedeutung gewann[47].

[46] Am 12. März 1489 erließ der Kaiser vor allem der von den Eidgenossen als zugewandter Ort reklamierten Stadt Konstanz nach zahlreichen Mandaten und wiederholten Aufschüben sowie etlichen Verhandlungen den Beitritt zum Schwäbischen Bund. Konstanz war neben Basel einer der Orte für die schiedsrichterliche Beilegung von Irrungen bzgl. der Ewigen Richtung mit Tirol. Gegen einen Bundesbeitritt von Konstanz hatte sich vor allem das damals noch von Waldmann geführte Zürich gewandt, mit dem Konstanz sich eifrig abstimmte; Zürich legte klar, daß etliche Schlösser um Konstanz herum im Falle eines Bundesbeitritts von den Eidgenossen besetzt würden, was Krieg bedeute; würde der Bund von diesem »Backenstreich« absehen, könne man in gutem Einvernehmen mit dem Bund leben. Die Wertung der Literatur (auch RTA M.R.3), Konstanz habe »neutral« bleiben wollen, legt den falschen Maßstab einer unverändert grundsätzlichen Gegnerschaft zwischen dem Kaiser und den Eidgenossen an. Für den Dispens verlangte der allmächtige kaiserliche Hofmarschall Sigmund Prüschenk eine »Ehrung« in Höhe von 600 fl. rh., die Konstanzer boten die Hälfte.

[47] »Maximilian und seine Nachkommen übernahmen nicht nur Namen und Zeichen des Hauses Burgund, sie erbten und ergriffen auch dessen Politik«, Paravicini, Karl der Kühne S. 117.

IV

Der Beginn der selbständigen Regierung Maximilians I. nach dem Tod des in vielerlei Hinsicht den Prinzipien des überkommenen offenen Reichs verhafteten Friedrich III. ließ die aufgestauten Kräfte des Systemwandels im Reich umso mehr zur praktischen Entfaltung kommen, als der französische König durch den Beginn seiner Expansion nach Italien (1494) seinen Ausgleich mit dem aus politischen Gründen soeben mit einer Sforza-Tochter vermählten Maximilian überforderte. Statt ein Ende zu finden, erreichte die leidige Inanspruchnahme des Reichs durch den Herrscher eine bis dahin ungeahnte Qualität, was unverzüglich die in den vorhergehenden Jahren keineswegs vordringlich diskutierte Frage des Mitleidens der Eidgenossen mit dem Reich sowie einen rechtlicheren und gleichzeitig schärferen Ton in den Kontakten hervorbrachte. Dazu hat maßgeblich neben der »Außenpolitik« Maximilians die Übernahme wichtiger Posten durch reichsständisch-reformerische Kräfte beigetragen, die sich bemüßigt sahen, der beanspruchten Verantwortung für das Reich als Ganzes Rechnung zu tragen.

Sich dessen zu vergewissern, was denn eigentlich zum Reich gehörte, war auch schon Friedrich III. bestrebt gewesen. In den dauernden Verhandlungen seiner letzten zwanzig Regierungsjahre über die Türken- und die Ungarnhilfe, über Hilfe gegen den burgundischen Invasor und zur Befreiung Maximilians aus der Haft der rebellischen Flamen hatte man immer schon versucht, den Kreis der Hilfspflichtigen möglichst weit zu fassen, so daß einerseits immer genauere Vorstellungen davon herausgearbeitet wurden, wer denn überhaupt Reichsangehöriger war, und andererseits allmählich eindeutig fixiert wurde, wer unmittelbar zu Kaiser und Reich gehörte und wer mittelbar zu steuern hatte. In der Spannung zwischen dauernden Hilfsforderungen aufgrund äußerer Bedrohungen und traditionellen Abwehrversuchen dagegen, hatte sich das Reich seitdem beschleunigt verdichtet. Entscheidend wurde dies aber erst, als führende Stände die Pflicht zu Gemeinleistungen anerkannten und die Initiative zur gleichmäßigen Repartition nicht mehr allein vom Herrscher ausging, sondern von diesen Ständen selbst. Dies waren die Kurfürsten unter der Leitung Bertholds von Mainz, und sie zwangen auch die anderen Stände zur Stellungnahme.

Gleichzeitig mit seiner Ermahnung an die Eidgenossen, entsprechend ihrer Zugehörigkeit zum Reich dem französischen König keinerlei Hilfe gegen Papst, Kaiser und Reich zu gewähren, sondern seinen eigenen Romzug zu unterstützen, hat König Maximilian schon im Vorfeld seines ersten selbständigen Reichstags im Jahr 1495 den Kurfürsten Berthold von Mainz als den Leiter seiner

Reichskanzlei beauftragt, gemeinsam mit anderen seiner deutschen Räte über das zukünftige Verhalten der Eidgenossen zu beraten[48]. In Worms selbst haben dann die hier eindeutig dominierenden Kurfürsten Beratungen darüber durchgesetzt, wie die Eidgenossen, Friesländer und andere, die zum Reich gehören, *mit füg dazu zu bringen weren, sich den andern geleichmessig zu halten*[49]. Daß das Reich seit hundert Jahren im Abnehmen begriffen sei, so daß jetzt nur noch die Hälfte des früheren Besitzstandes in der Gewalt von König und Reich sei, habe zu einer bedeutenden Verminderung der Leistungsfähigkeit der Stände und dazu geführt, daß die gehorsamen Stände die Hilfe allein trügen und die anderen Reichsunmittelbaren der deutschen Nation, aber auch fremder Sprache und Art, nicht herangezogen würden. Der König solle die, die sich dem Reich entzögen oder Hilfe verweigerten, nachdrücklich zum Mitleiden bewegen[50]. Die neuen, in den Verhandlungen um die von Friedrich III. immer wieder verlangten Reichshilfen geschulten Vorstellungen und Argumentationen setzten sich nun zunehmend durch. Begriffe wie Reichstag und Reichsstände, deutsch und Deutschland, inländisch und ausländisch, der Unterschied zwischen Untertanen des Reichs und Zugewandten mit und ohne jährlicher Tributpflicht, der Gedanke, daß für den vom Reich erfahrenen Schutz bezahlt werden müsse, all das war Ausdruck neuer – z.T. mit Selbstüberschätzung gepaarter – Selbstfindung und wurde seitdem eingeübt. Eine Punktation der hier so weit wie noch nie von den Eidgenossen entfernten Reichsstädte zu den kurfürstlichen Reformentwürfen sah sogar den Ausschluß aller derjenigen aus dem Reich vor, die die Steuern nicht zahlen und die Reichsordnung nicht einhalten wollten[51].

Daß die Eidgenossenschaft als ganzes nicht auf dem Wormser Reichstag vertreten war, ist nicht verwunderlich, sondern entsprach der bis dahin geübten Praxis. Die Eidgenossenschaft erstreckte sich nicht auf derlei Vertretungen, war

[48] Die Mandate vom 7. Januar 1495 in den RI 14 n. 1269f.

[49] RI 14 n. 1673, zit. nach Deutsche Reichstagsakten (wie Anm. 40), Mittlere Reihe Bd. 5: Reichstag von Worms 1495, bearb. v. H. Angermeier. Göttingen 1981, S. 1463. Zum ganzen A. Schröcker, Unio atque concordia. Reichspolitik Bertholds von Henneberg 1484 - 1504. Diss. Würzburg 1970. – H. Angermeier: Die Reichsreform 1410 - 1555. Die Staatsproblematik Deutschlands zwischen Mittelalter und Gegenwart. München 1984. – P. Moraw: Fürstentum, Königtum und »Reichsreform« im deutschen Spätmittelalter. In: Bll. f. deutsche LG 122 (1986), S. 117-136.

[50] RI 14 n. 1733.

[51] Ebd., n. 1741. Diese Gesichtspunkte haben zur Minderung der zuletzt von Th. A. Brady: Turning Swiss. Cities and Empire, 1450 - 1550. Cambridge 1985 (= Cambridge Studies in Early Modern History) hervorgehobenen sozialen Ausstrahlung der Eidgenossenschaft auf oberdeutsche Städte beigetragen, doch sind die Wechselwirkungen noch lange nicht zureichend geklärt.

sie doch eine Einung und keine geschlossene reichsunmittelbare Herrschaft; die einzelnen Mitglieder hätten sich schwer dagegen verwahrt, dergestalt in ihrer Eigenständigkeit beschnitten zu werden. Stattdessen hatten wie immer einzelne reichsunmittelbare Städte durch Gesandte an den Reichsberatungen teilgenommen, und diese hatten den eidgenössischen Tagsatzungen dann das mitgeteilt, was nötig war. Im Jahr 1495 waren die den Habsburgern damals am nächsten stehenden Städte Bern, Solothurn und Freiburg/Ue. vertreten, das führende Bern durch Wilhelm von Diesbach, der im persönlichen Dienst König Maximilians stand, aber – wie auch einige seiner Verwandten – gleichzeitig Provisionen vom König von Frankreich bezog. Ihnen wurde eigenen Berichten zufolge ein äußerst ehrenvoller Empfang und die ihnen zukommende Zuweisung eines Platzes zuteil, an dem sie dann an allen Verhandlungen beteiligt waren[52]. Offenbar kamen sie aber den Bitten der Versammlungen, aktiv an den Beratungen teilzunehmen, mit Hinweis auf ihre beschränkte Vollmacht nicht nach[53]. König und Reichstag, die sich über die Teilnahme eidgenössischer Vertreter freuten, hielten die Gesandten solange auf, bis diese die Beschlüsse mit nach Hause nehmen konnten. Aber nicht erst dadurch wurde das Anerkennungsverfahren der Wormser Beschlüsse eingeleitet. Vielmehr ließ der König, der kurz zuvor in Worms eigenmächtig das Bündnis der Heiligen Liga ratifiziert hatte[54], von sich aus die Eidgenossen schon im Juni 1495 durch Luzern zu einer Tagsatzung zusammenrufen, um ihnen durch eigene Gesandte die bis dahin gefaßten Beschlüsse der Reichsversammlung, und dies war der den König in erster Linie interessierende Hilfsbeschluß gegen Frankreich, mitzuteilen[55].

Unter anderem hier zeigt sich nun, daß die Stände in Worms, so radikal sie auch erschienen, dennoch das politische Augenmaß keineswegs gänzlich verloren hatten, wenngleich die Fronten zur vermeintlichen Ehrenrettung Maximilians gelegentlich verkehrt werden. Denn weil König Karl VIII. soeben in Nova-

[52] RI 14 n. 1701.

[53] Andererseits berichten Räte Markgraf Johann Ciceros von Brandenburg, eidgenössische Gesandte hätten in Worms Truppen gegen Frankreich angeboten; belegt ist dies aber nur für den Bischof von Sitten.

[54] RI 14 n. 1805.

[55] Am 2. Juni 1495 wird eine Reichsgesandtschaft nach Geldern und in die Schweiz erwähnt; einige Tage später befahl der König seinem Innsbrucker Regiment, dem Schaffhauser Heinrich Lüti die Unkosten seiner Gesandtschaft an die Eidgenossen zu erstatten. Vom selben Tag datiert die erwähnte Aufforderung Maximilians an Luzern, die Eidgenossen am 21. Juni zusammenzurufen, wo ihnen eine Gesandtschaft die bisherigen Beschlüsse des Wormser Tages mitteilen werde. Belege für alles in den RI 14 n. 1840, 1865, 1867.

ra eingezogen war, soll Maximilian dieser Gesandtschaft eine scharfe Instruktion erteilt und angekündigt haben, die Eidgenossen, die er analog zu seinem Schwiegervater Karl dem Kühnen als »tierisches Volk« und »Bergbauern ohne Vernunft« bezeichnete[56], nach dem Reichstag persönlich aufzusuchen, zum Gehorsam zu bewegen und anschließend in Italien den Kampf gegen die Franzosen aufzunehmen[57]. Damals haben die in Worms versammelten Kurfürsten und Fürsten ihren Einfluß dahingehend geltend gemacht, daß die königliche und ihre eigene Gesandtschaft den Eidgenossen weniger schroff gegenübertraten. Nicht zu verhindern war jedoch, daß der schwer verstimmte König einige unliebsame Maßnahmen gegen Mitglieder bzw. Zugewandte der Eidgenossenschaft ergriff, vor allem aber die brisante, von Zürich als Kriegsgrund angesehene Frage des konkurrierend vom Schwäbischen Bund wie von den Eidgenossen geforderten Beitritts der Stadt Konstanz wiederaufgriff, die sein Vater wohlbedacht ruhen gelassen hatte[58]. Maximilian verbot Konstanz den Beitritt zur Eidgenossenschaft und gebot stattdessen den Beitritt zum Schwäbischen Bund, damit die Stadt dem Reich nicht »entfremdet« werde und ihre Freiheiten behalte[59].

Der wegen des Landgerichts Thurgau brisante Fall Konstanz und die hierbei verfolgte Argumentation samt ihren Begriffen sind typisch und lassen die Konfusion von König und Reich bei der Bewertung des eigenen Verhältnisses zu den Eidgenossen deutlich hervortreten. Einerseits wurde die Reichszugehörigkeit der Eidgenossen ausdrücklich als Rechtsgrund für ihre Pflicht zum Mitleiden mit dem Reich herausgearbeitet, andererseits aber wurde der Beitritt zur Eidgenossenschaft mit dem Argument verboten, dadurch werde die Stadt dem Reich »entfremdet«. Dieser Begriff besitzt zentrale Bedeutung für das Verständnis jener Jahre. Er bedeutet aber keineswegs den »Abfall« vom Reich, sondern die Mediatisierung von Reichsunmittelbaren durch *in- oder auslendige* Mächte nach Fürstenmanier mit anschließender Verweigerung oder Pauschalierung des Mitleidens. Im Falle der Eidgenossenschaft war das Problem derartiger Ent-

[56] Als wilde Tiere und Bergbauern ohne Vernunft, die seinen Mandaten, Drohungen und Geldern widerstünden und keine Hilfe für Mailand leisteten, sondern dieses bekämpften, soll Maximilian RI 14 n. 2222f. zufolge die Eidgenossen am 2. August 1495 in Worms gegenüber venezianischen Gesandten bezeichnet haben. Das Zitat Karls des Kühnen bei PARAVICINI, Karl der Kühne S. 107.

[57] Dies und das folgende RI 14 n. 1869f., 1880f., 1903-1905.

[58] Dazu zusammenfassend P. F. KRAMML: Kaiser Friedrich III. und die Reichsstadt Konstanz (1440-1493). Die Bodenseemetropole am Ausgang des Mittelalters. Sigmaringen 1985 (= Konstanzer Geschichts- und Rechtsquellen, Bd. 29) S. 153-161.

[59] RTA M.R. 1 n. 745, 748-751; DASS. 3 S. 83 Anm. 106; RI 14 n. 1935f.

fremdung umso prekärer, als sie im Unterschied zu den Fürsten, deren eigene traditionelle Mediatisierungspolitik noch keineswegs abgeschlossen war, wie die Beispiele Regensburg oder Boppard zeigen, prinzipiell keine Reichshilfe zu leisten bereit waren. Das von Berthold von Henneberg geführte Reich der Reichsstände nahm also in gewisser Weise die klassische Argumentation der Reichsstädte gegen fürstliche Mediatisierung in Anspruch, um die Leistungsfähigkeit des Reiches zu erhalten bzw. wiederherzustellen und im konkreten Fall eine Ausdehnung des Kreises der Hilfsunwilligen zu verhindern[60].

Das Bewußtsein, daß Reich und Eidgenossenschaft nach ungleichen Regeln funktionierten, findet in diesen Abgrenzungsbestrebungen deutlichen Audruck. Es war nicht zuletzt ein Resultat langfristiger sozialer und wirtschaftlicher, wohl auch mentaler Strukturveränderungen, deren konkrete Wirkung zu analysieren eine Aufgabe der Zukunft sein wird, und wuchs in einem Zeitalter, in dem sich das politische Geschehen gleichermaßen verdichtete wie ausweitete und beschleunigte, rasch weiter an[61]. Ganz so, wie sie bis dahin allgemeine Reichsgesetze, wie die Landfrieden, nicht vollzogen hatten, hat die Mehrzahl der Eidgenossen sich unter Berufung auf ihre vermeintlich von allen Leistungen für Kaiser und Reich befreienden Privilegien geweigert, die Wormser Reform anzunehmen. Sie betrachteten sich in der Gewißheit, der vereinbarten Reichsleistungen nicht zu bedürfen, lediglich als verstärkt zu Untertanen degradierte Zahlmeister. Zumal sie damit bekanntlich nicht allein standen, brachte sie dies nicht automatisch in einen Gegensatz zum König, dem weniger an ihrem Gehorsam gegenüber den neuen Reichsinstanzen als an der eigenen militärischen Verbindung mit den Eidgenossen gelegen war. Was den Habsburger herausforderte, war, daß diese ungeachtet aller seiner ebenso auf das Reichs- wie auf das Türken-Argument gestützten Bemühungen nicht davon abließen, ihre direkte und indirekte militärische Unterstützung wenn nicht ausschließlich, so doch überwiegend dem König von Frankreich zu gewähren. Hinzu kamen alle allgemeinen und speziellen Elemente des vor allem durch die mangelnde Wirksamkeit der Zentralgewalt in den vorhergehenden Jahrzehnten eingetretenen Auseinanderlebens zwischen König, Reich, Schwaben und Eidgenossen, nicht zuletzt ein Regierungssystem Maximilians, das in seiner starken Prägung durch

[60] Es ist dies eine der Ursachen, warum Mediatisierungen größeren Stils in der Frühen Neuzeit nicht mehr vorfielen; wer die Unmittelbarkeit bis zum Eintritt der Stände in die Reichsverantwortung bewahrt hatte, war sich derer viel sicherer als früher.

[61] H. Rabe: Reich und Glaubensspaltung. Deutschland 1500 - 1600. München 1989 (= Neue Deutsche Geschichte, 2).

Niederadelige schwäbisch-vorderösterreichisch-tirolischer Herkunft geradezu ein Träger und Transporteur der durch langjährige Aufstauung radikalisierten Vorurteile gegen die »Bauern« war.

Es war konsequent und in Ansehung der Tatsache, daß Maximilian nur geringen Zuzug aus dem Reich erhielt, sogar begründet, daß die Eidgenossen im sogenannten Schweizer- oder Schwabenkrieg keine Reichsangelegenheit und sich selbst zum wiederholten Male nicht als *houptsecher* des Kriegs begriffen sehen wollten. Die Trennung von König und Reich war viel zu weit fortgeschritten, als daß Maximilian mit den alten Argumenten den zwar mit reichspolitischen Implikaten versehenen, aber im Kern doch hauspolitisch-territorialen Krieg wirklich erfolgreich als Reichskrieg hätte verkaufen können. Sogar große Teile des Mitte Juli 1499 im Angesicht eidgenössischer Truppen vor Konstanz zusammengezogenen Heeres Maximilians und des Schwäbischen Bundes waren nicht zum Angriff zu bewegen, weil sie sich nur zur Abwehr eines eventuellen Angriffs auf die Bodenseemetropole verpflichtet fühlten. Um nicht ihre jahrzehntelang erprobte Reichs-Argumentation zu desavouieren und dem König einen allseits akzeptierten Anlaß für einen Reichskrieg zu liefern, ließen sich die Schweizer natürlich nicht zu einem solchen Schritt hinreißen. Nach den Schlachten an der Calven und bei Dornach war der Krieg für den König verloren. Den von dem bedrängten Mailand Ludovico Sforzas vermittelten Frieden von Basel (1499) konnte er nicht als Reichsoberhaupt, sondern nur *von wegen unserer Grafschaft Tirol* beurkunden; darüber hinaus mußte er den Eidgenossen, über die er immerhin die Reichsacht verhängt hatte, zugestehen, daß sie als Helfer Bischof Heinrichs von Chur in den Krieg verwickelt worden waren, also nicht als *hauptsecher* und schon gar nicht als Gegner des Reichs. Durchsetzen konnte sich Maximilian mit seinem Bestreben, die Rechte seines Hauses und des Reichs durch möglichst »dunkle«, also auslegungsbedürftige Formulierungen wenigstens theoretisch aufrechtzuerhalten, verlor aber bald auch daran das Interesse.

Unter dem Druck der französischen Italienpolitik um ein Bündnis mit den Eidgenossen ringend, bestätigten König Maximilian und das Reich im Jahr 1507 die eidgenössischen Privilegien und erkannten die pflichten- und kostenfreie Teilhabe der Eidgenossen als *freie stend* des Reichs an. Damit sind wir wieder bei der anfangs zitierten Instruktion angelangt, die somit einen Erfolg gezeitigt hat. Als die Eidgenossen zwei Jahre später den Soldvertrag nicht erneuerten, welcher dem französischen König für zehn bittere Jahre Maximilians das Monopol der Truppenwerbung eingeräumt hatte, löste dies die Eidgenossenschaft noch einmal für gut ein Jahrzehnt von dem seit dem Beginn der Burgunderkriege bestehenden Einfluß der französischen Politik[62]. Zunächst mit Papst Julius II., von dem man in Gestalt des Titels »Beschützer der Freiheit der Kirche« neue Legitimation erhielt, war die Eidgenossenschaft dann als vollgültiges Mitglied der Heiligen Liga erstmals auch wieder mit Kaiser und Reich verbündet. Im Jahr 1511 wurden die Ewige Richtung von 1474 und die Erbvereinigung von 1477 unter ausdrücklicher Fixierung des Status quo modifiziert erneuert und damit das zukünftige staatspolitische Verhältnis zum Haus Österreich geregelt. Die Schlacht von Marignano, in der sie als Partner Maximilians und zeitweilige Herren des Frankreich abgewonnenen und gegen den Lehnsanspruch von Kaiser und Reich behaupteten Protektorats Mailand König Franz I. von Frankreich unterlagen, ließ sie auch mit Frankreich die Fixierung freundlicher Nachbarschaft suchen. Im Jahr 1516 schlossen sie und ihre Zugewandten in Freiburg/Ue. einen Ewigen Frieden mit Frankreich, der – als Gegenstück zum gleichartigen Vertrag mit dem Haus Habsburg – zusammen mit der 1521 mit Ausnahme Zürichs geschlossenen Vereinigung »die Grundlage der französisch-schweizerischen Allianz bis zu ihrem Zusammenbruch im Jahre 1792«[63] bildete.

Die vielbeschworene, in der eingangs zitierten Instruktion so deutlich zum Ausdruck kommende Entfremdung zwischen der Eidgenossenschaft und dem Reich liegt wesentlich in dem durch militärische Stärke erhaltenen Residuum begründet, welches sich der eidgenössische Reichsbegriff im Zuge der Auseinandersetzung zwischen monarchischem und ständischem Reichsbegriff zu erhalten vermochte. Grundsätzlich dem städtisch-ständischen Reichsbegriff verwandt, haben sich die Eidgenossen von dessen Weiterentwicklung im Verlauf ihres besonderen Abwehrkampfes gegen die durch reichsrechtliche Implikate verschärfte landesfürstliche Revisionspolitik der Habsburger abgekoppelt, so daß sie die Beschränkung kaiserlicher Privilegien gegenüber dem Anspruch von Kaiser und Reich nicht anerkannten. Dem ging parallel ein nicht unwesentlich durch die spezielle Gegnerschaft, aber auch ganz allgemein durch die integrative Schwäche der habsburgischen Zentralgewalt während langer Jahre Friedrichs III. bedingter Verlust des gemeinsamen Handlungszusammenhangs, und dieser zog dann gegenseitige Ausgrenzung nach sich. Da das im Reichstag verkörperte ständische Reich für die Eidgenossen – aber nicht nur für sie – mit eklatanten Legitimationsdefiziten behaftet war, standen sie zum Zeitpunkt des Kompromisses zwischen dem monarchischen und dem ständischen Reichsbegriff im Jahre 1495 immer noch auf dem alle Lasten für das Ganze ablehnenden

[62] Schaufelberger, Spätmittelalter S. 351.

[63] Muralt, Renaissance und Reformation S. 429.

Standpunkt der Sigmundianischen Zeit, den sie auch in der Folgezeit nicht verließen und schließlich gleichermaßen gegenüber König und Reich wie gegenüber dem Haus Österreich durchsetzten. In ihrer Verfassungsposition den Freien Städten vergleichbar, machten sie den verdichtenden Strukturwandel des Reichs, der jene zu »normalen« Reichsstädten depravierte[64], und damit die Entwicklung des Reichs zu einer nicht nur Rechte verleihenden, sondern vermehrt Pflichten für das Ganze einfordernden Gemeinschaft nicht mit. Eine Alternative zum Festhalten am Reich als dem gemeinsamen Haus stellte sich ihnen gleichwohl nicht.

[64] P.-J. Heinig: Reichsstädte, Freie Städte und Königtum 1389-1450. Ein Beitrag zur deutschen Verfassungsgeschichte. Wiesbaden 1983 (= Veröff. d. Instituts f. europäische Geschichte Mainz, Bd. 108; Beitrr. zur Sozial- u. Verfassungsgeschichte des Alten Reiches, Bd. 3). – Ders.: Städte und Königtum im Zeitalter der Reichsverdichtung. In: La ville, la bourgeoisie et la genèse de l'état moderne (XIIe-XVIIIe siècles), ed. par B. Guenee et N. Bulst. Paris 1988, S. 87-111. – P. Moraw: Reichsstadt, Reich und Königtum im späten Mittelalter. In: ZHF 4 (1979), S. 385-424. – Ders.: Zur Verfassungsposition der Freien Städte zwischen König und Reich, besonders im 15. Jahrhundert. In: Res publica. Bürgerschaft in Stadt und Staat. Tagung der Vereinigung für Verfassungsgeschichte in Hofgeismar am 30./31. März 1987. Berlin 1988 (= Der Staat, Beih. 8), S. 11-39.

Peter F. Kramml

Die Reichsstadt Konstanz, der Bund der Bodenseestädte und die Eidgenossen

Das Verhältnis des Bodenseeraums und insbesondere der Reichsstadt Konstanz als zentralem Ort dieser Region zur Eidgenossenschaft wurde bislang vor allem unter politischen Aspekten aus der Sicht der Konstanzer Stadtgeschichtsforschung beleuchtet[1]. Dies gilt für ältere Werke zur Stadtgeschichte[2] ebenso wie für Spezialarbeiten von Julius Werder, Philipp Ruppert und die Quellensammlung von Johann Marmor[3]. Daneben wurde besonders jenen Kontakten Augenmerk geschenkt, die aus den Thurgauer Rechten resultierten, die Konstanz von 1417 bis zum Schwabenkrieg innehatte. Ulrich Dikenmann[4] hat für seine diesbezügliche Studie auch das reiche Material der Eidgenössischen Abschiede[5] verwertet. Danach hat sich vor allem Otto Feger mehrfach mit den eidgenössisch-

[1] Eine Ausnahme macht nur die kurze informative Zusammenstellung von F. Gallati: Konstanz und die Schweiz. In: Historisch-biographisches Lexikon der Schweiz Bd. 4. Neuenburg 1927, S. 533f.

[2] Wilhelm Martens: Geschichte der Stadt Konstanz. Konstanz 1911, S. 176-196; und wenig brauchbar Joseph Laible: Geschichte der Stadt Konstanz und ihrer nächsten Umgebung. Konstanz 1921.

[3] Julius Werder: Konstanz und die Eidgenossenschaft. Ein Beitrag zur Schweizergeschichte. In: Bericht der Realschule zu Basel 1884/85. Basel 1885, Beilage S. 1-22. – Philipp Ruppert: Die Landgrafschaft Thurgau im Besitz der Stadt Konstanz. In: Konstanzer Geschichtliche Beiträge Bd. 3. Konstanz 1895, S. 98-139. – Johann Marmor: Die Beziehungen der Stadt Constanz zu der Eidgenossenschaft während des Mittelalters (1259 - 1520). In: Archiv für Schweizer Geschichte 18 (1873), S. 111-189 (nach buchförmigen Archivalien und Urkunden des Stadtarchivs Konstanz, jedoch ohne Einbeziehung der Aktenbestände).

[4] Ulrich Dikenmann: Die Stellung der Stadt Konstanz in der Landgrafschaft Thurgau von 1417 - 1499 und die daraus hervorgehenden Beziehungen der Stadt zu Österreich und den Eidgenossen. Phil. Diss. Zürich 1910.

[5] Amtliche Sammlung der älteren Eidgenössischen Abschiede (künftig EA): Bd. II (1421 bis 1477), Luzern 1863; Bd. III, 1 (1478 bis 1499), Zürich 1858; Bd. III, 2 (1500 bis 1520), Luzern 1869; Bd. IV, 1a und 1b, Zürich 1873/76.

bodenseeischen Beziehungen auseinandergesetzt[6], ohne daß seinen manchmal subjektiven Urteilen immer zwingend gefolgt werden kann. Die von ihm vertretene Polarisierung, »eidgenössisch« oder »reichstreu«[7], ist für die in Frage kommende Zeit anachronistisch[8]. Zudem bot sich für Konstanz als dritte Variante die Neutralität, die der Stadt im 15. Jahrhundert größte diplomatische und politische Anerkennung eingebracht hatte[9]. Dieses »neutralistische« Denken wird auch noch in der Konstanzer Chronistik nach 1500 faßbar, derzufolge man sich weder als Thurgauer noch als Schwabe oder Schweizer, sondern als Konstanzer fühlte[10]:

... frag man ain gespornen Costanntzer: Bist Du ain Swab oder bist Du ain Thurgower oder ain Schwitzer, er spricht nain darzu und will nur ain Costanntzer sin.

[6] Otto Feger: Geschichte des Bodenseeraumes. 3 Bde. Lindau/Konstanz 1956-63. – Ders.: Kleine Geschichte der Stadt Konstanz. 3., unveränderte Aufl. Konstanz 1972, bes. S. 132ff.. – Ders.: Konstanz als österreichische Stadt. In: Vorderösterreich. Eine geschichtliche Landeskunde, hrsg. von Friedrich Metz. 2., erweiterte und verbesserte Aufl. Freiburg i.Br. 1967, S. 637-646. – Ders.: Konstanz am Vorabend der Reformation. In: Bernd Moeller (Hrsg.): Der Konstanzer Reformator Ambrosius Blarer 1492-1564. Gedenkschrift zu seinem 400. Todestag. Konstanz/Stuttgart 1964, S. 39-55.

[7] In diesem Sinne etwa Feger, Kleine Geschichte, S. 138, bei der Wertung der Ereignisse von 1510: »Konstanz blieb beim Reich, der Thurgau blieb schweizerisch«; vgl. auch Feger, Bodenseeraum III (wie Anm. 6), S. 355.

[8] Die ältere Forschung sah im Schwaben- bzw. Schweizerkrieg (1499) einen entscheidenden Einschnitt, und noch Karl Siegfried Bader: Der deutsche Südwesten in seiner territorialstaatlichen Entwicklung. Sigmaringen ²1978, S. 180, konstatierte als Kriegsfolge »das tatsächliche Ausscheiden der Eidgenossenschaft aus dem Reich«. Die moderne Forschung hingegen hat erkannt, daß die Schweiz auch nach 1499 »Glied des Reiches« blieb und die völkerrechtliche Lösung erst im Rahmen des Westfälischen Friedens erfolgte. Vgl. Ulrich Im Hof: Art. Schweizerische Eidgenossenschaft. In: Lexikon des Mittelalters. Bd. 3, Sp. 1699; sowie grundlegend zur Stellung der Eidgenossenschaft im Reich: Karl Mommsen: Eidgenossen, Kaiser und Reich. Basler Beiträge zur Geschichtswissenschaft 72. Basel/Stuttgart 1958.

[9] Vgl. dazu Peter F. Kramml: Kaiser Friedrich III. und die Reichsstadt Konstanz (1440-1493). Die Bodenseemetropole am Ausgang des Mittelalters. Konstanzer Geschichts- und Rechtsquellen XXIX. Sigmaringen 1985, S. 161. – Helmut Maurer: Schweizer und Schwaben. Ihre Begegnung und ihr Auseinanderleben am Bodensee im Spätmittelalter. Konstanzer Universitätsreden 136. Konstanz 1983, S. 14.

[10] Zitat eines altgläubigen Chronisten aus dem Jahr 1527 nach Hans-Christoph Rublack: Die Außenpolitik der Reichsstadt Konstanz während der Reformationszeit. In: Der Konstanzer Reformator Ambrosius Blarer 1492-1564. Gedenkschrift zu seinem 400. Todestag. Hrsg. von Bernd Moeller. Konstanz/Stuttgart 1964, S. 56-80, hier S. 56 und Maurer, Schweizer und Schwaben (wie Anm. 9), S. 36.

Auch Fegers Urteil über ein völliges Versagen der Konstanzer Stadtväter in den letzten acht Dezennien reichsstädtischer Freiheit[11] ist zu pauschal, wie vor allem die mustergültige Untersuchung von Hans-Christoph Rublack über das städtische Verhältnis zu den Eidgenossen in vorreformatorischer und reformatorischer Zeit eindringlich beleuchtet hat[12]. Er konnte zeigen, daß ein »Anschluß« Konstanz' an die Eidgenossen nicht nur an überspannten Forderungen der Stadtväter, sondern vor allem auch an innerschweizerischen Widerständen scheiterte – zunächst Widerständen der eidgenössischen Landgemeinden gegen eine Stärkung des städtischen Elementes und später jenen der katholischen Länder gegen eine Festigung des evangelischen Momentes in ihrem Bund[13]. Zu berücksichtigen ist zudem, daß Konstanz ungeachtet seiner Zentralitätsfunktion in der Nachfolge des alten Vorortes Schwabens[14] um 1500 an die Peripherie gedrängt und für die Eidgenossen bereits feindliches Ausland war. Helmut Maurer konnte die Tatsache des Auseinanderlebens zwischen Schwaben und Schweizern, die am Endpunkt einer an der Wende vom 14. zum 15. Jahrhundert einsetzenden Entwicklung stand, mentalitätsgeschichtlich erhellen[15] und damit einen wichtigen Beitrag zum Verständnis dafür liefern, warum alle späteren Bündnisverhandlungen so erfolglos bleiben mußten.

Es sind dies Vorarbeiten für eine ausstehende Gesamtdarstellung der Beziehungen des Bodenseeraums zu den Eidgenossen[16], die noch viele andere politische,

[11] Feger, Konstanz am Vorabend der Reformation (wie Anm. 6), S. 44, vgl. auch in diesem Beitrag, Anm. 262.

[12] Hans-Christoph Rublack: Die Einführung der Reformation in Konstanz von den Anfängen bis zum Abschluß 1531. Quellen und Forschungen zur Reformationsgeschichte XL, zugleich Veröffentlichungen des Vereins für Kirchengeschichte in der evang. Landeskirche in Baden XXVII. Heidelberg 1971. – Ders.: Die Außenpolitik der Reichsstadt Konstanz während der Reformationszeit (wie Anm. 10), S. 56-80. – Zum Verhältnis Konstanz-Eidgenossenschaft vgl. auch Wilhelm Bender: Zwinglis Reformationsbündnisse. Untersuchungen zur Rechts- und Sozialgeschichte der Burgrechtsverträge eidgenössischer und oberdeutscher Städte zur Ausbreitung und Sicherung der Reformation Huldrych Zwinglis. Zürich/Stuttgart 1970, S. 81ff.

[13] Vgl. dazu unten sowie Rublack, Reformation (wie Anm. 12), S. 122.

[14] Vgl. dazu Maurer, Schweizer und Schwaben (wie Anm. 9), S. 12 und Ders.: Der Bischofssitz Konstanz als Hauptstadt in Schwaben. In: Schriften des Vereins für Geschichte des Bodensees und seiner Umgebung 91 (1973), S. 1-15.

[15] Maurer, Schweizer und Schwaben (wie Anm. 9), S. 8ff.

[16] Zum Sammelbegriff »Bodenseestädte« vgl. Peter Eitl: Die Städte des Bodenseeraumes – historische Gemeinsamkeiten und Wechselbeziehungen. In: Schriften des Vereins für Geschichte des Bodensees und seiner Umgebung 99/100 (1981/82), S. 577-596, hier S. 577.

wirtschaftliche, kirchliche, kulturelle und geistige Aspekte berücksichtigen müßte:

Konstanz war nicht nur Handelsmittelpunkt des Thurgaus, sondern auch Treffpunkt der innerschweizerischen Vieh-, Butter- und Käsehändler[17]. Wichtige von der Stadt ausgehende südliche Handelsstraßen liefen durch Schweizer Territorium.

Konstanz war Bischofssitz, Mittelpunkt einer sich weit in eidgenössisches Gebiet erstreckenden Diözese[18]. Hier befand sich das zuständige geistliche Gericht und hier tagten die Diözesansynoden[19].

Die Stadt war auch noch im 15. Jahrhundert ein zentraler Ort, einer der Vororte Schwabens. Konstanz war Vorort des Bodenseestädtebundes[20], Ort zahlreicher Waffenstillstände und Friedensschlüsse zwischen den Eidgenossen und Österreich[21], Treffpunkt für eidgenössische Tagsatzungen[22] und für Kontakte mit dem Königtum anläßlich der Abhaltung von Hoftagen[23]. In Konstanz bestätigte 1309 Heinrich VII. den Eidgenössischen Orten ihre Freiheitsbriefe[24], und hier machte Friedrich III. 1442 die Bestätigung ihrer Privilegien von der Rückgabe der besetzten habsburgischen Besitzungen abhängig[25].

Und auch nach dem Schwabenkrieg lud Maximilian I. 1507 die Eidgenossen als »Glieder und Verwandte des Heiligen Römischen Reiches« und durch Jahrhunderte »ein Schild der deutschen Nation gegen die welsche Zunge« zu einem glanzvollen Reichstag nach Konstanz, wo zwölf eidgenössische Boten mit insgesamt 80 Pferden eintrafen[26].

[17] Maurer, Schweizer und Schwaben (wie Anm. 9), S. 16f.

[18] Maurer, Bischofssitz Konstanz (wie Anm. 14), S. 1-15.

[19] Maurer, Schweizer und Schwaben (wie Anm. 9), S. 12.

[20] Vgl. dazu besonders Kramml, Friedrich III. und Konstanz (wie Anm. 9), S. 137ff.

[21] Vgl. zusammenfassend Maurer, Schweizer und Schwaben (wie Anm. 9), S. 14. – Feger, Bodenseeraum III (wie Anm. 6), S. 276.

[22] Maurer, Schweizer und Schwaben (wie Anm.), S. 13f. bes. Anm. 58 u. 59; EA II, Nr. 254, 283, 290, 294, 300, 462, 466, 471, 475, 488, 489, 493, 494, 515, 547, 735, 739; EA III,1 Nr. 82, 131, 142, 249, 259, 328, 332, 437, 509, 555, 597; EA III,2 Nr. 14, 25, 81, 171, 274, 275, 291, 626 u. 643. – Vgl. auch die unvollständige Zusammenstellung bei Ludwig Libson: Entstehung und Entwicklung des Vorortes der schweizerischen Eidgenossenschaft. Jur. Diss. Zürich 1912, S. 18.

[23] Zusammenfassend Maurer, Schweizer und Schwaben (wie Anm. 9), S. 14.

[24] Maurer, Schweizer und Schwaben (wie Anm. 9), S. 13.

[25] Kramml, Friedrich III. und Konstanz (wie Anm. 9), S. 83; EA II, Nr. 254 (eidgenössische Tagsatzung zu Konstanz am 28. November 1442). – Vgl. auch Maurer, Schweizer und Schwaben (wie Anm. 9), S. 14; und den Beitrag Alois Niederstätter in diesem Sammelband.

[26] Feger, Bodenseeraum III (wie Anm. 6), S. 354. – Walter Hölbling: Maximilian I. und sein Verhältnis zu den Reichsstädten. Phil. Diss. (masch.) Graz 1970, S. 53ff. – Zur Bedeutung die-

Kulturelle und geistige Kontakte, besonders zwischen Konstanz und Zürich, sind vor allem erst für die Reformationszeit erforscht. Erwähnenswert scheinen hier auch Impulse, die von der Universität des später ebenfalls eidgenössischen Basel ausgingen, die allein in ihren ersten drei Bestandsdezennien von mehr als 60 Konstanzer Bürgern frequentiert wurde[27]. Hier hatte der Frühhumanist Wenzeslaus Brack studiert, der als Domschulmeister wichtige Impulse nach Konstanz brachte[28].

Auch die wechselnden politischen Faktoren, das Verhältnis zum Bischof als ehemaligen Stadtherrn[29] und zu den jeweiligen Machthabern des Umlandes sowie zum Reichsoberhaupt[30] sind in eine Betrachtung einzubeziehen.

Angesichts dieser Fülle von Fragestellungen und der unterschiedlichen Forschungslage ist es nicht leicht, die Grundlinien bodenseeisch-eidgenössischer Beziehungen aufzuzeigen und zu erklären, warum Konstanz nach einer anerkannten Mittlerfunktion[31] gegen Ende des 15. Jahrhunderts an die Peripherie geriet. Warum Konstanz – obwohl südlich des Sees gelegen und naturräumlich Hauptort des Thurgaus[32] – heute nicht mit diesem zur Schweiz, sondern als Enklave zu Deutschland zählt. Nur die wichtigsten Entwicklungslinien können in der Folge kurz skizziert werden.

Erste Nachrichten über eine selbständige Politik der Bodenseestadt Konstanz datieren aus den endenden vierziger Jahren des 13. Jahrhunderts[33]. Eine weitrei-

ses Reichstages vgl. den Beitrag von Paul-Joachim Heinig in diesem Sammelband, zum Verhältnis Maximilians I. zu den Eidgenossen Erika Maitz: König Maximilian I. und die Eidgenossenschaft von seinem Regierungsantritt bis zum Ende des Schweizerkrieges. Phil.Diss. (masch.). Graz 1974.

27 Vgl. Kramml, Friedrich III. und Konstanz (wie Anm. 9), S. 358.

28 Zu Brack: Kramml, Friedrich III. und Konstanz (wie Anm. 9), S. 291 f.. – Ders.: Der Frühhumanist und kaiserliche sowie salzburgisch-erzbischöfliche Leibarzt Wenzeslaus Brack. In: Salzburg Archiv 1 (1986), S. 17-39. – Ders.: Die Domschule. Lateinunterricht als bischöfliches Monopol. In: Die Bischöfe von Konstanz. Bd. I (Geschichte). Friedrichshafen 1988, S. 125-134, bes. S. 131 f.

29 Vgl. dazu zuletzt Peter F. Kramml: Konstanz: Das Verhältnis zwischen Bischof und Stadt. In: Die Bischöfe von Konstanz. Bd. I (Geschichte). Friedrichshafen 1988, S. 288-299 u. Anm. S. 449-451.

30 Vgl. Kramml, Friedrich III. und Konstanz (wie Anm. 9).

31 So betitelt Otto Feger das 7. Kapitel im dritten Band seiner Geschichte des Bodenseeraumes (wie Anm. 6, S. 315 ff.). – Maurer, Schweizer und Schwaben (wie Anm. 9), S. 13 f.

32 Dikenmann, Thurgau (wie Anm. 4), S. 9.

33 Jörg Füchtner: Die Bündnisse der Bodenseestädte bis zum Jahr 1390. Ein Beitrag zur Geschichte des Einungswesens, der Landfriedenswahrung und der Rechtsstellung der Reichsstädte. Veröffentlichungen des Max-Planck-Instituts für Geschichte 8. Göttingen 1970, S. 16.

chende selbständige Außenpolitik konnte die Reichsstadt aber erst ab dem beginnenden 14. Jahrhundert betreiben – einer Zeit, in der die Stadt nach einer Reihe von zwiespältigen Bischofswahlen ihre Selbständigkeit entscheidend ausgeweitet hatte und auch im Höhepunkt ihrer besonders durch den Leinwandhandel begründeten Wirtschaftsgeltung stand[34].

Ab 1312 ging Konstanz mit anderen Bodenseestädten immer nur auf die Dauer von wenigen Jahren eine ganze Reihe von Bündnissen ein[35]. Diese städtische »Außenpolitik« diente dazu, sich im wechselvollen Spiel der Kräfte zu halten. Die Verträge hatten ausgesprochen landfriedensrechtlichen Charakter und sollten vorrangig der Bekämpfung schwerer Verbrechen dienen[36].

Diese Intentionen spiegeln sich vor allem im ersten Bündnis wider, das 1312 auf Befehl König Heinrichs VII. von den Städten Konstanz, Zürich, Schaffhausen und St. Gallen geschlossen wurde[37]. Diese erste Städteallianz umfaßte die vier mächtigsten und finanzkräftigsten Städte im Umkreis des Bodensees[38] und bildete – von Konstanz abgesehen – eines jener drei Bündnissysteme, die später in der Eidgenossenschaft aufgingen[39].

Nach einem kurzzeitigen Schirmvertrag mit den österreichischen Herzögen nach dem Tod des Kaisers[40] gingen die vier Städte 1315 erneut ein Bündnis ein, das nun auch Lindau und Überlingen mit einschloß und somit erstmals nördlich des Bodensees ausgriff[41]. Bei der Schlacht am Morgarten beteiligte sich auf seiten Habsburgs auch ein Züricher Aufgebot[42].

[34] Vgl. Helmut Maurer: Konstanzer Stadtgeschichte im Überblick. Sigmaringen 1979, S. 20. – Kramml Konstanz: Bischof und Stadt (wie Anm. 29), S. 291.

[35] Vgl. Kramml, Friedrich III. und Konstanz (wie Anm. 9), S. 131ff. – Eitel, Städte des Bodenseeraums (wie Anm. 16), S. 586f. – Feger, Kleine Geschichte (wie Anm. 6), S. 115f.

[36] Maurer, Stadtgeschichte (wie Anm. 34), S. 20.

[37] Zu diesem Bündnis Füchtner, Bündnisse (wie Anm. 33), S. 42-63. – Konrad Ruser: Urkunden und Akten der oberdeutschen Städtebünde vom 13. Jahrhundert bis 1549. Bd. 1: Vom 13. Jahrhundert bis 1347. Göttingen 1979, Nr. 492. – Feger, Bodenseeraum III (wie Anm. 6), S. 286f.

[38] Vgl. Feger, Bodenseeraum III (wie Anm. 6), S. 67.

[39] Im Hof, Schweizerische Eidgenossenschaft (wie Anm. 8), Sp. 1696f.

[40] Quellenwerk zur Entstehung der schweizerischen Eidgenossenschaft I, 2 bearb. von Traugott Schiess, vollendet von Bruno Meyer. Aarau 1937, Nr. 690 u. 739. – Füchtner, Bündnisse (wie Anm. 33), S. 63. – Mommsen, Eidgenossen (wie Anm. 8), S. 108f.

[41] 8. Februar 1315: Druck: Urkundenbuch der Stadt und Landschaft Zürich hrsg. von J. Escher/P. Schweizer u.a. Bd. 9, Nr. 3335; Reg. Quellenwerk zur Entstehung der schweizerischen Eidgenossenschaft I,2 (wie Anm. 40), Nr. 753; zum Bündnis: Füchtner, Bündnisse (wie Anm. 33), S. 65.

[42] Füchtner, Bündnisse (wie Anm. 33), S. 68.

Im Thronstreit blieben die Städte neutral[43], ihr Bündnis wurde mehrfach erneuert und bildete ein wesentliches Moment allgemeiner Sicherheit und des Landfriedens[44]. Diesem Zweck diente auch ein während des Italienzugs Ludwigs des Bayern im Mai 1327 abgeschlossenes Bündnis[45] zwischen Konstanz, Zürich, Überlingen, Lindau und nachträglich auch St. Gallen mit Mainz, Worms, Speyer, Straßburg, Freiburg im Breisgau, Basel, Bern und Graf Eberhard von Kiburg. Dieses Bündnis, dem sich auf Vermittlung Zürichs und Berns wenig später auch die drei Waldstätte Uri, Schwyz und Unterwalden anschlossen[46], »bedeutete für die Bodenseestädte einen vorläufigen Höhepunkt an Unabhängigkeit und Selbständigkeit«[47].

Bei der Bündnisverlängerung im Jahr 1329 wird in Abspaltung von den rheinischen Städten ein eigener Bund in den oberen Landen faßbar[48]. Auch im zwei Jahre später geschlossenen Pakt von 22 schwäbischen Reichsstädten mit dem Haus Wittelsbach traten die *Costenzer und ir geselleschaft umb den see* als eine feste Untergliederung der Städtegruppe in Erscheinung[49].

Die Städte südlich des Bodensees stimmten in ihrer Reichs- und Landfriedenspolitik nicht mit den übrigen schwäbischen Städten überein[50]. Sie orientierten sich weiter an einem Konsens mit dem österreichischen Nachbarn, mit dem 1333 ein Landfriedensbündnis eingegangen wurde[51]. Auch am neuen, reak-

[43] Füchtner, Bündnisse (wie Anm. 33), S. 65.

[44] Vgl. Füchtner, Bündnisse (wie Anm. 33), S. 73 ff.

[45] 20. Mai 1327: Druck: Urkundenbuch der Stadt und Landschaft Zürich Bd. 11, Nr. 4076; Urkundenbuch der Stadt Basel. Bd. 4, bearb. durch R. Wackernagel. Basel 1899, Nr. 61; Reg.: Quellenwerk zur Entstehung der schweizerischen Eidgenossenschaft I,2 (wie Anm. 40), Nr. 1379; vgl. Mommsen, Eidgenossen (wie Anm. 8), S. 118. – Zum Beitritt St. Gallens vgl. H. G. Wirz: Zürichs Bündnispolitik im Rahmen der Zeitgeschichte 1291 - 1353. Mitteilungen der Antiquarischen Gesellschaft in Zürich 36,3. Zürich 1955, S. 12.

[46] 5. Juni 1327: Quellenwerk zur Entstehung der schweizerischen Eidgenossenschaft I,2 (wie Anm. 40), Nr. 1382. – Wirz, Zürichs Bündnispolitik (wie Anm. 45), S. 12.

[47] Füchtner, Bündnisse (wie Anm. 33), S. 79.

[48] Füchtner, Bündnisse (wie Anm. 33), S. 88.

[49] Füchtner, Bündnisse (wie Anm. 33), S. 91 ff., bes. S. 103. – Zu diesem Bund und den Städtebünden zur Zeit Ludwig des Bayern und Karls IV. vgl. Peter-Johannes Schuler: Die Rolle der schwäbischen und elsässischen Städtebünde in den Auseinandersetzungen zwischen Ludwig dem Bayern und Karl IV. In: Kaiser Karl IV. 1316 - 1378. Forschungen über Kaiser und Reich. Hrsg. von Hans Patze. Neustadt an der Aisch 1978, S. 659-694, hier bes. S. 666 f.

[50] Füchtner, Bündnisse (wie Anm. 33), S. 104.

[51] Quellenwerk zur Entstehung der schweizerischen Eidgenossenschaft I. Bd. 3 bearb. von Elisabeth Schudel / Bruno Meyer / Emil Usteri. Aarau 1952 - 1965, Nr. 19. – Zum Bündnis Füchtner, Bündnisse (wie Anm. 33), S. 109 ff.

tionären und den städtischen Interessen zuwiderlaufenden Landfrieden Ludwigs des Bayern (1340) beteiligten sich die Seestädte nicht[52].

Konstanz, Zürich und St. Gallen schlossen am 31. August 1340 zu dritt einen Städtebund[53] und hofften, weitere Städte zu einem Beitritt bewegen zu können[54]. Sie waren auf Selbständigkeit bedacht und sagten sich gegenseitige Hilfe gegen jedermann – auch das Reich – zu[55]. Sie nahmen in ihrer Landfriedenspolitik keine Rücksicht mehr auf das Reichsoberhaupt[56].

Der Dreistädtebund lief im November 1344 aus und wurde zunächst nur von Konstanz und St. Gallen verlängert, bevor sich Zürich drei Jahre später erneut zu ihnen gesellte[57]. Die Limatstadt beteiligte sich aber dann auch nicht an jenem großen Bund von 24 schwäbischen Städten, der 1349 unter Mitgliedschaft von Konstanz und St. Gallen geschlossen wurde[58]. Bei diesem handelte es sich um das erste eigenmächtig geschlossene Bündnis schwäbischer Städte, das von Karl IV. bald wieder verboten wurde[59].

Entscheidender für die weitere Entwicklung des Bodenseeraumes wurden innerstädtische Wirren in Zürich und daraus resultierende Auseinandersetzungen mit Österreich[60]. Truppen des Dreistädtebundes beteiligten sich zunächst beim Zug gegen Rapperswil[61], ließen dann aber im November 1350 den Bund auslaufen[62]. Zürich war dadurch in seinem Kampf gegen Habsburg isoliert. Die Stadt

52 Füchtner, Bündnisse (wie Anm. 33), S. 121, bes. S. 130. – Schuler, Städtebünde (wie Anm. 49), S. 671.

53 Orig. Bundbrief im Staatsarchiv Zürich C I Nr. 1353; erwähnt bei Philipp Ruppert: Die Chroniken der Stadt Konstanz. Konstanz 1891, S. 50. – Zum Bündnis bes. Schuler, Städtebünde (wie Anm. 49), S. 674. – Füchtner, Bündnisse (wie Anm. 33), S. 130ff.

54 Füchtner, Bündnisse (wie Anm. 33), S. 131, Anm. 239 nach der Diktion des Bundbriefes.

55 Schuler, Städtebünde (wie Anm. 49), S. 673.

56 Füchtner, Bündnisse (wie Anm. 33), S. 138.

57 Schuler, Städtebünde (wie Anm. 49), S. 674f., hier S. 692f. – Zur Bedeutung des Bündnisses von 1348 Füchtner, Bündnisse (wie Anm. 33), S. 139ff. – Bundbrief bei Konrad Ruser: Die Urkunden und Akten der oberdeutschen Städtebünde. Bd. 2: Städte- und Landfriedensbündnisse von 1347 bis 1380. Göttingen 1988, S. 150ff., Nr. 111.

58 10. August 1349: Füchtner, Bündnisse (wie Anm. 33), S. 169.

59 Füchtner, Bündnisse (wie Anm. 33), S. 169.

60 Vgl. zusammenfassend Feger, Bodenseeraum III (wie Anm. 6), S. 31ff.

61 A. Largiadèr: Zürichs ewiger Bund mit den Waldstätten vom 1. Mai 1351. 1951, S. 20. – H. Nabholz: Der Zürcher Bundesbrief vom 1. Mai 1351. Seine Vorgeschichte und seine Auswirkung. 1951, S. 51.

62 Füchtner, Bündnisse (wie Anm. 33), S. 189-191, gegen Largiadèr, Zürichs ewiger Bund (wie Anm. 61), S. 41-43. – Bender, Zwinglis Reformationsbündisse (wie Anm. 12), S. 82.

schloß am 1. Mai 1351 ein ewiges Bündnis mit Luzern und den drei Waldstätten, dessen weitreichendere Hilfsbestimmungen die Gewähr für wirksamen Rechtsschutz boten[63]. Dieser Züricher Bund und seine aggressive Ausrichtung gegen Österreich bedeutete für die Bündnispolitik im Bodenseegebiet praktisch die endgültige Trennung Zürichs von seinen beiden ehemaligen Bundesstädten, die nun aufhörten, »Vorhut der städtischen Bündnispolitik in Schwaben zu sein«[64].

Konstanz und St. Gallen traten dem schwäbischen Landfrieden Karls IV. bei und gingen zunächst keine neuen Bündnisse miteinander ein[65]. Das enge Zusammenwirken zwischen städtischen Bündnissen und dem Verhältnis zum Bischof wird 1357 deutlich[66], als Karl IV. dem Konstanzer Bischof Heinrich von Brandis seine stadtherrlichen Rechte bestätigte und dieser zudem ein zehnjähriges Bündnis mit Herzog Albrecht von Österreich einging.

Konstanz schloß daraufhin im August 1358 einen Bund mit St. Gallen, Lindau und Schaffhausen[67], die ebenfalls geistlichen Stadtherrschaften unterstanden und zudem in dem sich anbahnenden eidgenössisch-österreichischen Konflikt Übergriffe von beiden Seiten zu erwarten hatten[68]. Wie bedroht sich die vier Städte in ihren Privilegien fühlten, läßt die Tatsache erkennen, daß sie das Bündnisverbot Karls IV. außer acht ließen und sich ausdrücklich Hilfe gegen den jeweiligen Stadtherrn zusagten, wobei sie das Reich nicht ausnahmen[69]. Die Geltungsdauer des Bundes ist unbekannt, bereits 1359 traten die Städte ohne Schaffhausen dem neuen Landfrieden Karls IV. bei[70].

[63] Druck: Largiadèr, Zürichs ewiger Bund (wie Anm. 61), S. 121. – EA I, S. 174ff. – Zum Bund vgl.: J. Dierauer: Geschichte der Schweizerischen Eidgenossenschaft. Bd. 1. [4]1924, S. 31ff.. – Feger, Bodenseeraum III (wie Anm. 6), S. 34f.

[64] Füchtner, Bündnisse (wie Anm. 33), S. 193.

[65] Füchtner, Bündnisse (wie Anm. 33), S. 194. – Ruser, Städtebünde Bd. 2 (wie Anm. 57), S. 149.

[66] Vgl. Füchtner, Bündnisse (wie Anm. 33), S. 265 u. 269.

[67] 9. August 1358: Druck: Urkundenbuch der Abtei St. Gallen. Bd. 3. Hrsg. von H. Wartmann. 1882, Nr. 1533. – Ruser, Städtebünde Bd. 2 (wie Anm. 57), S. 157f., Nr. 115. – Reg.: Regesta Episcoporum Constantiensium (künftig: REC). Bd. 2 bearb. von A. Cartellieri/K. Rieder. 1905, Nr. 5415.

[68] Füchtner, Bündnisse (wie Anm. 33), S. 269 u. 272.

[69] Füchtner, Bündnisse (wie Anm. 33), S. 272.

[70] Füchtner, Bündnisse (wie Anm. 33), S. 284.

Ein neuerlicher Bund von acht Seestädten des Jahres 1361 diente dazu[71], sich aus einem eidgenössisch-österreichischen Krieg herauszuhalten[72] – eine militärische Auseinandersetzung, auf die der Kaiser durch seinen Bund mit den Eidgenossen, Zürich und Bern hinarbeitete[73]. Besonders der Limatstadt dachte er dabei eine agressive Politik zu und befahl daher zu ihrem Schutz 1362 den Abschluß eines Bundes mit den sechs Bodenseestädten Konstanz, St. Gallen, Lindau, Ravensburg, Überlingen und Buchhorn[74]. Durch diesen gegen Österreich gerichteten Vertrag sicherten sich die Bodenseestädte die kaiserliche Bündniserlaubnis für die Dauer der Herrschaft Karls IV.[75], auf die sie sich auch künftig berufen konnten.

Beginnend mit dem Abkommen vom Februar 1362 wurde daher das bislang lokkere Bündnis der Seestädte eine beinahe alle Städte der Bodenseeregion miteinschließende Institution[76], die – abgesehen von kurzen Unterbrechungen – länger als ein Jahrhundert Bestand hatte und somit den ausdauerndsten Sonderbund unter den Städten Schwabens darstellte[77].

Ab 1370 gehörten dem Bund um den See neben dem Vorort Konstanz, der 1372 endgültig seinen langjährigen Kampf mit dem Bischof gewonnen hatte[78], St. Gallen, Lindau, Ravensburg, Überlingen, Wangen und Buchhorn an[79]. Diese »Sieben Städten um den See« beteiligten sich 1376 bis 1389 geschlossen am Schwäbischen Städtebund[80], in dem Konstanz neben Ulm die führende Stadt war. Dieser Bund zielte auf die Erhaltung und Verbesserung der städtischen

[71] 16. März 1361: Orig. im Stadtarchiv Schaffhausen. – Füchtner, Bündnisse (wie Anm. 33), S. 285-294. – Ruser, Städtebünde Bd. 2 (wie Anm. 57), S. 159ff., Nr. 116.

[72] Vgl. Maurer, Stadtgeschichte (wie Anm. 34), S. 20.

[73] Vgl. dazu Füchtner, Bündnisse (wie Anm. 33), S. 286ff.

[74] Bündnis vom 23. Februar 1362, vier Tage vor Abschluß des Bündnisses zwischen Karl IV. und Zürich: Druck: Urkundenbuch der Abtei St. Gallen. Bd. 4. Hrsg. von W. Wartmann. 1899, Nr. 1585. – Ruser, Städtebünde Bd. 2 (wie Anm. 57), S. 165ff., Nr. 119. – Reg.: REC 2, Nr. 5702.

[75] Füchtner, Bündnisse (wie Anm. 33), S. 313.

[76] Maurer, Stadtgeschichte (wie Anm. 34), S. 20.

[77] Vgl. Feger, Bodenseeraum III (wie Anm. 6), S. 321.

[78] Kramml, Konstanz: Bischof und Stadt (wie Anm. 29), S. 292.

[79] 3. April 1370: Claus Schulthaiß bei Ruppert, Chroniken (wie Anm. 53), S. 271. – Zur Glaubwürdigkeit der chronikalischen Überlieferung: Füchtner, Bündnisse (wie Anm. 33), S. 315, bes. Anm. 296.

[80] Füchtner, Bündnisse (wie Anm. 33), S. 325. – Ruser, Städtebünde Bd. 2 (wie Anm. 57), S. 560f. und 601ff., Nr. 596 (Bundbrief). – Maurer, Stadtgeschichte (wie Anm. 34), S. 20; – Württembergische Regesten von 1301 bis 1500. I. Altwürttemberg, 1. Teil. Urkunden und Akten des K. Württembergischen Haus- und Staatsarchivs 1. Abteilung. Stuttgart 1916, Nr. 5291, 5293.

Rechtsstellung, der bündnispolitischen Bewegungsfreiheit und eine Steigerung der Macht ab[81].

Auch nach dem großen Städtekrieg und dem Bündnisverbot des Egerer Landfriedens bestand die Einigung der Seestädte, die ein Bund im Bund geblieben war, mit königlicher Genehmigung (1390) fort[82].

Geschlossen waren die Seestädte 1385 zudem mit dem Schwäbischen Bund und rheinischen Städten (insgesamt 51) in Konstanz mit Bern, Luzern, Zürich, Zug und Solothurn ein neunjähriges, eindeutig gegen die österreichische Expansionspolitik gerichtetes Bündnis eingegangen[83]. Ihre Bündnispflicht wurde beim Krieg der Eidgenossen gegen Herzog Leopold von Österreich allerdings vergeblich eingemahnt[84]. Eine gütliche Streitbeilegung durch den Städtebund scheiterte und der sogen. »Konstanzer Bund« galt dadurch als erloschen[85].

In die österreichische Niederlage bei Sempach[86], die einen Wendepunkt bedeutete, waren die Städte daher nicht involviert. Und entgegen historischen Schlachtenliedern aus der zweiten Hälfte des 15. Jahrhunderts[87] war Konstanz bei Sempach nicht auf habsburgischer Seite beteiligt. Diese Lieder zeigen allerdings beeindruckend, daß man hundert Jahre später Konstanz bereits generell zu den Feinden zählte.

Der Bund der Gemeinen Städte um den See diente in der Folge den einzelnen Mitgliedsstädten als Mittel, sich aus einem österreichisch-eidgenössischen Konflikt herauszuhalten. Er war innerhalb seiner Landschaft ein politisches Instrument ersten Ranges und für lange Zeit die maßgebliche und entscheidende Instanz im Bodenseeraum[88]. Das Schiedsgericht der Seestädte war allgemein anerkannt und stärkte dadurch die Landfriedensbestrebungen[89]. Die Bodensee-

[81] Füchtner, Bündnisse (wie Anm. 33), S. 323.

[82] Bündnisbestätigung durch König Wenzel am 21. August 1390: Füchtner, Bündnisse (wie Anm. 33), S. 336; vgl. auch Feger, Bodenseeraum III (wie Anm. 6), S. 94f. und Ders.: Kleine Geschichte (wie Anm. 6), S. 116.

[83] Feger, Bodenseeraum III (wie Anm. 6), S. 87. – Gallati, Konstanz und die Schweiz (wie Anm. 1), S. 533.

[84] Gallati, Konstanz und die Schweiz (wie Anm. 1), S. 533.

[85] Feger, Bodenseeraum III (wie Anm. 6), S. 88f.

[86] Vgl. Walter Schaufelberger: Spätmittelalter. In: Handbuch der Schweizer Geschichte Bd. 1. Zürich 1972, S. 243ff.

[87] Martens, Geschichte der Stadt Konstanz (wie Anm. 2), S. 180. – Laible, Konstanz (wie Anm. 2), S. 35f., der daraus allerdings fälschlich eine Konstanzer Teilnahme an der Schlacht von Sempach folgert.

[88] Feger, Bodenseeraum III (wie Anm. 6), S. 97.

[89] Feger, Bodenseeraum III (wie Anm. 6), S. 130.

städte wurden in den 90er Jahren begehrte Bündnispartner der Habsburger[90]. Ihr Bund erweiterte sich 1401 um Isny, Leutkirch, Kempten und Memmingen, und die Zahl städtischer Ausbürger nahm ständig zu, wobei besonders das Konstanzer Bürgerrecht sehr begehrt war[91].

Diese politische Geltung und Anerkennung Konstanz' wurde erst im Appenzellerkrieg[92] gefährdet und erschüttert. Dies macht deutlich, warum gerade der Vorort des Bodenseestädtebundes so massiv auf den Plan trat, als die Appenzeller sich weigerten, die bodenseeischen Schiedssprüche, die die Auflösung ihres »Volksbundes« mit der Stadt St. Gallen verlangten[93], zu akzeptieren.

Während sich die Stadt St. Gallen dem Schiedsspruch unterwarf, erbaten die Appenzeller die befreundeten Landleute von Schwyz um Hilfe, die sie Anfang 1403 in ihr Landrecht aufnahmen[94]. Damit wurde erstmals »die innerschweizerische Eidgenossenschaft an Angelegenheiten des engeren Bodenseegebietes beteiligt«[95].

Die Truppen des Städtebundes zogen gegen Appenzell und erlitten in der Schlacht von Vögelinsegg am 15. Mai 1403 eine vernichtende Niederlage. Auch 99 Konstanzer blieben auf dem Schlachtfeld[96]. Das Ereignis war von großer Tragweite. Der Seestädtebund als Ordnungsmacht im Bodenseeraum hatte eine schwere Niederlage erlitten, war nicht imstande gewesen, »die von ihm eingerichtete Rechtsordnung zu gewährleisten«[97].

Während Zürich einen Waffenstillstand und Frieden vermittelte, den die Seestädte akzeptierten, setzte Konstanz den Krieg fort und verband sich mit Herzog Friedrich von Österreich, der in der Bodenseestadt sein Hauptquartier aufschlug[98]. Auch nach einer zweiten Niederlage gegen die Appenzeller und der

[90] Feger, Bodenseeraum III (wie Anm. 6), S. 91.

[91] Feger, Bodenseeraum III (wie Anm. 6), S. 130. Erneuerung der Bündniserlaubnis durch König Wenzel 1399 für 10 Jahre: Generallandesarchiv Karlsruhe KS 451.

[92] Zu diesem vgl. zusammenfassend Feger, Bodenseeraum III (wie Anm. 6), S. 130ff. – Benedikt Bilgeri: Der Bund ob dem See. Stuttgart/Berlin/Köln/Mainz 1968.

[93] Feger, Bodenseraum III (wie Anm. 6), S. 135. – Bilgeri, Bund ob dem See (wie Anm. 92), S. 33.

[94] Bilgeri, Bund ob dem See (wie Anm. 92), S. 33.

[95] Feger, Bodenseeraum III (wie Anm. 6), S. 136.

[96] Feger, Bodenseeraum III (wie Anm. 6), S. 137f.

[97] Feger, Bodenseeraum III (wie Anm. 6), S. 139. – Am 8. März 1404 verbündeten sich Konstanz, Überlingen, Lindau, Ravensburg, Memmingen, St. Gallen, Kempten, Isny, Leutkirch, Wangen und Buchhorn mit Ulm und neun weiteren Reichsstädten (Württembergische Regesten, wie Anm. 80, Nr. 5395).

[98] Bündnis vom 6. März 1405: Orig. Haus-, Hof- und Staatsarchiv Wien; Druck: Urkundenbuch der Abtei St. Gallen 4 (wie Anm. 74), Nr. 2334; Reg.: Regesten der Pfalzgrafen bei Rhein

Entstehung der großen »Eidgenossenschaft ob dem See«[99] führte Konstanz den Krieg weiter und ging im Oktober 1407 ein Bündnis mit der eben erst entstandenen adeligen Einheitsbewegung »Ritterschaft zu St. Jörgenschild«, anderen Adeligen sowie den Bischöfen von Konstanz und Augsburg ein[100]. Nach dem Sieg der Verbündeten bei Bregenz brach der Bund ob dem See rasch zusammen[101] und ein in Konstanz gefällter königlicher Schiedsspruch löste das Bündnis der Appenzeller mit St. Gallen auf[102]. Diese traten 1411 auf unbestimmte Zeit in das Burg- und Landrecht der sieben eidgenössischen Orte[103].

Unter ähnlichen Bedingungen schloß sich zwei Jahre später die Reichsstadt St. Gallen dem eidgenössischen Bund an[104] und schied damit endgültig als künftiger Konstanzer Bündnispartner aus.

Der Appenzellerkrieg bedeutete für Konstanz eine starke Erschütterung des freundschaftlichen Verhältnisses zu den südlichen Nachbarn[105]. Andererseits konnte die Stadt ihren politischen Einfluß vor allem im Thurgau durch die Aufnahme zahlreicher Ausbürger entscheidend festigen[106]. Abgesehen von einer Territorialpolitik durch das Heilig-Geist-Spital nördlich des Sees[107] erhoffte sich Konstanz als natürliche Hauptstadt des Thurgaus gerade hier die Möglich-

1214-1508. Bd. 2: Regesten König Ruprechts bearb. von Graf L. v. Oberndorff. Innsbruck 1939, Nr. 3899 u. 3900. – Feger, Bodenseeraum III (wie Anm. 6), S. 139ff. – Bilgeri, Bund ob dem See (wie Anm. 92), S. 34.

99 Zum »Bund ob dem See« vgl. Bilgeri, Bund ob dem See (wie Anm. 92), S. 41ff. und Feger, Bodenseeraum III (wie Anm. 6), S. 143ff.

100 27. Oktober 1407: Orig. Generallandesarchiv Karlsruhe; Feger, Bodenseeraum III (wie Anm. 6), S. 145. Es handelte es sich dabei um das erste Bündniss der Adelsgesellschaft mit einer Reichsstadt. Vgl. Hermann Mau: Die Rittergesellschaften mit St. Jörgenschild in Schwaben. Ein Beitrag zur Geschichte der deutschen Einungsbewegung im 15. Jahrhundert. Darstellungen aus der Württembergischen Geschichte 33. Stuttgart 1941, S. 206.

101 Vgl. Bilgeri, Bund ob dem See (wie Anm. 92), S. 115ff.

102 8. April 1408: Feger, Bodenseeraum III (wie Anm. 6), S. 147. – Bilgeri, Bund ob dem See (wie Anm. 92), S. 128f. Einen Monat später gestattete der König St. Gallen, sich mit den Bodenseestädten Konstanz, Überlingen, Ravensburg, Lindau, Buchhorn und Wangen zu verbünden (Regesten der Pfalzgrafen am Rhein Bd. 2, wie Anm. 98, Nr. 5325).

103 Feger, Bodenseeraum III (wie Anm. 6), S. 147f.

104 Feger, Bodenseeraum III (wie Anm. 6), S. 149.

105 Gallati, Konstanz und die Schweiz (wie Anm. 1), S. 533.

106 Dikenmann, Thurgau (wie Anm. 4), S. 17, mit Liste der Ausbürger 1428/30 ebd., S. 17-21.

107 Vgl. Kramml, Friedrich III. und Konstanz (wie Anm. 9), S. 162 u. 189ff.

keit zur Bildung eines städtischen Territoriums[108]. Im Süden vor den Toren der Stadt wurde bereits im 13. Jahrhundert das Tägermoos erworben, hier hatten die Patrizier ihr Geld angelegt, so daß Konstanz im Thurgau bald so begütert war, daß sich die einzelnen kleinen Rechte und Besitzungen kaum mehr fassen lassen[109]. Als 1415 nach der Achterklärung über Friedrich IV. von Österreich der Sturm der Nachbarn auf den habsburgischen Besitz einsetzte, ging daher ein erster Angriff unter besonders starker Beteiligung der Stadt von Konstanz aus in den Thurgau[110]. Während sich aber die Eidgenossen unter Führung Zürichs des habsburgischen Aargaus bemächtigten, konnte Konstanz letztendlich 1417 nur das Reichslandgericht im Thurgau, den Wildbann und die Vogtei Frauenfeld – und diese nur als Reichspfandschaft – erwerben[111].

Der König behielt die Landvogtei über den Thurgau, die wichtige Rechte der Landeshoheit einschloß, und retournierte sie wenig später an die Habsburger[112]. Dies und das kaiserliche Verbot der Ausbürgeraufnahme bedeuteten für Konstanz schwere Rückschläge[113], zumal man besonders gegen Ende der zwanziger Jahre des 15. Jahrhunderts massiv neue Bürger aus dem benachbarten Gebiet aufgenommen hatte. Es hatte sich dabei ebenfalls um eine Vorstufe zur Bildung eines eigenen Territoriums gehandelt[114]. Ungeachtet dieser Mißerfolge versuchten die Stadtväter, die städtischen Rechte im Thurgau auszubauen[115], die halbe Vogtei Weinfelden, das Raitegericht und die Vogteien Eggen, Altnau und Buch konnten erworben werden. Konstanz hatte aber mit dem Landgericht

[108] Zur städtischen Territorialpolitik vgl. Kramml, Friedrich III. und Konstanz (wie Anm. 9), S. 162ff.

[109] Feger, Bodenseeraum III (wie Anm. 6), S. 324.

[110] Feger, Bodenseeraum III (wie Anm. 6), S. 165.

[111] Dikenmann, Thurgau (wie Anm. 4), S. 23ff. – Kramml, Friedrich III. und Konstanz (wie Anm. 9), S. 164.

[112] Kramml, Friedrich III. und Konstanz (wie Anm. 9), S. 165.

[113] Dikenmann, Thurgau (wie Anm. 4), S. 35.

[114] Bernhard Kirchgässner: Zur Frühgeschichte des modernen Haushalts. Vor allem nach den Quellen der Reichsstädte Eßlingen und Konstanz. In: Städtisches Haushalts- und Rechnungswesen. Hrsg. von Erich Maschke/Jürgen Sydow. Stadt in der Geschichte. Veröffentlichungen des Südwestdeutschen Arbeitskreises für Stadtgeschichtsforschung 2. Sigmaringen 1977, S. 9-44, hier S. 17. – Ders.: Das Steuerwesen der Reichsstadt Konstanz 1418-1460. Aus der Wirtschafts- und Sozialgeschichte einer oberdeutschen Handelsstadt am Ausgang des Mittelalters. Konstanzer Geschichts- und Rechtsquellen Bd. 10. Konstanz 1960, S. 151ff.

[115] Vgl. bes. Dikenmann, Thurgau (wie Anm. 4), S. 33ff. – Kramml, Friedrich III. und Konstanz (wie Anm. 9), S. 163ff.

nur einen Teil der Landeshoheit inne[116]. Dies wurde besonders deutlich, als die Landvogtei 1460 durch Gewalt und 1474 vertraglich an die Eidgenossen kam.

Als dritter Interessent an diesem Landstrich neben Österreich und den Eidgenossen[117] hatten die Konstanzer besonders nach der Wahl eines Habsburgers zum deutschen König eine schwierige Phase zu überwinden. Dieser konnte als Reichsoberhaupt vom Einlösungsrecht der Pfandschaft Gebrauch machen und sie wieder seinem Haus einverleiben. Friedrich III. hatte diese Absicht schon 1442 anklingen lassen[118]. Konstanz konnte daher an einer Stärkung Habsburgs kein Interesse haben und beteiligte sich folgerichtig auch nicht am Zürichkrieg, der dazu dienen sollte, die habsburgische Macht zu restituieren[119]. Ja die Stadt lieferte den Eidgenossen ungeachtet Züricher Proteste sogar mehrmals wöchentlich Getreide, Salz und Eisen[120].

Andererseits durfte man dem König aber auch keine rechtliche Handhabe bieten, die Stadt ihrer Pfandschaft zu entledigen.

Die Erstarkung der Eidgenossen manifestierte sich aber bald in Freischarenzügen. Schon 1445/46 machten Wiler Söldner das Gebiet bis vor die Tore der Stadt Konstanz unsicher[121], und im Plappartkrieg zogen die Eidgenossen direkt gegen die Bischofs- und Reichsstadt. Bald nach der Eroberung des Thurgaus durch die Eidgenossen begann auch dort die Beeinträchtigung der städtischen Rechte, aber man konnte nun vermehrt auf eine Unterstützung des Kaisers zählen, für den Konstanz ein Garant dafür war, daß der als Reichspfandschaft deklarierte ehemalige habsburgische Besitz den Eidgenossen vorenthalten blieb.

Diese schwierige Situation macht deutlich, warum sich Konstanz auf eine Neutralitätspolitik verlegen mußte. Die Stadt war dabei so erfolgreich, daß sie erneut Mittelpunkt einer umfassenden Einung wurde.

Konstanz war nach den Zunftunruhen (1430) sowohl aus dem Bodenseebund[122] als auch dessen Allianz mit dem Jörgenschild[123] ausgeschieden und

[116] Dikenmann, Thurgau (wie Anm. 4), S. 46.

[117] Vgl. Gallati, Konstanz und die Schweiz (wie Anm. 1), S. 533.

[118] Vgl. Kramml, Friedrich III. und Konstanz (wie Anm. 9), S. 83 u. 167.

[119] Vgl. Kramml, Friedrich III. und Konstanz (wie Anm. 9), S. 90f.

[120] Hans Berger: Der Alte Zürichkrieg im Rahmen der europäischen Politik. Ein Beitrag zur »Außenpolitik« Zürichs in der ersten Hälfte des 15. Jahrhunderts. Zürich 1978, S. 119.

[121] Maurer, Schweizer und Schwaben (wie Anm. 9), S. 20.

[122] Dieser war im Juni 1425 ein vorläufig letztes Mal von Konstanz, Schaffhausen, Überlingen, Lindau, Wangen, Radolfzell und Buchhorn um fünf Jahre verlängert worden: Generallandesarchiv Karlsruhe 5/283. Die Abrechnungen dieses Städtebundes (für die Zeit von 1424 bis 1432) sind im Stadtarchiv Konstanz Bd. C I 2 b erhalten.

1439 ein zweijähriges Bündnis mit der Hegauritterschaft eingegangen[124]. Nach Auseinandersetzungen mit dem ebenfalls mit der Ritterschaft verbündeten Bischof wurde der Vertrag nicht verlängert[125].

Konstanz beteiligte sich in der Folge weder am Kriegszug der schwäbischen Reichsstädte in den Hegau[126] noch am Zürichkrieg[127], der die endgültige Abwendung der Limatstadt von einer gemeinsamen Politik in der Bodenseelandschaft bedeutete[128].

Konstanz vermittelte einen Waffenstillstand und hielt mehrere Schiedstage in der Stadt ab[129]. Seine Neutralität bewährte sich auch im Städtekrieg 1449/50[130] und führte dazu, daß sich der nunmehr aus Überlingen, Lindau und Buchhorn bestehende Bodenseestädtebund[131] 1454 der Konstanzer Führung unterstellte[132].

[123] Mau, Jörgenschild (wie Anm. 100), S. 207f. Das Bündnis wurde 1431 nicht mehr erneuert. Einzelverträge zwischen Reichsstädten und der Ritterschaft folgten. Andere Städte der Region schlossen sich dem Schwäbischen Städtebund an. – Vgl. zusammenfassend Kramml, Friedrich III. und Konstanz (wie Anm. 9), S. 132f. Ab 1436 kam unter Führung Ravensburgs ein neuer Bodenseebund zustande, die sogen. »Ravensburger Einung«, die bis 1444 Bestand hatte (Kramml, ebd., S. 133-136).

[124] Für die Dauer vom 7. Februar 1439 bis 23. April 1441: Orig. Generallandesarchiv Karlsruhe 5/283. – Zum Bundbrief Mau, Jörgenschild (wie Anm. 100), S. 210 und Feger, Bodenseeraum III (wie Anm. 6), S. 232.

[125] Vgl. dazu Peter F. Kramml: Heinrich IV. von Hewen (1436-1462). Friedensstifter und Reformbischof. In: Die Bischöfe von Konstanz Bd. I (Geschichte). Friedrichshafen 1988, S. 384-391, hier S. 388. – Ders.: Friedrich III. und Konstanz (wie Anm. 9), S. 134.

[126] Dazu und generell zum Schwäbischen Städtebund Harro Blezinger: Der Schwäbische Städtebund in den Jahren 1438-1445. Darstellungen aus der württembergischen Geschichte 39. Stuttgart 1954, S. 68ff.

[127] Vgl. Kramml, Friedrich III. und Konstanz (wie Anm. 9), S. 90f. u. 135. – Feger, Bodenseeraum III (wie Anm. 6), S. 248 ff.. – Berger, Der Alte Zürichkrieg (wie Anm. 120).

[128] Feger, Bodenseeraum III (wie Anm. 6), S. 256.

[129] EA II, Nr. 283 (1444 November 17); Nr. 294 (1445 November 11); Nr. 300 (1446 Mai 16 bis Juni 9). – Kramml, Friedrich III. und Konstanz (wie Anm. 9), S. 90f. – Feger, Bodenseeraum III (wie Anm. 6), S. 253.

[130] Kramml, Friedrich III. und Konstanz (wie Anm. 9), S. 136.

[131] Dieser Bund, der möglicherweise die Brücke zum 1444 ausgelaufenen Bodenseebund bildet, wurde am 22. April 1449 um zwei Jahre verlängert: Orig. Stadtarchiv Überlingen Nr. 1857; Abdruck bei Kramml, Friedrich III. und Konstanz (wie Anm. 9), Anhang 5a, S. 477.

[132] Bündnisabschluß vom 12. März 1454: Orig. Generallandesarchiv Karlsruhe 5/283; Druck Kramml, Friedrich III. und Konstanz (wie Anm. 9), S. 477-482.

Die Bodenseestadt blieb durch 16 Jahre Vorort des Bundes[133], der sich durch weitreichende Hilfsbestimmungen auszeichnete. Er bot Schutz gegen den umliegenden Landadel, die Bedrohung durch Österreich und eidgenössische Übergriffe, wie sie zu dieser Zeit gerade durch die Auseinandersetzungen um Schaffhausen deutlich geworden waren[134].

Der Bund entwickelte große Aktivitäten und traf sich zu monatlichen Bundesversammlungen. Die treibende Kraft war Konstanz, das 90 % aller Ausgaben tätigte und dessen Stadtschreiber den gesamten Schriftverkehr erledigte[135]. Konstanzer vertraten den Bund bei Reichstagen, und Ratsgesandte, besonders der angesehene ehem. ksl. Protonotar Marquard Brisacher, wirkten als begehrte Schiedsrichter und entwickelten eine rege Vermittlungstätigkeit[136]. Via Konstanz liefen auch die Kontakte des Bundes zu den Eidgenossen[137]. Diesen hatten sich in den 50er Jahren nicht nur Abtei und Stadt St. Gallen, Freiburg im Üchtland und Schaffhausen näher angeschlossen[138], selbst Ravensburg erbat von Luzern 1454 Hilfe im Kriegsfall[139]. Auch für den Bodenseestädtebund existierten – wie ein späterer Schriftverkehr beweist[140] – dezidierte eidgenössische Hilfszusagen.

[133] Zur Bedeutung dieses in Dauer und Wirkung bislang unterschätzten Bündnisses vgl. KRAMML, Friedrich III. und Konstanz (wie Anm. 9), S. 137-147 und Quellenanhang S. 477-497 (Abdruck der Bündnisurkunden und Zusammenstellung der Quellen zu diesem Bund).

[134] Vgl. FEGER, Bodenseeraum III (wie Anm. 6), S. 284.

[135] Vgl. die Zusammenstellung der Rechen- und Protokollbücher: KRAMML, Friedrich III. und Konstanz (wie Anm. 9), S. 494f. und S. 144f.

[136] Vgl. KRAMML, Friedrich III. und Konstanz (wie Anm. 9), S. 140ff. Zum ehem. ksl. Protonotar Brisacher ebd., S. 294ff.

[137] Vgl. etwa die Mitteilung über Bündnisangebote im Januar 1459: Stadtarchiv Konstanz A II 18, fol. 2^r-3^v.

[138] Vgl. G. THÜRER: St. Galler Geschichte. Bd. 1. St. Gallen 1953, S. 284-286; EA II, S. 875 Nr. 34ff. – A. GASSER: Die territoriale Entwicklung der schweizerischen Eidgenossenschaft. 1291 - 1797. Aarau 1932, S. 98f. – AUGUST NÄF: Die Bündnisse der Stadt St. Gallen mit den deutschen Reichsstädten. In: Schriften des Vereins für Geschichte des Bodensees und seiner Umgebung 4 (1873), S. 32-55, hier S. 54. – FEGER, Bodenseeraum III (wie Anm. 6), S. 172.

[139] THEODOR VON LIEBENAU: Hilfegesuch der Stadt Ravensburg beim Rate von Luzern (1454). In: Diözesanarchiv von Schwaben 13 (1895), S. 4f.

[140] KARL HEINRICH ROTH VON SCHRECKENSTEIN: Der Bund der Städte Überlingen, Lindau, Ravensburg, Wangen und Buchhorn 1470 - 1475. In: Zeitschrift für die Geschichte des Oberrheins 25 (1873), S. 225-256, hier S. 219f.: Schreiben von Überlingen an Konstanz über ein eidgenössisches Hilfegesuch. – Zur Datierung vgl. KRAMML, Friedrich III. und Konstanz (wie Anm. 9), S. 140, Anm. 95.

Im sogenannten Plappartkrieg[141], einem Zug eidgenössischer Freischaren gegen Konstanz, bewährten sich die Hilfsbestimmungen des Bodenseestädtebundes[142], dem sich in der Folge auch Pfullendorf, Ravensburg, Isny und Wangen anschlossen[143]. Bündnisangebote des Markgrafen von Baden, von Graf Ulrich von Württemberg und der österreichischen Herzöge wurden 1461 abgelehnt[144].

Die von Konstanz vorgegebene strikte Neutralität im Reichskrieg Friedrichs III. gegen Ludwig von Bayern und Albrecht VI. von Österreich wurde hingegen nicht von allen Bundesstädten eingehalten[145]; Überlingen und Pfullendorf schlossen sich nun enger an die Hegauritterschaft an.

Nach dem Plappartkrieg, einem für Konstanz unerwartet kommenden Übergriff eidgenössischer Freischaren, trat der Konstanzer Bischof in das Burgrecht Zürichs ein[146]. Der Kriegszug bildete den Auftakt zur zwei Jahre später erfolgten Eroberung des Thurgaus[147]. Auch in dieser eidgenössischen Auseinandersetzung mit Österreich vermittelte Konstanz[148] und brachte 1461 einen 15jährigen Frieden zustande[149], der den Eidgenossen ihre Eroberungen zugestand.

[141] Zum Plappartkrieg vgl. Feger, Bodenseeraum III (wie Anm. 6), S. 274ff. – Ders., Kleine Geschichte (wie Anm. 6), S. 134. – EA II, Nr. 462 (Richtungsbrief). – Ruppert, Chroniken (wie Anm. 53), S. 238. – Maurer, Schweizer und Schwaben (wie Anm. 9), S. 21-24. – Ders. nun ausführlich in diesem Sammelband.

[142] Überlingen entsandte 500 Bewaffnete nach Konstanz, auch Lindau und Buchhorn stellten Truppenkontingente. Das seestädtische Heer war durch ein aufgenähtes rotes Kreuz gekennzeichnet. Vgl. die Schilderung von Jacob Reutlinger, ediert bei: Philipp Ruppert: Ein Überlinger Chronist des 15. Jahrhunderts. In: Konstanzer Geschichtliche Beiträge Bd. 1. Konstanz 1888, S. 96-132, hier S. 102.

[143] Vgl. Kramml, Friedrich III. und Konstanz (wie Anm. 9), S. 141f.; Abdruck der Bündnisurkunden S. 483ff.

[144] Kramml, Friedrich III. und Konstanz (wie Anm. 9), S. 141ff.

[145] Dazu ausführlich Kramml, Friedrich III. und Konstanz (wie Anm. 9), S. 142f. und bes. S. 359ff.

[146] Johannes Gisler: Die Stellung der acht Alten Orte zum Konstanzer Bistumsstreit 1474-1480. Zeitschrift für Schweizerische Kirchengeschichte Beiheft 18. Freiburg/Schweiz 1956, S. 16. – Feger, Bodenseeraum III (wie Anm. 6), S. 277.

[147] Vgl. Feger, Bodenseeraum III (wie Anm. 6), S. 278ff.

[148] Vgl. EA II, Nr. 466 u. 471 über Friedensverhandlungen zwischen den Eidgenossen und Herzog Sigmund zu Konstanz vom 25. Mai bis 9. Juni und Ende Dezember 1459. Zu weiteren Verhandlungen vgl. EA II, Nr. 475, 488 und 489 (1460 Dezember 7: Waffenstillstand).

[149] EA II, Nr. 493 (1461 Mai 2) und 494 (1461 Mai 17 - Juni 1). – Vgl. Dikenmann, Thurgau (wie Anm. 4), S. 49. – Feger, Bodenseeraum III (wie Anm. 6), S. 281f. – Zu weiteren Konstanzer Verhandlungen im März 1463 vgl. EA II, Nr. 515.

Die neuen Machthaber respektierten zunächst ausdrücklich die Konstanzer Rechte im Thurgau und gingen mit dem Vorort des Bodenseebundes noch nicht auf Konfrontationskurs[150].

Aber bereits 1465 erhielt man konkrete Hinweise auf einen bevorstehenden Freischarenzug gegen Konstanz[151]. Im Folgejahr müssen die Eidgenossen auch erstmals versucht haben, die Konstanzer Rechte im Thurgau an sich zu bringen, da Kaiser Friedrich III. – wohl auf städtische Vorsprache – Konstanz eine Auslösung der Reichspfandschaft untersagte[152].

Mit kaiserlicher Rückendeckung versuchte Konstanz in den folgenden drei Jahren seine Thurgauer Rechte abzusichern und das Landgericht personell und lokal auf Dauer an sich zu binden[153]. Der städtische Reichsvogt wurde Landrichter, das Konstanzer Rathaus Landgerichtsstätte. Zudem konnten weitere Vogteirechte im Umland erworben werden.

Dies richtete sich eindeutig gegen die Eidgenossen, und es verwundert daher nicht, daß sich Konstanz im Waldshutkrieg trotz einer Neutralität der Seestädte dafür verantworten mußte, daß sich 50 Bürger auf habsburgischer Seite beteiligt hatten[154].

Man konnte dem immer stärker werdenden eidgenössischen Druck[155] auf die Städte der Bodenseeregion nichts entgegensetzen[156], woran letztendlich auch der Bodenseebund zerbrach[157].

Konstanz blieb nach seinem Auslaufen 1470 neutral. Überlingen übernahm in einem neuen kurzlebigen Seebund die Führungsrolle und geriet mit Lindau in der Frage des Vorortes in Streit[158]. Buchhorn war in das Bürgerrecht von

150 Dikenmann, Thurgau (wie Anm. 4), S. 49f.

151 Maurer, Schweizer und Schwaben (wie Anm. 9), S. 25.

152 Kramml, Friedrich III. und Konstanz (wie Anm. 9), S. 170f.

153 Kramml, Friedrich III. und Konstanz (wie Anm. 9), S. 171ff. – Dikenmann, Thurgau (wie Anm. 4), S. 50f.

154 Feger, Bodenseeraum III (wie Anm. 6), S. 288. – Kramml, Friedrich III. und Konstanz (wie Anm. 9), S. 145. – Vgl. auch Marmor, Beziehungen (wie Anm. 3), S. 138. – Zu den Friedensverhandlungen vor Waldshut und Konstanz als einer der ins Auge gefaßten Schiedsrichter in den Auseinandersetzungen vgl. EA II, Nr. 614, bes. S. 389.

155 Ende 1468 versuchten die eidgenössischen Hauptleute, eine Steuer zur Deckung der Kriegskosten auch auf im Thurgau gelegene Güter von Konstanzer Bürgern umzulegen, diese verweigerten aber die Zahlung: EA II, Nr. 617, S. 392, § g.

156 Am 6. Februar 1469 schloß Bischof Hermann von Konstanz ein Bündnis mit den eidgenössischen Orten: EA II, Nr. 621 und Beilage 45.

157 Zum Ende des Bodenseebundes unter Konstanzer Führung vgl. Kramml, Friedrich III. und Konstanz (wie Anm. 9), S. 145f.

158 Vgl. dazu Kramml, Friedrich III. und Konstanz (wie Anm. 9), S. 148ff.

Zürich eingetreten[159], und Wangen unterstellte sich dem Schutz St. Gallens[160]. Der Konstanzer Bischof und sogar die Grafen von Württemberg schlossen Bündnisse mit den Eidgenossen, und Herzog Sigmund anerkannte 1474 in der Konstanzer Ewigen Richtung den eidgenössischen Besitzstand[161]. Beide Parteien unterwarfen sich in künftigen Streitigkeiten Bischof und Stadt Konstanz als Schiedsinstanz. Die ehemaligen Bundesstädte Lindau, Überlingen, Pfullendorf und Ravensburg gingen Schirmverträge mit Herzog Sigmund ein[162].

Auch auf das nun isolierte Konstanz wuchs der eidgenössische Druck. 1471 wurde erneut die Einlösung des Landgerichtes begehrt[163], wobei sich die Eidgenossen nach dem Vertrag von 1474 auch darauf berufen konnten, Rechtsnachfolger Österreichs im Thurgau zu sein[164]. Nach dem eidgenössischen Sieg in den Burgunderkriegen, in denen man die Bodenseestädte vergeblich um Hilfe gemahnt hatte[165], setzten ab März 1477 massive eidgenössische Bestrebungen ein, die Konstanzer Rechte im Thurgau zu beseitigen[166]. Der Verlauf der Burgunderkriege führte nicht nur dazu, daß sich die Eidgenossen ihrer Großmachtstellung bewußt wurden, sondern er wirkte sich – wie Karl Mommsen erkannte – auch grundlegend auf das Verhältnis zu den nördlichen Nachbarn aus: »Entscheidend hatte aber zur Trennung der Eidgenossen von den städtischen Interessen beigetragen, daß die süddeutschen Reichsstädte den Eidgenossen in den Bur-

[159] Orig. der Bündnisurkunde Staatsarchiv Zürich, Stadt und Land Nr. 1398. – Vgl. Otto Hutter: Buchhorn-Friedrichshafen. Das Werden einer Stadt. Friedrichshafen 1939, S. 63f.

[160] Franz Ludwig Baumann/Josef Rottenkolber: Geschichte des Allgäus. Bd. 2. Neudruck der Ausgabe Kempten 1890. Aalen 1973, S. 65.

[161] Feger, Bodenseeraum III (wie Anm. 6), S. 289. – EA II, Nr. 735, 739, 760. – Robert Janeschitz-Kriegl: Geschichte der ewigen Richtung von 1474. In: Zeitschrift für die Geschichte des Oberrheins 105 (1957), S. 150-224.

[162] Vgl. Kramml, Friedrich III. und Konstanz (wie Anm. 9), S. 151.

[163] Stadtarchiv Konstanz A IX,2 fol. 137. – Ruppert, Thurgau (wie Anm. 3), S. 105. – Dikenmann, Thurgau (wie Anm. 4), S. 54f.

[164] Vgl. Dikenmann, Thurgau (wie Anm. 4), S. 60.

[165] Vgl. Kramml, Friedrich III. und Konstanz (wie Anm. 9), S. 150. Nach dem Sieg beglückwünschte Konstanz die Eidgenossen und versicherte, »sie haben darum Gott Lob und Dank gesagt, Kreuzgänge gethan vor und nach der Schlacht und mit ihren Glocken Freude geläutet« (Eidgenössische Tagsatzung zu Luzern am 12. Juli 1476: EA II, Nr. 842).

[166] EA II, Nr. 879 (1477 März 21); EA III,1 Nr. 17, Nr. 76. – Kramml, Friedrich III. und Konstanz (wie Anm. 9), S. 173ff.

gunderkriegen keine Hilfe geleistet hatten, so sehr die Orte auch darum gebeten hatten«[167].

Die Eidgenossen verhinderten im Konstanzer Bistumsstreit einen habsburgischen Kandidaten[168] und beschlossen im September 1480, das Landgericht durch Hinterlegung der Pfandsumme mit Gewalt einzulösen[169]. Noch während des sogenannten »Landgerichtsstreites«[170], in dem die Eidgenössischen Orte mit unterschiedlicher Härte vorgingen, spaltete sich die Eidgenossenschaft aber selbst in zwei Lager, die vier Länder Uri, Schwyz, Unterwalden und Glarus mit dem Landstädtchen Zug, die einen Bündnisvertrag mit dem Konstanzer Bischof eingingen, und andererseits die Städte Zürich, Bern und Luzern, die mit Freiburg und Solothurn ein Burgrecht abschlossen und gegen den Bischof Stellung bezogen[171].

Die Städtepartei mit Zürich an der Spitze erzielte im Stanser Verkommnis im Dezember 1481 mit der Aufnahme der Städte Freiburg und Solothurn in die Eidgenossenschaft einen bedeutenden Erfolg[172].

Gerade in dieser Situation traten Berner Boten im Januar 1482 bei Verhandlungen über das Landgericht[173] mit dem Vorschlag an Konstanz heran, einen Bund mit den Eidgenossen einzugehen, sich mit niemand anderem zu verbünden und im Kriegsfall die Stadt zu öffnen[174]. Es war dies das nach der in-

[167] MOMMSEN, Eidgenossen (wie Anm. 8), S. 281. – Zum verschlechterten Verhältnis vgl. auch MARGARETE STEIBELT: Die Eidgenossen und die südwestdeutschen Territorien 1450-1488. Phil. Diss. Heidelberg 1946, S. 150f.

[168] Vgl. KRAMML, Friedrich III. und Konstanz (wie Anm. 9), S. 223ff. – GISLER, Bistumsstreit (wie Anm. 146).

[169] DIKENMANN, Thurgau (wie Anm. 4), S. 72. – Zu Vorverhandlungen EA III, 1 Nr. 68, Nr. 76 und DIKENMANN, ebd., S. 72.

[170] Vgl. DIKENMANN, Thurgau (wie Anm. 4), S. 71ff. – DIERAUER, Eidgenossenschaft (wie Anm. 63), 2,4 S. 323. – FEGER, Bodenseeraum III (wie Anm. 6), S. 325. – BRUNO MEYER: Die Durchsetzung des eidgenössischen Rechts im Thurgau. In: Festgabe Hans Nabholz zum 70. Geburtstag. Aarau 1944, S. 139-169, hier S. 149. – KRAMML, Friedrich III. und Konstanz (wie Anm. 9), S. 174ff. – EA III,1 Nr. 94, 100, 104, 130, 134, 136, 165, 172.

[171] Vgl. BENDER, Zwinglis Reformationsbündnisse (wie Anm. 12), S. 78f. – FEGER, Bodenseeraum III (wie Anm. 6), S. 311.

[172] FEGER, Bodenseeraum III (wie Anm. 6), S. 312.

[173] Vgl. EA III,1 Nr. 130 und Stadtarchiv Konstanz Akte C V 5 (Konstanzer Instruktion für den Tag am 13. Januar sowie Abschied der Tagsatzung). – Zu den Verhandlungen über das Landgericht: DIKENMANN, Thurgau (wie Anm. 4), S. 76ff. Am 17. Januar 1482 fand eine eidgenössische Tagsatzung in Konstanz statt: EA III,1 Nr. 131.

[174] Vgl. die Angaben der Konstanzer Boteninstruktion in: Stadtarchiv Konstanz Akte C V 5. Die Instruktion ist undatiert, jedoch durch den Zusammenhang mit anderen Aktenbeständen, die

nereidgenössischen Einigung vermutlich aussichtsreichste Angebot, das Konstanz in dieser Richtung je erhalten hat.

Konstanzer Boten lehnten im März 1482 auf einer Berner Tagsatzung den Vorschlag allerdings ab[175], man einigte sich nur, sich gegenseitig nicht bekriegen zu lassen. Die erhaltene städtische Boteninstruktion führt dazu aus:

Item und ob dann der von Bern botten uff der mainung wölten ligen, das sich ain statt von Costentz zů in in ainung tůn sölt, und ob sy krieg gewunnen, das sy dann zů Costentz ligen und in und usz wandeln möchten etc. und das sich ain statt von Costentz sust zů nieman wider sy sölten verbinden.

Darauff zů antwurten ist den botten bevohlen, die antwurt zu geben: Sunder lieben und guten frund. Ir haben vormals wol verstanden den gůten willen ains rats der statt Costentz, wa er wisse die gůten fruntschafft zů meren, das er des willig, wa es gemainer aydgenossen und der statt Costentz nutz wär. Nu sy war, das vor ettlichen zitten von söllicher mainung, als von ainer ainung oder verstentnusse von iren und ains rats zů Costentz vordern sy geredt, und möcht nicht kommenlich nach gelegenhait der statt Costentz funden werden, als söllichs gemainen aydgenossen (und der statt Costentz)[176] *nutzlich oder hilff erschiesenlich wär, dann sölt sich usserthalb anndrer in unainikait icht begeben, das zů vehde und vindschafft dienen wurd, damit ain statt von Costentz och in krieg keme [damit], so wurd der statt von Costentz die zůfůrung der spisz entwert und den aydgenosen und den iren ir köff der spisz, den sy sust usser der statt taglichs mit zů fůrung hetten, verhindert, und mocht och deszhalb der statt Costentz hillf nit vil nutz oder furderung bringen, deszhalb das domals in der gůten frundlichen mainung sy angestanden. Nicht destminder so hab sich domals ain rat zů Costentz in gutem fruntlichen willen gegen gemainen aydgenosen erbotten und in zů gesaitt, wer der war, der sich underston wölt, sy zů bekriegen, wa das ain rat von Costentz verneme, das er sollichs durch die statt Costentz nitt wölt lasen zů gon, noch gestatten, als verr er das vermocht, das ain rat der statt Costentz biszher gehalten hab und furo halten wölle, und sich des gegen gemainen aydgenosen frundlich och versehen.*

Hinweise auf den Landgerichtsstreit sowie Orts- und Tagesangabe der geplanten Tagsatzung datierbar. Sie bezieht sich auf einen Berner Tag am Sonntag Oculi. Dieser muß mit der eidgenössischen Tagsatzung zu Bern am 10. März 1482 identisch sein (vgl. EA III,1 Nr. 136).

175 Stadtarchiv Konstanz Akte C V 5 (Missiv der auf den Sonntag Oculi, den 10. März, nach Bern abgefertigten städtischen Boten). – Vgl. Kramml, Friedrich III. und Konstanz (wie Anm. 9), S. 179 u. bes. S. 152f., bes. Anm. 229 (mit Textauszug).

176 Der in Klammern angeführte Text wurde gestrichen.

Und verer von ainer frundlichen verstentnusse zu reden, wăr in von aim rat empfolhen witter antwort in guter fruntlicher mainung zu geben, und davon zu reden, also das sovil zwischen gemeinanen aydgenossen und der statt Costentz abgeredt wurd:

Des ersten, das ain statt von Costentz gemain aidgenoszen durch ir statt nit bekriegen laszen wollen, als verr sy das vermugen, desglichen gemain aidgenoszen ain statt von Costentz durch ir stett und land och nit bekriegen lausen sollen, als ver sey das vermugen.[177]

Rücksichten auf den Kaiser als Inhaber der Reichspfandschaft und die noch immer nicht ausgestandene Lösung des Landgerichtsstreits mögen die Konstanzer Ablehnung erklären. Zudem waren zu der besagten Berner Tagsatzung nur die Boten von vier eidgenössischen Orten erschienen, so daß selbst die Verhandlungen über das Landgericht vertagt werden mußten[178].

Im Streit um das Landgericht konnte der Konstanzer Bischof Otto von Sonnenberg, der sich 1483 mit den Eidgenossen verbündet hatte, einen Ausgleich erzielen[179]. Das Landgericht verblieb Konstanz, die Gerichtseinnahmen gingen zu ¾ an die Eidgenossen – bei der Höhe der Einnahmen war dies ein geringer finanzieller Verlust[180]. Weitere Reibereien, besonders Appellationstreitigkeiten, blieben aber an der Tagesordnung[181].

Eine mögliche Annäherung Konstanz an die Eidgenossenschaft wurde ab 1487 durch die Gründung des Schwäbischen Bundes[182], der eine Polarisierung im Bodenseeraum bewirkte, unterbunden.

[177] Es folgen weitere Punkte *der luter begriff der verstentnusse*: vgl. mehrere Abschriften in Stadtarchiv Konstanz Akte C V 5.

[178] EA III,1 Nr. 136.

[179] Orig. des Vergleichs: Generallandesarchiv Karlsruhe 5/721; Staatsarchiv Zürich, Stadt und Land 612; Abschr. Stadtarchiv Konstanz Akte C V 5. – Vgl. auch EA III,1 Nr. 143. – Dikenmann, Thurgau (wie Anm. 4), S. 81ff. – Ruppert, Thurgau (wie Anm. 3), S. 108. – Zum Bündnis vgl. Joseph Vochezer: Geschichte des fürstlichen Hauses Waldburg in Schwaben. Bd. 1. Kempten 1888, S. 875f.

[180] Vgl. Kramml, Friedrich III. und Konstanz (wie Anm. 9), S. 180, Anm. 148 und die Abrechnung vom Juni 1484: EA III,1 Nr. 214, bes. S. 183.

[181] EA III,1 Nr. 226, 240, 251, 329, 357, 403, 452. – Vgl. Kramml, Friedrich III. und Konstanz (wie Anm. 9), S. 180f. – Ruppert, Thurgau (wie Anm. 3), S. 109ff. – Dikenmann, Thurgau (wie Anm. 4), S. 85-90. – Über die 1488 einsetzenden Appellationsstreitigkeiten und Auseinandersetzungen mit dem Stift St. Gallen vgl. ebd., S. 90ff.

[182] Zu diesem vgl. Helmo Hesslinger: Die Anfänge des Schwäbischen Bundes und seine verfassungspolitische Bedeutung bis 1492. Phil. Diss. Tübingen. Stuttgart 1969. – Eduard Osann: Zur

Der auf Initiative Friedrich III. vorrangig gegen die Macht der Wittelsbacher[183] gegründete Bund, den die Eidgenossenschaft »ebenso wie gegen die Bayern gegen sich selbst gerichtet sah«[184], umfaßte nun auch die Städte des Bodenseeraumes. Vergeblich hatte Konstanz mit diesen verhandelt, einem so weitläufigen Bündnis nicht beizutreten[185]. Aber selbst Wangen mußte auf kaiserlichen Druck sein Bündnis mit St. Gallen aufgeben und in den Schwäbischen Bund eintreten[186].

Nur Konstanz verweigerte beharrlich, selbst bei Androhung der Reichsacht, einen Beitritt[187]. Dafür gab es mehrere Gründe[188]: die exponierte Lage der Stadt, den thurgauischen Besitz der Bürger, die Rolle des Stadtrates als Austragsinstanz der Ewigen Richtung, die eidgenössischen Bündnisse von Bischof und Domkapitel, ja selbst die drohende Gefahr eines Krieges mit den Eidgenossen.

Überlegungen über einen Anschluß an die Eidgenossenschaft – wie sie Otto Feger für diese Zeit annahm[189] – existierten damals nicht! Man verhandelte nur über ein Beistandsversprechen für den Fall, daß die Weigerung, dem Bund beizutreten, zu einem kriegerischen Vorgehen gegen Konstanz führen sollte[190]. Doch waren sich die Eidgenossen diesbezüglich nicht einig. Nur das

Geschichte des schwäbischen Bundes. Von seiner Gründung 1487, bis zum Tode Kaiser Friedrichs III., 1493. Giessen 1861. – Paul Schweizer: Vorgeschichte und Gründung des schwäbischen Bundes. Zürich 1876. – Ernst Bock: Der Schwäbische Bund und seine Verfassungen 1488-1534. Ein Beitrag zur Geschichte der Zeit der Reichsreform. Untersuchungen zur deutschen Staats- und Rechtsgeschichte. Alte Folge Heft 137. Neudruck der Ausgabe Breslau 1927. Aalen 1968. – Karl Klüpfel: Urkunden zur Geschichte des Schwäbischen Bundes. 2 Bde. Bibliothek des Literarischen Vereins in Stuttgart 14 u. 31. Stuttgart 1846/53. – Zusammenfassend vgl. Bader, Der deutsche Südwesten (wie Anm. 8), S. 186ff. – Vgl. nun den Beitrag von Horst Carl in diesem Band.

183 Vgl. Deutsche Reichstagsakten. Mittlere Reihe Bd. III. Göttingen 1972-73, S. 373.

184 Mommsen, Eidgenossen (wie Anm. 8), S. 276. – Vgl. auch Feger, Bodenseeraum III (wie Anm. 6), S. 316ff. – Ende 1488 versicherte eine Gesandtschaft des Schwäbischen Bundes bei einer Eidgenössischen Tagsatzung, daß der Bund dem Landfriedensschutz diene und nicht gegen die Eidgenossenschaft gerichtet sei. Vgl. EA III,1 Nr. 338.

185 Kramml, Friedrich III. und Konstanz (wie Anm. 9), S. 154f.

186 Feger, Bodenseeraum III (wie Anm. 6), S. 320.

187 Vgl. dazu Kramml, Friedrich III. und Konstanz (wie Anm. 9), S. 154ff.

188 Vgl. die Angabe der Gründe bei den Verhandlungen mit dem Schwäbischen Bund und dem Kaiser: Kramml, Friedrich III. und Konstanz (wie Anm. 9), S. 157ff.

189 Vgl. Feger, Bodenseeraum III (wie Anm. 6), S. 326. – In den EA III fehlen Nachrichten über Bündnisverhandlungen, es sind aber am 5. August und 6. Oktober 1488 Tagsatzungen in der Stadt Konstanz belegt: EA III,1 Nr. 328 u. 332.

190 Vgl. EA III,1 Nr. 338 u. 339; Deutsche Reichstagsakten. Mittlere Reihe III (wie Anm. 183), Nr. 123h.

durch zahllose wirtschaftliche und persönliche Beziehungen mit Konstanz eng verbundene Zürich, das in eidgenössischem Auftrag die Verhandlungen führte[191], sagte auf eigene Kosten Hilfe im Kriegsfall zu[192].

Bedeutender für die beharrliche Weigerung Konstanz' waren massive Kriegsdrohungen von eidgenössischer Seite. Selbst Züricher Boten hatten noch im Januar 1489 deutlich gemacht[193], daß ein Beitritt der Stadt zum Bund als Kriegserklärung aufgefaßt werde.

Wie die Konstanzer dem Kaiser gegenüber beteuerten, hatte man ihnen kundgetan[194]: *Und so wir des morgens in den pund kemen, solten wir wissen, das wir den zu abend den offen krieg haben wurden.*

Diesen Argumenten für eine Konstanzer Neutralität konnte sich auch Friedrich III. nicht verschließen, und er dispensierte die Bodenseestadt im März 1489 vom Beitritt zum Schwäbischen Bund[195].

Von Bündnisverhandlungen, von einer Frage der Aufnahme Konstanz als zugewandter Ort oder als gleichberechtigtes Mitglied war im Zuge der Verhandlungen nie die Rede gewesen[196]. Auch ein in der Literatur mehrfach zitiertes kaiserliches Anschlußverbot von 1483 existiert nicht[197]. Die Eidgenossen versuchten vielmehr, Konstanz durch massive Drohungen einzuschüchtern. In der

[191] Beauftragt bei der Tagsatzung am 15. Dezember 1488: EA III,1 Nr. 338

[192] Vgl. EA III,1 Nr. 339 (Tagsatzung vom 20. Januar 1488) und Verhandlungen Züricher Gesandter in Konstanz am 27. Januar 1489: Stadtarchiv Konstanz B II 22, fol. 17a-b; Deutsche Reichstagsakten. Mittlere Reihe III (wie Anm. 183), Nr. 137 d.

[193] Vgl. Stadtarchiv Konstanz B II 22, fol. 17a-b.

[194] Städtische Instruktion vom 17. Februar 1489: Orig. Stadtarchiv Konstanz Urkunde 9326; Konzept ebd., B II 149, fol. 2a-9a., Reg. Deutsche Reichstagsakten. Mittlere Reihe III (wie Anm. 183), Nr. 137 g. Der Wortlaut der Instruktion wurde bereits bei Ruppert, Thurgau (wie Anm. 3), S. 122-124, wiedergegeben, diese jedoch fälschlich auf 11. Januar 1498 datiert. – Vgl. auch Maurer, Schweizer und Schwaben (wie Anm. 9), S. 25 u. Anm. 115.

[195] 12. März 1489: Orig. Generallandesarchiv Karlsruhe KS 965. – Vgl. Kramml, Friedrich III. und Konstanz (wie Anm. 9), S. 461, Nr. 438 (mit weiteren Überlieferungsangaben).

[196] Die Behauptung Fegers, »die Idee eines Eintritts von Konstanz in die Eidgenossenschaft lag durch die ganze zweite Hälfte des 15. Jahrhunderts in der Luft« (Feger, Konstanz als österreichische Stadt, wie Anm. 6, S. 637) findet in den Quellen keine Erhärtung.

[197] So aber Anton Maurer: Der Übergang der Stadt Konstanz an das Haus Österreich nach dem Schmalkaldischen Kriege. In: Schriften des Vereins für Geschichte des Bodensees und seiner Umgebung 33 (1904), S. 1-86, hier S. 3f. – Bender, Zwinglis Reformationsbündnisse (wie Anm. 12), S. 83 und zuletzt Maurer, Stadtgeschichte (wie Anm. 34), S. 21; es handelt sich dabei um eine Verwechslung mit dem ksl. Landgerichtsmandat vom 10. Mai 1483 (zu diesem Kramml, Friedrich III. und Konstanz (wie Anm. 9), S. 180).

Folge wurde auch die städtische Gerichtsbarkeit im Thurgau weiter unterlaufen[198].

Der Judenkrieg des Jahres 1495[199], ein Freischarenzug von Uri, Zug und Unterwalden gegen die Stadt Konstanz, führte zu einer weiteren Entfremdung. Trotz des Einschreitens der eidgenössischen Bundesgenossen waren die drei Länder in den folgenden Jahren nicht bereit, einen von Konstanz erpreßten »Anlaßbrief« zu retournieren, und die Stadt konnte zu keinem Augenblick vor einem erneuten Angriff sicher sein[200].

In dieser Situation konnten auch erste konkrete Anschlußverhandlungen zu keinem Erfolg führen.

Im April 1495 wurde zu Luzern eine ewige Vereinigung mit Konstanz ins Auge gefaßt[201], wobei es den eidgenössischen Städten vor allem darum ging, einem drohenden Beitritt Konstanz' zum Schwäbischen Bund zuvorzukommen[202]. Da die »beidseitigen Gebiete aneinander und durcheinander liegen«, sollte das gutnachbarliche Verhältnis auf sichere Grundlagen gestellt werden[203]. Nach dem Bekanntwerden eines an Konstanz ergangenen königlichen Mandates mit der Aufforderung, dem Schwäbischen Bund beizutreten, beschloß die eidgenössische Tagsatzung im Juni 1495 in Luzern erneut die Aufnahme von Bündnisverhandlungen mit der Bodenseestadt[204]. Das Bundesprojekt wurde bei einer Konstanzer Tagsatzung am 24. Juni 1495 beraten, zu deren Verlauf die Akten fehlen[205]. Den Aufzeichnungen über weitere eidgenössische Tagsatzungen, die sich erneut mit der Frage eines Bündnisses mit der Bodenseestadt beschäftigten, ist auch ein Bericht über die Stimmung in Konstanz zu entnehmen[206]: Trotz scharfer königlicher Mandate bestehe in der Bodenseestadt »mehr Geneigtheit,

198 Dikenmann, Thurgau (wie Anm. 4), S. 90ff. – 1492 erging nochmals ein ksl. Mandat an Konstanz, dem Schwäbischen Bund beizutreten. Vgl. Kramml, Friedrich III. und Konstanz (wie Anm. 9), S. 160.

199 Vgl. Feger, Bodenseeraum III (wie Anm. 6), S. 327f. – Dikenmann, Thurgau (wie Anm. 4), S. 103-118. – EA III,1 Nr. 499, 500, 503.

200 Dikenmann, Thurgau (wie Anm. 4), S. 118.

201 EA III,1 Nr. 503 (zwischen 30. März und 10. Mai 1495). Vgl. Ruppert, Thurgau (wie Anm. 3), S. 111f.

202 Dikenmann, Thurgau (wie Anm. 4), S. 114f. – EA III,1 S. 479, 484 u. 486.

203 EA III,1 Nr. 503 § f.

204 EA III,1 Nr. 505 u. 507.

205 EA III,1 Nr. 509 (24. Juni 1495).

206 EA III,1 Nr. 519 § h, Tagsatzung vom 22. September 1495 (Zürich). Zu den weiteren Verhandlungen ebd., Nr. 521, 529, 530.

mit uns (= der Eidgenossenschaft), denn mit dem schwäbischen Bund sich zu verbinden«.

Nach Verhandlungen über ein Ewiges Verständnis wurde im Mai 1496 zu Schwyz über einen Bundesentwurf beraten, demzufolge Konstanz – so wie bereits St. Gallen, Schaffhausen und Rottweil – zugewandter Ort der Eidgenossenschaft werden sollte[207], doch auch dies scheiterte an den drei am Judenkrieg beteiligten innerschweizerischen Ländern, die damit eine Dominanz des städtischen Elementes im Bund verhinderten[208].

Konstanz, das zu dieser Zeit auch in massive Auseinandersetzungen mit dem ehemaligen Stadtherrn, dem Bischof, der noch dazu gebürtiger Eidgenosse war, verwickelt wurde[209], suchte daher Rückhalt bei König Maximilian. Im Frühjahr 1497 versprach die Stadt, ohne königliche Genehmigung kein Bündnis mit den Eidgenossen einzugehen[210], und nach einer Reihe von Zusagen des Habsburgers wurde der Beitritt zum Schwäbischen Bund beschlossen und am 13. Dezember 1498 ratifiziert[211].

Im Folgejahr fielen im Schwabenkrieg 130 Konstanzer gegen die Eidgenossen, und trotz aller gegenteiligen königlichen Versicherungen sprach der Baseler Friede das Thurgauer Landgericht den Eidgenossen zu[212]. Diese verlangten bei den Baseler Friedensverhandlungen im August 1499 unter anderem:[213]

[207] EA III,1 Nr. 534. – DIKENMANN, Thurgau (wie Anm. 4), S. 116.

[208] Vgl. DIKENMANN, Thurgau (wie Anm. 4), S. 118f. – RUBLACK, Reformation (wie Anm. 12), S. 1. – Zu den weiteren Streitigkeiten mit den drei Landgemeinden EA III,1 Nr. 541ff. – Bei der eidgenössischen Tagsatzung wurde allerdings Konstanz für das Scheitern der Verhandlungen verantwortlich gemacht (vgl. unten Anm. 210).

[209] Vgl. KRAMML, Konstanz: Bischof und Stadt (wie Anm. 29), S. 296.

[210] DIKENMANN, Thurgau (wie Anm. 4), S. 118. – W. OECHSLI: Die Beziehungen der schweizerischen Eidgenossenschaft zum Reiche bis zum Schwabenkrieg. In: Pol. Jahrbuch der schweizerischen Eidgenossenschaft V (1890), S. 564. – Bereits die Tagsatzung vom 15. Juni 1496 (Baden) vermerkt, Konstanz habe dem König zugesagt, sich mit niemanden zu verbinden; deshalb sei es nicht zum Abschluß der Vereinigung mit Konstanz gekommen (EA III,1 Nr. 537 § m). – Die Luzerner Tagsatzung vom 17. Mai 1497 vermeldet sodann, Konstanz habe dem römischen König geschworen (EA III,1 Nr. 569 § i).

[211] FEGER, Bodenseeraum III (wie Anm. 6), S. 332ff.

[212] Zum Schwabenkrieg: SCHAUFELBERGER, Spätmittelalter (wie Anm. 86), S. 338ff. – FEGER, Bodenseeraum III (wie Anm. 6), S. 332ff. – Zur Abtretung des Landgerichts: DIKENMANN, Thurgau (wie Anm. 6), S. 119-121.

[213] EA III,1 Nr. 659 § d, Abs. 2. – Vgl. WERDER, Konstanz und die Eidgenossenschaft (wie Anm. 3), S. 5f.

»Die Stadt Constanz, wohin sie ohnehin als nach dem Sitz des Bisthums und nach einer innerhalb dem Kreis und Zirkel der Eidgenossenschaft gelegenen Stadt vielen Verkehr haben müssen, soll aus dem schwäbischen Bund entlassen und fürderhin in keinen ausländischen Bund mehr aufgenommen, sondern als freie Mittelstadt wie von altersher belassen werden.«

Der sogenannte Schwabenkrieg wurde weder südlich noch nördlich des Rheins als eine Auseinandersetzung zwischen den Eidgenossen und dem Reich empfunden[214], sondern galt als Waffengang mit Österreich und dem Schwäbischen Bund. In der Haltung der Eidgenossen bestand vor und nach dem Krieg kein Unterschied, sie galten auch in der Folge als des Heiligen Römischen Reiches »freye Stände«, wie sie sich selbst noch zu Beginn des 17. Jahrhunderts bezeichneten[215]. Auch das eidgenössische Verhältnis zu Konstanz wandelte sich nicht grundlegend, obwohl die Stadt im Krieg Hauptquartier der Feinde gewesen war. In den folgenden Jahren wurden erneut mehrere eidgenössische Tagsatzungen in der Bischofsstadt am Bodensee abgehalten[216], und auch die Bündnisverhandlungen lebten wieder auf.

Dennoch waren um 1500 die großen politischen Entwicklungen an beiden Ufern des Bodensees zur Ruhe gekommen[217]. Während sich Schaffhausen und Basel an die Eidgenossenschaft anschlossen[218] und auch heute zur Schweiz zählen, gelang Konstanz dieser Schritt damals und auch in der Folge nicht! Zwar lag die Stadt nun nicht – wie Otto Feger unter Fehleinschätzung der Rechtsstellung der Eidgenossenschaft ausführt – »am äußersten Rande des Reiches«[219], doch hatte sie nach einem bereits um 1460 einsetzenden wirtschaftlichen Niedergang[220] jegliche Möglichkeit zum Aufbau eines städtischen Territoriums verspielt und ihre lange Zeit vorhandene hohe politische Geltung verloren[221].

214 Mommsen, Eidgenossen (wie Anm. 8), S. 285.

215 Mommsen, Eidgenossen (wie Anm. 8), S. 287.

216 EA III,2 Nr. 14, 25, 171, 207, 275 und 291 (1500 bis 1507).

217 Feger, Bodenseeraum III (wie Anm. 6), S. 348.

218 Beide 1501, vgl. Feger, Konstanz als österreichische Stadt (wie Anm. 6), S. 639 und Ders., Bodenseeraum III (wie Anm. 6), S. 349.

219 Feger, Konstanz am Vorabend der Reformation (wie Anm. 6), S. 45.

220 Feger, Konstanz am Vorabend der Reformation (wie Anm. 6), S. 41ff. – Diethelm Heuschen: Reformation, Schmalkaldischer Bund und Österreich in ihrer Bedeutung für die Finanzen der Stadt Konstanz 1499-1648. Tübingen/Basel 1969, S. 13ff.

221 Rublack, Reformation (wie Anm. 12), S. 1. – Vgl. auch Peter-Johann Schuler: Bischof und Stadt vor Beginn der Reformation in Konstanz. In: Kontinuität und Umbruch. Hrsg. von Josef

Unmittelbar nach dem Krieg nahm die Stadt erneut Verhandlungen mit den Eidgenossen auf, die im Frühjahr und Sommer 1500 sehr zügig verliefen[222]. Ein Bündnisentwurf wurde erstellt[223], dann blieben die Verhandlungen, die vor allem von Konstanz forciert wurden[224], liegen, und nachdem die Schweizer ihr wichtigstes Angebot, das von Konstanz noch 1501 nominell besetzte Landgericht[225], zurückgezogen hatten, waren sie gescheitert[226].

Konstanz schloß 1502 einen weitreichenden Vertrag mit König Maximilian, der der Stadt das Recht auf das Landgericht, ein Gebiet bis zur Thur oder entsprechende Entschädigung zusicherte, ohne daß der Habsburger in den folgenden Jahren daran ging, die kaum erfüllbaren Vertragsbedingungen zu realisieren[227].

Nachdem alle Forderungen auch beim Auslaufen des Vertrages im August 1510 unerfüllt geblieben waren und die Auseinandersetzungen der Stadt mit dem vom Kaiser unterstützten Bischof kulminierten[228], trat der Rat erneut in Verhandlungen über einen Beitritt mit den Eidgenossen ein[229].

Nolte / Hella Tompert / Christof Windhorst. Spätmittelalter und Frühe Neuzeit. Tübinger Beiträge zur Geschichtsforschung Bd. 2. Stuttgart 1978, S. 300-315, bes. S. 301.

222 Rublack, Reformation (wie Anm. 12), S. 1. – Vgl. Marmor, Beziehungen (wie Anm. 3), S. 174 u. 179 und Ruppert, Thurgau (wie Anm. 3), S. 135. – Quellen: EA III,2 Nr. 2, 9 (Tagsatzung Konstanz, 27. April bis 1. Mai 1500) und Stadtarchiv Konstanz Akte C V 5.

223 Abgedruckt EA III,2 S. 35-39, vgl. auch Nr. 25, S. 58-62. 14seitiges Konzept im Stadtarchiv Konstanz Akte C V 5.

224 Vgl. EA III,2 Nr. 41, 43, 45 u. 47 (Januar bis März 1501).

225 Im Konstanzer Ämterbuch (Stadtarchiv Konstanz B V 1, fol. 27v, 36v und 45) ist das Landgericht noch bis 1501 nominell besetzt und 1502 ohne Angabe der Namen der Gerichtsbeisitzer angeführt. Das alte Landgerichtshaus wurde erst 1526 abgebrochen. Vgl. Kramml, Friedrich III. und Konstanz (wie Anm. 9), S. 181, bes. Anm. 161. – Zu Konstanzer Versuchen, das Landgericht zu behalten bzw. wiederzuerlangen, vgl. auch EA III,1 Nr. 668.

226 Rublack, Reformation (wie Anm. 12), S. 1. – Laut Ratsbeschluß vom 4. Mai 1502 machte Konstanz ein ewiges Bündnis von der Überlassung des Landgerichts oder des Gebiets bis zur Thur abhängig: Marmor, Beziehungen (wie Anm. 3), S. 183 nach Stadtarchiv Konstanz Ratsbuch 1502, fol. 118. Noch im Januar 1502 hatte sich die eidgenössische Tagsatzung zuversichtlich gezeigt, *die Statt Costenz weri wol an unser eidgnossenschaft zu bringen* (EA III,2 Nr. 79, S. 155).

227 Rublack, Reformation (wie Anm. 12), S. 1f. – Zur Bedeutung der österreichischen Schirmherrschaft von 1502 vgl. Bender, Zwinglis Reformationsbündnisse (wie Anm. 12), S. 92.

228 Rublack, Reformation (wie Anm. 12), S. 3. – Schuler, Bischof und Stadt (wie Anm. 221), S. 311f.

229 Zusammenfassend Feger, Konstanz als österreichische Stadt (wie Anm. 6), S. 639. – Vgl. Hans-Christoph Rublack: Politische Situation und reformatorische Politik in der Frühphase der Reformation in Konstanz. In: Kontinuität und Umbruch. Hrsg. von Josef Nolte / Hella Tompert /

Da bekannt geworden war, daß Österreich ein ewiges Schirmverhältnis mit Konstanz plante, war die Tagsatzung zu größeren Zugeständissen als bei früheren Verhandlungen bereit. Einer Aufnahme Konstanz' als Ort wurde zugestimmt, doch die Forderung nach dem Thurgau als städtisches Territorium bei völligem Verzicht der eidgenössischen Orte auf ihre Rechte war unannehmbar[230].

Die Annäherung, die im Zuge der Fortführung der Verhandlungen erzielt werden konnte[231], fand aber ein jähes Ende, als Kaiser Maximilian am 22. September 1510 persönlich in der Stadt erschien und damit einem Eintritt Konstanz' in die Eidgenossenschaft zuvorkam[232].

Nach sich bis zum Frühjahr 1511 hinziehenden Verhandlungen, in deren Verlauf der Kaiser die Konstanzer Entschädigungsforderungen anerkennen mußte, ging die Stadt ein ewiges Schirmverhältnis mit Maximilian ein[233], wodurch sie »rechtlich auf den Status einer landesherrlichen Stadt herabgedrückt« worden ist[234].

Konstanz waren nun anderwärtige Bündnisse untersagt[235]. Man war zur Öffnung der Stadt verpflichtet. Die Handlungsfreiheit in auswärtigen Beziehungen war damit erheblich eingeschränkt[236]. Aufrecht blieben hingegen die Autonomie des Rates sowie die Reichsfreiheit der Stadt, die auch weiterhin auf den Reichstagen vertreten war[237].

Erst die Reformation bot wenige Jahre später die Möglichkeit, die auferlegten Bindungen zu sprengen und wieder eine selbständige Politik zu treiben[238]. Der Rat förderte schon 1519 Prediger und ab 1523 verstärkt die Reformation[239].

Christof Windhorst. Spätmittelalter und Frühe Neuzeit. Tübinger Beiträge zur Geschichtsforschung. Bd. 2. Stuttgart 1978, S. 316-334, hier S. 317.

230 Rublack, Reformation (wie Anm. 12), S. 3f. – Im Zuge dieser Verhandlungen wird auch die Schwerfälligkeit der eidgenössischen Tagsatzung deutlich, die wirksame Beschlüsse verzögerte.

231 Vgl. EA III,2 Nr. 369, 372 (August bis September 1510).

232 Zu den Ereignissen von 1510 vgl. Rublack, Reformation (wie Anm. 12), S. 4-10.

233 Rublack, Reformation (wie Anm. 12), S. 7f.

234 Schuler, Bischof und Stadt (wie Anm. 221), S. 315.

235 Trotz anfänglicher Weigerung, die vor allem durch das Verhältnis zu den Eidgenossen motiviert war, sagte der Stadtrat am 21. Oktober 1510 zu, einen Eid zu leisten, sich mit niemanden ohne Willen und Wissen des Kaisers zu verbünden (Rublack, Reformation, wie Anm. 12, S. 7).

236 Nach Bender, Zwinglis Reformationsbündnisse (wie Anm. 12), S. 93, »war die Stadt rechtlich auf den Status einer österreichischen Landstadt abgesunken«.

237 Rublack, Reformation (wie Anm. 12), S. 9.

Der Bischof, der 1525 einen kaiserlichen Schirmbrief und eine Erneuerung seiner stadtherrlichen Rechte erwirkt hatte, mußte 1526 die Stadt verlassen[240]. Der Konstanzer Schirmvertrag mit Österreich, dessen Bedingungen nicht erfüllt und zum Teil – wie das verbriefte Recht auf den Thurgau – auch nicht realisierbar waren, wurde nach gescheiterten Verhandlungen (März 1527) mit Österreich für gelöst erklärt[241]. Zudem hatte der habsburgische Kaiser die Stadt dem Bischof preisgegeben, und seine Koalition mit dem ehemaligen Stadtherrn gefährdete die Durchsetzung der Reformation.

Damit war eine Wende in der Konstanzer Außenpolitik eingeleitet.

Konstanz wandte sich nun an die eidgenössische Tagsatzung und die Nachbarstadt Zürich[242]. In Verhandlungen mit der Tagsatzung über einen eventuellen Beitritt zur Eidgenossenschaft erfuhr Konstanz, das für die Eidgenossen unannehmbare Bedingungen stellte[243], zunächst im Oktober und November 1527 eine scharfe Abfuhr[244].

Spätere Angebote der katholischen Waldstätten, die Konstanz sogar den Thurgau in Aussicht stellten, waren nur ein diplomatischer Schachzug, um den sich anbahnenden Bund der evangelischen Städte konfessionspolitisch zu sprengen[245].

Schließlich konnte Konstanz Ende 1527/Anfang 1528 für zehn Jahre ein Burgrecht mit Zürich und Bern abschließen und damit hoffen, in die eidgenös-

[238] Maurer, Stadtgeschichte (wie Anm. 33), S. 21. – Zur reformatorischen Bewegung in Konstanz vgl. bes. Rublack, Reformation (wie Anm. 12), S. 16ff.

[239] Zu den Auseinandersetzungen im Verlauf der Reformation vgl. Bender, Zwinglis Reformationsbündnisse (wie Anm. 12), S. 101 ff. – Hermann Buck/Ekkehart Fabian: Konstanzer Reformationsgeschichte in ihren Grundzügen. I. Teil 1519 - 1531. Tübingen 1965; – sowie die Beiträge von Berndt Hamm/Gottfried Seebass/Peter-Johann Schuler/Hans-Christoph Rublack, in: Kontinuität und Umbruch. Theologie und Frömmigkeit in Flugschriften und Kleinliteratur an der Wende vom 15. zum 16. Jahrhundert. Hrsg. von Josef Nolte/Hella Tompert/Christof Windhorst. Spätmittelalter und Frühe Neuzeit. Tübinger Beiträge zur Geschichtsforschung Bd. 2. Stuttgart 1978, S. 222ff.

[240] Über den Auszug der höheren Geistlichkeit: Rublack, Reformation (wie Anm. 12), S. 45f.

[241] Rublack, Außenpolitik (wie Anm. 10), S. 61f. – Ders., Reformation (wie Anm. 12), S. 60-64 über die Verhandlungen von 1525 bis 1527. – Bender, Zwinglis Reformationsbündnisse (wie Anm. 12), S. 109.

[242] Zu Vorverhandlungen Rublack, Reformation (wie Anm. 12), S. 120f.

[243] Vgl. Bender, Zwinglis Reformationsbündnisse (wie Anm. 12), S. 110f.

[244] Rublack, Außenpolitik (wie Anm. 10), S. 63f. – Ders., Reformation (wie Anm. 12), S. 122.

[245] Rublack, Reformation (wie Anm. 12), S. 122.

sische Politik hineinzuwachsen[246]. Unter dem Schutz dieses Christlichen Burgrechts vollzog sich in Konstanz der Ausbau der reformatorischen Kirche.

Für die Schweizer war durch das Bündnis Österreichs Einfallstor in die Eidgenossenschaft geschlossen[247]. Neuerliche Berner Anstrengungen, den Beitritt Konstanz' als vollberechtigten Ort der Eidgenossenschaft zu betreiben (1529/30), stießen daher auf kein weiteres Interesse[248].

Immerhin bot das Burgrecht Schutz vor Angriffen, es waren gemeinsame Tagsatzungen vereinbart, und eroberte Gebiete sollten gemeinsam verwaltet werden. Hier lag ein gewisser Anreiz, den Thurgau doch noch wiederzugewinnen[249]. Aber Konstanz lag in diesem Bündnissystem erneut an der Peripherie, und auch der Versuch, einen Zusammenschluß zwischen evangelischen Eidgenossen und den protestantischen Reichsstädten Oberschwabens zustande zu bringen, bei dem Konstanz die permanente Rolle eines Mittlers zugefallen wäre, scheiterte[250].

Die Konstanzer Bemühungen um Bündnisse im Reich zeigen, daß der Rat nicht glaubte, den erwünschten vollen Beitritt zur Eidgenossenschaft bald vollziehen zu können[251]. Nach der Niederlage der evangelischen Eidgenossen und dem zweiten Kappeler Frieden Ende 1531 mußten Zürich und Bern die Burgrechtsverträge mit Konstanz kündigen[252]. »Die Niederlage der evangelischen Eidgenossen ließ die Hoffnung schwinden, der alte Wunsch, ein eidgenössicher Ort zu werden, könne sich erfüllen« (H.-Ch. Rublack)[253].

246 Zum Burgrechtsvertrag vgl. Rublack, Reformation (wie Anm. 12), S. 123ff. u. S. 171-176 (Exkurs über Gegenmaßnahmen). – Rublack, Außenpolitik (wie Anm. 10), S. 64. – Zum Burgrechtsbegriff Bender, Zwinglis Reformationsbündnisse (wie Anm. 12), S. 11ff.

247 Dies hatte bereits Zwingli im Sommer 1527 als eines der Ziele eines Bündnisses mit Konstanz angeführt: EA IV 1a, Nr. 1460;

248 Werder, Konstanz und die Eidgenossenschaft (wie Anm. 3), S. 14; EA IV 1b, Nr. 334, 418.

249 Vgl. Rublack, Reformation (wie Anm. 12), S. 124. – Ders., Außenpolitik (wie Anm. 10), S. 121.

250 Rublack, Außenpolitik (wie Anm. 10), S. 67. – Ders., Reformation (wie Anm. 12), S. 127; – EA IV 1 b, S. 306. – Vgl. C. Glitsch: Die Bündnispolitik der oberdeutschen Städte des Schmalkaldischen Bundes 1529 -1532. Diss. Tübingen 1960.

251 Rublack, Reformation (wie Anm. 12), S. 128.

252 Bender, Zwinglis Reformationsbündnisse (wie Anm. 12), S. 114. – Rublack, Außenpolitik (wie Anm. 10), S. 69. – Ders., Reformation (wie Anm. 12), S. 128.

253 Rublack, Reformation (wie Anm. 12), S. 128.

Konstanz, seit 1528 in der Reichsacht[254], war nun auf Rückhalt im Religionsbündnis im Reich, dem Schmalkaldischen Bund, angewiesen[255]. Auch nach dessen Zerschlagung 1546 setzte die Stadt den Widerstand gegen den Kaiser fort und hoffte dabei vergeblich auf eidgenössische Waffenhilfe[256]. Doch selbst der König von Frankreich konnte die Eidgenossen zu keiner Aufnahme der Bodenseestadt in ihren Bund bewegen, sie blieben neutral[257]. Nach einem gescheiterten Sturm auf Konstanz mußte die isolierte Stadt im Oktober 1548 kapitulieren und dem Haus Österreich den Huldigungseid schwören[258].

Konstanz war österreichische Landstadt, wurde rekatholisiert und betrieb in der Folge keine eigenständige Politik mehr[259]. Zwar blieben einige Privilegien erhalten, die aus der einstigen Eigenschaft als Reichsstadt resultierten, und aufgrund von Zugeständnissen seit den endenden 60er Jahren des 16. Jahrhunderts hob sich die Stadt deutlich von anderen österreichischen Landstädten ab, doch war sie »in vielem voll und ganz in die österreichischen Vorlande integriert worden« (H. Maurer). Von einem Anschluß an die Eidgenossen konnte keine Rede mehr sein[260].

Es ist nur mehr eine Marginalie, daß die nun katholische Stadt im 30jährigen Krieg vom Thurgau aus von den Schweden (1633) mit Unterstützung von Zürich und Schaffhausen belagert wurde[261]. Die Hoffnung Zürichs, durch eine

254 Vgl. Bender, Zwinglis Reformationsbündnisse (wie Anm. 12), S. 110. – Maurer, Stadtgeschichte (wie Anm. 33), S. 22.

255 Beitritt zum Schmalkaldischen Bund im April 1531: Gallati, Konstanz und die Schweiz (wie Anm. 1), S. 534.

256 Rublack, Außenpolitik (wie Anm. 10), S. 73f. – Ders., Reformation (wie Anm. 12), S. 128.

257 Gallati, Konstanz und die Schweiz (wie Anm. 1), S. 534.

258 Rublack, Außenpolitik (wie Anm 1), S. 76. – Maurer, Der Übergang der Stadt Konstanz an das Haus Österreich (wie Anm. 197), S. 1-86.

259 Über Konstanz unter österreichischer Herrschaft vgl. Feger, Konstanz als österreichische Stadt (wie Anm. 6), S. 641ff. – Paul Motz: Konstanz in der österreichischen Zeit. In: Konstanzer Almanach 1962, S. 17-32. – Grundlegend zu diesem Thema zuletzt: Helmut Maurer: Konstanz als österreichische Stadt. In: Vorderösterreich in der frühen Neuzeit. Hrsg. von Hans Maier/Volker Press. Sigmaringen 1989, S. 243-262. – Zusammenfassend Maurer, Stadtgeschichte (wie Anm. 33), S. 22f.

260 Feger, Konstanz als österreichische Stadt (wie Anm. 6), S. 643.

261 Gallati, Konstanz und die Schweiz (wie Anm. 1), S. 534. – Maurer, Konstanz als österreichische Stadt (wie Anm. 259), S. 252.

schwedische Eroberung Konstanz für die Eidgenossenschaft und den Protestantismus zurückzugewinnen, erfüllte sich nicht.

Der Überblick über die eidgenössisch-Konstanzer Beziehungen macht deutlich, daß die städtischen Möglichkeiten, Anschluß an die Eidgenossenschaft und damit auch an sein naturräumliches Umland zu finden, bislang bei weitem überschätzt wurden.

Rücksichten auf das Reichsoberhaupt, die jeweiligen Machthaber des Umlandes und den Bischof, der von Fall zu Fall versuchte, seine stadtherrlichen Rechte zu restituieren, wirkten sich ebenso aus wie der jeweilige Stand der innereidgenössischen Beziehungen. Hier zeigt das Konstanzer Beispiel, wie divergierend die Interessen der Orte der Eidgenossenschaft waren und wie uneinheitlich sie noch bis in das 16. Jahrhundert agierten.

Otto Feger hat vor allem ein politisches Versagen des Stadtregimentes, das Lavieren und die Hinhaltetaktik der Stadtväter für den Verlust von Thurgau und Reichsfreiheit verantwortlich gemacht[262].

M.E. war aber vielmehr genau das Gegenteil der Fall. Gerade jene beiden klaren Entscheidungen, mit denen der Stadtrat von der Neutralität abwich und sich für eine der beiden gegnerischen Parteien deklarierte, führten zur Katastrophe: der Schwabenkrieg zum Verlust des Thurgaus, und der Kampf der reformatorischen Stadt für den neuen Glauben brachte sie um die Reichsfreiheit.

Insofern kommt in der Geschichte der Stadt zweifelsohne der Neutralitätspolitik ein größerer Stellenwert zu[263], war Konstanz doch als Vorort des Bundes der Bodenseestädte – ungeachtet steigender Gegensätze zwischen Schweizern und Schwaben – durch Dezennien ein entscheidender vermittelnder Faktor gewesen.

[262] Besonders Feger, Konstanz am Vorabend der Reformation (wie Anm. 6), S. 44, mit dem überzogenen Resümee: »... die Ereignisse von 1548 waren nur die logische Konsequenz von rund achtzig Jahren politischen Versagens. Es war vielleicht, unter rein politischen Gesichtspunkten gesehen, noch das gnädigste Schicksal für die Stadt, daß sie jetzt auf ein Vierteljahrtausend in den Machtbereich einer großen Landesherrschaft einbezogen und, unfähig sich selbst zu regieren, von anderen regiert wurde ...«.

[263] Zur Mittlerrolle Konstanz' vgl. Steibelt, Eidgenossen (wie Anm. 167), S. 152. – Schon Bender, Zwinglis Reformationsbündnisse (wie Anm. 12), S. 82, hatte ausgeführt, es »scheint die von der Stadt geübte Neutralität bisweilen bedeutsamer gewesen zu sein als ihre Bündnisse«.

Karl Heinz Burmeister

Feldkirch im Spannungsfeld des Gegensatzes zwischen der Eidgenossenschaft und Österreich und die Auswirkungen auf den in Zürich hinterlegten Freiheitsbrief von 1376

Am 27. Februar 1658 kam es beim Hirschwirt in Hohenems zu einem Wortgefecht zwischen einigen Untertanen der Herrschaften Feldkirch und Hohenems und dem Schweizer Hans Dierauer, Küfer zu Berneck, *uncatholischer Religion*, wie das Verhörprotokoll festhält, das wegen der Bedeutung des Falls in *praesentia Ihrer hochgräflichen Gnaden von Hohenems* aufgenommen wurde[1]. In dem sich steigernden Wortgeplänkel wendet sich Lentz Khuen aus Hohenems an den Schweizer Küfer und fragt, *weil die schweizer so gescheyt seyen, ob Er khieffer auch wisse, oder was Er maine, ob unser Herr Gott ein Landtskhnecht oder Schweitzer sey? Gibt Khieffer in antwortt, er wisse eß nit, Gott sey Gott, sey weder schweizer noch Landtskhnecht. Hierauf Khuen gesagt, Er vermaine, Er sey ein lanndtskhnecht gewesen, weil Er auf einem Esel geritten; denn wan Er ein schweizer were gewesen, were Er auf einer Kuh geritten. Auf welche auslegung der Khieffer gegen Lentz Khuenen herfürgebrochen mit disen formalien: Wan du schon ein Gerichtman bist, du magst mir woll ein Narr auch sein, vnnd noch darüber gesagt, die welschen reuthen die Eßl vnnd (salvo honore sit scriptum) bletzen die Eßl.* Der Wortwechsel steigerte sich weiter, und die Gerichtsverhandlung endet damit, daß der Schweizer zu einer Geldstrafe von 100 Reichstalern verurteilt wird; sein Kontrahent muß dagegen 8 Tage im Turm abbüssen, *sobald sich gegenwertig eingefallenes kalt wetter mildern wird.*

Solche Zeugnisse stehen, wie Helmut Maurer[2] in seiner Studie »Schweizer und Schwaben« gezeigt hat, keineswegs vereinzelt da. Sie kennzeichnen den seit

[1] Vorarlberger Landesarchiv, HoA Hs. 348, Fol. 68.

[2] Helmut Maurer: Schweizer und Schwaben, ihre Begegnung und ihr Auseinanderleben am Bodensee im Spätmittelalter. Konstanzer Universitätsreden 136. Konstanz 1983.

dem Spätmittelalter diesseits und jenseits des Rheins entstehenden und immer tiefer werdenden Graben. Auch und gerade für Feldkirch, das in der Auseinandersetzung zwischen Österreich und den Eidgenossen lange Zeit die Rolle einer Frontstadt gespielt hat, lassen sich Schmachworte, Spottlieder und Schmähschriften in großer Zahl nachweisen. Zumindest eine sei hier aus einer Feldkircher Stadtchronik noch angeführt. Nach der Schlacht bei Hard 1499 ergriffen die Eidgenossen einen Schwaben, der sich in einem Haus zuoberst unter dem Dach versteckt hatte. Als er den Obristen vorgeführt wurde, fiel er auf die Knie und bat um Gnade: *Oh ihr liebe, fromme, Kuhmäuler, erbarmet Euch meiner!* Auf die Frage, warum er mit so schmählichen Worten um Gnade bitte, antwortete der Schwabe: *er habe die Herrn Schweizer niemals anders hören namsen als Kuhmäuler.* Über so viel Dummheit konnten die Schweizer nur mehr lachen; der Schwabe wurde in Frieden nach Hause geschickt[3].

Das Sauschwaben- und Kuhschweizer-Problem, wie es Helmut Maurer auf eine knappe Formel gebracht hat, steht in Feldkirch, ähnlich wie in Konstanz, am Ende einer langen Entwicklung eines Auseinanderlebens: es bilden sich zwei gegensätzliche soziale und politische Systeme, in dem jeweils die Gegenseite zum Feindbild wird und erstarrt, eine Entwicklung, die spätestens um die Wende des 14. zum 15. Jahrhundert einsetzt und sich im Zuge kriegerischer Auseinandersetzungen immer mehr steigert und schließlich dazu führt, daß die politische und kulturelle Einheit des Bodenseeraums zerbricht[4]. So wie Konstanz wird auch Feldkirch im Zuge dieser Entwicklung zu einer Grenzstadt, wo der natürliche Austausch mit der Nachbarschaft stagniert, und das, obwohl die Erbeinung von 1511 einen dauerhaften Frieden gebracht hat.

Feldkirch ist von seiner geographischen Lage nach Westen, d.h. zur heutigen Schweiz hin, offen. Und wiewohl für die Lage an der Paßstraße über die Bündnerpässe die Nord-Süd-Richtung stets bestimmend gewesen ist, können wir seit der Stadtgründung im ausgehenden 12. Jahrhundert sehr lebhafte Verbindungen in die Ostschweiz feststellen. Zahlreiche Neubürger kamen von dort[5]; die 1218 in Feldkirch gegründete Johanniterkommende setzte sich in erster Linie aus Adeligen aus dem Zürcher Raum zusammen[6]. Die Interessen der Grafen richteten sich aber hauptsächlich nach Graubünden. Feldkirch war

[3] Johann Georg Prugger: Feldkirch. Feldkirch 1685, zitiert nach der 3. Auflage Feldkirch 1891, S. 43f.

[4] Maurer, S. 40f.

[5] Gerda Leipold-Schneider: Die Einwohnerschaft Feldkirchs im Mittelalter und in der frühen Neuzeit. In: Vorarlberger Oberland 1987, S. 209-216.

[6] Karl Heinz Burmeister: Geschichte der Stadt Feldkirch 2. Sigmaringen 1985, S. 41.

nach Chur der bedeutendste Ort im Bistum Chur, dessen Domkapitel die Grafen von Montfort beherrscht haben. Im 13. und zu Beginn des 14. Jahrhunderts stellen die Grafen insgesamt viermal auch den Bischof. Die Stadt lebt vom Verkehr über die Pässe nach Italien.

Inwieweit man der Entstehung der Eidgenossenschaft vor und nach 1291 in Feldkirch Beachtung geschenkt hat, entzieht sich unserer Kenntnis. Ein gemeinsames politisches Interesse mag in dem Gegensatz zu König Rudolf von Habsburg bestanden haben. Noch 1298 bekämpfen die Grafen von Montfort die Habsburger. Andererseits konnte die wachsende Bedeutung der Gotthardstraße nicht im Interesse Feldkirchs liegen, da dadurch ein Teil des Warenverkehrs abgelenkt wurde.

Doch schon wenige Jahre nach der Niederlage von Göllheim (1298), durch die die Grafen von Montfort ihren politischen Einfluß stark einbüßten, vollzogen sie die Annäherung an die Habsburger als der bestimmenden Macht der Zukunft. Anläßlich der Doppelwahl Ludwigs des Bayern und Friedrichs des Schönen 1314 ergriffen die Montforter Partei für den Habsburger. Graf Rudolf von Montfort, Herr zu Feldkirch, später Bischof von Chur, dann Bischof von Konstanz und zeitweise auch Abt von St. Gallen, wurde einer der Hauptgegner Ludwigs des Bayern, der zumindest zeitweise die wachsende Eidgenossenschaft förderte. Die Grafschaft Feldkirch bildete mit den Bistümern Chur und Konstanz demgegenüber ein wichtiges Bindeglied in der habsburgischen Einkreisungspolitik gegen eben diese Eidgenossen. 1337 schlossen die Grafen von Montfort in Brugg im Aargau einen ewigen Bund[7] mit den Herzögen von Österreich, in dem diese politische Front gegen die Eidgenossen institutionalisiert wurde; sie war zugleich ein erster Schritt in dem 1379 vollzogenen Übergang der Herrschaft Feldkirch an Österreich.

In dem Vertrag von 1337 verpflichteten sich die Grafen von Montfort-Feldkirch durch einen auf Gott und die Heiligen geschworenen Eid, hinfort den Herzögen von Österreich ewig zu dienen und mit allen ihren Burgen, Leuten und Gütern, mit aller ihrer militärischen Macht, und zwar gegen jeden Feind, ausgenommen ihren Verwandten Graf Hugo von Montfort-Bregenz; die Bregenzer Linie schloß später einen ähnlichen Vertrag mit den Habsburgern.

Die Urkunde von 1337 umschreibt ausführlich den geographischen Kreis, in dem die Hilfeleistungspflicht besteht. Die Grenzen sind Bodensee, Arlberg, Rhein und Septimer. Vom Bodensee verläuft die Grenze rheinabwärts bis zur Mündung der Aare, die Aare aufwärts bis zum Jura, dann nach Freiburg im

[7] Karl Heinz Burmeister: Geschichte Vorarlbergs. Ein Überblick. Wien ³1989, S. 70-74.

Üchtland und Interlaken, von dort schließlich bis zum Gotthard und wieder hinüber zum Septimer. Der Hilfskreis erstreckt sich mithin auf Vorarlberg und nahezu die gesamte deutschsprachige Schweiz.

Man würde sicher zu weit gehen, in dem Vertrag eine Kriegserklärung an die Eidgenossenschaft zu sehen. Aber Feldkirchs Rolle als künftige Frontstadt im Kampf Österreichs gegen die Eidgenossenschaft war damit festgeschrieben. Eine zeitliche Begrenzung war nicht vorgesehen. Die Grafen von Montfort verpflichten sich *mit sampt unseren erben* und verbinden sich mit den Herzögen von Österreich und mit *irn erben*.

Noch ein anderer Gesichtspunkt bleibt von Bedeutung. Als Rudolf III. von Montfort 1310 die Herrschaft in Feldkirch übernahm, beteiligte er als Stadtherr zunehmend die Bürgerschaft an der Regierung: Feldkirch erhielt 1311 ein eigenes Siegel und 1312 das Lindauer Stadtrecht. Graf Rudolf hatte in Bologna die Rechte studiert, er erkannte das Streben der Stadtbürger nach Unabhängigkeit vom Stadtherrn; als Pfleger des Bistums Chur *in spiritualibus* und *in temporalibus* dachte er in weiträumigeren politischen Dimensionen als die meisten seiner Verwandten. Und diese Politik setzte sein Bruder Ulrich fort, der ebenfalls in Bologna studiert hatte. Graf Ulrich II., wichtigster Partner der Habsburger in dem Vertrag von 1337, ging nun noch einen Schritt weiter, indem er die Bürgerschaft an dem Vertragswerk mitbeteiligte. Vertragspartner sind nämlich neben den Grafen die *burger gmainlich von Veltkilch mit unser herrn gunst und gutem willen*. Zum ersten Mal werden damit die Bürger in einen solchen hochpolitischen Vertrag einbezogen, dessen Bedeutung ihnen nicht unbekannt bleiben konnte. Stadtherr und Bürgerschaft trugen mithin gemeinsam diese Politik der Konfrontation gegenüber der Eidgenossenschaft.

Als Graf Rudolf V. 1375 die Stadt und Herrschaft Feldkirch an Österreich verkaufte, wiederholte sich dieser Vorgang der Zustimmung durch die Bürgerschaft. Stadt und Herrschaft Feldkirch bildeten jetzt als ein geschlossenes österreichisches Territorium ein Bollwerk gegen die Eidgenossenschaft, und zwar mit dem ausdrücklichen Willen der Entscheidungsträger der Bürgerschaft.

Als Gegenleistung brachte diese Zustimmung den Feldkirchern den großen Freiheitsbrief von 1376 ein[8]. Graf Rudolf V. gewährte seinen Bürgern eine Reihe von Rechten, insbesondere die Entlassung aus der Leibeigenschaft, und stellte die freie Wahl des Stadtammanns in Aussicht. Doch sollten alle diese Vergünstigungen erst mit seinem Tod in Kraft treten. Verpflichtet wurden mithin die

[8] Karl Heinz Burmeister: Der Feldkircher Freiheitsbrief von 1376. In: Montfort 28 (1976), S. 259-273.

Habsburger, diese Rechte zu gewähren und einzuhalten. Nebst dem Grafen Rudolf V. und Graf Heinrich von Werdenberg-Sargans-Vaduz besiegelten die Reichsstädte Zürich und Lindau den Brief.

Von besonderer Bedeutung ist eine in den Freiheitsbrief aufgenommene Schiedsklausel. Wird der Freiheitsbrief in irgendeiner Form verletzt, dann haben sich beide Parteien innert 14 Tagen an den kleinen Rat von Zürich zu wenden, der über das Vorliegen einer Rechtsverletzung entscheidet. Die Rechtsverletzung ist dann innert 4 Wochen wiedergutzumachen. Weigert sich die Stadt, so verliert sie alle ihre Privilegien. Weigert sich der Stadtherr, so fällt die Stadt an das Hl. Römische Reich.

Im Hinblick auf die Klausel wurde der Freiheitsbrief 1377 in Zürich hinterlegt. Es wurde ein Depotvertrag geschlossen, in dem die Feldkircher ihr Eigentumsrecht an dem Brief unterstrichen und die Bedingungen für eine Wiederherausgabe des Schriftstückes festlegten[9]. Schon hier muß man sich fragen, inwieweit die Schiedsklausel praktikabel war. Man kann sich nur schwer vorstellen, daß sich einer der Herzöge von Österreich dem kleinen Rat von Zürich als Schiedsinstanz unterworfen hätte. Damit soll nicht gesagt sein, daß sich die Herzöge grundsätzlich geweigert hätten, städtische Schiedsinstanzen zu akzeptieren; entscheidend ist in diesem Falle der Zwang zu einer solchen Unterwerfung.

Die neue Situation, die für Feldkirch durch die österreichische Landesherrschaft geschaffen war, bekam die Stadt schon sehr bald in voller Härte zu spüren: 1386 Sempach und 1388 Näfels. In beiden Schlachten ließen zahlreiche Feldkircher ihr Leben. Nachdem Graf Rudolf V. 1390 gestorben war, fehlte es in Feldkirch an der Gegenwärtigkeit eines Stadt- und Landesherrn. Der österreichische Landesfürst residierte in weiter Ferne. In den Jahren nach 1390 sank die Stimmung durch die Übergriffe der Vögte. Man fühlt sich an Schillers »Wilhelm Tell« erinnert, und zwar nicht nur deshalb, weil einer der ersten österreichischen Vögte in Feldkirch den Namen Gessler führt. Das Volk beschwert sich, weil durch die Vögte *vil Enderung und Nüerung* durchgeführt wurde[10]. Das Stadtrecht wurde mißachtet[11] und unter Leitung der Herrschaft 1399 neu kodifiziert[12]. Dabei fällt auf, daß der Freiheitsbrief von 1376 nicht einmal

[9] Stadtarchiv Feldkirch, Urkunde II.

[10] Bludenzer Chronik, abgedruckt in: Zeitschrift des Ferdinandeum 1836, S. 114.

[11] Benedikt Bilgeri: Politik, Wirtschaft, Verfassung der Stadt Feldkirch bis zum Ende des 18. Jahrhunderts. Geschichte der Stadt Feldkirch Bd. 1. Sigmaringen 1987, S. 137.

[12] Franz Mone: Stadtrecht von Feldkirch. In: ZGO 21 (1868), S. 129-171.

andeutungsweise erwähnt wird. Die Herrschaft, die den Codex anlegte, war offenbar wenig daran interessiert, den Freiheitsbrief in das geltende Stadtrecht einzufügen.

Am 17. Juni 1405 fanden zu Beginn des Appenzellerkrieges in der Schlacht am Stoß weitere 80 Feldkircher Bürger den Tod. Die siegreichen Appenzeller besetzten das Rheintal und wandten sich gegen Feldkirch, das nunmehr eine Wende seiner Politik vollzog. Am 15. September 1405 trat Feldkirch dem von den Appenzellern und der Stadt St. Gallen beherrschten Bund ob dem See bei[13].

Man muß sich dabei aber im Klaren sein, daß dieser Beitritt zum Bund ob dem See nur unter Druck erfolgte. Für Bludenz läßt sich das besser belegen: hier entband der Stadtherr die Bürger von ihrem Eid; denn was *hulff mir uwer verderben*[14]. Man kann ähnliche Überlegungen auch für Feldkirch nachvollziehen. Der Wortlaut des Bundesbriefes von 1405 läßt dies ganz deutlich erkennen, wenn sich die Stadt St. Gallen ein Entscheidungsrecht vorbehält, falls eine Stadtammannwahl in Feldkirch strittig ausgeht. Die eben errungene freie Wahl des Stadtammanns wird hier wieder eingeschränkt. Und wir erkennen, daß die Bundespartner von vornherein mit zwei Parteien in Feldkirch gerechnet haben, einer Appenzeller und einer österreichischen Partei. Feldkirch blieb vorerst auch Kriegsschauplatz; denn die Burg hatte sich den Appenzellern nicht ergeben. Sie wurde 18 Wochen lang belagert, wobei die Stadt schweren Schaden erlitt. Die Verwüstungen in der Stadt waren nicht gerade eine Empfehlung für die Herrschaft der Appenzeller.

Das zeigt sich noch einmal ganz deutlich im folgenden Jahr 1406. Im Februar dieses Jahres versuchte St. Gallen gegen jede Tradition die Zunftverfassung in Feldkirch einzuführen[15]. Ein Bürgermeister trat als Oberzunftmeister neben den Stadtammann. Offenbares Ziel war die Entmachtung des herrschenden Feldkircher Patriziates. Dieser Versuch einer Demokratisierung nach St. Galler Vorbild schlug jedoch völlig fehl. Schon 1407 ist keine Rede mehr von der Zunftverfassung, obwohl die Appenzeller Herrschaft erst 1408 endgültig zu Ende ging. Wir können daraus nur den Schluß ziehen, daß der Feldkircher Bürgerschaft die von den Montfortern und Österreich gewährten Freiheitsrechte

[13] Vorarlberger Landesarchiv, Urkunde Nr. 80.020 (Kopie des Originals im Stadtarchiv St. Gallen, Urkunde vom 15. September 1405).

[14] Bludenzer Chronik, S. 115.

[15] Karlheinz Albrecht: Großhammerzunft Feldkirch. Ein Beitrag zur Wirtschaftsgeschichte der Stadt Feldkirch. Schriftenreihe der Rhetikus-Gesellschaft 8. Feldkirch 1979, S. 24-26.

vollauf genügten, daß die Adelsherrschaft grundsätzlich nicht in Frage gestellt wurde und man Importen aus der Schweiz wie der demokratischen Zunftverfassung ablehnend gegenüberstand.

Nach dem Zusammenbruch des Bundes ob dem See beteiligt sich Feldkirch schon sehr bald wieder an Aktionen gegen die Appenzeller, so 1412 bei der Belagerung von Rheineck. Appenzell tritt jetzt der Eidgenossenschaft bei.

Um diese Zeit, wahrscheinlich um 1414, suchten die Feldkircher ihre Freiheitsrechte zu sichern, indem sie ein Privilegienbuch anlegten. Wir verdanken Frau Christine Janotta eine Edition dieses Buches[16], das insgesamt 47 Urkunden enthält, darunter auch den Freiheitsbrief von 1376. Dieser ist mit dem Vermerk versehen *lit Zürich* (also liegt in Zürich). Und: *Ist ain Vidimus alda*, also wohl in Feldkirch, nach dessen Vorlage vermutlich die Abschrift ins Privilegienbuch vorgenommen wurde.

Hier stellt sich die Frage, ob es nicht geboten gewesen wäre, die Abschrift nach dem Original in Zürich vorzunehmen. Immerhin könnte nämlich ein Privilegienbuch einen erhöhten öffentlichen Glauben für sich in Anspruch nehmen. Es ist aber doch wohl so, daß dieses Privilegienbuch in erster Linie den Zweck verfolgt, die wichtigsten Verfassungsurkunden jederzeit zur Hand zu haben. Dafür genügte eine Abschrift nach der Kopie. Man konnte sich so das komplizierte Verfahren einer Ausfolgung des Originals ersparen, ganz abgesehen davon, daß die bestehenden politischen Spannungen ein Herausgabeansuchen von Feldkirch an Zürich schwierig erscheinen lassen mochten.

Weitere Spannungen zur Eidgenossenschaft und Graubünden wurden 1418 durch die Wiedererrichtung des kaiserlichen freien Landgerichts in Rankweil provoziert. Dieses Gericht war eng mit der landesfürstlichen Beamtenschaft in Feldkirch verbunden. Ziel dieses Gerichtes war es, insbesondere über die nichtösterreichischen Territorien des überregionalen Gerichtssprengels eine Gerichtsbarkeit auszuüben. Zu diesem Gerichtssprengel gehört insbesondere Graubünden, St. Gallen, das Toggenburg und Appenzell. Damit waren zugleich eine Fülle von Streitigkeiten vorprogrammiert, die sich bis zum Ende des 15. Jahrhunderts hinzogen. Nach einem ersten Vorstoß der Eidgenossen von 1447, Appenzell vom Landgericht zu befreien, zogen sich die diesbezüglichen Streitereien bis 1481/84 hin; erst dann erlangte Appenzell eine Befreiung vom Landgericht in der Form, daß die Appenzeller zwar Ladungen des Gerichtes Folge leisten mußten, bei Beginn einer Verhandlung aber das Privileg verlesen konnten, daß

[16] Christine Edith Janotta: Das Privilegienbuch der Stadt Feldkirch, Wien/Köln/Graz 1979.

Appenzell vom Landgericht befreit sei[17]. Die Stadt St. Gallen war bereits 1371 eximiert worden, einzelne Bündner Herrschaften, das Toggenburg, Werdenberg und andere folgten gegen Ende des 15. Jahrhunderts. Man sieht an diesem Beispiel sehr schön, wie längst vor 1499 die Reichsgewalt im Einflußbereich der Eidgenossenschaft Schritt für Schritt abgebaut wurde, und zwar deshalb, weil Österreich hier ein Reichsgericht im Sinne seiner eigenen Territorialherrschaft mißbrauchte[18].

Für Feldkirch war 1415 durch die Ächtung des Herzogs Friedrich vorübergehend eine völlig neue politische Situation entstanden. Stadt und Herrschaft fielen an das Reich und wurden dem Grafen Friedrich von Toggenburg verpfändet. Der neue Stadtherr mißachtete gröblich die Feldkircher Freiheitsrechte. Die österreichische Partei wurde verfolgt, einzelne Mitglieder sogar gefoltert; viele gingen nach Lindau ins Exil, um von dort aus Beschwerde beim Kaiser zu führen. Kaiser Sigmund schritt denn auch mahnend ein, ohne daß sich die Situation in irgendeiner Form entspannte.

Erneut stellt sich hier 1425 die Frage nach dem Freiheitsbrief. Die in ihren Freiheitsrechten verletzten Feldkircher Bürger wandten sich an den Kaiser, obwohl ihnen doch laut Inhalt des Freiheitsbriefes die Möglichkeit offen stand, den kleinen Rat in Zürich als Schiedsinstanz anzurufen. Aber die Feldkircher zogen diese Möglichkeit nicht in Betracht. Es gibt dafür mehrere Gründe. Zunächst einmal war Graf Friedrich von Toggenburg selbst im Bürgerrecht mit Zürich. Und Zürich wollte ja aus dem Toggenburgischen Erbe profitieren. Zürich war in diesem Falle also Partei. Die Schiedsklausel war wertlos. Die Feldkircher hatten einmal mehr gar keine Möglichkeit, sich in erfolgversprechender Weise auf die Schiedsklausel im Freiheitsbrief zu berufen. Der Wert des Freiheitsbriefes und damit auch des Feldkircher Eigentums am Original war erneut fragwürdig geworden. Man konnte aus dem Eigentumsrecht keinerlei Nutzen mehr ziehen. Und es erhebt sich die Frage, ob diese Nichtberufung auf das Zürcher Original nicht einer Aufgabe des Eigentumsrechtes an dem Freiheitsbrief gleichgekommen ist.

1436 kam Feldkirch an Österreich zurück. Der Landesherr bestätigte ohne Zögern die alten Freiheitsrechte der Stadt, insbesondere auch den großen Freiheitsbrief von 1376[19].

17 Johann Baptist Rusch: Das Gaugericht auf der Müsinerwiese oder das freie kaiserliche Landgericht zu Rankweil in Müsinen. Innsbruck 1870, S. 10f. – Vgl. dazu auch die Karte in: Heimat Rankweil. Hrsg. v. Josef Bösch. Rankweil 1967, S. 137.

18 Vgl. dazu auch P. Gillardon: Geschichte des Zehngerichtenbundes. Davos 1936, S. 42.

19 Janotta, S. 55-61.

1439 führte die Stadt Feldkirch vor dem Landgericht Thurgau einen Prozeß um ihre Freiheitsbriefe[20]. Der Kläger hatte in diesem Prozeß u.a. die Leibeigenschaft der Feldkircher Bürger behauptet. Es hat den Anschein, daß sich diese Behauptung in erster Linie darauf stützte, daß die Feldkircher vor 1436 nicht in der Lage waren, ihren in Zürich hinterlegten Freiheitsbrief von 1376 vorzulegen.

Dazu kommt noch etwas anderes: aus ganz bestimmten Gründen, die hier nicht dargestellt werden müssen, legten die Prozeßvertreter Feldkirchs nur die kaiserliche Privilegienbestätigung von 1433 vor[21], nicht aber jene des Landesfürsten von 1436. Damit fehlte – aus der Sicht des Klägers – das letzte Glied in der Privilegienkette, so daß er ganz offensichtlich darauf baute, daß Feldkirch nicht in der Lage sei, den in Zürich hinterlegten Originalbrief vorzulegen. Das Original wurde denn auch tatsächlich nicht vorgelegt.

Hier sind nun erneut Zweifel hinsichtlich der Verfügbarkeit des Originals gegeben. Solange dieses Original in Zürich lag, war es für die Feldkircher wertlos. Dazu kam, daß die Schiedsklausel unerfüllbar geworden war. Sowenig man dem Toggenburger vor 1436 Zürich als Schiedsgericht zumuten konnte, so wenig bestand nach 1436 die faktische Möglichkeit, den Herzog von Österreich vor dieses Schiedsgericht zu zwingen, mochte dieser auch theoretisch durch die Bestätigung des Freiheitsbriefes diese Schiedsklausel anerkannt haben.

Für Feldkirch war es von entscheidender Bedeutung, daß der Herzog den Inhalt des Freiheitsbriefes anerkannte. Solange er das tat, und der Herzog tat das auch ohne jeden Vorbehalt, erübrigte sich die Schiedsklausel ohnehin. Die Schiedsklausel wurde dadurch obsoletes Recht, ebenso auch der Depotvertrag mit Zürich. Die Feldkircher hatten ihr Eigentumsrecht an dem Originalbrief durch Nichtgebrauch der Rückforderung (d.h. aber zugleich auch Unmöglichkeit der Rückforderung) längst aufgegeben. Für sie war die Anerkennung durch den Landesfürsten von 1436 sehr viel wichtiger, weil jetzt eine lückenlose Privilegienkette bis in das Jahr 1376 bestand. Diese Privilegienkette war ungleich wertvoller als das Original, das im feindlichen Ausland lag und nicht mehr verfügbar war, wie alle angeführten konkreten Fälle zeigen. Für die Feldkircher war der materielle Inhalt des Freiheitsbriefes wichtig, nicht aber mehr die unerfüllbar gewordene Schiedsklausel, die Depotverträge und das Original.

[20] Karl Heinz Burmeister: Ein Prozeß um die Feldkircher Freiheitsrechte vor dem Landgericht Thurgau 1439. In: Alemannisches Jahrbuch 1984/86 (1988), S. 49-83.

[21] Janotta, S. 79f.

Die Konfrontation mit den Eidgenossen strebte seit den 1440er Jahren ihrem Höhepunkt zu. 1446 ließen in der Schlacht bei Ragaz erneut 46 Feldkircher ihr Leben. Das Feldkircher Banner fiel gar in die Hände der Eidgenossen; es wurde fortan in Glarus aufbewahrt.

Entspannungsversuche, wie etwa der in Feldkirch 1452 geschlossene Vertrag Herzog Sigmunds mit den Eidgenossen, blieben ohne nachhaltige Wirkung, auch die Übergabe von Feldkirch an Eleonore von Schottland; man hatte sich versprochen, die Eidgenossen dadurch etwas zu besänftigen, und erwartet, daß sie sich einer Frau gegenüber zurückhaltender verhalten würden. Aber tatsächlich war die Macht eben doch bei Herzog Sigmund verblieben und das ganze Spiel als eine Augenwischerei durchschaut worden. Der Thurgauer Krieg von 1460 hatte für die Herrschaft Feldkirch katastrophale Folgen. Feldkirch wurde 1460 durch von den Eidgenossen gedungene Brandstifter zur Gänze eingeäschert: nur das Frauenhaus blieb verschont. Dieser Brand Feldkirchs war generalstabsmäßig geplant. Denn um Löschungsarbeiten zu verhindern, ließen die Brandstifter zu Beginn ihrer Untat die Parole *Feindio* ausgeben. Da meinten die in der Stadt, besagt eine Chronik[22], es seien Feinde, die Appenzeller oder die Schwyzer.

In diesem Unglücksjahr 1460 hatten die Feldkircher, wohl bedingt durch den scheinbaren Herrschaftswechsel, versucht, ihre Freiheitsrechte zu sichern. Ein großer Teil der Freiheitsbriefe wurde in Lindau aufbewahrt. Eine Ratsdelegation überbrachte 1460 die noch in Feldkirch liegenden Freiheitsbriefe nach Lindau[23]. Lindau verpflichtete sich, diese Briefe an niemanden herauszugeben als ebenfalls wieder an eine Delegation von 7 Feldkircher Ratsmitgliedern. Wiederum wurde hinsichtlich des Freiheitsbriefes in Zürich nichts unternommen. Es scheint dies abermals eine Bestätigung dafür, daß die Feldkircher diesen Brief längst aufgegeben hatten.

Für die Stadt Feldkirch war der Freiheitsbrief von 1376 weitgehend uninteressant geworden. Für die Stadt war die Konfirmation von 1436 ungleich wertvoller als das Original. Nicht zuletzt war den Bürgern auch klar, daß die vorgesehene Schiedsklausel obsoletes Recht geworden war.

Auch nach 1460 blieb die Kriegsgefahr bestehen. Das Kloster St. Gallen verkaufte jetzt seine Besitzungen im Raum Feldkirch, die ihm seit dem Frühmittelalter gehört hatten. Der Feldkircher Pfarrer Ludwig Rad, ein bedeutender

[22] Theodor v. Liebenau: Die Königsfelder Chronik des Clemens Specker von Sulgen. In: Jahrbuch der k.k. heraldischen Gesellschaft Adler zu Wien 11 (1884), S. 22.

[23] Bilgeri, S. 197

Frühhumanist, hielt sich einige Zeit in Zürich als österreichischer Spion auf. Er schlug 1468 der Regierung in Innsbruck eine Salzsperre gegen die Schweiz vor. Der Mensch sei zwar nicht unbedingt auf das Salz angewiesen, wohl aber das Vieh, auf das sich die Schweizer Wirtschaft stütze. So könne man die Schweiz in die Knie zwingen[24].

Die Beziehungen zur Eidgenossenschaft besserten sich 1474 vorübergehend durch die Ewige Richtung. Verhandlungsort dieses Ausgleichs war erneut Feldkirch.

Der St. Galler Klosterbruch beschwor aufs neue die Kriegsgefahr, die sich im Schweizerkrieg von 1499 schließlich entlud. Feldkirch wurde abermals belagert, seine Umgebung verwüstet. Das österreichische Heer wurde im April 1499 bei Frastanz vernichtend geschlagen. Die Erbeinung von 1511 beendete bald darauf die jahrhundertelange Feindschaft. Doch der Rhein blieb ein ideologischer Graben.

Dieser wurde, aus Feldkircher Sicht, durch die Reformation noch einmal vertieft. Zwar besserte sich jetzt das Verhältnis mit den katholischen Orten der Schweiz, die 1529 in Feldkirch mit König Ferdinand zu Beratungen zusammentrafen. Um dieselbe Zeit übersiedelte das Churer Domkapitel nach Feldkirch. In Zürich fanden Glaubensflüchtlinge aus Feldkirch Aufnahme.

Im 30jährigen Krieg steigerten sich diese Spannungen, besonders im Verhältnis zu Graubünden. Es gab erneut kriegerische Handlungen. Und so konnten sich auch die Klischees von den Kuhschweizern, wie wir sie eingangs zitiert haben, über das Ende des 30jährigen Krieges hinaus halten. Sie leben übrigens auch heute noch in den Österreicher- bzw. Schweizerwitzen diesseits und jenseits der Grenze munter fort.

Wie die Schweiz, so war auch Vorarlberg ein Söldnerland. Der Gegensatz zwischen den Landsknechten und Schweizer Söldnern lebte hier lange fort. Die Eidgenossen standen auch als Partner Frankreichs – des neuen Feindes der Habsburger – in schlechtem Ruf. Noch zu Beginn des 18. Jahrhunderts, als bei Balzers im Fürstentum Liechtenstein eine erste Brücke über den Rhein gebaut wurde, intervenierte der Kaiser: die Brücke mußte wegen der französischen Gefahr wieder abgerissen werden[25].

[24] Karl Heinz Burmeister: Der Vorarlberger Frühhumanist Ludwig Rad (1420-1492). In: Innsbrucker Historische Studien 5 (1982), S. 7-26, hier bes. S. 25f.

[25] Vorarlberger Landesarchiv, Kreis- und Oberamt Bregenz. Sch. II. Nr. 127. – Vgl. dazu Paul Vogt: Furten, Fähren und Brücken zwischen Werdenberg und Liechtenstein. In: Werdenberger Jahrbuch 3 (1990), S. 154-164.

Gegenüber der Landesherrschaft versuchten die Vorarlberger freilich immer wieder, aus der Grenzlage zur Schweiz und zu Graubünden Vorteile zu erwirken. Berühmt geworden ist in diesem Zusammenhang eine gutachtliche Äußerung des Hubmeisters von Feldkirch, der 1517 an die Regierung in Innsbruck schrieb: *Wann man sy schon in rechter Zucht halt, sy werden darumben nit Schweitzer. Denn sy wissen, daß man inen in Schweitz nit den zehenden tail zugäb als bei kaiserlicher Majestät.*[26]

Kehren wir noch einmal abschließend zum Problem des Freiheitsbriefes von 1376 zurück. Durch die infolge der Erbeinigung von 1511 eingetretene Beruhigung besserte sich das Verhältnis zwischen Feldkirch und Zürich als dem Hinterlegungsort wichtiger Freiheitsbriefe. Dennoch festigte sich, wie schon im 15. Jahrhundert, die Reichsstadt Lindau als Hinterlegungsort der Feldkircher Freiheitsbriefe. 1524 schloß die Stadt Feldkirch mit Lindau einen neuen Vertrag über die Modalitäten, die für die Einsichtnahme oder Herausgabe dieser Freiheitsbriefe gelten sollten[27]. Mit Zürich hingegen trat man nicht in Kontakt.

Dennoch wurden 1535 die in Zürich hinterlegten Freiheitsbriefe plötzlich wieder interessant. Den Grund dafür kennen wir nicht. Die Feldkircher begehrten zwar nicht die Herausgabe ihrer Freiheitsbriefe, wohl aber vidimierte Abschriften derselben, u.a. auch eine solche des großen Freiheitsbriefes von 1376. Zu diesem Zweck schickten sie eine Botschaft nach Zürich, bestehend aus dem Altstadtammann Lazarus Metzler und dem Ratsmitglied Peter Pappus. Diese Botschaft fand in Zürich eine freundliche Aufnahme. Bürgermeister und Rat gewährten den Feldkirchern mit Rücksicht auf den bestehenden Hinterlegungsvertrag ohne weitere Anstände eine vidimierte Abschrift[28]. In der Urkunde heißt es wörtlich: *Nachdem Ire Altvordern etlich Ir Fryheitsbrief vor vil Jaren hinder unsere Altvordern zu getruwen handen inn behalt gelegt Inhalt der Reversbriefen so sy und wir gegen einander hend.* Es wird also genau auf die Rechtslage Bezug genommen. Eine vidimierte Abschrift wird erteilt und von der Stadt Zürich besiegelt.

War es lange Zeit faktisch unmöglich gewesen, den Freiheitsbrief zurückzuerhalten, so wurde jetzt ohne weiteres zu dem Vertragsverhältnis von 1377

[26] Tiroler Landesarchiv Innsbruck, Maximiliana XIV, Bericht vom 11. Januar 1517, abgedruckt bei Hermann Sander: Vorarlberg zur Zeit des deutschen Bauernkrieges. In: MIÖG, Erg. Bd. 4 (1893), S. 298.

[27] Stadtarchiv Feldkirch, Urkunde Nr. 1240. Hinterlegbrief, daß die Freiheitsbriefe, die bei der Stadt Lindau hinterlegt sind, durch 3 Personen und Ratsfreunde erhoben und empfangen werden mögen.

[28] Stadtarchiv Feldkirch, Urkunde Nr. 422.

zurückgekehrt. Die Feldkircher begehrten allerdings auch nicht die Herausgabe des Freiheitsbriefes. Hier stellt sich die Frage, wie Zürich sich gegenüber einem solchen Begehren verhalten hätte, wobei es hier nur auf die rechtlichen Überlegungen ankommen kann. Der Feldkircher Freiheitsbrief von 1376 begründet nämlich nicht nur Rechte und Pflichten für die Bürger und den Stadtherrn von Feldkirch, sondern auch solche für die Stadt Zürich als Schiedsinstanz. Zürich konnte sich auf den Standpunkt stellen, mit Rücksicht auf diese Verpflichtungen im Besitze des Dokumentes zu bleiben. Daß eine solche Praxis durchaus üblich war, beweist eine Eintragung im Zürcher Stadtbuch von 1417: Fünf Zürcher entschieden als Schiedsrichter in einem Streit zwischen Basel und dem Untervogt von Baden. Es wurde beschlossen, daß der betreffende Spruchbrief und der Anlaßbrief nachher in des Zürcher Rates Kiste aufbewahrt werden, damit man, falls die beiden Parteien oder ihre Nachkommen jemals wieder in Streit geraten, Briefe und Richtung finden könne[29]. Eine andere Überlegung, die man hier anstellen könnte, ist die, welche Auswirkungen die lang anhaltende Feindschaft auf die rechtliche Stellung der Feldkircher haben konnte. Der berühmte Ulrich Zasius († 1535) befaßt sich in einem ganz anderen Zusammenhang damit und kommt zu dem Ergebnis, daß es zwar *urbanum et civile* sei, gegenüber dem Feind einen Vertrag einzuhalten, eine rechtliche Notwendigkeit dazu jedoch nicht bestehe[30].

Es ist denkbar, daß die Feldkircher 1535 überhaupt nur ein historisches Interesse an der vidimierten Abschrift hatten. Denn eben damals begann der Arzt und Humanist Achilles Pirmin Gasser seine Tätigkeit in Feldkirch. Von ihm wissen wir, daß er für seine geschichtlichen Forschungen historische Quellen in den Archiven benutzt hat. Gasser hat für seinen Beitrag über Feldkirch zu Sebastian Münsters Kosmographie gerade auch den Freiheitsbrief von 1376 verwendet[31].

In der Folge spielt der Freiheitsbrief überhaupt nur mehr als historisches Dokument eine Rolle. Durch das 1648 im Westfälischen Frieden endgültig sanktionierte Ausscheiden der Eidgenossenschaft aus dem Reich wurde die Anru-

[29] Emil Usteri: Das öffentlichrechtliche Schiedsgericht in der Schweizerischen Eidgenossenschaft des 13. bis 15. Jahrhunderts. Ein Beitrag zur Institutionengeschichte und zum Völkerrecht. Zürich 1925, S. 143. Zitiert nach Axel Jürgen Behne: Herzog Albrecht der Weise als Vermittler im Streit um das württembergische Erbe der Barbara da Gonzaga 1505. Drei Mantuaner Originalurkunde im Geheimen Hausarchiv der Wittelsbacher. Manuskript S. 11, Anm. 16.

[30] Roderich Stintzing: Ulrich Zasius. Ein Beitrag zur Geschichte der Rechtswissenschaft im Zeitalter der Reformation. Basel 1857, S. 118f.

[31] Sebastian Münster: Cosmographia. Basel 1628, S. 934f.

fung von Zürich als Schiedsgericht noch fragwürdiger als sie ohnehin schon war. Dazu kam ein weiteres Problem. Sollte der Stadtherr gegen den Freiheitsbrief verstoßen, sollte Feldkirch an das Hl. Römische Reich fallen. Nachdem jedoch die Habsburger seit Friedrich III. stets den Kaiser stellten, war mit einem solchen Heimfall an das Reich nichts gewonnen. Denn niemand hätte den Kaiser hindern können, dieses Lehen wiederum an den österreichischen Landesfürsten zu verleihen.

Der Freiheitsbrief von 1376 in der Kiste des Zürcher Rates fiel der Vergessenheit anheim. Selbst die Historiker bedurften seiner nicht, da ihnen die in Feldkirch vorhandenen vidimierten Abschriften für ihre Zwecke genügten. Aber nicht einmal diesen schenkte man Beachtung. So konnte der dem Benediktinerorden angehörige Chronist Gabriel Bucelin 1666 behaupten, der Freiheitsbrief stamme aus dem Jahre 1375, *quod alii, sed male, in sequentem annum retulere* (was andere, aber fälschlich, auf das folgende Jahr beziehen)[32]. Prugger korrigierte 1685 wenigstens wieder diesen Irrtum[33], ohne aber auf den Verbleib des Originals einzugehen. Man kann wohl behaupten, daß sich in Feldkirch Jahrhunderte lang niemand mehr für die Originalurkunde interessierte. Erst für die kritische Historiographie des 19. Jahrhunderts wurde das Dokument als historische Quelle wieder interessant. Joseph Bergmann veröffentlichte 1853 den Text nach einer Abschrift, die ihm der Zürcher Staatsarchivar Meyer von Knonau 1850 angefertigt hatte[34]. Nachdem das Original in jüngster Zeit auf zwei Ausstellungen in Feldkirch, nämlich 1978[35] und 1982[36], gezeigt wurde, hat sich ein gesteigertes Interesse für dieses wohl bedeutendste Dokument der Vorarlberger Geschichte entwickelt.

Wenn heute in Feldkirch erwogen wird, diese Urkunde – notfalls sogar im Rechtswege – zurückzuverlangen, so sprechen gewichtige Gründe dagegen. Der Stadt Zürich kommt das unbestreitbare Verdienst zu, so wie sie es am 9. April 1377 gelobt hatte, *den selben brief dien obgenannten von veltkilch getrüwlich ze behalten vnd ze besorgen als unser brief vnd handfestinen*[37], und das doch mehr als sechs Jahrhunderte. Schon deswegen verbietet sich jede ernstliche Erwä-

[32] Gabriel Bucelin: Rhaetia. Augsburg 1666, S. 280.

[33] Prugger, S. 22.

[34] Joseph Bergmann: Beiträge zu einer kritischen Geschichte Vorarlbergs und der angrenzenden Gebiete. Wien 1853, S. 67-71.

[35] Katalog der Ausstellung: 750 Jahre Stadt Feldkirch 1218-1968. Feldkirch 1968, Ausstellungsgut Nr. 54.

[36] Vorarlberger Oberland, Heft 3. Feldkirch 1982, S. 83f.

[37] Bergmann, S. 72.

gung, die Urkunde im Rechtswege zurückzuverlangen. Aber auch rechtliche Bedenken sind vorhanden. Die Rechtsstellung der Kommunen ist in unserem Staat heute so geregelt, daß es den Gegensatz zwischen Stadtherrn und Bürgergemeinde nicht mehr gibt. Modernes Verfassungs- und Verwaltungsrecht des Bundes und des Landes, teilweise auch privatrechtliche Normen, haben die rechtlichen Bestimmungen des Freiheitsbriefes in allen seinen Teilen abgelöst. Es ist geradezu undenkbar geworden, sich in einem aktuellen Rechtsstreit auf den Freiheitsbrief zu berufen.

Gerade das wäre aber nach dem Hinterlegungsvertrag die rechtliche Voraussetzung für eine Herausgabe des Briefes an die Stadt Feldkirch. Zürich ist nämlich zu der Herausgabe unter Wahrung aller anderen Formalitäten nur dann verpflichtet, wenn die Feldkircher diesen *notdurft wegen vordren, vnd das man des selben briefs von der obgenannten Stat ze veltkilch notdurft wegen bedurff.*[38] Diese notdurfft oder Notwendigkeit wird man aber nur dann als gegeben annehmen können, wenn Feldkirch gegenüber einem Dritten irgendwelche Rechte aus dem Brief geltend machen kann und dazu unbedingt das Original vorgelegt werden muß. Eine solche Situation ist aber, wie schon gesagt, unvorstellbar geworden. Historische Forschungen vermögen dagegen kaum eine Notdurft zu begründen, da dazu der Brief auch jederzeit im Staatsarchiv Zürich eingesehen werden kann. Der weitere Fall, daß die Stadt Feldkirch als Eigentümerin die Urkunde zurückverlangen könne, war in dem Doppelvertrag nicht vorgesehen, da es 1377 undenkbar schien, daß der Brief je zu irgendwelchen anderen als zu rechtlichen Zwecken gebraucht werden könne. Der Vertrag sah im übrigen denn auch stillschweigend vor, daß nach dem notdürftigen Gebrauch die Urkunde wieder in das Depot nach Zürich zurückgegeben werden sollte. Denn nur so ist die Bemerkung *als dik vnd das zu schulden kumpt*[39] zu verstehen.

[38] Bergmann, S. 72.
[39] Bergmann, S. 72.

Karsten Uhde

Die Beschreibung der Ostschweiz durch den Geographen Ladislaus Sunthaym und ihre Rezeption durch Sebastian Münster

Die Teilung eines Herrschaftsgebietes oder die Ausgliederung einer Herrschaft aus einem größeren Verband gehören zu den Momenten in der Geschichte, die sowohl von den beteiligten Seiten als auch von der Nachwelt immer wieder als Einschnitte empfunden werden. Neben Veränderungen in politischer oder wirtschaftlicher Hinsicht steht seit Jahren auch der Wandel in der Mentalität der Bevölkerung im Blickpunkt der Historiker. Gleiches gilt für die Historiographie, da sie im Spätmittelalter zunehmend »zur Begründung eines historisch fundierten Selbstbewußtseins [...] der entstehenden spätmittelalterlichen ›Nationen‹ eingesetzt«[1] wurde. Im Zusammenhang mit der Loslösung der Eidgenossenschaft vom übrigen Reich hieße das, die Schweizer Historiographie des 15. und 16. Jahrhunderts daraufhin zu untersuchen, ob in ihr eine eigenständige, d.h. spezifisch eidgenössische Geschichte präsentiert wird, in welcher Form dies geschieht und wie die Wirkung auf die Nachbarn im Reich und die Eidgenossen selbst war. Umgekehrt ist zu fragen, wie die Eidgenossenschaft in dieser Phase von ihren Nachbarn dargestellt wurde und wie die eidgenössische Reaktion auf diese Schriften verlief.

Sofern es sich um Schriften handelt, die sich ausdrücklich mit der Loslösung der Eidgenossenschaft vom Reich und den damit verbundenen kriegerischen Auseinandersetzungen beschäftigen[2], sind ihre Inhalte und ihre Wirkung

[1] František Graus: Funktionen der spätmittelalterlichen Geschichtsschreibung. In: Geschichtsschreibung und Geschichtsbewußtsein im Spätmittelalter, hrsg. von Hans Patze. 1987, S. 11-56, hier S. 55.

[2] Wie z.B. den Acta des Tirolerkriegs, Heinz Bechwindens Krieg mit Schweizern und Türken oder der Chronick diss Kriegs von Nicolaus Schradin.

davon abhängig, für welche Seite der Autor Partei ergreift. Um eine ›objektive‹ Darstellung der Eidgenossenschaft und der mit ihrer Entstehung verbundenen Ereignisse ist der Autor nicht bemüht, und seine Leser erwarten auch keine Objektivität, denn »er teilt die ›Mentalität‹ eines gewissen Umkreises« und »ist auf ihren Erwartungshorizont eingestellt«[3]. In den historiographischen Schriften des 15. und 16. Jahrhunderts ist im habsburgisch-eidgenössisch-süddeutschen Raum kaum damit zu rechnen, daß ein Autor um eine objektive Darstellung der Eidgenossenschaft bemüht ist.

Anders liegt der Fall bei einer Gruppe von Schriften, die sich aus der Historiographie entwickelt haben, im 15. und 16. Jahrhundert noch sehr eng mit ihr verbunden sind, jedoch nicht mehr als Geschichtsschreibung im engeren Sinn angesehen werden können: den Landesbeschreibungen und Kosmographien.

Ausgangspunkt für die Entwicklung dieser Quellengattung ist die Wiederentdeckung der antiken Schriften und Methoden durch den Humanismus in Italien und das spätere Übergreifen dieser Bewegung nach Deutschland[4]. Durch die Renaissance der antiken Autoren gelangten auch geographische Werke wieder in den Blick der gebildeten Öffentlichkeit in Deutschland. Als Beispiel sei hier die ›Germania‹ des Tacitus erwähnt, die das Mittelalter zwar in einer Handschrift des Klosters Hersfeld überdauerte, doch erst durch ihren Transport nach Italien 1455, die dortige Rezeption und einen anschließenden Druck (Venedig 1470) eine breitere Öffentlichkeit fand. Durch die Italiener – allen voran Aeneas Silvio Piccolomini, den späteren Papst Pius II. – gewann die Germania des Tacitus auch im deutschsprachigen Raum an Bedeutung und wurde im frühen 16. Jahrhundert zu einer häufig rezipierten Schrift[5]. Neben der Erneuerung des antiken Wissens über Geographie ist auch der vom Humanismus geforderte und durchgeführte methodische Wandel von Bedeutung für die Entwicklung der Landesbeschreibungen und Kosmographien. Die Forderung nach Quellenstudium und Quellenvergleich erweiterte den Kanon der geographischen Literatur, die die Gelehrten ihren Werken zugrunde legten. Die gleichzeitige Wiederbelebung der ›Naturwissenschaften‹ führte zu einem großen Interesse an Realien im weitesten Sinne, wozu nicht nur Bauwerke und Inschriften gehören,

[3] Graus, S. 12.

[4] Immer noch einen guten Überblick gebend: Paul Joachimsen: Geschichtsauffassung und Geschichtsschreibung in Deutschland unter dem Einfluß des Humanismus. ND der Ausgabe Leipzig 1910, 1968.

[5] Zu Wiederentdeckung und Rezeption der Germania siehe Manfred Fuhrmann: Einige Dokumente zur Rezeption der taciteischen Germania. In: Der altsprachliche Unterricht XXI (1978), S. 39-49.

sondern auch das Land selbst. Die Abkehr vom christlich geprägten Weltbild, das ganz im Zeichen der Heilsgeschichte stand und in den sogenannten T-Karten zum Ausdruck kam, hin zu einem wissenschaftlich geprägten Weltbild der Neuzeit wurde durch den Humanismus gefördert und veränderte auch das geographische Schrifttum entscheidend. Der Raum, in dem sich die Geschichte ereignet, wird nun als eine ihrer Grundlagen angesehen.

So beinhalten die im bayerisch-österreichischen Grenzraum recht weit verbreiteten Chroniken von Salzburg (die des Virgil Reitgärtler und die Baumannsche Chronik) aus dem 15./16. Jahrhundert einen Abschnitt

> *Von gelegenhait, ordt, gestalt unnd fruchtbarkhait des lanndts und ertzstiffts Saltzburg auch von den furnembsten wasser, flussen, seen und stetten ein khurtze verzaichnung*[6],

in dem eine geographische Darstellung mit kurzen historischen Angaben vermengt und in der ältere, insbesondere antike Autoren rezipiert werden, während die Autoren der eigentlichen Chroniken eine möglichst glorreiche Schilderung der Salzburger Geschichte lieferten, war der Autor der geographischen Beschreibung eher um eine objektive Darstellung bemüht[7].

Ähnliche Beobachtungen lassen sich auch in anderen Fällen machen, in denen geographische Kapitel historiographischen Werken beigefügt werden. Es ist jedoch zu fragen, ob die Bemühungen um Objektivität generell bei geographisch-historiographischen Schriften größer sind als bei rein historiographischen Arbeiten, oder ob die Autoren geographischer Schriften in Zeiten großer Umbrüche oder Auseinandersetzungen nicht auch ihre Objektivität einbüßten.

Anhand der Beschreibung der Ostschweiz in zwei historiographisch-geographischen Werken des späten 15. bzw. 16. Jahrhunderts soll diese Frage exemplarisch näher untersucht werden.

1. Ladislaus Sunthayms Beschreibung der Ostschweiz

Der ca. 1440 in der Reichsstadt Ravensburg geborene Ladislaus Sunthaym studierte 1460-65 in Wien und hatte seit 1473 als Priester des Konstanzer Bistums mehrere Meßpfründen im Stephansdom in Wien inne, die er erst kurz vor sei-

[6] UB Salzburg, Hs M I 144.

[7] Über die genannten Chroniken C. Trdan: Beiträge zur Kenntnis der salzburgischen Chronistik des 16. Jahrhunderts. In: Mitteilungen der Gesellschaft für Salzburger Landeskunde 54 (1914), S. 135-166.

nem Tode im Winter 1512/13 verlor[8]. In den 80er Jahren verfaßte er u.a. die Babenberger Genealogie zu den sog. Klosterneuburger Tafeln. Spätestens zu diesem Zeitpunkt erregte Sunthaym das Interesse König Maximilians I., der ihn mehrmals mit der Erstellung von Stammbäumen und der Untersuchung von verwandtschaftlichen Beziehungen zwischen den Habsburgern und anderen Fürstenfamilien, besonders im burgundisch-schwäbischen Raum betraute. Zu diesem Zweck reiste Sunthaym einige Male durch das Reich, um das Quellenmaterial zu sichten und Gelehrte aufzusuchen. Zu den Personen, mit denen er in persönlichen Beziehungen stand, zählten u.a. die Humanisten Celtis, Peutinger, Cuspinian, Trithemius und die Mitglieder der Sodalitas Danubiana[9], der auch Sunthaym angehörte. Doch auch auf der politisch-administrativen Ebene knüpfte Sunthaym wichtige Kontakte, wie zu König Maximilian I., Herzog Sigismund von Tirol, Matthäus Lang oder Dr. Johann Fuchsmagen.

Durch seine Kontakte und Reisen wurde offenbar Sunthayms Interesse an der Landesbeschreibung geweckt. Am 30. 11. 1503 teilte Sunthaym Matthäus Lang in einem Brief mit, er wolle zwei Bücher schreiben, *das ain von adl, [...] daz ander von landen, stettn, clostern und wassern*[10]. Dies ist der älteste uns erhaltene Hinweis auf Sunthayms geographische Arbeiten, doch ist sein Interesse für diese Dinge älter, wie der Vorarlberger und Graubündener Teil der geographischen Kollektaneen Sunthayms (Cod.Hist. 2° 250) zeigt, der auf die Jahre 1483 - 1486 zu datieren ist[11].

Sunthaym konnte seinen Plan, diese zwei Bücher zu schreiben, nicht vollenden. Erhalten sind nur seine Vorarbeiten, die uns in verschiedenen Handschriften in Wien, München und Stuttgart erhalten geblieben sind. Es handelt sich dabei um Kollektaneen, die 1511, kurz vor seinem Tode, für Kaiser Maximilian I. bzw. für Conrad Peutinger aus den Aufzeichnungen Sunthayms zusammengestellt worden sind[12]. Seine Vorstellung, ein Buch *von landen, stetten, clostern und wassern* zu schreiben ist in der Handschrift Cod.Hist. 2° 250 der Württembergischen Landesbibliothek Stuttgart am augenfälligsten verwirk-

[8] Fritz Eheim: Ladislaus Sunthaym, Leben und Werk. Diss. Phil. masch. Wien 1949, S. 35f. – Richard Perger: Sunthaym Beiträge. In: Adler 10. (XXIV) Bd. 1975-76, S. 224ff., hier S. 225f.

[9] Siehe dazu J. P. Kaltenbaeck: Die gelehrte Donaugesellschaft in Wien unter Kaiser Maximilian I. Wien 1837.

[10] Jahrbuch der Kunsthistorischen Sammlungen des allerhöchsten Kaiserhauses. Bd. 5 (1887), Regest Nr. 4491.

[11] Karsten Uhde: Ladislaus Sunthayms ›Topographische Kollektaneen‹ über Vorarlberg, Tirol und Graubünden. Schriftliche Hausarbeit im 1. Staatsexamen, Bochum 1988, S. 41ff.

[12] Uhde, Sunthaym, S. 24ff.

licht. Sie beinhaltet ausschließlich geographische Kollektaneen, die ganz Südwestdeutschland sowie einige angrenzende Gebiete zum Inhalt haben. Zu Beginn der Aufzeichnungen findet sich die Überschrift *Item Wallis Trusiane*[13] und auf der folgenden Seite *Item der Arlberg*[14]. Hinter diesen irreführenden Titeln verbirgt sich eine ausführliche Schilderung Tirols, Südtirols, Vorarlbergs, Liechtensteins und Graubündens, also viel größerer Gebiete, als die Überschriften ahnen lassen. Das widerspricht der Anlage der restlichen Handschrift, in der die Überschriften und die darunter beschriebenen Regionen einander exakt entsprechen und in der zudem selbst kleinste Landschaften einen eigenen Abschnitt mit entsprechender Überschrift aufweisen.

Für die Zusammenfassung der genannten Gebiete muß es einen Grund gegeben haben, der dem Autor so sinnvoll erschien, daß er mit seiner sonstigen Systematik brach. Ein erster Erklärungsversuch ergibt sich aus der Beobachtung, daß die beschriebenen Territorien nahezu deckungsgleich sind mit dem Gebiet der römischen Provinz Raetia I, wie sie nach 297 n.Chr. bestand. Es wäre denkbar, daß Sunthaym die in seiner Zeit so hochgeschätzten antiken Autoren wie auch deren Provinzeinteilung zum Vorbild nahm und aus diesem Grunde die Tiroler, Vorarlberger und Graubündener Teile in einem Kapitel zusammenfaßte. Verfolgt man diese These weiter, so wäre zu erwarten, daß Sunthaym in diesem Kapitel auch auf die antiken Kenntnisse zurückgegriffen und sich mit den Äußerungen von Mela, Strabo, Tacitus und Plinius über Rätien auseinandergesetzt hat, wie es die Geographen seiner Zeit häufig taten.

Eine Untersuchung des Textes ergibt jedoch ein ganz anderes Bild. Nicht ein einziges Mal wird ein antiker Autor in diesem Kapitel erwähnt[15], und selbst eine der wenigen Stellen des Textes, an der Sunthaym sich mit der älteren Vergangenheit auseinandersetzt – die Erklärung des lateinischen Namens von Feldkirch – weist keine Bezüge zur antiken Literatur auf. Untersuchungen dieser Kapitel konnten zeigen, daß Sunthaym die Regionen aus eigener Erfahrung kannte und die Beschreibung offensichtlich auf dieser eigenen Anschauung bzw. den Ausführungen ortsansässiger Zeigenossen beruht[16].

Literarische Quellen, ganz gleich ob mittelalterliche oder antike, spielen keine Rolle. In einer Zeit, in der die Verwendung literarischer Zeugnisse, beson-

[13] Cod.Hist. 2°, fol. 1v.

[14] Cod.Hist. 2°, fol. 2r.

[15] Auch in der übrigen Handschrift wird nur einmal ein römischer Autor genannt: »unnd als Strabo schreibt …«, fol. 51r.

[16] Karl Heinz Burmeister: Ladislaus Suntheims Landesbeschreibung Vorarlbergs. In: Montfort, 17. Jg. (1965), S. 119-125.

ders der Antike, einen hohen Stellenwert hatte und in der ein Vergleich von Altertum und Gegenwart geradezu als eine Art höchste Stufe der geographischen Arbeit angesehen wurde, ist Sunthayms Beschreibung erstaunlich ›unmodern‹, was Joachimsen u.a. dazu brachte, Sunthaym im Kreise der Celtisschule als »eine unscheinbare Raupe unter bunten Faltern« zu bezeichnen und sich zu fragen, ob man Sunthaym wirklich als einen Humanisten bezeichnen könne[17]. Ungeachtet der Frage, ob Sunthaym zu den Humanisten zu zählen ist oder nicht, bleibt festzuhalten, daß er in seinen geographischen Beschreibungen allgemein und in dem Kapitel über Tirol, Graubünden und Vorarlberg im Speziellen keinerlei Interesse daran zeigt, antike Zeugnisse bei seiner Arbeit zu berücksichtigen.

Wenn dies die These, Sunthaym habe die Grenzen der römischen Provinz Raetia I zum Vorbild genommen und deshalb diese drei Regionen in einem Kapitel zusammengefaßt, auch nicht grundsätzlich widerlegt, so ist andererseits diese erste These angesichts von Sunthayms Haltung zur Antike auch nicht schlüssig.

Wenn die Begründung für die Kapiteleinteilung weder in der humanistischen Tradition noch in einer geographischen oder politischen Einheit der Region zu finden ist, dann muß es eine weitere mögliche Erklärung geben. Wie bereits in der Einleitung erwähnt, ist ein Autor nicht frei von Einflüssen, wenn er ein Werk historiographischen Inhalts verfaßt. Daher wurde die Frage aufgeworfen, inwieweit dies auch auf die geographisch-historiographischen Schriften zutrifft. Wendet man diese Frage auf Sunthayms Landesbeschreibung an, so sind zunächst zwei Faktoren wichtig: 1. Die Datierung und die Adressaten dieser Arbeit sowie 2. die politische Situation zur Zeit der Abfassung.

Die Untersuchung der Handschrift Cod.Hist. 2° 250 ergab, daß die Gesamthandschrift etwa 1511 angefertigt wurde und daß es sich nicht um ein überarbeitetes, in sich geschlossenes Werk handelt, sondern um die Zusammenstellung älterer Schriften, die zu unterschiedlichen Zeiten niedergeschrieben und offenbar nicht, oder nur an sehr wenigen Stellen, aktualisiert wurden[18]. Aus welchen Gründen Sunthaym sie jeweils verfaßte, ist unklar, der Codex selbst sollte jedoch offenbar alle erreichbaren geographischen Schriften zusammenfassen. Der Auftraggeber ist unklar, doch erscheint das Buch im Verzeichnis des Nachlasses von Conrad Peutinger. Da Peutinger sich stark für Geographie inter-

[17] Joachimsen, S. 164ff.

[18] Siehe dazu Eheim, Dissertation, S. 72f. – Ausführlicher demnächst Karsten Uhde: Diss. Phil. (Abt. IV) Bochum 1991.

essierte und auch in historiographischen, genealogischen und sonstigen wissenschaftlichen Fragen der Ratgeber Kaiser Maximilians war, wäre es denkbar, daß der Codex für Peutinger angefertigt wurde[19]. Wichtiger als Datierung und Adressat des Codex sind jedoch die Untersuchungsergebnisse speziell zu dem einzelnen Kapitel. Dabei zeigt sich, daß die Entstehung der Abschnitte über Vorarlberg und Graubünden recht genau auf die Jahre 1483 - 1486 festzulegen ist, während der Tiroler Teil nur grob auf die Jahre zwischen 1473 und 1499, auf alle Fälle aber vor dem Schwaben- oder Schweizerkrieg, zu datieren ist[20]. Eine Aussage, für wen er diese Arbeiten anfertigte, ist dem Text nicht zu entnehmen.

Sunthaym hat also im letzten Viertel des 15. Jahrhunderts diese Beschreibungen aus bisher unbekannten Gründen verfaßt, zu einer Zeit, als er bereits in Wien lebte, und in der er mit Sicherheit nicht nur bereits durch die Babenbergergenealogie am Hofe bekannt war, sondern offenbar auch Kontakte zum Innsbrucker Hof Herzog Sigismunds hatte. Auf Grund dieser Lebensumstände Sunthayms und unter Berücksichtigung der Tatsache, daß er zumindest in späteren Jahren, aber wohl auch schon in dieser Zeit, Gelder der Habsburger für seine historiographisch-genealogischen Arbeiten erhielt, muß angenommen werden, daß er seine geographischen Arbeiten aus österreichisch-habsburgischer Sicht schrieb, selbst wenn er sie nicht von Anfang an für die Herrscher, sondern aus eigenem Interesse und nur für sich verfaßt hatte[21]. Weiterhin ist die politische Lage im habsburgisch-eidgenössischen Raum zu berücksichtigen. Ohne hier die politische Entwicklung im einzelnen zu betrachten, bleibt festzuhalten, daß sich in dieser Zeit die Habsburger verstärkt um die Sicherung ihrer Position in Vorarlberg und die Einverleibung der drei Bünde bemühten, während die linksrheinischen Gebiete bereits eidgenössisch beeinflußt sind. Tirol ist dagegen sicher habsburgisch, wenn auch nicht vor Übergriffen von Süden und Westen sicher. Diese ohne Zweifel stark vereinfachte geopolitische Situation herrschte zur Zeit der Abfassung der Landesbeschreibung durch Sunthaym. Aus der geopolitischen Situation und der Feststellung, Sunthaym habe aus einer habsburgischen Sicht heraus seine geographischen Beschreibungen geschrieben, lassen sich sowohl für die Frage nach den Gründen für die Zusammenfassung Tirols, Vorarlbergs und Graubündens in einem Kapitel als auch für die Frage

[19] Der Nachlaß Peutingers ist verzeichnet in: Bayerische Staatsbibliothek München, Clm 4021 d.

[20] Uhde, Sunthaym, S. 41ff.

[21] Zu Sunthayms Leben und seine Beziehungen zum Hof Maximilians I. siehe: Eheim, Dissertation, S. 1-40. – Perger, S. 234ff. – Demnächst: Uhde, Dissertation.

nach einer »Parteiligkeit« in den geographischen Schriften des 15./16. Jahrhunderts Antworten ableiten:

Aus der Sicht der Habsburger gehörten die drei genannten Gebiete zu ihrem eigenen Einflußbereich und nicht zu dem der Eidgenossen. Ziel der Politik war es, diesen Anspruch Realität werden zu lassen. Die genannten Gebiete wären dann Teil Vorderösterreichs geworden, hätten also zum Machtbereich des Herzogs von Tirol in Innsbruck gehört. Da es sich hierbei zudem um ein in sich geschlossenes Territorium gehandelt hätte, welches nicht durch fremde Herrschaften von den Habsburgischen Kernlanden getrennt gewesen wäre, wie es bei den restlichen Teilen Vorderösterreichs der Fall war, wird auch die Zusammenfassung von Graubünden, Tirol und Vorarlberg in einer Landesbeschreibung verständlich. Ladislaus Sunthayms Zusammenfassung der drei Gebiete spiegelt demnach die aus habsburgischer Sicht bestehenden Ansprüche auf Graubünden und Vorarlberg wieder. Insofern bricht er auch nicht mit der Systematik, mit der er in der restlichen Handschrift den beschriebenen Raum in einzelne Regionen unterteilt, da es sich aus seiner Sicht um ein geschlossenes Territorium unter einer Herrschaft handelt. Gleichzeitig wird auch deutlich, woraus sich die Grenzen des von ihm beschriebenen Gebietes ergeben. Im Osten und Norden sind es die Grenzen Tirols zu anderen Territorial-Herrschaften, im Süden ist es die deutsch-italienische Sprachgrenze, und im Westen ist die wenn auch vage Trennlinie zu den zu diesem Zeitpunkt eindeutig eidgenössischen Gebieten die Grenze. Nicht nur die Einbeziehung Vorarlbergs und Graubündens in den habsburgisch-tiroler Machtbereich zeigt, daß Sunthaym aus einer habsburgischen Sicht seine Landesbeschreibung gliedert und damit Position bezieht. Dies kommt auch darin zum Ausdruck, daß Sunthaym konsequent die gesamten eidgenössischen Lande in seinen geographischen Schriften unerwähnt läßt, was um so auffälliger ist, als ansonsten die Sprachgrenze zu den ›welschen‹ Sprachen die ungefähre Trennlinie darstellt.

Es bleibt festzuhalten, daß Sunthaym bei der Gliederung seiner Landesbeschreibung und der Ausgrenzung der Eidgenossenschaft klar eine pro-habsburgische Haltung einnimmt, die er zwar nicht ausdrücklich als solche formuliert, die für seine Zeitgenossen aber sicherlich dennoch deutlich wurde. Es bleibt zu untersuchen, ob er seine Position auch inhaltlich bzw. sprachlich ausdrückt.

Um auch diese Frage zu beantworten, ist eine genauere Untersuchung des genannten Kapitels in sprachlicher und inhaltlicher Hinsicht sowie eine genauere Gliederung nötig.

Eine Untersuchung des ersten Kapitels der Handschrift ergab folgende aufgrund geographischer und stilistischer Kriterien erstellte Gliederung[22]:

Teil A (fol. 1v-5r)	Ausführliche Beschreibung Vorarlbergs, Liechtensteins und Graubündens.
Teil B (fol. 5r-7r)	Ausführliche Beschreibung Tirols und Südtirols.
Teil C (fol. 7r-8r)	Ein kurzer Überblick über Tirol, Südtirol und das Engadin.
Teil D (fol. 8r-8v)	Ein kurzer Überblick über Graubünden.

In den Teilen A und B beschreibt Sunthaym ausführlich die genannten Regionen, wobei er nicht nur rein geographische Angaben macht, wie der folgende Auszug zeigt:

> *Item Kur ain Reichstatt in Curwalhen, in latein Curwalia oder Curna Vallis, dafur rint die Plassur ain wasser, enntspringt in dem tall Scherfigkh; es rint auch der Rein dafur, der enntspringt inn ainem lanndl haist der Reinwald, ist Graff Jorgen von Salgans, ettlich meill ob Kur; unnd der Bischoff von Kur vermaint: Kur, die stat, sey sein und sey nicht ain Reichstat und hat da zu setzen ain vogt unnd ain vitztumb, ain aman, ain propheten und andre embterr und der rat muss im swern und der Bischoff sitzt selbs zu Kur unnd er lat muntzen phennig und haller und nit die stat, mit stainpockhn. Item Pheffers, in latein Fabaria, ain closter und ain naturlich pad, ist unnder dem Bischof von Kur, und nit under dem Romischn Kunig als lannds fursten, sunder als unnder ainem Ro. Kun. und ligt zwo oder drey meyl von Kur; unnd der Bischoff von Kur, ist nit des Ro. Kun. rat, noch diener, sonnder von im belehennt als von ainem Ro. Kun. unnd nit als von ainem lanndesfursten*[23].

Stilistisch anders und viel kürzer sind die Abschnitte C und D gefaßt. Sunthaym ist hier um eine kurze Charakterisierung bemüht, d.h. er nennt Länge und Breite der Region, den Hauptfluß, ein oder zwei Orte oder Burgen, manchmal die natürlichen Voraussetzungen, doch oftmals auch noch weniger:

> *Item das Ober Enngedin, drey meil lanng, facht an zu Pont Allt unnd get ab zu Silss, da der Inn enntspringt aus ainem see, I halb meil brait, das unnder Enngedin facht an zu Sarnetz unnd get bys gen Nuderss, ist vier meil lanng unnd nit brait unnd die hochgericht sind Regis unnd das lanndt etc. auch ist des Bischoff, Ramiss ain sloss des Bischoff von Kur, Stainsberg ain slos in unnder Enngedin, Warda Wall, ain sloss im ober Enngedin des*

[22] UHDE, Sunthaym, S. 33 ff.
[23] Cod. Hist. 2°, fol. 2^{v} und 3^{r}.

> *Bischoff. Item Paschklaf ain tall vier meil lanng, stost an die Herschafft von Meilannd unnd ist ain meil brait, da ist ain silbre ertzt darinn ain grosser see, darin gar gut visch etc.; Pragell ain tall, stost an Meylandt, darinn ain sloss, genannt etc., Castell maur; oberthalb Stainss ain beslossens landel, vier meil lanng, aine brait, mit ainem berg, darinn ain veist schmaller steig, darunnder ain veist teuffs tall, darinn rint ain wasser genannt der Rein, aber nit der recht Rein etc.*[24].

Das Nebeneinander der verschiedenen Beschreibungssysteme und die unterschiedliche Ausführlichkeit der Abschnitte erklären sich aus den verschiedenen Konzeptionen Sunthayms in seinen geographischen Notizen. Die Teile A und B entsprechen in Systematik und Form den meisten anderen Kapiteln des Codex 250, in denen große oder wichtige Gebiete beschrieben werden. Diese Abschnitte zeichnen sich dadurch aus, daß sie nach einer Darstellung der natürlichen Grundlagen der Region zwar einerseits oft über mehrere Zeilen reichende Aufzählungen von Orten oder Burgen, andererseits aber auch immer wieder Bemerkungen zu Geschichte, Handwerk, Verkehr, Nahrung und Sprache der Bevölkerung beinhalten[25].

Dabei benutzt er immer wiederkehrende Formulierungen, die man als typisch für Sunthaym bezeichnen kann, wie: *Kur Walichen ist ain veist pirgig lanndt mit uberhohen bergen und seltzamen tellern*[26] und: *Enngedin ist nit brait, hat rockten, haber, gersten und obss, nit wein*[27] oder: *in Curwalichen redt man tewtsch*[28]. Sein Hauptaugenmerk richtet er aber auf die Auflistung von Orten, Klöstern, Schlössern und Burgen, die er einzelnen Herrschaften oder Tälern zuordnet und bei denen er oft auch die Besitzverhältnisse erwähnt oder etwas über ihre Geschichte vermerkt, wobei er sich um eine möglichst sachliche Sprache bemüht. Aus der sprachlichen Gestaltung dieses Abschnittes wird ersichtlich, daß sie aus Sunthayms eigener Anschauung hervorgegangen ist. Die Teile C und D entsprechen in ihrer Struktur eher den Beschreibungen kleinerer Gebiete, über die es nicht viel zu berichten gibt, wie z. B. denen über die Schorra, den Ecken oder die Wellent[29]. In diesem Fall handelt es sich jedoch offen-

[24] Cod. Hist. 2°, fol. 8r.

[25] Ein besonders typisches Beispiel für diese Form der Darstellung ist die Beschreibung des Allgäus, Cod. Hist. 2° 250, fol. 10r-11v.

[26] Cod. Hist. 2° 250, fol. 3v.

[27] Cod. Hist. 2° 250, fol. 7v und 8r.

[28] Cod. Hist. 2° 250, fol. 3v.

[29] Cod. Hist. 2° 250, fol. 32v und 33r.

sichtlich um eine kurze Zusammenfassung der einzelnen Teilgebiete Graubündens, Tirols und Vorarlbergs, die bereits in den Teilen A und B ausführlich behandelt wurden. Hierbei gibt Sunthaym ebenso wie in den ausführlichen Abschnitten die Charakteristika der Region an, es fehlen jedoch die sonst typischen Aufzählungen von Orten, Klöstern oder Schlössern.

Beiden Arten von Beschreibungen ist gemeinsam, daß Sunthaym nicht zwischen rein sachlicher Auflistung von Fakten auf der einen Seite und legendenhaften Erzählungen sowie wertenden Kommentaren auf der anderen Seite unterscheidet. Für die gestellte Frage nach der Objektivität der Beschreibung sind besonders die wertenden Kommentare von Bedeutung, die am ehesten eine mögliche Parteilichkeit verdeutlichen können. Insgesamt finden sich sechs Stellen, an denen Sunthaym eine klare Wertung in den Text einfließen läßt:

> *Pregentzer Wald, ain landl, darinn sein wallser und [...] hat starckh geradt knecht*[30].
> *Item in Curwalichen [...] sein fraydig leyt unnd starckh unnd kropffer*[31].
> *Item die Vinstermintz, da nichtz in wechst unnd vil morder da selben*[32].
> *Item der Kuntersweg, zwo meil lanng unnd enng, [...] unnd auch morder da*[33].
> *Das Enngedin, [...] gute dorffer, darinn guet streitper volckh unnd gross diep, grosser dann die zegeiner, da mer welsch dann tewtsch*[34].
> *Item die Malser Hayd, [...] unnd sein poss leyt [...] unnd huet sich yederman das er nit uber nacht da sey oder beleib*[35].
> *Der Nanss ain berg [...] hat alles des genueg, das der mensch leben sol, on saltz unnd gwurtz*[36].

Es zeigt sich, daß sich die positiven ebenso wie die negativen Wertungen sowohl auf die bereits zu Habsburg gehörenden wie auch auf die noch nicht zu ihrem Machtbereich gehörenden Gebiete beziehen. Allerdings treten die negativen Wertungen immer in Bezug auf Alpenpässe und ihre Umgebung auf, wie die Finstermünz, die Malser Heide und den Kuntersweg. Dabei hat Sunthaym wohl

[30] Cod.Hist. 2° 250, fol. 2r.
[31] Cod.Hist. 2° 250, fol. 3v.
[32] Cod.Hist. 2° 250, fol. 7r.
[33] Cod.Hist. 2° 250, fol. 7r.
[34] Cod.Hist. 2° 250, fol. 7v.
[35] Cod.Hist. 2° 250, fol. 8r.
[36] Cod.Hist. 2° 250, fol. 8v.

die weitverbreiteten Geschichten über die Ermordung und Plünderung von Reisenden an diesen Stellen verarbeitet[37].

In Aufbau, Sprache und Inhalt ist Sunthaym keine Wertung zugunsten der Habsburger oder ihrer Besitzungen nachzuweisen. Vielmehr gibt er das wieder, was er über die jeweilige Region weiß oder erfahren hat, wobei er zwar neben reinen Fakten auch Erzählungen und Wertungen einfließen läßt, dabei aber keineswegs einseitig wirkt. Die aus habsburgischer Sicht vorgenommene Auswahl der überhaupt in der Landesbeschreibung erwähnten Gebiete und die dahinter stehende Vertretung habsburgischer Interessen setzt sich auf dieser Ebene nicht fort. Sunthaym ist in diesem Sinne keine Parteilichkeit nachzuweisen, wenn er auch sein habsburgisches Umfeld durchaus im Blick behält. Wie dieses Umfeld auf Sunthayms Beschreibung reagiert hat, ist nicht bekannt, da keine Stellungnahme Maximilians, Peutingers oder eines Gelehrten aus dem Bereich des Habsburger Hofes überliefert ist. Der Forschung gelang bisher auch nicht der Nachweis, daß Sunthayms Beschreibung Tirols, Graubündens und Voralbergs in diesem Umkreis rezipiert wurde. Dagegen glückte Burmeister für den Vorarlberger Teil der Nachweis, daß Sunthaym – wenn auch in geringem Umfang – von den eidgenössischen Chronisten und Geographen rezipiert wurde und sich auch im Vorarlberger Teil der bedeutenden Kosmographie von Sebastian Münster aus dem Jahre 1544 eine Passage aus Sunthayms Beschreibung findet[38].

Weitere Untersuchungen der Kosmographie Sebastian Münsters ergaben, daß dieser Sunthaym auch bei seiner Beschreibung Tirols und Graubündens rezipierte. Zwischen den Aufzeichnungen durch Sunthaym in den achtziger Jahren des 15. Jahrhunderts und der Rezeption durch Münster in den vierziger Jahren des 16. Jahrhunderts, liegen aber nicht nur rund 60 Jahre, auch die politische Lage im habsburgisch-eidgenössischen Raum hat sich stark verändert. Das Umfeld, aus dem heraus und für das Sunthaym schrieb, ist nicht dasselbe wie das Umfeld Münsters. Daraus könnte sich eine andere Wirkung des Textes ergeben haben, die Sunthayms Absicht nicht entsprach. Münsters Kosmographie, seine Beschreibung der Ostschweiz und die Rezeption der Beschreibungen Sunthayms sollen im zweiten Teil dieser Arbeit behandelt werden, um abschließend auf die Wirkung dieser Schriften einzugehen.

[37] Traugott Schiess: Die Beziehungen Graubündens zur Eidgenossenschaft, besonders zu Zürich im XVI. Jahrhundert. In: Jahrbuch für Schweizerische Geschichte 27. Bd. (1902), S. 29ff., hier S. 126.

[38] Burmeister, Montfort, S. 119-125.

2. Sebastian Münsters Beschreibung der Ostschweiz in seiner Kosmographie

Bei dem 1488 geborenen Sebastian Münster handelt es sich um einen der bekanntesten Geographen des deutschsprachigen Raumes im 15. und 16. Jahrhundert. Seine Stellung ist schon zu Lebzeiten eine derart bedeutende, daß er in mehreren Schriften des 16. Jahrhunderts zu den ›illustrium virorum totius Germaniae‹ gezählt wird[39] und der Maler Christoph Amberger ein Portrait von Münster anfertigte, das uns erhalten geblieben ist[40].

Wie viele Gelehrte seiner Zeit war auch Sebastian Münster nicht nur auf einem Gebiete tätig. Diese Vielseitigkeit ist von der Forschung lange Zeit mißachtet worden, und Münster wurde als Geograph angesehen, der sozusagen ›nebenbei‹ Hebräisch lehrte. Dieses unvollständige Münster-Bild ist von Burmeister später korrigiert worden[41]. In Zusammenhang mit Sunthaym ist Münster als Hebraist jedoch nicht von Bedeutung, weshalb im folgenden nur auf seinen Werdegang als Geograph eingegangen werden soll, der für das Verständnis seiner Arbeit an der Kosmographie unerläßlich ist.

Sebastian Münsters Interesse an der Geographie im weitesten Sinne ist bis in seine Studienzeit zurückzuverfolgen. Dabei lernte er in Tübingen unter Stöffler die mathematisch orientierte sogenannte ›Nürnberger Schule‹ der Geographie kennen. In Ruffach dagegen trat er durch seinen Lehrer Pellikan in Kontakt zu der historisch ausgerichteten ›Lothringischen Schule‹[42]. Beide Schulen wirkten in Münster weiter, wenn Münster auch mehr als ein Vertreter der historischen Geographie anzusehen ist, wie sich nicht nur an der Kosmographie, sondern bereits während des Studiums an seinem Tübinger Kollegienbuch 1515-18 ablesen läßt[43].

Münsters folgende Arbeiten an geographischen Themen sind aus den Jahren 1524 bis 1530 bekannt und mündeten 1530 in der Veröffentlichung seiner

[39] Karl Heinz Burmeister: Sebastian Münster. Versuch eines biographischen Gesamtbildes. 1969. S. XVII.

[40] Stiftung Preußischer Kulturbesitz. Bekannt durch die Verwendung als Motiv für den 100-DM-Schein der Deutschen Bundesbank.

[41] Burmeister, Sebastian Münster; zur Auseinandersetzung mit den älteren Biographien, siehe besonders S. 3f.

[42] Burmeister, Sebastian Münster, S. 111.

[43] Burmeister, Sebastian Münster, S. 111f.. – Zum Kollegienbuch siehe auch August Wolkenhauer: Sebastian Münsters handschriftliches Kollegienbuch aus dem Jahre 1515-18 und seine Karten. Berlin 1909.

ersten geographischen Schrift, der Germaniae descriptio[44]. Diese Beschreibung Deutschlands ist aber keine direkte Vorläuferin der Kosmographie, da Münster in der Descriptio in erster Linie eine Erklärung zur Deutschlandkarte des Nikolaus Cusanus liefert. Sie verdeutlicht den Ausgangspunkt der Interessen Münsters: Er will nicht einfach eine schriftliche Schilderung eines Gebietes liefern, wie das Sunthaym tut, sondern stellt Karten in den Mittelpunkt seines Interesses, zu denen er dann Erläuterungen abgibt. Diese Form verwendet er auch bei der Typi cosmographici 1532 und der Mappa Europae 1536[45]. Erst bei den beiden nachfolgenden geographischen Werken, an denen Münster beteiligt ist, verändert sich der Schwerpunkt von den Karten weg, hin zu historisch orientierten Beschreibungen. Das erste Werk dieser Art hat Münster nicht selbst verfaßt, sondern nur herausgegeben; es handelt sich um die Raetia des Aegidius Tschudy, Basel 1538. In den Augen Münsters hatte Tschudy mit der Raetia eine beispielhafte Landesbeschreibung verfaßt, die seinen eigenen 1528 formulierten Vorstellungen eines solchen Werkes vollkommen entsprach[46]. Die Raetia bildete den Auftakt für Münsters Tätigkeit als Herausgeber geographischer Arbeiten. Er ging in den folgenden Jahren dazu über, die Schriften anderer Autoren zu kommentieren und sie herauszugeben. Seine Arbeit über Solin und Mela 1538 und seine Ptolemäus-Ausgabe von 1540 sind zwei zwar unterschiedliche, aber dennoch in dieselbe Richtung zielende Werke dieser Art[47].

Nach der Ptolemäus-Ausgabe begann die konsequente Ausarbeitung der Kosmographie, die in ihrer ersten Auflage 1544 erschien, deren Vorarbeiten aber nach Burmeisters Untersuchungen bereits 1530 einsetzten. In diesem Zeitraum hatte sich zwar die Art der von Münster veröffentlichten geographischen Werke in der oben beschriebenen Form verändert, in Bezug auf seine Kosmographie aber blieb er seinem Konzept treu, welches er schon im Jahre 1528 in der *Vermahnung und bitte Sebastiani Münsters an alle liebhaber der lustigen kunst Geographia, ihm Hilfe zu thun zu wahrer und rechter Beschreibung deutscher Nation*[48] dargelegt hatte. Darin heißt es u.a.:

> *Aber das unangesehen müssen wir einen Fund suchen, daß wir ordentlich unser Deutschland beschreiben in Landschaften, Städten, Märkten, Dör*

[44] Germaniae Descriptio, Basel, Andreas Cratander, 1530.

[45] Burmeister, Sebastian Münster, S. 112ff.

[46] Burmeister, Sebastian Münster, S. 116f.

[47] Burmeister, Sebastian Münster, S. 117f.

[48] Zit. nach Viktor Hantzsch: Sebastian Münster – Leben, Werk, Wissenschaftliche Bedeutung. 1965, S. 33.

> *fern, merklichen Schlössern und Klöstern, Bergen, Wäldern, Wassern, Seen, Fruchtbarkeit, Eigenschaften, Art, Hantierung, merklichen Geschichten und Antiquitäten, so noch an etlichen Orten gefunden werden*[49].

Hierin wird erneut deutlich, daß Münster stärker der Lothringischen als der Nürnberger Schule verpflichtet war, und zugleich betont er, daß es eine ordentliche Beschreibung sein soll, womit er sowohl Vollständigkeit wie auch Wahrhaftigkeit anmahnt. Letztere spricht er sogar noch einmal ausdrücklich an, wenn er weiter schreibt: *Ihr Gelehrten und Liebhaber der Künste, feiert nicht zu treiben die Herren der Länder zu ehrlicher Beschreibung der Landschaften*[50]. Die angestrebte ›Ehrlichkeit‹ in der Beschreibung war nach Münster nur auf zwei Wegen zu erreichen: durch die Edition bewährter Autoren und durch eigene Anschauung. Deshalb erschien es ihm sinnvoll, daß die jeweiligen Gebiete durch ortsansässige Gelehrte beschrieben wurden. Durch diese Art der Arbeitsteilung trug er zugleich seiner Meinung Rechnung, die Beschreibung ganz Deutschlands sei für eine einzelne Person zu teuer und umfangreich, um jemals beendet zu werden. Den finanziellen Aspekt spricht er im folgenden Zitat an: *Ihr Städte deutscher Nation, lasst euch einen Gulden oder zwei nicht dauern, die ihr etwa auf einen geschickten Mann legen würdet, der sich des Fürnehmens unterziehen möchte, eure Landschaft ehrlich zu beschreiben*[51].

Mit seiner ›Vermanung‹ wandte Münster sich an die Gelehrten, Fürsten und Städte des gesamten deutschsprachigen Raumes, und wenn er mehrfach von Deutschland und den Deutschen spricht, so schließt das die Eidgenossenschaft mit ein. Kernland Deutschlands ist für den später in Basel ansässigen Münster das Gebiet links und rechts des Rheins, und so gehörte die Eidgenossenschaft in seinen Ausführungen genauso dazu wie das Elsaß, Bayern oder Württemberg. Münster unterhielt gerade in die Eidgenossenschaft viele und enge Kontakte, wie nicht nur seine Veröffentlichung der Raetia des Aegidius Tschudy, sondern auch seine Reisen in die Schweiz zeigen[52].

Es bleibt festzuhalten, daß Sebastian Münster bei der Konzeption seiner Kosmographie die Eidgenossenschaft zwar als eigenständiges Territorium, aber dennoch zu Deutschland gehörig ansah. Er wandte sich folgerichtig mit seiner

[49] Zit. nach Hantzsch, S. 34.
[50] Zit. nach Hantzsch, S. 35.
[51] Zit. nach Hantzsch, S. 35.
[52] Burmeister, Sebastian Münster, S. 124ff.

›Vermanung‹ auch an die eidgenössischen Gelehrten und Städte. In seiner Konzeption betonte er mehrfach, daß es ihm um eine ehrliche Beschreibung der einzelnen Regionen ginge. Dies wollte er durch Arbeitsteilung und ortsansässige Gewährsleute erreichen. Auch in finanzieller Hinsicht war er um möglichst breite Beteiligung bemüht, die eine eventuelle Einflußnahme durch einen alleinigen Geldgeber verhinderte. All das deutet darauf hin, daß sich Münster der Probleme bewußt war, die sein Versuch, eine derart umfangreiche Landesbeschreibung vorzulegen, mit sich brachte. Sein Bemühen um Objektivität scheint glaubhaft. Es bleibt aber zu fragen, ob es Münster gelang, dieses Konzept auch in die Praxis umzusetzen. Wie bereits erwähnt, hat Münster in der Erstausgabe seiner Kosmographie von 1544 auf eine Passage aus der Landesbeschreibung Sunthayms zurückgegriffen. Auch für Graubünden und Tirol konnten Anleihen aus dem Sunthaym-Text nachgewiesen werden. Dabei muß aber genau zwischen den verschiedenen Ausgaben unterschieden werden. Sebastian Münsters Kosmographie hat in der deutschen Fassung 21 Auflagen erfahren, in der lateinischen 5. Die deutschen Fassungen unterscheiden sich so sehr, daß es bei allen Versuchen, die Rezeption einer bestimmten Vorlage zu verfolgen, nötig ist, mit mehreren Ausgaben zu arbeiten. Für die vorliegende Untersuchung erscheinen drei Ausgaben wichtig: Zunächst die Erstausgabe aus dem Jahr 1544, die noch als sehr unvollständig bezeichnet werden muß, da Münsters erst seit 1543 verstärkt nachweisbares Bemühen um die Mitarbeit anderer Gelehrter dazu führte, daß bereits während des Drucks weitere Texte zu ihm geschickt wurden, die jedoch nicht mehr eingefügt werden konnten. Weiterhin ist die Ausgabe von 1550 von Bedeutung, da sie die letzte Ausgabe ist, die Münster vor seinem Tode 1552 noch selbst überarbeiten konnte. Als dritte Ausgabe wird die von 1588 herangezogen, da sie einerseits eine der Ausgaben ist, an der nach Münsters Tod von Seiten des Verlages weitergearbeitet wurde, und andererseits alle Änderungen enthält, die durch Texte entstanden, die zwischen 1550 und 1552 an Münster geschickt wurden, die aber nach dessen Tod den Druckern offenbar nicht mehr zur Verfügung standen, und erst in den Jahren 1572 bis 1588 in der Kosmographie Verwendung fanden[53]. Neben den Unterschieden, auf die noch näher eingegangen werden wird, gibt es aber auch Gemeinsamkeiten in den verschiedenen Ausgaben, die von Bedeutung sind. Im Gegensatz zu der Erstausgabe der lateinischen Kosmographie, die eine Liste der benutzten Autoren enthält, fehlt eine solche Übersicht in den deutschen Fassungen völlig. Münster nennt jedoch zu Beginn vieler Abschnitte den Verfasser, in einigen Fällen wird auch ein Autor

[53] Burmeister, Sebastian Münster, S. 121.

im Text genannt. Für andere Abschnitte gibt Münster dagegen keinerlei Verfasser an, so daß der Eindruck entstehen könnte, sie seien von ihm selbst verfaßt. Das dies nicht so ist, zeigte bereits eine kleine Passage über den Bregenzer Wald, die von Sunthaym stammt[54]. Es hat sich gezeigt, daß dies nicht die einzige Stelle ist, in der Münster fremde Texte benutzt, ohne den eigentlichen Autor zu nennen. Da eine Untersuchung über die Autoren der einzelnen Passagen der Kosmographie bisher nicht vorliegt, ist nicht zu klären, wie hoch der Anteil Münsterscher Texte am Gesamtwerk ist und wie groß die Anzahl der Texte ist, in denen Münster fremde Vorlagen verwendete, ohne den Autor zu nennen. Insgesamt ist aber zu beobachten, daß der Anteil der nicht namentlich gekennzeichneten Kapitel von Auflage zu Auflage abnimmt.

Eine weitere Gemeinsamkeit der drei Ausgaben ist die Reihenfolge der Regionen, die Münster behandelt. Der Rhein ist für ihn eine besondere Trennlinie. Zunächst geht er linksrheinisch von den Rheinquellen bis an die Nordsee vor, springt dann zurück und beschreibt anschließend die rechtsrheinischen Territorien, ebenfalls von den Alpen bis zur Nordsee, danach erst wendet er sich den übrigen Teilen Deutschlands zu. Diese Reihenfolge wird auch bei zunehmender Ausführlichkeit beibehalten, neue Texte werden an den entsprechenden Stellen eingeschoben oder ersetzen die älteren. Durch diesen Aufbau kommt es zu einer Trennung Tirols von Graubünden und Vorarlberg. Betrachtet man nun die Graubündener und Vorarlberger Kapitel in den drei Ausgaben, so zeigt sich, wie sehr allein zwischen 1544 und 1550 die Arbeit an der Kosmographie voranschritt: In der Erstausgabe findet man zu Graubünden nur wenige Informationen. Für die entsprechenden Abschnitte werden keine Autoren genannt. Allerdings zeigte Burmeister, daß in dem Kapitel *Rheintal unter Chur* eine Überarbeitung des entsprechenden Sunthaym-Textes zu sehen ist. Bis zur Ausgabe von 1550 wurde der Graubündener und Vorarlberger Teil völlig überarbeitet und wesentlich vermehrt. Ob Münster die Dürftigkeit seiner Ausführungen selbst erkannte und sich um bessere Texte bemühte, oder ob die eidgenössischen Gelehrten ihm aus eigenem Antrieb heraus Texte zusandten, ist nicht überliefert. Fest steht aber, daß namhafte Gelehrte wie Aegidius Tschudy, Joachim Vadian, Beatus Rhenanus und Achill Gasser Texte beisteuerten. Bei den neuen Texten sind ausnahmslos die Autoren genannt. Der Charakter der Beschreibung wird dadurch stark verändert. Während die Fassung von 1544 eine knappe Landesbeschreibung fast ohne historische Nachrichten und ohne Bezug zu antiken Autoren ist, wurde 1550 durch das Einbeziehen der lateinischen Schriften und

[54] Burmeister, Montfort, S. 120.

deren kritischer Kommentierung durch die eidgenössischen Humanisten die Vorgeschichte Graubündens und Vorarlbergs mit verarbeitet, so daß nunmehr die historischen Elemente im Vordergrund stehen und die rein geographischen Passagen nur noch verknüpfende Funktion haben. In der Ausgabe von 1588 wird diese Tendenz durch weitere neue Texte noch verstärkt. Durch die Berücksichtigung verschiedener Autoren stehen nun deren Ausführungen zu ein- und demselben geographischen Phänomen teilweise ohne jeden Kommentar nebeneinander, wie das folgende Beispiel zeigt:

> *Es ligt dieser Fleck Veldkirch in Rhetia ein Teutscher nam / unnd in Römischer sprach Valcircum / alß der Hochgelehrte Joachimus Vadianus in dem Commentario uber den Melam / auß beweisung Ladislai Suntheim vermeynt / von wegen daß es mit Bergen in einem Thal umbgeben. Dann es vorzeiten Campus von den Rhetiern genennt / das zu Teutsch ein Veld ist / und demnach zu Christlichen zeiten ein Kirch allda in der ehr S. Peters gebawen / ist es in Teutsch Veldkirch genennt worden / wird noch jetzmalen von Churwalchen und den Italischen Kauffleuten / S. Pedro / oder Campo S. Pedro genennet: das ist / Veld zu S. Peters Kirch. Des gestiffts Chur / so etlich nutzung da hat alte Urber und Brieff / nennens auch Campum sancti Petri / welches diß nammens genugsam bewehrung gibt*[55].

> *Es schreibt mir D. Achilles Gassarus / dz gedachte Statt soll umb die zeit Babst Gregorii Magni Dawenfeld geheissen unnd an dem ort da jetzundt das Dorff zu der Alten Statt genannt / gelegen gewesen / und darumb daß es vom Christlichen Glauben / der da in diesem Landt new was / abgefallen / aber durch seinen Herren den Graffen von Rotenfan oder alt Montfort / mit hilff eins Hertzogen von Schwaben widerumb gewunnen / und zu der Religion bezwungen / Veldkirch genennet worden. Wiewol etlich achten / darumb daß es von Uhralten Rhetis / ehemalen Teutsch sprach in diesen Bergen / so hernach den Römern underworffen / breuchlich gewesen / ad Campos genennt / und die Hauptstatt Estionum gewesen / sey nach angenommnem Glauben / unnd alß die Teutschen widerumb diese Landt eynzuwohnen angefangen / der namm Veldkirch darauß entsprungen / und heissen es die Walen / Niderländer und Englischen noch heut zu tag S. Petro*[56].

[55] Sebastian Münster: Kosmographey, Basel, 16. Auflage 1588, S. 762.
[56] Sebastian Münster: Kosmographey, Basel, 16. Auflage 1588, S. 763.

Diese beiden Passagen sind nicht nur durch ihre unterschiedlichen Aussagen zu ein und demselben Thema interessant, sondern sie enthalten zugleich die einzige Nennung Sunthayms in der gesamten Kosmographie. Bezeichnenderweise tritt er nur auf dem Umweg über Vadian in Erscheinung und zwar in einem Abschnitt, der erst nach Münsters Tod in die Kosmographie aufgenommen wurde. In der Ausgabe von 1550 fehlt er noch. Wenn Sunthaym auch erst nach 1550 namentlich erwähnt wird, so finden sich doch in den Ausgaben zuvor Passagen, die stilistisch sehr stark an Sunthaym erinnern, anscheinend sogar wörtlich übernommen worden sind[57]. Im Gegensatz zu diesen recht nüchternen Beschreibungen, besitzen die später hinzugekommenen Abschnitte nicht nur mehr historische Informationen, sie sind auch sprachlich reicher und betonen Größe und Wichtigkeit der Region. Zudem entsprechen sie durch die Einbindung der antiken Schriften mehr dem humanistischen Ideal der Zeit. Münster und seine Nachfolger tauschten die relativ nüchternen Abschnitte in späteren Ausgaben gegen neue, von Gelehrten geschriebene aus. So schwindet der Anteil der Textpassagen, die von Sunthaym übernommen wurden, immer weiter, bis lediglich die Erklärung für Feldkirchs Namen übrigbleibt.

Die Rezeption des Sunthaym-Textes in den Kapiteln über Graubünden und Vorarlberg durch Münster ist nur in geringem Maße feststellbar, obwohl die wenigen Stellen deutlich zeigen, daß Münster Texte Sunthayms kannte. Wie bereits zuvor erwähnt, werden in der Kosmographie die Graubündener und Vorarlberger Gebiete einerseits und Tirol andererseits nicht wie bei Sunthaym zusammen abgehandelt, sondern in recht weit auseinander liegenden Kapiteln. Tirol wird nach der Beschreibung des Allgäus und der Burgau in die Kosmographie aufgenommen. Allerdings muß auch hier wieder zwischen den einzelnen Ausgaben unterschieden werden. In der Ausgabe von 1544 findet sich nämlich noch eine Reihenfolge der Kapitel, die nicht der geographischen Lage der in ihnen beschriebenen Regionen entspricht: Nach der Stadt Mindelheim und der Burgau wird das Prätigau zwischengeschoben, und erst dann folgt Tirol, das in den späteren Ausgaben direkt an die Burgau anschließt[58]. Der Abschnitt über das Prätigau ist dabei nur wenig kürzer als der über Tirol und das Etschland. Beide Kapitel sind in demselben nüchternen Stil verfaßt, in dem auch Graubünden und Vorarlberg in der Erstausgabe dargestellt wurden. Allerdings zeigen sich hier deutlicher die Parallelen zu Sunthaym. Wenn es bei Münster heißt: *Dis*

[57] Sebastian Münster: Kosmographey, Basel, 1. Auflage 1544, S. 367.

[58] Sebastian Münster: Kosmographey, Basel, 1. Auflage 1544, S. 387ff. – Sebastian Münster: Kosmographey, Basel, 16. Auflage 1588, S. 807ff.

lendlin und herrschaft ist etwan der graven von Metsch gewesen, darin liegt kein statt aber schloß, dorffer und gericht. Hinder Pretegow seind waldser in Tafas [...][59], so entspricht das fast wörtlich Sunthayms: *Item Pretigey ain lanndl unnd herschafft regis romanorum, ist vor des Grafen von Metsch gewesen, darinn ligt kain stat nit, wol sloss unnd dorffer unnd gericht; [...] hinder Pretigey da sein Wallser in Tafass, des romischen Kunigs.*[60] Da dies nicht die einzige derartige Übereinstimmung ist, darf mit Sicherheit angenommen werden, daß Münster den Text Sunthayms kannte und ihn bei der Abfassung seiner Kapitel über das Prätigau und Tirol benutzte. Ob er die Handschrift selbst eingesehen hat oder ob er nur von anderen Gelehrten einzelne Passagen übermittelt bekam[61], ist daraus noch nicht abzulesen.

Nach der Ausgabe von 1544 veränderte Münster sowohl das Kapitel über das Prätigau, das umformuliert und an die geographisch richtige Stelle zwischen Churwalichen und dem Rheintal unter Chur gerückt wurde, als auch das Kapitel über Tirol, welches nun direkt hinter den Abschnitt über die Burgau rückte und erweitert wurde.

Der neue Text über Tirol ist zwar für ein so großes und bedeutendes Territorium noch immer kurz, wurde aber gegenüber dem der Erstausgabe etwa vervierfacht. Bis zur letzten Ausgabe wird dieses Kapitel, für das kein Autor angegeben wird, von geringen orthographischen Schwankungen abgesehen, nicht mehr verändert, was verwundert, da es stilistisch und inhaltlich gegenüber den sonstigen neueren Kapiteln nach 1544 von deutlich geringerem Wert ist. Die Beschreibung Tirols erinnert vielmehr an jene Ausführungen, die nach 1544 weitgehend ersetzt wurden. Da Münster in den genannten Beschreibungen einige Passagen von Sunthaym verwandte, ist zu vermuten, daß Münster dies auch bei seiner Behandlung Tirols tat. Eine Untersuchung des Textes zeigt, daß Münster hier nicht nur Anleihen bei Sunthaym machte, sondern Sunthayms Text kürzte und ihn nach der Kürzung ohne Nennung der Vorlage abdruckte[62]. Münster benutzte als Grundlage für seine Überarbeitung die Abschnitte B bis D der Landesbeschreibung Sunthayms, wodurch auch einige kleinere Stellen über Gebiete in Münsters Beschreibung gelangten, die zu den eidgenössischen Bün-

[59] Sebastian Münster: Kosmographey, Basel, 1. Auflage 1544, S. 388.

[60] Cod. Hist. 2°, fol. 2v.

[61] In Frage kämen hier besonders Joachim Vadian, der um 1511 in Wien war und Sunthayms Schriften über Graubünden und Vorarlberg kannte, sowie Conrad Peutinger, einer der Männer, an die Münster sich in seiner ›Vermanung‹ ausdrücklich gewandt hatte, und in dessen Besitz sich die Handschrift befand.

[62] Uhde, Sunthaym, S. 52ff.

den gehörten, wie das Engadin, das Münstertal und das Domleschg[63]. Da die Ostschweiz im Mittelpunkt dieser Arbeit steht, wird eine der Stellen in den Ausgaben von 1550 und 1588 mit dem entsprechenden Text aus Sunthayms Beschreibung verglichen[64]:

Sunthaym: Das Enngedin sieben meil lanng, ain halb meil
Münster 1550: Das Engedin ist sieben meil lang und ein halbe
Münster 1588: Das Engadin ist 7 Meil lang/ ein halbe

s brait, ettwa braitter, ettwa smeller, epis.
m breit/ etwan breiter und etwan schmeler / ist des bischoffs
m breit/ etwann breiter und etwann schmeler / ist des Bischoffs

s Curiensis wechst da nur summer gersten
m von Chur. Es wachßt kein frucht darin dann summer gersten
m von Chur. Es wachßt kein Frucht darinn, dann summer gersten

s und hew unnd viech unnd guete dorffer, darin guet
m und how/ aber viech gnueg und guot dorffer/ guot
m unnd how, aber viech gnug/ unnd gute dorffer/ gut

s streitper volckh unnd gross diep, grosser dann die zegeiner,
m streitbar volck und groeßer dieb, dann die züginer/
m streittbar Volck/

s da mer welsch, dann tewtsch, hat nit weinwachss unnd
m ist do ner welsch dann teütsch/ hat kein weinwachs.
m ist da mehr Welsch dann Teutsch, hat kein Weinwachss.

s Kur stost dar an unnd Feltelin unnd das Pierglannd, Inntall,
m Es stost daran Veltlin und dz Pyrgland/ Inthal/
m Es stost daran Veltlin und das Pyrgland/ Inthal/

s Etsch unnd Lechtall unnd Vinschgey unnd Minstertall, [...]
m Etsch und Lechtal/ auch dz Vinstgoew und Münsterthal, [...]
m Etsch und Lechthal auch das Vinstgaw und Münstertal / [...]

[63] Uhde, Sunthaym, S. 54f.

[64] Cod.Hist. 2°, fol. 7v. – Sebastian Münster: Kosmographey, Basel 1550, S. 687. – Sebastian Münster: Kosmographey, Basel, 16. Auflage 1588, S. 810.

Der Vergleich zeigt eindrucksvoll, wie Münster durch kleinere Streichungen und eine leicht modifizierte Wortwahl den ursprünglich von Sunthaym stammenden Text verändert hat. Die Gliederung des gesamten Abschnittes bleibt dabei erhalten. Die kleineren Kürzungen, die Münster vorgenommen hat, sind zumeist inhaltlich unbedeutend, und es finden sich auch nur sehr wenige Stellen, in denen er auf die inzwischen veränderten Machtverhältnisse konkret eingeht, indem er beispielsweise die neuen Herrscher nennt. Zumeist begnügt Münster sich damit, die in Sunthayms Text enthaltenen Namen einfach auszulassen[65]. An einigen Stellen ergaben sich aus Münsters Streichungen jedoch auch inhaltliche Veränderungen. So liegen aufgrund von Streichungen die bei Sunthaym aufgezählten Domleschger Burgen in Münsters Kosmographie plötzlich im Land Tschoppina[66].

Weit größere Bedeutung erlangte jedoch ein anderer »Fehler«, der Münster bei der Bearbeitung des Textes unterlief. In den oben gegenübergestellten Passagen zeigt sich zwischen dem Text Sunthayms und der Ausgabe von 1550 einerseits und der Ausgabe von 1588 andererseits ein Unterschied: und zwar an der Stelle, an der die Bevölkerung des Engadin beschrieben wird.

Bei Sunthaym heißt es: *Darin guet streitper volckh unnd gross diep, grosser dann die zegeiner*[67]. Wie bereits erwähnt, handelt es sich dabei nicht um eine Bemerkung, die ein negatives Bild von den Engadinern abgeben sollte, weil der Text aus einem habsburgischen Umfeld stammt, sondern um eine Beurteilung, die offenbar eine weit verbreitete Einschätzung wiedergab. Für die Ausgabe von 1550 wird dieser Satz nicht gekürzt, so daß die Beschreibung ihren ausgewogenen Charakter behält: *guet streitbar volck und grösser dieb dann die Züginer*[68].

Diese Formulierung gehört wohl zu den meistbeachteten Passagen der Kosmographie in der Mitte des 16. Jahrhunderts. Im Jahr 1554 entdeckten die Engadiner diese Stelle, in der sie so negativ dargestellt wurden. Warum so viele Jahre bis zur Entdeckung vergingen, ist nicht bekannt, aber es könnte daran liegen, daß die Engadiner im Tiroler Kapitel keine Äußerungen über ihre Heimat erwarteten. Die Empörung im Engadin war sehr groß und beschäftigte auch die Gelehrten der Nordostschweiz, wie aus der Korrespondenz Heinrich Bullingers hervorgeht[69]. Alle Versuche, die Engadiner zu besänftigen, schlugen

[65] Uhde, Sunthaym, S. 58ff.

[66] Cod.Hist. 2°, fol. 8^r-8^v; – Sebastian Münster, Kosmographey, Basel 1588, S. 810.

[67] Cod Hist. 2°, fol. 7^v.

[68] Sebastian Münster, Basel 1550, S. 687.

[69] Traugott Schiess: Bullingers Korrespondenz mit den Graubündnern. 1, 1904, S. 377ff.

fehl. Schließlich wurde eine Delegation aus dem Engadin zum Druckort Basel geschickt und beim Rat der Stadt Protest gegen die Kosmographie eingelegt[70]. Der Rat entschied schließlich, daß die Stelle, die solchen Anstoß erregt hatte, aus der Kosmographie zu entfernen sei, was der Drucker Heinrich Petri nach den ersten Protesten der Engadiner bereits getan hatte. Münster selbst konnte nicht mehr bestraft werden, da er zuvor gestorben war. Der Rat der Stadt Basel stellte dem Engadin noch Urkunden aus, in denen die Nichtigkeit dieser Worte betont wurde[71]. In der Ausgabe von 1588 finden sich dann über das Engadin die Worte: *gut streittbar Volck*[72].

Schon die Zeitgenossen stellten sich die Frage, warum Münster so schlecht über die Engadiner schrieb und woher er seine Informationen bezogen hatte. Ulrich Campell stellte die Behauptung auf, ein Graubündener von großem Ansehen habe aus persönlichem Haß gegen die Engadiner diese Angabe gemacht und sie Münster untergeschoben[73]. Es wurde zwar auch eingeräumt, der Grund für diese Unterstellung könnte darin zu suchen sein, daß die Nachricht von Reisenden stamme, die im Engadin überfallen und ausgeraubt worden seien, aber die Vermutung, es handle sich um eine Notiz, die bewußt gegen die Engadiner gerichtet sei und Münster untergeschoben wurde, hielt sich bis in die Literatur des 19. Jahrhunderts hinein. Diese These ist jedoch nicht mehr haltbar. Die Übereinstimmung zwischen Münster und Sunthaym zeigt eindeutig, daß Münster hier kein Text untergeschoben wurde, sondern daß er einen bereits vorhandenen Text insgesamt nur etwas kürzte, die Stelle über das Engadin sogar wörtlich übernahm. Da Sunthaym zu diesem Zeitpunkt bereits einige Jahrzehnte verstorben war, kann man nicht davon reden, der Autor habe dem vertrauensseligen Münster bewußt die böswilligen Angaben gemacht. Wie bereits erwähnt, hatte Sunthaym selbst mit dieser Angabe die Engadiner nicht beleidigen oder verunglimpfen wollen.

Daß die Wirkung des Sunthaymschen Textes so gewaltig war und sie als so negativ empfunden wurde, ist sicherlich überwiegend daraus zu erklären, daß in der Kosmographie insgesamt die einzelnen Landschaften viel positiver darstellt wurden, als es Sunthaym in seiner Landesbeschreibung tat. Dies ist in erster Linie auf Münsters Arbeitsweise zurückzuführen, nach der die einzelnen Regionen durch ortsansässige Autoren beschrieben werden sollten. Diese waren

70 Über die ›Engadiner Affäre‹ siehe: Schiess, Bullinger, S. 377ff.

71 Schiess, Graubünden, hier S. 125.

72 Sebastian Münster, Kosmographey, Basel 16. Jahrhundert, 1588, S. 810.

73 Siehe dazu Schiess, Graubünden, S. 126.

natürlich bemüht, ihre Heimat positiv darzustellen. Besonders die Städte zeigten in dieser Hinsicht ein großes Interesse[74]. In einer Schrift, in der die Regionen im Durchschnitt positiv dargestellt werden, fällt eine Äußerung wie die über die Engadiner weit mehr und negativer auf als in der Schrift Sunthayms, in der positive und negative Urteile sich abwechselten und die negativen sich nicht nur auf eine Region bezogen.

Zusammenfassend bleibt festzuhalten, daß Sunthaym sich in seiner Landesbeschreibung um Objektivität bemühte, weshalb er sowohl negative wie positive Aspekte einer Region so beschreibt, wie sie sich ihm darstellte. Parteinahme ist bei Sunthaym nur in Bezug auf die geographische Einteilung des Alpenraums festzustellen. Im Gegensatz dazu führt Münsters Arbeitsweise mit ortsansässigen Autoren zu einer überwiegend positiven Darstellung der Territorien. Seinem in der ›Vermanung‹ mehrfach genannten Anspruch auf ›Ehrlichkeit‹ wird er damit sicher nicht immer gerecht. Dadurch, daß er nicht für alle Gebiete auf einheimische Autoren zurückgreifen kann und er in diesen Fällen auf die Beschreibungen nicht ortsansässiger Autoren zurückgreifen muß, kommt es sowohl in der Frage der Objektivität, als auch bei der Ausführlichkeit der Darstellung zu Schwankungen, die in einigen Fällen zu Protesten führen[75]. Beiden Schriften gemeinsam ist aber die Vermeidung wertender politischer Aussagen. Politik findet erst in Form von Geschichte ihren Eingang in die Beschreibungen. Trotz aller Schwankungen sind sie insgesamt stärker um Objektivität bemüht als die zeitgenössische Historiographie.

[74] Burmeister, Sebastian Münster, S. 142ff.

[75] Burmeister, Sebastian Münster, S. 166ff.

Donatoren

Die Veröffentlichung des vorliegenden Bandes
wurde von folgenden Spendern in dankenswerter Weise gefördert:

Schweizer Kulturstiftung Pro Helvetia

Österreichisches Ministerium für Wissenschaft und Forschung

Landesregierung Vorarlberg

Kanton Aargau (Regierungsrat, Erziehungsdepartement)
Kanton Appenzell A. Rh. (Erziehungs- und Kulturdirektion)
Kanton Appenzell I. Rh. (Standeskommission)
Kanton Glarus (Regierungsrat)
Kanton Graubünden (Erziehungs-, Kultur- und Umweltschutzdepartement)
Kanton Luzern (Arbeitsstelle 700 Jahre Eidgenossenschaft
Kanton Nidwalden (Regierungsrat)
Kanton Obwalden (Staatsarchiv und Kantonsbibliothek)
Kanton Schaffhausen (Regierungsrat)
Kanton Schwyz (Kulturkommission)
Kanton Solothurn (Regierungsrat)
Kanton St. Gallen (Departement des Innern)
Kanton Zug (Regierungsrat)

Landkreis Bodensee (Amt für Geschichte und Kultur)
Landkreis Breisgau-Hochschwarzwald (Landratsamt)
Landkreis Konstanz (Landrat)
Landkreis Lörrach (Landratsamt)
Landkreis Ravensburg (Landratsamt)
Bezirk Schwaben (Heimatpfleger)
Landkreis Waldshut (Amt für Kultur)

Stadt Brugg (Gemeinderat)
Stadt Freiburg im Breisgau (Oberbürgermeister)
Stadt Friedrichshafen (Oberbürgermeister)
Stadt Lindau (Kulturamt der Großen Kreisstadt)
Stadt Kreuzlingen (Stadtammann)
Stadt Ulm (Stadtbibliothek)

Philipps-Universität Marburg (Der Präsident)